특허받은
일본어 한자 암기박사

초판 9쇄 | 2024년 11월 25일

지은이 | 공앤박 한자연구소
발행인 | 김태웅
편　집 | 길혜진, 이서인
디자인 | 남은혜, 김지혜
마케팅 총괄 | 김철영
온라인 마케팅 | 김은진
제　작 | 현대순

발행처 | (주)동양북스
등　록 | 제2014-000055호
주　소 | 서울시 마포구 동교로22길 14 (04030)
구입문의 | 전화 (02)337-1737　팩스 (02)334-6624
내용문의 | 전화 (02)337-1762　dybooks2@gmail.com

ISBN 979-11-5768-278-2 13730

ⓒ 공앤박 한자연구소, 2017

▶ 본 책은 저작권법에 의해 보호를 받는 저작물이므로 무단 전재와 복제를 금합니다.
▶ 잘못된 책은 구입처에서 교환해 드립니다.
▶ (주)동양북스에서는 소중한 원고, 새로운 기획을 기다리고 있습니다.
　http://www.dongyangbooks.com

특허받은
일본어
漢字 한자
암기박사

동양북스

머리말

　한자는 BC 14세기~BC 12세기에 사용된 것으로 추정되는 갑골문자를 시작으로 중국에서 발전하였으며, 6~7세기 무렵에는 한국을 거쳐 일본으로 건너가 본격적으로 사용된 것으로 추정된다.

　적지 않은 일본어 초급 학습자들은 어떻게 하면 한자를 효율적으로 습득할 수 있을까 고민한다. 그러나 한자를 만든 고대 중국인들을 비롯하여, 현재 한자를 자유자재로 읽고 쓰는 일본인들이 모두 천재가 아니라는 사실을 생각한다면 무엇인가 쉽게 한자를 배울 수 있는 지름길은 있을 것이다. 우리는 이 책에서 누구나 쉽고 흥미롭게 한자를 접할 수 있는 비결을 함께 나누고자 한다.

　이 책에서 우리는 한·중·일 3개국 학자들의 의견과 **상형문자인 갑골문과 금문을 근거로 삼고 그 위에 개인적인 의견을 더하여 한자가 만들어진 원리를 설명하려고 노력하였다**. 우리의 목표는 여러분들이 한자를 더 쉽게 이해하도록 하는 것이기 때문이다. 일본에서 사용되는 중요 한자들을 이 책에서 모두 다루지는 못했지만, 여기에서 다룬 한자의 생성 원리는 한자들이 어떻게 생성되었는지 사고를 발전시키는 데 유용한 설명이므로, 단지 한자 한 글자만을 기억하기 위해 꾸며낸 반 쪽짜리 해설이 아니라는 것임을 밝혀두고 싶다.

　한자를 쉽게 익히려면 먼저 그 한자가 어떻게 만들어졌는지 배경을 살펴보는 것이 중요하다. **이 책에서는** 이해를 돕기 위해 크게 **한자를** 사용하는 **사람**, 그 사람이 살아가는 **삶**, 그들의 삶의 터전인 **자연**, 이 **세 부분으로 나누어 싣고**, **사람은** 다시 한자의 모양이나 의미적인 특성을 이해하기 쉽게 **신체**, **사람**, **명칭** 부분으로 나누어 실었다.

삶과 관련된 한자는 **전쟁**, **의·식·주**, **직업**으로 분류하여 인류의 발전과 함께 관련 한자들이 어떻게 생성되어 왔는가를 쉽게 이해할 수 있도록 구성하였다. **자연**과 관련된 한자는 사람이 살아가면서 만나게 된 **동물**과 자연을 이루는 **산천초목**, **천체** 그리고 숫자와 부호들을 다룬 **기타**로 분류하였다.

　위와 같이 **한자가 만들어진 배경을 이해하고 발전하는 이유를 알게 되면 한자의 의미도 더욱 쉽게 기억할 수 있을 것이다.** 또 퍼즐 순서에 따라 학습하다 보면 많은 획수의 복잡한 한자들을 처음 대하여도 마치 여러 글자가 분리되어 움직여 하나의 글자를 이루는 모습을 떠올릴 수 있게 될 것이다. 그리고 조금만 노력한다면 쓰기 실력이 놀랄 정도로 발전할 수 있을 것이다. 더 나아가 이 책에서 배우지 않은 새로운 한자를 접했을 때 음과 뜻을 스스로 유추해 낼 수 있는 기본 능력을 배양하게 될 것이다.
　여러분의 일본어 한자 학습에 건투를 빈다.

공앤박 한자연구소

구성과 특징

이 책의 본문이 어떻게 구성 되어 있는지 파악하여 최대의 학습 효과를 거두어 보자. 이 책의 본문은 크게 퍼즐 부분과 해설 부분으로 나눌 수 있다.

퍼즐 부분
퍼즐 순서에 따라 중심 한자와 이어지는 한자 사이의 연관성을 생각하며 학습한다면 한자 학습이 훨씬 쉽고 즐거울 것이다.

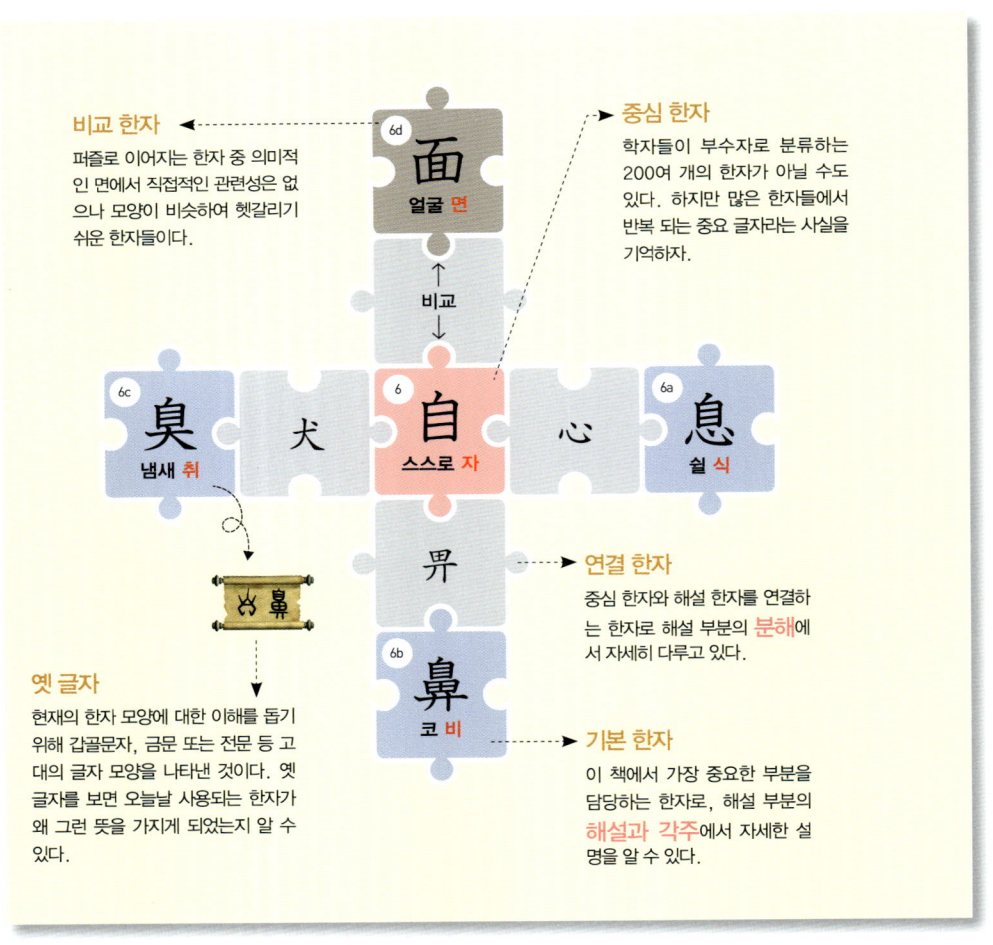

해설 부분 | 한자의 생성 배경과 글자 조합을 생각하며 학습하면 한자의 의미도 훨씬 쉽게 기억할 수 있을 것이다.

▶ **고유번호**
각 한자들에 고유번호가 부여되어 있다. 기억이 나지 않는 한자를 쉽고 빨리 찾아갈 수 있는 데 많은 도움이 될 것이다. 해설을 읽다가 또는 단어를 보다가 궁금한 한자는 언제든지 찾아 보자.

▶ **일본어 음과 훈**
한자의 일본어 음과 훈이다. 훈의 회색 글자 부분은 어미를 나타낸다.

▶ **쓰기 순서**
한자를 올바르게 쓸 수 있도록 획순에 맞추 상세하게 표시하였다. 순서대로 쓰도록 노력한다면 한자를 균형 잡히게 쓸 수 있을 것이다. 이 책을 읽고 글자의 조합 원리를 유념하면서 연습하면 더욱 쉽게 기억할 수 있을 것이다.

1a

亠亠亠六亥交

交
사귈 교

음 こう　훈 まじわる・まじえる・かわす
亠(とう) 돼지해머리 두　＋　父(다리가 뒤섞여 있는 모습)

두 사람(亠)이 다리를 교차(父)하고 있는 모습을 본떠 만든 글자로 **교제하다, 왕래하다, 섞이다**는 의미를 갖고 있다.

交자에서 父 모양은 교차되어 있는 다리의 모습을 나타내는 것이므로 비슷하게 생긴 父(아비 부)자와 혼동하지 않도록 하자. 물론 의미에 있어서도 父자와는 전혀 관계가 없다.

□ 交換(こうかん) 교환　　　　□ 交際(こうさい) 교제
□ 交差点(こうさてん) 교차로, 사거리　□ 交代(こうたい) 교대
□ 交通(こうつう) 교통　　　　□ 交番(こうばん) 파출소
□ 交流(こうりゅう) 교류　　　□ 交わる(まじわる) 만나다, 교제하다, 교차하다
□ 交える(まじえる) 섞다, 교차시키다　□ 交(わ)す(かわす) 주고받다, 교환하다, 교차하다

▶ **분해**
해설 한자가 어떤 글자들로 조립된 것인지를 보여준다. 특히 조립 한자의 발음이 해설 한자에 어떠한 영향을 미치는지 유의해서 보자. 한자들의 음은 조립 한자의 소릿값이 반영된 형성문자가 많기 때문이다. 또한 각각의 조립 한자들의 모양이 현재의 해설 한자와 비교하여 조금 달라도 의문을 갖지 말고, 어떠한 배경에서 조립되었는지를 생각하자. 한자는 오랜 세월에 걸쳐 조형미를 갖추면서 조금씩 변하여 왔기 때문이다.

▶ **우리말 훈과 음**
한자의 우리말 훈과 음을 나타낸 것이다.

▶ **단어**
해설 한자가 들어간 단어들 중 비교적 활용도가 높은 단어들을 **일본어 음과 훈**에서 제시한 순서에 맞추어 수록하였다. 해설 한자의 활용에 많은 도움이 될 것이다.

▶ **해설과 각주**
이 책에서 가장 중요한 부분으로 한자의 성립 배경에 대해 설명하고 있다. 수록된 옛 글자의 모양을 살펴보는 것도 한자 이해에 도움이 될 것이다.

목차

머리말 p.4
구성과 특징 p.6

가나다순 색인 p.552
총획순 색인 p.561

사람 p.10

 신체 p.12

머리	1 亠 2 京 3 高 4 頁 5 彡
얼굴	6 自 7 目 8 直 9 見 10 艮 11 良 12 口 13 可 14 奇 15 古 16 口 17 言 18 音 19 欠 20 舌 21 齒 22 耳
몸	23 身 24 骨 25 歹 26 心 27 忄
손	28 手 29 爪 30 又 31 史 32 ヨ 33 聿 34 ナ 35 寸 36 付 37 寺 38 廾 39 其 40 勹 41 勿 42 支 43 攵
발	44 止 45 正 46 夂 47 舛 48 彳 49 辶 50 夊

 **사람 p.156**

人	51 人 52 亻 53 入 54 亼 55 僉 56 𠂉 57 免 58 儿 59 兄
大	60 大 61 夭 62 夬 63 尢 64 立
사람 모습	65 疒 66 己 67 乙 68 也 69 卩 70 印 71 令 72 匕 73 北 74 尸

 명칭 p.224

| 생장 과정 | 75 巳 76 厶 77 子 78 女 79 母 80 氏 81 步 82 者 |
| 신분 | 83 辛 84 士 85 臣 86 王 |

삶 p.260

전쟁 p.262

무기	87 弓	88 弋	89 矢	90 至	91 戈	92 戊	93 殳	94 斤
	95 刀	96 干						
운송 수단	97 車	98 舟		의식	99 示	100 卜		

필수품 p.304

의	101 衣	102 初	103 巾	104 糸	105 文	106 白	107 青	108 黄
식	109 食	110 米	111 禾	112 豆				
주	113 宀	114 广	115 門	116 阝	117 厂	118 冂	119 里	

농업 p.362

농경지	120 土	121 圭	122 田	123 苗	124 火			
농기구	125 力	126 方	127 攴					
용기	128 斗	129 用	130 捕	131 冖	132 西	133 酉		

자연 p.404

동물 p.406

육지동물	134 羊	135 犬	136 豕	137 牛	138 馬			
기타 동물	139 鳥	140 隹	141 羽	142 采	143 虫	144 魚	145 貝	
부산물	146 网	147 鼎	148 辰	149 皮	150 角	151 肉	152 自	

산천초목 p.461

153 山	154 金	155 工	156 水	157 氵	158 气	159 雨	160 冫	161 艹
162 生	163 丰	164 木	165 本	166 林	167 束	168 几	169 竹	

천체 p.513

170 日	171 昔	172 月

기타 p.522

173 一	174 且	175 丁	176 二	177 八	178 十	179 亅	180 乍	181 丶
182 小								

신체(1~50)

고대 중국인들이 누구나 알 수 있는 객관적이고 간단한 묘사를 하는 데에는 글자를 사용하는 주체인 사람 자신을 묘사하는 것이 가장 쉬웠을 것이다. 따라서 머리부터 발끝까지 신체의 주요 부분이 기본 한자로 사용된다.

1. **머리**에는 문자적인 머리라는 의미도 있지만 지도자라는 상징적인 의미도 있다.
2. **얼굴**에는 '귀, 눈, 코, 입' 등의 기관이 있다.
3. 희로애락과 같은 사람의 감정을 표현하기 위해서는 **몸**의 어느 부분이 사용되었을까?
4. 신체에서 가장 많이 사용되는 부분은 어디일까? 사람이 동물과 구분되는 가장 큰 특징은 **손**의 사용이므로, 손을 의미하는 기본 한자가 가장 많다.
5. 신체에서 손 다음으로 많이 사용되는 기관은 **발**로 이 역시 많은 기본 한자들이 있다.

사람 (1~86)

사람(51~74)

한자 자체가 사람을 의미하는 한자들이 있는데, 이 한자에는 '사람'이라는 의미 그대로 쓰이는 한자가 있는가 하면, 사람의 모습이지만 다른 의미로 쓰이는 한자들도 있다.

1. **人**자처럼 '사람'이라는 의미를 가지고 있는 한자들이 다른 한자와 결합될 때 어떻게 의미에 기여하는지 살펴보자.
2. 두 팔과 다리를 크게 벌리고 서 있는 사람의 모습인 **大**자와 비슷한 글자로는 어떤 한자들이 있는지 알아보자.
3. '서 있는 사람, 쪼그리고 앉아 있는 사람, 무릎 꿇은 사람' 등 원래 **사람 모양**을 본떠 만든 글자이지만 다른 의미로 쓰이는 글자들에는 어떤 한자들이 있을까?

명칭(75~86)

인간은 사회적 동물이므로, 사람이 소속되어 있는 사회는 어떤 기본 한자들을 생성시켰는지 살펴본다.

1. 어머니 뱃속의 태아에서부터 노인에 이르기까지의 **생장 단계**와 관련된 기본 한자들에 대해서 알아본다.
2. 왕부터 노비에 이르기까지 **사회적** 신분을 나타내는 한자는 어떻게 만들어졌을까? 왕보다는 신하가 월등히 많았으므로 당연히 신하와 관련된 한자가 많을 것이다.

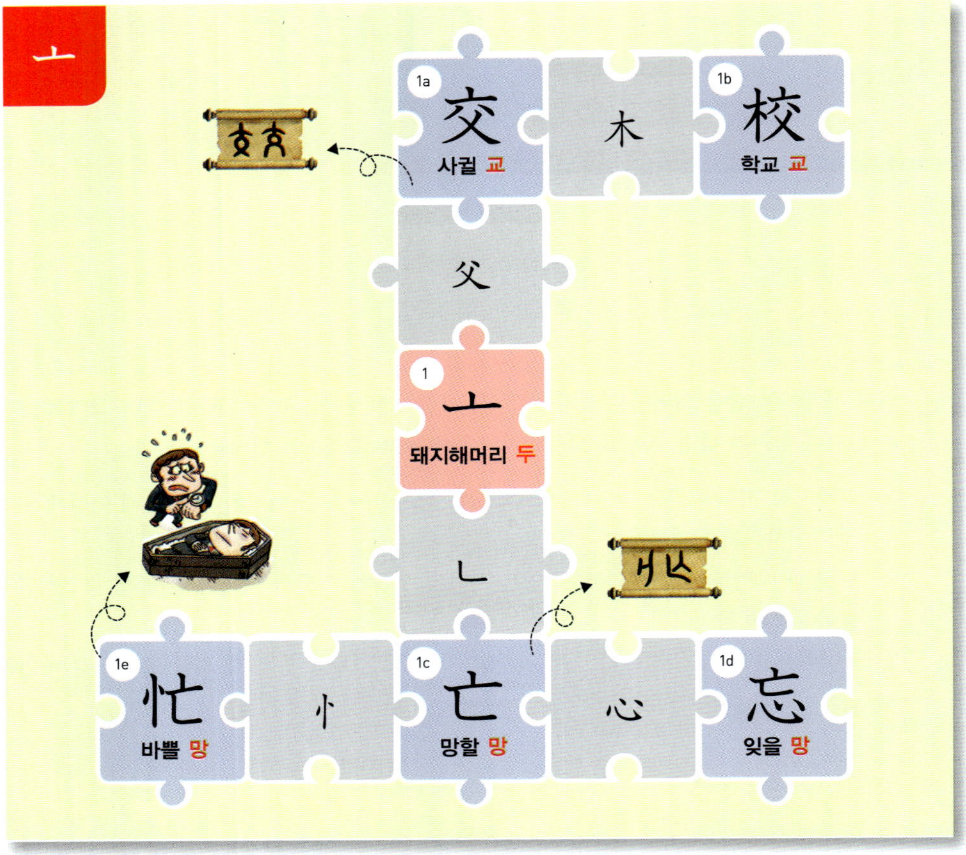

사람 | 신체 | 머리

1 亠
돼지해머리 **두**

음 とう

사람이나 동물과 관련될 경우에는 **머리**를, 건물과 관련될 경우는 **꼭대기**를, 사물과 관련될 경우에는 사물의 **윗부분**을 의미한다.

1a

交 交 交 交 交 交

사귈 교

음 こう　　**훈** まじわる・まじえる・かわす

亠(とう) 돼지해머리 두 ＋ 父(다리가 뒤섞여 있는 모습)

두 사람(亠)이 다리를 교차(父)하고 있는 모습을 본떠 만든 글자로 **교제하다, 왕래하다, 섞이다**는 의미를 갖고 있다.

> 交자에서 父 모양은 교차되어 있는 다리의 모습을 나타내는 것이므로 비슷하게 생긴 父(아비 부)자와 혼동하지 않도록 하자. 물론 의미에 있어서도 父자와는 전혀 관계가 없다.

- ☐ **交換**(こうかん) 교환
- ☐ **交差点**(こうさてん) 교차로, 사거리
- ☐ **交通**(こうつう) 교통
- ☐ **交流**(こうりゅう) 교류
- ☐ **交える**(まじえる) 섞다, 교차시키다
- ☐ **交際**(こうさい) 교제
- ☐ **交代**(こうたい) 교대
- ☐ **交番**(こうばん) 파출소
- ☐ **交わる**(まじわる) 만나다, 교제하다, 교차하다
- ☐ **交(わ)す**(かわす) 주고받다, 교환하다, 교차하다

1b

校 校 校 校 校 校 校 校 校 校

학교 교

음 こう

木(ぼく・もく) 나무 목 ＋ 交(こう) 사귈 교

학교란 나무(木)로 만든 건물에서 선생님과 학생들이 가르침을 주고받는(交) 곳이다.

- ☐ **学校**(がっこう) 학교
- ☐ **高校**(こうこう) 고교, 고등학교 ☞ 高等学校(こうとうがっこう 고등학교)의 준말
- ☐ **校正**(こうせい) 교정
- ☐ **校庭**(こうてい) 교정
- ☐ **登校**(とうこう) 등교
- ☐ **校長**(こうちょう) 교장
- ☐ **転校**(てんこう) 전학

1c 亡 亡 亡

亡 망할 망, 죽을 망
- 음: ぼう・もう
- 훈: ない

亠(とう) 돼지해머리 두 + ㄴ(사람이 죽어 있는 모습)

꼿꼿하던(丨) 사람(亠)이 **죽은** 것을 꺾어진(ㄴ) 모습으로 표현한 글자이다.

고대의 亡자는 사람이 팔다리를 구부리고 죽어 누워 있는 모습을 본떠 만들었다고 하며, 亡자에서 亠(とう)자는 신체 중에 가장 꼭대기인 사람의 머리를 뜻한다.

- □ 死亡(しぼう) 사망
- □ 滅亡(めつぼう) 멸망
- □ 亡き(なき) 죽고 없는, 고(故)
- □ 未亡人(みぼうじん) 미망인
- □ 亡者(もうじゃ) 망자
- □ 亡き人(なきひと) 고인

1d 忘 忘 忘 忘 忘 忘 忘

忘 잊을 망
- 음: ぼう
- 훈: わすれる

亡(ぼう・もう) 망할 망 + 心(しん) 마음 심

죽은(亡) 사람에 대한 아픈 기억은 마음(心)에서 빨리 **잊어야** 한다.

- □ 忘年会(ぼうねんかい) 망년회
- □ 忘れ物(わすれもの) 물건을 깜빡 잊고 옴, 또는 잊은 그 물건
- □ 忘れる(わすれる) 잊다

1e 忙 忙 忙 忙 忙 忙

忙 바쁠 망
- 음: ぼう
- 훈: いそがしい

忄=心(しん) 마음 심 + 亡(ぼう・もう) 망할 망

죽음(亡)을 마주한 사람의 **바쁜** 마음(心)을 표현한 글자이다. 남아 있는 시간이 많지 않으니 마음은 더 **바쁘게** 움직이기 마련이다.

忘자는 위쪽에 亡자가 있으니 머리에서 잊어야 함을 나타낸 글자이고, 忙자는 亡자를 향해 있는 바쁜 마음을 나타낸 글자라 이해하면 기억하면 쉽다.

- □ 多忙(たぼう) 다망, 매우 바쁨
- □ 忙しい(いそがしい) 바쁘다, 분주하다

사람 | 신체 | 머리

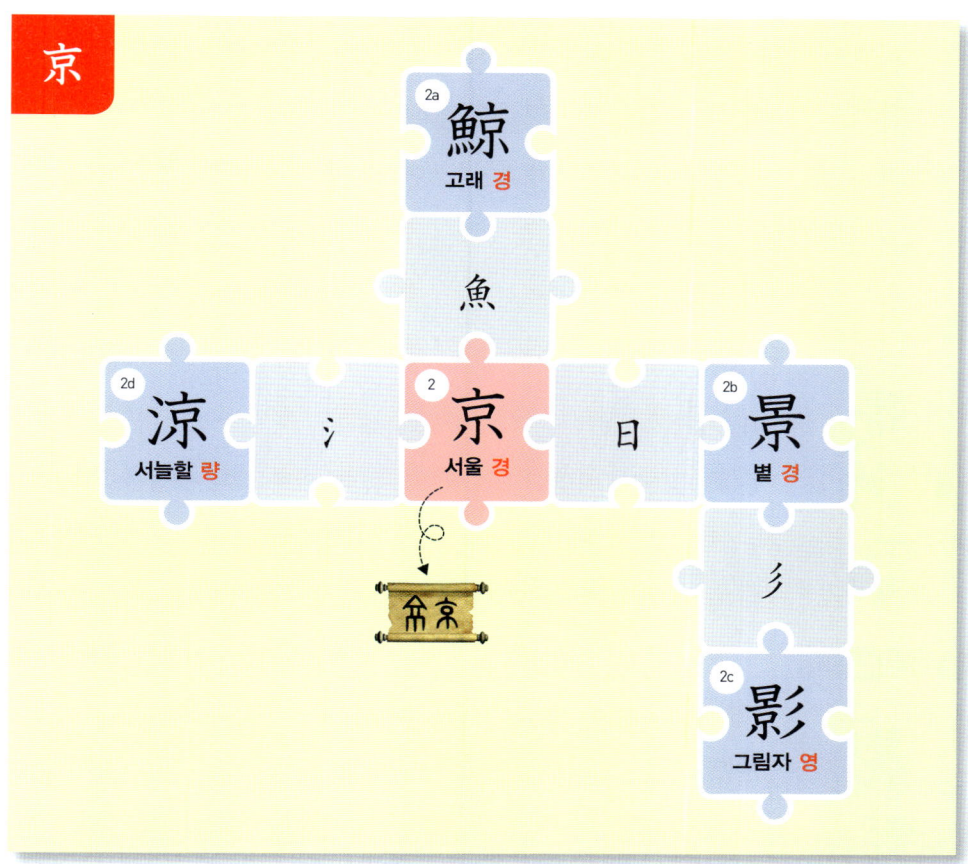

2

京 서울 경

음 きょう・けい

亠(とう) 돼지해머리 두 + 口(건물의 몸체를 나타냄)

지붕(亠)이 높이 우뚝 솟아 있는 큰 건물(口)의 모양을 본떠 만든 글자로 기본적으로는 '크다, 높다'는 의미를 갖고 있으며, 이렇게 큰 건물이 많이 모여 있는 곳이라는 데서 서울, 수도를 뜻하게 되었다.

건물과 관련된 글자이니 만큼 亠자는 꼭대기인 지붕을, 아랫부분은 건물의 몸체를 의미한다. 口(こう・く 입 구)자나 小(しょう 작을 소)자와는 아무런 관련이 없다.

□ 東京(とうきょう) 도쿄   □ 京浜(けいひん) 도쿄와 요코하마, 또는 그 주변   □ 北京(ぺきん) 북경

2a

鯨鯨鯨鯨鯨鯨鯨鯨鯨鯨鯨鯨鯨鯨鯨鯨

鯨 고래 경

- 음 げい
- 훈 くじら

魚(ぎょ) 물고기 어 + 京(きょう・けい) 서울 경

고래를 대궐(京)처럼 큰 물고기(魚)라고 표현하였다.

- □ 捕鯨(ほげい) 포경, 고래잡이
- □ 鯨(くじら) 고래

2b

景景景景景景景景景景景景

景 볕 경, 경치 경

- 음 けい

日(にち・じつ) 날 일 + 京(きょう・けい) 서울 경

큰(京) 건물 위로 태양(日)이 솟아올라 주변을 밝게 **비추는** 모습을 나타낸다.

- □ 景気(けいき) 경기
- □ 光景(こうけい) 광경
- □ 風景(ふうけい) 풍경, 정경
- □ 夜景(やけい) 야경
- □ 景色(けしき) 경치, 풍경

2c

影影影影影影影影影影影影

影 그림자 영

- 음 えい
- 훈 かげ

景(けい) 볕 경 + 彡(さん) 터럭 삼

큰 건물(京)에 해(日)가 비쳐 **그림자**(彡)가 생기는 모습을 나타내며, 그림자의 명암으로 영상을 표현하는 것에서 **사진**, **영화**라는 뜻이 파생되었다.

- □ 影響(えいきょう) 영향
- □ 影像(えいぞう) 영상
- □ 撮影(さつえい) 촬영
- □ 影(かげ) 그림자
- □ 面影(おもかげ) 모습, 면모, 얼굴 생김새

2d

涼涼涼涼涼涼涼涼涼涼涼

涼 서늘할 량

- 음 りょう
- 훈 すずしい・すずむ

氵=水(すい) 물 수 + 京(きょう・けい) 서울 경

큰(京) 건물은 천장이 높고 벽이 두꺼워 한여름에도 덥지 않고 차가운 물(水)처럼 **시원하다**는 것을 나타낸다.

- □ 清涼(せいりょう) 청량
- □ 涼しい(すずしい) 시원하다, 선선하다, 서늘하다
- □ 涼む(すずむ) 시원한 바람을 쐬다

사람 | 신체 | **머리**

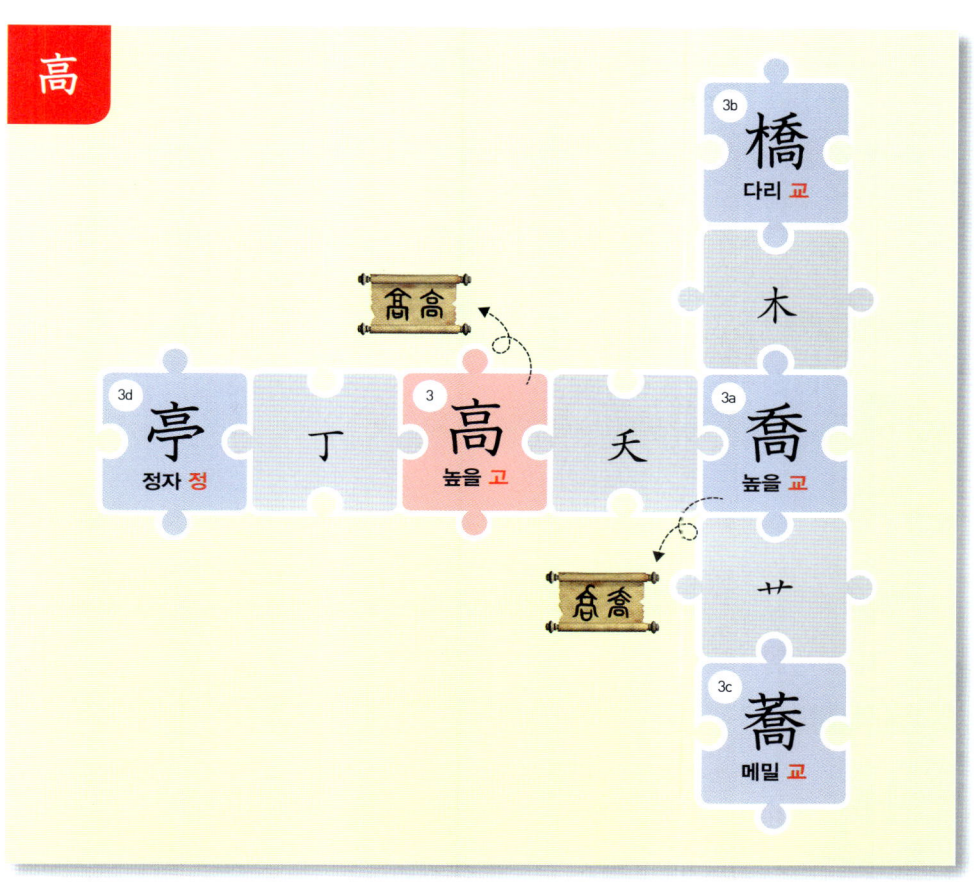

3

高高高高高高高高高高

3
高
높을 **고**

음 こう　　훈 たかい・たか・たかまる・たかめる

亠(とう) 돼지해머리 두　+　啇(건물의 몸체를 나타냄)

사람들이 드나드는 큰 출입구(口)를 가진 **높은** 성의 모습을 본떠 만든 글자이다.

건물과 관련된 글자이므로 亠(とう)자는 건물의 꼭대기인 지붕을 뜻한다.

- 高価(こうか) 고가
- 高速(こうそく) 고속
- 高い(たかい) 높다, 키가 크다
- 高値(たかね) 고가, 값이 비쌈
- 高める(たかめる) 높이다
- 高級(こうきゅう) 고급
- 高低(こうてい) 고저
- 円高(えんだか) 엔고
- 高まる(たかまる) 높아지다

3a

喬 높을 교

음 きょう

夭(よう) 어릴 요 + 高(こう) 높을 고

건물의 가장 **높은**(高) 부분인 지붕에 장식(夭)을 해 놓은 모습이다.

│ 高자가 다른 글자와 합쳐지면서 조형미를 위해 윗부분이 생략되었다.

- 喬木(きょうぼく) 교목, 키가 큰 나무

3b

橋 다리 교

음 きょう   훈 はし

木(ぼく・もく) 나무 목 + 喬(きょう) 높을 교

강을 건너다닐 수 있도록 나무(木)를 엮어서 강물보다 높게(喬) **다리**를 놓은 모습이다.

- 架橋(かきょう) 가교
- 鉄橋(てっきょう) 철교
- 陸橋(りっきょう) 육교
- 石橋(いしばし) 돌다리
- 橋梁(きょうりょう) 교량
- 歩道橋(ほどうきょう) 보도교
- 橋(はし) 다리
- 船橋(ふなばし) 부교

사람 | 신체 | 머리

3c

蕎
메밀 교

音 きょう

艹=草(そう) 풀초 + 喬(きょう) 높을교

동양의학에서 메밀(草)은 높은(喬) 열과 혈압을 내리는 것으로 잘 알려져 있다. 실제로 메밀에 들어 있는 루틴(rutin)이라는 성분은 혈압강하제로 사용된다고 한다.

□ 蕎麦(そば) 메밀 ☞ そばきり(메밀국수)의 준말

3d

亭
정자 정

音 てい

高→高(こう) 높을고 + 丁(ちょう・てい) 고무래정

전망이 좋은 곳에 높이(高) 올려 지어 머물도록(丁)한 **정자**의 모습이다.

高자가 다른 글자와 합쳐지면서 아랫부분이 생략되었고, 음을 나타내는 丁자는 못을 본떠 만든 글자로, 여기에서는 못을 박아 안정시키다는 의미로 이해하면 된다.

□ 茶亭(ちゃてい) 찻집
□ 料亭(りょうてい) 요정
□ 亭主(ていしゅ) (집)주인, 남편

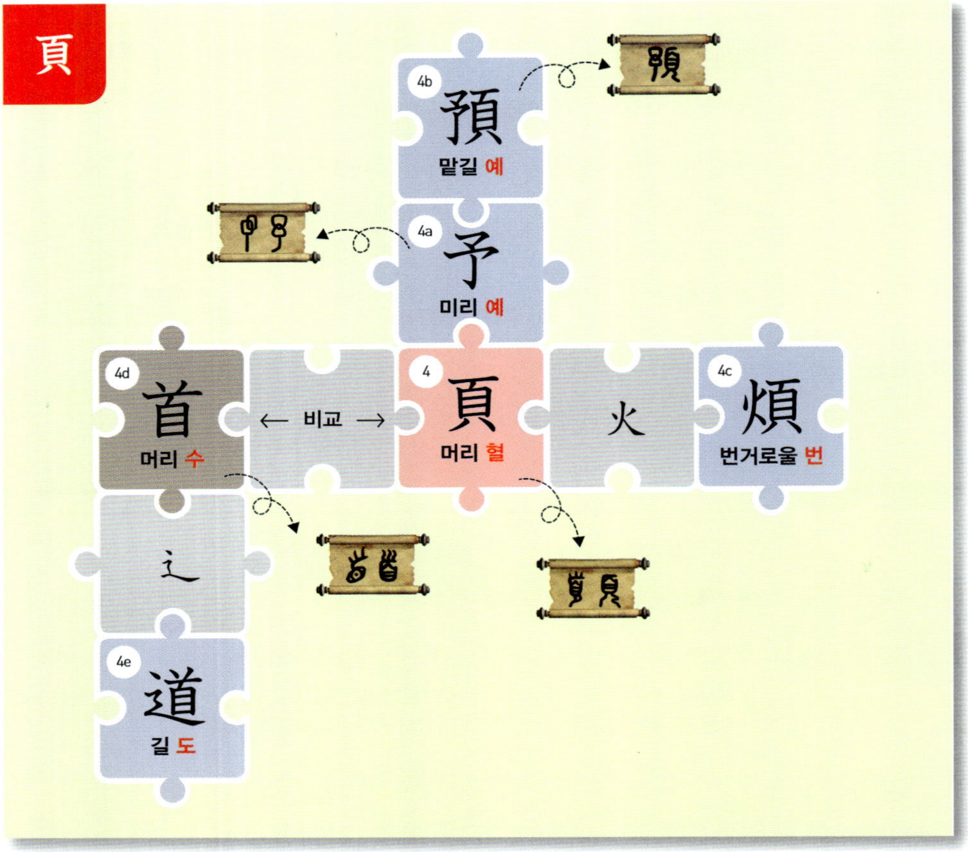

頁

| 4b 預 맡길 예 |
| 4a 予 미리 예 |

4d 首 머리 수 ← 비교 → 4 頁 머리 혈   火   4c 煩 번거로울 번

之

4e 道 길 도

頁 頁 頁 頁 頁 頁 頁 頁 頁

머리 혈

음 けつ

사람의 다리(八) 위에 있는 머리(一)와 얼굴(自)을 강조한 글자로, **머리**라는 의미를 가지고 있다.

사람 | 신체 | 머리

4a

子 孑 予 予

미리 예, 줄 여

음 よ　훈 あらかじめ・かねて

천을 짜는 베틀에서 날실 사이를 오가며 씨실을 풀어주는 씨실이 담긴 북(予)의 모습을 본떠 만든 글자이다. 북을 좌우로 주고받는 모습에서 **주다**라는 뜻이 파생되었다.

| 우리 豫자의 일본식 한자로, 코끼리(象)가 자신이 죽을 때를 미리(予) 알고 무덤을 찾아간다는 뜻을 나타낸다. 현재 일본어에서는 予자만으로 사용되고 있다.

- 天気予報(てんきよほう) 일기예보
- 予告(よこく) 예고
- 予習(よしゅう) 예습
- 予測(よそく) 예측
- 予防(よぼう) 예방
- 予め(あらかじめ) 미리, 사전에
- 予感(よかん) 예감
- 予算(よさん) 예산
- 予想(よそう) 예상
- 予定(よてい) 예정
- 予約(よやく) 예약
- 予て(かねて) 미리, 전부터

4b

預 預 預 預 預 預 預 預 預 預 預 預 預

맡길 예, 미리 예

음 よ　훈 あず(か)る・あずける

予(よ) 미리 예 + 頁(けつ) 머리 혈

씨실이 담긴 북(予)이 날실 사이를 부지런히 오가는 것처럼 머리(頁)가 바쁘게 움직인다는 것은 어떤 일에 대해 **미리** 생각하고 계획하고 있음을 나타내는 것으로, 미래를 위해 돈을 저축하는 모습에서 **맡기다**는 뜻도 파생되었다.

| 본능적인 미래 예측에는 予자를 쓰고, 앞날에 대한 계획이나 대비를 할 때에는 머리(頁)가 들어간 預자를 쓴다.

- 預金(よきん) 예금
- 預(か)る(あずかる) 맡다, 보관하다, 책임을 맡다
- 預ける(あずける) 맡기다, 보관시키다, 위탁하다
- 預言(よげん) 예언

4c

번거로울 번

煩煩煩煩煩煩煩煩煩煩煩煩

- 음: はん・ぼん
- 훈: わずらう・わずらわす

火(か) 불 화 + 頁(けつ) 머리 혈

번거롭고 성가신 것을 머리(頁)에 불(火)이 난 것으로 표현하였다.

- 煩悶(はんもん) 번민
- 煩悩(ぼんのう) 번뇌
- 煩う(わずらう) 고민하다, 걱정하다
- 煩わす(わずらわす) 번거롭히다

4d

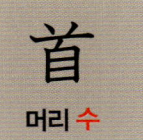
머리 수

首首首首首首首首首

- 음: しゅ
- 훈: くび

머리카락(ソソ)과 눈(目)을 강조한 모습을 본떠 만든 글자이다. 머리카락과 눈이 있는 부위는 **머리**로, 나아가 지도자, 우두머리를 뜻하기도 한다.

- 首相(しゅしょう) 수상
- 首都(しゅと) 수도
- 首脳(しゅのう) 수뇌
- 首(くび) 목
- 首筋(くびすじ) 목덜미
- 手首(てくび) 손목

4e

길 도

道道道道道道道道道道

- 음: どう・とう
- 훈: みち

首(しゅ) 머리 수 + 辶(ちゃく) 쉬엄쉬엄 갈 착

지도자(首)가 가는(辶) 방향이 바로 무리가 따라야 할 **길**이라는 의미로, 마땅히 따라야 하는 규범 즉 **도덕**을 뜻하기도 한다.

> 우리의 辶자는 4획이지만, 일본의 辶자는 3획이다. 따라서 우리 道자의 총획은 14획이지만, 일본 道자의 총획은 13획이다.

- 柔道(じゅうどう) 유도
- 道路(どうろ) 도로
- 歩道(ほどう) 보도, 인도
- 神道(しんとう) 신도(일본 고유의 전통 신앙)
- 道(みち) 길, 도로, 도리, 진리
- 片道(かたみち) 편도
- 近道(ちかみち) 지름길
- 夜道(よみち) 밤길

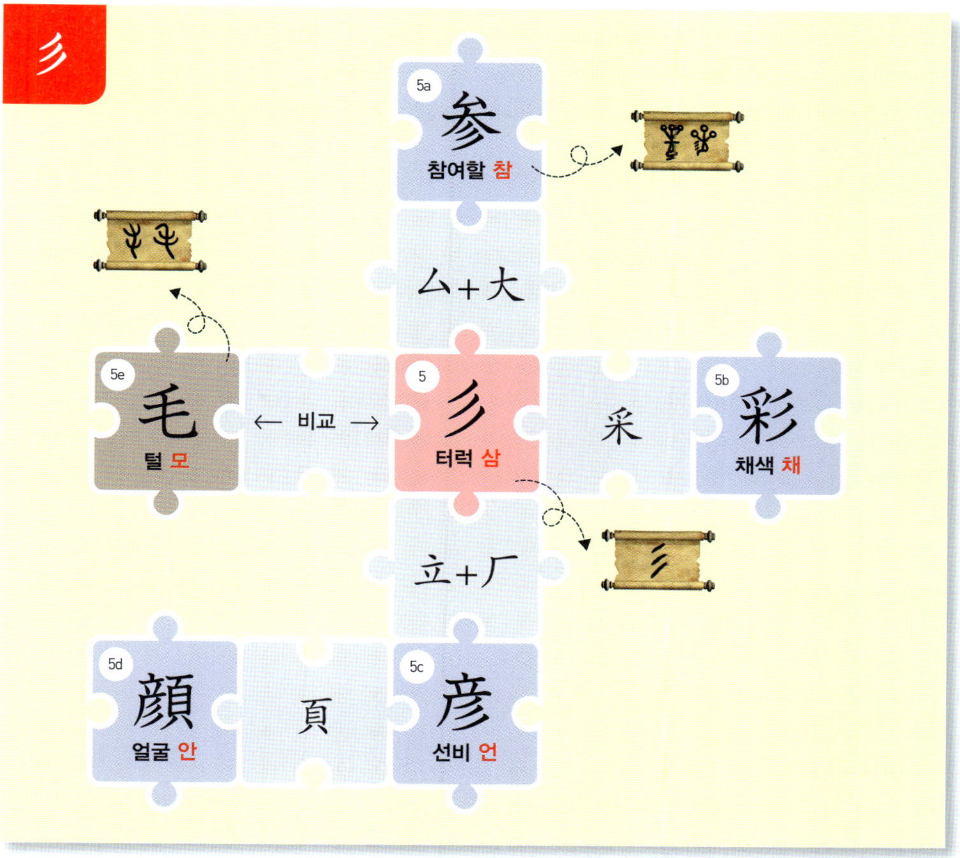

사람 | 신체 | **머리**

5a 参 참여할 참
ム+大

5e 毛 털 모 ← 비교 → 5 彡 터럭 삼   采   5b 彩 채색 채

立+厂

5d 顔 얼굴 안   頁   5c 彦 선비 언

5

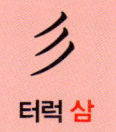
터럭 **삼**

음 さん

머리털을 곱게 빗질한 모양을 본떠 만든 글자이다. 사람의 머리털은 보온 기능 이외에 장식을 해 아름답게 치장하는 것이므로, 彡자가 들어간 글자는 **장식 · 치장 · 꾸밈**을 나타내는 것과 관련된 경우가 많다.

5a

참여할 참

- 음 さん
- 훈 まいる

ム(し) 자기 사 + 大(だい・たい) 큰 대 + 彡(さん) 터럭 삼

연회에 **참석하기** 위해 화려한 장신구(ム)로 머리를 장식(彡)한 귀부인(大)의 모습을 형상화한 글자이다.

> 우리 參자의 일본식 한자이다. 參자는 잔치나 행사에 참석하기 위해 장신구(亼→晶)로 머리(㐱 しん, 숱 많고 검을 진)를 장식한 모습을 나타낸다.

- □ 参加(さんか) 참가
- □ 参考(さんこう) 참고
- □ 参拝(さんぱい) 참배
- □ 参る(まいる) 가다, 오다(겸양어)
- □ 参観(さんかん) 참관
- □ 参照(さんしょう) 참조
- □ 持参(じさん) 지참
- □ 墓参り(はかまいり) 성묘

5b

채색 채

- 음 さい
- 훈 いろどる

采(さい) 캘 채 + 彡(さん) 터럭 삼

나무나 식물의 잎사귀를 따(采)서 다양한 **색깔**의 물감을 만들어 천이나 옷을 장식(彡)하는 모습이다.

- □ 光彩(こうさい) 광채
- □ 色彩(しきさい) 색채, 빛깔
- □ 彩色(さいしき) 채색
- □ 彩る(いろどる) 색칠하다, 채색하다

5c

선비 언

- 음 げん
- 훈 ひこ

立(りつ・りゅう) 설 립 + 厂(かん) 기슭 엄 + 彡(さん) 터럭 삼

수염(彡)을 길게 기르고 학문을 깊이 닦은 **남자**가 언덕(厂) 위에 우뚝 서(立) 있는 모습을 나타낸다.

5d

  顔顔顔顔顔産産顔顔顔顔顔顔顔顔顔顔顔

顔 얼굴 **안**

음 がん 훈 かお

彦(げん) 선비 언 + 頁(けつ) 머리 혈

옛날에 선비(彦)들은 수염(彡)을 길게 길렀는데, 머리(頁)에서 수염이 자라는 부분은 **얼굴**이라고 알아두자.

- 顔面(がんめん) 안면
- 顔(かお) 얼굴, 낯, 표정
- 顔色(かおいろ) 안색, 얼굴빛, 표정
- 洗顔(せんがん) 세안
- 笑顔(えがお) 웃는 얼굴, 웃음 띤 얼굴

5e

 毛毛毛毛

毛 털 **모**

음 もう 훈 け

사람이나 동물의 몸에 난 **털**의 모습을 본뜬 글자로, 식물의 줄기나 열매에 난 털 모두를 의미한다.

- 脱毛(だつもう) 탈모
- 不毛(ふもう) 불모
- 毛皮(けがわ) 모피, 털가죽
- 眉毛(まゆげ) 눈썹
- 毛布(もうふ) 모포, 담요
- 毛(け) 털, 머리털
- 毛虫(けむし) 송충이

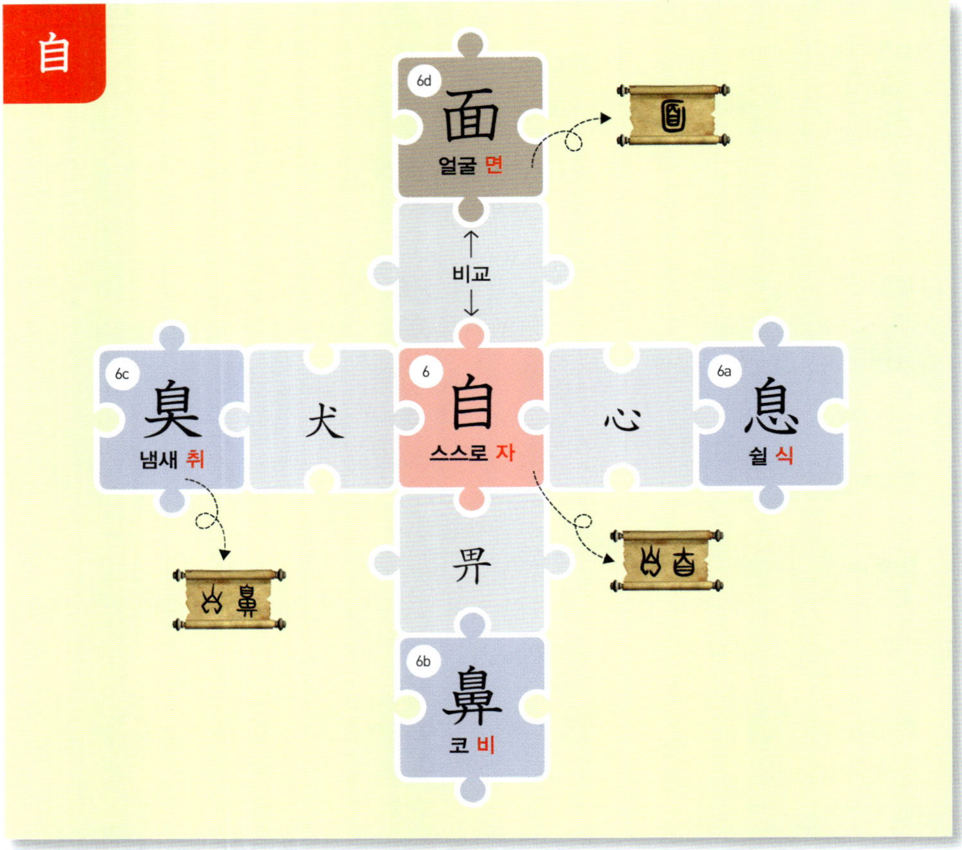

사람 | 신체 | 얼굴

음 じ・し　훈 みずから

얼굴에서 가장 돌출되어 있어 눈에 두드러지는 코를 본떠 만든 글자이다. 일본 사람들은 자기 자신을 말할 때는 대개 코를 가리킨다.
'콧대가 높다', '코를 납작하게 만들다'와 같은 표현에서 알 수 있듯이 코는 주로 자존심이나 자만심과 연관된 비유에 등장하는데, 이러한 것에서도 알 수 있듯이 코는 자신을 가리키는 상징적인 부위로 사용되었음을 알 수 있다.

사람 | 신체 | 얼굴

- 自己(じこ) 자기
- 自動車(じどうしゃ) 자동차
- 自慢(じまん) 자랑
- 自然(しぜん) 자연
- 自身(じしん) 자신
- 自分(じぶん) 자기, 스스로, 나, 저
- 自由(じゆう) 자유
- 自ら(みずから) 몸소, 자신이, 친히

6a

쉴 식

음 そく 훈 いき

自(じ・し) 스스로 자 + 心(しん) 마음 심

코(自)와 심장(心)은 호흡과 관련이 있는 신체 기관으로 숨이 멎을 때까지 움직인다. 그러므로 코와 심장만 움직인다는 것은 신체가 **휴식**을 취하고 있음을 나타낸다.

- 休息(きゅうそく) 휴식
- 息(いき) 숨, 호흡
- 寝息(ねいき) 자고 있을 때의 숨결, 숨소리
- 利息(りそく) 이자
- ため息(ためいき) 한숨

6b

코 비

음 び 훈 はな

自(じ・し) 스스로 자 + 畀→畀(ひ) 줄 비

코를 본뜬 自자가 '자신'이란 뜻으로 쓰이자, **코**라는 원래의 의미로 쓰기 위해 畀자를 더하여 만든 글자이다.

鼻자의 畀자는 받침대(丌) 위에 찜기(田)가 올려져 있는 모습으로, 증기(田)처럼 눈에 보이지 않는 것의 냄새를 맡는 코의 기능을 강조한 것으로 보인다.

옛 글자에서는 찜기(田)의 모양이 田(でん 밭 전)자와는 달랐음을 알 수 있다.

- 鼻炎(びえん) 비염
- 鼻(はな) 코, 후각
- 鼻血(はなち) 코피 ☞ 특이한 발음에 주의!
- 鼻音(びおん) 비음
- 鼻息(はないき) 콧김, 의기, 기세, 기분
- 鼻水(はなみず) 콧물

6c

臭 臭 臭 臭 臭 臭 臭 臭 臭

臭 냄새 취

- 음 しゅう
- 훈 くさい・におう

自(じ・し) 스스로 자 + 犬(けん) 개 견

옛날부터 개(犬)는 코(自)가 발달하여 **냄새**를 잘 맡는 것으로 알려져 있다. 그런 이유로 현대에는 개의 뛰어난 후각을 활용하여 마약 탐지나, 무너진 건물의 잔해 속에서 사람을 찾아 생명을 구조하는 등 여러 일에 개의 도움을 받고 있다.

> 우리 臭자의 일본식 한자로, 우리는 自자 아래 犬자를 쓰지만 일본은 大자 모양으로 점 하나가 없다는 차이점을 꼭 기억하자.

- □ 悪臭(あくしゅう) 악취
- □ 体臭(たいしゅう) 체취
- □ 臭い(くさい) 구리다, 역한 냄새가 나다
- □ 口臭(こうしゅう) 구취
- □ 脱臭(だっしゅう) 탈취
- □ 臭う(におう) 냄새가 나다, 악취가 나다

6d

面 面 面 面 面 面 面 面 面

面 얼굴 면

- 음 めん
- 훈 おも・おもて・つら

사람의 눈, 코, 입과 얼굴 윤곽을 간략하게 본떠 만든 글자로 **얼굴**을 나타낸다.

- □ 面(めん) 면, 얼굴
- □ 洗面(せんめん) 세면, 얼굴을 씻음
- □ 半面(はんめん) 반면
- □ 方面(ほうめん) 방면
- □ 面接(めんせつ) 면접
- □ 面白い(おもしろい) 재미있다, 즐겁다
- □ 面(おもて) 얼굴, 가면, 표면
- □ 正面(しょうめん) 정면
- □ 当面(とうめん) 당면
- □ 表面(ひょうめん) 표면
- □ 面積(めんせき) 면적
- □ 面談(めんだん) 면담
- □ 面長(おもなが) 얼굴이 갸름함
- □ 面(つら) 얼굴, 낯짝, 표면

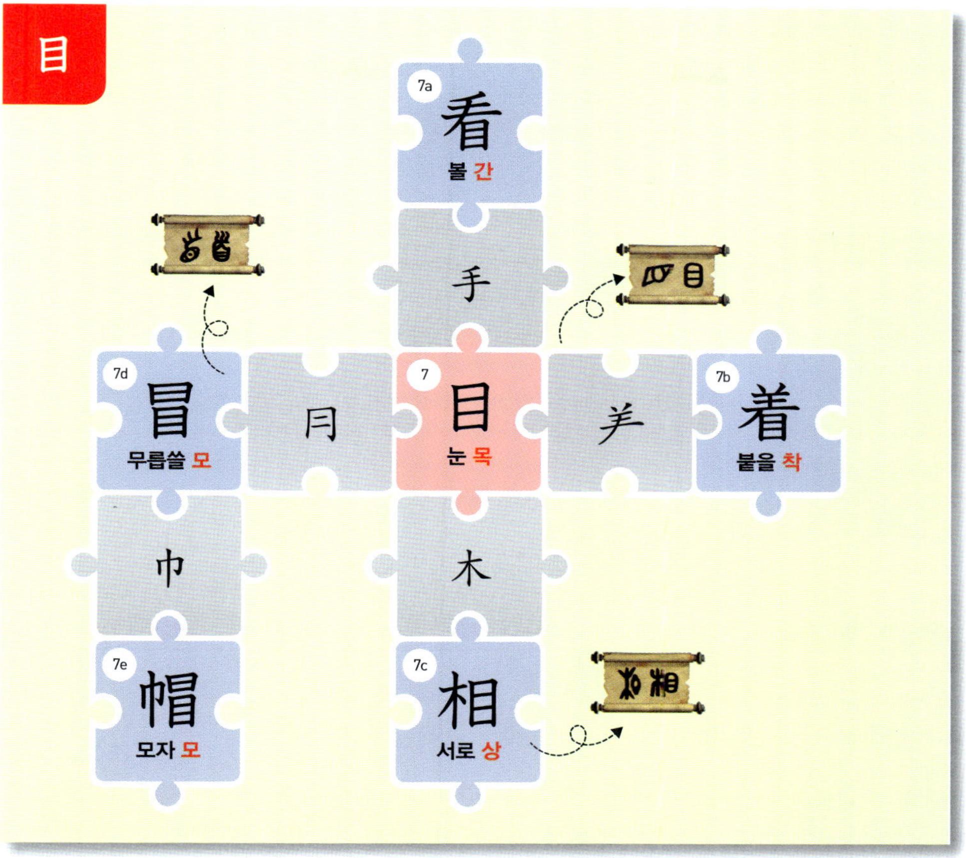

사람 | 신체 | 얼굴

目

7a 看 볼 간

手

7d 冒 무릅쓸 모

月

7 目 눈 목

羊

7b 着 붙을 착

巾

木

7e 帽 모자 모

7c 相 서로 상

7

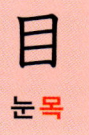
눈 목

음 ぼく・もく   훈 め・ま

눈동자를 포함한 사람의 눈 모양을 본떠 간결하게 만든 글자이다.

□ 面目(めんぼく) 면목　　□ 注目(ちゅうもく) 주목　　□ 目次(もくじ) 목차
□ 目的(もくてき) 목적　　□ 目標(もくひょう) 목표　　□ 目録(もくろく) 목록
□ 目(め) 눈　　　　　　　 □ 目玉(めだま) 눈알, 안구

29

- 目玉商品(めだましょうひん) 손님의 이목을 끌기 위한 특가품
- 目安(めやす) 목표, 대중, 표준, 기준
- 目陰(まかげ) 멀리 볼 때 손으로 차양을 만들어 이마에 대는 것
- 目の当(た)り(まのあたり) 눈앞, 목전
- 役目(やくめ) 임무, 책임, 역할

7a

볼 간

음 かん

手(しゅ) 손수 + 目(ぼく・もく) 눈목

눈(目) 윗쪽에 손(手)을 대고 무언가를 자세히 **보는** 모습이다.

- 看護(かんご) 간호
- 看板(かんばん) 간판, 명성
- 看破(かんぱ) 간파
- 看病(かんびょう) 간병

7b

붙을 착, 입을 착

음 ちゃく・じゃく　훈 きる・つく

羊→羊(よう) 양양 + 目(ぼく・もく) 눈목

눈(目)이 매우 나쁜 양들(羊)이 길을 잃지 않으려고 서로에게 몸을 바짝 **붙여** 움직이는 모습이다.

着자는 著(ちょ 저술할 저)자의 속자(俗字)로, 著자는 땔감과 풀을 쌓아 놓고 불을 붙이는 모습을 나타낸다. 풀에서 실을 뽑아 옷감을 만들고 그 옷감으로 옷을 만들어 걸치는 것에서 '옷을 입다'라는 着자가 만들어졌다.

- 定着(ていちゃく) 정착
- 執着(しゅうじゃく, しゅうちゃく) 집착
- 着く(つく) 닿다, 도착하다, 앉다
- 上着(うわぎ) 겉옷, 윗도리
- 到着(とうちゃく) 도착
- 着る(きる) 옷을 입다
- 着物(きもの) 옷, 특히 일본옷
- 下着(したぎ) 속옷, 내복

사람 | 신체 | 얼굴

7c

서로 **상**

一 十 才 木 机 机 相 相 相

음 そう・しょう　**훈** あい

木(ぼく・もく) 나무 목　+　目(ぼく・もく) 눈 목

좋은 재목을 고르기 위해 나무(木)를 눈(目)으로 살펴보는 모습을 나무와 사람이 **서로** 마주보는 것으로 표현하였다.

- 相違(そうい) 상위, 다름
- 相続(そうぞく) 상속
- 相当(そうとう) 상당, 상응
- 外相(がいしょう) 외상, 외무대신
- 相手(あいて) 상대, 무엇을 함께하는 사람, (서로 겨루는) 적수
- 相互(そうご) 상호
- 相談(そうだん) 상담, 상의, 의논
- 様相(ようそう) 양상, 모양, 상태
- 相性(あいしょう) 궁합이 맞음, 성격이 잘 맞음

7d

무릅쓸 **모**

丨 冂 冂 冃 冃 冒 冒 冒 冒

음 ぼう　**훈** おかす

日→冃(ぼう・もう) 쓰개 모　+　目(ぼく・もく) 눈 목

눈(目)을 덮을 정도로 두건(冃)을 푹 눌러쓴 모습으로, 얼굴을 다 가릴 정도로 모자를 눌러쓰고 평소에 할 수 없었던 일을 과감히 하는 모습에서 **무릅쓰다**는 뜻이 파생되었다.

> 冃자는 머리에 덮어 쓰는 두건을 의미한다.

- 冒険(ぼうけん) 모험
- 冒す(おかす) 무릅쓰다, 모독하다

7e

모자 **모**

丨 冂 巾 巾' 帄 帄 帄 帽 帽 帽

음 ぼう

巾(きん) 수건 건　+　冒(ぼう) 무릅쓸 모

冒자가 '무릅쓰다'는 뜻으로 변화되자 헝겊이나 천 조각을 뜻하는 巾자를 더하여 **모자**를 나타내는 帽자를 만들었다.

- 帽子(ぼうし) 모자

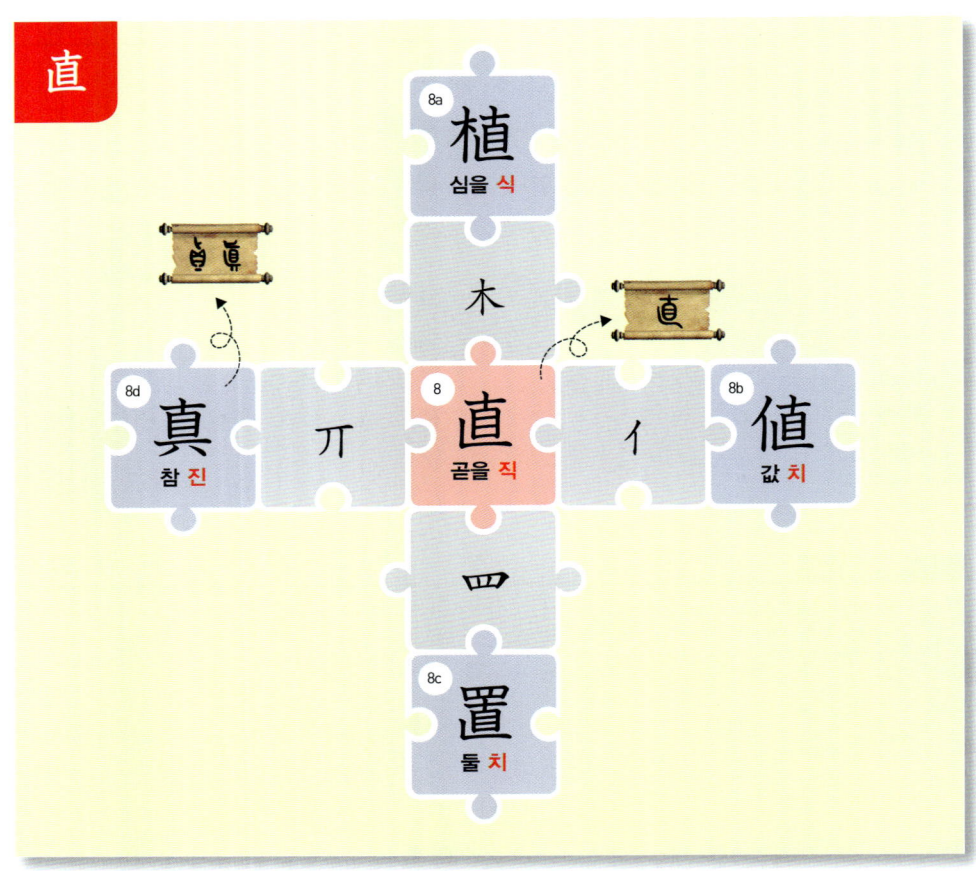

| 8 | 直 곧을 직 | 음 ちょく・じき 훈 ただちに・なおす・なおる |

十(수직·수평 모양) + 目(ぼく・もく) 눈 목 + ㄴ(자재의 모양)

목수가 자재(ㄴ)를 들고 수직과 수평(十)이 **곧은지** 눈(目)으로 꼼꼼하게 살펴보는 모습이다.

사람 | 신체 | 얼굴

- 率直(そっちょく) 솔직함
- 直接(ちょくせつ) 직접
- 直伝(じきでん) 스승이 제자에게 비법 등을 직접 전수함
- 正直(しょうじき) 정직(함)
- 直す(なおす) 고치다, 정정(訂正)하다, 바로잡다
- 素直(すなお) 솔직함, 순수함, 순진함
- 直後(ちょくご) 직후
- 直線(ちょくせん) 직선
- 直ちに(ただちに) 곧, 즉각, 바로
- 直る(なおる) 고쳐지다, 바로잡히다, 치유되다

8a

심을 **식**

음 しょく　훈 うえる・うわる

木(ぼく・もく) 나무 목 ＋ 直(ちょく・じき) 곧을 직

나무(木)가 잘 자라도록 곧게(直) 세워서 **심는** 모습이다.

- 移植(いしょく) 이식
- 植物(しょくぶつ) 식물
- 植わる(うわる) 심어지다
- 植樹(しょくじゅ) 식수
- 植える(うえる) 심다, (사상 따위를) 불어넣다
- 植木(うえき) 정원수

8b

값 **치**

음 ち　훈 あたい・ね

亻＝人(じん・にん) 사람 인 ＋ 直(ちょく・じき) 곧을 직

마음이 바르고 곧아야(直) 정말로 **가치** 있는 사람(人)이라는 의미를 가지고 있다.

- 価値(かち) 가치
- 賞賛に値する(しょうさんにあたいする) 칭찬할 만하다
- 値(ね) 값, 가치
- 元値(もとね) 원가
- 数値(すうち) 수치
- 値段(ねだん) 값, 가격

8c

置 置 置 置 置 置 置 置 置 置 置 置 置

置 둘 치

- 음 ち
- 훈 おく

罒(ぼう・もう) 그물 망 + 直(ちょく・じき) 곧을 직

그물(罒)을 곧게(直) 세워 두는 모습에서 **두다**, **설치하다**는 뜻으로 쓰이게 되었다.

- □ 位置(いち) 위치
- □ 装置(そうち) 장치
- □ 配置(はいち) 배치
- □ 置く(おく) 두다, 놓다
- □ 処置(しょち) 조치
- □ 措置(そち) 조치
- □ 放置(ほうち) 방치
- □ 物置(ものおき) 헛간, 광, 곳간

8d

真 真 真 真 真 真 真 真 真 真

真 참 진

- 음 しん
- 훈 ま

盲→直(ちょく・じき) 곧을 직 + 丌(き・ご) 받침대 기

신의 도움으로 **진리**를 깨닫기 위해 제물을 바치는 장면으로, 흠이 없는 곧은(直) 제물을 받침대(丌) 위에 올려놓은 모습이다.

| 우리 眞자의 일본식 한자이다.

- □ 真理(しんり) 진리
- □ 写真(しゃしん) 사진
- □ 真新しい(まあたらしい) 아주 새롭다
- □ 真に(まことに) 정말로, 참말로, 대단히
- □ 真っすぐ(まっすぐ) 똑바로, 곧장, 똑바름, 솔직함
- □ 真剣(しんけん) 진심, 진지
- □ 真実(しんじつ) 진실
- □ 真心(まごころ) 진심, 참마음
- □ 真面目(まじめ) 착실함, 성실함, 진지함
- □ 真似(まね) 흉내, 동작, 짓

사람 | 신체 | 얼굴

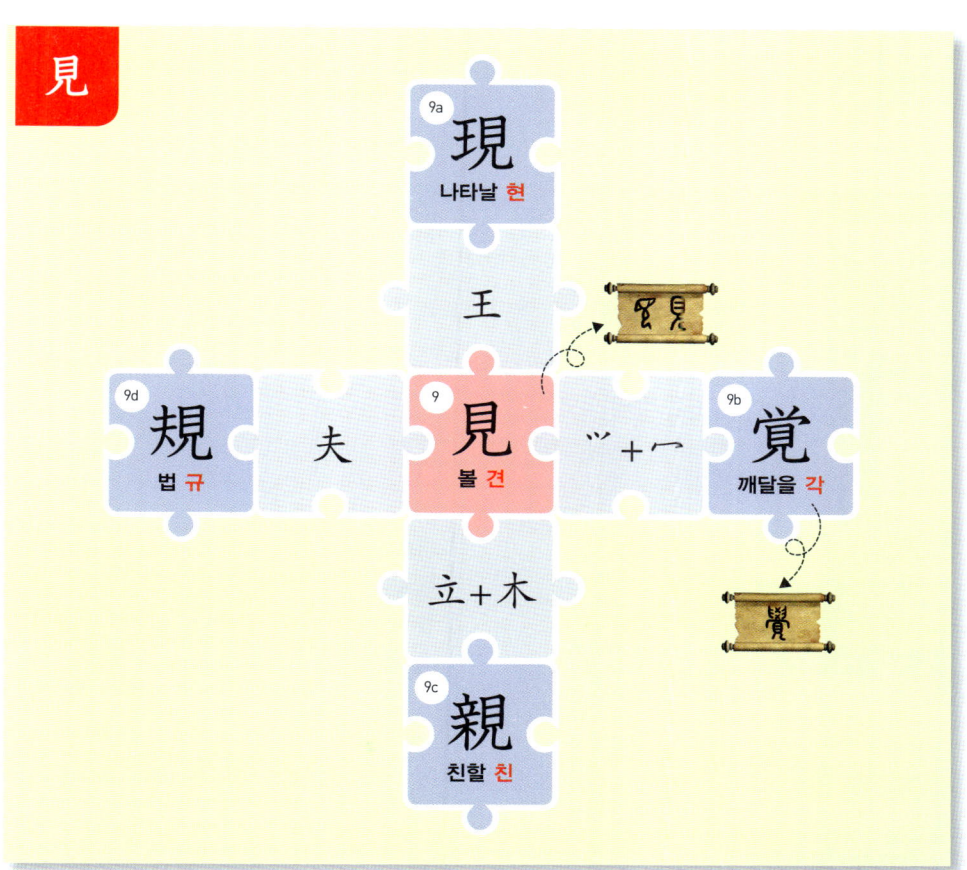

9

見
볼 견

음 けん　훈 みる・みえる・みせる

사람(儿) 위에 눈(目)을 얹어서 정면을 뚫어지게 **보고 있는** 모습을 강조하였다.

- 意見(いけん) 의견, 생각
- 見解(けんかい) 견해
- 見物(けんぶつ) 구경
- 会見(かいけん) 회견
- 見学(けんがく) 견학
- 見る(みる) 보다, 눈으로 파악(확인)하다, 조사하다

- □ 見える(みえる) 보이다, 눈에 들어오다(띠다)
- □ 形見(かたみ) 유물, 유품
- □ 見せる(みせる) 보이다, 내보이다
- □ 花見(はなみ) 꽃구경

9a 現

現 現 現 現 現 現 現 現 現

現 나타날 **현**

음 げん　훈 あら(わ)れる・あら(わ)す

王→玉(ぎゃく) 옥옥 + 見(けん) 볼견

옥(玉)을 햇빛에 투영시켜 볼(見) 때 여러 빛깔이 드러나는 것에서 **나타나다**는 뜻을 갖게 되었다.

玉자는 다른 글자와 합쳐질 때에는 대개 점(ヽ)이 탈락하여 王(おう 임금 왕)자의 형태로 쓰인다.

- □ 現在(げんざい) 현재
- □ 現代(げんだい) 현대
- □ 実現(じつげん) 실현
- □ 現(わ)れる(あらわれる) 나타나다, 드러나다
- □ 現象(げんしょう) 현상
- □ 再現(さいげん) 재현
- □ 表現(ひょうげん) 표현
- □ 現(わ)す(あらわす) 드러내다, 나타내다

9b 覚

覚 覚 覚 覚 覚 覚 覚 覚 覚 覚 覚

覚 깨달을 **각**

음 かく　훈 おぼえる・さます・さめる

ʸʸ(손으로 엮는 모습) + ⌐(べき) 덮을 멱 + 見(けん) 볼견

사내아이가 어른들이 손으로 짚을 엮어(ʸʸ) 지붕을 덮는(⌐) 것을 쳐다보는(見) 모습에서 **깨닫다, 느끼다**는 뜻을 갖게 되었다.

- □ 感覚(かんかく) 감각
- □ 錯覚(さっかく) 착각
- □ 発覚(はっかく) 발각
- □ 覚える(おぼえる) 느끼다, 기억하다, 배우다
- □ 覚める(さめる) 깨다, 눈이 뜨이다, 제정신이 들다
- □ 覚悟(かくご) 각오
- □ 自覚(じかく) 자각
- □ 味覚(みかく) 미각
- □ 覚ます(さます) 깨다, 깨우치다, 깨우다
- □ 目覚まし時計(めざましどけい) 자명종

사람 | 신체 | 얼굴

9c 親

親 친할 친, 어버이 친

음 しん 훈 おや・したしい・したしむ

立→辛(しん) 매울 신 + 木(ぼく・もく) 나무 목 + 見(けん) 볼 견

부모란 자녀를 잘 살펴(見) 빗나갈 때는 매섭게(辛) 훈육하여 올바른 방향으로 이끌어 훌륭한 재목(木)으로 자랄 수 있도록 해야 한다.

- 懇親会(こんしんかい) 친목회
- 親切(しんせつ) 친절
- 両親(りょうしん) 양친
- 親子(おやこ) 부모와 자식
- 母親(ははおや) 어머니, 모친
- 親しい(したしい) 친하다, 사이가 좋다, (혈연이) 가깝다
- 親父(おやじ) 성인 남성이 자기 아버지를 친근하게 일컫는 말
- 親しむ(したしむ) 친하게 지내다, 늘 접촉해서 친숙해지다
- 親戚(しんせき) 친척
- 親友(しんゆう) 친우
- 親(おや) 부모, 선조, 원조
- 父親(ちちおや) 아버지, 부친

9d 規

規 법 규

음 き

夫(ふ・ふう) 지아비 부 + 見(けん) 볼 견

가부장 사회에서는 아버지(夫)가 보고(見) 내린 판단이 기준이 되었으므로 여기에서 법, 규칙 등의 뜻이 파생되었다.

- 規準(きじゅん) 규준, 규범이 되는 표준
- 規定(きてい) 규정
- 正規(せいき) 정규
- 規則(きそく) 규칙
- 規律(きりつ) 규율, 기율, 질서
- 定規(じょうぎ) 자

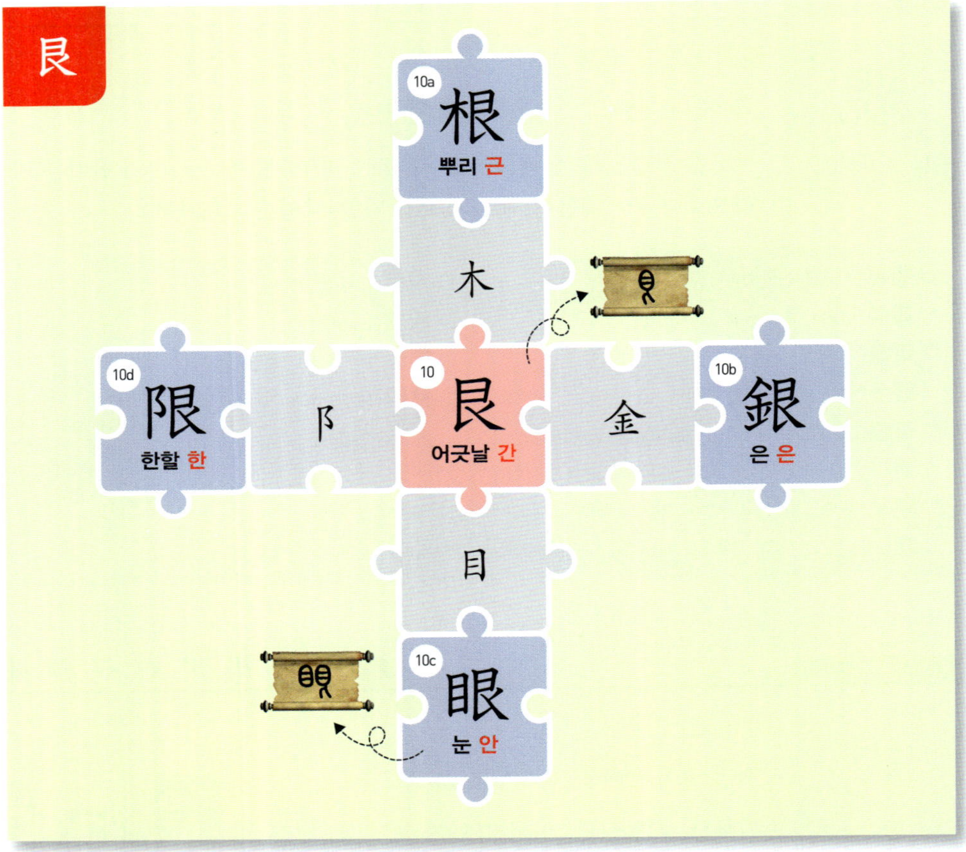
艮
10a
根
뿌리 근
木
10d
限
한할 한
阝
10
艮
어긋날 간
金
10b
銀
은 은
目
10c
眼
눈 안

10

艮 艮 艮 艮 艮 艮

艮
어긋날 간

음 こん・ごん

정면을 주시하는 모습인 **見**(けん 볼 견)자와는 반대로 사람이 뒤를 돌아보는 모습에서 **어긋나다**는 뜻이 파생되었다.

사람 | 신체 | 얼굴

10a

뿌리 근

음 こん　훈 ね

木(ぼく・もく) 나무 목 ＋ 艮(こん・ごん) 어긋날 간

나무(木)는 심고 나서 **뿌리**가 튼튼하게 자리를 잡을 때까지 돌아보며(艮) 살펴주어야 한다.

- 根気(こんき) 끈기
- 根本(こんぽん) 근본
- 垣根(かきね) 울타리, 담 밑
- 屋根(やね) 지붕
- 根性(こんじょう) 근성
- 根(ね) 뿌리, 근본
- 根元(ねもと) 뿌리, 밑, 근본

10b

은 은

음 ぎん

金(きん・こん) 쇠 금 ＋ 艮(こん・ごん) 어긋날 간

은을 찾기 위해 자꾸만 돌아보게(艮) 만드는 귀한 금속(金)이라는 의미이다. 고대에는 은이 금보다 더 귀하게 여겨졌다고 하는데, 그 이유는 자연은으로 산출되는 경우가 자연금에 비해서 적고, 또 까다로운 정제법을 거쳐야 얻을 수 있었기 때문이다.

- 銀貨(ぎんか) 은화
- 金銀(きんぎん) 금은
- 銀座(ぎんざ) 긴자(일본 도쿄에 있는 번화가의 지명)
- 銀幕(ぎんまく) 은막
- 銀河(ぎんが) 은하
- 銀行(ぎんこう) 은행
- 水銀(すいぎん) 수은

10c

眼 眼 眼 眼 眼 眼 眼 眼 眼 眼 眼

眼 눈 안

- 음: がん・げん
- 훈: まなこ・め

目(ぼく・もく) 눈 목 ＋ 艮(こん・ごん) 어긋날 간

눈을 의미하는 目자와 뒤를 돌아보는 모습을 나타내는 艮자를 합쳐, 目자와는 발음이 다른 눈을 의미하는 글자를 만들었다.

- ☐ 眼球(がんきゅう) 안구
- ☐ 肉眼(にくがん) 육안
- ☐ 血眼(ちまなこ) 혈안
- ☐ 千里眼(せんりがん) 천리안
- ☐ 慧眼(えげん) 혜안
- ☐ 眼鏡(めがね) 안경

10d

限 限 限 限 限 限 限 限 限

限 한할 한

- 음: げん
- 훈: かぎる

阝＝阜(ふ) 언덕 부 ＋ 艮(こん・ごん) 어긋날 간

아무리 돌아봐도(艮) 넘을 수 없는 언덕(阜)에 가로막혀 뒤로 물러나게 된 상황에서 한하다, 한계, 한도, 끝 등의 뜻이 파생되었다.

> 阜자는 단층이 있는 산의 측면을 본떠 만든 글자이다. 阜자는 다른 글자와 합쳐질 때는 모양이 阝로 바뀌며, 글자의 왼편에 올 때는 '언덕'을 뜻하고, 오른편에 올 때는 '마을(邑)'을 뜻한다.

- ☐ 期限(きげん) 기한
- ☐ 限定(げんてい) 한정
- ☐ 制限(せいげん) 제한
- ☐ 限る(かぎる) 경계(범위)를 짓다, 제한하다, 한(정)하다
- ☐ 限界(げんかい) 한계
- ☐ 限度(げんど) 한도, 한계

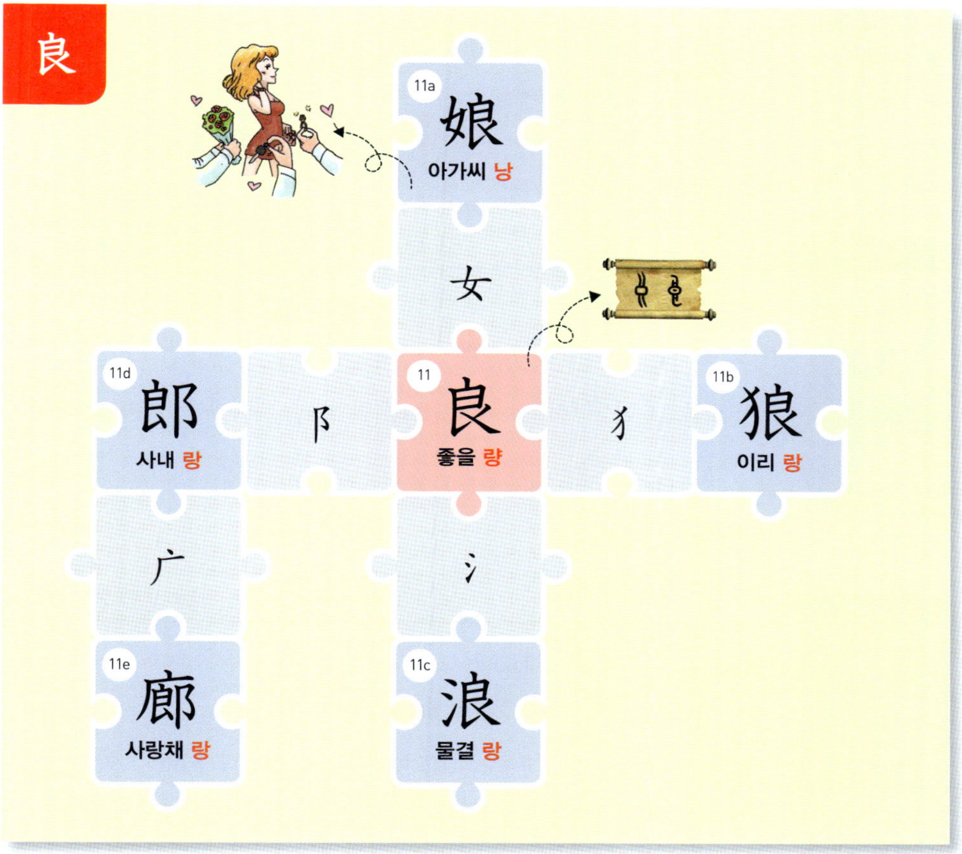

사람 | 신체 | **얼굴**

良

| 11a 娘 아가씨 낭 |
| 女 |
11d 郎 사내 랑	阝	11 良 좋을 량	犭	11b 狼 이리 랑
广	氵
11e 廊 사랑채 랑	11c 浪 물결 랑

11

良 좋을 량

음 りょう　훈 よい

성루를 중심으로 양쪽으로 늘어선 성곽의 모습을 본떠 만든 글자이다. 성루와 성곽의 어우러짐이 보기에 **좋다**는 의미를 가지고 있다.

艮(こん・ごん 어긋날 간)자와는 아무런 관련이 없다.

- ☐ 改良(かいりょう) 개량　　☐ 不良(ふりょう) 불량　　☐ 良好(りょうこう) 양호
- ☐ 良質(りょうしつ) 양질　　☐ 良心(りょうしん) 양심
- ☐ 良い(よい) 좋다, 뛰어나다, 바람직하다 ☞ 현대 일상회화에서는 いい를 많이 사용하며, よい는 격식을 차린 느낌을 준다.

11a

娘娘娘娘娘娘娘娘娘娘

娘 아가씨 낭

훈 むすめ

女(じょ・にょ・にょう) 여자 녀 + 良(りょう) 좋을 량

여자(女)의 인생에서 가장 좋은(良) 시절이라는 의미에서 **아가씨**를 뜻한다.

- ☐ 娘(むすめ) 딸, 미혼 여성
- ☐ 娘さん(むすめさん) 따님, 아가씨

11b

狼狼狼狼狼狼狼狼狼狼

이리 랑

음 ろう　　훈 おおかみ

犭=犬(けん) 개 견 + 良(りょう) 좋을 량

늑대(犬)는 머리가 아주 좋은(良) 영리한 동물이라는 뜻이다. 실제로 아메리카 인디언들은 늑대의 영민함 때문에 늑대를 영물로 숭배하였다고 한다.

犭자는 개 크기 정도의 동물을 뜻하는 글자에 의미 요소로 쓰이는 경우가 많다.

- ☐ 狼狽(ろうばい) 당황, 허둥지둥함
- ☐ 狼(おおかみ) 이리

11c

浪浪浪浪浪浪浪浪浪浪

浪 물결 랑

음 ろう　　훈 なみ

氵=水(すい) 물 수 + 良(りょう) 좋을 량

물결이 물(水)에 좋은(良) 영향을 미친다는 의미를 담고 있다. '물은 고이면 썩는다'는 말처럼 물을 살아 있게 하는 것은 물결임을 알려주는 글자이다.

사람 | 신체 | 얼굴

- **風浪**(ふうろう) 풍랑
- **浪費**(ろうひ) 낭비
- **浪漫**(ろうまん) 낭만
- **浪人**(ろうにん) 재수생, 실업자 ☞ 일본의 중세와 근세 시대에 섬기는 주군 없이 떠돌던 무사를 일컫던 말
- **浪**(なみ) 파도, 물결, 파동
- **高波**(たかなみ) 높은 파도, 큰 놀

11d

郎
사내 랑

음 ろう

良→良(りょう) 좋을 량 + 阝=邑(ゆう) 고을 읍

고을(邑)을 지키는 보기 좋고(良) 듬직한 장정들의 모습에서 **사나이**라는 뜻이 파생되었다.

- 성곽(良)으로 둘러싸인 고을(阝=邑)을 지키는 장정들의 모습으로 해석할 수도 있다.
- 우리 郎자의 일본식 한자로, 글자의 왼쪽 부분이 다름이 주의하자!

- **新郎**(しんろう) 신랑
- **太郎**(たろう) 장남, 장남에게 많이 붙여지는 이름
- **野郎**(やろう) 놈, 자식

11e

사랑채 랑

음 ろう

广(げん) 집엄 + 郎(ろう) 사내 랑

바깥주인(郎)이 거처하며 손님을 접대하는 **사랑채**를 가진 큰 집(广)의 모습이다. 사랑채가 행랑으로 안채와 연결되어 있었기 때문에 **행랑**, **복도** 라는 뜻도 파생되었다.

- 广자는 지붕의 모양을 본떠 만든 글자로, 한쪽 벽이 트인 구조로 되어 있는 집을 말한다.

- **回廊**(かいろう) 회랑
- **画廊**(がろう) 화랑
- **廊下**(ろうか) 낭하, 복도

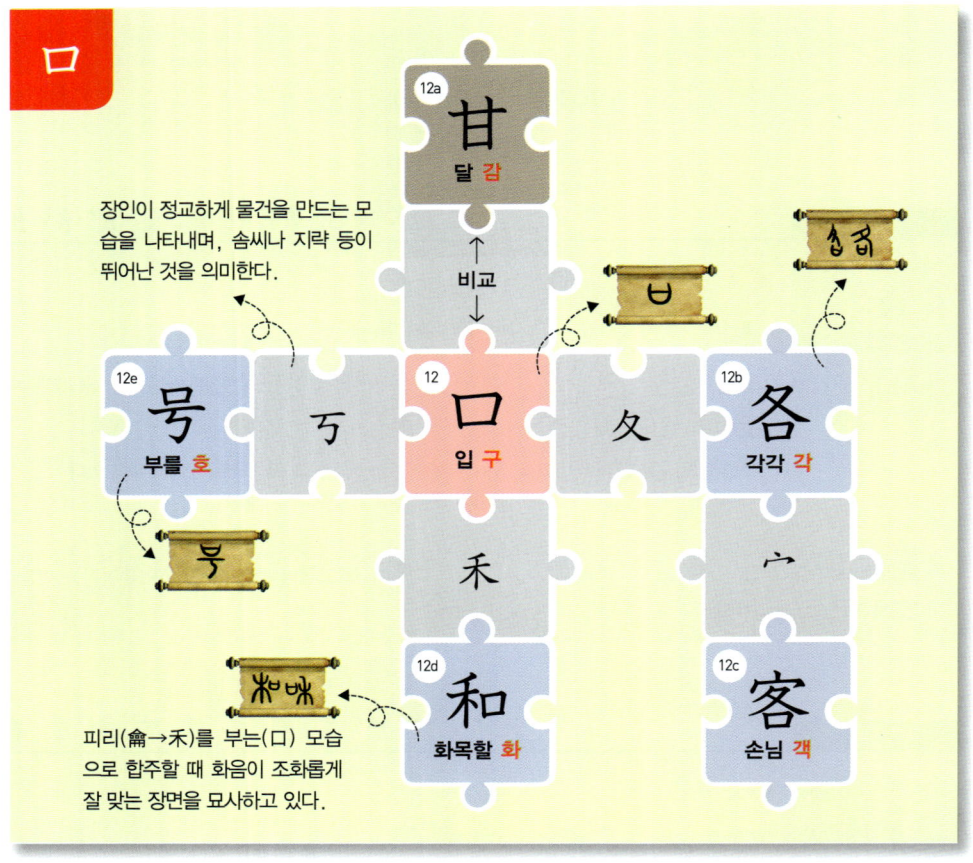

12			口 口 口

음 こう・く　　**훈** くち

口
입 **구**

입의 모양을 본떠 만든 글자이다. 口자가 다른 글자와 합쳐질 때에는 '먹다, 말하다, 울다'와 같이 입으로 하는 일과 관련된 경우가 많다.

- 口実(こうじつ) 구실
- 人口(じんこう) 인구
- 閉口(へいこう) 질림, 항복, 입을 다물고 말하지 않음

사람 | 신체 | **얼굴**

- 口調(くちょう) 어조
- 入(り)口(いりぐち) 입구
- 出口(でぐち) 출구
- 口伝(くでん) 구전
- 口数(くちかず) 말수, 식구
- 無口(むくち) 말수가 적음 또 그런 사람
- 口(くち) 입, 말
- 口癖(くちぐせ) 입버릇

12a

甘 甘 甘 甘 甘

달**감**

음 かん　훈 あまい・あまえる・あまやかす

입(甘→口) 안에 단 음식(一)을 삼키지 않고 물고 있는 모습이다.

12

- 甘言(かんげん) 감언
- 甘露水(かんろすい) 감로수
- 甘える(あまえる) 응석 부리다, 호의(친절)를 스스럼없이 받아 들이다
- 甘やかす(あまやかす) 응석 부리게 하다, 응석을 받아 주다
- 甘辛(あまから) 달콤하고 짭짤한 맛
- 甘味(かんみ) 감미, 단맛, 단 음식
- 甘い(あまい) 달다, 싱겁다, 엄하지 않다

12b

各 各 各 各 各 各

각각**각**

음 かく　훈 おのおの

夂(ち) 뒤져올치　＋　口(こう・く) 입구

누구나 각각 신이 자신에게 와서(夂) 함께허 주기를 요청(口)할 수 있다는 의미를 가지고 있다.

夂자는 사람의 발자국 모양을 나타내는 止(し 그칠 지)자가 거꾸로 뒤집힌 모양으로 천천히 걷는 모습을 나타낸다.

- 各自(かくじ) 각자
- 各国(かっこく) 각국
- 各種(かくしゅ) 각종
- 各・各々(おのおの) 각각, 각기, 여러분
- 各地(かくち) 각지

12c 客

客
손님 **객**

客客客客客客客客

음 きゃく・かく

宀(べん・めん) 집 면 + 各(かく) 각각 각

집(宀) 안에 각자(各) 따로 있는 사람이란 가족 구성원이 아닌 **손님**을 의미한다.

- お客さん(おきゃくさん) 손님
- 客間(きゃくま) 응접실
- 客観的(きゃっかんてき) 객관적
- 乗客(じょうきゃく) 승객
- 主客(しゅかく) 주객
- 論客(ろんかく) 논객

12d 和

和
화목할 **화**

和和和和和和和和

음 わ **훈** やわらぐ・やわらげる・なごむ・なごやか

禾(か) 벼 화 + 口(こう・く) 입 구

수확한 벼(禾)를 여러 사람들이 사이좋게 나누어 먹는(口) **화목한** 모습을 나타낸다. 일본은 섬나라라는 특수성 때문에 서로 조화를 이루어 사는 화합을 대단히 중요시 여겼는데 이 사상이 和라는 문화로 발전하였다.

- 調和(ちょうわ) 조화
- 平和(へいわ) 평화
- 和食(わしょく) 일식, 일본 요리
- 和らぐ(やわらぐ) 누그러지다, 눅지다, 온화해지다
- 和らげる(やわらげる) 부드럽게 하다, 완화시키다
- 和む(なごむ) 누그러지다, 온화해지다
- 和やか(なごやか) (기색·공기가) 부드러움, 온화함

12e 号

号
부를 **호**

号号号号号

음 ごう

口(こう・く) 입 구 + 丂(こう) 공교할 교

많은 군중 속에서 한 사람을 부를(口) 때에는 그 사람의 **이름**을 외치는 것이 솜씨(丂) 있는 행동일 것이다. 많은 사람의 이름을 효율적으로 부르기 위해 일련번호를 부여한 것에서 **번호**라는 뜻으로도 쓰이게 되었다.

| 우리 號자의 일본식 한자이다.

- 暗号(あんごう) 암호
- 記号(きごう) 기호
- 番号(ばんごう) 번호
- 符号(ふごう) 부호, 기호
- 信号(しんごう) 신호

사람 | 신체 | 얼굴

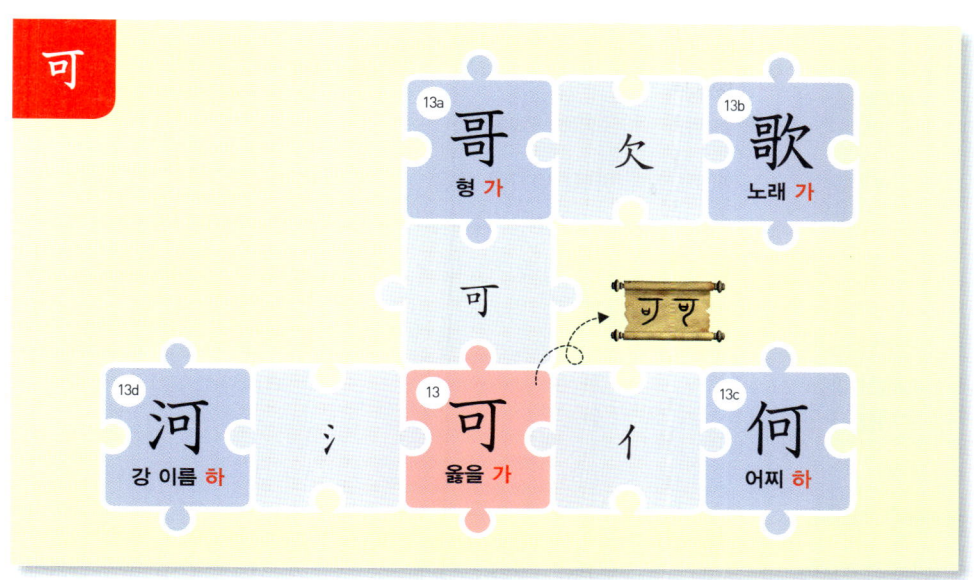

13

可 丁 口 可 可

옳을 가

음 か

口(こう・く) 입구 + 丁(입을 크게 벌린 모양)

입(口)을 크게 벌리고(丁) 자신이 **옳다**고 큰소리를 치는 모습에서 **가능하다, 할 수 있다**는 뜻이 파생되었다.

- 可決(かけつ) 가결
- 可能(かのう) 가능
- 許可(きょか) 허가
- 認可(にんか) 인가
- 不可欠(ふかけつ) 불가결

13a

哥 哥 哥 哥 哥 哥 哥 哥 哥 哥

형 가

음 か

可(か) 옳을 가 + 可(か) 옳을 가

입(口)을 크게 벌리고(丁) 소리치는 모습 두 개(可+可)를 겹친 글자로 본래는 노래하다는 뜻이었다. 지금은 그렇게 집안을 대표하여 소리치는 사람이라는 의미에서 **형**이라는 뜻으로 쓰이고 있다.

13b

歌歌歌歌歌歌歌歌歌歌歌歌歌

歌
노래 **가**

- 음 か 훈 うた・うたう
- 哥(か) 형 가 + 欠(けつ) 하품 흠

노래(哥)할 때 하품(欠)하듯 입을 크게 벌려야 함을 다시 한 번 강조했다. 哥자가 원래 '노래하다'는 의미에서 '형'의 뜻으로 바뀌자, 欠자를 더해서 **노래하다**는 본래 의미를 되살렸다.

- □ 謳歌(おうか) 구가
- □ 歌手(かしゅ) 가수
- □ 歌謡(かよう) 가요
- □ 校歌(こうか) 교가
- □ 歌(うた) 노래
- □ 歌声(うたごえ) 노랫소리
- □ 子守歌(こもりうた) 자장가
- □ 歌う(うたう) 노래하다, 노래 부르다

13c

何何何何何何何

何
어찌 **하**

- 음 か 훈 なに・なん
- 亻＝人(じん・にん) 사람 인 + 可(か) 옳을 가

자신만만하게 **무엇**이든지 할 수 있다(可)며 큰소리를 치는 사람(人)의 모습이다.

- □ 幾何学(きかがく) 기하학
- □ 何(なに・なん) 무슨
- □ 何事(なにごと) 어떤 일, 무슨 일
- □ 何時(なんじ) 몇 시
- □ 何人(なんにん) 몇 사람

13d

河河河河河河河河

강 이름 **하**

- 음 か 훈 かわ
- 氵＝水(すい) 물 수 + 可(か) 옳을 가

적은 물(水)이 모여서 시내를 이루고, 시내가 모여 **강**을 만들(可) 수 있음을 의미한다.

- □ 河川(かせん) 하천
- □ 運河(うんが) 운하
- □ 氷河(ひょうが) 빙하
- □ 河・川(かわ) 하천, 강, 시내, 내
- □ 河岸(かわぎし) 강가, 강기슭
- □ 河口(かわぐち) 하구
- □ 河童(かっぱ) 물속에 사는 상상의 동물

사람 | 신체 | 얼굴

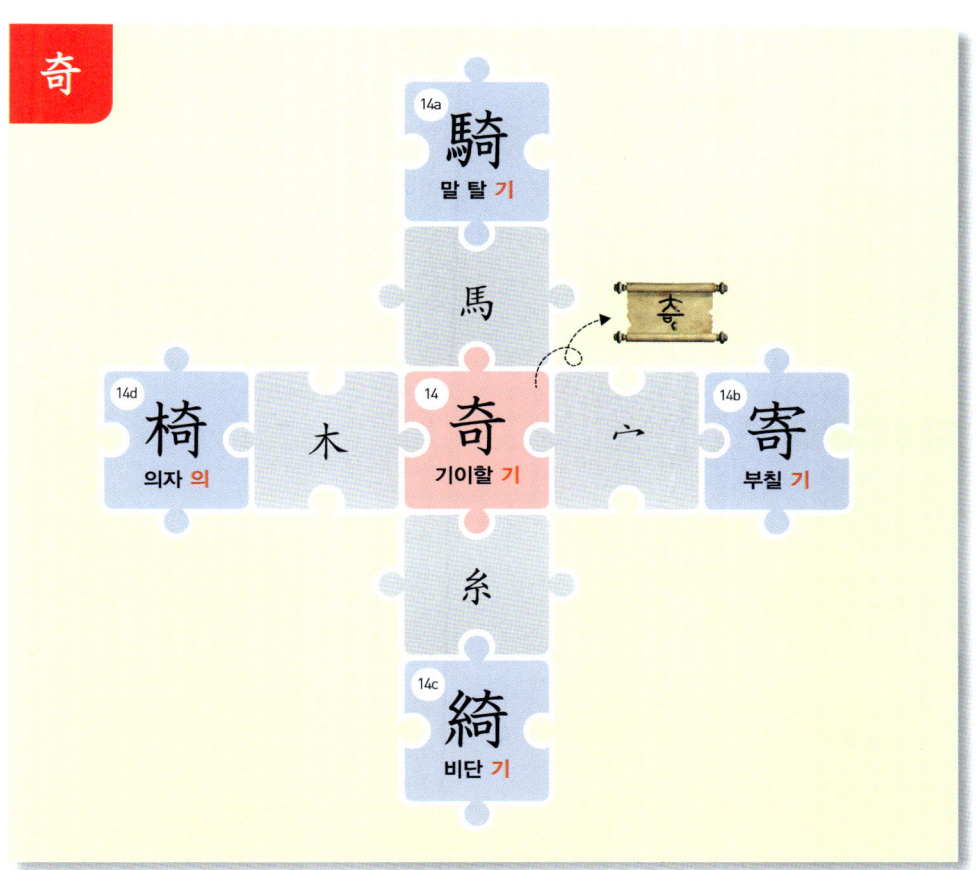

14

奇 기이할 기

음 き

大(だい・たい) 큰 대 + 可(か) 옳을 가

보통 사람은 할 수 없는 **기이한** 일을 할 수 있는(可) 사람(大)이라는 의미를 가지고 있다.

- 奇怪(きかい) 기괴
- 奇妙(きみょう) 기묘
- 奇遇(きぐう) 기우
- 好奇心(こうきしん) 호기심
- 奇数(きすう) 홀수
- 猟奇(りょうき) 엽기

14a

騎 騎 騎 騎 騎 騎 騎 馬 馬 馬 馬' 馬' 馬' 馬' 馬' 馬'

騎
말 탈 기

음 き

馬(ば) 말 마 + 奇(き) 기이할 기

고향이나 자국에서 보지 못한 기이하고(奇) 특이한 일들을 경험하기 위해 **말**(馬)**을 타고** 여행을 떠나는 모습이다.

- 騎手(きしゅ) 기수
- 騎馬(きば) 기마

14b

寄 寄 寄 寄 寄 寄 寄 寄 寄 寄 寄

寄
부칠 기

음 き　훈 よる・よせる

宀(べん・めん) 집 면 + 奇(き) 기이할 기

보통 사람은 할 수 없는 기이한(奇) 일을 할 수 있는 사람을 그의 재능을 발휘할 수 있도록 특수한 학교(宀)로 **보내는** 모습이다.

- 寄稿(きこう) 기고
- 寄贈(きぞう) 기증
- 寄る(よる) 접근하다, 다가가다
- 寄生(きせい) 기생
- 寄付(きふ) 기부
- 寄せる(よせる) 밀려오다, 다가오다

14c

綺 綺 綺 綺 綺 綺 綺 綺 綺 綺 綺 綺

綺
비단 기

음 き

糸(し) 실 사 + 奇(き) 기이할 기

견사(糸)로 짠 고귀하고 아름다운(奇) 천인 **비단**을 의미하는 글자이다.

| 奇자는 비단이 기이할 정도로 귀하고 아름답다는 것을 강조하고 있다.

- 綺麗・奇麗(きれい) 고움, 예쁨, 아름다움
- 綺麗事(きれいごと) 겉치레, 겉만 번지르함
- 綺麗好き(きれいずき) 깨끗한 것을 좋아함, 결벽, 또는 그런 사람

사람 | 신체 | 얼굴

14d

椅椅椅椅椅椅椅椅椅椅椅椅

의자 **의**

음 い

木(ぼく・もく) 나무 목 + 奇(き) 기이할 기

동물들 가운데 유일하게(奇) 서서 생활하는 인류에게 나무(木)로 만든 **의자**는 생활문화를 바꾼 유용한 도구였다.

☐ **椅子**(いす) 의자, 관직 등의 직위, 자리

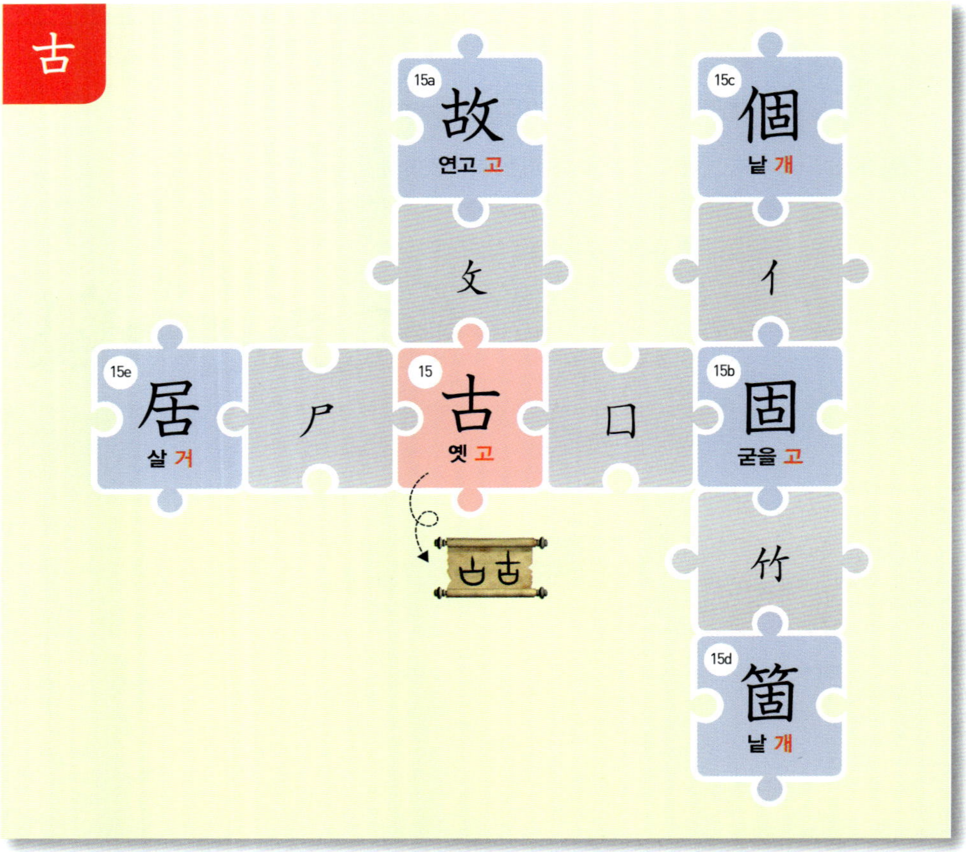

15 古

- 15a 故 연고 고
- 攵
- 15c 個 낱 개
- 亻
- 15e 居 살 거
- 尸
- **15 古 옛 고**
- 口
- 15b 固 굳을 고
- 竹
- 15d 箇 낱 개

古 古 古 古 古

옛 고

음 こ　훈 ふるい

음식을 항아리(口)에 넣고 무거운 돌(十)로 눌러서 **오랫동안** 숙성시키는 모습이다.

│ 古자에서 口(こう・く 입 구)자는 입과는 전혀 무관한 항아리나 그릇을 의미한다.

- □ **古代**(こだい) 고대
- □ **古典**(こてん) 고전
- □ **最古**(さいこ) 최고, 가장 오래 됨
- □ **中古車**(ちゅうこしゃ) 중고차
- □ **古**い(ふるい) 낡다, 오래되다
- □ **古着**(ふるぎ) 헌 옷, 낡은 옷

사람 | 신체 | 얼굴

15a

연고 고, 사유 고

음 こ　훈 ゆえ

古(こ) 옛고　+　攵(ぼく) 칠복

음식을 오랫동안(古) 숙성시켜 보관해 오던 항아리를 쳐서(攵) 깨뜨리는 모습이다. 냉장고가 없던 시절에 숙성시킨 음식 항아리를 깨뜨렸다는 것은 큰 **사고**이거나 아니면 무엇인가 다른 **이유**가 있음을 의미한다.

- 故意(こい) 고의
- 故郷(こきょう) 고향
- 故障(こしょう) 고장
- 故人(こじん) 고인
- 事故(じこ) 사고
- 故(ゆえ) 이유, 내력, 연고, ~때문에
- 故なく(ゆえなく) 까닭 없이, 이유 없이
- 何故(なぜ・なにゆえ) 왜, 어째서

15b

굳을 고

음 こ　훈 かためる・かたまる・かたい

囗(い・こく) 에워쌀 위　+　古(こ) 옛고

오랫동안(古) 숙성시킨 음식 항아리를 다시 둘러싸둔(囗) 모습으로, 시간이 너무 오래 흘러 **굳어진** 것을 의미한다.

- 固体(こたい) 고체
- 固定(こてい) 고정
- 固有(こゆう) 고유
- 固める(かためる) 굳히다, 단단히 하다, 다지다
- 固まる(かたまる) 굳(어지)다, 딱딱(단단)해지다, 확고해지다
- 固い(かたい) 단단하다, 견고하다

15c

낱 개

음 こ・か

亻=人(じん・にん) 사람 인　+　固(こ) 굳을고

사람(人)마다 굳어져(固) 고치기 힘든 특성이나 성격이 모두 제 각각 다르다 하여 **낱, 하나**라는 뜻이 파생되었다.

| 숫자를 나타내는 말 뒤에 붙어 개수를 셀 때에는 다음의 15-d에 제시된 箇자와 통용된다.

- 一個(いっこ) 한 개
- 個性(こせい) 개성
- 個室(こしつ) 독실
- 個別(こべつ) 개별
- 個人(こじん) 개인
- 個条(かじょう) 개조, 조항

15d

낱 개

음 か・こ

竹(ちく) 대 죽 + 固(こ) 굳을 고

딱딱하게(固) 잘 말려진 음식 재료를 각각 종류별로 바람이 잘 통하는 대나무(竹) 상자에 넣어 오랫동안 보관하는 모습에서 **낱, 하나**라는 뜻이 파생되었다.

- 箇所(かしょ) 개소, 장소
- 四ヶ月(よんかげつ) 4개월 ☞ ケ는 箇의 약자 个(か 낱 개)자를 간략화한 것으로, 가타카나 ケ자와 생김새는 같으나 기원은 다르다.
- 数箇所(すうかしょ) 여러 곳
- 箇条(かじょう) 개조, 조항
- 一箇(いっこ) 한 개

15e

살 거

음 きょ　훈 いる・おる

尸(し) 주검 시 + 古(こ) 옛 고

사람이 태어나 가장 오랫동안(古) **머무는** 곳이 바로 집(尸)이라는 의미를 가지고 있다.

- 居留(きょりゅう) 거류
- 別居(べっきょ) 별거
- 居る(おる) 존재하다, 있다(いる의 문어적인 표현, 공손한 표현)
- 居間(いま) 거실(居室)
- 仲居(なかい) 여관 등에서 손님 접대를 하는 여성
- 住居(じゅうきょ) 주거
- 居る(いる) 있다, 앉다, 가만히 있다
- 芝居(しばい) 연극, 연기

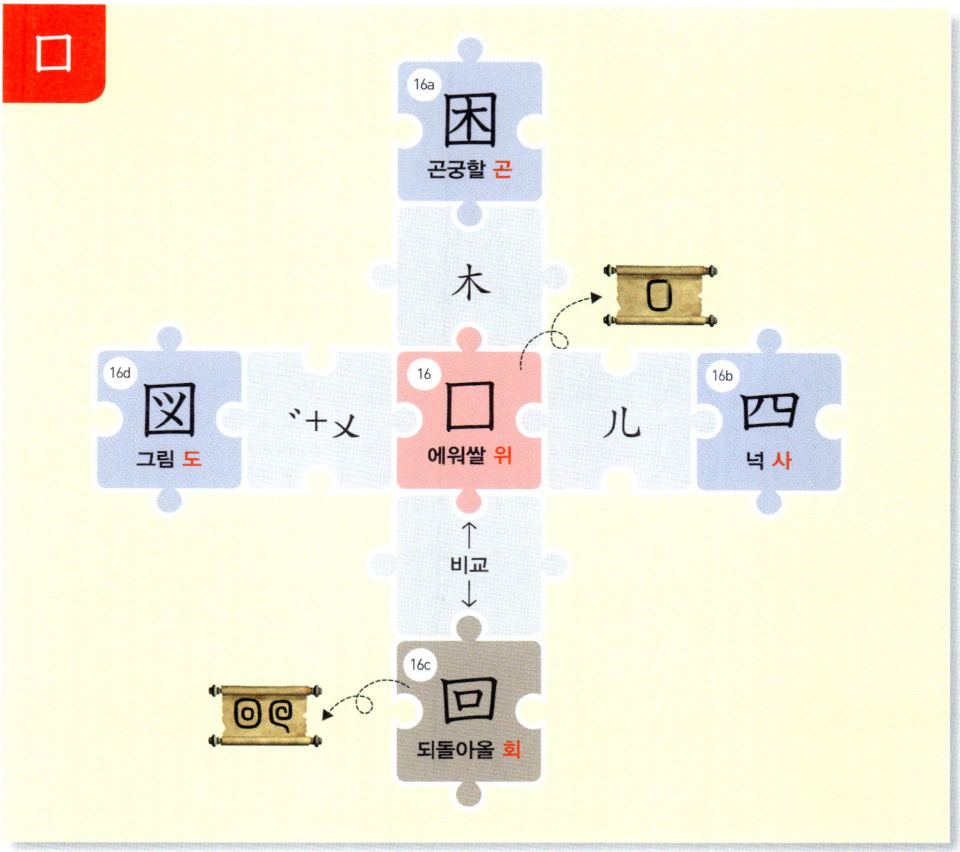

사람 | 신체 | 얼굴

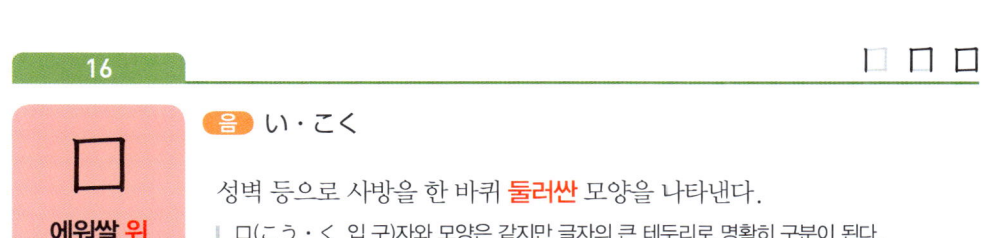

16

囗 에워쌀 위

음 い・こく

성벽 등으로 사방을 한 바퀴 **둘러싼** 모양을 나타낸다.

| 口(こう・く 입 구)자와 모양은 같지만 글자의 큰 테두리로 명확히 구분이 된다.

16a

困 困 困 困 困 困 困

困
곤궁할 **곤**

음 こん　훈 こまる

口(い・こく) 에워쌀 위 ＋ 木(ぼく・もく) 나무 목

나무(木)나 사람을 틀(口) 속에 **가두어** 옴짝달싹 할 수 없게 만든 모습이다.

- 困難(こんなん) 곤란, 어려움을 겪음
- 困惑(こんわく) 곤혹
- 貧困(ひんこん) 빈곤
- 困る(こまる) 곤란하다, 어려움(괴로움)을 겪다, 난처하다
- 困り事(こまりごと) 곤란한 일, 난처한 일, 고민

16b

四 四 四 四 四

四
넉 **사**

음 し　훈 よ・よつ・よっつ・よん

口(い・こく) 에워쌀 위 ＋ 儿(じん・にん) 어진 사람 인

사람(儿)을 **네** 방향에서 에워싼(口) 모습이다.

- 四角(しかく) 사각
- 四年(よねん) 4년
- 四日(よっか) 4일, 나흘, 초나흗날
- 四回(よんかい) 네 번, 4회
- 四季(しき) 사계, 사철
- 四人(よにん) 네 명, 4인
- 四つ(よっつ) 넷, 네 살, 네 개

사람 | 신체 | 얼굴

16c

되돌아올 회

음 かい・え 훈 まわる・まわす

물이 소용돌이 치며 계속 같은 자리를 빙빙 도는 모습을 본떠 만든 글자이다. 또한 물이 온전히 한 바퀴를 도는 모습에서 일이나 동작의 횟수를 세는 양사로도 쓰이게 되었다.

回자는 口(い・こく 에워쌀 위)자나 口(こう・く 입 구)와는 관계없는 글자이다.

- 一回(いっかい) 일회, 한 번
- 回転(かいてん) 회전
- 回向(えこう) 회향 : 죽은 사람의 성불을 위해 공양하는 것. 자신이 닦은 공덕을 남에게 돌려 자신과 함께 깨달음을 얻도록 돕는 것 ☞ 주로 불교 용어에서 え로 발음한다.
- 回す(まわす) 돌리다, 회전시키다
- 回る(まわる) 돌다, 회전하다

16d

그림 도

음 ず・と 훈 はかる

口(い・こく 에워쌀 위) + ҆(가위 모양) + ㄨ(자물쇠 모양)

밖에서 뚫을 수 없도록(҆) 튼튼하고 자물쇠(ㄨ)를 채울 수 있도록 설계된 곡식 창고의 설계도(口)에서 그림, 도면, 도형이라는 뜻이 파생되었다.

우리 圖자의 일본식 한자로, 圖자를 살펴보면 곳집(㐭) 위에 아무도 훔쳐가지 못하도록 무거운 것(口)이 올려진 곡식창고의 설계도(口)임을 알 수 있다.

- 構図(こうず) 구도
- 図形(ずけい) 도형
- 地図(ちず) 지도
- 意図(いと) 의도
- 図書館(としょかん) 도서관
- 図る(はかる) 도모하다, 꾀하다, 계획하다

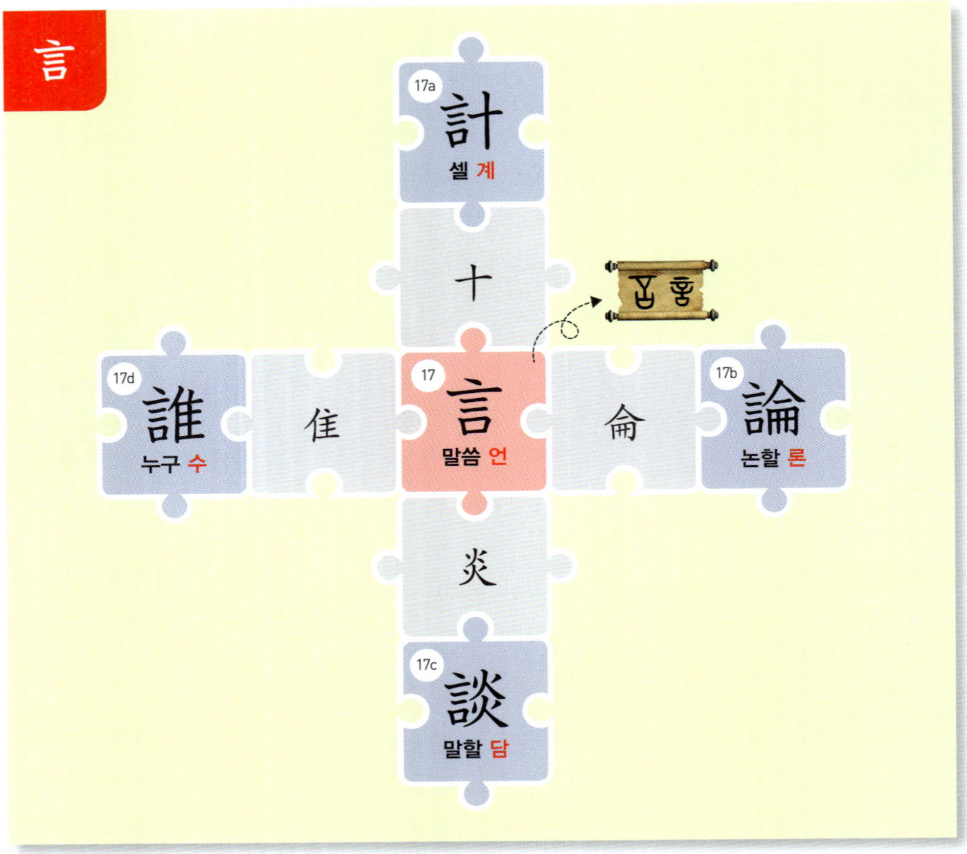

言

	17a 計 셀 계		
	十		
17d 誰 누구 수	佳	17 言 말씀 언	侖	17b 論 논할 론
	炎		
	17c 談 말할 담		

17

말씀 언

음 げん・ごん　　훈 いう・こと

혀를 입(口) 밖으로 내밀고 열심히 **말하고** 있는 모습이다.

言言言言言言言

- ☐ 言論 (げんろん) 언론
- ☐ 過言 (かごん) 과언
- ☐ 言う (いう) 말하다, 이야기하다
- ☐ 発言 (はつげん) 발언
- ☐ 無言 (むごん) 무언
- ☐ 言葉 (ことば) 말, 언어, 단어, 문장
- ☐ 方言 (ほうげん) 방언
- ☐ 遺言 (ゆいごん) 유언

사람 | 신체 | 얼굴

17a

計
셀 **계**

음 けい　훈 はかる・はからう

言(げん・ごん) 말씀 언 + 十(じゅう・じつ) 열 십

0~9까지 열(十) 개의 숫자로 모든 수를 말(言)하는 것에서 **세다**라는 뜻의 計자가 만들어졌다.

- 会計(かいけい) 회계
- 計算(けいさん) 계산, 셈
- 設計(せっけい) 설계
- 時計(とけい) 시계
- 計らう(はからう) 적절하게 조치하다, 상담하다, 계획을 세우다
- 計画(けいかく) 계획
- 合計(ごうけい) 합계
- 体重計(たいじゅうけい) 체중계
- 計る(はかる) 재다, 계량하다, 헤아리다

17b

논할 **론**

음 ろん

言(げん・ごん) 말씀 언 + 侖(りん) 생각할 륜

책을 읽고 많이 생각하여(侖) 조리 있게 말하는(言) 모습에서 **논하다**는 뜻을 갖게 되었다.

侖자는 책(冊)들을 순서에 맞게 모아 놓은(亼) 모습이다.

- 結論(けつろん) 결론
- 卒論(そつろん) 졸업논문 ☞ **卒業論文**(そつぎょうろんぶん)의 준말
- 討論(とうろん) 토론
- 弁論(べんろん) 변론
- 世論(よろん) 여론
- 論文(ろんぶん) 논문
- 言論(げんろん) 언론
- 評論(ひょうろん) 평론
- 勿論(もちろん) 물론, 말할 것도 없이
- 理論(りろん) 이론

17

17c

談談談談談談談談談談談談談

談
말할 담

음 だん

言(げん・ごん) 말씀 언 + 炎(えん) 불꽃 염

말(言)로 불꽃(炎)이 튄다는 것은, 서로 한 치의 양보도 없이 **이야기하는** 모습을 가리킨다.

> 炎자는 두 개의 불꽃(火)으로 불이 활활 타오르는 모습을 나타내었다.

- 会談(かいだん) 회담
- 談判(だんぱん) 담판
- 談話(だんわ) 담화
- 相談(そうだん) 상담, 상의, 의논
- 談論(だんろん) 담론
- 面談(めんだん) 면담

17d

誰誰誰誰誰誰誰誰誰誰誰誰誰

誰
누구 수

음 だれ

言(げん・ごん) 말씀 언 + 隹(すい) 새 추

작은 새(隹)들이 무리 지어 모여 있는 곳에서는 모두가 비슷하여 **누가** 소리(言)를 냈는지 알 수가 없다.

- 誰(だれ) 누구
- 誰彼なしに(だれかれなしに) 누구나, 누구누구 할 것 없이
- 誰ひとり(だれひとり) 누구 하나

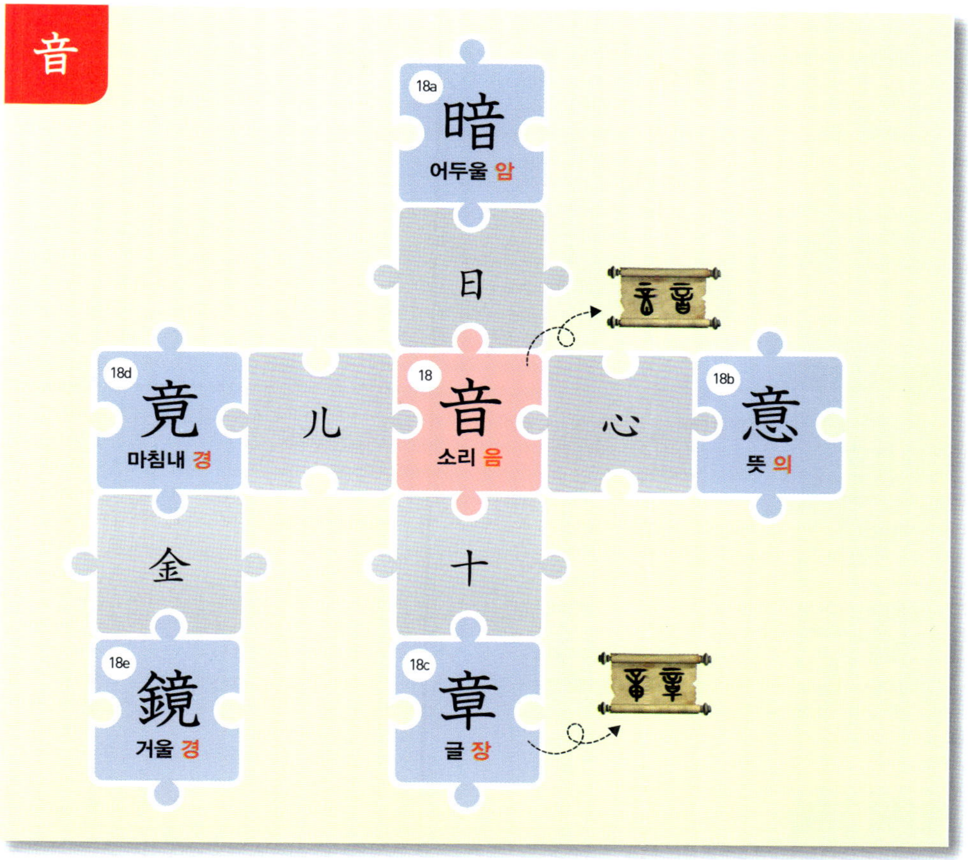

사람 | 신체 | 얼굴

音

		18a 暗 어두울 암		
		日		
18d 竟 마침내 경	儿	18 音 소리 음	心	18b 意 뜻 의
	金	十		
18e 鏡 거울 경		18c 章 글 장		

18

18

音音音音音音音音音

소리 음

🔴 おん・いん　🟢 おと・ね

갑골문자는 言(げん・ごん 말씀 언)자와 音자 모두 입으로 악기를 불고 있는 모습으로 확인되므로, 두 글자가 처음에는 구별 없이 사용되다가 후에 音자는 **소리**를, 言자는 내용을 강조하는 것으로 구별되어 쓰인 것으로 보인다.

| 音자의 윗부분이 立(りつ 설 립)자의 모양을 하고 있지만 立자와는 아무런 관련이 없다.

- 音楽(おんがく) 음악
- 雑音(ざつおん) 잡음
- 騒音(そうおん) 소음
- 録音(ろくおん) 녹음
- 音信(いんしん) 음신, 소식, 편지
- 母音(ぼいん) 모음
- 音(おと) 소리, 소문, 소식
- 足音(あしおと) 발소리
- 音色(ねいろ) 음색
- 本音(ほんね) 본심에서 우러나온 말, 본심 ☞ 일본은 本音와 建前(たてまえ, 표면 상의 방침, 원칙)의 나라라고 한다. 이는 개인보다 사회와 조직의 화합을 우선시하는 일본의 전통적인 사상에서 생겨난 것이라고 한다.
- 弱音(よわね) 약한 소리, 나약한 말, 앓는 소리

18a

暗暗暗暗暗暗暗暗暗暗暗

暗 어두울 암

음 あん　**훈** くらい

日(にち・じつ) 날 일 ＋ 音(おん・いん) 소리 음

해(日)가 떨어지고 **어두워**지면 소리(音)를 내야만 분간할 수 있다.

- 暗記(あんき) 암기
- 暗号(あんごう) 암호
- 暗算(あんざん) 암산
- 暗示(あんじ) 암시
- 暗証番号(あんしょうばんごう) 비밀번호
- 暗い(くらい) 어둡다, 희망이 없다
- 薄暗い(うすぐらい) 좀 어둡다, 어둑어둑하다

18b

意意意意意意意意意意意意意

意 뜻 의

음 い

音(おん・いん) 소리 음 ＋ 心(しん) 마음 심

입 밖으로 내뱉는 말이 아니라 숨겨진 마음(心)의 소리(音)가 진정한 **뜻**이라는 의미를 가지고 있다.

- 意外(いがい) 의외
- 意見(いけん) 의견
- 意志(いし) 의지, 의사, 뜻
- 意味(いみ) 의미, 말뜻, 의도
- 決意(けつい) 결의
- 得意(とくい) 득의양양, 가장 자신 있음

사람 | 신체 | 얼굴

18c

글 장, 문장 장

章 章 章 章 音 音 音 音 音 音 章 章

음 しょう

音(おん・いん) 소리 음 + 十(じゅう・じつ) 열 십

여럿(十) 소리(音)가 모여서 **문장**이 된다는 의미를 가지고 있다.

> 옛 글자를 보면 문신용 송곳(辛)으로 몸에 문신을 새기는 모습에서 '글'이라는 의미가 나왔고, 여러(十) 글이 모여 문장을 이루게 되었음을 알려준다.

- 章(しょう) 문장을 크게 나눈 한 단락, 장
- 勲章(くんしょう) 훈장
- 第一章(だいいっしょう) 제1장
- 序章(じょしょう) 서장, 처음 장 ☞ 終章(しゅうしょう) 종장
- 文章(ぶんしょう) 문장, 글월
- 楽章(がくしょう) 악장
- 紋章(もんしょう) 문장

18d

마침내 경

竟 竟 竟 竟 竟 产 音 音 音 竟 竟

음 きょう

音(おん・いん) 소리 음 + 儿(じん・にん) 어진 사람 인

악기(音)를 연주하는 사람(儿)의 모습이다. 소리를 낼 줄 안다고 하여 악기를 연주할 수 있다고는 말하지 않는 것처럼 竟자는 연주자로서 어느 정도 경지에 이른 사람이라는 의미에서 **마침내**라는 뜻을 갖게 되었다.

18e

거울 경

鏡 鏡 鏡 竟 全 全 全 金 針 針 銝 鋅 銱 鋅 鏡 鏡

음 きょう   **훈** かがみ

金(きん・こん) 쇠 금 + 竟(きょう) 마침내 경

금속(金) 표면에 광을 내어 마침내(竟) 얼굴이 보일 정도로 만든 물건으로, 옛날에는 청동을 사용하여 거울을 만들었으므로 **거울**을 의미한다. 12~13세기 무렵 유리로 만든 거울이 등장하면서 유리로 만든 **렌즈**라는 뜻도 파생되었다.

- 顕微鏡(けんびきょう) 현미경
- 鏡(かがみ) 거울
- 破鏡(はきょう) 파경
- 眼鏡(めがね) 안경
- 望遠鏡(ぼうえんきょう) 망원경

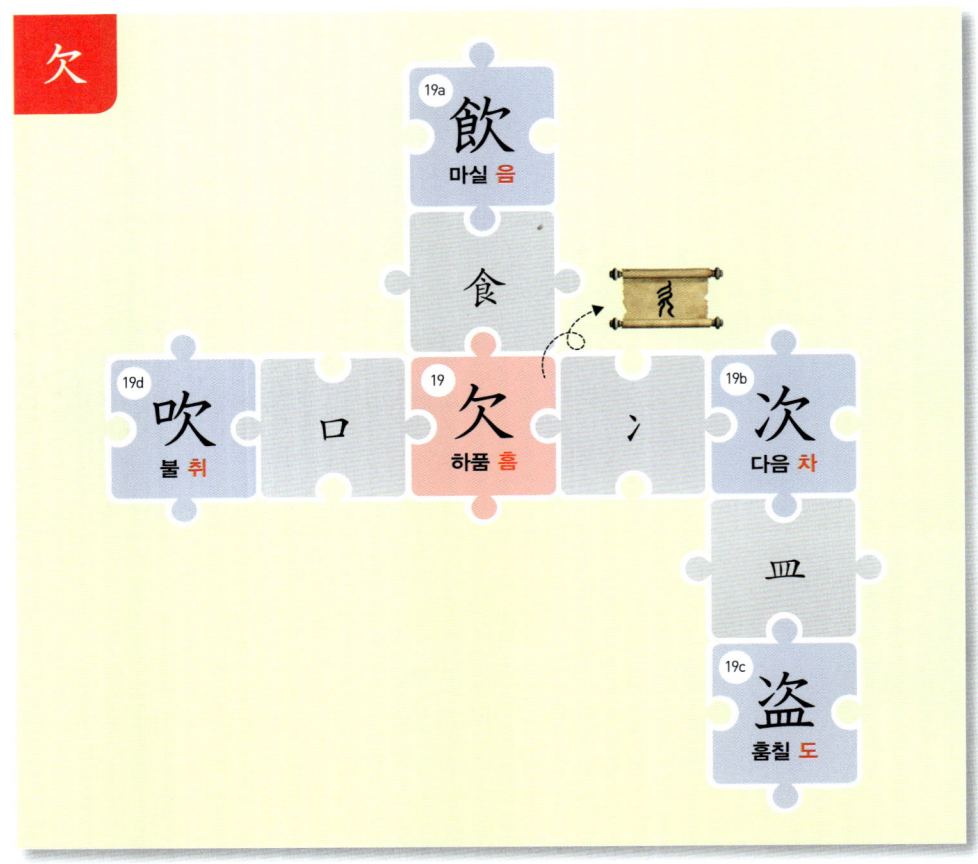

19 欠

음 けつ　훈 かける・かく

欠 하품 흠, 모자랄 결

잠이 **부족한** 사람(人)이 **하품**을 하면서 입을 크게 벌리고 있는 모양이다.

欠欠欠欠

- □ 欠員(けついん) 결원
- □ 欠点(けってん) 결점
- □ 欠く(かく) 결여되다, 부족하다, 빠뜨리다
- □ 欠陥(けっかん) 결함
- □ 不可欠(ふかけつ) 불가결
- □ 欠席(けっせき) 결석
- □ 欠ける(かける) 흠지다, 부족하다
- □ 欠伸(あくび) 하품

사람 | 신체 | 얼굴

19a

마실 음

음 いん   훈 のむ

食(しょく·じき) 먹을 식 + 欠(けつ) 하품 흠

갈증을 해소하기 위해 하품(欠) 할 때와 같이 입을 크게 벌리고 물을 **마시는**(食) 모습이다.

| 우리 飮자의 일본식 한자이다.

- 飮料(いんりょう) 음료
- 飮む(のむ) 마시다, 술을 마시다
- 飮み過ぎ(のみすぎ) 과음
- 試飮(しいん) 시음
- 飮み会(のみかい) 회식
- 飮(み)物(のみもの) 음료, 마실 것

19b

다음 차

음 じ·し   훈 つぐ·つぎ

冫→二(に·じ) 둘 이 + 欠(けつ) 하품 흠

하품을 하는 동물의 종은 다양하지만 하품 전염 현상은 사람과 몇몇 유인원류에서만 볼 수 있다고 한다. 次자는 하품(欠)이 그 **다음** 즉 두 번째 (二) 사람에게 전염된다는 의미를 가지고 있다. 또한 **동작의 횟수**를 나타내는 단위로도 쓰인다.

- 次回(じかい) 다음 회(번)
- 目次(もくじ) 목차
- 次ぐ(つぐ) 뒤를 잇다, 다음가다
- 次男(じなん) 차남
- 次第(しだい) 순서, 차차로, ~하는 대로
- 次次(つぎつぎ) 차례차례, 계속함, 잇따름

19

65

19c

盗 盗 盗 盗 次 次 盗 咨 盗 盗 盗

盗 훔칠 **도**

음 とう　훈 ぬすむ

次(じ・し) 다음 차 ＋ 皿(べい) 그릇 명

가장 좋은 그릇(皿)을 소유하고 있으면서도 그 다음(次)의 것도 욕심내어 **훔친다**는 의미를 가지고 있다.

- 強盗(ごうとう) 강도
- 盗難(とうなん) 도난
- 盗む(ぬすむ) 훔치다, 속이다

19d

吹 吹 吹 吹 吹 吹 吹

吹 불 **취**

음 すい　훈 ふく

口(こう・く) 입 구 ＋ 欠(けつ) 하품 흠

하품(欠) 하듯이 입을 크게 벌려 숨을 깊게 들이마신 후 길게 내쉬면서 입(口)으로 악기를 **부는** 모습이다.

- 鼓吹(こすい) 고취
- 吹く(ふく) 입으로 불다, 바람이 불다
- 息吹(いぶき) 숨결, 호흡, 생기
- 吹雪(ふぶき) 눈보라

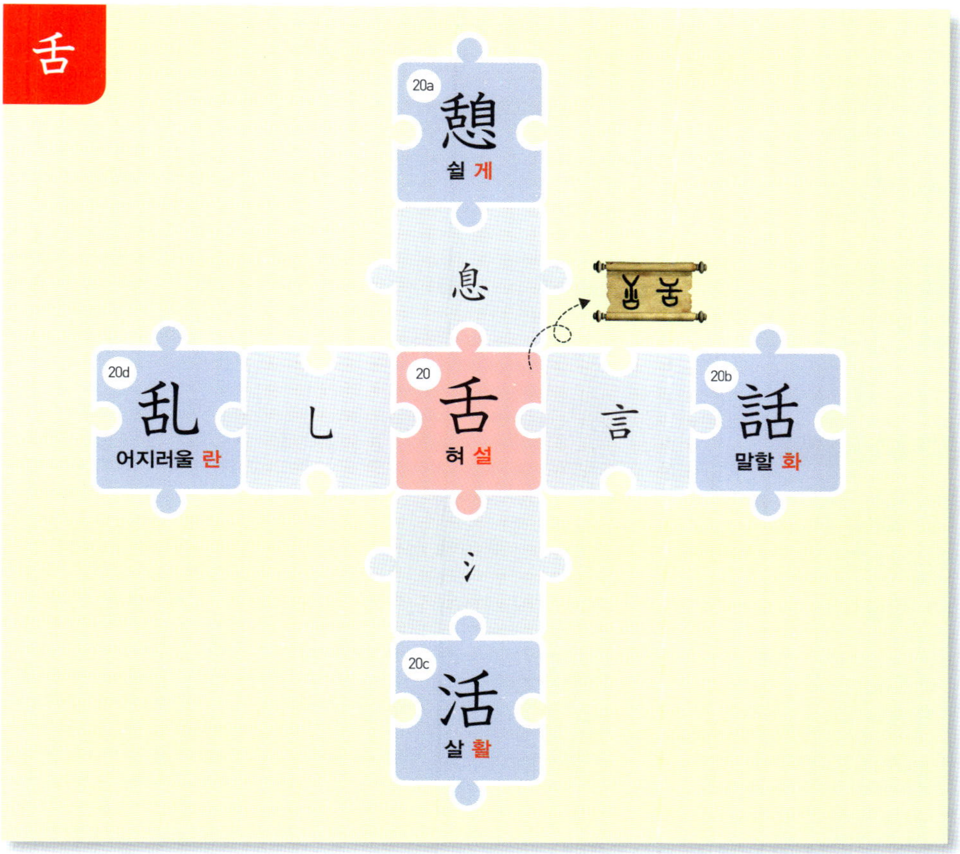

사람 | 신체 | 얼굴

```
        憩
        쉴 게
         ┊
         息
 乱   し  舌   言   話
어지러울 란   혀 설       말할 화
         ;
        20c
        活
        살 활
```

20

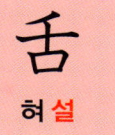
혀 설

음 ぜつ　훈 した

입(口) 밖으로 내밀고 있는 **혀**의 모습을 본떠 만든 글자이다.

□ **毒舌**(どくぜつ) 독설　　　□ **舌戦**(ぜっせん) 설전
□ **舌**(した) 혀　　　　　　□ **舌打ち**(したうち) 혀를 참, 입맛을 다심
□ **猫舌**(ねこじた) 뜨거운 음식을 잘 먹지 못하는 사람

20a

憩 憩 憩 憩 憩 憩 憩 憩 憩 憩 憩 憩 憩 憩

憩 쉴 게

- 음: けい
- 훈: いこい・いこう

舌(ぜつ) 혀 설 + 息(そく) 쉴 식

힘든 일이나 심한 운동을 한 후에 혀(舌)를 내밀고 숨(息)을 헐떡거리며 **쉬고** 있는 모습이다.

- □ 休憩(きゅうけい) 휴게, 휴식
- □ 憩いのひととき(いこいのひととき) 휴식의 한때
- □ 憩う(いこう) 푹 쉬다, 휴식하다

20b

話 話 話 話 話 話 話 話 話 話 話 話 話

話 말할 화

- 음: わ
- 훈: はなす・はなし

言(げん・ごん) 말씀 언 + 舌(ぜつ) 혀 설

말(言)이 혀(舌)를 움직여 나오는 모습에서 **말하다**라는 글자가 만들어졌다.

- □ 会話(かいわ) 회화
- □ 電話(でんわ) 전화
- □ 童話(どうわ) 동화
- □ 話題(わだい) 화제
- □ 話す(はなす) 말하다, 이야기하다, 상의하다
- □ 話(はなし) 이야기, 말, 상의
- □ 昔話(むかしばなし) 옛날이야기

20c

活 活 活 活 活 活 活 活 活

活 살 활

- 음: かつ

氵=水(すい) 물 수 + 舌(ぜつ) 혀 설

혓바닥(舌)의 작은 돌기에는 액체(水)를 분비하는 샘이 있어 건강하고 **활기찬** 사람의 혀는 항상 촉촉하게 유지된다.

- □ 活動(かつどう) 활동
- □ 活発(かっぱつ) 활발
- □ 活躍(かつやく) 활약
- □ 活用(かつよう) 활용
- □ 活力(かつりょく) 활력
- □ 生活(せいかつ) 생활, 삶

사람 | 신체 | 얼굴

20d

乱 乱 乱 乱 乱 乱 乱

어지러울 란

음 らん　훈 みだれる・みだす

舌(ぜつ) 혀 설 ＋ 乚(いん・おん) 숨을 은

혀(舌)가 구부러졌다(乚)는 것은 혀를 잘못 놀려 **혼란**을 초래하거나 화를 자초하게 되었음을 알려준다.

| 乚자는 의미상에 기여하는 바가 거의 없으며 다양한 해석이 가능한 글자이다.
| 우리 亂자의 일본식 한자이다.

□ **混乱**(こんらん) 곤란　　　　　　□ **乱暴**(らんぼう) 난폭
□ **乱れる**(みだれる) 어지러워지다, 흐트러지다, 혼란해지다
□ **乱す**(みだす) 어지럽히다, 흩뜨리다, 혼란시키다

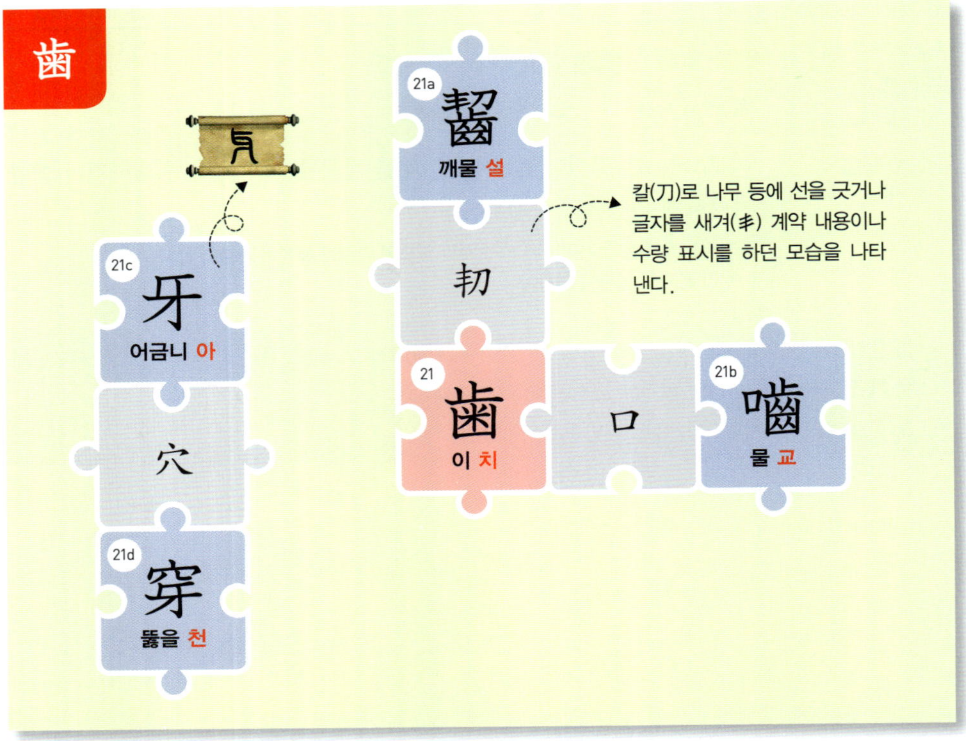

齒

21a 齧 깨물 설
칼(刀)로 나무 등에 선을 긋거나 글자를 새겨(丯) 계약 내용이나 수량 표시를 하던 모습을 나타낸다.

韧

21 齒 이 치

口

21b 嚙 물 교

21c 牙 어금니 아

穴

21d 穿 뚫을 천

21

齒

齒 이 치

음 し　　**훈** は

입(口) 안에 **치아**가 가지런히 나 있는 모습과 발음을 담당한 止(し 그칠 지)자가 더해진 글자이다.

> 歯자는 우리 齒자의 일본식 한자인데, 다른 글자와 합쳐질 때에는 우리와 같은 齒자가 사용되기도 한다.

- 歯科(しか) 치과
- 奥歯(おくば) 어금니
- 歯車(はぐるま) 톱니바퀴
- 乳歯(にゅうし) 유치, 젖니
- 虫歯(むしば) 충치
- 歯磨(き)(はみがき) 이닦기, 치약
- 歯(は) 이, 치아
- 歯医者(はいしゃ) 치과 의사
- 前歯(まえば) 앞니

사람 | 신체 | 얼굴

21a

一 ‡ ‡ ‡ ‡ ‡ ‡ ‡ ‡ ‡ ‡ ‡ ‡ ‡ ‡ 齧 齧

齧
깨물 **설**

훈 かじる・かぶる

韧(けい) 교묘히 새길 갈 + 齒(し) 이 치

다람쥐와 같은 설치류는 앞니(齒)가 발달하여 단단한 견과류도 잘 갉아(韧) 먹는다. 그렇게 이(齒)가 발달하여 잘 **무는**(韧) 특성을 묘사하고 있다.

□ 齧る(かじる) 갉(아먹)다, 베어 먹다
□ 齧る(かぶる) 덥석 물다, 한 모금에 마시다, 복통이 일어나다

21b

丨 冂 冂 冏 冏 噛 噛 噛 噛 噛 噛 噛 噛 嚙 嚙

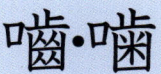

嚙・噛
물 **교**

훈 かぶる・かむ

口(こう・く) 입 구 + 齒(し) 이 치

음식을 먹기(口) 위해 이(齒)를 사용하여 덥석 **무는** 모습이다.

□ 嚙る(かぶる) 덥석 물다, 한 모금에 마시다, 복통이 일어나다
□ 嚙む・噛む(かむ) (깨)물다, 악물다, 씹다

21c

牙 与 牙 牙

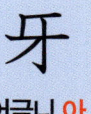

牙
어금니 **아**

음 が・げ   훈 きば

입속 가장 깊숙한 곳에 위치한 **어금니**가 잇몸을 뚫고 나오는 모양을 본떠 만든 글자이다.

□ 齒牙(しが) 치아   □ 象牙(ぞうげ) 상아   □ 牙(きば) 엄니

21d

穿穿穿穿穿穿穿穿穿

穿 뚫을 천

- 음 せん
- 훈 うがつ・はく

穴(けつ) 구멍 혈 + 牙(が・げ) 어금니 아

엄니(牙)와 같이 뾰족한 것이 구멍(穴)을 뚫다는 의미이다. 옷을 입는 것도 발이 옷을 뚫고 나오는 것과 비슷하므로 **입다**, **신다**는 뜻으로 의미가 확대되었다.

- ☐ 穿孔(せんこう) 천공
- ☐ 穿つ(うがつ) 뚫다, 핵심을 찌르다, 입다
- ☐ 穿く(はく) (바지・스커트 등을) 입다, (양말・신 등을) 신다

사람 | 신체 | 얼굴

耳

| 22 耳 귀 이 | 門 | 22a 聞 들을 문 |

又

| 22d 最 가장 최 | 日 | 22b 取 가질 취 | 走 | 22c 趣 뜻 취 |

才

22e 撮 모을 촬

22

耳 丅 Ϝ Ε 耳

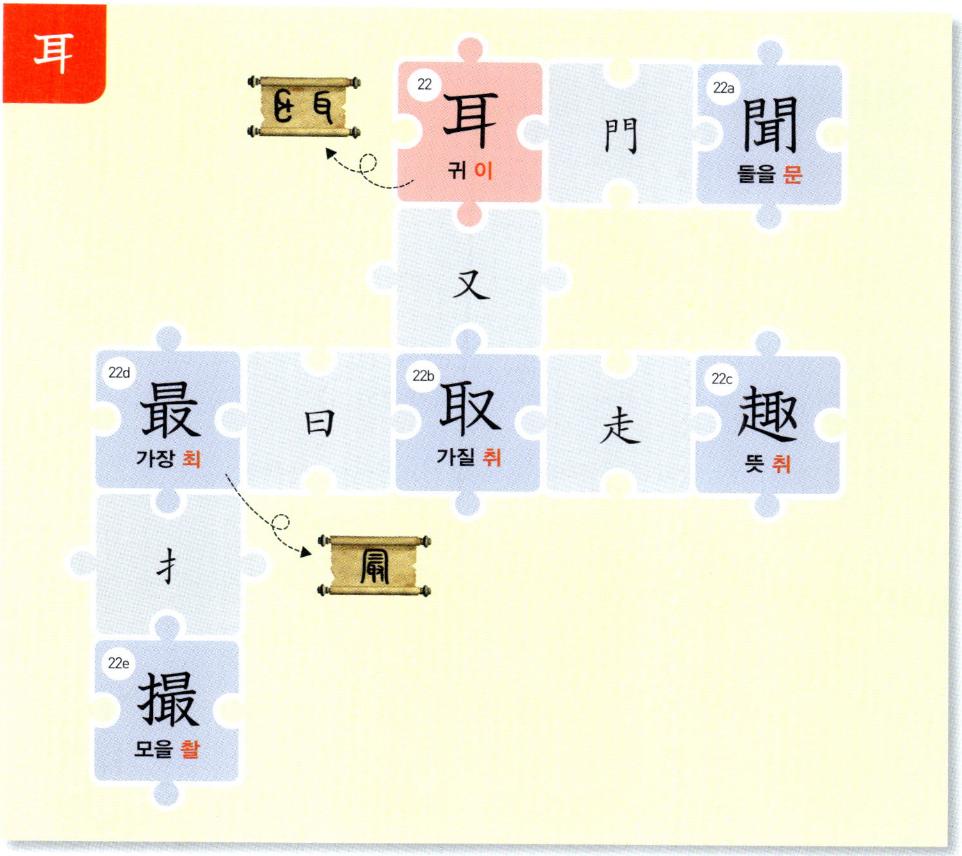

22

耳
귀 이

음 じ　훈 みみ

사람의 **귀** 모양을 본떠 만든 글자이다.

- 耳順(じじゅん) 이순, 60세를 이르는 말
- 耳(みみ) 귀
- 早耳(はやみみ) 소문 등을 남보다 빨리 들어 아는 일, 또 그런 사람
- 耳鼻科(じびか) 이비과
- 空耳(そらみみ) 헛듣다, 잘못 듣다

73

22a

聞聞聞聞聞聞聞聞聞聞聞聞聞聞

聞
들을 문

- 음 ぶん・もん
- 훈 きく・き(こ)える

門(もん) 문 문 + 耳(じ) 귀 이

문(門)은 사람이 드나드는 통로 역할을 하고, 귀(耳)는 소리를 듣는 통로 역할을 한다.

- □ 見聞(けんぶん) 견문
- □ 伝聞(でんぶん) 전문, 전해 들음
- □ 百聞は一見にしかず(ひゃくぶんは いっけんに しかず) 백문이 불여일견
- □ 前代未聞(ぜんだいみもん) 전대미문
- □ 聞く(きく) 듣다
- □ 聞(こ)える(きこえる) 들리다, 여겨지다, 해석되다
- □ 新聞(しんぶん) 신문
- □ 聴聞会(ちょうもんかい) 청문회

22b

取取取取取取取取

取
가질 취

- 음 しゅ
- 훈 とる

耳(じ) 귀 이 + 又(ゆう) 또 우

전쟁에서 승리한 병사들이 전리품으로 가져가기 위해 적군의 귀(耳)를 잘라 손(又)으로 취하는 모습이다.

> 옛날 전쟁에서 전과를 증명하기 위해 적군의 왼쪽 귀를 취하던 (取) 풍습이 반영된 것으로 보인다.

- □ 採取(さいしゅ) 채취
- □ 取得(しゅとく) 취득
- □ 取る(とる) 잡다, 들다, 쥐다
- □ 取(り)消し(とりけし) 취소
- □ 取材(しゅざい) 취재
- □ 摂取(せっしゅ) 섭취
- □ 取(り)替え(とりかえ) 교체, 대체
- □ 取引(とりひき) 거래

사람 | 신체 | 얼굴

22c

뜻 취

- 음 しゅ
- 훈 おもむき

取(しゅ) 가질 취 + 走(そう) 달릴 주

전리품을 취하여(取) 자신의 **뜻**을 이룬 병사들이 고국으로 달려가는(走) 모습이다.

- □ 趣向(しゅこう) 취향
- □ 趣味(しゅみ) 취미
- □ 趣旨(しゅし) 취지
- □ 趣(おもむき) 정취, 멋, 분위기, 취지

22d

最

가장 최

- 음 さい
- 훈 もっとも

日→冃(ぼう・もう) 쓰개 모 + 取(しゅ) 가질 취

전쟁에서 **가장** 큰 전리품은 적장의 머리(冃)를 취하는(取) 것이다.
| 冃자는 머리에 덮어 쓰는 두건을 나타낸다.

- □ 最悪(さいあく) 최악
- □ 最高(さいこう) 최고
- □ 最大(さいだい) 최대
- □ 最も(もっとも) (무엇보다도) 가장
- □ 最近(さいきん) 최근
- □ 最初(さいしょ) 최초, 처음
- □ 最低(さいてい) 최저, 최하
- □ 最寄(もより) 가장 가까움, 근처

22e

모을 촬

- 음 さつ
- 훈 とる

扌=手(しゅ) 손 수 + 最(さい) 가장 최

가장(最) 공이 큰 병사를 가려내기 위해 전리품을 손(手)으로 **취합하는** 모습이다. 또한 가장(最) 기억하고 싶은 순간을 손(手)으로 기록한다는 의미에서 **사진이나 영화 등을 찍다**는 뜻도 있다.

- □ 撮影(さつえい) 촬영
- □ 撮る(とる) (사진 등을) 찍다

사람 | 신체 | 몸

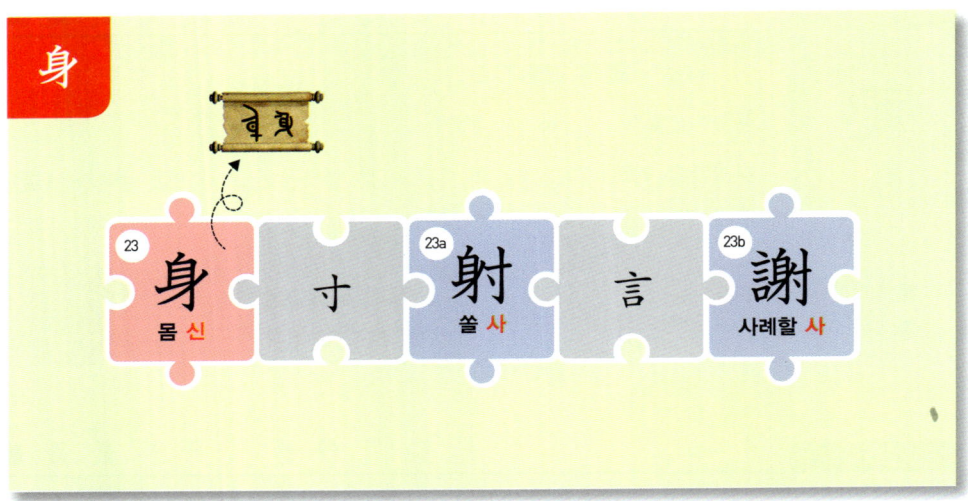

23

음 しん　훈 み

아기를 가진 여인의 **신체** 옆 모습을 본떠 만든 글자이다.

- 修身(しゅうしん) 수신
- 心身(しんしん) 심신
- 身長(しんちょう) 신장
- 身(み) 몸, 신체, 일신, 자기 자신
- 身軽(みがる) 경쾌함, 몸(놀림)이 가벼움, 몸이 홀가분함
- 身近(みぢか) 신변
- 出身(しゅっしん) 출신
- 身体(しんたい) 신체
- 独身(どくしん) 독신
- 中身(なかみ) 알맹이, 내용(물)
- 身分(みぶん) 신분

23a

射 쏠 사

- 음 しゃ　훈 いる
- 身(しん) 몸 신 ＋ 寸(すん) 마디 촌

활을 **쏘기** 위해 손(寸)으로 활줄을 잡아당긴 모습이다. 이때 활이 둥그렇게 휘어진 모습을 임신한 여자의 모습(身)에 비유하였다.

> 寸자는 마디, 길이의 단위를 나타내지만, 다른 글자와 합쳐질 때는 손의 의미로 더 널리 사용된다.

- 射撃(しゃげき) 사격
- 発射(はっしゃ) 발사
- 注射(ちゅうしゃ) 주사
- 射る(いる) (활을) 쏘다, (쏘아) 맞히다

23b

謝 사례할 사

- 음 しゃ　훈 あやまる
- 言(げん・ごん) 말씀 언 ＋ 射(しゃ) 쏠 사

감사, **사과**, **사양**의 말(言)은 활을 쏘는(射) 것과 같이 적절한 타이밍에 상대방에게 명확하게 전해야 효과가 있는 법이다.

- 慰謝料(いしゃりょう) 위자료
- 謝絶(しゃぜつ) 사절
- 感謝(かんしゃ) 감사
- 謝礼(しゃれい) 사례
- 謝罪(しゃざい) 사죄
- 謝る(あやまる) 사죄(사과)하다

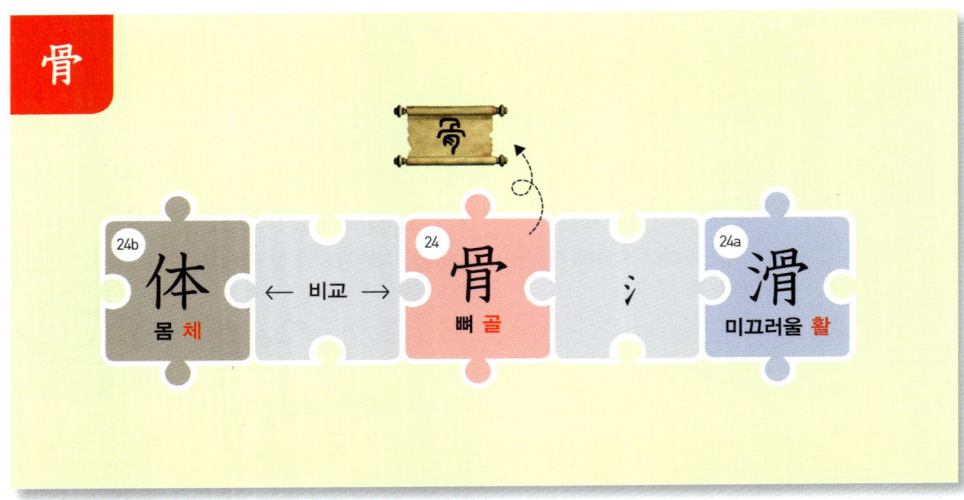

24

骨 뼈 골

음 こつ　　**훈** ほね

고기(月)가 붙어 있는 뼈대(冎), 즉 **뼈**를 나타낸다. 冎(か 뼈 발라낼 과)자는 살점이 없는 앙상한 뼈만을 가리킨다.

- 骨髄(こつずい) 골수
- 納骨(のうこつ) 납골
- 骨(ほね) 뼈, 핵심, 기골
- 骨身(ほねみ) 뼈와 살, 몸
- 骨折(こっせつ) 골절
- 凡骨(ぼんこつ) 범골, 평범한 재능이나 소질, 또 그런 사람
- 骨折り(ほねおり) 노력, 수고

사람 | 신체 | 몸

24a

미끄러울 활

滑滑滑滑滑滑滑滑滑滑滑滑

음 かつ・こつ　훈 すべる・なめらか

氵＝水(すい) 물 수　＋　骨(こつ) 뼈 골

뼈(骨)에 묻어 있는 물(水)이란 뼈에 기름기가 묻어 있음을 의미하는 것으로, 그런 뼈의 모습에서 **미끄럽다**는 뜻을 갖게 되었다.

- 円滑(えんかつ) 원활
- 滑る(すべる) 미끄러지다, 미끈거리다, 활주하다
- 滑らか(なめらか) 매끄러움, 거침이 없음, 순조로움
- 滑稽(こっけい) 골계, 익살

24b

몸 체

体体仁什休休体

음 たい・てい　훈 からだ

亻＝人(じん・にん) 사람 인　＋　本(ほん) 근본 본

사람(人)의 근본(本)은 건강한 **몸**에 있음을 의미한다. '돈을 잃은 것은 조금 잃은 것이지만, 건강을 잃는 것은 전부를 잃은 것이다'라는 말을 기억하자.

우리 體자의 일본식 한자이다. 體자는 뼈(骨)와 풍성한 (豊→丰) 살이 합쳐진 글자이다.

- 全体(ぜんたい) 전체, 전신
- 体重(たいじゅう) 체중, 몸무게
- 肉体(にくたい) 육체
- 人体(にんてい) 풍채, 인품
- 体つき(からだつき) 체격, 몸매
- 体質(たいしつ) 체질
- 団体(だんたい) 단체
- 体裁(ていさい) 체제, 형식, 체면
- 体(からだ) 몸, 육체, 신체

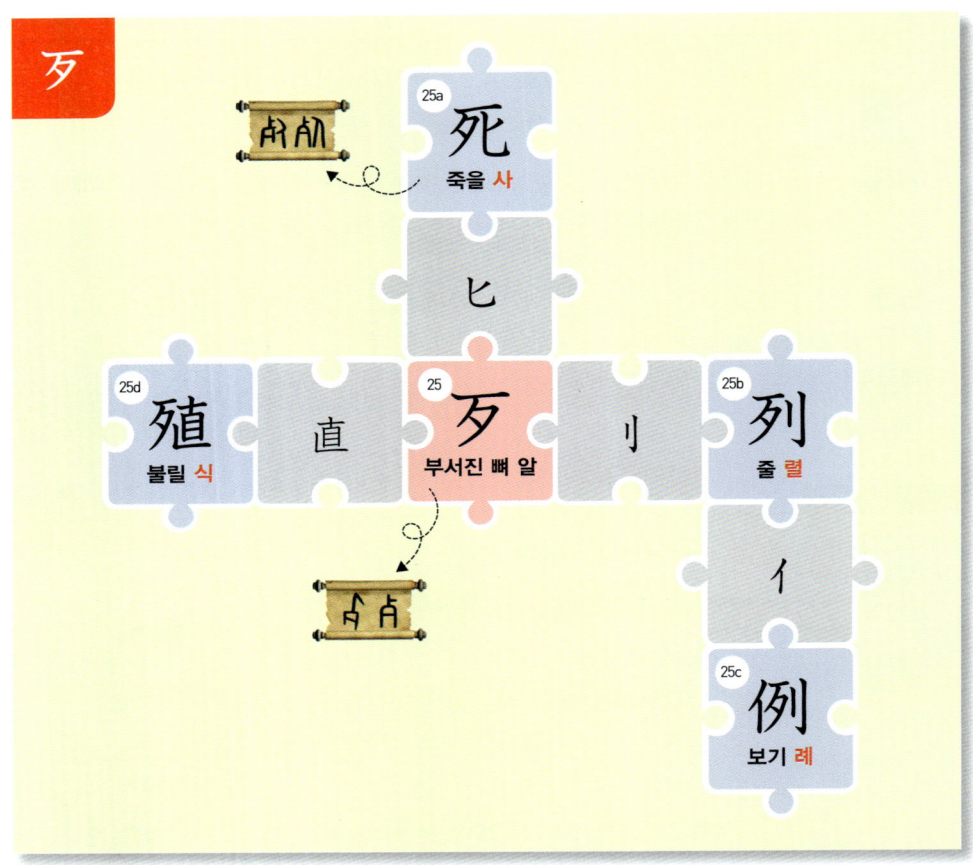

25	
	음 がつ
歹 부서진 뼈 알	살을 발라낸 후 뼈만 남은 앙상한 모양 또는 **부서진 뼈다귀**를 본떠 만든 것으로 여겨진다. 따라서 이 글자는 죽음이나 재앙처럼 부정적인 의미로 사용되는 경우가 많다.

사람 | 신체 | **몸**

25a

死死死死死死

死
죽을 사

음 し　훈 しぬ

歹(がつ) 부서진 뼈 알　＋　匕(ひ) 비수 비

앙상하게 뼈(歹)만 남은 죽은 사람(匕)의 모습에서 **죽다**라는 뜻이 파생되었다.
| 갑골문자에서 匕자는 사람(人)이 거꾸로 있는 모양을 하고 있다.

- 死因(しいん) 사인
- 死地(しち) 사지
- 死亡(しぼう) 사망
- 死力(しりょく) 사력
- 生死(せいし) 생사
- 死ぬ(しぬ) 죽다, 숨이 끊어지다

25b

列列列列列列

列
줄 렬

음 れつ

歹(がつ) 부서진 뼈 알　＋　刂＝刀(とう) 칼 도

죽은 동물의 뼈(歹)를 칼(刂)로 분리하여 부위별로 **줄**을 맞춰 배열하는 모습이다.

- 一列(いちれつ) 일렬
- 行列(ぎょうれつ) 행렬
- 前列(ぜんれつ) 전열, 앞줄
- 配列(はいれつ) 배열
- 列車(れっしゃ) 열차
- 列島(れっとう) 열도

25c

例例例例例例例

例
보기 례

음 れい　훈 たとえる

亻＝人(じん・にん) 사람 인　＋　列(れつ) 줄 렬

죽은 동물을 부위별로 분리하여 배열(列) 할 때의 방법과 규칙을 선임자(人)가 직접 **본보기**로 보여주는 모습이다.

- 例外(れいがい) 예외
- 例文(れいぶん) 예문
- 例える(たとえる) 예를 들다, 비유하다
- 例えば(たとえば) 예를 들어, 예컨대

25d

殖 불릴 식

音 しょく　　訓 ふえる・ふやす

歹(がつ) 부서진 뼈 알 ＋ 直(ちょく・じき) 곧을 직

사람이 곧고(直) 바르게 살다가 죽어야(歹) 후손들이 잘된다는 의미에서 **불리다, 늘어나다, 번식하다** 등의 뜻이 생겼다.

- □ 増殖(ぞうしょく) 증식
- □ 養殖(ようしょく) 양식
- □ 繁殖(はんしょく) 번식
- □ 殖える(ふえる) (재산·동식물 등이) 늘다, 불어나다, 번식하다
- □ 殖やす(ふやす) (재산·동식물 등을) 늘리다, 불리다, 증식시키다, 번식시키다

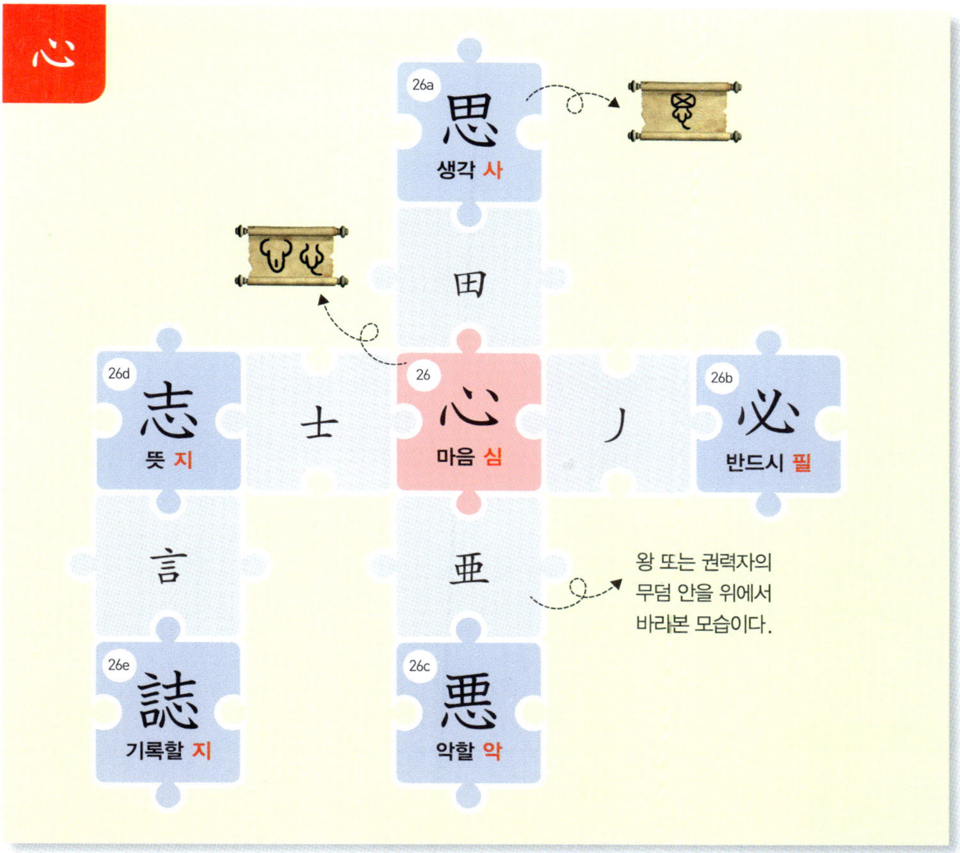

사람 | 신체 | 몸

心

| 26a 思 생각 사 |
26d 志 뜻 지	士	26 心 마음 심	ノ	26b 必 반드시 필
言	亞
26e 誌 기록할 지	26c 惡 악할 악

왕 또는 권력자의 무덤 안을 위에서 바라본 모습이다.

26

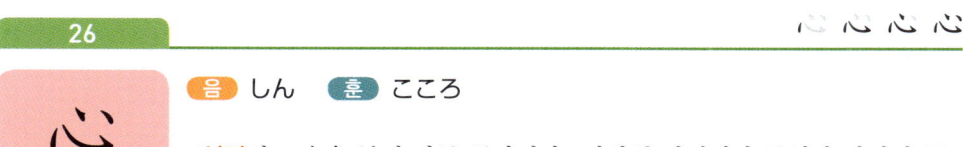

26

心 마음 심

음 しん　훈 こころ

심장의 모습을 본떠 만든 글자이다. 사람의 감정이나 특성과 관련된 글자에는 **心**자가 상징적인 의미로 들어간 한자가 많다.

- □ **安心**(あんしん) 안심
- □ **心境**(しんきょう) 심경
- □ **心臓**(しんぞう) 심장
- □ **心配**(しんぱい) 걱정, 근심, 염려
- □ **熱心**(ねっしん) 열심
- □ **変心**(へんしん) 변심

- **用心**(ようじん) 주의, 조심, 경계　　**心**(こころ) 마음, 느낌, 생각　　**心地**(ここち) 기분, 마음, 느낌
- **心得**(こころえ) 마음가짐, 소양, 주의해야 할 사항

26a

思 思 思 思 思 思 思 思

생각 사

- 음 し　훈 おもう
- 田→囟(し・しん) 정수리 신 ＋ 心(しん) 마음 심

생각이란 머리(囟)와 심장(心), 즉 정신(囟)과 마음(心)의 합작품이라고 생각한 고대인들의 발상에서 나온 글자이다.

- **思考**(しこう) 사고
- **思想**(しそう) 사상
- **思う**(おもう) 생각하다, 예상하다, 상상하다
- **思い切って**(おもいきって) 결심하고, 과감히, 눈 딱 감고
- **思い切り**(おもいきり) 체념, 단념, 마음껏, 실컷
- **思索**(しさく) 사색
- **意思**(いし) 의사
- **思い切る**(おもいきる) 단념하다

26b

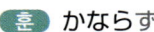

반드시 필

- 음 ひつ　훈 かならず
- 心(しん) 마음 심 ＋ 丿(へつ) 삐침 별

마음(心) 깊숙이 묻어둔(丿) 비밀은 어떤 일이 있어도 **반드시** 지켜야 한다.
丿 자는 특별한 의미가 없는 글자이므로 상황에 맞추어 다양하게 해석할 수 있다.

- **必死**(ひっし) 필사
- **必要**(ひつよう) 필요
- **必ずしも**(かならずしも) (부정의 말과 함께) 반드시 ~인 것은 아니다
- **必修**(ひっしゅう) 필수
- **必ず**(かならず) 반드시, 꼭
- **必勝**(ひっしょう) 필승

26c

悪 악할 악, 미워할 오

음 あく・お　훈 わるい

亜(あ) 버금 아 + 心(しん) 마음 심

고대 권력자들의 무덤은 현세 다음(亜) 세상을 위해 부장물과 함께 매장되었는데, 悪자는 죽은 자의 부장물(亜)을 욕심(心)내는 것은 **악하다**는 뜻을 가지고 있다.

- 悪意(あくい) 악의
- 凶悪(きょうあく) 흉악
- 悪い(わるい) 나쁘다
- 悪臭(あくしゅう) 악취
- 最悪(さいあく) 최악
- 悪気(わるぎ) 악의
- 悪化(あっか) 악화, 나빠짐
- 嫌悪(けんお) 혐오
- 悪口(わるくち) 욕

26d

志 뜻 지

음 し　훈 こころざす・こころざし

士(し) 선비 사 + 心(しん) 마음 심

사리사욕 없이 학문을 탐구하는 선비(士)의 마음(心)이 곧 모두가 따르고 받들어야 할 **뜻**이라는 의미를 가지고 있다.

- 意志(いし) 의지, 의사, 뜻
- 志向(しこう) 지향
- 志望(しぼう) 지망
- 志す(こころざす) 지향하다, 뜻을 두다
- 志(こころざし) 뜻, 마음, 친절, 후의에 대한 정표로 보내는 선물

26e

誌 기록할 지

음 し

言(げん・ごん) 말씀 언 + 志(し) 뜻 지

깊은 뜻(志)이 있는 선비들의 말(言)을 후대에 남기기 위해 **기록하는** 모습이다.

- 雜誌(ざっし) 잡지
- 誌面(しめん) 지면, 잡지의 기사면
- 週刊誌(しゅうかんし) 주간지
- 情報誌(じょうほうし) 정보지
- 日誌(にっし) 일지

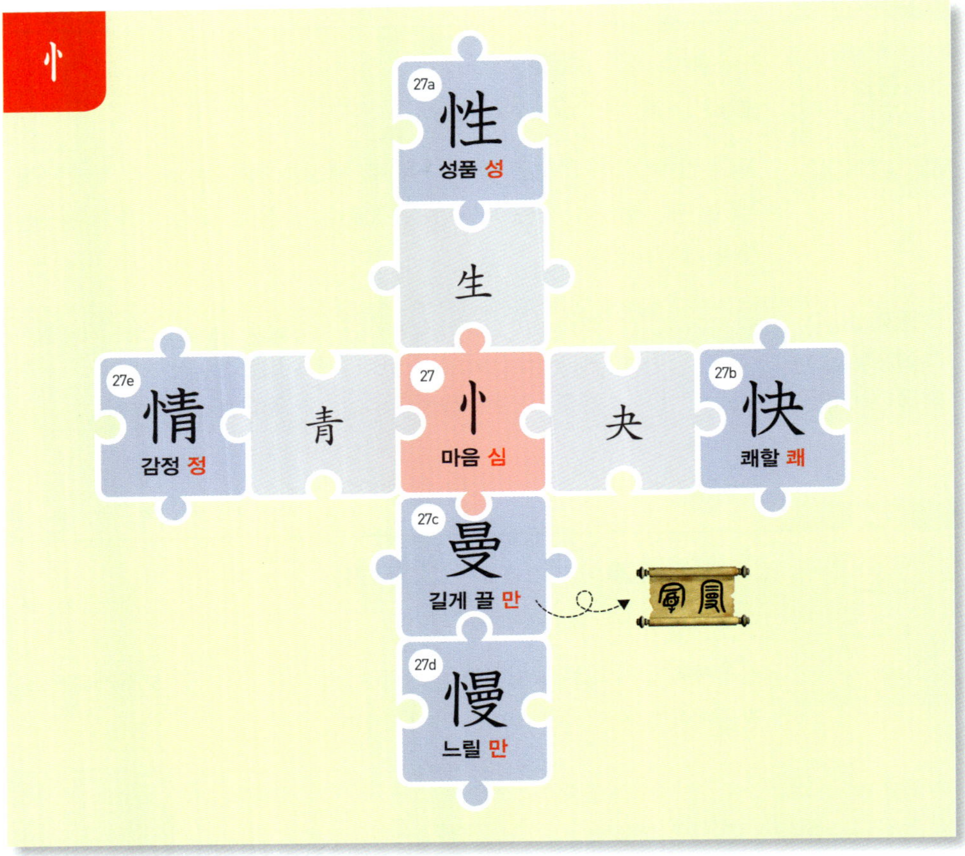

27

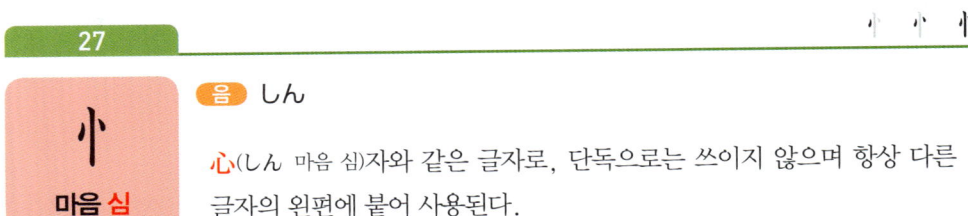

| 27a 性 성품 성 |
| 生 |
| 27e 情 감정 정 | 青 | 27 忄 마음 심 | 夫 | 27b 快 쾌할 쾌 |
| 27c 曼 길게 끌 만 |
| 27d 慢 느릴 만 |

忄 忄 忄

음 しん

心(しん 마음 심)자와 같은 글자로, 단독으로는 쓰이지 않으며 항상 다른 글자의 왼편에 붙어 사용된다.

忄 마음 심

사람 | 신체 | 몸

27a

性性性性性性性

性
성품 성

음 せい・しょう

忄＝心(しん) 마음 심 ＋ 生(しょう・せい) 날 생

사람의 마음(心)에서 나오는(生) 것이 그 사람의 본바탕 **성품**이다.

- 感性(かんせい) 감성
- 性格(せいかく) 성격
- 性能(せいのう) 성능
- 知性(ちせい) 지성
- 気性(きしょう) 타고난 성질, 천성
- 無性に(むしょうに) 몹시, 공연히, 까닭없이
- 女性(じょせい) 여성, 여자
- 性質(せいしつ) 성질
- 男性(だんせい) 남성, 남자
- 理性(りせい) 이성
- 根性(こんじょう) 근성

27b

快快快快快快

快
쾌할 쾌

음 かい 훈 こころよい

忄＝心(しん) 마음 심 ＋ 夬(かい) 터놓을 쾌

오랫동안 끌어오던 문제가 해결되어 마음(心)의 응어리가 확 트이며(夬) **빠르게** 사라지는 모습에서 **시원하다**, **유쾌하다**는 뜻이 파생되었다.

> 夬자는 화살(矢)의 오늬를 손(⼹)으로 잡고 있는 모습으로, 화살이 빠르게 튕겨져 나가는 시원함을 강조하고 있다. 오늬는 화살의 머리를 활시위에 끼도록 도려낸 부분을 말한다.

- 快感(かいかん) 쾌감
- 快楽(かいらく) 쾌락
- 明快(めいかい) 명쾌
- 快い(こころよい) 상쾌(유쾌)하다, 기분이 좋다
- 快適(かいてき) 쾌적
- 痛快(つうかい) 통쾌
- 愉快(ゆかい) 유쾌

사람 | 신체 | **몸**

27c

曼 길게 끌 **만**

음 まん・ばん

日→冃(ぼう・もう) 쓰개 모 + ㄇㄇ→目(ぼく・もく) 눈목 + 又(ゆう) 또 우

눈(目)을 가린 두건(冃)을 손(又)으로 천천히 벗기고 있는 장면이다. 아침에 눈을 떠서 밝은 빛에 적응하는데 시간이 걸리는 모습에서 **길게 끌다는** 뜻을 가지게 되었다.

| 冃자는 머리에 덮어 쓰는 두건을 의미한다.

27d

慢 느릴 **만**

음 まん

忄=心(しん) 마음 심 + 曼(まん・ばん) 길게 끌 만

매사에 **느린** 게으른(心) 사람이 잠을 깨기 위해 시간을 길게 끄는(曼) 모습이다. 잘난 척하는 사람이 거드름(心)을 피우며 느리게(曼) 움직이는 데서 **거만하다**는 뜻도 가지게 되었다.

| 心자는 감정이나 특성을 나타내는데 慢자에서는 게으른 성질을 나타내고 있다.

- 我慢(がまん) 참음, 자제, 용서, 너그럽게 봐 줌
- 怠慢(たいまん) 태만
- 自慢話(じまんばなし) 자랑하는 이야기
- 慢性(まんせい) 만성

27e

情 감정 **정**

음 じょう・せい 훈 なさけ

忄=心(しん) 마음 심 + 青(しょう・せい) 푸를 청

푸른(青) 마음(心)이란 마음이 깨끗하고 맑은 상태로, 이렇게 마음이 깨끗한 상태에서 어떤 현상이나 일에 대하여 느끼는 기분을 **감정**이라고 한다.

- 愛情(あいじょう) 애정, 사랑
- 情熱(じょうねつ) 정열
- 同情(どうじょう) 동정
- 表情(ひょうじょう) 표정
- 情け(なさけ) 정, 인정, 동정
- 事情(じじょう) 사정
- 情報(じょうほう) 정보
- 人情(にんじょう) 인정
- 風情(ふぜい) 풍정, 풍치, 운치
- 情けない(なさけない) 한심하다, 무정하다

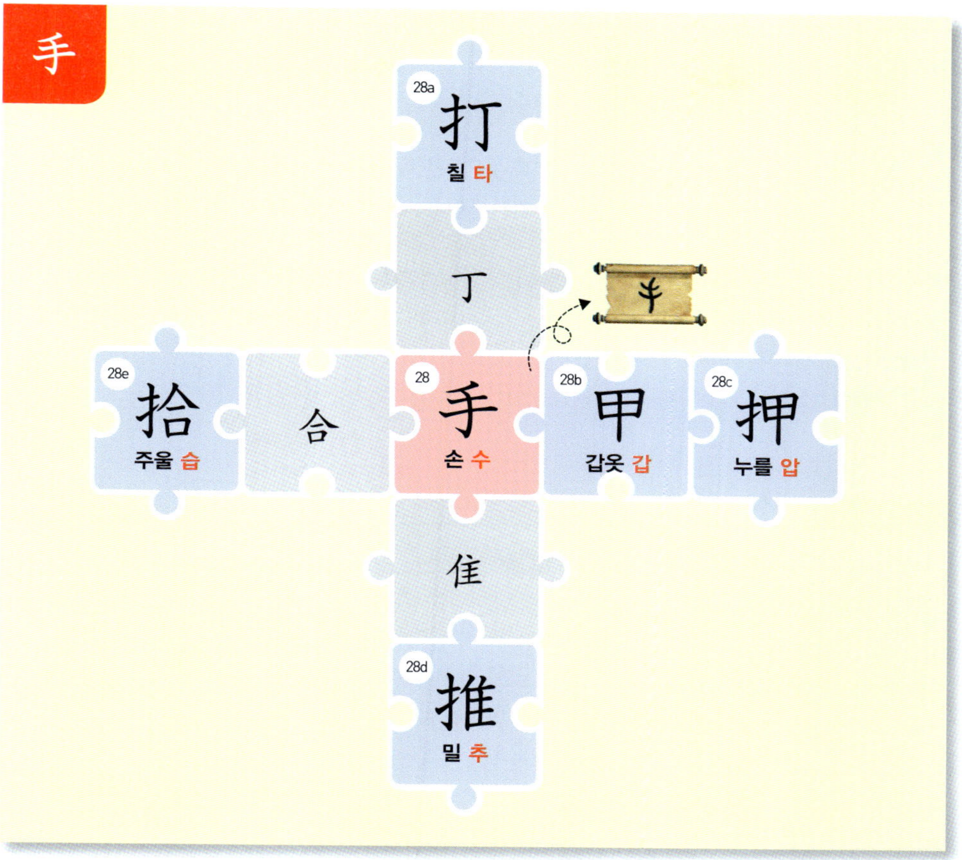

사람 | 신체 | 손

手

- 28a 打 칠 타
- 丁
- 28e 拾 주울 습
- 合
- 28 手 손 수
- 28b 甲 갑옷 갑
- 28c 押 누를 압
- 佳
- 28d 推 밀 추

28

手 手 手 手

28

手
손 수

- 음 しゅ
- 훈 て

손가락을 쫙 펼친 손을 본떠 만든 글자이다. 다른 글자와 합쳐질 때는 모양이 扌로 바뀌며 글자의 왼편에 위치한다.

- 握手(あくしゅ) 악수
- 手術(しゅじゅつ) 수술
- 入手(にゅうしゅ) 입수
- 手(て) 손
- 切手(きって) 우표
- 手紙(てがみ) 편지, 서한
- 手柄(てがら) 공적, 공훈, 공로
- 上手(じょうず) 솜씨가 훌륭함
- 下手(へた) 솜씨가 서투름

28a

打 칠 타

음 だ　훈 うつ

扌=手(しゅ) 손 수 ＋ 丁(ちょう・てい) 고무래 정

손(手)으로 망치를 잡고 못(丁)을 **두들겨** 박는 모습이다.

丁자는 못의 모양을 본떠 만든 글자이므로 打자에서는 못으로 풀이하는 것이 자연스럽다.

- 安打(あんだ) 안타
- 打算(ださん) 타산
- 打ち上がる(うちあがる) 오르다, 쏘아 올려지다
- 打ち明ける(うちあける) (비밀 등을) 숨김 없이 이야기하다, 속을 털어놓고 이야기하다
- 打開策(だかいさく) 타개책
- 打つ(うつ) 치다, 때리다, 두드리다

28b

갑옷 갑

음 こう・かん　훈 かぶと

거북의 등딱지 또는 씨앗의 딱딱한 겉껍질을 나타내며, 이런 딱딱한 재료를 이어 붙여 만든 **갑옷**을 의미한다. 또 천간의 첫 번째로 사용되면서 **순서상 첫째**를 뜻하게 되었다.

- 甲殻類(こうかくるい) 갑각류
- 甲(かぶと) 투구
- 甲高(かんだか) 소리가 새됨
- 甲虫(かぶとむし) 투구벌레

28c

누를 압

음 おう　훈 おす・お(さ)える

扌=手(しゅ) 손 수 ＋ 甲(こう・かん) 갑옷 갑

갑옷(甲)을 입은 군인들이 죄수나 적을 손(手)으로 제압하는 모습에서 **누르다**, **억압하다** 등의 뜻이 파생되었다.

- 押収(おうしゅう) 압수
- 押す(おす) 밀다, 누르다
- 押入れ(おしいれ) 일본식 벽장
- 押捺(おうなつ) 날인
- 押(さ)える(おさえる) 누르다, 억압(진압)하다

사람 | 신체 | 손

28d

밀 추

음 すい　훈 おす

扌＝手(しゅ) 손 수　＋　隹(すい) 새 추

새끼가 둥지를 떠나 스스로 날아오를 때가 되었는지 알아보기 위해 어미 새가 새끼 새(隹)를 손(手)으로 살짝 **밀어** 보는 모습이다.

- 推進(すいしん) 추진
- 推理(すいり) 추리
- 推す(おす) 미루어 알다, 헤아리다, 밀다
- 推し量る(おしはかる) 헤아리다, 추측하다, 추량하다
- 推測(すいそく) 추측
- 推論(すいろん) 추론

28

28e

주울 습

음 しゅう　훈 ひろう

扌＝手(しゅ) 손 수　＋　合(ごう・がっ・かっ) 합할 합

땅에 떨어진 것을 **주워** 손(手)에 놓고 합쳐 보는(合) 장면이다.

돈과 관련된 문서에서 사고를 방지하기 위해 十(じゅう・じつ 열 십)자 대신 쓰이기도 한다. 이때에는 十자 대신 쓰이는 것이므로 じゅう로 읽는다.

- 収拾(しゅうしゅう) 수습
- 拾う(ひろう) 줍다, 습득하다
- 拾万円(じゅうまんえん) 십만 엔 ☞ 금액과 관련된 경우 사고를 방지하기 위해 十(じゅう)자 대신 사용한다.
- 拾得(しゅうとく) 습득

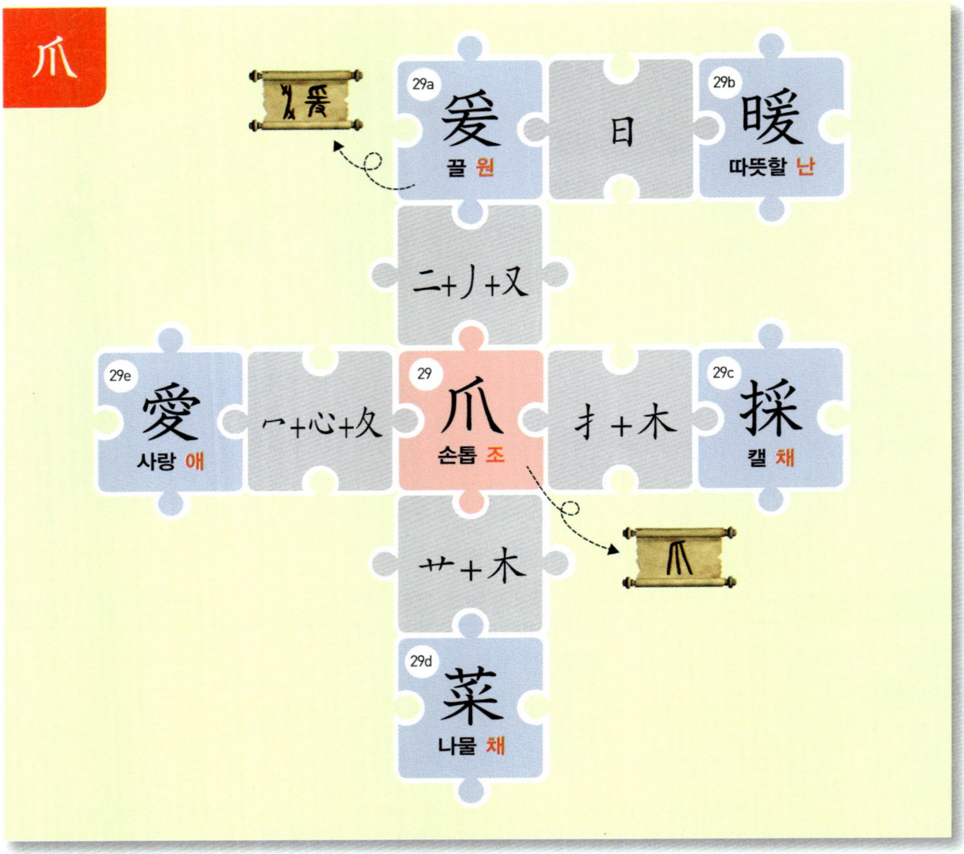

爪

	29a 爱 끌 원	日	29b 暖 따뜻할 난

二+丿+又

| 29e 愛 사랑 애 | 冖+心+夊 | 29 爪 손톱 조 | 扌+木 | 29c 採 캘 채 |

艹+木

29d 菜 나물 채

29

爪 손톱 조

음 そう　훈 つめ・つま

손톱을 세우고 무언가를 잡으려는 모습이다. 다른 글자와 합해질 때는 대개 '손'의 의미로 쓰이며 爫로 모양이 바뀐다.

| 옛 글자를 보면 手(しゅ 손 수)자와 모양만 다를 뿐 비슷한 의미로 사용되었음을 알 수 있다.

- 爪痕(そうこん・つめあと) 손톱 자국
- 爪先(つまさき) 발끝
- 爪(つめ) 손톱, 발톱
- 爪楊枝(つまようじ) 이쑤시개

사람 | 신체 | 손

29a

爰
끌 **원**

음 えん

⺜=爪(そう) 손톱조 + 二(양쪽의 경계) + 丿(へつ) 삐침 별 + 又(ゆう) 또 우

물 밖에(一) 있는 사람의 손(爪)과 물 안에(一) 빠-진 사람의 손(又)에 밧줄(丿)이 연결되어 있는 모양으로, 물에 빠진 사람에게 밧줄을 던져주고 당기는 장면이다. 점차 **이에**, **그리하여**의 뜻으로 전이되었다.

| 丿자는 의미가 없는 글자로 다양한 해석이 가능하다.

29b

暖
따뜻할 **난**

음 だん   훈 あたたか・あたたかい・あたたまる・あたためる

日(にち・じつ) 날 일 + 爰(えん) 끌 원

해(日)를 가까이 잡아당겼으니(爰) 얼마나 **따뜻**하겠는가!

- 温暖化(おんだんか) 온난화
- 暖か(あたたか) 따뜻함, 훈훈함
- 暖まる(あたたまる) 따뜻해지다, 훈훈해지다
- 暖房(だんぼう) 난방
- 暖かい(あたたかい) 따뜻하다, 포근하다
- 暖める(あたためる) 따뜻하게 하다, 덥게 하다

29c

採
캘 **채**

음 さい   훈 とる

扌=手(しゅ) 손 수 + ⺜=爪(そう) 손톱조 + 木(ぼく・もく) 나무 목

나무(木)의 새싹이나 열매 또는 찻잎 등을 손(爪)으로 따고 손(手)으로 고르는 모습에서 **뽑다**, **채용하다**는 뜻이 파생되었다.

- 採光(さいこう) 채광
- 採点(さいてん) 채점
- 採る(とる) 뽑다, 채집하다, 채용하다, 채택하다
- 採択(さいたく) 채택
- 採用(さいよう) 채용

29d

菜 菜 菜 菜 菜 菜 菜 菜 菜 菜 菜

菜 나물 채

음 さい　훈 な

艹=草(そう) 풀 초 ＋ 爫+木→采(さい) 캘 채

손으로 캐서(采) 먹는 풀(草), 즉 **채소**를 의미한다.

- 白菜(はくさい) 배추
- 青菜(あおな) 푸성귀
- 野菜(やさい) 채소
- 若菜(わかな) 봄나물

29e

愛 愛 愛 愛 愛 愛 愛 愛 愛 愛 愛 愛

愛 사랑 애

음 あい　훈 いとしい

爫→止(し) 그칠 지 ＋ 冖(べき) 덮을 멱 ＋ 心(しん) 마음 심 ＋ 夊(ち) 뒤져올 치

각기 다른 방향을 향하고 있는 발(止・夊) 가운데에 심장(心)이 덮혀져 (冖) 있는 모습이다. 헤어지기(止・夊) 싫어하는 **사랑하는** 연인의 속(冖) 마음(心)을 묘사하였다.

- 愛情(あいじょう) 애정, 사랑
- 愛人(あいじん) 정부 ☞ 애인은 恋人(こいびと)라고 한다.
- 愛想(あいそ) 붙임성, 대접, (요리집에서의) 계산
- 最愛(さいあい) 가장 사랑함
- 熱愛(ねつあい) 열애
- 愛しい(いとしい) 귀엽다, 사랑스럽다, 가엾다
- 愛用(あいよう) 애용
- 自愛(じあい) 자애
- 恋愛(れんあい) 연애
- 愛弟子(まなでし) 애제자

사람 | 신체 | 손

又

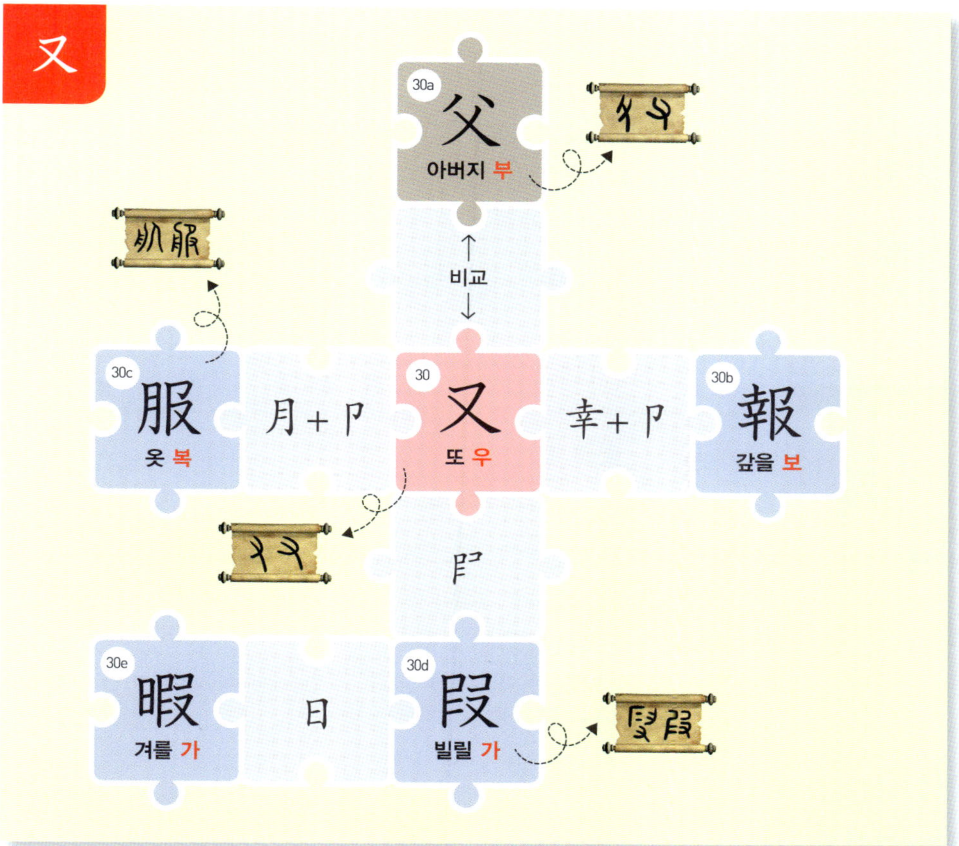

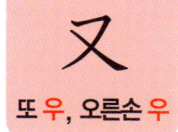

```
                    [30a] 父
                        아버지 부
                         ↑
                        비교
                         ↓
[30c] 服      月+卩    [30] 又    幸+卩    [30b] 報
 옷 복                 또 우               갚을 보
                        
                        㠯
                        
[30e] 暇       日      [30d] 叚
 겨를 가                빌릴 가
```

30

又

| 음 ゆう | 훈 また |

又
또 우, 오른손 우

글자가 만들어진 초기에는 오른손을 뜻했으나 대부분 모든 일을 오른손이 주도하므로 **또**라는 의미로도 쓰이게 되었다. 다른 글자와 합쳐질 때에는 오른손이라는 의미에만 국한하지 말고 손이라고 기억하자.

□ 又(また) 또, 재차, 다를 때, 다음   □ 又は(または) 또는, 혹은

30a

父 父 父 父

父 아버지 부

- 음: ふ
- 훈: ちち

돌도끼나 몽둥이를 손(又)에 들고 가족을 부양하기 위해 사냥하는 **아버지**의 모습을 본떠 만든 글자이다.

- □ 神父(しんぷ) 신부
- □ 父母(ふぼ) 부모
- □ 祖父(そふ) 조부
- □ 父親(ちちおや) 아버지, 부친
- □ 父子(ふし) 아버지와 아들, 부자
- □ お父さん(おとうさん) 아버지

30b

報 報 報 報 報 報 報 報 報 報 報

報 갚을 보, 알릴 보

- 음: ほう
- 훈: むくいる

幸(こう) 다행 행 + 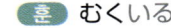 (せつ) 병부 절 + 又(ゆう) 또 우

적군을 굴복시키고 손(又)으로 눌러 무릎을 꿇려(卩) 수갑(幸)을 채운 모습이다. 그처럼 적에게 **대갚아 준** 기쁜 소식을 널리 전한다는 의미에서 **알리다**는 뜻도 파생되었다.

| 幸자는 고대 중국의 수갑 모양을 본뜬 글자로, 수갑을 차는 벌을 면하는 것에서 다행이라는 의미로 쓰이게 되었다고 한다.

- □ 情報(じょうほう) 정보
- □ 報告(ほうこく) 보고
- □ 報道(ほうどう) 보도
- □ 天気予報(てんきよほう) 일기예보
- □ 報酬(ほうしゅう) 보수
- □ 報いる(むくいる) 보답하다, 대갚음하다

30c

服 服 服 服 服 服 服 服

服 옷 복

- 음: ふく

月→舟(しゅう) 배 주 + 卩(せつ) 병부 절 + 又(ゆう) 또 우

무릎(卩)을 꿇고 있는 사람을 손(又)으로 끌어 배(舟)에 태운다는 뜻이다. 사람을 배에 태워 어딘가로 데려가는 것은 **복종**시켜 아랫사람으로 쓰기 위함이고, 또 그 사람들을 구별하기 위해 몸에 걸치게 한다는 의미에서 **옷**의 뜻도 갖게 되었다.

| 옛 글자를 보면 服자 왼쪽에 있는 月자는 舟자의 모습을 하고 있다.

사람 | 신체 | 손

- □ **服装**(ふくそう) 복장
- □ **喪服**(もふく) 상복
- □ **和服**(わふく) 일본 옷, 기모노

30d

段段段段段段段段段

段
빌릴 **가**

음 か

阝(광산을 의미) + 二(광물을 의미) + 又(ゆう) 또 우

옛 글자를 보면 광산(阝)에서 귀금속(二)을 손(又)으로 채취하는 장면으로 보인다. 그런 귀금속은 자연으로부터 잠시 **빌린** 것뿐이라는 철학적인 의미를 담고 있다.

| 한자는 오랜 세월에 걸쳐 변화하였기 때문에 의미가 명확하게 분해되지 않는 글자들도 있다.

30e

暇暇暇暇暇暇暇暇暇暇暇暇

暇
겨를 **가**

음 か   훈 ひま

日(にち・じつ) 날 일 + 段(か) 빌릴 가

해(日)를 빌렸다(段)는 것은 여분의 시간을 마련했다는 것으로, 이것은 **한가로이** 쉴 수 있는 **틈**, **겨를**이 생겼다는 의미이다.

- □ **休暇**(きゅうか) 휴가
- □ **余暇**(よか) 여가
- □ **暇**(ひま) 손이 비어 있는 시간, 한가한 상태, 휴식, 쉼, 관계를 끊음
- □ **暇つぶし**(ひまつぶし) 심심파적, (무료함을 달래기 위해) 무엇인가를 하며 한가한 시간을 보냄, 시간을 헛되이 보냄

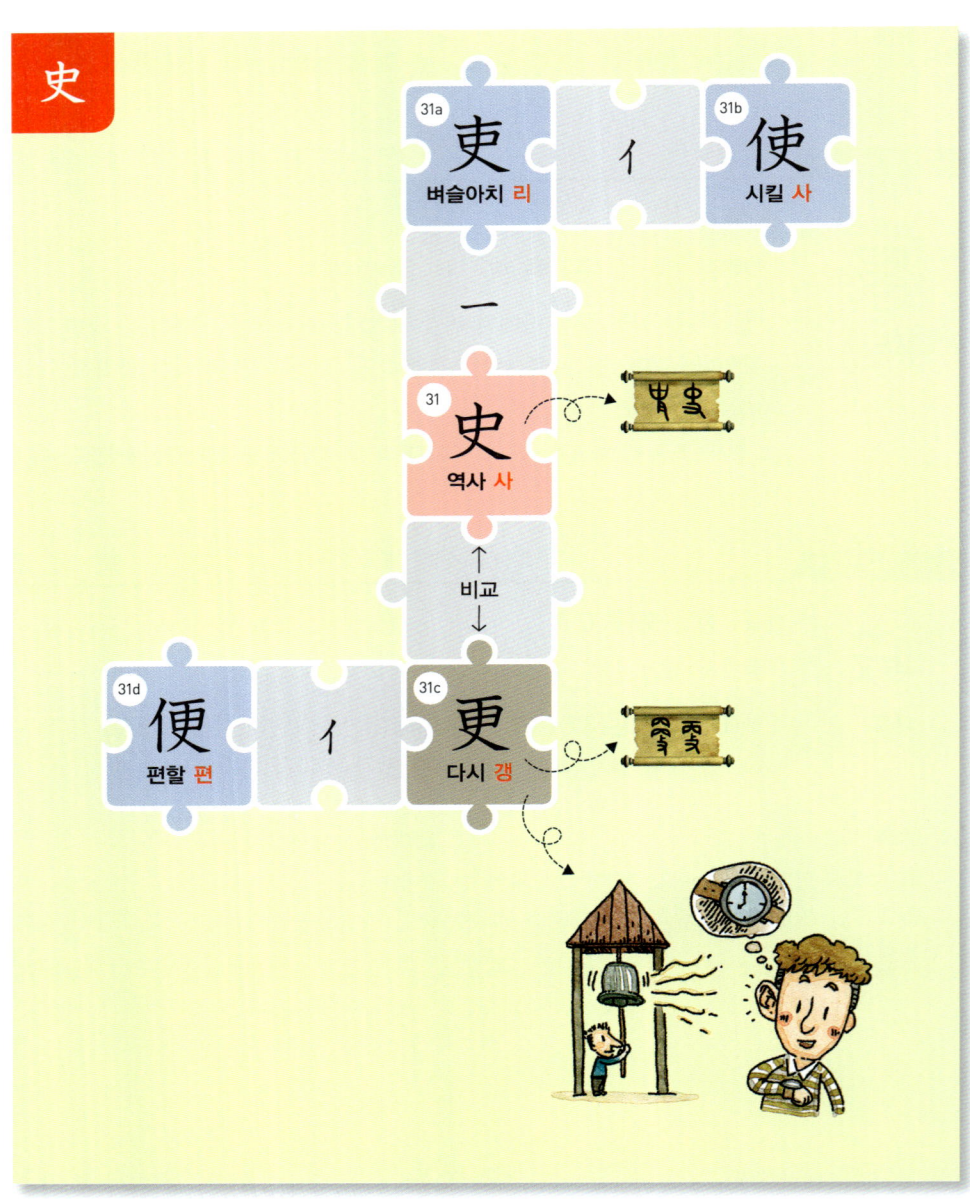

사람 | 신체 | 손

31

史 史 史 史 史

史
역사 **사**

음 し

손에 붓을 쥐고 무엇인가를 기록하고 있는 모습이다. 옛날에 글을 쓸 줄 아는 사람이란 선비나 관료들이었으므로, 그 관료들이 붓으로 역사를 기록하는 모습에서 **역사**, **사기** 등의 뜻을 갖게 되었다.

- 現代史(げんだいし) 현대사
- 先史時代(せんしじだい) 선사시대
- 史跡(しせき) 사적
- 歴史(れきし) 역사

31a

吏 吏 吏 吏 吏 吏

吏
벼슬아치 **리**

음 り

一(장식 모양) + 史(し) 역사 사

장식(一)된 붓을 손에 쥐고 있는 모습(史)이다. 史자가 역사를 기록하는 서기라면, 吏는 장식이 되어 있는 붓을 쥐고 있는 것으로 보아 정부의 더 높은 **관리**라는 것을 알 수 있다.

- 官吏(かんり) 관리

31b

使 使 使 使 使 使 使

使
시킬 **사**

음 し **훈** つかう

亻=人(じん・にん) 사람 인 + 吏(り) 벼슬아치 리

정부의 높은 관리(吏)가 아랫사람(人)을 마음대로 **부리는** 모습이다.

- 使命感(しめいかん) 사명감
- 大使館(たいしかん) 대사관
- 使う(つかう) 쓰다, 사용하다, 부리다
- 使いこなす(つかいこなす) 자유자재로 쓰다, 잘 다루다, 구사하다
- 使用(しよう) 사용
- 天使(てんし) 천사

31c

更 다시 갱

음 こう　훈 さら・ふける・ふかす

日(えつ) 말할 왈 ＋ 丙→攵(ぼく) 칠 복

관청에서 종을 쳐서(丙→攵) 시간이 바뀌었음을 알려주는(日) 모습에서 **다시, 고치다**라는 뜻이 파생되었다.

> 更자에서 日자 부분은 옛 글자에서는 종(日→丙)을 매달아 놓은 모습으로 보인다.

- 更新(こうしん) 경신, 갱신
- 更年期(こうねんき) 갱년기
- 今更(いまさら) 이제 와서, 새삼스러움
- 更ける(ふける) (밤・계절 따위가) 깊어지다, 이슥해지다
- 更かす(ふかす) 밤 늦게까지 자지 않고 깨어 있다
- 更生(こうせい) 갱생
- 変更(へんこう) 변경
- 更に(さらに) 다시 한번, 더 한층, 거듭

31d

便 편할 편

음 べん・びん　훈 たより

亻＝人(じん・にん) 사람 인 ＋ 更(こう) 다시 갱

시간이 바뀔 때마다 울리는 종소리(更) 덕분에 사람(人)들이 규칙적으로 생활하기에 **편리해**졌다.

- 不便(ふべん) 불편
- 便秘(べんぴ) 변비
- 便箋(びんせん) 편지지
- 郵便(ゆうびん) 우편
- 便宜(べんぎ) 편의
- 便利(べんり) 편리
- 船便(ふなびん) 배편
- 便り(たより) 소식, 편지

사람 | 신체 | 손

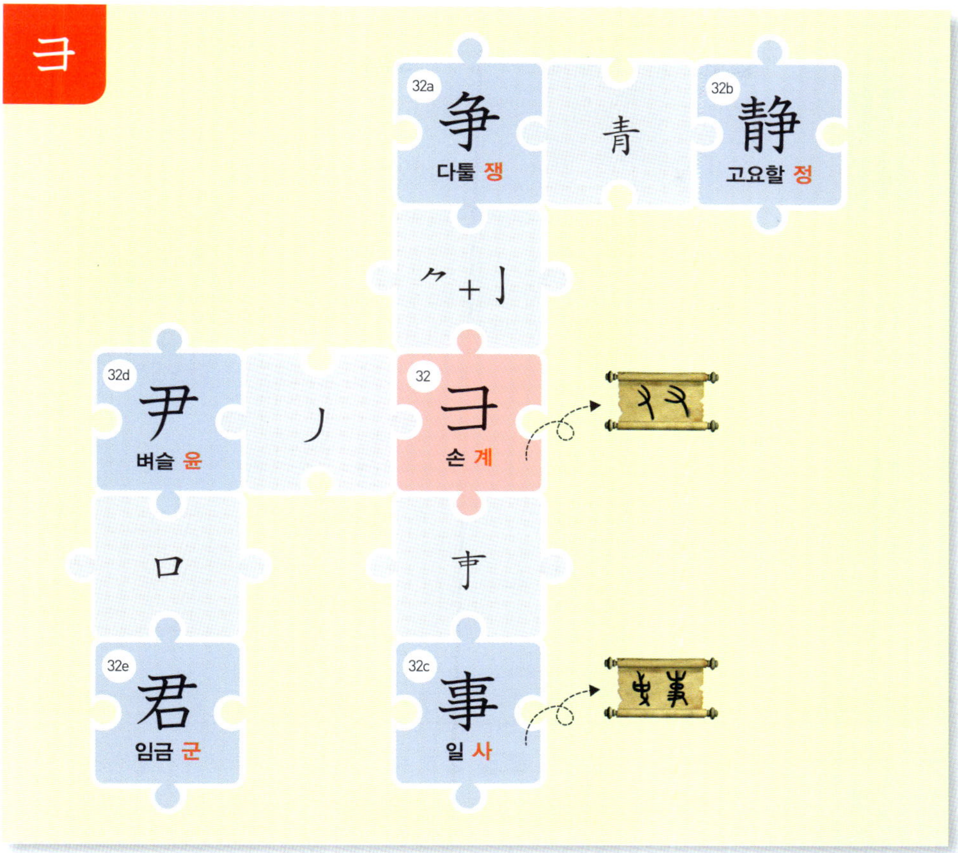

| | 32a 争
다툴 쟁 | 青 | 32b 静
고요할 정 |

ク+」

| 32d 尹
벼슬 윤 | ノ | 32 ㅋ
손 계 |

口   ㅋ

| 32e 君
임금 군 | | 32c 事
일 사 |

32　　　　ㄱ ㅋ ㅋ

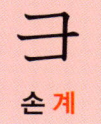
손 계

음 けい

갑골문자를 보면 又(ゆう 또 우)자와 똑같은 모양을 하고 있으며 **손**을 의미한다.

이 글자는 단독으로는 사용되지 않고 부수자도 아니지만 쓰임새가 많은 글자이다. 단독 음가가 없어 이 교재에서는 임의로 '손 계'라 칭하였다.

101

32a

争 다툴 쟁

음 そう　훈 あらそう

⺈(じん·にん) 사람 인 ＋ ⺕(けい) 손 계 ＋ 亅(けつ) 갈고리 궐

어떤 사람(⺈)이 갖고 있는 무엇인가(亅)를 다른 사람이 손(⺕)으로 빼앗으려고 **다투는** 모습이다.

| 亅자는 끝이 휘어져 있어서 '갈고리'라는 명칭을 갖고 있으나 다양한 뜻으로 해석이 가능하다.

- 競争(きょうそう) 경쟁
- 争点(そうてん) 쟁점
- 争う(あらそう) 다투다, 싸우다, 경쟁하다
- 争えない(あらそえない) 부정할 수 없다, 숨길 수 없다, 속일 수 없다
- 戦争(せんそう) 전쟁
- 紛争(ふんそう) 분쟁

32b

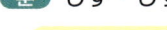

静 고요할 정

음 せい·じょう　훈 しず·しずか·しずまる·しずめる

青(しょう·せい) 푸를 청 ＋ 争(そう) 다툴 쟁

폭풍우(争)가 지나간 뒤의 맑고 푸르고(青) **고요한** 호수의 모습이다.

| 우리 靜자의 일본식 한자이다.

- 静止(せいし) 정지
- 冷静(れいせい) 냉정
- 静岡(しずおか) 시즈오카(일본 중부의 태평양 연안에 있는 시즈오카 현의 현청 소재지)
- 静か(しずか) 고요함
- 静める(しずめる) 가라앉히다, 진정시키다, 조용하게 하다
- 静粛(せいしゅく) 정숙
- 静脈(じょうみゃく) 정맥
- 静まる(しずまる) 가라앉다, 안정되다

사람 | 신체 | 손

32c

일 **사**

음 じ・ず　훈 こと

𰁜(농기구 모양) + ⺕(けい) 손 계

사람들이 삽이나 삼지창 같은 농기구(𰁜)를 손(⺕)에 들고 **일**하는 모습이다.

- 事故(じこ) 사고
- 事件(じけん) 사건
- 事(こと) 일, 것, 사항
- 仕事(しごと) 일, 직업, 업무
- 事情(じじょう) 사정
- 好事家(こうずか) 호사가
- 事柄(ことがら) 사항, 일
- 出来事(できごと) 사건, 일

32d

벼슬 **윤**, 다스릴 **윤**

음 いん

⺕(けい) 손 계 + ノ(붓의 모양)

손(⺕)에 붓(ノ)을 잡고 있는 모습이다. 옛날에 글은 **지배 계층**이 사용했으므로 **다스리다**는 의미를 가지게 되었다.

32e

임금 **군**

음 くん　훈 きみ

尹(いん) 벼슬 윤 + 口(こう・く) 입구

지배 계층 중에서도 특히 말(口)로 백성을 다스리는(尹) 사람이라는 의미에서 **임금**, **군주**를 의미한다. 또한 동년배나 손아랫사람 **이름에 붙여 가벼운 존경**의 뜻을 나타내는 말로도 사용된다.

- 君(くん) ~군
- 君主(くんしゅ) 군주
- 君が代(きみがよ) 일본 국가(國歌)
- 君子(くんし) 군자
- 君(きみ) 그대, 자네, 너, 군주, 국왕

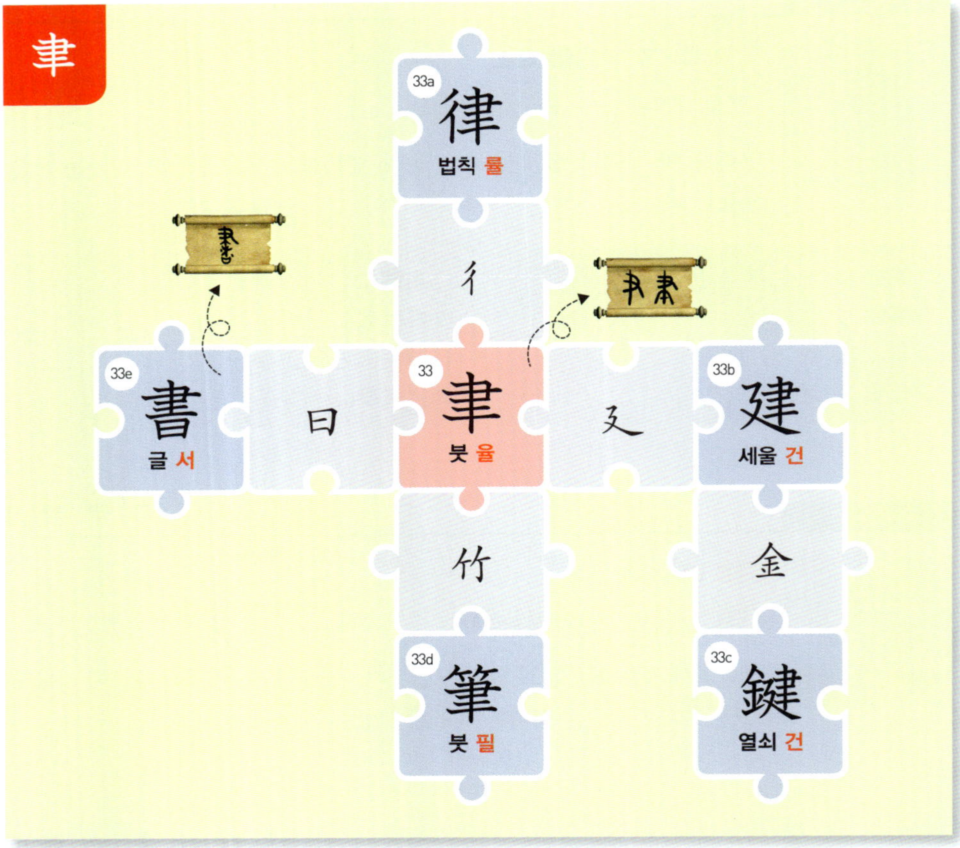

33

33

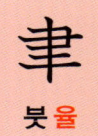

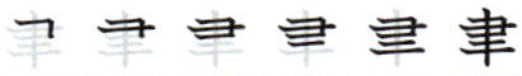

聿
붓 **율**

음 りつ

尹(いん 벼슬 윤)자와 마찬가지로 필기구인 **붓**을 손(ヨ けい 손 계)에 잡고 있는 모습이다.

사람 | 신체 | 손

33a

律
법칙 **률**

음 りつ・りち

彳(てき) 조금 걸을 척 + 聿(りつ) 붓 율

길을 걷는(彳) 사람들도 볼 수 있도록 새로운 **법**을 붓(聿)으로 써서 공표하는 장면이다.

- 一律(いちりつ) 일률
- 規律(きりつ) 규율, 기율, 질서
- 旋律(せんりつ) 선률
- 法律(ほうりつ) 법률
- 律儀(りちぎ) 의리가 매우 두터움, 정직하고 성실함
- 音律(おんりつ) 음률
- 自律(じりつ) 자율
- 不文律(ふぶんりつ) 불문률

33b

建
세울 **건**

음 けん・こん   훈 たてる・たつ

聿(りつ) 붓 율 + 廴(いん) 길게 걸을 인

입구가 미로(廴)로 되어 있는 왕릉의 설계도를 붓(聿)으로 그리는 모습에서 **세우다, 짓다**라는 뜻이 파생되었다.

廴자는 왕의 무덤에 이르는 길고 좁은 길을 의미하는 글자이다.

- 建設(けんせつ) 건설
- 土建(どけん) 토목과 건축
- 再建(さいこん) 재건
- 建つ(たつ) (건조물 따위가) 세워지다
- 建物(たてもの) 건물
- 建築(けんちく) 건축
- 建立(こんりゅう) 건립
- 建てる(たてる) 세우다, 짓다
- 一戸建て(いっこだて) 단독주택

33

33c

鍵 鍵 鍵 鍵 鍵 鍵 鍵 鍵 鍵 鍵 鍵 鍵 鍵 鍵

鍵 열쇠 건

- 음 けん
- 훈 かぎ

金(きん・こん) 쇠 금 + 建(けん・こん) 세울 건

미로로 잘 지어진(建) 왕릉을 쇠(金)로 만든 **자물쇠**로 단단하게 봉해 놓은 모습이다.

- □ 鍵盤(けんばん) 건반
- □ 鍵(かぎ) 열쇠

33d

筆 筆 筆 筆 筆 筆 筆 筆 筆 筆 筆 筆

筆 붓 필

- 음 ひつ
- 훈 ふで

竹(ちく) 대 죽 + 聿(りつ) 붓 율

대나무(竹)로 만든 대롱 끝에 동물의 털을 꽂아서 **붓**(聿)을 만들어 놓은 모습으로 **연필**, **펜** 등 **필기구**와 **글**을 의미하는 데 사용한다.

- □ 鉛筆(えんぴつ) 연필
- □ 随筆(ずいひつ) 수필
- □ 代筆(だいひつ) 대필
- □ 筆記(ひっき) 필기
- □ 筆者(ひっしゃ) 필자
- □ 名筆(めいひつ) 명필
- □ 筆(ふで) 붓
- □ 筆箱(ふでばこ) 필통

33e

書 書 書 書 書 書 書 書 書 書

書 글 서

- 음 しょ
- 훈 かく

聿→聿(りつ) 붓 율 + 曰(えつ) 말할 왈

붓(聿)으로 말(曰)을 받아 적는 모습에서 **글**, **쓰다**라는 뜻이 파생되었다.

 曰자는 입(口) 밖으로 혀(一)를 내밀고 말하는 모습이다.

- □ 遺書(いしょ) 유서
- □ 辞書(じしょ) 사전
- □ 書店(しょてん) 서점
- □ 書道(しょどう) 서도
- □ 書類(しょるい) 서류
- □ 著書(ちょしょ) 저서
- □ 読書(どくしょ) 독서
- □ 書く(かく) 쓰다
- □ 葉書(はがき) 엽서

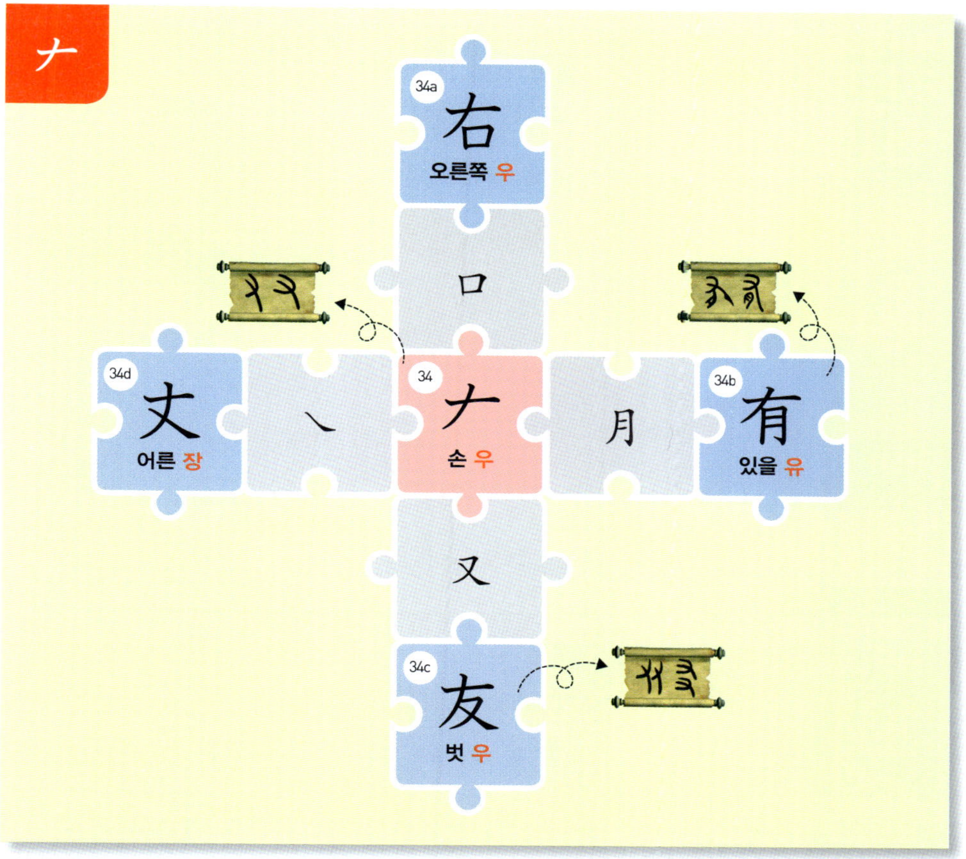

사람 | 신체 | 손

ナ

```
            右
          오른쪽 우
            口
   丈    ヽ  ナ    月    有
 어른 장     손 우         있을 유
            又
           34c
            友
           벗 우
```

34

ー ナ

음 ゆう

ナ, 又, ヨ자는 현재의 모양은 서로 다 다르지만 갑골문자에서 이 세 글자는 모두 같은 모양으로 손을 뜻하는 글자였음을 알 수 있다.

단독으로 사용되지 않고 단독 음가도 없는 글자지만 이 교재에서는 임의로 '손 우'라 칭하였다.

34a

右 右 右 右 右

右 오른쪽 우

음 う・ゆう　훈 みぎ

ナ(ゆう) 손우 + 口(こう・く) 입구

오른쪽 손(ナ)으로 밥을 먹고(口) 있는 모습이라고 생각하자.

- 右折(うせつ) 우회전
- 右中間(うちゅうかん) 우중간, 우익수와 좌익수의 사이
- 左右(さゆう) 좌우
- 右側(みぎがわ) 우측
- 右(みぎ) 오른쪽, 우측
- 右手(みぎて) 오른손

34b

有 有 有 有 有 有

有 있을 유

음 ゆう・う　훈 ある

ナ(ゆう) 손우 + 月→肉(にく) 고기육

제물로 쓰일 고기(肉)를 손(ナ)에 들고 있는 모습에서 **가지다**, **있다**라는 뜻이 파생되었다.

- 共有(きょうゆう) 공유
- 有望(ゆうぼう) 유망
- 有料(ゆうりょう) 유료 ↔ 無料(むりょう) 무료
- 有頂天(うちょうてん) 기뻐서 어찌할 바를 모름
- 有る(ある) (존재, 위치, 소유 등이) 있다
- 有効(ゆうこう) 유효
- 有名(ゆうめい) 유명
- 有力(ゆうりょく) 유력
- 有無(うむ) 유무

사람 | 신체 | 손

34c

友 友 方 友

벗 우

음 ゆう　훈 とも

ナ(ゆう) 손우 ＋ 又(ゆう) 또우

두 개의 손(ナ, 又)이 겹쳐 있다는 것은 '서로 힘을 합치다'는 것을 의미한다. **친구**란 그렇게 어려울 때 도움의 손길을 내밀어 주는 사람이라는 뜻이다.

- 学友(がくゆう) 학우
- 親友(しんゆう) 친우
- 友人(ゆうじん) 친구
- 友達(ともだち) 친구
- 交友(こうゆう) 교우
- 友情(ゆうじょう) 우정
- 友(とも) 벗, 친구

34d

丈 大 丈

어른 장

음 じょう　훈 たけ

ナ(ゆう) 손우 ＋ ヽ(나뭇가지 모양)

손(ナ)에 긴 막대기(ヽ)를 들고 있는 모습 즉 지팡이를 짚은 사람이라는 뜻에서 **손윗사람이나 남자 노인에 대한 존칭**으로 사용된다. 또한 **길이**를 재기 위해 막대기(ヽ)를 잡고(ナ) 있는 모습에서 **정도·범위의 한계**를 나타내는 데도 사용된다.

- 頑丈(がんじょう) 튼튼하고 단단함, 억셈
- 丈夫(じょうぶ) 건강함, 강건함, 튼튼함
- 大丈夫(だいじょうぶ) 괜찮음, 걱정없음, 틀림없음
- 丈(たけ) 키, 기장, 길이
- 身丈(みたけ) 옷깃에서 끝단까지의 옷 길이
- 気丈(きじょう) 마음이 굳세고 다부진 모양
- 背丈(せたけ) 키, 신장

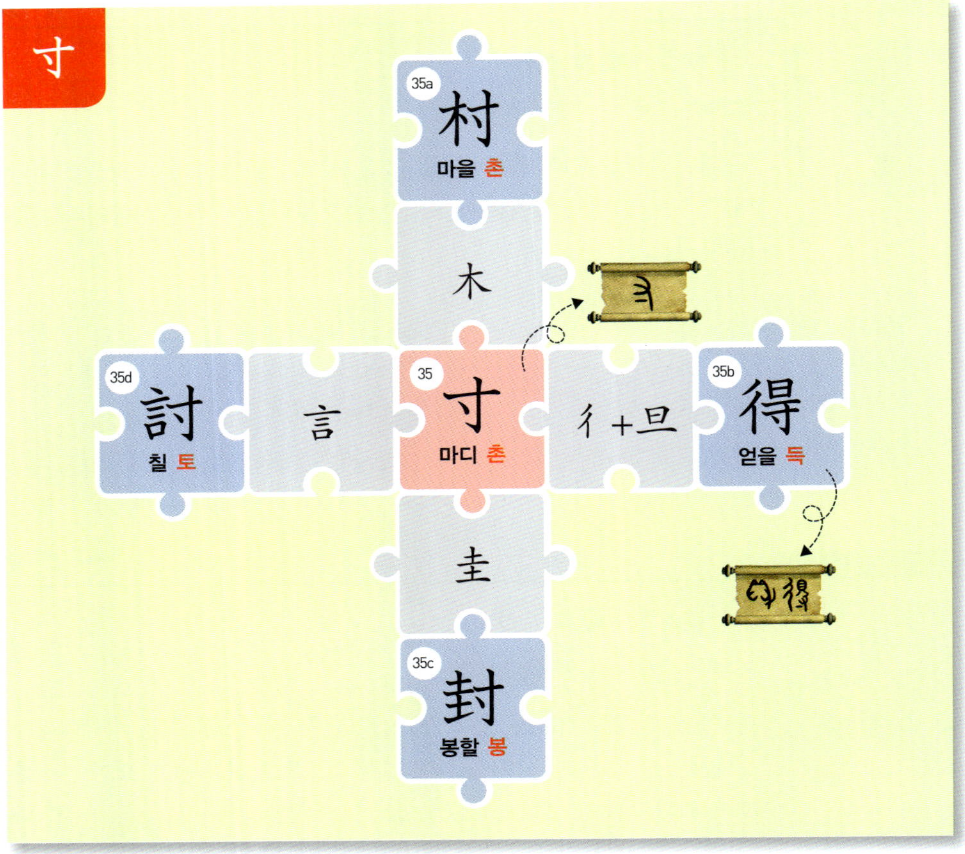
寸
35a
村
마을 촌
木
35d
討
칠 토
言
35
寸
마디 촌
彳+旦
35b
得
얻을 득
圭
35c
封
봉할 봉

35

寸 寸 寸

寸
마디 **촌**

음 すん

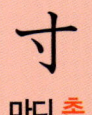

손목에 엄지손가락을 대고 맥을 짚는 모습을 나타낸다. 맥을 짚는 엄지손가락의 넓이로 일정한 길이를 측정한 것에서 **마디**, **길이의 단위(촌)**, **짧은 시간** 등을 나타내게 되었다. 다른 글자와 합쳐질 때는 손의 의미로 더 널리 사용된다.

| 寸자로 미루어보아 옛날에는 신체를 이용한 측량이 가장 편리한 기준이 되었음을 알 수 있다.

사람 | 신체 | 손

- 寸前(すんぜん) 직전, 바로 앞
- 寸法(すんぽう) 치수, 척도, 길이
- 寸評(すんぴょう) 촌평
- 一寸(ちょっと) 조금, 약간

35a

一十才才村村村

村
마을 촌

음 そん　훈 むら

木(ぼく・もく) 나무 목 ＋ 寸(すん) 마디 촌

나무(木)를 주재료로 사용하여 손(寸)으로 지은 집들이 모여 있는 **마을**의 모습이다.

- 漁村(ぎょそん) 어촌
- 町村(ちょうそん) (지방 자치단체로서의) 町와 村, 도시와 시골 ☞ 町는 일본 행정구역 단위 중 하나로 市(し)와 村의 중간에 해당한다.
- 農村(のうそん) 농촌
- 村興し(むらおこし) 마을의 활성화를 위해 힘을 쏟음
- 村人(むらびと) 마을 사람
- 村長(そんちょう) 촌장
- 村(むら) 마을, 시골, 촌락, 행정구역 단위의 하나

35b

得得得得得得得得得得

得
얻을 득

음 とく　훈 える・うる

彳(てき) 조금 걸을 척 ＋ 旦→貝(ばい) 조개 패 ＋ 寸(すん) 마디 촌

길을 걷다가(彳) 조개(貝)를 손(寸)으로 줍는 장면에서 **얻다**는 뜻을 가지게 되었다.

> 옛 글자를 보면 旦(たん 아침 단)자는 貝자가 변한 것임을 알 수 있다. 옛날에는 조개껍질(貝)을 화폐로 사용했으므로 貝자가 붙은 글자는 대개 금전과 관련된 것이 많다.

- 取得(しゅとく) 습득
- 説得(せっとく) 설득
- 得る(える) 손에 넣다, 얻다, 획득하다, (동사 연용형에 붙어) ~(할) 수 있다
- 所得(しょとく) 소득
- 納得(なっとく) 납득

□ **得る**(うる) 손에 넣다, 얻다, (동사 연용형에 붙어) ~(할) 수 있다 ☞ える는 현대어적, うる는 문어적 느낌이며, 종지형이나 연체형에서는 うる를 사용하는 경우가 많다.
□ **得体**(えたい) 정체, 참모습
□ **得手**(えて) 장기, 특기

35c

封
봉할 봉

음 ふう・ほう

圭(けい) 홀 규 + 寸(すん) 마디 촌

임금이 신하의 손(寸)에 임명장과 홀(圭)을 건네며 벼슬에 **봉하는** 모습을 나타낸다.

홀(圭)은 신하들이 임금을 알현할 때 품계에 따라 손에 들던 수판을 말한다.

□ **開封**(かいふう) 개봉, 봉한 것을 뜯음, 봉하지 않은 우편물
□ **金一封**(きんいっぷう) 금일봉
□ **封殺**(ふうさつ) 봉쇄, (야구의) 포스 아웃
□ **密封**(みっぷう) 밀봉
□ **封建制度**(ほうけんせいど) 봉건제도
□ **封地**(ほうち) 봉지, 제후의 영지

35d

討

칠 토

음 とう 훈 うつ

言(げん・ごん) 말씀 언 + 寸(すん) 마디 촌

토론이란 서로 무턱대고 말하는 것이 아니라, 치수(寸)를 재는 것처럼 정확하고 논리적으로 의견을 말(言)하는 것이다. 그렇게 말로 공격한다는 의미에서 **치다**는 뜻으로도 쓰이게 되었다.

□ **検討**(けんとう) 검토
□ **討幕**(とうばく) 막부를 토벌함
□ **討伐**(とうばつ) 토벌
□ **討議**(とうぎ) 토의, 토론
□ **討論**(とうろん) 토론
□ **討つ**(うつ) 공격하다, 정벌하다, 베어 죽이다

사람 | 신체 | 손

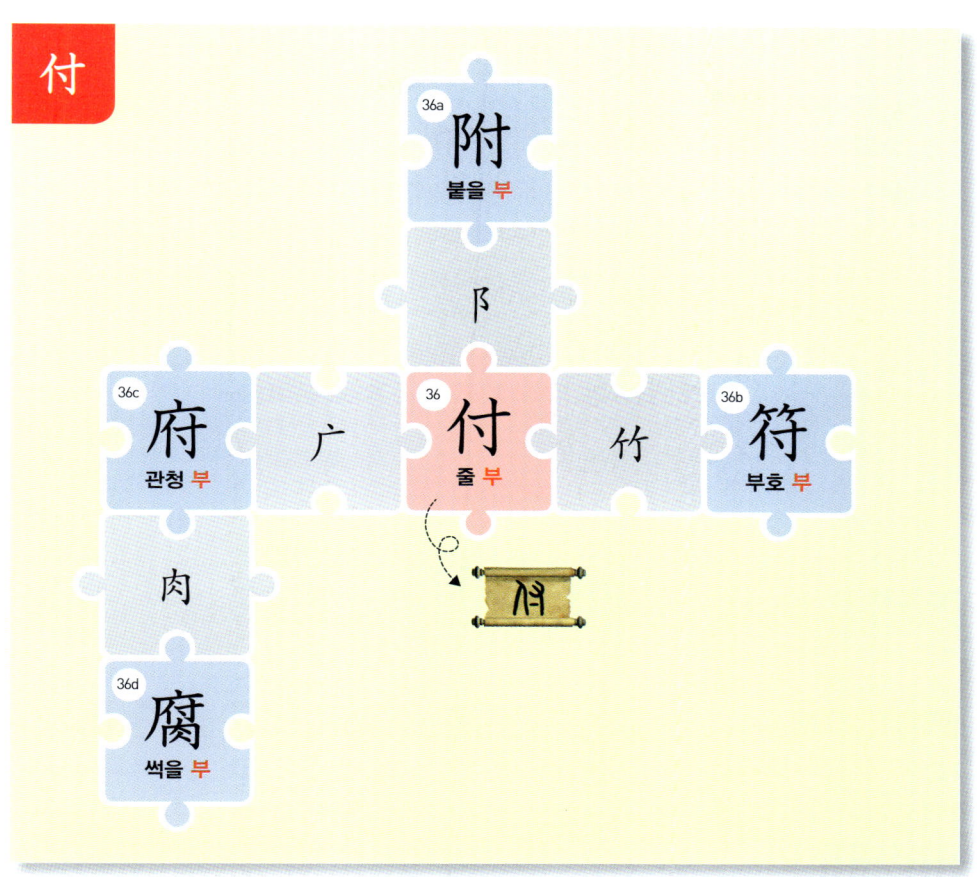

36

付 付 付 付 付

付
줄 부

음 ふ　훈 つける・つく

다른 사람(人)에게 무언가를 손(寸)으로 **건네주는** 장면으로, 시간이 지나면서 점차 **주다, 붙이다, 부탁하다**는 의미가 생겨났다.

- 送付(そうふ) 송부
- 添付(てんぷ) 첨부
- 納付(のうふ) 납부
- 配布(はいふ) 배포
- 付加(ふか) 부가
- 付録(ふろく) 부록
- 付ける(つける) 붙이다. (바짝 갖다) 대다
- 付く(つく) 붙다, 달라붙다

36a

附 붙을 부

음 ふ

阝＝阜(ふ) 언덕 부 ＋ 付(ふ) 줄 부

방어 목적으로 작은 토산(阜)을 만들기 위해 권력자의 지시에 **따라** 소수의 힘을 **보태 주는**(付) 모습이다. 부패할 것을 알면서도 힘없는 백성들은 외부의 침략으로부터 보호받기 위해 그렇게 권력에 **다가가야** 했을 것이다.

> 付자와 附자는 예전에는 구분하여 사용하였으나 현재는 대개 付자로 표기한다. 일본어의 한자 표기 선정 당시 付자와 附자는 뜻이 서로 통용되므로 획순이 적은 付자로 표기할 것을 권장했으나, 附자가 일본국헌법에 사용되고 있어 한자 선정 당시 그대로 존속하게 되었다고 한다. 아래 제시한 어휘는 현재도 법령이나 공고문에서는 附로 표기되어 사용되는 경우가 많다.

- 寄附(きふ) 기부
- 附則(ふそく) 부칙
- 附属(ふぞく) 부속
- 附帯(ふたい) 부대, 주가 되는 것에 덧붙임
- 附置(ふち) 부설, 부속 설치함

36b

符 부호 부

음 ふ

竹(ちく) 대 죽 ＋ 付(ふ) 줄 부

종이가 발명되기 전 중국에서는 중요한 계약을 할 때에는, 대나무(竹)를 쪼개서 엮은 죽간에 내용을 기록한 후 둘로 나누어 계약의 **신표(부호)**로 나누어 가지고 있다가 후에 서로 맞추어 확인하였다고 한다.

- 音符(おんぷ) 음표
- 切符(きっぷ) 표
- 終止符(しゅうしふ) 종지부
- 符号(ふごう) 부호, 기호
- 符節(ふせつ) 부절, 두 개로 나뉘어진 조각을 맞추어 후일 증거로 삼는 물건
- 免罪符(めんざいふ) 면죄부

사람 | 신체 | 손

36c

府 府 府 府 府 府 府 府

관청 **부**

음 ふ

广(げん) 집엄 + 付(ふ) 줄부

백성들에게 상도 주고(付) 벌도 주는(付) 집(广)이란 뜻으로 **정부**를 의미한다.

广자는 지붕의 모양을 본떠 만든 글자로, 한쪽 벽이 트인 구조로 되어 있는 집을 말한다.

- □ 政府(せいふ) 정부
- □ 都道府県(とどうふけん) 도도부현 ☞ 일본의 행정구역을 말한다. 현재 일본은 1都(東京都), 1道(北海道), 2府(京都府, 大阪府), 43県으로 이루어져 있다.
- □ 幕府(ばくふ) 막부
- □ 府立(ふりつ) 부립
- □ 府警(ふけい) 부의 경찰

36d

腐 腐 广 广 庁 庁 庁 府 府 腐 腐 腐

썩을 **부**

음 ふ   훈 くさる

府(ふ) 관청부 + 肉(にく) 고기육

권력이 집중되어 있는 정부(府)에 고기(肉)와 같은 뇌물이 들어가면 **부패**한다는 뜻이다.

- □ 豆腐(とうふ) 두부
- □ 防腐剤(ぼうふざい) 방부제
- □ 腐敗(ふはい) 부패
- □ 腐る(くさる) 썩다, 상하다, 부패하다

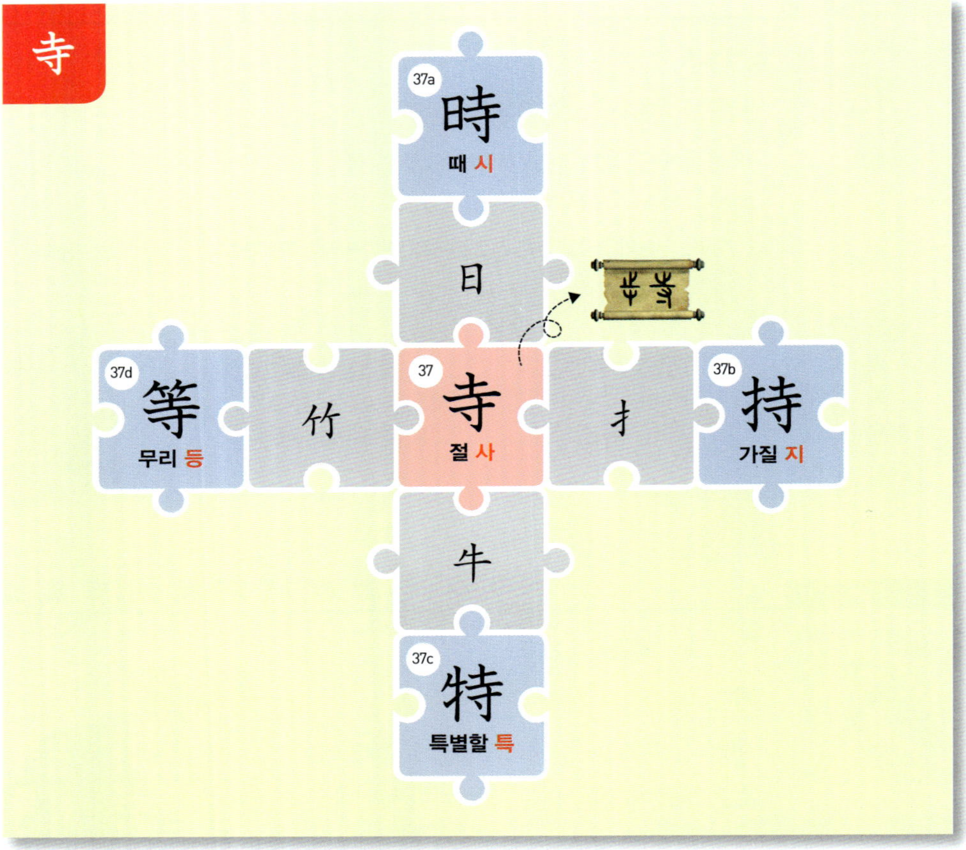

寺
37a
時
때 시
日
37d
等
무리 등
竹
37
寺
절 사
扌
37b
持
가질 지
牛
37c
特
특별할 특

37

37

寺 寺 寺 寺 寺 寺

寺
절 사

음 じ　훈 てら

土→止(し) 그칠 지 + 寸(すん) 마디 촌

寺자는 손(寸)과 발(止)이 되어 섬기다는 의미를 지녔던 글자로, 처음에는 임금을 섬기는 일을 하는 관청이라는 의미로 쓰였다가, 후한 때 불교가 전래된 이후에 **절**이라는 의미로 굳어졌다.

> 옛 글자를 보면 土(ど・と 흙 토)자는 멈춰 선 다리 모양을 본뜬 止자가 변한 것임을 알 수 있다.

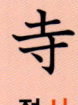

사람 | 신체 | 손

- 寺院(じいん) 사원
- 寺(てら) 절
- 末寺(まつじ) 말사, 본산의 관리 하에 있는 절
- 山寺(やまでら) 산속에 있는 사원

37a

時 때 시

음 じ 훈 とき

日(にち·じつ) 날 일 + 寺(じ) 절 사

옛날에 관청(寺)에서 해(日)시계를 보고 종을 쳐서 백성들에게 **시간**을 알렸음을 보여준다.

- 一時(いちじ) 일시, 한때, 한동안
- 時事問題(じじもんだい) 시사문제
- 時代(じだい) 시대
- 何時(なんじ) 몇 시
- 時時(ときどき) 가끔, 때때로, 그때그때
- 時雨(しぐれ) 늦가을에서 초겨울에 걸쳐 지나가는 비처럼 가볍게 내리는 비
- 時間(じかん) 시간
- 時速(じそく) 시속
- 当時(とうじ) 당시
- 日時(にちじ) 일시
- 時計(とけい) 시계

37b

持 가질 지

음 じ 훈 もつ

=手(しゅ) 손 수 + 寺(じ) 절 사

공수래공수거(空手来空手去). 인생은 빈손으로 왔다가 빈손으로 간다는 뜻으로 재물을 모으려 욕심을 부리지 말라는 불교의 가르침인데, 절(寺)의 이러한 가르침과는 달리 재물을 취하는 역할을 하는 손(手)을 강조하여 **가지다**는 뜻이 만들어졌다.

- 維持(いじ) 유지
- 持参(じさん) 지참
- 持続(じぞく) 지속
- 持久力(じきゅうりょく) 지구력
- 支持(しじ) 지지
- 持つ(もつ) 쥐다, 들다, 가지다, 지속하다

37c

特 특별할 특

[음] とく

牛(ぎゅう) 소 우 ＋ 寺(じ) 절 사

불교에서는 살생과 육식을 금지하므로, 여기서의 寺자는 관청으로 봐야 하며, 관청에 있는 황소(牛)는 신에게 제물로 바치기 위한 **특별한** 것이었음을 알 수 있다.

| 신에게는 크고 살찐 수소를 엄선하여 제물로 바쳤음을 알 수 있다.

- 特集(とくしゅう) 특집
- 独特(どくとく) 독특
- 特有(とくゆう) 특유
- 特許(とっきょ) 특허
- 特色(とくしょく) 특색
- 特売(とくばい) 특매, 특별히 싸게 판매함
- 特急(とっきゅう) 특급
- 特権(とっけん) 특권

37d

等 무리 등

[음] とう　[훈] ひとしい・など

竹(ちく) 대 죽 ＋ 寺(じ) 절 사

관청(寺)에서 죽간을 엮어서 만든 서적을 중요도에 따라 **등급**별로 나누어 가지런히 정리해 둔 모습이다.

| 중국에서는 종이가 발명되기 전에 글자를 기록하기 위해서 대나무(竹)를 쪼개서 만든 죽간을 엮어서 책을 만들었다.

- 均等(きんとう) 균등
- 等級(とうきゅう) 등급
- 不等式(ふとうしき) 부등식
- 等しい(ひとしい) 같다, 동등하다, 동일하다
- 対等(たいとう) 대등
- 平等(びょうどう) 평등 ☞ 특이한 발음에 주의!
- 優等(ゆうとう) 우등
- 等(など) ~등, ~따위

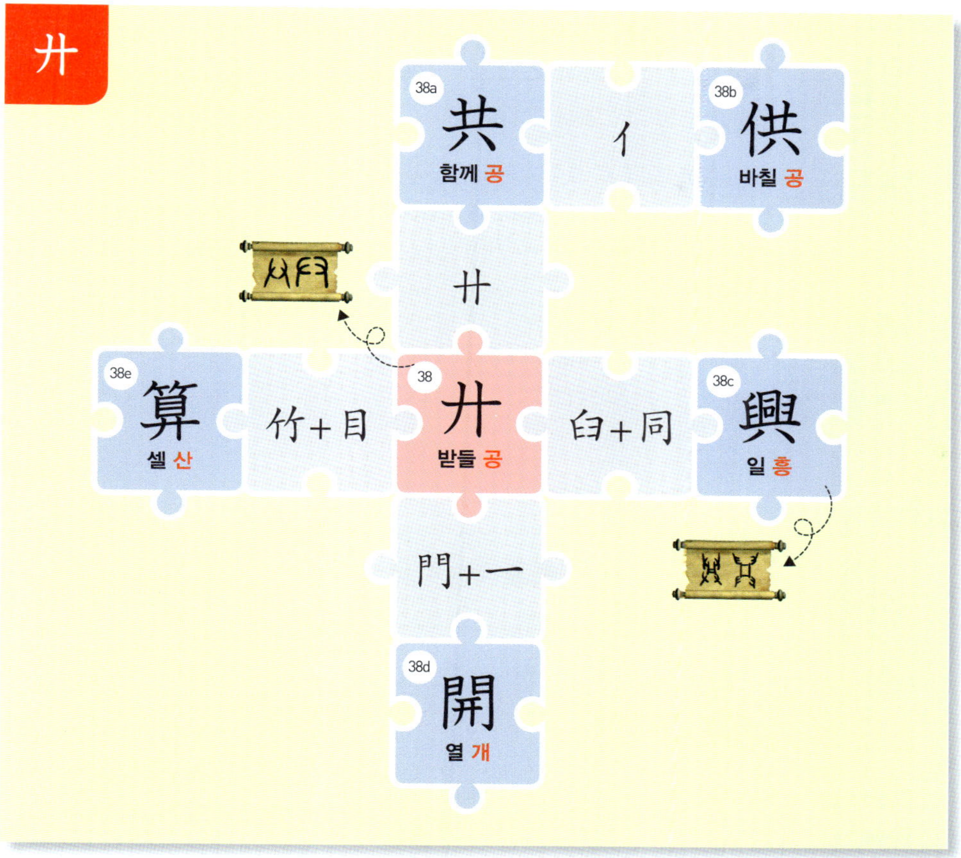

사람 | 신체 | 손

廾

	38a 共 함께 공		38b 供 바칠 공
38e 算 셀 산	竹+目	38 廾 받들 공	臼+同	38c 興 일 흥
	門+一		
	38d 開 열 개		

38

| 廾 받들 공 | 음 きょう |

물건을 **두 손으로 떠받들고** 있는 모양이다. 다른 글자와 함께 사용될 경우 모양이 조금씩 바뀌기도 한다.

38a

共 共 共 共 共 共

共
함께 공

- 음: きょう
- 훈: とも

廾(중요한 것) + 廾(きょう) 받들 공

두 손(廾)으로 중요한 물건(廾)을 **함께** 들고 있는 모습이다.

> 共자의 아래쪽 廾자의 모양이 一(한 일)자와 八(여덟 팔)자가 더해진 것처럼 보이는 이유는 글자의 조형미가 고려되었기 때문이다.

- □ **共感**(きょうかん) 공감
- □ **共存**(きょうぞん) 공존
- □ **共著**(きょうちょ) 공저
- □ **共通**(きょうつう) 공통
- □ **共同**(きょうどう) 공동
- □ **共有**(きょうゆう) 공유
- □ **公共**(こうきょう) 공공
- □ **共に**(ともに) 함께, 같이, 동시에

38b

供 供 供 供 供 供 供

供
바칠 공

- 음: きょう・く
- 훈: そなえる・とも

亻=人(じん・にん) 사람 인 + 共(きょう) 함께 공

주인(人)을 향해 중요한 물건을 두 손으로 함께(共) 들고 있는 모습에서 **바치다**, **공급하다**, **모시다** 등의 뜻을 갖게 되었다.

- □ **供給**(きょうきゅう) 공급
- □ **供与**(きょうよ) 공여
- □ **提供**(ていきょう) 제공
- □ **供物**(くもつ) 공물
- □ **供養**(くよう) 공양
- □ **供える**(そなえる) 바치다, 올리다
- □ **お供**(おとも) 모시고 따라감, 또 그 사람
- □ **子供**(こども) 아이, 자식, 어린이

38c

興 興 興 興 興 興 興 興 興 興 興 興 興

興
일 흥

- 음: こう・きょう
- 훈: おこる・おこす

臼(こく) 양손 국 + 同(どう) 같을 동 + 廾(きょう) 받들 공

위쪽의 양손(臼)과 아래쪽의 두 손(廾)으로 같은(同) 물건을 마주 들고 있는 모습이다. 그렇게 두 사람이 함께 호흡과 장단을 맞추며 **흥겹게** 일하는 모습에서 **일다**, **흥하다**, **흥미**라는 뜻이 파생되었다.

사람 | 신체 | 손

- 興行(こうぎょう) 흥행
- 興亡(こうぼう) 흥망
- 振興(しんこう) 진흥
- 感興(かんきょう) 감흥
- 興味(きょうみ) 흥미
- 即興(そっきょう) 즉흥
- 興る(おこる) 흥하다, 일어나다
- 興す(おこす) 일으키다, 흥하게 하다

38d

開 開 開 開 閂 門 門 門 閂 閂 開 開

開
열 개

음 かい　**훈** あく・あける・ひらく・ひらける

門(もん) 문 문 + 一(문빗장을 나타냄) + 廾(きょう) 받들 공

두 손(廾)으로 문빗장(一)을 들어 올려 대문(門)을 **여는** 장면이다.

- 開始(かいし) 개시
- 開発(かいはつ) 개발
- 開封(かいふう) 개봉
- 開閉(かいへい) 개폐
- 開放(かいほう) 개방
- 展開(てんかい) 전개
- 開く(あく) 열리다, 시작(영업)하다
- 開ける(あける) 열다, 넓히다
- 開く(ひらく) 열리다, 열다, 펴다
- 開ける(ひらける) 열리다, 개발되다, 꽃이 피다

38e

算 算 算 算 算 算 算 算 算 算 算 算 算 算

算
셀 산

음 さん

竹(ちく) 대 죽 + 目(ぼく・もく) 눈 목 + 廾(きょう) 받들 공

두 손(廾)으로 대나무(竹)로 만든 주판알(目)을 놓아 **계산**하는 모습이다.

> 기원전 500년경에 유럽에서 중국으로 주판이 전파되자·중국인들은 대나무를 이용하여 주판을 만들고 개량하였다.

- 暗算(あんざん) 암산
- 計算(けいさん) 계산, 셈
- 決算(けっさん) 결산
- 算出(さんしゅつ) 산출
- 算数(さんすう) 산수
- 予算(よさん) 예산

39

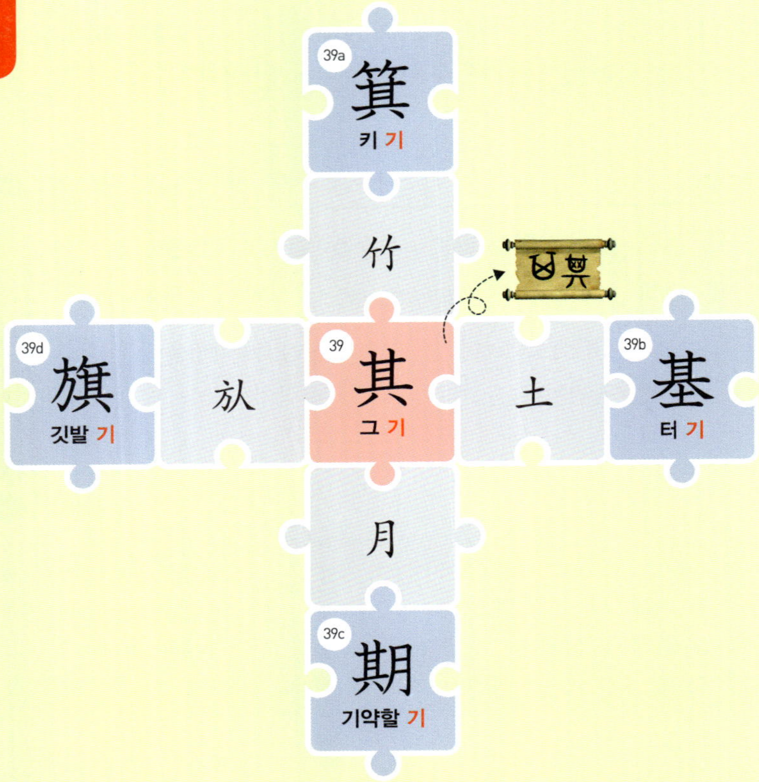

	箕 키 기 (39a)		
	竹		
旗 깃발 기 (39d)	加	**其 그 기 (39)**	土	基 터 기 (39b)
	月		
	期 기약할 기 (39c)		

其 그 기

- **음** き
- **훈** その・それ

곡식을 까불러 쭉정이나 티끌을 골라내는 도구인 키를 받침대(丌) 위에 받쳐둔 모습이다. 받침대 위에 올려진 물건을 가리키면서 **그것**이라고 부른 데서 지시대명사로 쓰이게 되었다.

아랫부분의 丌(き・ご 그 기)자는 물건을 얹는 받침대의 모양으로 廾자와는 관련이 없다.

사람 | 신체 | 손

- 其処・其所(そこ) 거기, 그곳, 그때
- 其の(その) 그, 그것
- 其方(そちら) 그쪽, 그곳, 거기
- 其れ(それ) 그것, 그때, 그런 일

39a

箕箕箕箕箕箕箕箕竿箕笄箕箕

箕
키 **기**

음 き 훈 み

竹(ちく) 대죽 + 其(き) 그기

키를 의미하는 기(其)자가 지시대명사로 사용되자 기(其)자에 바구니 등을 만들 때 쓰던 재료인 대나무(竹)를 더하여 **키**를 의미하는 글자를 새로이 만들었다.

- 箕踞(ききょ) 기거, 다리를 쭉 뻗고 앉음
- 箕(み) 키

39b

一十廾甘世甘其其基基基

基
터 **기**

음 き 훈 もと・もとい

其(き) 그기 + 土(ど・と) 흙토

키(其)질 할 곡식은 모든 생명의 **근본**인 흙(土)에서 나온 것이다.

- 塩基(えんき) 염기
- 基準(きじゅん) 기준
- 基盤(きばん) 기반
- 基(もと) 토대, 기초, 근본, 기본
- 基(もとい) 건물 등의 토대, 기초, 일의 기초, 근본, 근거, 원인
- 基金(ききん) 기금
- 基礎(きそ) 기초
- 基本(きほん) 기본

39

39c

期 十 卅 甘 甘 其 其 其 期 期 期 期

期
기약할 **기**

음 き・ご

其(き) 그 기 + 月(げつ・がつ) 달 월

옛날에도 키(其)질 할 곡식을 재배하기 위해 달(月)을 보고 절기와 **시기**를 계산하여 씨를 뿌렸다. 그렇게 태음력을 사용하는 동양에서 달(月)은 **때를 정하여 약속**할 수 있는 중요한 기준이 되었다.

- 延期(えんき) 연기
- 期限(きげん) 기한
- 思春期(ししゅんき) 사춘기
- 一期一会(いちごいちえ) 일생에 한 번뿐인 만남, (다도에서) 일생에 한 번뿐인 인연이라는 생각으로 주인과 손님 모두 서로에게 성심성의껏 대하라는 말
- 最期(さいご) 명이 다하는 때, 임종
- 期間(きかん) 기간
- 期待(きたい) 기대
- 長期(ちょうき) 장기

39d

旗 旗 旗 旗 旗 旗 旗 旗 旗 旗 旗 旗 旗

旗
깃발 **기**

음 き   훈 はた

㫃(がん) 나부낄 언 + 其(き) 그 기

곡식을 키(其)질 하여 같이 나눠 먹는 사람들은 한 **깃발** 아래 있는 같은 부족이었음을 나부끼는(㫃) **깃발**로 표현하였다.

- 旗手(きしゅ) 기수
- 旗(はた) 교기, 깃발
- 白旗(しらはた) 백기
- 国旗(こっき) 국기
- 赤旗(あかはた) 붉은색 기
- 旗印(はたじるし) 목표, 기치

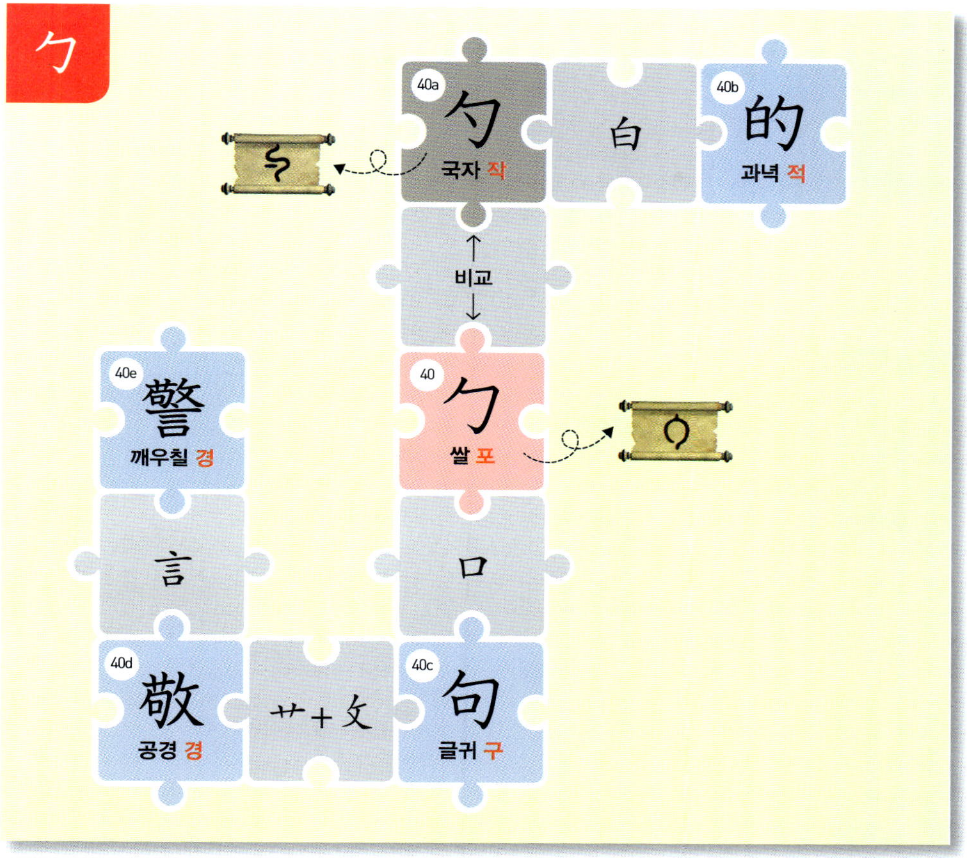

사람 | 신체 | 손

ク

| 40a ク 국자 작 | 白 | 40b 的 과녁 적 |

↑ 비교 ↓

40e 警 깨우칠 경	40 ク 쌀 포	
言	口	
40d 敬 공경 경	艹+攵	40c 句 글귀 구

40

40

ク 쌀 포

음 ほう

아이를 임신하여 배가 부풀어 오른 모양, 또는 두 팔로 어린아이를 **감싸고** 있는 모습이다.

40a

勺 국자 작

음 しゃく

항아리에서 술을 뜰 때 쓰는 자루 달린 작은 **국자**의 모습을 본떠 만든 글자이다.

勹(ほう 쌀 포)자와는 관계없으며, 2010년 상용한자에서 삭제되고 인명용 한자에 추가되었다.

40b

的 과녁 적

음 てき **훈** まと

白(はく・びゃく) 흰 백 + 勺(しゃく) 국자 작

항아리에서 국자(勺)로 술을 뜰 때 물결이 퍼지는 모양이 **과녁**과 비슷하고, 그 **과녁**이 멀리서도 분명하게 보이도록 흰(白) 바탕에 원을 그려 놓은 모습이다.

- 劇的(げきてき) 극적
- 的中(てきちゅう) 적중
- 目的(もくてき) 목적
- 知的(ちてき) 지적
- 的確(てきかく) 적확
- 的(まと) 과녁, 표적, 목표, 대상

40c

句 글귀 구

음 く

勹(ほう) 쌀 포 + 口(こう・く) 입 구

말을 하는 입(口)을 두 팔로 감싼(勹) 모습이다. **문장**을 만들기 위해 한마디 한마디 여러 단어(口)들을 하나로 모았다는(勹) 의미이다.

- 句切り・区切り(くぎり) 일의 매듭, 단락
- 句読点(くとうてん) 구두점
- 詩句(しく) 시구
- 句点(くてん) 마침표
- 語句(ごく) 어구
- 文句(もんく) 문구, 불평, 이의

사람 | 신체 | 손

40d

敬　敬　敬　敬　芍　芍　芍　苟　苟　敬　敬　敬

敬 공경 경

- 음: けい・きょう
- 훈: うやまう

⺿=草(そう) 풀 초 + 句(く) 글귀 구 + 攵(ぼく) 칠 복

머리에 장식(草)을 하고 신에게 소원(苟)을 빌고 있는 사람을 등 뒤에서 회초리(攵)로 치는 모습으로 신을 **공경**해야 함을 강조하고 있다.

| 금문에서 ⺿자는 머리를 특별하게 장식한 모습으로 보인다.

- □ 敬意(けいい) 경의
- □ 敬遠(けいえん) 경원, 강타자와의 승부를 피하기 위한 고의적인 4구
- □ 敬語(けいご) 경어
- □ 敬老の日(けいろうのひ) 경로의 날 ☞ 9월 세 번째 월요일에 행해지는 일본 경축일 중 하나로, 노인을 공경하고 장수를 축하하는 날이다.
- □ 尊敬(そんけい) 존경
- □ 愛敬・愛嬌(あいきょう) 애교, 귀여움, 익살스러움
- □ 敬う(うやまう) 공경하다, 존경하다, 숭배하다

40e

一　十　艹　艹　芍　芍　苟　苟　苟　莟　敬　敬　警　警　警　警

警 깨우칠 경

- 음: けい

敬(けい・きょう) 공경 경 + 言(げん・ごん) 말씀 언

신을 공경(敬)하는 태도를 가져야 신의 가르침(言)을 **깨우칠** 수 있다.

- □ 警戒(けいかい) 경계
- □ 警告(けいこく) 경고
- □ 警備(けいび) 경비
- □ 警官(けいかん) 경관
- □ 警察(けいさつ) 경찰
- □ 警報(けいほう) 경보

40

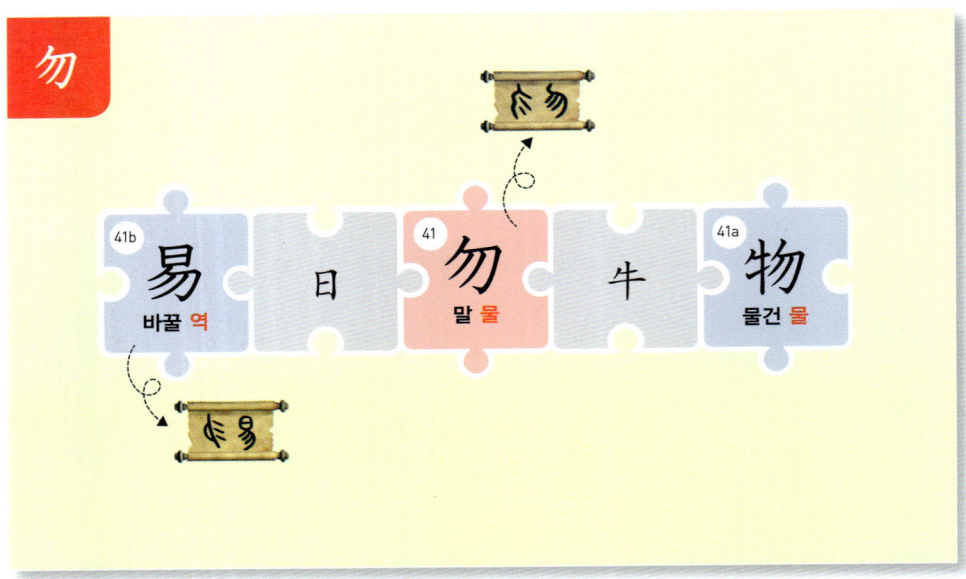

41

勿勿勿勿

말 물

음 もち

刀(とう) 칼 도 + 丿(피가 흐르는 모습)

갑골문자는 도살용 칼(刀)에 짐승의 피(丿)가 흐르는 모양을 하고 있다. 동물이 칼(刀)에 맞아 피(丿)를 흘리며 죽어 가는 모습에서 **금지**, **부정**의 뜻이 파생되었다.

勿자가 무생물과 관련되어 사용될 경우에는 휘날리는 깃발이나 아지랑이가 피어오르는 모습을 의미하기도 한다.

☐ **勿論**(もちろん) 물론, 말할 것도 없이   ☐ **勿体無い**(もったいない) 아깝다, 과분하다

사람 | 신체 | 손

41a

物 물건 물

음 ぶつ・もつ　훈 もの

牛(ぎゅう) 소 우 ＋ 勿(もち) 말 물

농경사회에서 소(牛)는 없어서는 안 되는 중요한 존재로, 소를 도살(勿)한다는 것은 신에게 제물로 바칠 경우였다. 이렇게 제물로 바쳐진 소를 가리키던 말이 변하여 물건이라는 뜻으로 쓰이게 되었다.

- 見物(けんぶつ) 구경
- 植物(しょくぶつ) 식물
- 風物(ふうぶつ) 풍물
- 作物(さくもつ) 작물
- 建物(たてもの) 건물
- 物置(ものおき) 헛간, 광, 곳간
- 安物(やすもの) 값싼 물건, 싸구려
- 忘れ物(わすれもの) 물건을 깜박 잊고 옴, 잊은 물건
- 好物(こうぶつ) 즐기는 음식, 좋아하는 물건이나 일
- 人物(じんぶつ) 인물
- 貨物(かもつ) 화물, 물품
- 荷物(にもつ) 짐, 화물
- 本物(ほんもの) 진짜, 실물, (기량 등이) 본격적임
- 物語(ものがたり) 다양한 사항에 대한 이야기 또는 그 내용, 전설
- 動物(どうぶつ) 동물
- 禁物(きんもつ) 금물
- 物(もの) 것, 물건

41

41b

바꿀 역, 쉬울 이

음 えき・い　훈 やさしい

日(にち・じつ) 날 일 ＋ 勿(もち) 말 물

지평선에 걸려 있는 해(日)와 마지막 햇살이 지평선에 부딪쳐 아지랑이(勿)처럼 흔들리는 모습이다. 해가 넘어가면 낮과 밤이 바뀌면서 순식간에 어두워지고, 지평선을 넘어가는 해(日)가 빠르게 없어지는 모습에서 쉽다는 뜻도 갖게 되었다.

- 交易(こうえき) 교역
- 安易(あんい) 안이, 손쉬움
- 易しい(やさしい) 쉽다, 용이하다
- 貿易(ぼうえき) 무역
- 簡易(かんい) 간이
- 易者(えきしゃ) 점쟁이
- 容易(ようい) 용이, 손쉬움

42

支支支支

支
지탱할 지

음 し   훈 ささえる

나뭇가지(十)를 손(又)에 들고 있는 모습을 본뜬 글자로 **가르다**는 의미이다. 또한 기둥이 쓰러지지 않도록 나뭇가지(十)를 손으로(又) 잡고 있다는 뜻에서 **떠받치다**, **지탱하다**는 의미도 갖게 되었다.

- ☐ 支社(ししゃ) 지사
- ☐ 支障(ししょう) 지장
- ☐ 支店(してん) 지점
- ☐ 収支(しゅうし) 수지
- ☐ 支出(ししゅつ) 지출
- ☐ 支点(してん) 지점
- ☐ 支配(しはい) 지배
- ☐ 支える(ささえる) 버티다, 떠받치다, 지탱하다

사람 | 신체 | 손

42a

技
재주 **기**

음 ぎ　훈 わざ

扌＝手(しゅ) 손 수　＋　支(し) 지탱할 지

수천 년의 세월 속에서도 변함없이 꿋꿋하게 버티고(支) 서 있는 건축물들에서 그것을 만든 장인의 손길(手)과 재능을 엿볼 수 있다.

- 演技(えんぎ) 연기
- 技能(ぎのう) 기능
- 特技(とくぎ) 특기
- 足技(あしわざ) 유도나 스모 등에서 발을 사용하여 상대를 넘어뜨리는 기술, 발재간
- 技術(ぎじゅつ) 기술
- 競技(きょうぎ) 경기
- 技(わざ) 기법, 기술, 재주

42b

鼓
북 **고**

음 こ　훈 つづみ

壴(しゅ・ちゅ) 악기 이름 주　＋　支(し) 지탱할 지

손에 채(支)를 들고 북(壴)을 친다는 의미로 후에 북 자체를 뜻하게 되었다.

壴자는 윗부분에 장식(士)이 되어 있는 받침대 위에 올려진 북을 뜻하며, 여기서 士자는 장식이 되어 있는 모습을 나타낸다. 이와 같은 쓰임을 볼 수 있는 글자로 声(せい 소리 성)자가 있다.

- 鼓吹(こすい) 고취
- 鼓舞(こぶ) 고무, 북돋움
- 鼓(つづみ) 장구, 북
- 舌鼓(したつづみ) 입맛을 다심
- 鼓動(こどう) 고동
- 太鼓(たいこ) 북
- 小鼓(こつづみ) 작은북

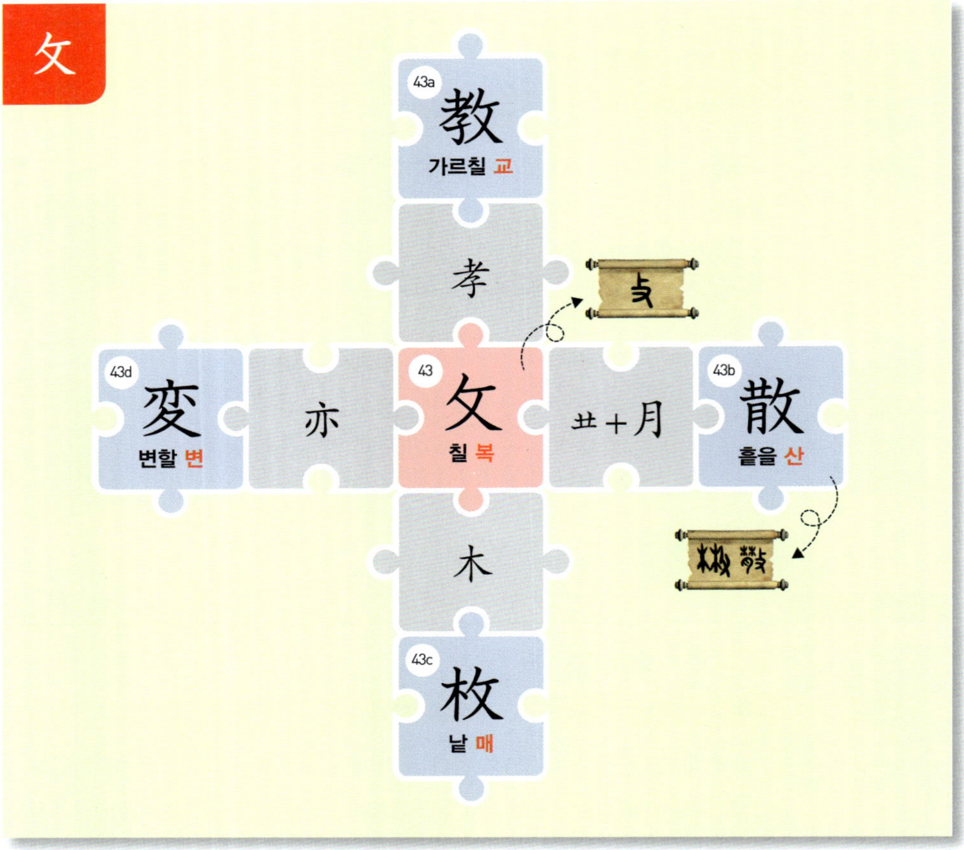

攵

	43a 教 가르칠 교	
	孝	
43d 変 변할 변	亦	43 攵 칠 복	⿱⺊月	43b 散 흩을 산
	木	
	43c 枚 낱 매	

43

攵 칠 복

음 ぼく

손(又)에 몽둥이(丨)를 들고 있는 모습에서 **치다**는 뜻을 갖게 되었다.

攵 攵 攵 攵

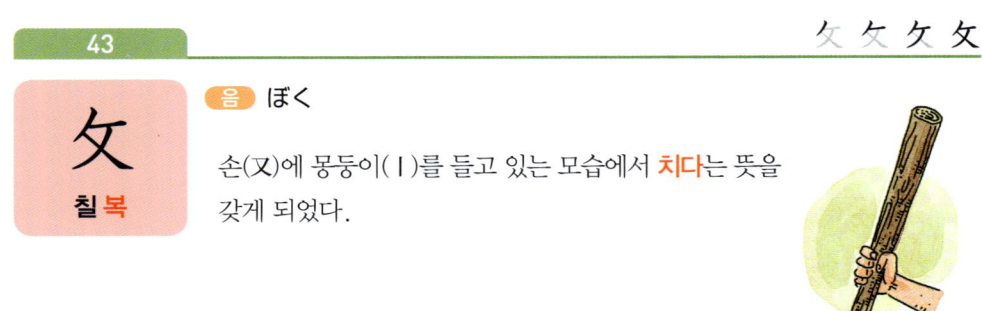

사람 | 신체 | 손

43a

教 가르칠 교

음 きょう　훈 おしえる・おそわる

孝(こう) 효도 효 ＋ 攵(ぼく) 칠 복

자식은 부모에게 효도(孝)하고, 부모는 자식이 올바르게 자라도록 잘못을 저질렀을 경우에는 엄하게 훈육하는(攵) 것이 바른 **가르침**이다.

| 攵자는 몽둥이를 든 모습을 나타내므로 훈육으로 해석하였다.

- 教育(きょういく) 교육
- 教材(きょうざい) 교재
- 教室(きょうしつ) 교실
- 教養(きょうよう) 교양
- 教える(おしえる) 가르치다
- 教訓(きょうくん) 교훈
- 教師(きょうし) 교사
- 教授(きょうじゅ) 교수
- 説教(せっきょう) 설교
- 教わる(おそわる) 가르침을 받다, 배우다

43b

散 흩을 산

음 さん　훈 ちる・ちらす・ちらかす・ちらかる

卅→廿(じゅう・にゅう) 스물 입 ＋ 月→肉(にく) 고기 육 ＋ 攵(ぼく) 칠 복

농작물을 망가뜨리고 있는 스무(廿) 마리나 되는 동물(肉)들을 작대기로 쳐서(攵) **흩어지게** 하는 모습이다.

| 갑골문자를 보면 散자는 숲(林)을 작대기로 치는(攵) 모양을 하고 있다. 열매를 따기 위해 작대기로 두드렸을 때 열매가 떨어지면서 흩어지는 모습을 나타낸 것으로 보인다.
| 廿자는 十(じゅう・じつ 열 십)자를 두 개 겹쳐 놓은 모습이다.
| 散자의 月자는 모양은 月(つき 달 월)자와 같으나 한자 부수의 하나인 肉月(にくづき 육달 월)자로, 肉(にく 고기 육)의 의미를 갖는다. 이처럼 月자는 다른 글자와 합쳐질 경우 대부분 肉의 의미를 갖는다.

- 解散(かいさん) 해산
- 散歩(さんぽ) 산책
- 分散(ぶんさん) 분산
- 散る(ちる) 떨어지다, 꽃잎이 지다, 흩어지다
- 散らかす(ちらかす) 흩뜨리다, 어지르다
- 閑散(かんさん) 한산
- 発散(はっさん) 발산
- 離散(りさん) 이산
- 散らす(ちらす) 흩뜨리다, 어지르다, 분산시키다
- 散らかる(ちらかる) 흩어지다, 어지러지다

사람 | 신체 | 손

43c

낱 매

枚 枚 枚 枚 枚 枚 枚 枚

음 まい

木(ぼく・もく) 나무 목 + 攵(ぼく) 칠 복

얇은 나무(木) 줄기로 만든 채찍을 내리치는(攵) 모습이다. 얇은 줄기의 모습에서 종이·판자·접시·지폐·전답 등 **얇고 평평한 것을 세는 단위**로 사용된다.

- 三枚おろし(さんまいおろし) 생선을 머리를 떼고 등뼈와 2조각의 살로 뜨는 것
- 二枚目(にまいめ) 연극·영화 등에서의 미남역 ☞ 가부키에서 미남역으로 출연하는 배우의 이름이 출연 배우 명부에 두 번째로 쓰여진 것에서 유래
- 枚(まい) ~매, ~장
- 枚数(まいすう) 매수, 장수

43d

변할 변

変 変 変 変 変 変 変 変 変

음 へん　훈 か(わ)る・かえる

亦(수술이 달린 나팔의 모습) + 夂→攵(ぼく) 칠 복

새로운 임금의 즉위식처럼 **변화**의 바람이 부는 큰 일이 있을 때 수술이 달린 나팔(亦)을 불고 북을 치는(攵) 모습이다.

> 우리 變자의 일본식 한자로, 變자는 수술(絲)을 장식한 관악기(言)를 불고 북을 치는(攵) 모습을 나타낸다.

- 一変(いっぺん) 일변
- 豹変(ひょうへん) 표변
- 変形(へんけい) 변형
- 変人(へんじん) 괴짜
- 変(わ)る(かわる) 변(화)하다, 바뀌다
- 大変(たいへん) 몹시, 매우, 대단히
- 変化(へんか) 변화
- 変身(へんしん) 변신
- 変動(へんどう) 변동
- 変える(かえる) 바꾸다, 변화시키다, 고치다

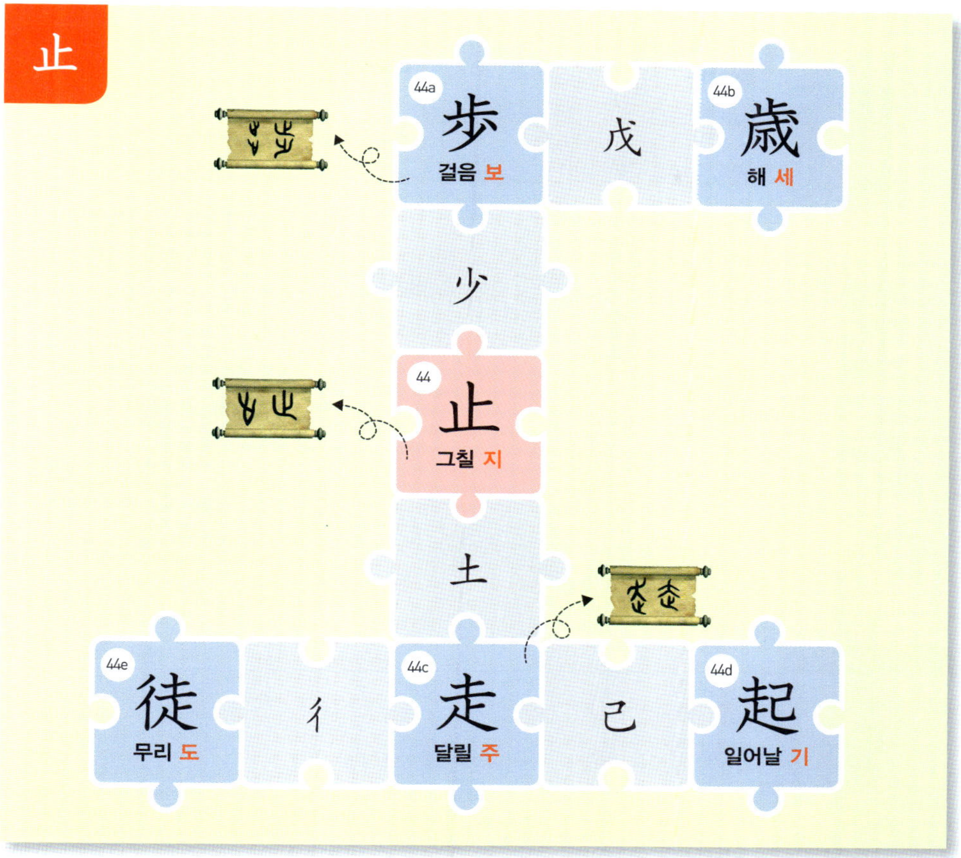

사람 | 신체 | 발

止

- 44a 步 걸음 보
- 戉
- 44b 歲 해 세
- 少
- 44 止 그칠 지
- 土
- 44e 徒 무리 도
- 彳
- 44c 走 달릴 주
- 己
- 44d 起 일어날 기

44

止 그칠 지

- 음 し
- 훈 と(ま)る・とめる

막 출발하기 위해 앞으로 나아가려는 발을 본떠 만든 글자로, 현재는 움직이지 않고 서 있다는 의미에서 **멈추다**는 뜻이 파생되었다.

- ☐ 禁止(きんし) 금지
- ☐ 止血(しけつ) 지혈
- ☐ 中止(ちゅうし) 중지
- ☐ 停止(ていし) 정지
- ☐ 廃止(はいし) 폐지
- ☐ 防止(ぼうし) 방지
- ☐ 止(ま)る(とまる) 멈추다, 멎다, 서다
- ☐ 止める(とめる) 멈추다, 끄다

44a

歩 걸음 보

음 ほ・ぶ・ふ　훈 あるく・あゆむ

止(し) 그칠 지 + 少→止(し) 그칠 지

왼발(止)과 오른발(止)을 차례로 내딛으며 걷고 있는 두 개의 발자국을 나타낸다.

- 五十歩百歩(ごじっぽひゃっぽ) 오십보백보
- 退歩(たいほ) 퇴보
- 歩道(ほどう) 보도, 인도
- 歩(ふ) 일본 장기의 말의 하나. 우리의 졸(卒)에 해당한다. ▶
- 歩く(あるく) 걷다, 산책하다
- 歩む(あゆむ) 걷다, 전진하다
- 進歩(しんぽ) 진보
- 独歩(どっぽ) 독보
- 歩合(ぶあい) 비율, 수수료

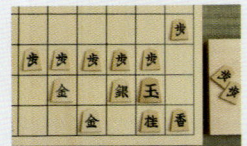

44b

歳 해 세

음 さい・せい

歩(ほ・ぶ・ふ) 걸음 보 + 戉(ほ・ぼう) 도끼 무

돌아다니며(歩) 도끼(戉)로 사냥을 하고, 1년에 한 번씩 잡은 사냥감을 제물로 바치는 것에서 해를 나타내는 말이 되었다.

- 歳月(さいげつ) 세월
- 二十四歳(にじゅうよんさい) 24세
- 歳暮(せいぼ) 세모, 연말 ☞ お歳暮: 연말에 한 해 동안 신세를 진 사람에게 선물을 보내는 일, 또는 그 선물
- 歳末(さいまつ) 연말

사람 | 신체 | **발**

44c

一 + 土 キ キ キ 走 走

달릴 **주**

- 음: そう
- 훈: はしる

土→大(だい・たい) 큰 대 + 止(し) 그칠 지

두 발(止)과 두 팔을 크게 휘두르며 앞으로 **달려가는** 사람(大)을 나타낸다.

> 옛 글자를 보면 윗부분인 土(ど・と 흙 토)자는 사람(大)이라는 것을 알 수 있다.

- 競走(きょうそう) 경주
- 走行(そうこう) 주행
- 逃走(とうそう) 도주
- 走る(はしる) 달리다, 달아나다, 뛰다
- ご馳走(ごちそう) 대접, 진수성찬
- 脱走(だっそう) 탈주
- 暴走(ぼうそう) 폭주

44d

一 + 土 キ キ キ 走 走 起 起 起

일어날 **기**

- 음: き
- 훈: おきる・お(こ)る・お(こ)す

走(そう) 달릴 주 + 己(こ・き) 몸 기

육상선수들이 출발신호와 함께 힘껏 달리기(走) 위해 몸(己)을 **일으키는** 모습이다.

- 縁起(えんぎ) 재수, 운수, 기원, 유래
- 起源(きげん) 기원
- 起点(きてん) 기점
- 起(こ)る(おこる) 일어나다, 발생하다
- 起因(きいん) 기인
- 起床(きしょう) 기상
- 起きる(おきる) 일어나다, 바로서다, 기상하다
- 起(こ)す(おこす) 일으키다, 일으켜 세우다

44e

彳 彳 彳 行 彳 彳 彳 徒 徒

무리 **도**

- 음: と

彳(てき) 조금 걸을 척 + 走(そう) 달릴 주

같은 길(彳)을 함께 달리는(走) 사람이란 의미에서 **무리**를 뜻한다.

> 彳자는 사거리를 본떠 만든 行(こう 행)자의 왼쪽 부분만 떼어 놓은 것으로 '길'을 나타낸다.

- 信徒(しんと) 신도
- 生徒(せいと) 생도, 학생
- 徒歩(とほ) 도보

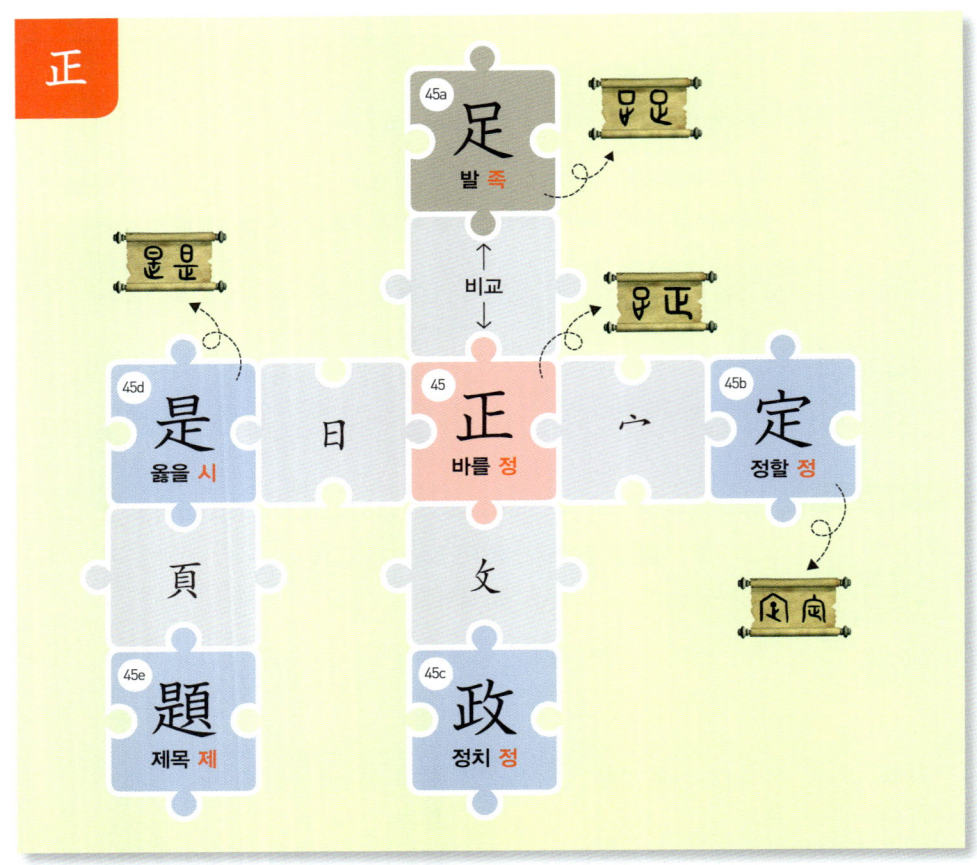

| 正 | 음 せい・しょう | 훈 ただしい・ただす・まさ |

바를 정

一 (적진을 나타냄) + 止(ㄴ) 그칠 지

적을 정벌하기 위해 적진(一)을 향해 진격하는 병사들의 발(止)의 모습으로, 악의 무리를 소탕하러 가는 것은 **올바른** 일이라는 뜻이 파생되었다.

갑골문자를 보면 발(止)이 성(口)을 향해 있는 모양을 하고 있다.

사람 | 신체 | 발

- 改正(かいせい) 개정
- 正式(せいしき) 정식
- 正月(しょうがつ) 정월, 설, 정초의 연휴 기간
- 正午(しょうご) 정오
- 正面(しょうめん) 정면
- 正す(ただす) 바로 잡다, 고치다
- 正解(せいかい) 정답
- 正門(せいもん) 정문
- 正直(しょうじき) 정직(함)
- 正しい(ただしい) 옳다, 바르다, 맞다
- 正に(まさに) 틀림없이, 정말로
- 正義(せいぎ) 정의
- 不正(ふせい) 부정
- 正気(しょうき) 제정신, 진심
- 正体(しょうたい) 정체
- 正夢(まさゆめ) 사실과 맞는 꿈

45a

足足足足足足足

足
발 족

음 そく　훈 あし・たりる・たる・たす

종아리에서 발까지의 모습을 본떠 만든 글자로, **발**을 나타내는 대표 글자이다.

- 遠足(えんそく) 소풍
- 満足(まんぞく) 만족
- 足りる(たりる) 족하다, 충분하다, 가치가 있다, ~할 만하다
- 足る(たる) 족하다, 충분하다, 가치가 있다, ~할 만하다, 만족하다
- 足す(たす) 더하다, 보태다
- 発足(はっそく) 발족
- 足(あし) 발, 발걸음, 발길, 다리
- 裸足(はだし) (신발을 신지 않은) 맨발
- 不足(ふそく) 부족
- 足跡(あしあと) 발자취, 발자국, 업적

45b

定定定定定定定定

定
정할 정

음 てい・じょう　훈 さだめる・さだまる・さだか

宀(べん・めん) 집면 + 正(せい・しょう) 바를 정

정벌하러(正) 전쟁에 나갔던 가장의 발이 집(宀) 안을 향하고 있다. 그렇게 가장이 집에 돌아와 **안정**을 찾은 모습이다.

- 安定(あんてい) 안정
- 定期(てき) 정기
- 勘定(かんじょう) 계산, 셈
- 定まる(さだまる) 정해지다, 결정되다
- 決定(けってい) 결정
- 定価(ていか) 정가
- 定める(さだめる) 정하다, 결정하다, 제정하다
- 定か(さだか) 명확한 모양, 분명함, 확실함
- 固定(こてい) 고정
- 予定(よてい) 예정

45c

정치 **정**

음 せい・しょう

正(せい・しょう) 바를 정 + 攵(ぼく) 칠 복

정치란 나라와 백성이 잘 되도록 권력(攵)을 올바르게(正) 사용하는 일이다.

攵자는 여기에서는 처벌의 권한이 있는 권력으로 해석하였다.

- 政権(せいけん) 정권
- 政策(せいさく) 정책
- 政治(せいじ) 정치
- 政党(せいとう) 정당
- 政府(せいふ) 정부
- 摂政(せっしょう) 섭정
- 大正(たいしょう) 일본 연호 중 하나 ☞ 1912년 7월 30일~1926년 12월 25일

45d

옳을 **시**

음 ぜ

日(にち・じつ) 날 일 + 正(せい・しょう) 바를 정

정벌하러(正) 돌진하는 발이 해(日)를 향하고 있다. 그렇게 밝은 곳을 향해 나아간다는 것은 **옳다**는 의미이다.

- 国是(こくぜ) 국시
- 是正(ぜせい) 시정
- 是非(ぜひ) 시비, 옳고 그름

45e

題

제목 **제**

음 だい

是(ぜ) 옳을 시 + 頁(けつ) 머리 혈

책의 내용을 정확하게(是) 파악할 수 있도록 책의 가장 앞(頁) 부분에 **주제**를 적어 놓은 모습이다.

- 課題(かだい) 과제
- 宿題(しゅくだい) 숙제
- 主題(しゅだい) 주제
- 出題(しゅつだい) 출제
- 題名(だいめい) 제목
- 題目(だいもく) 제목
- 問題(もんだい) 문제
- 話題(わだい) 화제

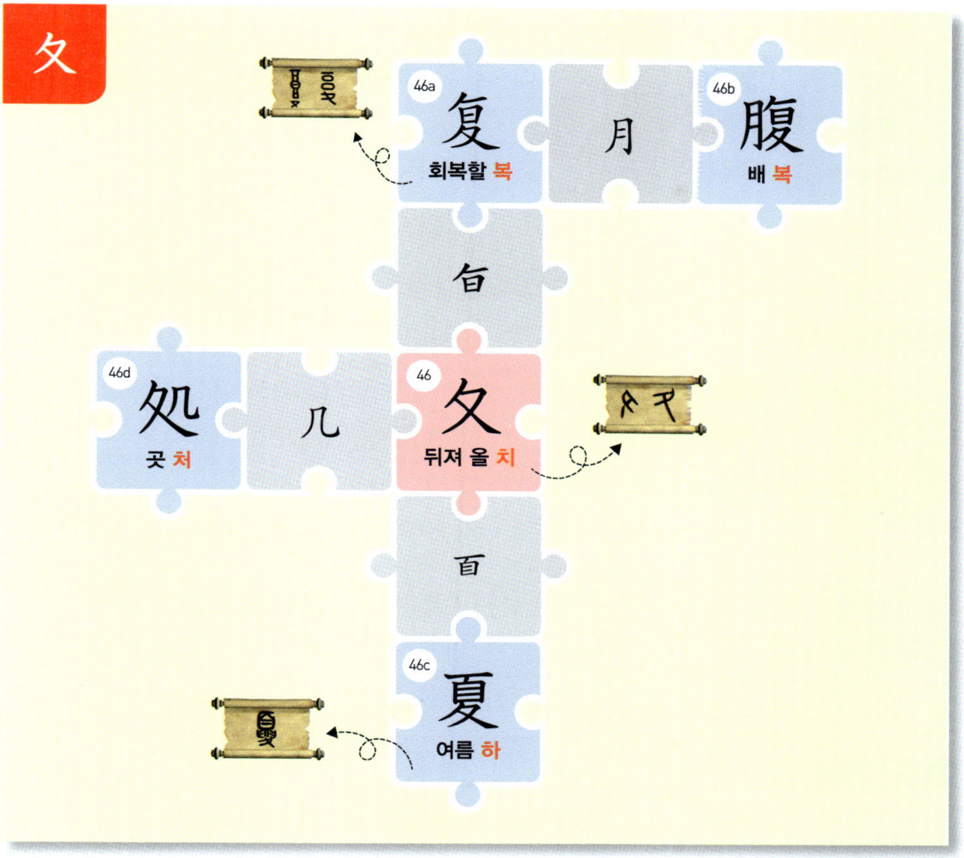

사람 | 신체 | 발

夂

| 46a 复 회복할 복 | 月 | 46b 腹 배 복 |

旨

| 46d 処 곳 처 | 几 | 46 夂 뒤져 올 치 |

百

46c 夏 여름 하

46

뒤져올 치

음 ち

夂 夂 夂

누군가 뒤에서 잡아당겨 발(止)이 뒤집어진 모습이다. 걷는 데 방해를 받아 빨리 갈 수 없다는 의미에서 **천천히 걷다**, **뒤져 오다**는 뜻을 가지게 되었다.

46a

复复复复复复复复复

复 회복할 복

[음] ふく

㠯(풀무의 모습) + 夂(ち) 뒤져올치

갑골문자는 바람을 일으키는 풀무(㠯)를 발(夂)로 밟고 있는 모습을 하고 있다. 풀무가 부풀었다 빠졌다를 **되풀이하는** 모습이다.

46b

腹腹腹腹腹腹腹腹腹腹腹腹

腹 배 복

[음] ふく [훈] はら

月→肉(にく) 고기 육 + 复(ふく) 회복할 복

풀무처럼 숨을 쉴 때마다 부풀어 올랐다 가라앉는 모습을 되풀이하는(复) 신체 기관(月)인 **배**를 묘사한 글자이다.

- 中腹(ちゅうふく) 산중턱
- 腹痛(ふくつう) 복통
- 腹部(ふくぶ) 복부
- 満腹(まんぷく) 만복
- 腹(はら) 배(신체)
- 脇腹(わきばら) 옆구리

46c

夏夏夏夏夏夏夏夏夏夏

夏 여름 하

[음] か・げ [훈] なつ

百→頁(けつ) 머리 혈 + 夂(ち) 뒤져올치

제사를 올리는 무속인(頁)이 발(夂)을 현란하게 움직이며 춤추고 있는 모습이다. 농경사회에서 가장 중요한 제사 중 하나였던 기우제가 여름철과 관련이 깊었으므로 **여름**이라는 뜻으로 쓰이게 되었다.

윗부분인 百자는 소매가 긴 소복을 입고 춤추는 무속인의 모습을 나타낸다. 기우제를 올릴 때 무아지경에 빠진 무녀가 발을 현란하게 움직이는 모습이 마치 발이 뒤집어져 보인다는 의미에서 夂자가 사용되었다.

- 夏季(かき) 하기
- 夏至(げし) 하지
- 夏(なつ) 여름
- 夏場(なつば) 여름철
- 夏休み(なつやすみ) 여름 방학, 여름 휴가

사람 | 신체 | 발

46d

ノク夂処処

곳 **처**

음 しょ

夂(ち) 뒤져올 치 + 几(き) 안석 궤

좋은 **장소**에 책상(几)을 놓고 자리를 잡고(夂) 앉아 있는 모습이다. 뒤집어진 발 모양인 夂자는 그 장소에 머무르고 있음을 강조하고 있다.

> 處자의 일본식 한자이다. 處자는 호랑이(虎)가 지켜주는 좋은 장소에 자리를 잡다(夂)는 의미로, 고대 중국인들은 호랑이(虎)는 신령한 동물로 악귀를 쫓아낸다고 여겼다.

- □ **処置**(しょち) 처치
- □ **処罰**(しょばつ) 처벌
- □ **処分**(しょぶん) 처분
- □ **処方**(しょほう) 처방
- □ **処理**(しょり) 처리
- □ **対処**(たいしょ) 대처

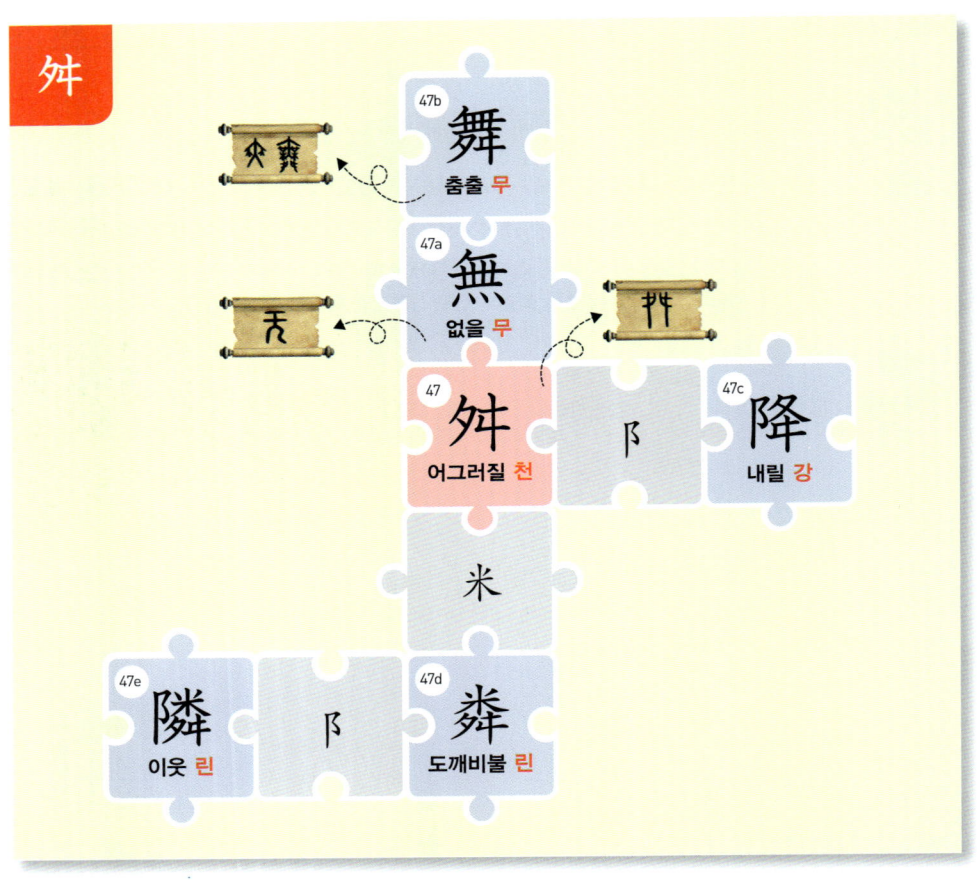

47

음 せん

舛
어그러질 천

아래를 향하고 있는 발인 夕→夂(ち 뒤져 올 치)자와 위를 향하고 있는 발인 㐄→止(し 그칠 지)자가 합쳐졌다. 두 발이 위(止) 아래(夂)로 서로 **엇갈린** 모습에서 **어그러지다**는 뜻을 갖게 되었다.

사람 | 신체 | 발

47a

無 없을 무

음 む・ぶ　**훈** ない

舞(춤추는 무속인의 모습) + 灬(네 개의 점 모양)

양손에 깃털 모양의 무구를 든 신들린 무속인(舞)이 무아지경에 빠져 발이 네 개의 점(灬)으로 보일 정도로 현란하게 춤을 추는 모습이다. 그렇게 발이 보이지 않는다는 의미에서 **없다**는 뜻이 파생되었다.

동양에서는 지금도 무속인이 신을 부르는 의식을 할 때면 양손에 새의 깃털이나 술이 달린 칼을 들고 춤을 추는 모습을 볼 수 있다.

- 無意味(むいみ) 무의미
- 無視(むし) 무시
- 無料(むりょう) 무료
- 無事(ぶじ) 무사
- 無礼(ぶれい) 무례
- 無効(むこう) 무효
- 無理(むり) 무리
- 無愛想(ぶあいそう) 상냥하지 못함, 무뚝뚝함
- 無難(ぶなん) 무난
- 無い(ない) 없다, 존재하지 않다, 일어나지 않다

47b

舞 춤출 무

음 ぶ　**훈** まう・まい

無(む・ぶ) 없을 무 + 舛(せん) 어그러질 천

소매에 장식이 달린 옷을 입고 춤을 추는 모습을 본떠 만든 글자로, 無자가 '없다'는 뜻으로 사용되자 춤추는 발의 모습을 나타내는 舛자를 덧붙여 **춤추는** 모습을 뜻하는 舞자를 만들었다.

- 歌舞(かぶ) 가무
- 歌舞伎(かぶき) 가부키 : 남성 배우만으로 이루어지는 일본 고유의 서민적인 종합 연극
- 舞台(ぶたい) 무대
- 舞う(まう) 떠돌다, 흩날리다, 춤추다
- 舞子(まいこ) (교토 기원의 연회석에서) 춤을 추며 흥을 돋우는 어린 게이샤(芸者)
- 舞踊(ぶよう) 무용
- 舞い(まい) 춤, 무용

47c

降 내릴 강

- 음: こう
- 훈: おりる・おろす・ふる
- 阝=阜(ふ) 언덕 부 + 舛(せん) 어그러질 천

언덕(阜) 위에서 발(舛)이 엇갈린 모양이다. 높은 언덕 위에서 발이 엇갈리면 넘어져 아래로 **떨어질** 것이다.

- □ 以降(いこう) 이후
- □ 降雨(こうう) 강우
- □ 降雪量(こうせつりょう) 강설량
- □ 降ろす(おろす) 내리다, 내려놓다
- □ 下降(かこう) 하강
- □ 降参(こうさん) 항복, 굴복, 질림, 손듦
- □ 降りる(おりる) 내리다, 내려오다, 내려가다
- □ 降る(ふる) 내리다, 오다, 떨어지다

47d

粦 도깨비불 린

- 음: りん
- 米→火(か) 불 화 + 舛(せん) 어그러질 천

원인을 알 수 없는 신기한 **도깨비불**(米)이 정처 없이 떠다니거나(舛) 보였다가 사라지기를 반복하는 모습이다.

| 정자인 粦자를 보면 윗부분이 쌀(米)이 아니라 불(火)이라는 것을 알 수 있다.

47e

隣 이웃 린

- 음: りん
- 훈: となり
- 阝=阜(ふ) 언덕 부 + 粦(りん) 도깨비불 린

이웃이란 무서운 도깨비불(粦)이 있는 언덕(阜) 너머의 먼 곳이 아니라, 밤에도 안심하고 갈 수 있는 가까운 곳에 사는 사람들을 가리킨다.

- □ 近隣(きんりん) 근린, 가까운 이웃
- □ 隣国(りんごく) 이웃 나라
- □ 隣(り)合う(となりあう) 서로 이웃이 되다
- □ 隣接(りんせつ) 인접
- □ 隣(となり) 이웃, 옆, 이웃집
- □ 隣近所(となりきんじょ) 이웃, 근처

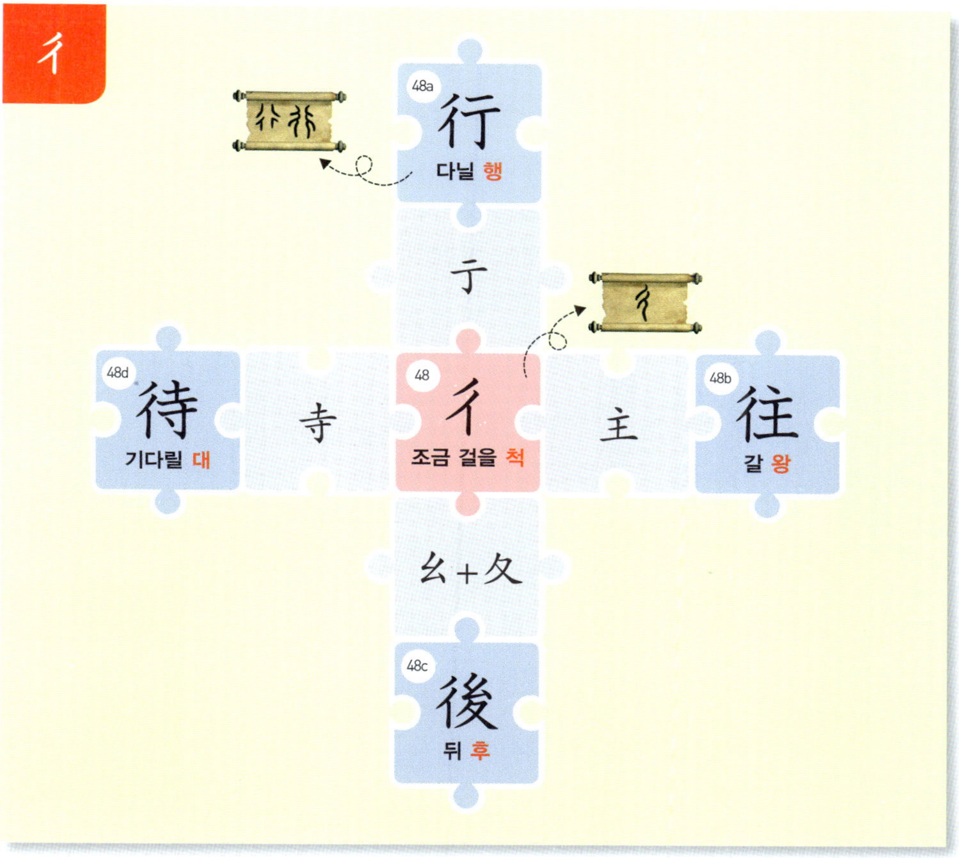

사람 | 신체 | 발

48

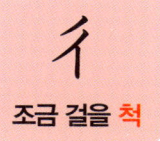

| 48a 行 다닐 행 |
| 48d 待 기다릴 대 | 寺 | 48 彳 조금 걸을 척 | 主 | 48b 往 갈 왕 |
| 幺+攵 |
| 48c 後 뒤 후 |

48

彳 조금 걸을 척

음 てき

사거리의 모양을 본떠 만든 行자의 왼쪽 부분만 떼어놓은 것으로 **길**, **걷다**의 뜻을 가지고 있다.

彳자가 '길'이라는 뜻 외에 '걷다'라는 뜻을 갖고 있는 것에서 '발'과 관련된 글자임을 알 수 있다.

48a

行 行 行 行 行 行

行
다닐 행

- 음: こう・ぎょう・あん
- 훈: いく・ゆく・おこ(な)う

彳(てき) 조금 걸을 척 ＋ 亍(ちょく) 지축거릴 촉

사거리의 모양을 본떠 만든 글자로, 도로나 거리는 사람들이 걸어다니는 곳이므로 **가다**, **걷다**라는 뜻이 파생되었다.

彳자는 사거리의 왼쪽, 亍자는 사거리의 오른쪽 모습이다.

- □ 移行(いこう) 이행
- □ 銀行(ぎんこう) 은행
- □ 興行(こうぎょう) 흥행
- □ 実行(じっこう) 실행
- □ 飛行機(ひこうき) 비행기
- □ 行政(ぎょうせい) 행정
- □ 修行(しゅぎょう) 수행
- □ 運行(うんこう) 운행
- □ 行為(こうい) 행위
- □ 行動(こうどう) 행동
- □ 進行(しんこう) 진행
- □ 行事(ぎょうじ) 행사
- □ 行列(ぎょうれつ) 행렬
- □ 行宮(あんぐう) 행궁
- □ 行灯(あんどん) 사방등 : 나무 등으로 만든 원형이나 네모진 틀에 종이를 바르고 안에 기름 접시를 놓아 불을 켜는 등 ▶
- □ 行く(いく) 가다, 떠나다, 되다
- □ 行く(ゆく) 가다, 떠나다, 되다
- □ 行(な)う(おこなう) (일을) 하다, 행하다, 처리하다
- □ 流行り(はやり) 유행

48b

往 往 往 往 往 往 往

往
갈 왕

- 음: おう

彳(てき) 조금 걸을 척 ＋ 主(しゅ・す) 주인 주

주인(主)의 부름을 받고 걸어서(彳) **가는** 모습이다.

- □ 右往左往(うおうさおう) 우왕좌왕
- □ 往生(おうじょう) 극락왕생, 죽음, 체념함, 손듦, 애를 먹음
- □ 往診(おうしん) 왕진
- □ 往復(おうふく) 왕복, 왕래, 교제
- □ 往年(おうねん) 왕년
- □ 往来(おうらい) 왕래, 내왕

사람 | 신체 | 발

48c

後
뒤 **후**

음 ご・こう **훈** のち・うしろ・あと・おくれる

彳(てき) 조금 걸을 척 + 幺→糸(し) 실사 + 夂(치) 뒤져올 치

긴 밧줄(糸)에 발(夂)이 묶인 포로들이 일렬로 걸어가고(彳) 있는 모습이다. 그렇게 일렬로 걸어갈 수밖에 없는 상황에서 뒤, 다음, 나중, 뒤쪽 등의 뜻이 파생되었다.

- 午後(ごご) 오후, 하오
- 今後(こんご) 금후, 차후, 앞으로
- 背後(はいご) 배후
- 後悔(こうかい) 후회, 뉘우침
- 後輩(こうはい) 후배
- 後期(こうき) 후기
- 後程(のちほど) 나중에, 조금 후에
- 後(あと) 뒤, 뒤쪽, 후방
- 後味(あとあじ) 뒷맛, 일이 끝난 후의 느낌이나 기분
- 後ずさり(あとずさり) 뒷걸음질 치기
- 後日(ごじつ) 후일
- 食後(しょくご) 식후
- 老後(ろうご) 노후
- 後続(こうぞく) 후속
- 後半(こうはん) 후반
- 後(のち) (그 때) 뒤, (그 일) 후, 미래
- 後ろ(うしろ) 뒤, 뒤쪽, 등
- 後れる(おくれる) 뒤떨어지다

48d

待
기다릴 **대**

음 たい **훈** まつ

彳(てき) 조금 걸을 척 + 寺(じ) 절 사

사람들이 많이 몰리는 관청이나 절(寺)에 가면(彳) 자신의 차례가 올 때까지 줄을 서서 **기다려야** 한다.

- 期待(きたい) 기대
- 招待(しょうたい) 초대
- 優待(ゆうたい) 우대
- 待合室(まちあいしつ) 대합실
- 待(ち)合(わ)せ(まちあわせ) 미리 약속하여 만나기로 함
- 虐待(ぎゃくたい) 학대
- 待遇(たいぐう) 대우
- 待つ(まつ) 기다리다

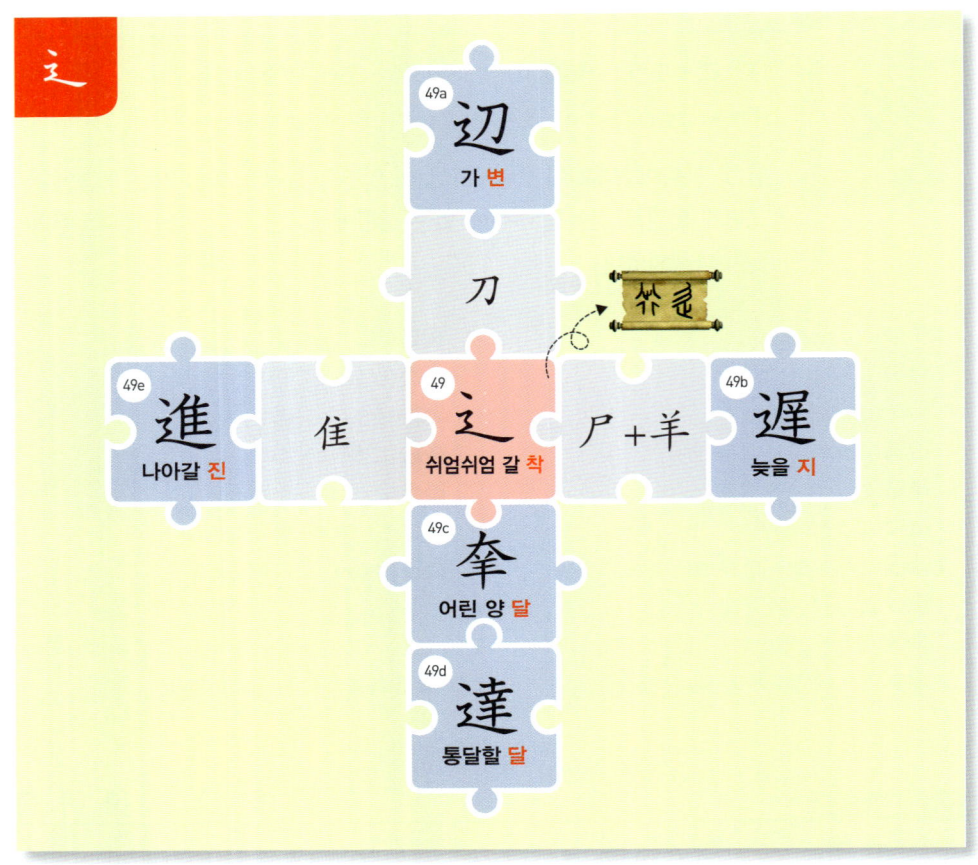

| 49 |

辶
쉬엄쉬엄 갈 **착**

음 ちゃく

갑골문자는 行(こう・ぎょう・あん 다닐 행)자와 止(し 그칠 지)자를 합쳐 놓은 모양을 하고 있으며, 길과 가다의 뜻으로 사용된다.

辶자는 우리는 4획이지만 일본에서는 3획으로 쓴다.

사람 | 신체 | 발

49a

㇇ 刀 辺 辺 辺

辺
가 **변**

음 へん　훈 あたり・べ

刀(とう) 칼도　＋　辶(ちゃく) 쉬엄쉬엄 갈 착

길(辶) **주변**에 자라는 잡초들을 칼(刀)로 잘라서 정리한 모습이다.

우리 邊자의 일본식 한자이다.

- 周辺(しゅうへん) 주변
- 底辺(ていへん) 저변
- 辺り(あたり) 그곳, 근처, 주변, 언저리
- 岸辺(きしべ) 물가, 강가, 바닷가
- 身辺(しんぺん) 신변
- 辺境(へんきょう) 변경
- 海辺(うみべ) 해변, 바닷가, 해안
- 浜辺(はまべ) 바닷가, 해변

49b

遅 遅 尸 尸 犀 屖 屖 犀 遅 遅 遅

遅
늦을 **지**

음 ち　훈 おくれる・おくらす・おそい

尸(し) 주검 시　＋　羊(よう) 양 양　＋　辶(ちゃく) 쉬엄쉬엄 갈 착

양(羊)은 고대 동양에서 제물(尸)로 사용되었다. 따라서 제사에 사용될 양(羊)이 도살장(尸)으로 **느릿하게** 걸어가는(辶) 모습이라고 생각하자.

우리 遲자의 일본식 한자이다. 遲자는 덩치 큰 무소(犀)가 **느릿하게** 걸어가는(辶) 모습을 나타낸다.

- 遅延(ちえん) 지연
- 遅滞(ちたい) 지체
- 遅らす(おくらす) 늦추다, 늦게 하다
- 遅刻(ちこく) 지각
- 遅れる(おくれる) 늦다, 지각하다, 더디다
- 遅い(おそい) 늦다, 느리다, 더디다

49c

一 ナ 大 太 本 本 奎 奎 奎

奎
어린 양 **달**

음 たつ

大(だい・たい) 큰 대　＋　羊(よう) 양 양

양(羊)이 **새끼**를 낳을 때 사람(大)이 받아 내는 모습이다. 옛날에 양은 제물로 사용되는 중요한 가축이었다.

49d 達

達達達達達達達達達達達

음 たつ・だち

통달할 달

幸→羍(たつ) 어린 양 달 + 辶(ちゃく) 쉬엄쉬엄 갈 착

태어나는 어린 양(羍)을 양떼 사이를 헤집고 다니며(辶) 잘 받아 내는 **숙련된** 사람의 모습에서 **통하다, 숙달하다, 달성하다** 등의 뜻이 파생되었다.

- □ 上達(じょうたつ) 숙달됨, 향상됨, 상달
- □ 到達(とうたつ) 도달
- □ 発達(はったつ) 발달
- □ 伝達(でんたつ) 전달
- □ 達人(たつじん) 달인
- □ 配達(はいたつ) 배달
- □ 達成(たっせい) 달성
- □ 友達(ともだち) 벗, 친구, 동무

49e 進

음 しん **훈** すすむ・すすめる

나아갈 진

隹(すい) 새 추 + 辶(ちゃく) 쉬엄쉬엄 갈 착

하늘로 날아오르기 위해 새(隹)가 앞으로 뛰어가는(辶) 모습에서 **나아가다**는 뜻이 파생되었다.

- □ 行進(こうしん) 행진
- □ 進化(しんか) 진화
- □ 進行(しんこう) 진행, 앞으로 나아감
- □ 進路(しんろ) 진로
- □ 促進(そくしん) 촉진
- □ 進む(すすむ) 나아가다, (앞으로) 나아가다
- □ 進める(すすめる) 앞으로 나아가게 하다, 앞으로 움직이다
- □ 昇進(しょうしん) 승진
- □ 進学(しんがく) 진학
- □ 進歩(しんぽ) 진보
- □ 前進(ぜんしん) 전진
- □ 突進(とっしん) 돌진

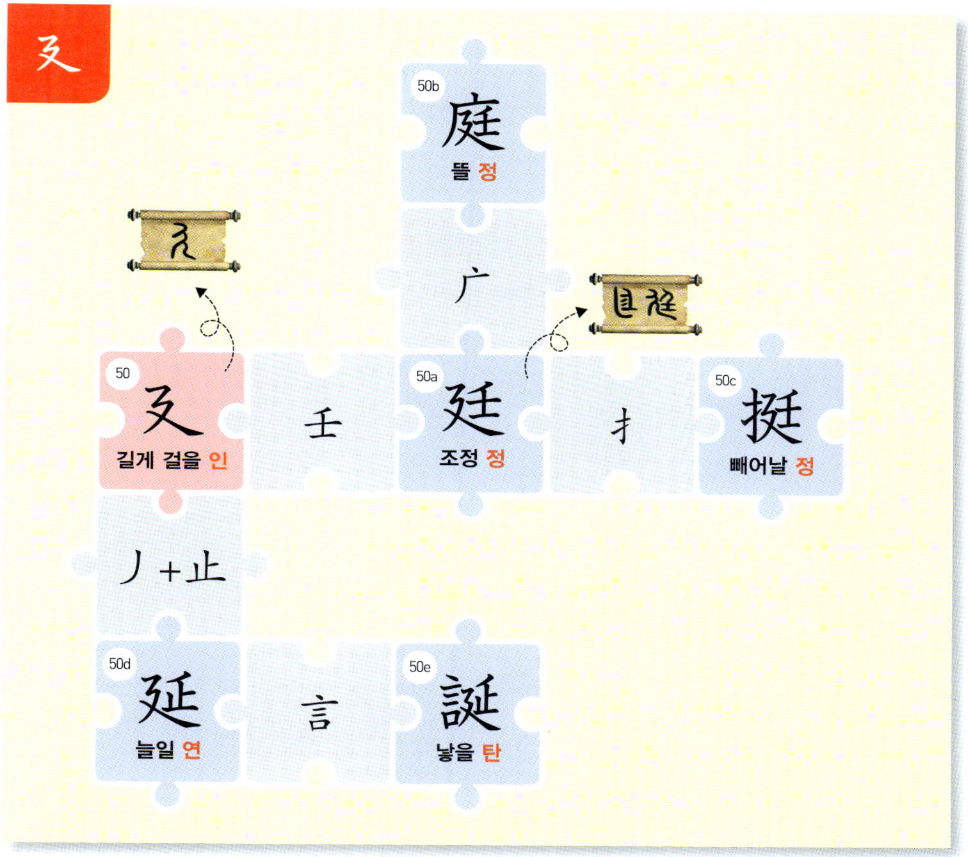

사람 | 신체 | 발

廴

| 50b 庭 뜰 정 |
| 广 |

| 50 廴 길게 걸을 인 | 壬 | 50a 廷 조정 정 | 扌 | 50c 挺 빼어날 정 |

丿 + 止

| 50d 延 늘일 연 | 言 | 50e 誕 낳을 탄 |

50

廴 廴 廴

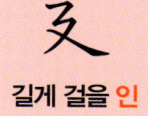
길게 걸을 **인**

음 いん

임금님의 무덤에 이르는 길처럼 길고 좁은 길을 나타낸 글자로 **길게 걷다**는 뜻을 가지고 있다.

진시황릉 같은 왕의 무덤은 귀중품을 같이 매장하기 때문에 길고 좁은 길을 통해서만 들어갈 수 있도록 만들어졌다. 미로와 같은 길고 좁은 길을 조심스럽게 걷는 모습을 생각하자.

50a

廷 廷 廷 廷 廷 廷 廷

廷 조정 **정**

음 てい

壬(てい) 까치발 정 + 廴(いん) 길게 걸을 인

조정에 있는 신하들이 임금님을 알현하기 위해 까치발(壬)을 하고 조심스럽게 걷는(廴) 모습이다. 壬자는 발(止) 뒤꿈치를 쫑긋 세운 모습으로 발음기호 역할도 하고 있다.

壬자는 아홉째 천간 임(壬)자와 형태만 같을 뿐 다른 글자이다.

- ☐ 開廷(かいてい) 개정
- ☐ 朝廷(ちょうてい) 조정
- ☐ 休廷(きゅうてい) 휴정
- ☐ 法廷(ほうてい) 법정

50b

庭 庭 庭 庭 庭 庭 庭 庭 庭 庭

庭 뜰 **정**

음 てい 훈 にわ

广(げん) 집 엄 + 廷(てい) 조정 정

과거 동양의 집들은 대부분 집 안에 뜰을 만들어 열린 공간으로 활용하였다. 조정(廷)의 넓은 공간처럼 집(广) 안에서 벽이 트여 있는 넓은 공간이라는 의미에서 **뜰**이라는 뜻이 파생되었다.

广자는 지붕의 모양을 본떠 만든 글자로, 한쪽 벽이 트인 구조로 되어 있는 집을 말한다.

- ☐ 家庭(かてい) 가정
- ☐ 庭(にわ) 정원, 뜰, 마당
- ☐ 校庭(こうてい) 교정
- ☐ 中庭(なかにわ) 안뜰

사람 | 신체 | **발**

50c

挺
빼어날 **정**

음 てい・ちょう

扌＝手(しゅ) 손 수 ＋ 廷(てい) 조정 정

조정(廷)에서 두려움 없이 손(手)을 들고 임금에게 자신의 소신을 말하는 **올곧고 빼어난** 신하의 모습이다.

- □ 挺進(ていしん) 정진, 여럿 가운데서 앞질러 나아감
- □ 挺然(ていぜん) 정연, 뛰어난 모양
- □ 挺(ちょう) 총·칼·창·쟁기 등 가늘고 긴 것과 가마 등 탈것을 셀 때 쓰는 조수사, ~정. ~자루

50d

延
늘일 **연**

음 えん　훈 のびる・のべる・のばす

丿(へつ) 삐침 별 ＋ 止(し) 그칠 지 ＋ 廴(いん) 길게 걸을 인

발(止) 앞을 가로막아(丿) 천천히 가게(廴)하는 모습에서 **늘이다**는 뜻이 파생되었다.

丿 자는 의미가 없는 글자로 상황에 따른 다양한 해석이 가능하다.

- □ 延期(えんき) 연기
- □ 延滞(えんたい) 연체
- □ 延長(えんちょう) 연장
- □ 延命(えんめい) 연명
- □ 遅延(ちえん) 지연
- □ 蔓延(まんえん) 만연
- □ 延びる(のびる) 길어지다, (시간이) 연장되다
- □ 延べる(のべる) 펴다, 늘이다
- □ 延ばす(のばす) (시일을) 연장시키다, 연기하다, 길게 늘이다

50e

誕
낳을 **탄**

음 たん

言(げん・ごん) 말씀 언 ＋ 延(えん) 늘일 연

오랫동안(延) 기다려온 왕자나 위대한 인물의 **탄생**을 백성들에게 널리 알리는(言) 모습이다.

- □ 誕生(たんじょう) 탄생, 출생
- □ 誕生日(たんじょうび) 탄생일, 생일

사람 | 사람 | 人

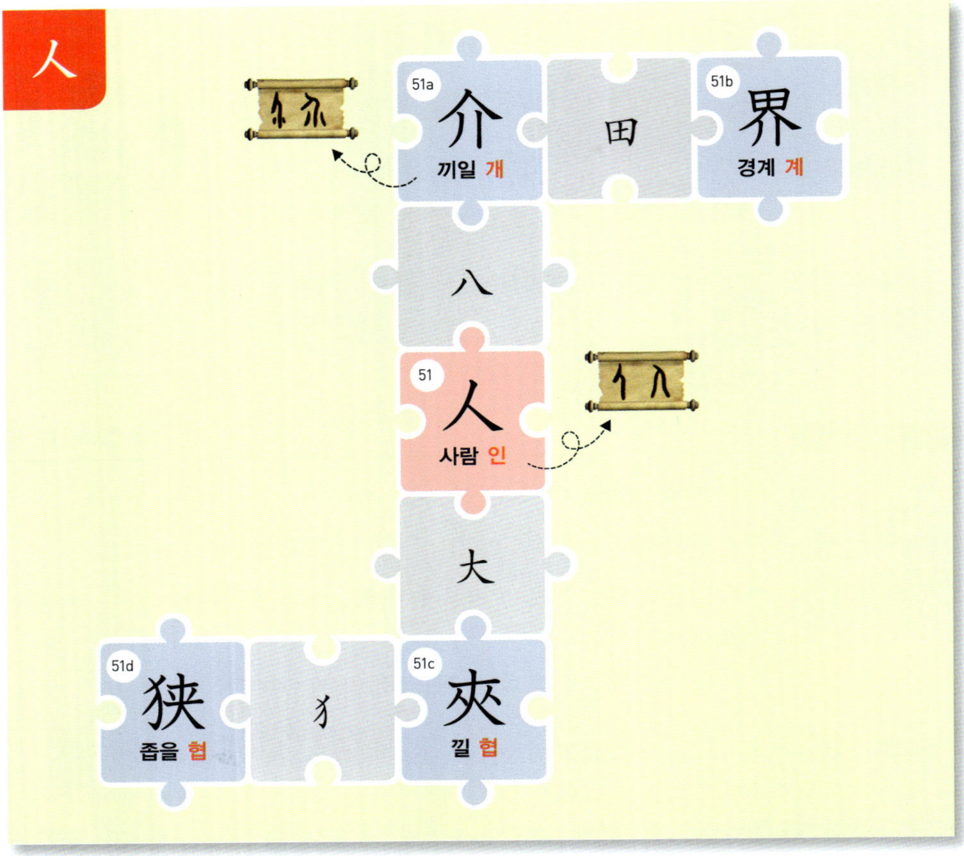

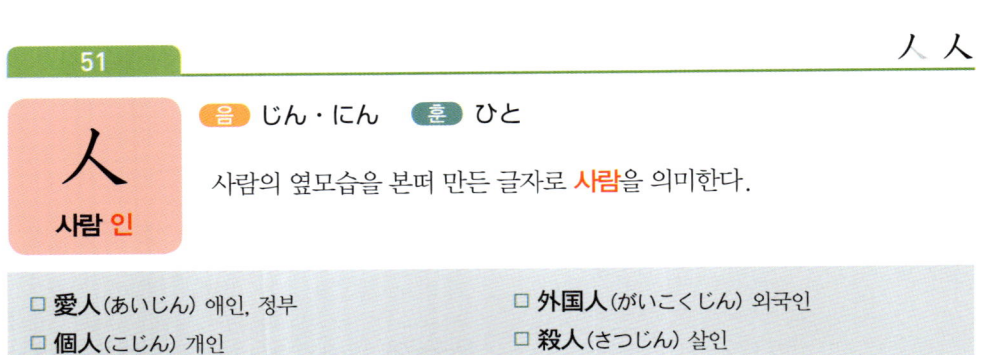

51	人 사람 인	음 じん・にん　　훈 ひと

사람의 옆모습을 본떠 만든 글자로 **사람**을 의미한다.

- □ 愛人(あいじん) 애인, 정부
- □ 個人(こじん) 개인
- □ 外国人(がいこくじん) 외국인
- □ 殺人(さつじん) 살인

- 人権(じんけん) 인권
- 人事(じんじ) 인사
- 人物(じんぶつ) 인물
- 成人(せいじん) 성인
- 商人(しょうにん) 상인
- 職人(しょくにん) 직인, 장인
- 人気(にんき) 인기
- 人間(にんげん) 인간
- 人数(にんずう) 인원수, 많은 사람
- 本人(ほんにん) 본인
- 人(ひと) 사람, 인류, 인간
- 人影(ひとかげ) 그림자
- 人波(ひとなみ) 인파
- 狩人(かりゅうど) 사냥꾼
- 素人(しろうと) 비전문가, 아마추어, 초심자, 풋내기

- 人口(じんこう) 인구
- 人生(じんせい) 인생
- 人類(じんるい) 인류
- 友人(ゆうじん) 친구
- 証人(しょうにん) 증인
- 何人(なんにん) 몇 사람
- 人形(にんぎょう) 인형
- 人情(にんじょう) 인정
- 病人(びょうにん) 환자
- 役人(やくにん) 관리
- 旅人(たびびと) 여행자, 나그네
- 人妻(ひとづま) 남의 아내, 유부녀
- 大人(おとな) 어른, 성인
- 玄人(くろうと) 전문가, 숙련자

51a

끼일 개

음 かい

人(じん・にん) 사람 인 + 八(はち) 여덟 팔

사람(人)이 중간에 **끼어들어** 나뉜(八) 것을 **소개하여** 엮어주는 모습이다.

- 介入(かいにゅう) 개입
- 紹介(しょうかい) 소개
- 厄介(やっかい) 귀찮음, 성가심, 신세, 폐
- 介抱(かいほう) 병구완, 간호, 돌봄, 보호
- 仲介(ちゅうかい) 중개

51b

界 경계 계

음 かい

田(でん) 밭 전 + 介(かい) 끼일 개

밭(田)과 밭 사이에 끼어 있는(介) 경계를 의미한다. 도랑이나 둑으로 구획이 나뉘어진 농경지의 모습을 본떠 만든 田자가 '논밭, 경작지'의 의미로 사용되자 介자를 추가하여 경계를 나타내는 界자를 만들었다.

- 境界(きょうかい) 경계
- 限界(げんかい) 한계
- 財界(ざいかい) 재계
- 政界(せいかい) 정계
- 業界(ぎょうかい) 업계
- 芸能界(げいのうかい) 연예계
- 自然界(しぜんかい) 자연계
- 世界(せかい) 세계

51c

夾 낄 협

음 きょう

大(だい・たい) 큰 대 + 人(じん・にん) 사람 인 + 人(じん・にん) 사람 인

사람(大)의 양쪽 겨드랑이 사이에 사람(人)이 끼어 있는 모습이다.

51d

狹 좁을 협

음 きょう   훈 せまい・せばめる・せばまる

犭=犬(けん) 개 견 + 夾(きょう) 낄 협

개(犬)는 인류 최초의 가축으로서 넓은 자연을 벗어나 좁은 인간 사회로 비집고(夾) 들어왔다.

| 우리 狹자의 일본식 한자이다.

- 狹義(きょうぎ) 협의, 좁은 의미
- 偏狹(へんきょう) 편협
- 狹める(せばめる) 좁히다
- 狹間(はざま) 골짜기, 틈
- 狹小(きょうしょう) 협소
- 狹い(せまい) 좁다
- 狹まる(せばまる) 좁아지다, 좁혀지다

사람 | 사람 | 人

52

亻 사람 인

음 じん・にん

人(じん・にん 사람 인)자와 모양은 다르지만 의미는 동일하다. 단독 사용은 되지 않고 다른 글자와 합쳐질 때 글자의 왼편에 붙는다.

52a   化化化化

될 **화**

음 か・け   **훈** ばける・ばかす

亻＝人(じん・にん) 사람 인 ＋ ヒ(ひ) 숟가락 비

서 있는 사람(人)과 거꾸로 뒤집어져 있는 사람(ヒ)의 모습으로, 사람(人)이 갓난아기로 태어나 힘없는 노인(ヒ)으로 **변해가다**는 의미를 나타낸다.

- 悪化(あっか) 악화, 나빠짐
- 化石(かせき) 화석
- 消化(しょうか) 소화
- 化粧(けしょう) 화장
- 化かす(ばかす) 속이다, 정신을 흐리다
- 開化(かいか) 개화
- 激化(げきか) 격화
- 変化(へんか) 변화
- 化ける(ばける) 둔갑하다, 변장하다, 가장하다
- 化け物(ばけもの) 도깨비, 요괴, 요물

52b

꽃 **화**

음 か・け   **훈** はな

艹＝草(そう) 풀 초 ＋ 化(か・け) 될 화

사람이 갓난아기에서 노인으로 변해가듯이(化), 풀(草)도 시간이 지나면 마침내 화려한 **꽃**으로 변한다.

- 開花(かいか) 개화
- 花瓶(かびん) 화병, 꽃병
- 国花(こっか) 국화
- 花束(はなたば) 꽃다발
- 花見(はなみ) 꽃구경, (특히) 벚꽃놀이
- 花道(はなみち) 가부키(歌舞伎) 극장에서 관객석을 종단하여 무대에 이르도록 만든 무대시설의 하나, 사람이 아쉽게 은퇴하는 때
- 花嫁(はなよめ) 신부
- 花壇(かだん) 화단
- 供花(くげ) 헌화, 불전에 꽃을 바침, 또는 그 꽃
- 花(はな) 꽃
- 花火(はなび) 불꽃놀이
- 火花(ひばな) 불꽃

사람 | 사람 | 人

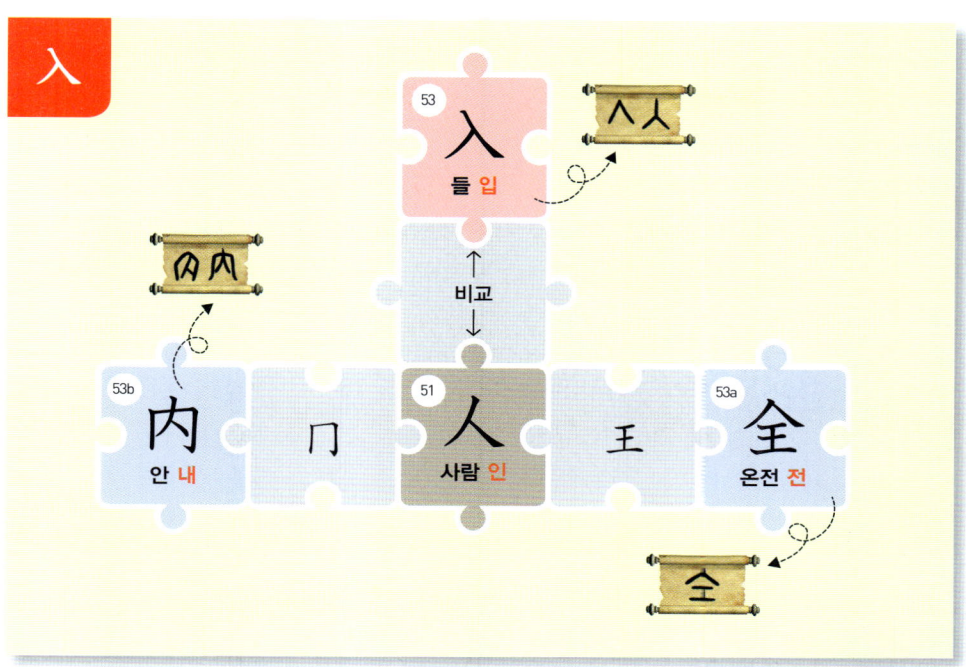

53

음 にゅう　훈 いる・いれる・はいる

동굴이나 움집 출입구의 모양을 본떠 만든 글자이다. 출입구로 사람이 드나들므로 **들어가다**라는 뜻이 파생되었다.

| 人자와 모양이 비슷하므로 주의하자.

- 加入(かにゅう) 가입
- 購入(こうにゅう) 구입
- 出入(しゅつにゅう) 출입
- 潜入(せんにゅう) 잠입
- 投入(とうにゅう) 투입
- 入学(にゅうがく) 입학
- 入国(にゅうこく) 입국
- 入手(にゅうしゅ) 입수
- 納入(のうにゅう) 납입
- 入る(いる) 들어가다, 들어오다
- 入れる(いれる) 넣다, 들어가게 하다, 속에 집어넣다
- 入る(はいる) 들다, 들어가다, 들어오다

53a 全 　온전 전

全 全 全 全 全 全

- 음 ぜん
- 훈 まったく・すべて

人(ひと) 사람 인 ＋ 王(おう) 임금 왕

王자가 거푸집의 몸체를, 人자가 거푸집의 덮개를 의미하며, 거푸집의 몸체(王)와 덮개(人)가 서로 **온전**하게 딱 들어맞은 모습이다.

> 우리 全자의 일본식 한자로, 우리 한자의 윗부분은 入자이고, 일본식 한자는 人자이므로 주의하자.

- ☐ 安全(あんぜん) 안전
- ☐ 全員(ぜんいん) 전원
- ☐ 全体(ぜんたい) 전체
- ☐ 全面(ぜんめん) 전면
- ☐ 全く(まったく) 완전히, 아주, 전적으로
- ☐ 健全(けんぜん) 건전
- ☐ 全国(ぜんこく) 전국
- ☐ 全部(ぜんぶ) 전부, 모두
- ☐ 全力(ぜんりょく) 전력
- ☐ 全て(すべて) 전부, 모두, 전체

53b 内 　안 내

内 内 内 内

- 음 ない・だい
- 훈 うち

人(ひと) 사람 인 ＋ 冂(출입문의 모양)

사람(人)이 출입문(冂)을 통해 **안**으로 들어가는 모습이다.

> 우리 內자의 일본식 한자로, 우리 한자의 윗부분은 入자이고, 일본식 한자는 人자이므로 주의하자.

- ☐ 以内(いない) 이내
- ☐ 家内(かない) 가족, (자기의) 아내, 집사람
- ☐ 体内(たいない) 체내
- ☐ 内部(ないぶ) 내부
- ☐ 境内(けいだい) (신사・사찰의) 경내
- ☐ 内側(うちがわ) 안쪽, 내면
- ☐ 身内(みうち) 온몸, 가족, 친족, 한패, 패거리
- ☐ 屋内(おくない) 옥내, 실내, 집 안
- ☐ 国内(こくない) 국내
- ☐ 内定(ないてい) 내정
- ☐ 内容(ないよう) 내용
- ☐ 内(うち) 안(쪽), 내부, 속
- ☐ 内幕(うちまく) 내막

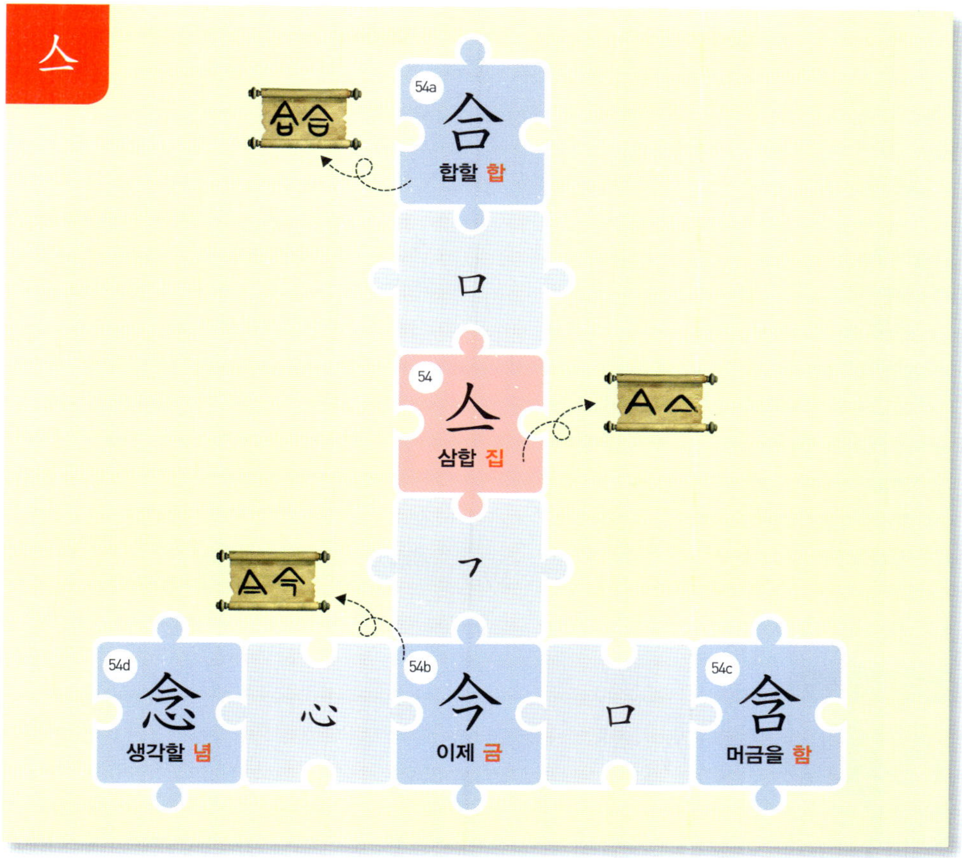

사람 | 사람 | 人

54

삼합 집

음 しゅう

그릇의 뚜껑과 그릇의 윗부분이 딱 들어맞는 상태로 **합하다**는 의미를 가지고 있다.

| 글자 모양이 人자와 비슷하여 여기에서 다루지만 의미적으로 人자와는 아무런 관련이 없다.

54a 合 합할 합

合合合合合合

- 음: ごう・がっ・かっ
- 훈: あう・あわす・あ(わ)せる

亼(しゅう) 삼합 집 + 口(こう・く) 입구

밥뚜껑(亼)과 밥그릇(口)이 딱 맞게 **합해진** 모양을 하고 있다.

- 合格(ごうかく) 합격
- 都合(つごう) 사정, 형편, 변통
- 合宿(がっしゅく) 합숙
- 合併(がっぺい) 합병
- 合う(あう) 합쳐지다, 만나다, 합류하다
- 合(わ)せる(あわせる) 맞추다, 맞게 하다, 맞추어 보다
- 合図(あいず) 신호
- 具合(ぐあい) 형편, 상태
- 場合(ばあい) 경우, 때
- 合計(ごうけい) 합계
- 和合(わごう) 화합
- 合唱(がっしょう) 합창
- 合戦(かっせん) 싸움, 전투
- 合わす(あわす) 맞추다, 맞게 하다, 짝 지우다
- 合間(あいま) 틈, 짬
- 試合(しあい) 시합, 경기
- 割合(わりあい) 비율

54b 今 이제 금

今今今今

- 음: こん・きん
- 훈: いま

亼(しゅう) 삼합 집 + フ(물건을 나타냄)

옛 글자를 보면 덮개(亼)가 어떤 물건(フ)을 폭 감싼 모습으로, 글자를 빌려와 시간을 나타내는 **지금**의 의미로 쓰고 있다.

- 今回(こんかい) 금번, 이번
- 今後(こんご) 금후, 차후, 앞으로
- 今夜(こんや) 오늘 밤
- 今(いま) 지금, 이제, 현재
- 今頃(いまごろ) 지금쯤, 이맘때
- 今様(いまよう) 현대, 현대풍
- 今年(ことし) 올해, 금년
- 今月(こんげつ) 금월, 이달
- 今週(こんしゅう) 금주, 이번 주
- 古今(こきん) 고금
- 今一(いまいち) 조금 부족한 모양, 조금만 더
- 今時(いまどき) 요즘 세상, 요즘 시대, 현재, 지금
- 今朝(けさ) 오늘 아침

사람 | 사람 | 人

54c

含 머금을 **함**

音 がん　訓 ふくむ・ふくめる

今(こん・きん) 이제금 ＋ 口(こう・く) 입구

어떤 물건을 완전하게 감싼 모습(今)과 그것을 받치고 있는 입(口)을 본떠 만든 글자로, 입 밖으로 나오지 않고 입속에서만 맴도는 듯이 보인다는 의미에서 **입에 머금다**는 뜻을 갖게 되었다.

- 含有(がんゆう) 함유
- 含む(ふくむ) 포함하다, 함유하다, 머금다
- 含量(がんりょう) 함량, 함유량
- 含める(ふくめる) 포함시키다, 품게 하다

54d

念 생각할 **념**

音 ねん

今(こん・きん) 이제금 ＋ 心(しん) 마음 심

마음(心)을 완전히 감싸다(今), 즉 깊이 **생각하는** 모습을 나타낸다.

- 一念(いちねん) 일념
- 残念(ざんねん) 유감스러움, 분함, 억울함, 아쉬운 모양
- 信念(しんねん) 신념
- 断念(だんねん) 단념
- 理念(りねん) 이념
- 記念(きねん) 기념
- 専念(せんねん) 전념, 전심
- 念願(ねんがん) 염원

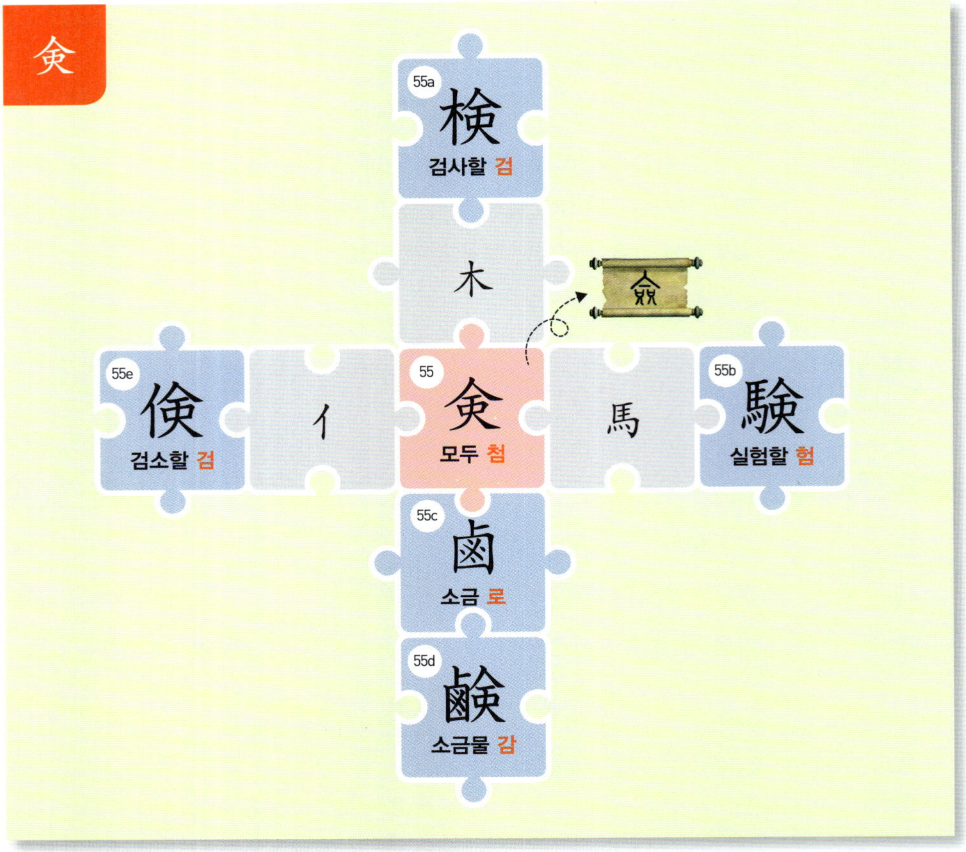

僉

- 55a 檢 검사할 검
- 木
- 55e 儉 검소할 검
- 亻
- 55 僉 모두 첨
- 馬
- 55b 驗 실험할 험
- 55c 鹵 소금 로
- 55d 鹼 소금물 감

55

모두 첨

음 せん

亼(しゅう) 삼합집 + 口(こう·く) 입구 + 人(じん·にん) 사람 인

여러 사람(人)이 **모두** 한자리에 모여서(亼) 각자의 의견을 말하고(口) 있는 모습이다.

우리 僉자의 일본식 한자이다. 僉자는 여러 사람들(人人)이 **모두** 한자리에 모여서(亼) 각자 입(口口)으로 한마디씩 말하고 있는 모습이다.

사람 | 사람 | 人

55a

검사할 **검**

檢檢檢檢檢檢檢检检检檢

음 けん

木(ぼく・もく) 나무 목 + 僉(せん) 모두 첨

모든(僉) 사람이 함께 좋은 재목이 될 수 있는지 나무(木)를 **검사하는** 장면이다.

| 우리 檢자의 일본식 한자이다.

- 検査(けんさ) 검사
- 検証(けんしょう) 검증
- 検定(けんてい) 검정
- 車検(しゃけん) 자동차 검사
- 検事(けんじ) 검사
- 検診(けんしん) 검진
- 検討(けんとう) 검토
- 点検(てんけん) 점검

55b

실험할 **험**

験験験験験験験馬馬馬駼駼験験験験験

음 けん・げん

馬(ば) 말 마 + 僉(せん) 모두 첨

모든(僉) 사람이 함께 뛰어난 종마를 선별하기 위해 말(馬)을 **시험해** 보는 모습이다.

| 우리 驗자의 일본식 한자이다.
| 検자의 나무(木)는 식물이기 때문에 검사만으로 판단할 수 있지만, 말(馬)은 움직이는 동물이므로 시험(験) 해 봐야 판단할 수 있다고 기억하면 구분하기 쉬울 것이다.

- 経験(けいけん) 경험
- 実験(じっけん) 실험
- 体験(たいけん) 체험
- 試験(しけん) 시험
- 受験(じゅけん) 수험
- 霊験(れいげん) 영험, 영검

55c

鹵 卥 卥 卤 卤 鹵 鹵 鹵 鹵 鹵

鹵 소금 로

음 ろ

주머니에 들어 있는 **소금**의 결정체를 본뜬 모습이다.

55d

鹸 鹸 鹸 卥 卥 鹵 鹸 鹸 鹸 鹸 鹸 鹸 鹸 鹸 鹸 鹼

鹸 소금물 감

음 けん

鹵(ろ) 소금 로 + 僉(せん) 모두 첨

비누가 만들어지기 전에 세제로 쓰였던 **잿물**을 의미한다. 염기성(鹵) 수용액인 잿물이 모든(僉) 것을 깨끗하게 하는 **비누** 역할을 하였다.

☐ 石鹸(せっけん) 비누

55e

倹 倹 倹 倹 倹 倹 倹 倹 倹

倹 검소할 검

음 けん

亻=人(じん・にん) 사람 인 + 僉(せん) 모두 첨

모두(僉) 모여서 생활하는 단체생활을 하는 사람(人)들은 지켜보는 눈이 많으므로 **검소**해야 한다.

│ 우리 儉자의 일본식 한자이다.

☐ 勤倹(きんけん) 근검　　☐ 倹素(けんそ) 검소
☐ 倹約(けんやく) 검약, 절약　　☐ 節倹(せっけん) 절약하고 검소하게 함, 절약, 검약

사람 | 사람 | 人

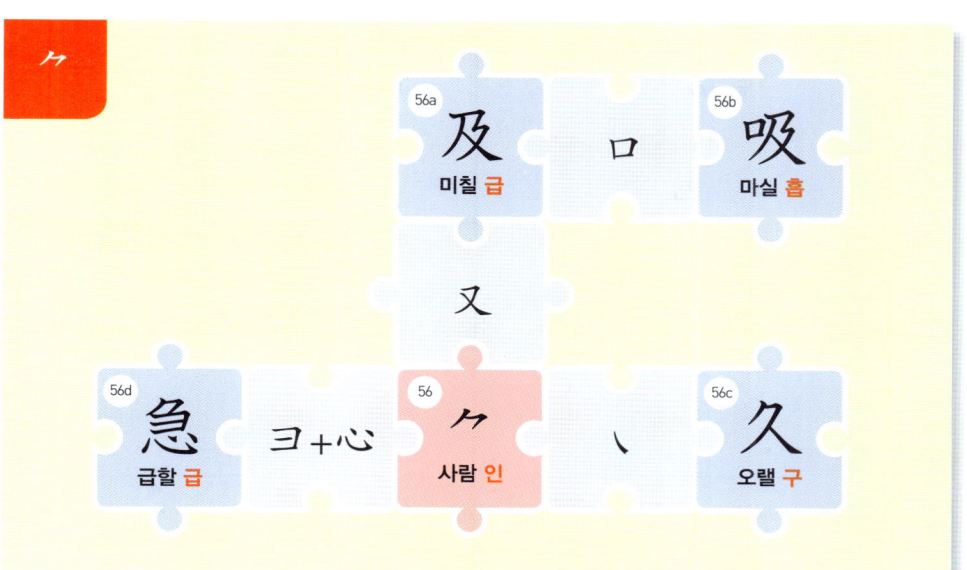

56

ク 사람 인

음 じん・にん

人(じん・にん 사람 인)자와 모양만 다를 뿐 의미는 같다. 단 때때로 **사람**이라는 의미와는 전혀 다른 뜻으로 사용되기도 하므로 주의가 필요하다.

이 글자는 단독으로는 사용되지 않고 부수자도 아니지만 쓰임새가 많은 글자이다. 단독 음가가 없어 이 책에서는 임의로 '사람 인'이라 칭하였다.

56a

及 미칠 급

음 きゅう 훈 およぶ・および・およぼす

ク(じん・にん) 사람 인 + 又(ゆう) 또우

도망가는 사람(ク)의 뒷덜미에 손(又)이 막 **다다른** 모습이다.

- 追及(ついきゅう) (책임 등을) 추궁함, 뒤쫓음
- 及ぶ(およぶ) 달하다, 이르다
- 普及(ふきゅう) 보급
- 及び(および) (접속사) 및, 또
- 及ぼす(およぼす) 달하게 하다

56b

吸 吸 吸 吸 吸 吸

吸 마실 흡

- 음: きゅう
- 훈: すう

口(こう・く) 입구 ＋ 及(きゅう) 미칠 급

도망가는 사람이 잡히지(及) 않으려고 죽을힘을 다해 달아나서 **호흡**(口)이 가빠지는 모습이다.

- □ 吸引力(きゅういんりょく) 흡인력
- □ 吸収(きゅうしゅう) 흡수
- □ 吸着(きゅうちゃく) 흡착
- □ 吸入(きゅうにゅう) 흡입
- □ 呼吸(こきゅう) 호흡, 숨쉬기
- □ 吸う(すう) 들이마시다, 마시다

56c

久 久 久

 오랠 구

- 음: きゅう・く
- 훈: ひさしい

⺈(じん・にん) 사람 인 ＋ ㇏(붙잡는 손의 모양)

사람(⺈)을 뒤에서 손으로 붙잡은(㇏) 모습이다. 누군가 뒤에서 붙잡으면 앞으로 나아가기 힘들므로 **(시간이) 길다**, **오래다**는 뜻이 파생되었다.

- □ 永久(えいきゅう) 영구
- □ 持久力(じきゅうりょく) 지구력
- □ 耐久性(たいきゅうせい) 내구성
- □ 久遠(くおん) 영원
- □ 久しい(ひさしい) 오래다, 오래 되다, 오랜만이다

56d

急 急 急 急 急 急 急 急 急

 급할 급

- 음: きゅう
- 훈: いそぐ

⺈(じん・にん) 사람 인 ＋ ヨ(けい) 손 계 ＋ 心(しん) 마음 심

잡히지(ヨ) 않으려고 죽어라 도망가는 사람(⺈)의 **조급한** 마음(心)을 나타낸다.

- □ 応急(おうきゅう) 응급
- □ 救急車(きゅうきゅうしゃ) 구급차
- □ 急行(きゅうこう) 급행
- □ 急速(きゅうそく) 급속
- □ 急変(きゅうへん) 급변
- □ 急用(きゅうよう) 급한 업무(볼일)
- □ 緊急(きんきゅう) 긴급
- □ 特急(とっきゅう) 특급
- □ 急ぐ(いそぐ) 서두르다

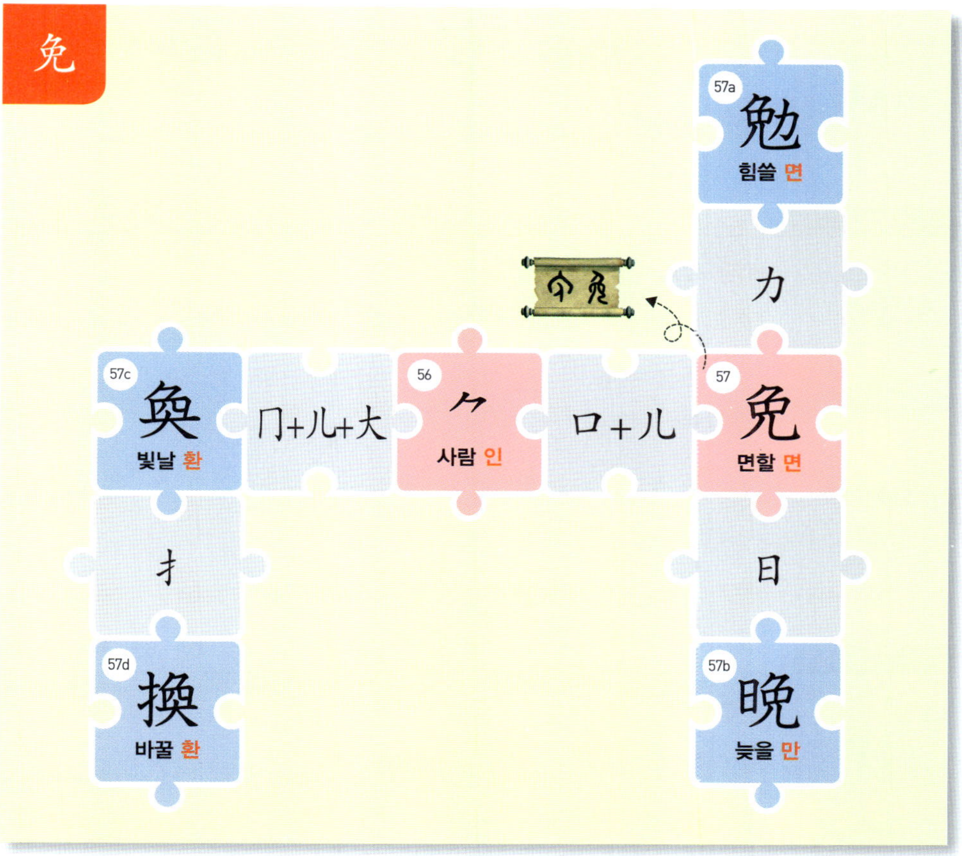

사람 | 사람 | 人

免

57a 勉 힘쓸 면
力

57c 奐 빛날 환 | 冂+儿+大 | 56 ⺈ 사람 인 | 口+儿 | 57 免 면할 면

日

扌

57d 換 바꿀 환 | 57b 晚 늦을 만

57

면할 면

음 めん   훈 まぬかれる

⺈(じん・にん) 사람 인 ＋ 口(く・こう) 입 구 ＋ 儿(じん・にん) 어진 사람 인

산모의 자궁(口)이 열려 아이(儿)를 낳는 모습이다. 산모가 해산의 고통에서 또는 아이를 낳지 못하는 죄책감에서 **벗어났다**는 의미를 가지고 있다.

171

- ☐ 減免(げんめん) 감면
- ☐ 免除(めんじょ) 면제
- ☐ 免責(めんせき) 면책
- ☐ 免許(めんきょ) 면허
- ☐ 免職(めんしょく) 면직
- ☐ 免れる(まぬかれる・まぬがれる) 면하다, 피하다, 벗어나다
- ☐ 免罪(めんざい) 면죄
- ☐ 免税(めんぜい) 면세

57a

勉
힘쓸 **면**

음 べん

免(めん) 면할 면 + 力(りょく・りき) 힘 력

산모가 출산(免) 시 죽을힘(力)을 다하는 모습에서 **힘쓰다**, **노력하다**라는 뜻이 파생되었다.

- ☐ 勤勉(きんべん) 근면
- ☐ 勉強(べんきょう) (학업·일 등에) 열심히 힘을 기울임, 공부, 경험, 싸게 팖
- ☐ 勉学(べんがく) 면학

57b

晩
늦을 **만**

음 ばん

日(にち・じつ) 날 일 + 免(めん) 면할 면

태양(日)으로부터 벗어났다(免)는 말은 **저녁**이 되었음을 의미한다. 또한 저녁은 하루가 다 지나갔음을 의미하므로 **늦다**는 뜻도 가지게 되었다.

- ☐ 今晩(こんばん) 오늘 밤, 오늘 저녁
- ☐ 晩学(ばんがく) 만학
- ☐ 晩成(ばんせい) 만성
- ☐ 晩婚(ばんこん) 만혼
- ☐ 毎晩(まいばん) 매일 밤, 밤마다
- ☐ 晩秋(ばんしゅう) 늦가을
- ☐ 晩酌(ばんしゃく) 저녁 반주

사람 | 사람 | 人

57c

빛날 환

음 かん

⺊(じん・にん) 사람 인 ＋ 冂(다리 모양) ＋ 儿(じん・にん) 어진 사람 인 ＋ 大→廾(きょう) 두손 받들 공

산파가 산모(⺊)의 몸(冂)에서 태아(儿)를 두 손(廾)으로 받아내는 장면으로, 아이를 낳은 산모가 행복감에 **빛나는** 모습을 나타낸다.

57d

바꿀 환

음 かん **훈** かえる・かわる

扌＝手(しゅ) 손 수 ＋ 奐(かん) 빛날 환

산파가 행복감에 빛나는(奐) 산모에게 막 태어난 아이를 손(手)으로 넘겨 주는 모습이다. 이제 아이를 낳아 아내로서의 의무를 다했으니 상황이 **바뀌었다**는 의미를 가지고 있다.

- 換気(かんき) 환기
- 交換(こうかん) 교환
- 転換(てんかん) 전환
- 変換(へんかん) 변환
- 換える(かえる) 바꾸다, 교환하다
- 換わる(かわる) 대신하다, 대리하다

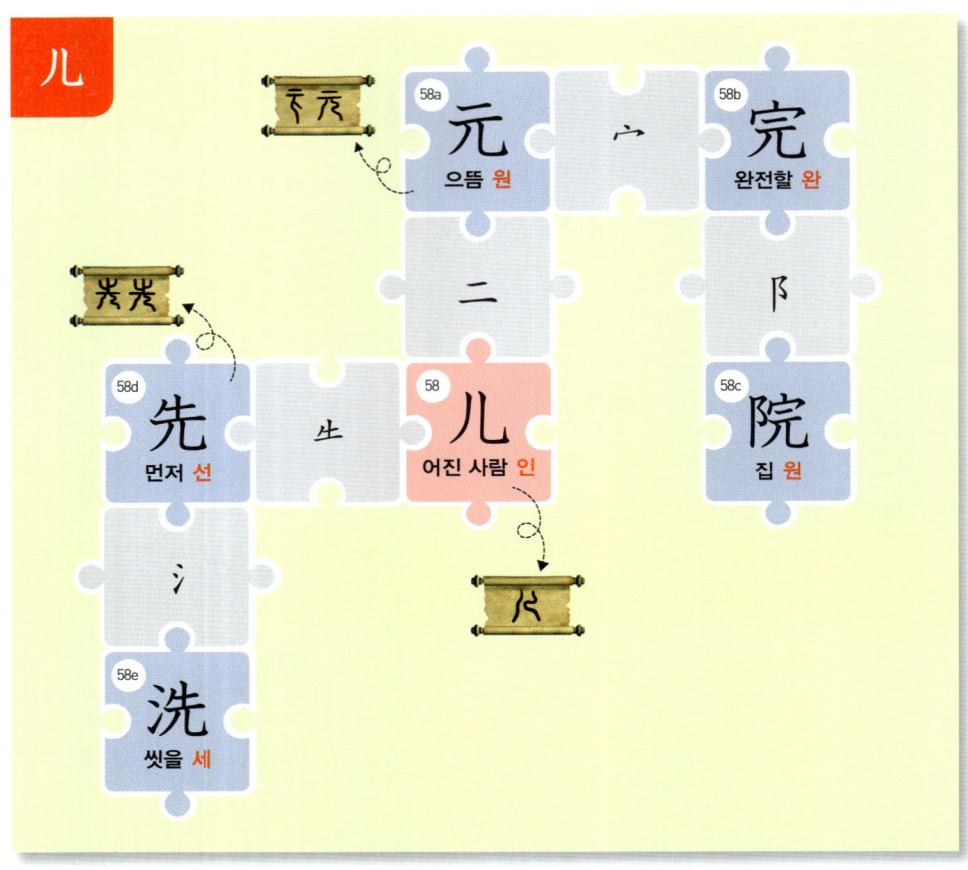

58	
儿 어진 사람 인	음 じん・にん 옛 글자를 보면 人(じん・にん 사람 인)자와 같은 모습으로, 儿자 역시 **사람**을 뜻한다.

儿 儿

사람 | 사람 | 人

58a

元元元元

元 으뜸 원

음 げん・がん   훈 もと

二(윗부분을 나타냄) + 儿(じん・にん) 어진 사람 인

머리(二)를 강조한 사람(儿)의 모습을 본떠 만든 글자이다. 사람의 몸에서 머리가 가장 위에 있다는 데서 **시작**, **으뜸**, **근원**이라는 의미가 파생되었다.

- 紀元(きげん) 기원
- 復元(ふくげん) 복원
- 元祖(がんそ) 원조
- 地元(じもと) 그 고장, 그 지역, 자기가 살고 있는 지역, 자기의 세력 근거지
- 身元(みもと) 신원
- 元気(げんき) 원기, 기력
- 元日(がんじつ) 1년의 첫날, 1월 1일
- 元旦(がんたん) 元日의 아침
- 元手(もとで) 자본, 밑천
- 元素(げんそ) 원소
- 元(もと) 처음, 기원, 본래

58b

完完完完完完完

完 완전할 완

음 かん

宀(べん・めん) 집 면 + 元(げん・がん) 으뜸 원

사람은 머리(元)를 대고 누울 집(宀)이 있어야만 비로소 **완전한** 편안함을 느낄 수 있다.

- 完工(かんこう) 완공
- 完全(かんぜん) 완전
- 完勝(かんしょう) 완승
- 完璧(かんぺき) 완벽
- 完成(かんせい) 완성
- 完了(かんりょう) 완료

58c

院院院院院院院院院院

院 집 원

음 いん

阝=阜(ふ) 언덕 부 + 完(かん) 완전할 완

언덕(阜)으로 둘러싸인 완전한(完) **집**이라는 뜻으로, 병원이나 법원 같이 기관이나 공공장소의 이름으로 사용된다.

- 医院(いいん) 의원 ☞ 대개 개인이 운영하며 병원보다 규모가 작다.
- 参議院(さんぎいん) 참의원 ☞ 일본 국회는 중의원(衆議院 しゅうぎいん)과 참의원의 이원제 구성임
- 寺院(じいん) 사원
- 大学院(だいがくいん) 대학원
- 入院(にゅういん) 입원
- 病院(びょういん) 병원

58d

先先先先先先

먼저 **선**

음 せん   훈 さき

 → 止(し) 그칠 지 **+** 儿(じん・にん) 어진 사람 인

제단이 있는 신성한 구역에 들어가기 위해 **먼저** 발(止)을 깨끗이 씻는 사람(儿)의 모습에서 **앞**, **선두**, **이전**이라는 뜻이 파생되었다.

| 止자는 발바닥을 본떠 만든 글자로 기본적으로 '발'을 의미한다.

- 先月(せんげつ) 지난달
- 先週(せんしゅう) 지난 주
- 先生(せんせい) 선생님 ☞ 의사, 국회의원 등의 경칭으로도 쓰임
- 先祖(せんぞ) 선조, 조상
- 先頭(せんとう) 선두
- 先輩(せんぱい) 선배
- 優先(ゆうせん) 우선
- 先(さき) 앞, 선두
- 後先(あとさき) 앞뒤, 전후
- 先程(さきほど) 조금 전
- 先回り(さきまわり) 앞질러 감, 앞질러 함

58e

洗洗洗洗洗洗洗洗洗

씻을 **세**

음 せん   훈 あらう

氵=水(すい) 물 수 **+** 先(せん) 먼저 선

제단이 있는 신성한 구역에 들어가기 위해 먼저(先) 물(水)로 깨끗하게 **씻고** 마음의 준비를 하는 모습이다.

- 洗剤(せんざい) 세제
- 洗濯(せんたく) 세탁
- 洗面(せんめん) 세면
- 洗練(せんれん) 세련
- 洗う(あらう) 씻다, 빨다, 세탁하다

사람 | 사람 | 人

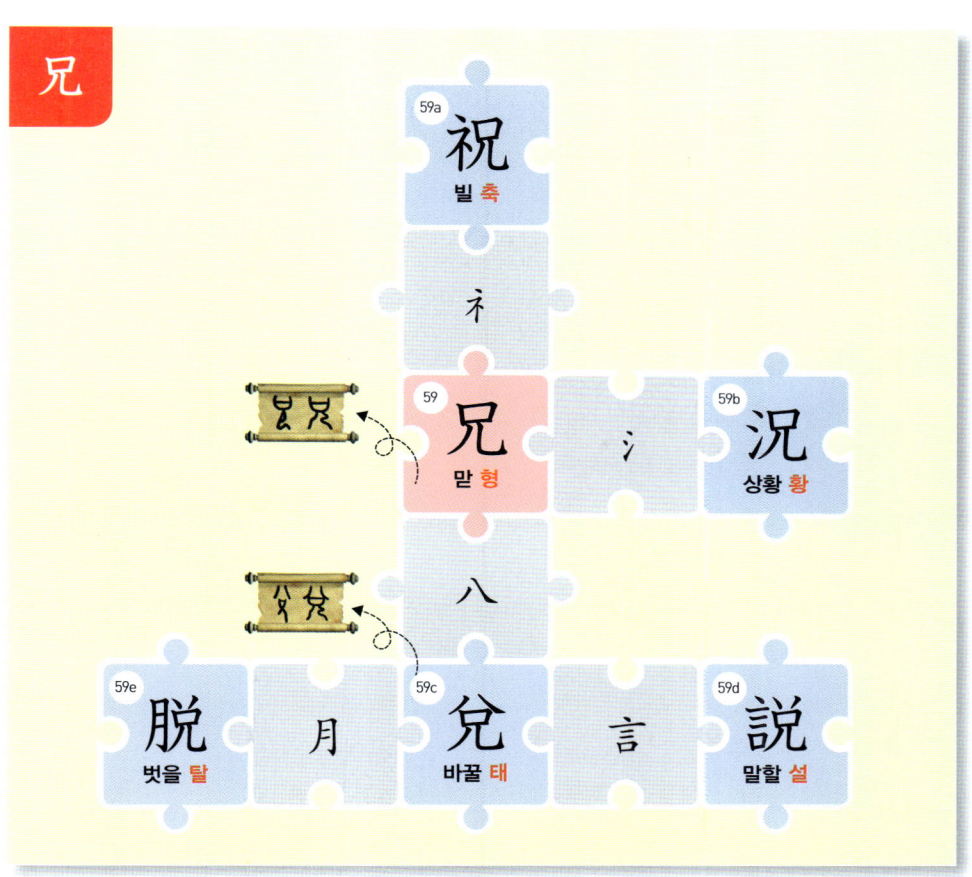

59

兄
맏 형

음 けい・きょう　훈 あに

입(口)을 강조한 사람(儿)의 모습이다. 제사를 지내거나 집안의 대표로 누군가와 이야기할(口) 때 늘 앞장서는 사람(儿)이라는 의미에서 형을 뜻하게 되었다.

- **学兄**(がっけい) 학형 ☞ 학문 상의 선배나 친구에게 쓰는 경칭으로, 남자끼리 주고받는 편지에서 수신인에게 붙여 쓴다.
- **父兄**(ふけい) 부형, 아버지와 형, (학교 등에서) 아동이나 학생의 보호자
- **兄弟**(きょうだい) 형제, 동기
- **兄**(あに) 형, 오빠
- **兄貴**(あにき) 형의 경칭 또는 애칭, (젊은이나 깡패 사이에서) 형님, 선배
- **お兄さん**(おにいさん) 형, 형님, 오빠

59a

祝 祝 祝 祝 祝 祝 祝 祝 祝

祝
빌 축

음 しゅく・しゅう 훈 いわう

礻=示(じ・し) 보일시 + 兄(けい・きょう) 맏형

형(兄)이 집안의 대표로 제단(示) 앞에 꿇어앉아 신에게 열심히 복을 **빌고** 있는 모습이다.

礻는 示자가 다른 글자의 왼편에 붙을 때의 모양으로, 示자는 신에게 제사를 드리는 제단의 모습이다.

- **祝辞**(しゅくじ) 축사
- **祝日**(しゅくじつ) (나라에서 정한) 경축일
- **祝杯**(しゅくはい) 축배
- **祝福**(しゅくふく) 축복
- **祝儀**(しゅうぎ) 축하 의식, 혼례, 축하의 마음을 담아 보내는 금품
- **祝言**(しゅうげん) 축언, 축사, 혼례
- **祝う**(いわう) 축하하다, 축복하다

59b

況 況 況 況 況 況 況 況

況
상황 황

음 きょう

氵=水(すい) 물수 + 兄(けい・きょう) 맏형

가뭄이 들자 비(水)를 내려달라고 신에게 기도하던 형(兄)이 밖의 날씨 **상황**을 묻는 모습이다.

- **近況**(きんきょう) 근황
- **好況**(こうきょう) 호황, 호경기
- **実況**(じっきょう) 실황
- **状況**(じょうきょう) 상황
- **盛況**(せいきょう) 성황
- **比況**(ひきょう) 비교

사람 | 사람 | 人

59c

兌
바꿀 태

음 だ・たい

兄(けい・きょう) 맏 형 + 八(はち) 여덟 팔

맏이(兄)의 기도에 감동한 신이 축복을 내려주어(八) 가뭄에 단비가 내리기 시작하자 상황이 **바뀐** 모습이다. 다른 글자와 합쳐질 때에는 모양이 兌로 바뀐다.

| 八자는 '신의 축복이 하늘에서 내려오는' 모습을 나타낸다.

59d

說
말할 설

음 せつ・ぜい   훈 とく

言(げん・ごん) 말씀 언 + 兌(だ・たい) 바꿀 태

신의 축복으로 상황을 바꾼(兌) 형이 가족들에게 어떻게 기도했는지를 말(言)로 **설명**하는 모습이다.

| 우리 說자의 일본식 한자이다.

- 演説(えんぜつ) 연설
- 解説(かいせつ) 해설
- 社説(しゃせつ) 사설
- 小説(しょうせつ) 소설
- 説得(せっとく) 설득
- 説明(せつめい) 설명
- 遊説(ゆうぜい) 유세
- 説く(とく) 말하다, 설득하다, 설명하다

59e

脱
벗을 탈

음 だつ   훈 ぬぐ・ぬげる

月→肉(にく) 고기 육 + 兌(だ・たい) 바꿀 태

신의 축복으로 육체적(肉)인 고통에서 **벗어나** 상황이 완전히 바뀌었다(兌)는 의미이다.

| 우리 脫자의 일본식 한자이다.

- 逸脱(いつだつ) 일탈
- 脱臭(だっしゅう) 탈취
- 脱出(だっしゅつ) 탈출
- 脱皮(だっぴ) 탈피
- 脱法(だっぽう) 탈법
- 脱毛(だつもう) 탈모
- 脱ぐ(ぬぐ) 벗다
- 脱げる(ぬげる) 벗겨지다, 벗을 수 있다

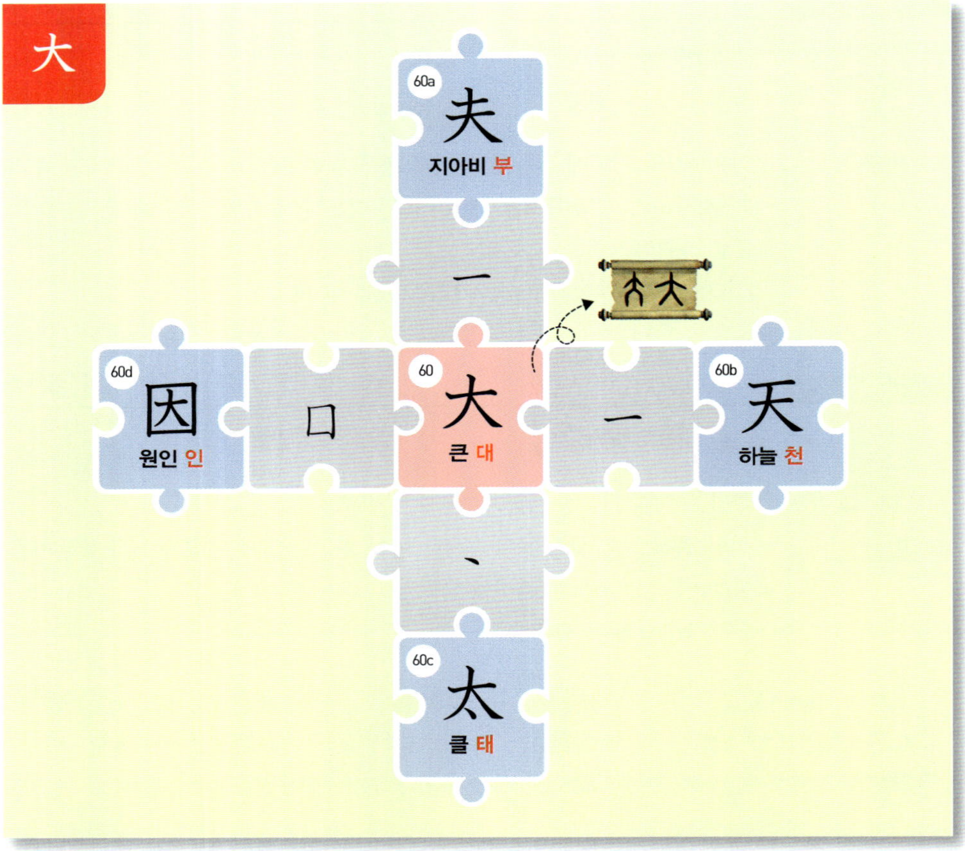

사람 | 사람 | 大

60	
	六 ナ 大

大 큰 대

음 だい・たい　　훈 おお・おおきい・おおいに

다리와 팔을 **크게** 벌리고 (一) 서 있는 사람(人)의 모습이다. 다른 글자와 합쳐질 때는 **사람**이란 뜻으로도 사용된다.

- 偉大 (いだい) 위대
- 巨大 (きょだい) 거대
- 拡大 (かくだい) 확대
- 大小 (だいしょう) 대소

- **大統領**(だいとうりょう) 대통령
- **大衆**(たいしゅう) 대중
- **大変**(たいへん) 몹시, 매우, 대단히
- **大型**(おおがた) 대형
- **大きい**(おおきい) 크다, 많다, 심하다
- **大人**(おとな) 어른, 성인
- **大使館**(たいしかん) 대사관
- **大切**(たいせつ) 귀중, 소중, 중요, 필요
- **大量**(たいりょう) 쾌량
- **大勢**(おおぜい) 여럿, 많은 사람
- **大いに**(おおいに) 대단히, 크게, 매우

60a

天 天 夫 夫

지아비 **부**

- 음 ふ・ふう
- 훈 おっと

一(상투 모양) + 大(だい・たい) 큰 대

옛날 중국의 결혼한 남자들은 머리에 상투를 틀었는데, 머리에 상투(一)를 튼 남자(大)라는 의미에서 **남편**을 뜻하게 되었다.

- **工夫**(こうふ) 공사장의 인부
- **夫妻**(ふさい) 부처, 부부
- **工夫**(くふう) 여러 가지로 궁리함, 고안함 ☞ 위의 工夫(こうふ)와의 뜻 구별에 주의!
- **夫婦**(ふうふ) 부부
- **丈夫**(じょうぶ) 건강함, 강건함, 튼튼함
- **夫**(おっと) 남편

60b

天 天 天 天

하늘 **천**

- 음 てん
- 훈 あめ・あま

一(하늘의 모습) + 大(だい・たい) 큰 대

사람 머리보다 더 높은 곳에 있는 **하늘**을 나타내기 위해 사람(大) 위에 一자로 선을 그어 표현하였다.

- **天運**(てんうん) 천운
- **天気予報**(てんきよほう) 일기예보
- **天井**(てんじょう) 천장
- **天地**(てんち) 천지, 하늘과 땅, 책이나 물건 등의 상하
- **天気**(てんき) 날씨, 일기
- **天才**(てんさい) 천재
- **天職**(てんしょく) 천직

- □ 天然(てんねん) 천연
- □ 天地(あめつち) 하늘과 땅, 전세계
- □ 天下り(あまくだり) 강림, 상사 또는 관청으로부터의 강압적인 명령, 퇴임한 관료가 관련 깊은 민간 기업에 취임하는 것

60c

太 大 大 太

클 태

음 たい・た　훈 ふとい・ふとる

大(だい・たい) 큰 대 ＋ 丶(ちゅ) 점 주

크다는 의미의 大자에 점(丶) 하나를 찍어 **더 크다**는 것을 강조하였다.

- □ 太平(たいへい) 태평
- □ 太郎(たろう) 장남, 장남에게 붙이는 이름
- □ 太い(ふとい) 굵다
- □ 太もも(ふともも) 대퇴, 넓적다리
- □ 骨太(ほねぶと) 뼈대가 굵은 모양, 체격이 좋은 모양
- □ 太陽(たいよう) 태양
- □ 丸太(まるた) 통나무
- □ 太る(ふとる) 살찌다, (재산 등이) 늘어나다

60d

囜 囚 曰 囜 囜 因

원인 인

음 いん　훈 よる

囗(い・こく) 에워쌀 위 ＋ 大(だい・たい) 큰 대

원인이 없이 사람(大)을 감옥에 가두는(囗) 법은 없다.

- □ 因果(いんが) 인과
- □ 原因(げんいん) 원인
- □ 要因(よういん) 요인
- □ 起因(きいん) 기인
- □ 死因(しいん) 사인
- □ 因る(よる) 기인하다, 말미암다, 의하다

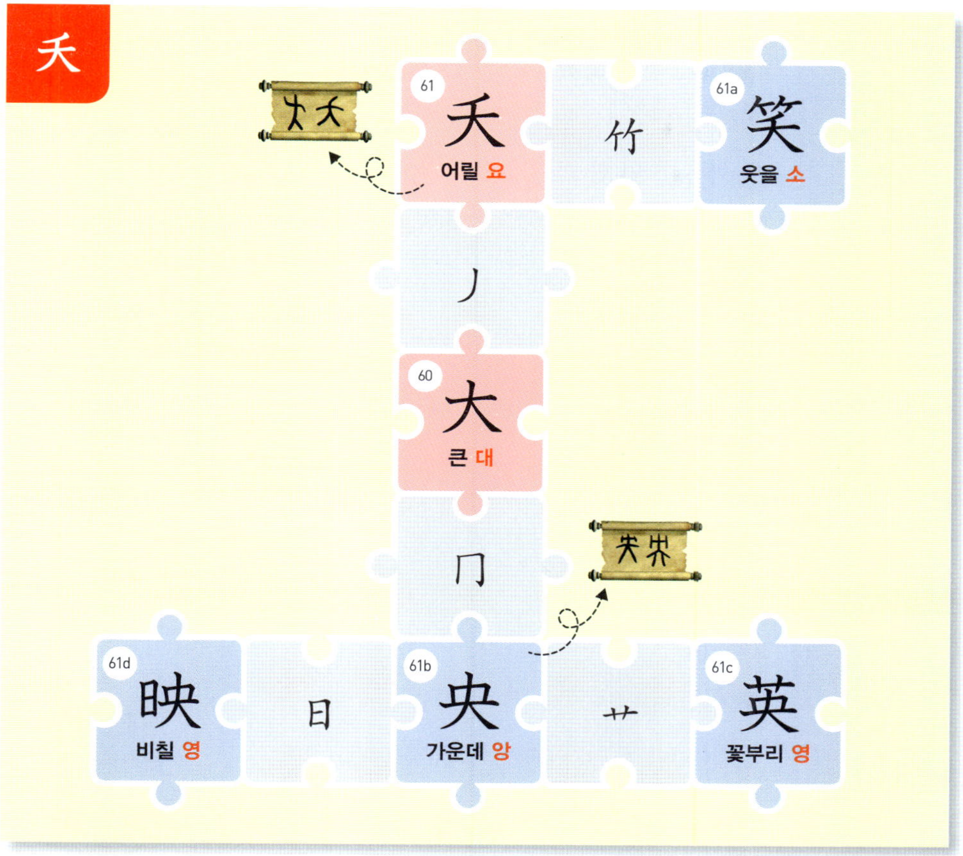

사람 | 사람 | 大

61

	61 夭 어릴 요		61a 笑 웃을 소
竹			
	ノ		
	60 大 큰 대		
	八		
61d 映 비칠 영	日	61b 央 가운데 앙	++	61c 英 꽃부리 영

61

어릴 요

음 よう

大(だい・たい) 큰 대 + ノ(へつ) 삐침 별

머리를 뒤로 제치고(ノ) 힘차게 달려가는 사람(大)의 모습에서 **어리다**는 뜻이 파생되었다.

ノ 자는 특별한 의미가 없는 글자로 상황에 따라 다양한 해석이 가능하다.

183

61a

笑 笑 笑 笑 笑 笑 笑 笑 笑 笑

笑
웃을 소

- 음 しょう
- 훈 わらう・えむ

竹(ちく) 대 죽 + 夭(よう) 어릴 요

'한 번 웃으면 한 번 젊어지고, 한 번 화 내면 한 번 늙는다'는 격언에서 알 수 있듯이 **웃으면** 젊어져서(夭) 장수(竹)할 수 있다는 의미이다.

> 중국에서는 사철 푸르며 수명이 긴 대나무(竹)의 발음이 祝(빌 축)자와 같아 장수를 기원하는 나무로 사용된다고 한다.

- □ 苦笑(くしょう) 쓴웃음
- □ 嘲笑(ちょうしょう) 조소
- □ 笑む(えむ) 미소 짓다, 꽃이 피다
- □ ほほ笑む(ほほえむ) 미소
- □ 談笑(だんしょう) 담소
- □ 笑う(わらう) 웃다, 꽃봉오리가 벌어지다
- □ 笑顔(えがお) 웃는 얼굴, 웃음 띤 얼굴

61b

央 央 央 央 央

가운데 앙

- 음 おう

大(だい・たい) 큰 대 + 冂(지게 모양)

사람(大)이 등 **한가운데**에 지게(冂)를 지고 있는 모습이다.

- □ 震央(しんおう) 진앙, 지진의 진원 바로 위의 지표점
- □ 中央(ちゅうおう) 중앙

61c

꽃부리 영

英英英英英英英

音 えい

艹=草(そう) 풀 초 + 央(おう) 가운데 앙

번식이나 외적인 면에서나 아름다운 꽃은 언제나 식물(草)의 중심(央)이라는 의미에서 **꽃**, **빼어나다**는 뜻을 나타낸다.

- ☐ 英語(えいご) 영어
- ☐ 英才(えいさい) 영재
- ☐ 英雄(えいゆう) 영웅
- ☐ 英国(えいこく) 영국
- ☐ 英訳(えいやく) 영어로 번역함
- ☐ 和英(わえい) 일본어와 영어

61d

비칠 영

映映映映映映映映映

音 えい　訓 うつる・うつす・はえる

日(にち・じつ) 날 일 + 央(おう) 가운데 앙

거울로 햇빛(日)을 반사시켜 가운데(央)를 **비추는** 모습이다.

- ☐ 映画(えいが) 영화
- ☐ 映像(えいぞう) 영상
- ☐ 反映(はんえい) 반영
- ☐ 映る(うつる) 반영하다, 비치다
- ☐ 映える(はえる) 빛을 받아 빛나다
- ☐ 映画館(えいがかん) 영화관
- ☐ 上映(じょうえい) 상영
- ☐ 放映(ほうえい) 방영
- ☐ 映す(うつす) 비추다, 투영하다

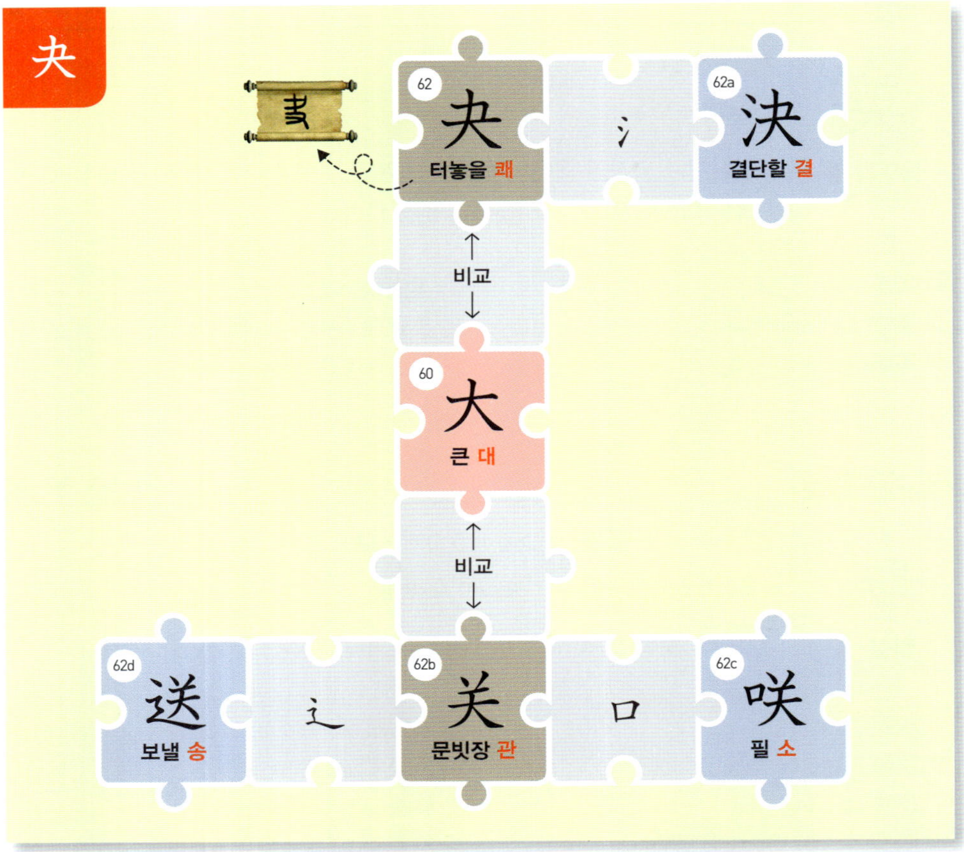

62 夬

```
      夬 (62)         ;        決 (62a)
    터놓을 쾌                결단할 결
        ↑
        비교
        ↓
      大 (60)
       큰 대
        ↑
        비교
        ↓
送 (62d)    辶    关 (62b)    口    咲 (62c)
보낼 송          문빗장 관            필 소
```

ᄀ ᄀ 夬 夬

62

터놓을 쾌

음   かい・けつ

矢(し) 화살 시 + ᄏ(けい) 손 계

활시위를 당겨 화살(矢)의 오늬를 손(ᄏ)으로 잡고 있는 모습으로, 손에서 놓은 화살이 날아가는 모습에서 **터놓다**, **트이다**라는 뜻이 파생되었다.

| 오늬는 화살의 머리를 활시위에 끼도록 도려 낸 부분을 말한다.

사람 | 사람 | 大

62a

결단할 결

음 けつ　훈 きめる・き(ま)る

氵=水(すい) 물 수 ＋ 夬(かい・けつ) 터놓을 쾌

오랫동안 끌어오던 문제가 자신에게 유리한 쪽으로 **결정**된 것을 마치 화살이 날아가듯 꽉 막혔던 물길(水)이 시원하게 터지는(夬) 모습으로 나타내었다.

- 解決(かいけつ) 해결
- 決心(けっしん) 결심
- 決定(けってい) 결정
- 決める(きめる) 정하다, 결정하다
- 決算(けっさん) 결산
- 決断(けつだん) 결단
- 対決(たいけつ) 대결
- 決(ま)る(きまる) 정해지다, 결정되다

62b

문빗장 관, 관계할 관

음 かん

문을 닫고 **문빗장**을 밧줄로 꽁꽁 묶어둔 모습이다.

| 關(관계할 관)자의 약자로, 일본어에서는 단독으로 쓰이는 글자 모양은 아니지만, 다른 글자와 합쳐 한자를 구성하는 중요 요소이므로 단독으로 다루었다-. 참고로 關자의 일본식 한자 표기는 関이다.
| 關자는 밧줄(絲)로 문(門)의 빗장을 꽁꽁 묶어둔 모습을 나타낸다.

62c

필 소

훈 さく

口(こう・く) 입 구 ＋ 关(かん) 문빗장 관

닫혀(关) 있던 꽃봉오리가 입(口)이 벌어지듯이 열리는 모습에서 **꽃이 피다**는 뜻이 파생되었다.

- 咲く(さく) 꽃이 피다

62d

送 送 送 送 送 送 送 送 送

送
보낼 **송**

- 음 そう
- 훈 おくる

关(かん) 문빗장 관 + 辶(ちゃく) 쉬엄쉬엄 갈 착

밖으로 나갈(辶) 수 있도록 닫혀 있는(关) 문을 열고 손님을 **보내는** 장면이다.

> 옛 글자는 두 손(廾)으로 횃불(火)을 높이 들고 떠나가는(辶) 사람을 전송하는 장면을 나타내고 있다.

- □ 運送(うんそう) 운송
- □ 送金(そうきん) 송금
- □ 送付(そうふ) 송부
- □ 転送(てんそう) 전송
- □ 放送(ほうそう) 방송
- □ 輸送(ゆそう) 수송
- □ 仕送り(しおくり) 생활비나 학비를 보냄
- □ 歓送(かんそう) 환송
- □ 送迎(そうげい) 송영, 보내고 맞이함
- □ 送別(そうべつ) 송별
- □ 返送(へんそう) 반송
- □ 郵送(ゆうそう) 우송
- □ 送る(おくる) 부치다, 보내다
- □ 見送り(みおくり) 배웅, 전송, 보류

사람 | 사람 | 大

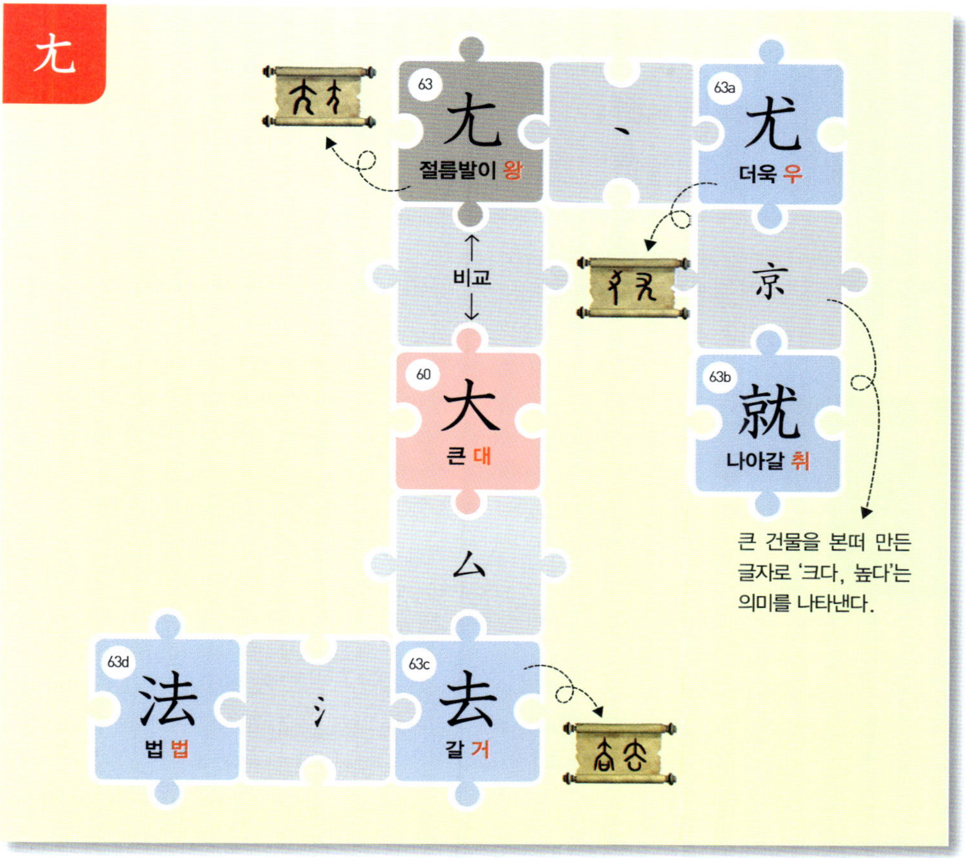

尢

63 尢 절름발이 왕		63a 尤 더욱 우
↑비교↓		京
60 大 큰 대		63b 就 나아갈 취
ㅿ		
63d 法 법 법	氵	63c 去 갈 거

큰 건물을 본떠 만든 글자로 '크다, 높다'는 의미를 나타낸다.

尢 尤 尢

63

음 おう

양 팔을 벌리고 서 있는 사람을 나타내는 大(だい・たい 큰 대)자에서 다리 한쪽을 구부려(乚) 저는 모습을 표현하였다.

63a 尤尤尤尤

尤 더욱 우

- 음: ゆう
- 훈: もっとも

尢(おう) 절름발이 왕 + 丶(ちゅ) 점주

다리가 불편한 사람(尢)이 지팡이(丶)에 의지하여 걷는 모습에서 **더욱**, **두드러지다**는 뜻이 파생되었다.

- 尤物(ゆうぶつ) 뛰어난 물건, 미인
- 尤も(もっとも) 지당함, 사리에 맞음

63b 就就就就就就就就就就就

就 나아갈 취

- 음: しゅう・じゅ
- 훈: つく・つける

京(きょう・けい) 서울 경 + 尤(ゆう) 더욱 우

몸이 불편한 사람이 특별한(尤) 노력을 기울여 큰(京) 목표를 이루기 위해 앞으로 **나아가는** 모습이다.

- 就学(しゅうがく) 취학
- 就業(しゅうぎょう) 취업
- 就職(しゅうしょく) 취직
- 就任(しゅうにん) 취임
- 成就(じょうじゅ) 성취
- 就く(つく) 오르다, 취임하다
- 就ける(つける) 앉히다, 임명하다, 맡기다

63c 去去去去去

去 갈 거

- 음: きょ・こ
- 훈: さる

土→大(だい・たい) 큰 대 + ム→ㄴ(항아리를 나타냄)

사람(大)이 똥독(ㄴ) 위에 올라가 용변을 보는 모습이다. 그렇게 변이 몸에서 빠져나가 없어진다는 의미에서 **가다**는 뜻이 파생되었다.

去자에 사용된 ム자는 '사적인, 태아'의 뜻과는 전혀 관계없다.

- 去年(きょねん) 작년, 지난해
- 消去(しょうきょ) 소거, 제거
- 除去(じょきょ) 제거
- 逝去(せいきょ) 서거
- 退去(たいきょ) 퇴거
- 撤去(てっきょ) 철거
- 過去(かこ) 과거
- 去る(さる) 떠나다, 때가 지나다, 경과하다

사람 | 사람 | 大

63d

法 法 法 法 法 法 法 法

법 법

음 ほう・はっ・ほっ

氵=水(すい) 물 수 + 去(きょ・こ) 갈 거

위에서 아래로 흐르는(去) 물(水)처럼 자연스러운 것을 순리라 하며, 인간 사회가 순리에 맞게 움직일 수 있도록 만든 최소한의 규칙을 법이라 한다.

- 憲法(けんぽう) 헌법
- 文法(ぶんぽう) 문법
- 法律(ほうりつ) 법률
- 法度(はっと) 금하는 일, 금령, 금제
- 司法(しほう) 사법
- 法人(ほうじん) 법인
- 魔法(まほう) 마법
- 不法(ふほう) 불법
- 方法(ほうほう) 방법
- 法華経(ほっけきょう) 법화경

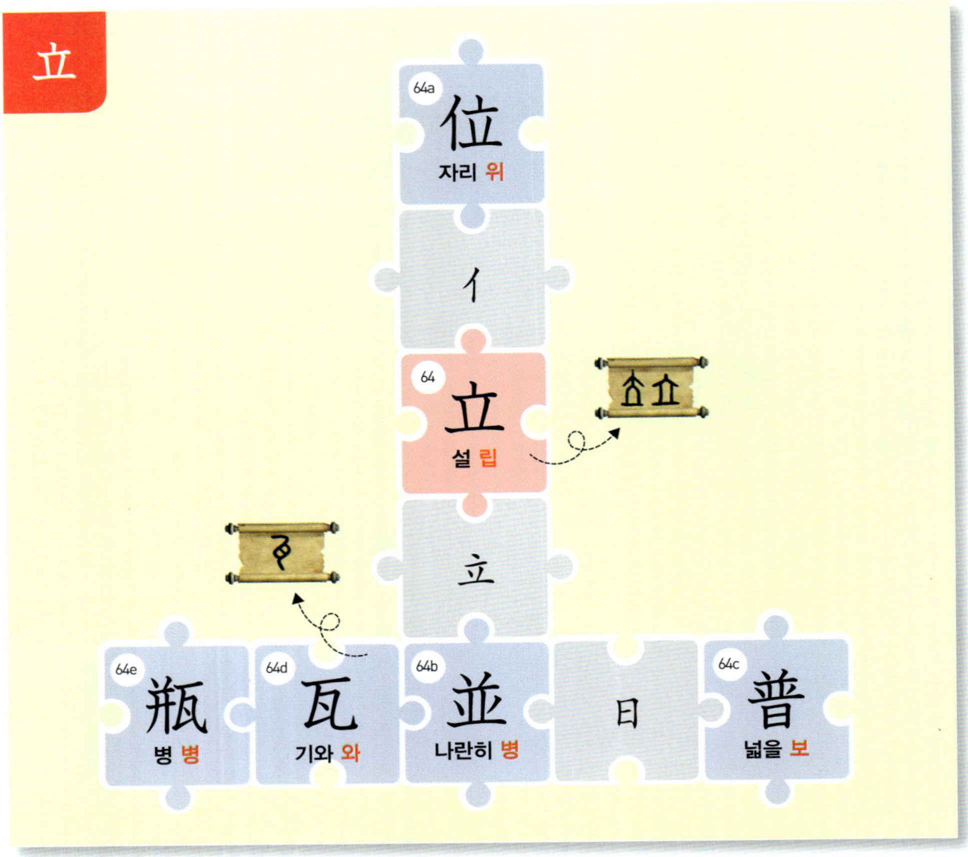

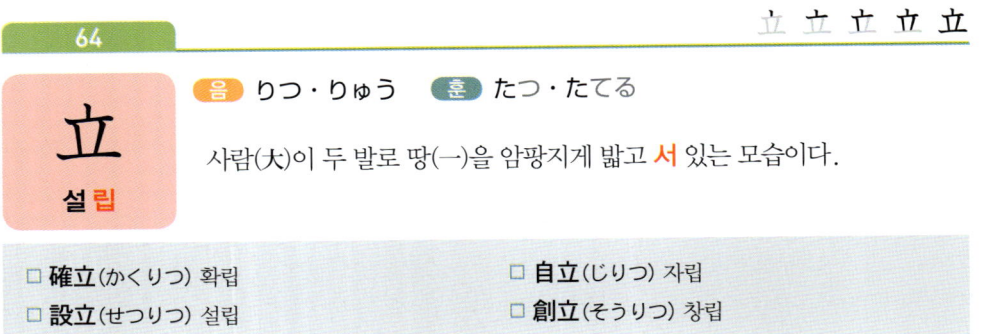

64a	位 자리 위
64	立 설립
64b	並 나란히 병
64c	普 넓을 보
64d	瓦 기와 와
64e	瓶 병 병

64

立立立立立

| 立 설립 | 음 りつ・りゅう　훈 たつ・たてる |

사람(大)이 두 발로 땅(一)을 암팡지게 밟고 서 있는 모습이다.

- 確立(かくりつ) 확립
- 設立(せつりつ) 설립
- 自立(じりつ) 자립
- 創立(そうりつ) 창립

- 対立(たいりつ) 대립
- 独立(どくりつ) 독립
- 立つ(たつ) 일어서다, 일어나다
- 献立(こんだて) 메뉴, 식단, 준비
- 中立(ちゅうりつ) 중립
- 建立(こんりゅう) 건립
- 立てる(たてる) 세우다, 일으키다
- 立場(たちば) 설 곳, 입장, 형편, 처치

64a

자리 위

- 음 い
- 훈 くらい

亻=人(じん・にん) 사람 인 + 立(りつ・りゅう) 설 립

사람(人)이 서(立) 있는 **자리**를 보면 그 사람의 **지위**를 알 수 있다.

- 位置(いち) 위치
- 順位(じゅんい) 순위
- 地位(ちい) 지위, 계급
- 位(くらい) 지위, 계급, 등급, 숫자의 자릿수, ~정도, ~만큼
- 三位一体(さんみいったい) 삼위일체
- 一位(いちい) 1위, 가장 높은 위계, 한 자릿수
- 単位(たんい) 단위, 학점
- 部位(ぶい) 부위

64b

나란히 병

- 음 へい
- 훈 なみ・ならべる・ならぶ・ならびに

立(りつ・りゅう) 설 립 + 立(りつ・りゅう) 설 립

두 사람이 **나란히** 서(立) 있는 모습을 본떠 만든 글자이다.

│ 우리 竝자의 일본식 한자이다.

- 並行(へいこう) 병행
- 並(なみ) 예사로움, 보통, 평범
- 人並(ひとなみ) 남들과 같은 정도나 상태
- 並べる(ならべる) 일렬로 늘어놓다, 나란히 하다, 죽 늘어놓다
- 並ぶ(ならぶ) 한 줄로 서다, 늘어서다, 나란히 서다
- 並びに(ならびに) 및, 또
- 並列(へいれつ) 병렬
- 並木(なみき) 가로수

사람 | 사람 | 大

64c

普
넓을 보

음 ふ

並(へい) 나란히 병 + 日(にち・じつ) 날 일

나란히(並) 서 있는 두 사람 위로 해(日)가 비치는 모습이다. 해는 누구에게나 비친다는 의미에서 **넓다**, **두루 미치다**라는 뜻이 파생되었다.

- 普及(ふきゅう) 보급
- 普通(ふつう) 보통
- 普遍(ふへん) 보편

64d

瓦
기와 와

음 が   훈 かわら

반원통형의 **기와**를 겹쳐 쌓아 놓은 모습을 본떠 만든 글자이다.

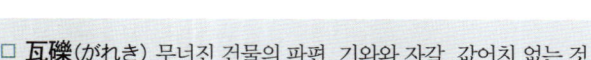

- 瓦礫(がれき) 무너진 건물의 파편, 기와와 자갈, 값어치 없는 것
- 煉瓦(れんが) 연와, 벽돌
- 瓦(かわら) 기와

64e

瓶
병 병

음 びん

并(へい) 아우를 병 + 瓦(が) 기와 와

기와(瓦)와 **병**을 굽기 위해 나란히(并) 가마에 넣은 모습이다.
| 并자는 나란히 서 있는 두(二) 사람(从)을 묶어놓은 모습이다.

- 瓶(びん) 병
- 花瓶(かびん) 화병, 꽃병
- 鉄瓶(てつびん) 쇠주전자

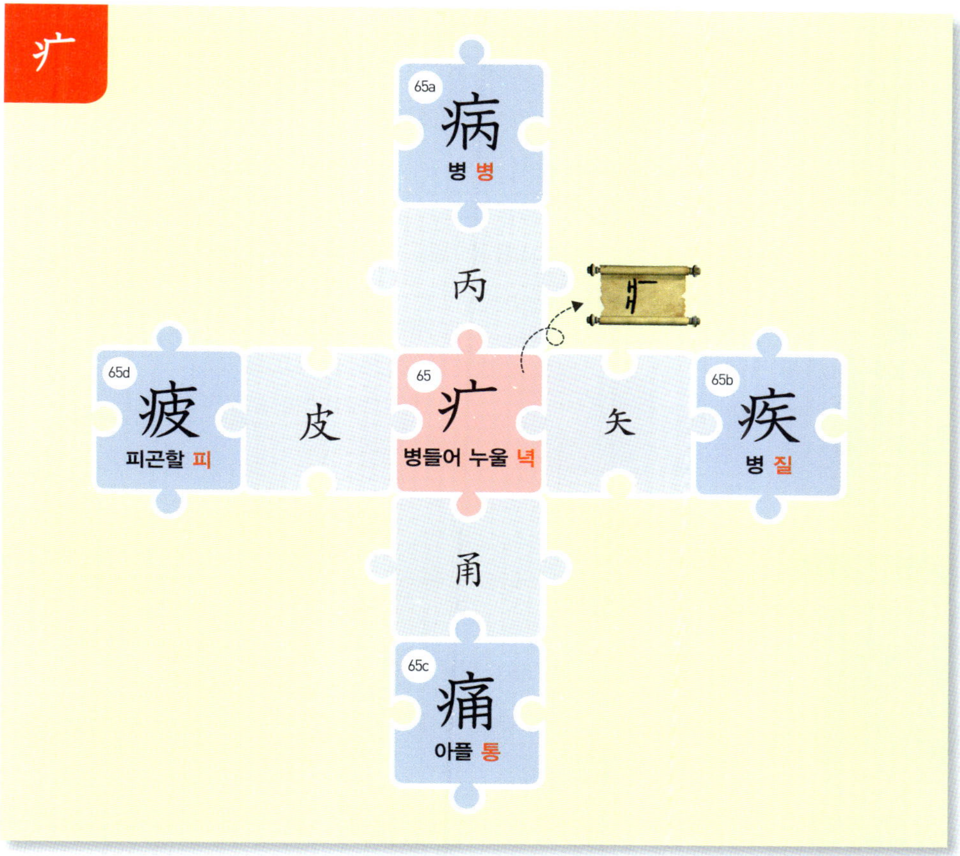

사람 | 사람 | 사람 모습

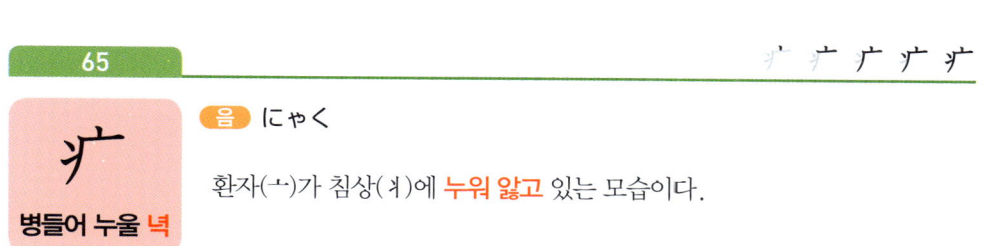

65

疒
병들어 누울 녁

음 にゃく

환자(亠)가 침상(爿)에 **누워 앓고** 있는 모습이다.

65a

病病病病病病病病病病

病
병 병

음 びょう・へい 훈 やむ・やまい

疒(にゃく) 병들어 누울 녁 + 丙(へい) 셋째 천간 병

집 안의 탁자(丙)에 모셔 놓은 조상신에게 병들고 아픈(疒) 사람이 없도록 지켜달라고 비는 모습이다.

| 丙자는 다리가 긴 큰 제사상을 본떠 만든 글자이다.

- 臆病(おくびょう) 겁이 많음
- 仮病(けびょう) 꾀병
- 病気(びょうき) 병, 질병, 나쁜 버릇
- 病(やまい) 병, 나쁜 버릇, 근심
- 看病(かんびょう) 간병, 간호
- 病院(びょういん) 병원
- 病む(やむ) 병들다, 앓다, 괴로워하다

65b

疾疾疾疾疾疾疾疾疾疾

병 질

음 しつ

疒(にゃく) 병들어 누울 녁 + 矢(し) 화살 시

화살(矢)을 맞아 부상 당한 병사가 침상(疒)에 누워 있는 모습에서 병이라는 뜻이 파생되었다.

- 疾患(しっかん) 질환
- 疾風(しっぷう) 질풍
- 疾走(しっそう) 질주
- 疾病(しっぺい) 질병

사람 | 사람 | **사람 모습**

65c

아플 통

음 つう　**훈** いたい・いたむ・いためる

疒(にゃく) 병들어 누울 녁 ＋ 甬(よう) 망태기 용

병(疒)든 사람이 망태기(甬) 사이로 들어오는 바람에도 **통증**을 느끼는 모습이다.

- 苦痛(くつう) 고통
- 鎮痛薬(ちんつうやく) 진통제
- 痛い(いたい) 아프다, 쓰리다, 뼈아프다
- 痛める(いためる) 아프게 하다, 고통을 주다
- 頭痛(ずつう) 두통
- 悲痛(ひつう) 비통
- 痛む(いたむ) 아프다, 고통을 받다, 괴롭다

65d

피곤할 피

음 ひ　**훈** つかれる

疒(にゃく) 병들어 누울 녁 ＋ 皮(ひ) 가죽 피

질병(疒) 때문에 살이 빠져 가죽(皮)만 남은 사람의 모습에서 **피곤하다**, **지치다**는 뜻이 파생되었다.

- 疲弊(ひへい) 피폐
- 疲れる(つかれる) 지치다, 피로해지다
- 疲労(ひろう) 피로

己

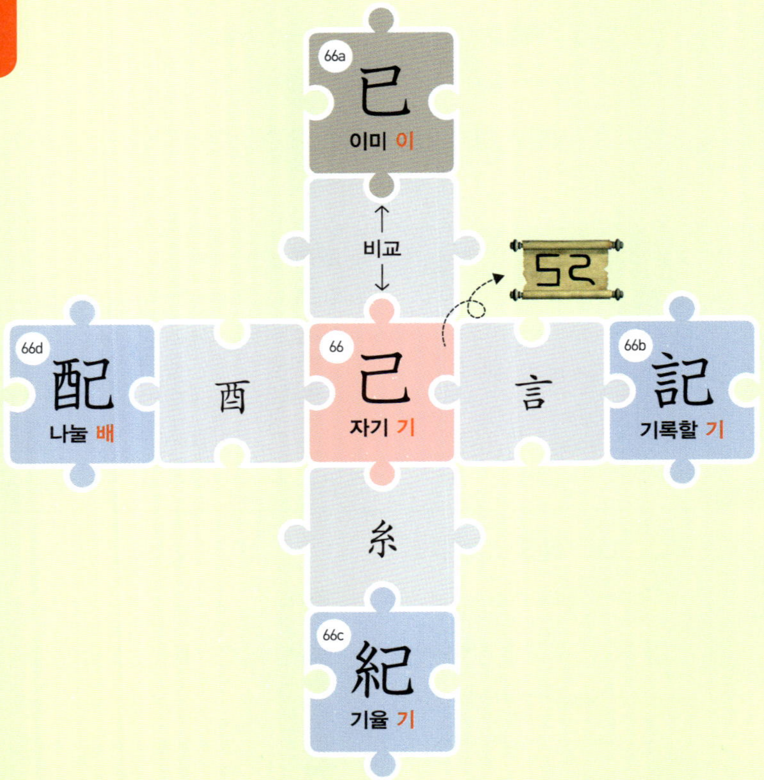

```
          已 (66a)
          이미 이
            ↑
           비교
            ↓           도2
配  酉   己   言   記
나눌 배   자기 기      기록할 기
(66d)         (66)         (66b)
         糸
         紀 (66c)
         기율 기
```

ㄱ ㄹ 己

66

자기 기

음 こ・き   훈 おのれ

구불거리는 긴 끈의 모양을 본떠 만든 글자이다. 구부러진 것을 바로잡는 일은 **자기 자신**으로부터 시작된다고 생각하자.

| 巳(사 뱀 사)자, 已(이 이미 이)자와 글자 모양이 매우 비슷하므로 주의하자.

□ 自己(じこ) 자기   □ 利己心(りこしん) 이기심   □ 克己(こっき) 극기
□ 知己(ちき) 지인, 친구, 친지   □ 己(おのれ) 자기 자신, 나, 너, 자네

사람 | 사람 | 사람 모습

66a

己 己 巳

已
이미 이

음 い　훈 すでに

어머니 뱃속에 있는 태아 혹은 어린아이의 모습이다. 정확한 어원은 알 수 없으나 현재의 글자꼴이 머리 부분이 열려 있으므로 아기는 **이미** 세상에 나올 준비가 **끝났다**고 생각하자.

옛 글자는 巳(し 뱀 사)자와 비슷한 모양을 하고 있다.

- 已往(いおう) 어느 시점부터 이전, 이전, 이후
- 已然形(いぜんけい) 문어의 활용형의 하나로, 구어의 가정형에 해당한다.
- 已に(すでに) 이미, 벌써 ☞ 대개 既에라고 쓴다.

66b

記記記記記記記記記記

記
기록할 기

음 き　훈 しるす

言(げん・ごん) 말씀 언 ＋ 己(こ・き) 자기 기

자기 자신(己)이 말(言)로 한 약속은 **기록해서** 지켜야 한다는 의미이다.

- 記憶(きおく) 기억
- 記入(きにゅう) 기입
- 記録(きろく) 기록
- 表記(ひょうき) 표기
- 記事(きじ) 기사
- 記念(きねん) 기념
- 日記(にっき) 일기
- 記す(しるす) 적다, 쓰다, 기록하다

66c

紀 기율 기

음 き

糸(し) 실 사 ＋ 己(こ・き) 자기 기

실패(己)에 실(糸)을 감는 규칙적인 손동작에서 **규칙**, **규율**이라는 뜻이 파생되었다. 또한 규칙적이고 순서에 맞게 정리하다는 의미에서 **연대**, **기록하다**는 뜻도 갖고 있다.

- 記紀(きき) 일본의 고대 역사서인 古事記(こじき)와 日本書紀(にほんしょき)를 이르는 말
- 紀元(きげん) 기원
- 紀行(きこう) 기행
- 世紀(せいき) 세기

66d

配 나눌 배

음 はい　훈 くばる

酉(ゆう) 닭 유 ＋ 己(こ・き) 자기 기

신랑 신부가 결혼식에서 술(酉)을  마셔야만 한 몸(己)으로 가 된다는 풍습에서 **짝**, **부부**라는 뜻이 파생되었.

> 일본의 전통 혼례에서 신랑 신부가 나눠 마시는 술은 부부의 인연을 공고히 하고 양가의 번영을 기원하는 의미가 담겨 있다고 한다.

- 心配(しんぱい) 걱정, 근심, 염려
- 配布(はいふ) 배포
- 配列(はいれつ) 배열
- 配る(くばる) 나누어 주다, 배부(배분)하다
- 配達(はいたつ) 배달
- 配慮(はいりょ) 배려
- 分配(ぶんぱい) 분배
- 気配り(きくばり) 배려

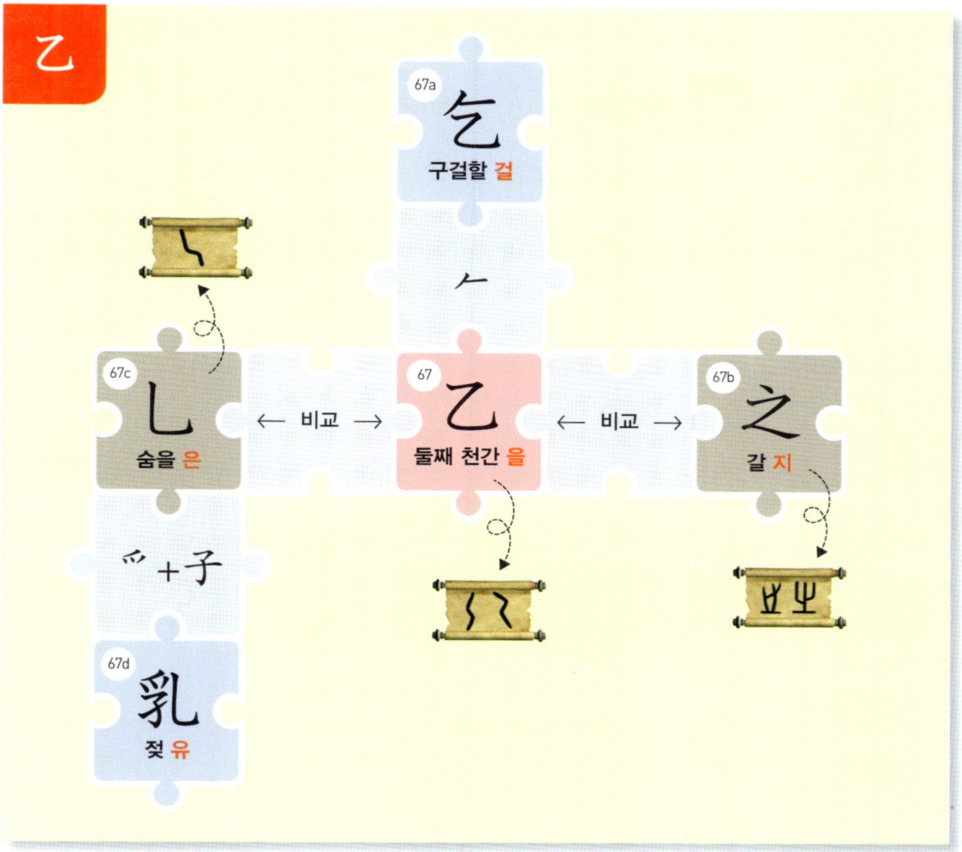

사람 | 사람 | **사람 모습**

乙

```
            ┌─────────┐
            │  67a    │
            │   乞    │
            │ 구걸할 걸 │
            └─────────┘
                 │
                 ∧
┌─────────┐ ┌─────────┐ ┌─────────┐
│  67c    │ │   67    │ │  67b    │
│    ㄴ   │←비교→│   乙    │←비교→│   之    │
│ 숨을 은  │ │둘째 천간 을│ │  갈 지   │
└─────────┘ └─────────┘ └─────────┘
                 ∨
   爫+子
┌─────────┐
│  67d    │
│   乳    │
│  젖 유   │
└─────────┘
```

---

67 乙

乙 둘째 천간 **을**

음 おつ・いつ **훈** おと

봄에 초목의 새싹이 **구부러져** 나오는 모습, 또는 사람이 비굴하게 몸을 **구부리고** 있는 모습 등 생성 원리에 대해 다양한 설이 있는 글자로, 열 가지 **천간의 두 번째**를 의미한다.

- 甲乙(こうおつ) 갑을, 첫 번째와 두 번째, 우열
- 乙姫(おとひめ) 용궁에 사는 선녀, 젊은 공주
- 乙夜(いつや) 을야, 이경(오후 9시~11시)
- 乙女(おとめ) 소녀, 처녀

67a

乞 구걸할 걸

- 음: こつ
- 훈: こう

⺁→人(じん・にん) 사람 인 + 乙(おつ・いつ) 둘째 천간 을

사람(人)이 몸을 구부리고(乙) 무엇인가를 **구걸하는** 모습이다.

- 乞食(こじき) 거지, 구걸
- 乞う・請う(こう) 청하다, 원하다, 바라다, 신불에게 기원하다

67b

之 갈 지

- 음: し
- 훈: の・これ・ゆく

乙(おつ・いつ 둘째 천간 을)자와 모양이 비슷하지만, 옛 글자를 보면 땅(一)에서 발(止)을 떼고 어디론가 **가는** 모습을 나타내고 있다.

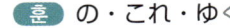

- 之(の) ~의
- 之(これ) 이것, 여기, 이 사람
- 之く(ゆく) 가다, 이르다

67c

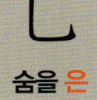
숨을 은

- 음: いん・おん

숨다는 의미를 갖고 있지만 단독으로는 사용되지 않는다. 다른 글자와 합쳐질 때에는 상황에 따라 다양하게 해석되고 있다.

| 자의 부수자가 乙자이므로 여기에서 다루었다.

67d

乳 젖 유

- 음: にゅう
- 훈: ちち・ち

爫=爪(そう) 손톱 조 + 子(し・す) 아들 자 + し(いん・おん) 숨을 은

어머니 손(爫)에 안긴 아이(子)가 젖가슴(し)에서 **젖**을 빠는 모습이다.

- 牛乳(ぎゅうにゅう) 우유
- 乳癌(にゅうがん) 유방암
- 母乳(ぼにゅう) 모유
- 乳(ちち) 젖, 유방
- 乳首(ちくび) 유두
- 乳母(うば・めのと) 유모

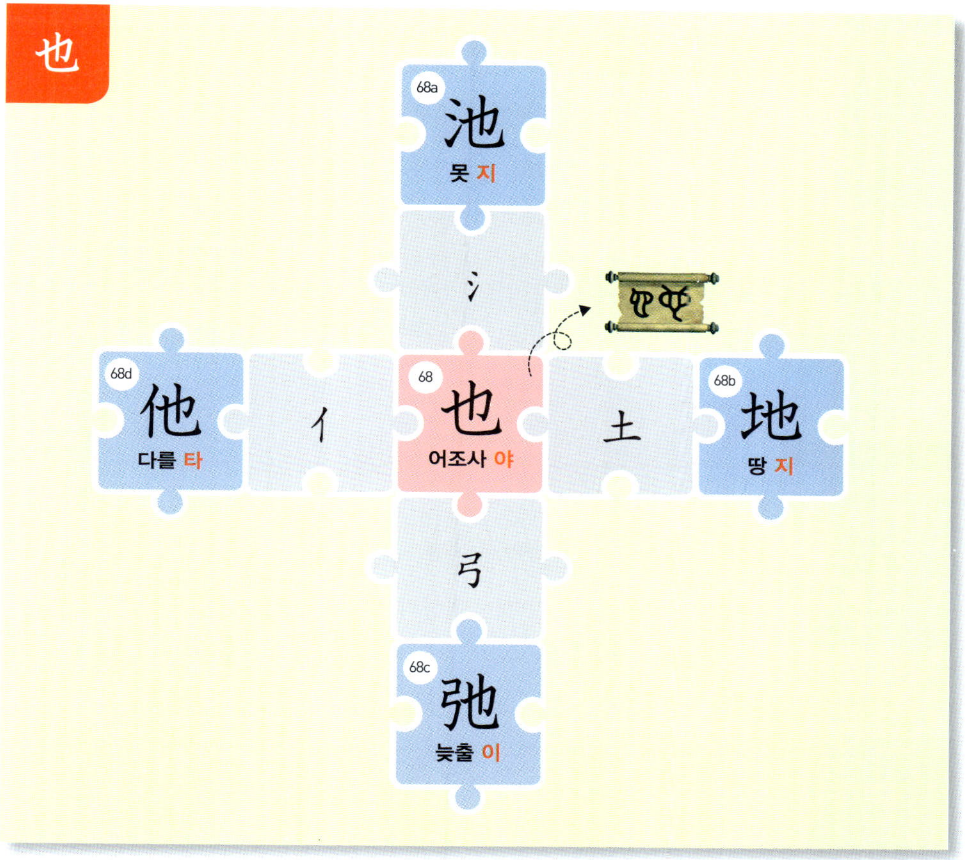

사람 | 사람 | 사람 모습

也

- 68a 池 못 지
- ㅣ
- 68 也 어조사 야
- 土
- 68b 地 땅 지
- 68d 他 다를 타
- 弓
- 68c 弛 늦출 이

68

음 や   훈 なり

也자의 생성에 대해서는 여러 설이 존재하는데, 여성의 생식기를 묘사한 것으로 추정된다. 문장 끝이나 문장 안에서 **어세를 강조하는 조사**로 사용된다.

☐ 百円也(ひゃくえんなり) 100엔정

68a

池池池池池池

池
못 지

- 음: ち
- 훈: いけ

氵=水(すい) 물 수 + 也(や) 어조사 야

흐르는 물(水)과 여성의 생식기를 나타내는 也자를 더하여 **연못**을 뜻하는 글자가 만들어졌다.

- ☐ 乾電池(かんでんち) 건전지
- ☐ 池(いけ) 못, 연못
- ☐ 貯水池(ちょすいち) 저수지
- ☐ 溜め池(ためいけ) 용수지

68b

地地地地地地

地
땅 지

- 음: ち・じ

土(ど・と) 흙 토 + 也(や) 어조사 야

흙(土)에 생산을 의미하는 여성의 생식기(也)를 더해 식물을 길러내어 먹이사슬의 하위를 담당하며 생태계에서 가장 기본을 이루는 요소인 **땅**을 나타내었다.

- ☐ 地域(ちいき) 지역
- ☐ 地球(ちきゅう) 지구
- ☐ 地理(ちり) 지리
- ☐ 地酒(じざけ) 그 지방에서 제조되는 술
- ☐ 地面(じめん) 지면
- ☐ 地下鉄(ちかてつ) 지하철
- ☐ 地図(ちず) 지도
- ☐ 地獄(じごく) 지옥
- ☐ 地震(じしん) 지진
- ☐ 意気地(いくじ) 기개, 고집, 패기

사람 | 사람 | 사람 모습

68c

弛 늦출 이

- 음: し・ち
- 훈: ゆるむ・ゆるめる・たるむ

弓(きゅう) 활 궁 + 也(や) 어조사 야

팽팽하게 당겨졌다 활시위를 떠난 활(弓)이 느슨해지는 모습과 여자의 자궁(也)이 태아가 나올 정도로 늘어난 모습을 취해서 **늦추다, 느슨하게 하다**는 뜻이 파생되었다.

- □ 弛緩(しかん・ちかん) 이완
- □ 弛む・緩む(ゆるむ) 느슨해지다, 풀어지다
- □ 弛める・緩める(ゆるめる) 풀다, 늦추다, 느슨하게 하다, 완화하다
- □ 弛む(たるむ) 느슨해지다, 늘어지다, 풀어지다, 이완하다

68d

他 다를 타

- 음: た
- 훈: ほか

亻=人(じん・にん) 사람 인 + 也(や) 어조사 야

사람(人)마다 선호하는 이성(也)이 **다르다**는 의미에서 **다른 것, 다른 사람**을 뜻한다.

- □ 自他(じた) 자타
- □ 他意(たい) 마음속에 숨기고 있는 다른 생각, 상대방에 대한 악의, 딴마음
- □ 他国(たこく) 타국
- □ 他社(たしゃ) 타사
- □ 他人(たにん) 타인
- □ 他(ほか) 다른 것, 다른 곳, 범위 밖

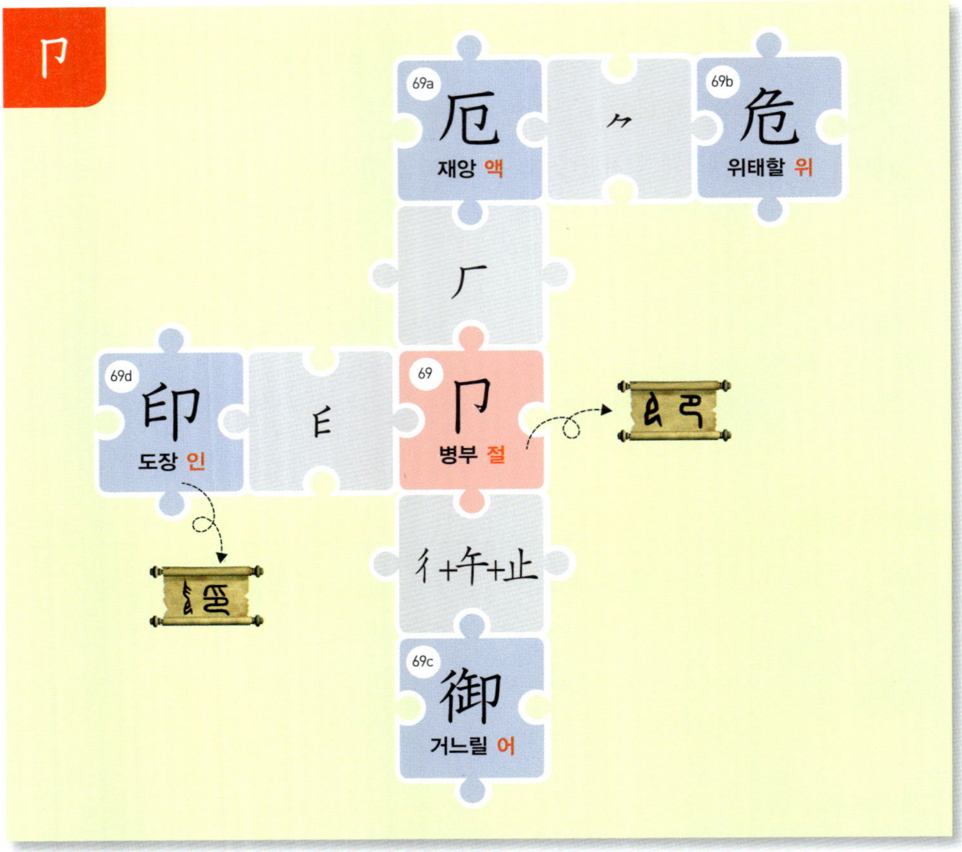

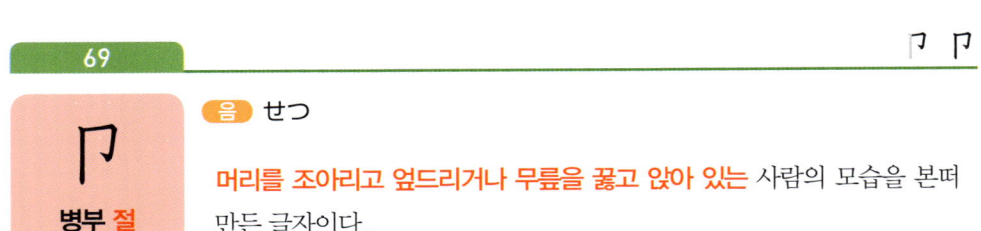

69

卩
병부 절

음 せつ

머리를 조아리고 엎드리거나 무릎을 꿇고 앉아 있는 사람의 모습을 본떠 만든 글자이다.

사람 | 사람 | 사람 모습

69a

厄厄厄厄

재앙 액

음 やく

厂(かん) 기슭 엄 + 㔾→卩(せつ) 병부 절

재난을 당하여 벼랑(厂)에서 떨어져 바닥에 엎드려 있는 사람(㔾)의 모습이다.

- 厄介(やっかい) 귀찮음, 성가심, 신세, 폐
- 厄介者(やっかいもの) 귀찮은 존재, 골칫거리, 식객
- 厄年(やくどし) 액년 ☞ 음양도에서 남자는 25, 42, 60세, 여자는 19, 33세를 이른다.
- 厄払い(やくはらい・やくばらい) 액막이

69b

危危危危危危

위태할 위

음 き 훈 あぶない・あやうい・あやぶむ

⺈(じん・にん) 사람 인 + 厄(やく) 재앙 액

떨어지면 재앙(厄)을 당할 수 있는 높은 벼랑 끝에 **위험하게** 서 있는 사람(⺈)의 모습이다.

- 危害(きがい) 위해
- 危機(きき) 위기
- 危機感(ききかん) 위기감
- 危険(きけん) 위험
- 危ない(あぶない) 위험하다, 위태롭다, 불안하다
- 危うい(あやうい) 위태롭다, 조마조마하다, 아슬아슬하다
- 危ぶむ(あやぶむ) 의심하다, 위태로워하다, 걱정하다

69c

御 거느릴 **어**

음 ぎょ・ご　훈 おん

彳(てき) 조금 걸을 척　＋　午(ご) 낮 오　＋　止(し) 그칠 지　＋　卩(せつ) 병부 절

나라에 재앙을 막아 달라고 신에게 나아가(彳, 止) 무릎을 꿇고(卩) 반복해서(午) 요청하고 있는 임금의 모습에서 **거느리다**, **다스리다**, **막다**, **맞이하다** 등의 뜻이 파생되었다. **한자어로 된 명사에 붙어 존경과 공손의 뜻**을 나타내기도 한다.

> 午자는 절굿공이를 본떠 만든 글자로, 절구질은 반복되는 동작이 특징이므로 임금이 반복적으로 요청함을 강조하고 있다.

- 制御(せいぎょ) 제어
- 防御(ぼうぎょ) 방어
- 御飯(ごはん) 식사(食事)의 공손한 말씨 ☞ 일반적으로 お는 일본 고유어에, ご는 한자어에 붙어 존경을 나타냄
- 御中(おんちゅう) 귀중 ☞ 우편물 등을 받을 관청, 회사, 단체의 이름 뒤에 붙이는 말

69d

印 도장 **인**

음 いん　훈 しるし

E→爪(そう) 손톱 조　＋　卩(せつ) 병부 절

무릎을 꿇은 사람(卩)의 머리에 손(爪)을 가볍게 얹어 승인하는 모습에서 **인장**, **인쇄**라는 뜻이 파생되었다.

- 印鑑(いんかん) 인감
- 印象(いんしょう) 인상
- 捺印(なついん) 날인
- 目印(めじるし) 안표, 표시
- 印刷(いんさつ) 인쇄
- 調印(ちょういん) 조인
- 印(しるし) 표시, 기호, 마크, 증표, 상징
- 矢印(やじるし) 화살표

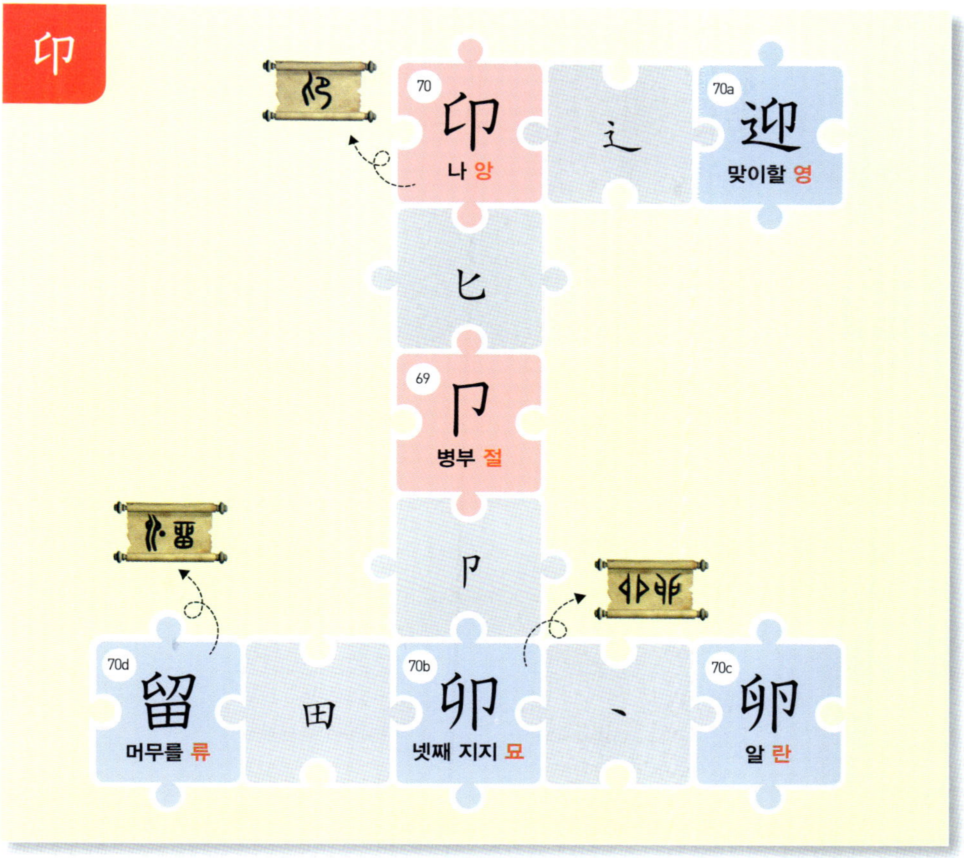

사람 | 사람 | **사람 모습**

70 卬 나 **앙**	辶	70a 迎 맞이할 **영**
	匕	
	69 卩 병부 **절**	
	卩	
70d 留 머무를 **류**	田	70b 卯 넷째 지지 **묘**	70c 卵 알 **란**

70

卬 卬 卬 卬

卬
나 **앙**

음 きょう・ごう

무릎 꿇은(卩) 사람이 서 있는 사람(匕)을 우러러보는 모습이다. 사람은 누구나 그렇게 **자신**이 존경받기를 원한다는 의미에서 **나**를 뜻하게 되었다.

70a

迎 迎 卬 迎 迎 迎 迎

맞이할 영

음 げい　훈 むかえる

卬(きょう・ごう) 나앙 ＋ 辶(ちゃく) 쉬엄쉬엄 갈 착

평소에 존경하고 우러러보는(卬) 손님이 찾아오자 반갑게 **맞이하러** 나가는(辶) 모습이다.

- 歡迎(かんげい) 환영
- 迎賓館(げいひんかん) 영빈관
- 迎える(むかえる) (사람·때를) 맞다, 맞이하다
- 迎春(げいしゅん) 영춘, 새해를 맞이함
- 送迎(そうげい) 송영
- 出迎え(でむかえ) 마중, 마중 나감(옴)

70b

卯 卬 卯 卯 卯

넷째 지지 묘

음 ぼう　훈 う

밭이나 논에 만들어 놓은 물웅덩이의 모습을 본떠 만든 글자로, **십이지**(十二支) **중 네 번째**를 의미한다.

- 己卯年(きぼうねん) 기묘년
- 卯月(うづき) 음력 4월의 별칭

70c

卵 卬 卯 卯 卯 卯 卵

알 란

음 らん　훈 たまご

卯(ぼう) 넷째 지지 묘 ＋ ヽ(알의 모양) ＋ ヽ(알의 모양)

봄철에 물웅덩이(卯)에서 흔히 볼 수 있는 두꺼비나 개구리 **알**(ヽ)의 모습을 본떠 만든 글자이다.

> 卵(たまご)는 부화를 전제로 하거나 또는 아직 껍질을 깨지 않은 달걀을 의미하고, 玉子(たまご)는 요리를 한 음식 재료로서의 달걀을 의미한다.

- 産卵(さんらん) 산란
- 卵巣(らんそう) 난소
- 卵黄(らんおう) 난황, 알의 노른자
- 卵(たまご) 달걀

사람 | 사람 | 사람 모습

70d

留

머무를 **류**

음 りゅう・る　　훈 とめる・と(ま)る

卯(ぼう) 넷째 지지 묘　+　田(でん) 밭 전

밭(田)에 물을 주기 위해서 웅덩이(卯)에는 항상 물이 **머물러** 있어야 한다. 또 외국에 머무르며 공부하다는 의미에서 **유학하다**는 뜻도 갖게 되었다.

- 在留(ざいりゅう) 재류
- 停留所(ていりゅうじょ) 정거장
- 留学生(りゅうがくせい) 유학생
- 留(ま)る(とまる) 머물다, 붙박이다, 고정되다
- 残留(ざんりゅう) 잔류
- 保留(ほりゅう) 보류
- 留める(とめる) 만류하다, 고정시키다
- 留守(るす) 부재중

70

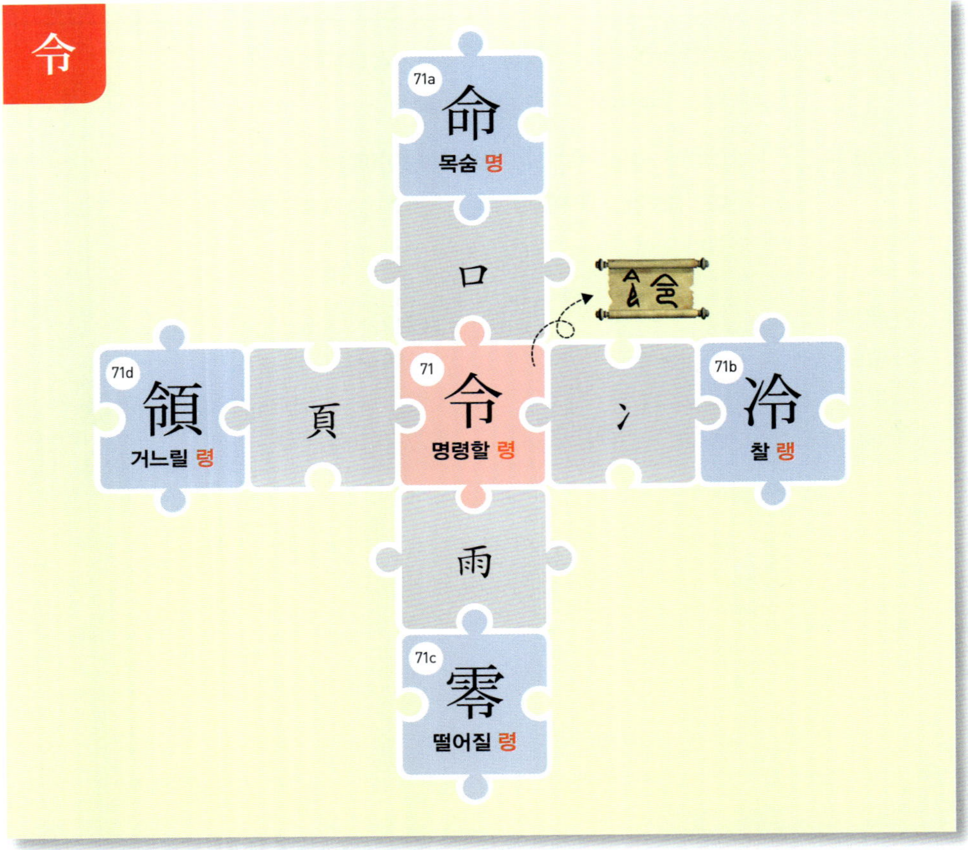

令

```
          命
         목숨 명
          │
          口
          │
領 — 頁 — 令 — 丶 — 冷
거느릴 령    명령할 령    찰 랭
          │
          雨
          │
          零
         떨어질 령
```

71d 령 / 71a 명 / 71 / 71b 랭 / 71c 령

令 令 令 令 令

71

令 명령할 **령**

음 れい・りょう

亼(しゅう) 삼합 집 + 卩(せつ) 병부 절

권력이 집중되어(亼) 있는 관청에서 **명령**을 받기 위해 무릎을 꿇고(卩) 있는 사람의 모습이다.

☐ 指令(しれい) 지령　　☐ 発令(はつれい) 발령　　☐ 法令(ほうれい) 법령

사람 | 사람 | **사람 모습**

- **令息**(れいそく) 영식(남의 아들을 높여서 부르는 말) ↔ **令嬢**(れいじょう) 영양, 영애
- **律令**(りつりょう) 율령

71a

목숨 명

음 めい・みょう　훈 いのち

令(れい・りょう) 명령할령 ＋ **口**(こう・く) 입구

관청에서 무릎을 꿇은 사람에게 입(口)으로 **명령**(令)을 내리는 모습이다. 절대 권력을 가진 왕의 명령을 어기는 것은 곧 죽음을 의미함으로 **생명**이란 뜻도 갖게 되었다.

- **運命**(うんめい) 운명
- **生命**(せいめい) 생명
- **命令**(めいれい) 명령
- **命**(いのち) 목숨, 생명, 가장 소중한 것
- **革命**(かくめい) 혁명
- **致命**(ちめい) 치명
- **寿命**(じゅみょう) 수명
- **命がけ**(いのちがけ) 목숨을 걺, 결사

71b

찰 랭

음 れい　훈 つめたい・ひえる・ひや・ひやす・ひ(や)かす・さめる・さます

冫=**氷**((ひょう) 얼음 빙 ＋ **令**(れい・りょう) 명령할령

명령(令)이나 지시는 아무리 부드러워도 얼음(氷)처럼 **차가운** 것이라는 뜻이다.

- **冷静**(れいせい) 냉정
- **冷凍**(れいとう) 냉동
- **冷たい**(つめたい) 차갑다, 차다, 냉정하다
- **冷や汗**(ひやあせ) 식은땀
- **冷(や)かす**(ひやかす) 놀리다, 희롱하다, 차게하다, 식히다
- **冷める**(さめる) 식다
- **冷蔵庫**(れいぞうこ) 냉장고
- **冷房**(れいぼう) 냉방 ↔ **暖房**(だんぼう) 난방
- **冷える**(ひえる) 차가워지다, 식다, 냉담해지다
- **冷やす**(ひやす) 차게 하다, 식히다
- **冷ます**(さます) 식히다

71c

零零零零零零零零零零零零零

零
떨어질 령, 영 령

음 れい　　**훈** こぼれる・こぼす

雨(う) 비 우 ＋ 令(れい・りょう) 명령할 령

하늘에서 비(雨)가 내리는 것처럼 명령(令)도 위에서 아래로 **떨어지는** 것이다. 마찬가지로 높은 숫자에서 낮은 숫자로 내려오다 보면 마침내 **영(0)**에 이르게 된다.

> 옛날 서민들에게 숫자 '영'은 사용되지 않는 없는 숫자였다. 그러나 인도에서 사용되기 시작한 '영'은 큰 수를 표현할 필요가 있는 과학자와 지배 계층에게 최고의 발명품이었다. 따라서 하늘에서 내리는 비(雨)처럼 신들의 나라인 인도에서 전해져 지배 계층의 명령(令)에 의해서 사용되기 시작한 숫자가 바로 '영'이라고 생각할 수도 있다.

- 零下(れいか) 영하
- 零点(れいてん) 영점
- 零す(こぼす) 흘리다, 엎지르다, 불평하다
- 零時(れいじ) 영시
- 零れる(こぼれる) 넘치다, 넘쳐흐르다

71d

領領領領領領領領領領領領領

領
거느릴 령

음 りょう

令(れい・りょう) 명령할 령 ＋ 頁(けつ) 머리 혈

무리를 통솔하고 **이끌기** 위해 명령(令)을 내리는 우두머리(頁)의 모습이다.

- 大統領(だいとうりょう) 대통령
- 領海(りょうかい) 영해
- 領土(りょうど) 영토
- 領収書(りょうしゅうしょ) 영수증
- 領域(りょういき) 영역
- 領空(りょうくう) 영공
- 領事(りょうじ) 영사
- 要領(ようりょう) 요령

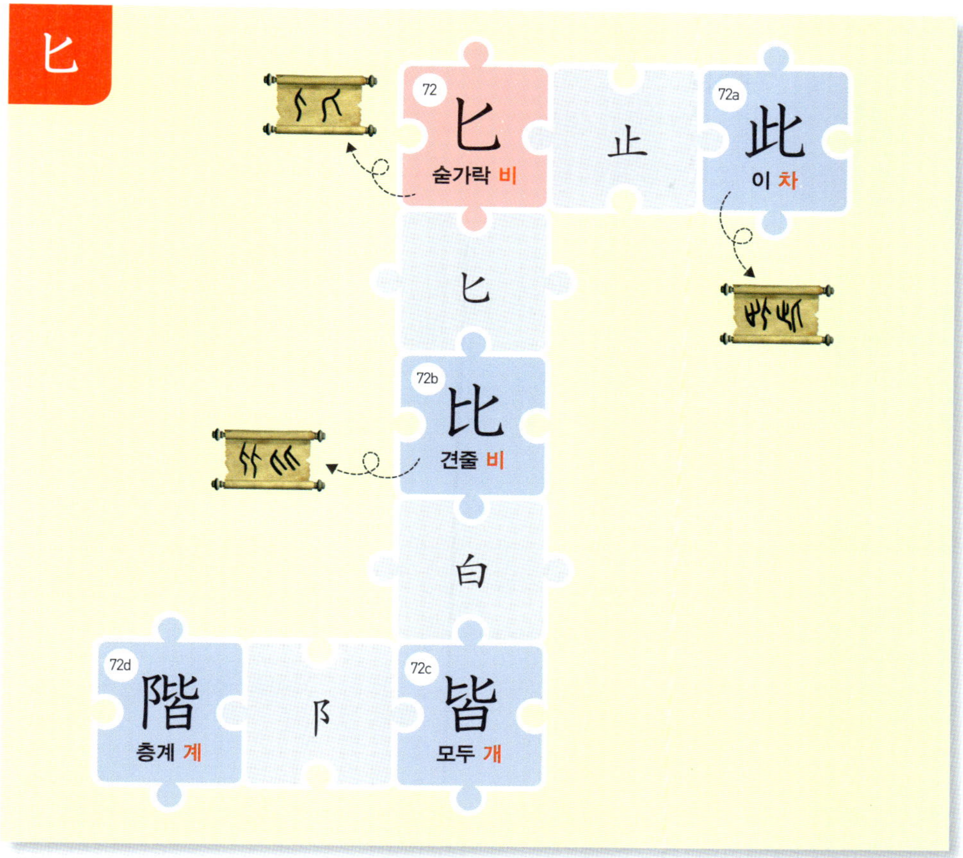

사람 | 사람 | 사람 모습

72

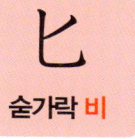
匕
숟가락 비

음 ひ　**훈** さじ

숟가락이라는 뜻을 가지고 있으나 **사람**으로 사용되는 경우가 더 많다. 특히 갑골문자를 보면 ヽ(じん・にん 사람 인)자와 좌우가 바뀐 모양을 하고 있어 힘없는 **노인**을 가리키는 글자로도 이해할 수 있다.

☐ 匕・匙(さじ) 숟가락

72a

比 比 比 比 比 比

此
이 **차**

음 し　**훈** これ・この

止(し) 그칠 지　+　匕(ひ) 숟가락 비

힘없고 약한 노인(匕)이 발걸음을 멈추고(止) 손이 닿는 근처에서만 움직이는 모습에서 가까운 것을 지칭하는 대명사인 **이것**이라는 뜻이 파생되었다.

- 此岸(しがん) (불교) 이승
- 此の(この) 이, 최근의
- 此方(こちら・こっち) 이쪽, 이 방향, 이곳
- 此れ(これ) 이것, 이
- 此処・此所(ここ) 여기, 이(것), 요새

72b

比 比 比 比

比
견줄 **비**

음 ひ　**훈** くらべる

匕(ひ) 숟가락 비　+　匕(ひ) 숟가락 비

같은 방향을 바라보며 나란히 서 있는 두 사람(匕)의 생김새, 키, 몸집 등을 **비교하는** 모습이다.

- 対比(たいひ) 대비
- 比例(ひれい) 비례
- 比較(ひかく) 비교
- 比べる(くらべる) 비교하다, 대조하다
- 比率(ひりつ) 비율

72c

皆 皆 皆 皆 皆 皆 皆 皆 皆

모두 **개**

음 かい　**훈** みな

比(ひ) 견줄 비　+　白(はく・びゃく) 흰백

두 사람을 비교(比)하여 **모든** 것을 명백(白)하게 밝히는 모습에서 **전부**, **모두**라는 뜻이 파생되었다.

- 皆勤(かいきん) 개근
- 皆さん(みなさん) 여러분 ☞ 皆様(みなさま)의 스스럼없는 말
- 皆(みな) 모두, 다, 전부 ☞ みんな의 격식차린 말

사람 | 사람 | **사람 모습**

72d

階階階階階階階階階階

階

층계 계

음 かい

阝=阜(ふ) 언덕 부 + 皆(かい) 모두 개

모든(皆) 사람들이 언덕(阜)을 오르내리기 편하게 된 것은 바로 **계단** 덕분이다.

- 一階(いっかい) 일 층
- 階下(かいか) 계단의 아래, (2층 이상의 건물에서) 아래층 ↔ 階上(かいじょう) 계단 위, 2층 이상의 방
- 階級(かいきゅう) 계급
- 階段(かいだん) 계단, 단계, 순서
- 地階(ちかい) 지하층
- 音階(おんかい) 음계
- 階層(かいそう) 계층
- 段階(だんかい) 단계

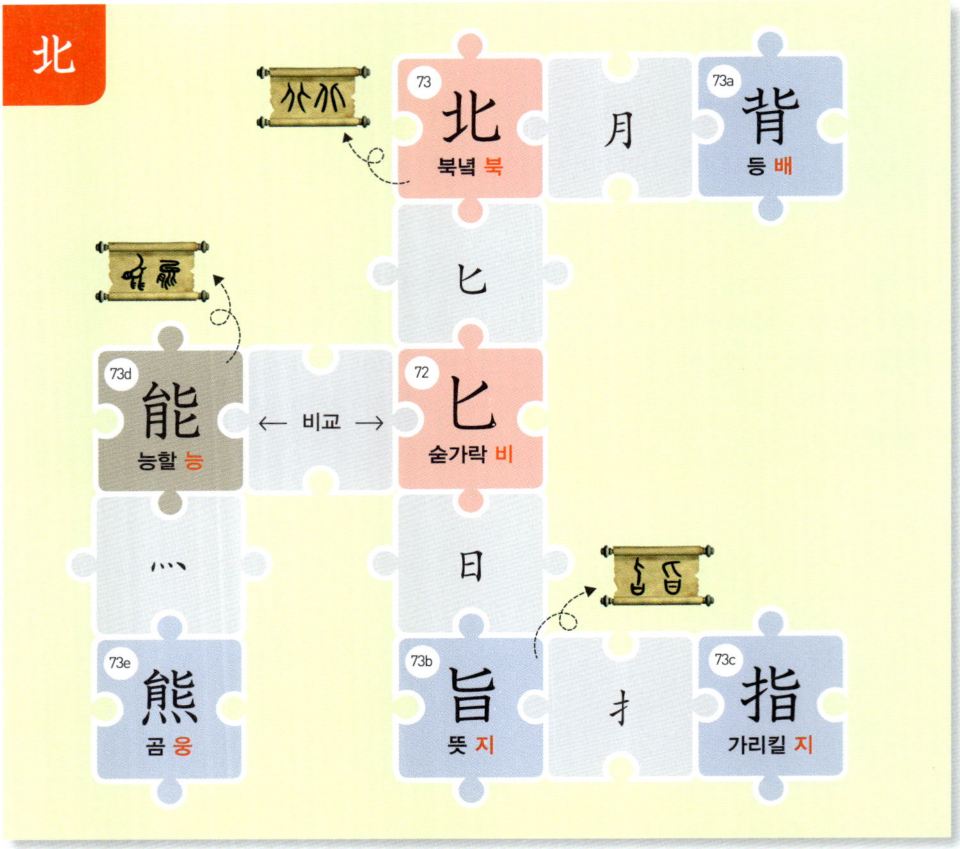

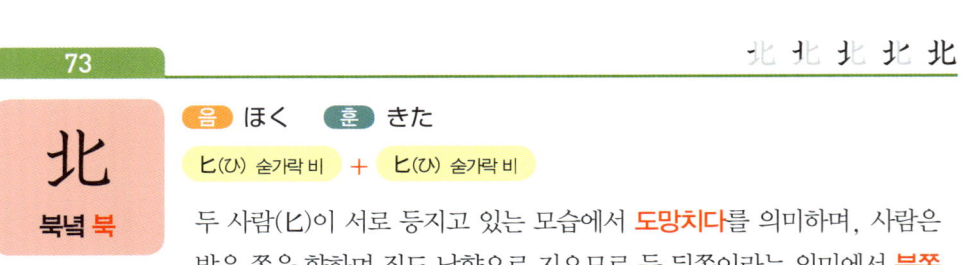

73

北 북녘 북

- 음 ほく
- 훈 きた

匕(ひ) 숟가락 비 + 匕(ひ) 숟가락 비

두 사람(匕)이 서로 등지고 있는 모습에서 **도망치다**를 의미하며, 사람은 밝은 쪽을 향하며 집도 남향으로 지으므로 등 뒤쪽이라는 의미에서 **북쪽**이라는 뜻도 갖게 되었다.

사람 | 사람 | **사람 모습**

- 東西南北(とうざいなんぼく) 동서남북
- 北西(ほくせい) 북서
- 北部(ほくぶ) 북부
- 北(きた) 북, 북쪽, 북풍
- 北半球(きたはんきゅう) 북반구 ↔ 南半球(みなみはんきゅう) 남반구
- 敗北(はいぼく) 패배
- 北米(ほくべい) 북미, 북아메리카
- 北極(ほっきょく) 북극 ↔ 南極(なんきょく) 남극
- 北風(きたかぜ) 북풍

73a

背 背 背 背 背 背 背 背 背

背
등배, 배반할 배

- 음: はい
- 훈: せ・せい・そむく・そむける

北(ほく) 북녘 북 + 月→肉(にく) 고기 육

'등'을 의미하는 北자가 '북녘'의 뜻으로 쓰이게 되자 신체를 뜻하는 肉자를 더하여 **등**의 원래 의미를 되살렸다. 또한 등을 돌린다는 의미에서 **배반하다**의 뜻과 등을 대고 재는 것에서 **키**라는 뜻도 파생되었다.

- 背景(はいけい) 배경
- 背中(せなか) 등
- 背く(そむく) 등지다, 등을 돌리다, 배반하다
- 背ける(そむける) (등을) 돌리다, 외면하다
- 背後(はいご) 배후
- 猫背(ねこぜ) 새우등 또는 그런 사람
- 背(せ・せい) 높이, 키

73b

旨 旨 旨 旨 旨 旨

###
뜻 지

- 음: し
- 훈: むね・うまい

匕(ひ) 숟가락 비 + 日(그릇의 모양)

수저(匕)로 그릇(日)에 담겨 있는 음식 **맛**을 보는 장면이다. 후에 손가락으로 찍어 맛을 보는 데서 손가락이라는 의미도 갖게 되었으며, 손가락으로 자신의 의지를 나타내기 위해 무엇인가를 가리키는 모습에서 **뜻**, **취지**라는 뜻도 파생되었다.

- 趣旨(しゅし) 취지
- 旨(むね) 취지, 뜻
- 要旨(ようし) 요지
- 旨い・甘い・美味い(うまい) 맛있다
- 論旨(ろんし) 논지

73c

指 가리킬 지

- 음: し
- 훈: ゆび・さす

扌＝手(しゅ) 손 수 ＋ 旨(し) 뜻 지

'손가락'을 나타내던 旨자가 '뜻'이란 의미로 쓰이자, 손을 나타내는 手자를 추가하여 **손가락**을 의미하는 새로운 글자를 만들었다. 또 손가락으로 무엇인가를 **가리키는** 것을 의미하기도 한다.

- 指示(しじ) 지시
- 指紋(しもん) 지문
- 指す(さす) 가리키다, 지적하다
- 指導(しどう) 지도
- 指(ゆび) 손가락
- 指図(さしず) 지시, 지휘
- 指名(しめい) 지명
- 親指(おやゆび) 엄지손가락

73d

能 능할 능

- 음: のう

肙(곰의 모양) ＋ 匕(곰의 발 모양) ＋ 匕(곰의 발 모양)

곰(肙)이 앞발(匕＋匕)을 들고 서 있는 모습이다. 곰의 앞발은 엄청난 힘을 상징하는 것으로, 곰처럼 힘이 있는 사람은 무엇이든지 **할 수 있다**는 의미이다.

| 옛 글자는 곰(肙)이 먹잇감을 잡아채기 위해 앞발(匕＋匕)을 쳐든 모습이다.

- 可能(かのう) 가능
- 才能(さいのう) 재능
- 機能(きのう) 기능
- 知能(ちのう) 지능
- 効能(こうのう) 효능
- 能力(のうりょく) 능력

73e

熊 곰 웅

- 음: ゆう
- 훈: くま

能(のう) 능할 능 ＋ 灬(곰의 네 발의 모양)

곰의 모습을 보고 만든 能자가 '능하다'라는 뜻으로 쓰이자 네 발(灬)을 추가하여 **곰**을 의미하는 새로운 글자를 만들었다.

- 熊掌(ゆうしょう) 웅장 ; 곰의 발바닥
- 熊(くま) 곰

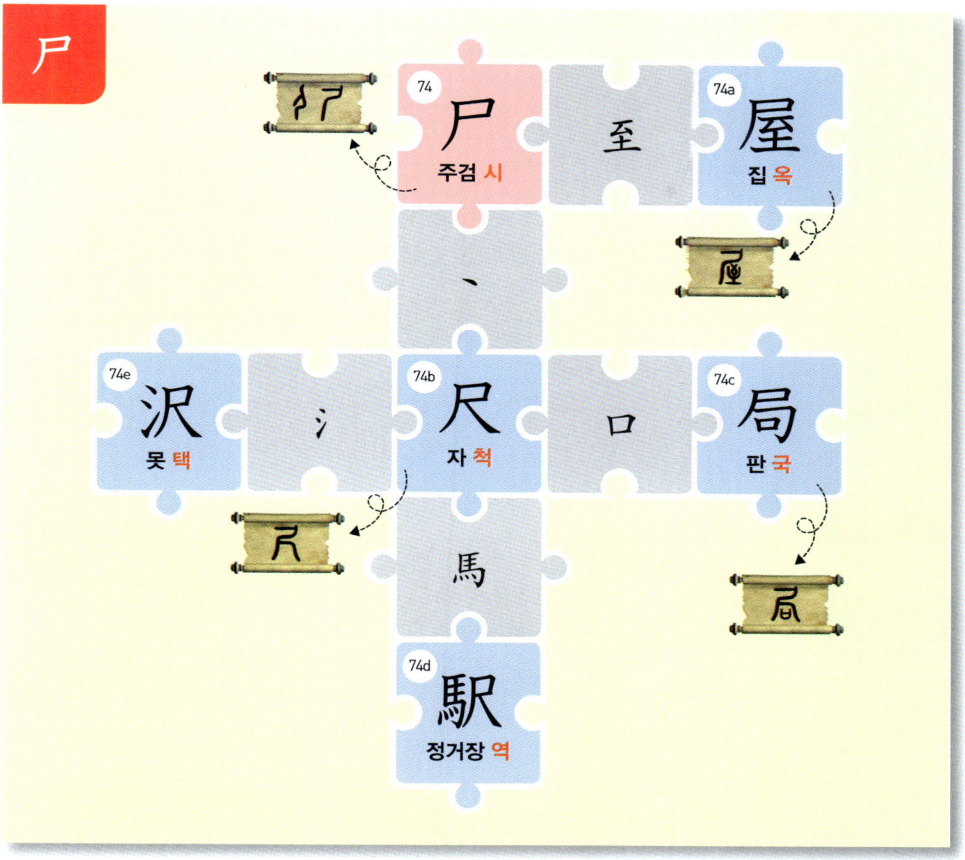

사람 | 사람 | **사람 모습**

尸

	74 尸 주검 시	至	74a 屋 집 옥
74e 沢 못 택	氵	74b 尺 자 척	口	74c 局 판 국
		馬	
	74d 駅 정거장 역		

74

尸
주검 시

음 し

엉덩이를 땅바닥에 대지 않은 채 쪼그리고 앉아 있는 사람의 모습이다. 죽은 사람을 그런 형태로 매장하던 모습에서 **시체**의 뜻을 갖게 되었다.

죽음이 끝이 아니라 생각했던 고대인들이 시신을 옮기는데 사용하는 상여를 집 모양으로 만들고 생전에 사용하는 물건들을 함께 매장하던 풍습에서 다른 글자와 합쳐질 때는 '집'을 의미하기도 한다.

74a

집 **옥**

屋 屋 屋 屋 屋 屋 屋 屋 屋

음 おく　훈 や

尸(し) 주검 시　＋　至(し) 이를 지

옛날에 중국에서는 집(尸)을 지을 장소를 정할 때, 신성시 여겨지는 장식이 달린 화살을 쏘아서 그 화살이 이른(至) 장소에 **집**을 지었다고 한다.
| 至자는 화살(矢)이 지면(一)에 거꾸로 꽂힌 모습이다.

- 屋外(おくがい) 옥외
- 母屋(おもや) 안채, 본채
- 屋台(やたい) 포장마차
- 屋上(おくじょう) 옥상
- 部屋(へや) 방
- 屋根(やね) 지붕, 덮개
- 社屋(しゃおく) 사옥
- 八百屋(やおや) 채소 가게

74b

자 **척**

尺 尺 尺 尺

음 しゃく

尸(し) 주검 시　＋　丶(보폭 길이)

사람(尸)의 다리에 한 획(丶)을 그어 보폭 또는 두 발 사이의 **길이를 재는** 모습을 표현하였다.

- 尺度(しゃくど) 척도
- 縮尺(しゅくしゃく) 축척

74c

판 **국**

局 局 局 局 局 局 局

음 きょく

尺(しゃく) 자 척　＋　口(こう・く) 입 구

관청에서 **형세**나 **상황**을 자(尺)로 재듯이 분석해서 정확하게 설명(口)하는 모습이다. 또 장기판이나 바둑판이 자로 나뉘어진 것처럼 구획이 정확한 것에서 **판**이라는 의미도 생겨 났다.

- 局長(きょくちょう) 국장
- 支局(しきょく) 지국
- 局面(きょくめん) 국면
- 政局(せいきょく) 정국
- 結局(けっきょく) 결국

사람 | 사람 | **사람 모습**

74d

駅

정거장 역, 역참

음 えき

馬(ば) 말 마 + 尺(しゃく) 자 척

옛날에는 행정 명령의 전달과 사신들의 왕래를 위해 말(馬)이 하루에 갈 수 있는 거리(尺)에 **역참**을 세워 숙박 편의를 제공하였다.

> 우리 驛자의 일본식 한자이다.
> 驛자는 말(馬)이 쉬는 역참에 죄수(幸)들을 감금하고 ス키는(罒→目) 시설이 있었음을 보여준다.

☐ 駅(えき) 역   ☐ 駅員(えきいん) 역무원   ☐ 駅長(えきちょう) 역장
☐ 駅弁(えきべん) 역이나 열차 내에서 파는 도시락 ☞ 에키벤은 각 지역의 특색이 담겨 있는 메뉴로 구성되어 있어 이 에키벤을 맛보기 위해 여행을 하는 사람까지 있을 정도로 일본 여행에 묘미를 더해주는 하나의 문화로 인식되고 있다.

☐ 各駅(かくえき) 각 역

74e

沢

못 택

음 たく   훈 さわ

氵=水(すい) 물 수 + 尺(しゃく) 자 척

집 안이 적당한 길이(尺)의 수초가 돋아나 있는 **연못**(水)과 함께 잘 가꾸어진 모습에서 **윤택하다**는 뜻이 파생되었다.

> 우리 澤자의 일본식 한자이다.
> 澤자는 감시(罒→目) 당하는 죄수(幸)들의 눈물(氵)이 마르지 않는 모습에서 '못'이라는 뜻이 파생되었음을 보여준다.

☐ 光沢(こうたく) 광택   ☐ 贅沢(ぜいたく) 사치, 호화로움
☐ 沢山(たくさん) 많음, 많이, 충분함
☐ 沢(さわ) 물이 얕고 풀이 나 있는 저습지, 산골짜기에 있는 작은 계곡

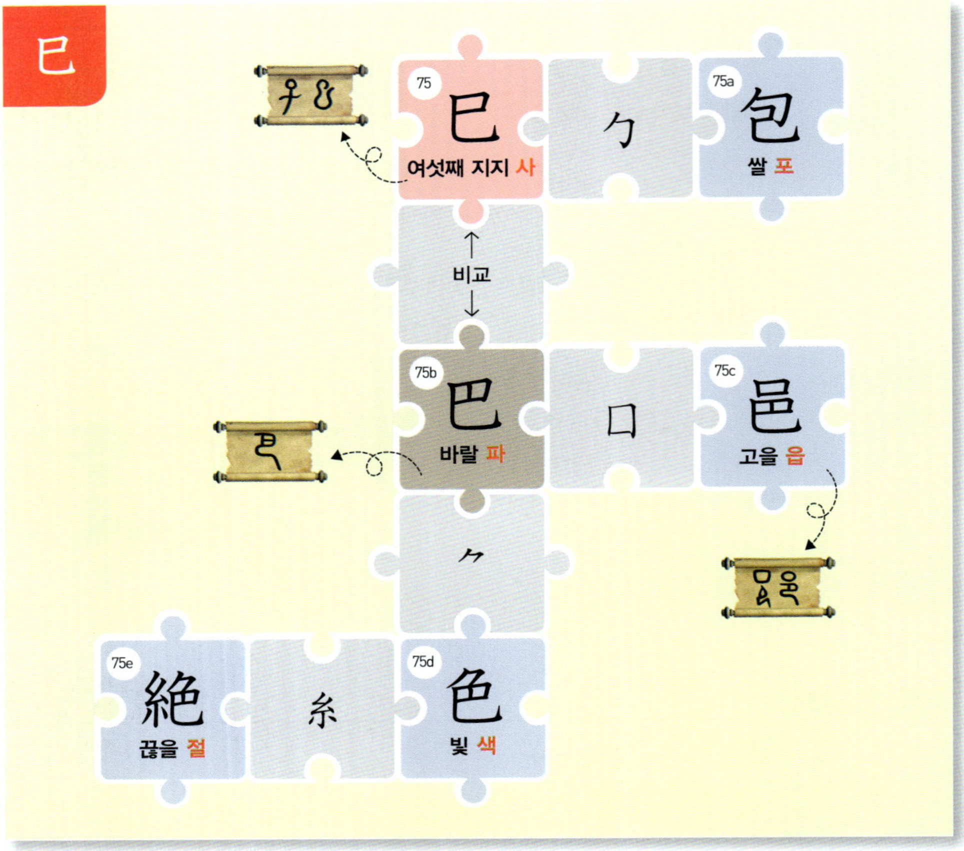

사람 | 명칭 | 생장 과정

巳

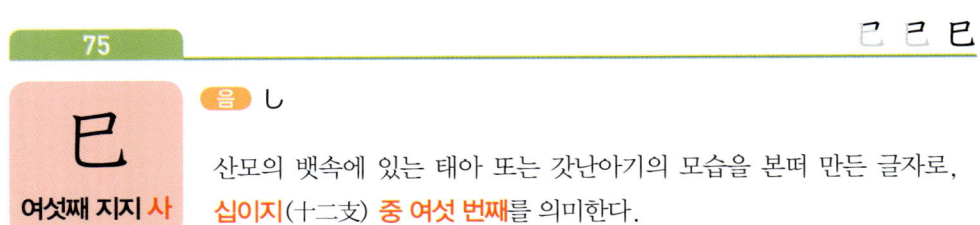

75

巳 여섯째 지지 **사**

음 ㅅ

산모의 뱃속에 있는 태아 또는 갓난아기의 모습을 본떠 만든 글자로, **십이지(十二支) 중 여섯 번째**를 의미한다.

75a

ク ク ケ 句 包

包
쌀 포

| 音 | ほう | 訓 | つつむ |

ク(ほう) 쌀 포 + 己→巳(し) 여섯째 지지 사

두 팔로 아이(己→巳)를 **감싸고**(ク) 있는 모습이다.

> 우리 包자의 일본식 한자이다. 包자에서 巳자는 태아의 모습을 의미한다. 위의 한자 분해와 해설은 현재 일본에서 사용하는 包자로는 한자의 어원을 밝히기 어려워 원글자에 근거한 것이므로, 현재 일본에서 사용하는 包자와 혼동하지 않도록 주의하기 바란다.

- 梱包(こんぽう) 짐을 포장하여 끈으로 묶어 꾸림 또 그 꾸린 짐
- 包括(ほうかつ) 포괄
- 包丁(ほうちょう) 식칼, 요리, 요리사
- 小包(こづつみ) 소포, 작은 꾸러미
- 包装(ほうそう) 포장
- 包む(つつむ) 싸다, 포장하다, 감추다

75b

フ フフ 巴

巴
바랄 파

| 音 | は | 訓 | ともえ |

巳자가 갓난아기나 뱃속의 태아를 의미한다면, 巴자는 태아가 자라 토실토실 살이 찐 모습을 나타내며 기본적으로는 사람을 의미하며, 태아의 성장을 기원하는 마음에서 **바라다**는 뜻이 파생되었다.

- 巴(ともえ) 물이 소용돌이치는 모양, 물건이 원형을 그리며 도는 모양

75c

⺆ ⺆ 呂 吊 邑 邑 邑

邑
고을 읍

| 音 | ゆう |

巴(は) 바랄 파 + 口(い・こく) 에워쌀 위

사람(巴)들이 모여 사는 **마을**을 둘러싸고 있는 경계(口)를 묘사하고 있다. 다른 글자와 합쳐져 오른쪽에 위치할 때는 모양이 阝자로 바뀐다.

> 阝자가 글자의 왼편에 올 때는 '언덕(阜)'을, 오른편에 올 때는 '마을(邑)'을 뜻한다.

- 郷邑(きょうゆう) 마을, 촌
- 都邑(とゆう) 도읍

75d

빛 색

음 しょく・しき　훈 いろ

⺈(じん・にん) 사람 인 ＋ 巴(は) 바람 파

사람(⺈)과 사람(巴)이 사랑을 나누는 모습으로, 사랑하는 사람을 보고 얼굴**빛**이 붉게 상기하는 모습에서 **색깔**의 뜻을 가지게 되었다.

- 染色(せんしょく) 염색
- 変色(へんしょく) 변색
- 金色(こんじき) 황금색, 금색
- 色紙(しきし) 와카(和歌) 등을 쓰기 위한 사각형의 두꺼운 종이
- 色(いろ) 색, 빛깔, 색채, 안색
- 色気(いろけ) 색깔의 배합, 색조, 성적 매력, 여성의 존재
- 色白(いろじろ) 피부가 하얌
- 特色(とくしょく) 특색
- 景色(けしき) 경치, 풍경
- 色彩(しきさい) 색채, 빛깔

75e

끊을 절

음 ぜつ　훈 たえる・たやす・たつ

糸(し) 실 사 ＋ 色(しょく・しき) 빛 색

사랑을 나눌(色) 때 마치 실(糸)이 끊어질듯이 숨 막히는 모습에서 **끊다**, **끊어지다**는 뜻이 파생되었다.

- 拒絶(きょぜつ) 거절
- 絶景(ぜっけい) 절경
- 絶品(ぜっぴん) 절품, 일품
- 断絶(だんぜつ) 단절
- 絶やす(たやす) 끊어지게 하다, 끊다, 없애다
- 絶縁(ぜつえん) 절연, 인연을 끊다, 관계를 끊다
- 絶対(ぜったい) 절대
- 絶望(ぜつぼう) 절망
- 絶える(たえる) 끊어지다, 끝나다, 없어지다
- 絶つ(たつ) 끊다, 자르다

사람 | 명칭 | 생장 과정

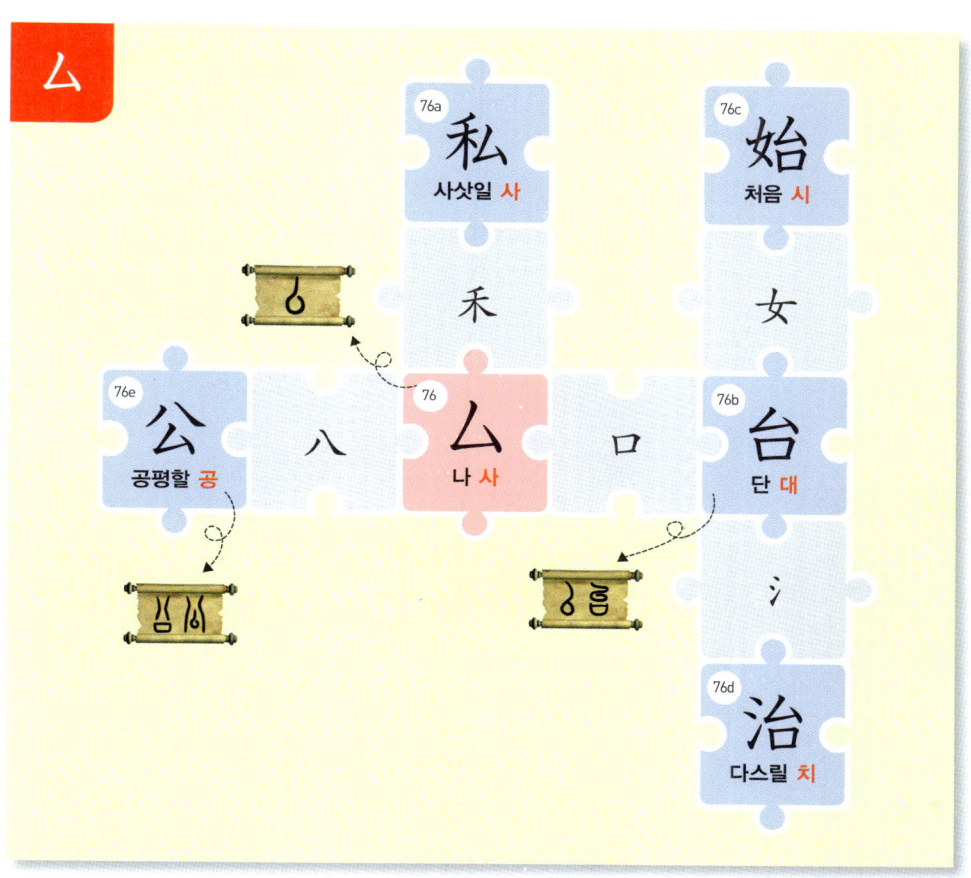

76

ㅿ

나 **사**, 아무 **모**

음 ㅅ

옛 글자가 정확히 무엇을 가리키는지 알 수 없다. 그러나 여러 다른 글자들에 포함된 ㅿ자를 종합해 보면 어머니 뱃속에서 막 태어난 태아의 모습으로 보여진다. 갓난아기 때의 **자신의** 모습은 **사적인** 것이라는 의미로 기억해 두자.

76a

私
사삿일 **사**

음 し　훈 わたくし・わたし

禾(か) 벼 화 ＋ 厶(し) 나 사

고대 벼(禾) 농사의 시작은 남에게 팔기 위해서가 아니라 자신(厶)이 먹기 위한 지극히 사적인 필요에 의한 것이었다. 여기에서 **사적인 것**, **나**, **저** 등의 뜻이 파생되었다.

- 公私(こうし) 공사
- 私鉄(してつ) 민영 철도
- 私生活(しせいかつ) 사생활
- 私立(しりつ) 사립
- 私的(してき) 사적
- 私(わたくし・わたし) 저, 나

76b

台
단 **대**, 태풍 **태**

음 だい・たい

厶(し) 나 사 ＋ 口(こう・く) 입구

옹알이(口)를 하는 갓난아기(厶)를 안고 기뻐하는 모습이다. 갓난아기를 **제단**에 올려놓고 신께 감사를 드린 일에서 **단**이라는 뜻도 파생되었다.

| 우리 臺자의 일본식 한자이다.

- 寝台(しんだい) 침대
- 土台(どだい) 토대
- 台所(だいどころ) 부엌, 주방
- 台風(たいふう) 태풍
- 灯台(とうだい) 등대
- 台詞(せりふ・だいし) 대사

76c

始
처음 **시**

음 し　훈 はじ(ま)る・はじめる

女(じょ・にょ・にょう) 여자 녀 ＋ 台(だい・たい) 단 대

여자(女)가 아이(台)를 임신하여 출산하는 것에서 한 사람의 인생이 **시작**된다는 의미를 가지고 있다.

- 開始(かいし) 개시
- 始末(しまつ) (나쁜 결과의) 상황, 자초지종
- 始(ま)る(はじまる) 시작되다
- 始終(しじゅう) 자초지종, 처음부터 끝까지, 모두, 늘, 끊임없이
- 終始(しゅうし) 시종, 내내
- 始める(はじめる) 시작하다, 개시하다

사람 | 명칭 | 생장 과정

76d

다스릴 치

- 음: じ・ち
- 훈: おさめる・おさ(ま)る・なおる・なおす

氵=水(すい) 물 수 + 台(だい・たい) 단 대

가뭄과 홍수가 발생하자 물(水)을 **다스리기** 위해 제단(台)에 제물을 바치는 모습이다. 옛날 사람들은 물을 다스리는 것은 하늘의 뜻이라고 믿었음을 알 수 있다.

- □ 主治医(しゅじい) 주치의
- □ 自治(じち) 자치
- □ 統治(とうち) 통치
- □ 治(ま)る(おさまる) 고요해지다, 다스려지다, 가라앉다
- □ 治る(なおる) 낫다, 치료되다
- □ 政治(せいじ) 정치
- □ 治安(ちあん) 치안
- □ 治める(おさめる) 다스리다, 지배하다, (병을) 고치다
- □ 治す(なおす) 고치다, 치료하다
- □ 退治(たいじ) 퇴치
- □ 治療(ちりょう) 치료

76e

공평할 공

- 음: こう・く
- 훈: おおやけ

八(열리는 모습) + ム(し) 나 사

자궁이 열리면서(八) 태아(ム)가 세상으로 나오는 모습이다. 어머니 뱃속에서 보호 받으며 홀로 지내던 태아가 세상 밖으로 나와 대중의 일원이 되었다는 의미에서 **공평**, **공통**, **통치 기관**, **세상** 등의 뜻을 가지게 되었다.

> 公자의 옛 그림에서 八자는 무언가 닫힌 것이 열리는 모습을 나타내고 있는 것으로 보여진다.

- □ 公園(こうえん) 공원
- □ 公害(こうがい) 공해
- □ 公平(こうへい) 공평
- □ 公(おおやけ) 조정, 정부, 국가, 관청, 공공, 일반에 알려짐, 공정함
- □ 公演(こうえん) 공연
- □ 公式(こうしき) 공식
- □ 公家(くげ) 막부 시대 때 조정에서 벼슬하던 사람, 조정, 천황
- □ 公開(こうかい) 공개
- □ 公表(こうひょう) 공표

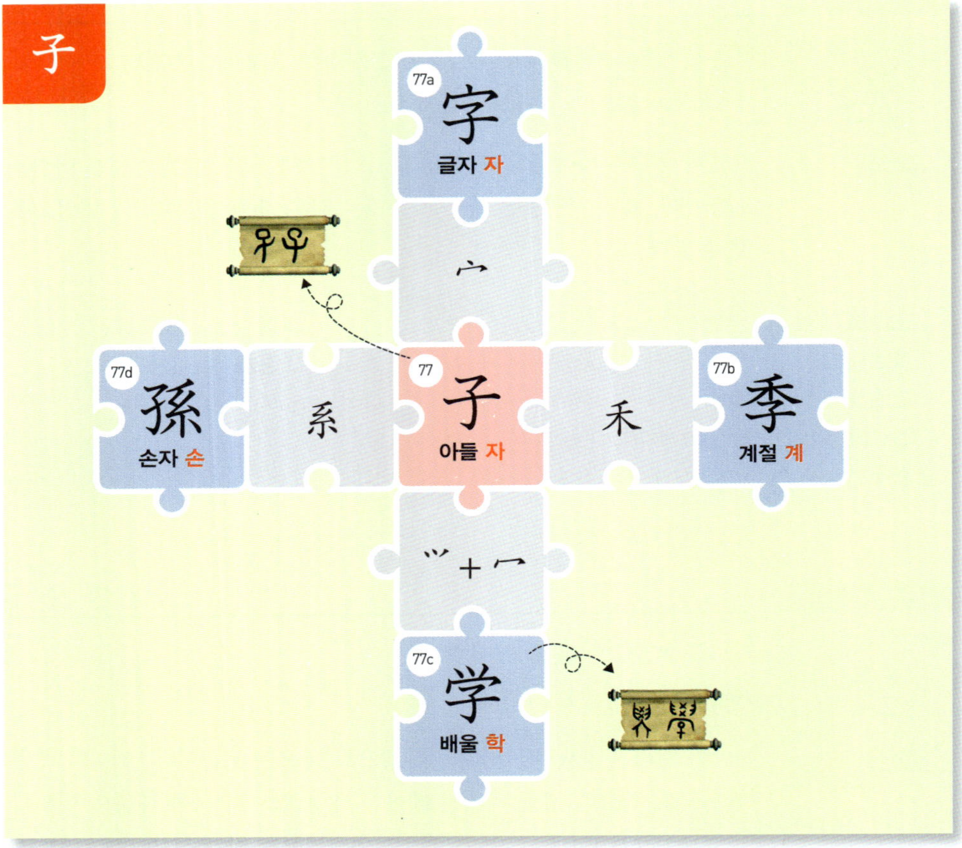

77

子

| 77a 字 글자 자 |
| 77d 孫 손자 손 | 系 | 77 子 아들 자 | 禾 | 77b 季 계절 계 |
| 77c 学 배울 학 |

77

子 아들 자

음 し・す 훈 こ

 子 子 子

포대기로 감싸 안은 어린아이의 모습에서 **자식**을 뜻하는데, 남아선호 사상에 의해 **아들**이라는 의미로 더 많이 쓰인다.

- □ お菓子(おかし) 과자
- □ 調子(ちょうし) 가락, 장단, 상태, 기세, 정도
- □ 妻子(さいし) 처자, 아내와 자식
- □ 電子(でんし) 전자

사람 | 명칭 | 생장 과정

- 扇子(せんす) 쥘부채
- 子(こ) 자식, 아이
- 子供(こども) 아이, 자식, 어린이
- 様子(ようす) 상태, 상황, 모양, 모습, 징조, 기색
- 親子(おやこ) 부모와 자식
- 息子(むすこ) 아들, 자식

77a

字 字 字 字 字 字

글자 자

음 じ　**훈** あざ

宀(べん·めん) 집 면 ＋ 子(し·す) 아들 자

집(宀) 안에 자식(子)이 하나 둘 늘어나듯이 세월이 흐르면서 **글자**들도 계속 늘어난다는 의미이다. 세월이 흘러도 글자 자체는 변하지 않고 신조어만 새로 생성되는 표음문자와는 대조적으로 표의문자인 한자는 글자 자체가 단어와 같으므로 세월이 흐르면서 시대를 반영한 글자도 계속 늘어나고 있다.

- 漢字(かんじ) 한자
- 数字(すうじ) 숫자
- 文字(もじ) 문자, 글자, 문장
- 字幕(じまく) 자막
- 名字(みょうじ) 성씨, 성
- 略字(りゃくじ) 약자
- 字(あざ) 시정촌(市町村)을 세분한 구획을 이른다. 우리나라의 리(里)에 해당하며 大字(おおあざ)와 小字(こあざ)가 있다. ☞ 市町村(しちょうそん)은 일본 행정구역의 명칭으로 우리나라의 시·읍·면과 비슷하다.

77b

季 季 季 季 季 季 季 季

계절 계

음 き

禾(か) 벼 화 ＋ 子(し·す) 아들 자

풍요로운 **계절** 가을에 벼(禾) 이삭을 줍고 볏단을 나르는 어린아이(子)의 모습이다.

- 夏季(かき) 하계 ↔ 冬季(とうき) 동계
- 季節(きせつ) 계절, 절기
- 季刊(きかん) 계간
- 四季(しき) 사계, 사철

77c 学 (배울 학)

음 がく　　**훈** まなぶ

ツ(양손과 매듭의 모양) + ㄇ(べき・みゃく) 덮을 멱 + 子(し・す) 아들 자

어른들이 양손으로 짚을 엮어(ツ) 지붕을 덮는(ㄇ) 것을 사내아이(子)가 보고 **배우는** 모습이다.

> 우리 學자의 일본식 한자이다. 學자를 보면 양손(臼)으로 짚을 엮어(爻) 지붕을 덮는(ㄇ) 것을 사내아이(子)가 보고 배우는 모습임을 알 수 있다.

- 学生(がくせい) 학생
- 学習(がくしゅう) 학습
- 学校(がっこう) 학교 ☞ 일본의 학교 제도는 크게 小学校(しょうがっこう)→中学校(ちゅうがっこう)→高等学校(こうとうがっこう)→大学(だいがく)→大学院(だいがくいん)의 단계로 되어 있다.
- 学院(がくいん) 학원, 학교 ☞ 学院은 대개 사립학교 교명으로 많이 쓰이며, 우리나라의 학원에 해당하는 말에는 学校, 教室(きょうしつ), 塾(じゅく), 予備校(よびこう) 등이 있다. 学校는 일본어·영어 등을 가르치는 학원, 教室는 피아노·미술 등을 가르치는 학원, 塾는 보습학원, 予備校는 입시학원을 의미한다.
- 進学(しんがく) 진학
- 通学(つうがく) 통학
- 文学(ぶんがく) 문학
- 留学生(りゅうがくせい) 유학생
- 学ぶ(まなぶ) 배우다, (학문·기술 등을) 익히다, 습득하다, 공부하다

77d 孫 (손자 손)

음 そん　　**훈** まご

子(し・す) 아들 자 + 系(けい) 맬 계

대를 이어주는(系) 아이(子)란 의미에서 **손자, 자손, 후손**이라는 뜻이 파생되었다.

> 系자는 실(糸)의 한쪽이 다른 줄에 연결되어 매듭(ノ) 지어져 있는 모습을 본떠 만들었다.

- 子孫(しそん) 자손
- 孫(まご) 손자
- 孫育て(まごそだて) 부모를 대신해 조부모가 손자를 돌보는 것
- 孫娘(まごむすめ) 손녀

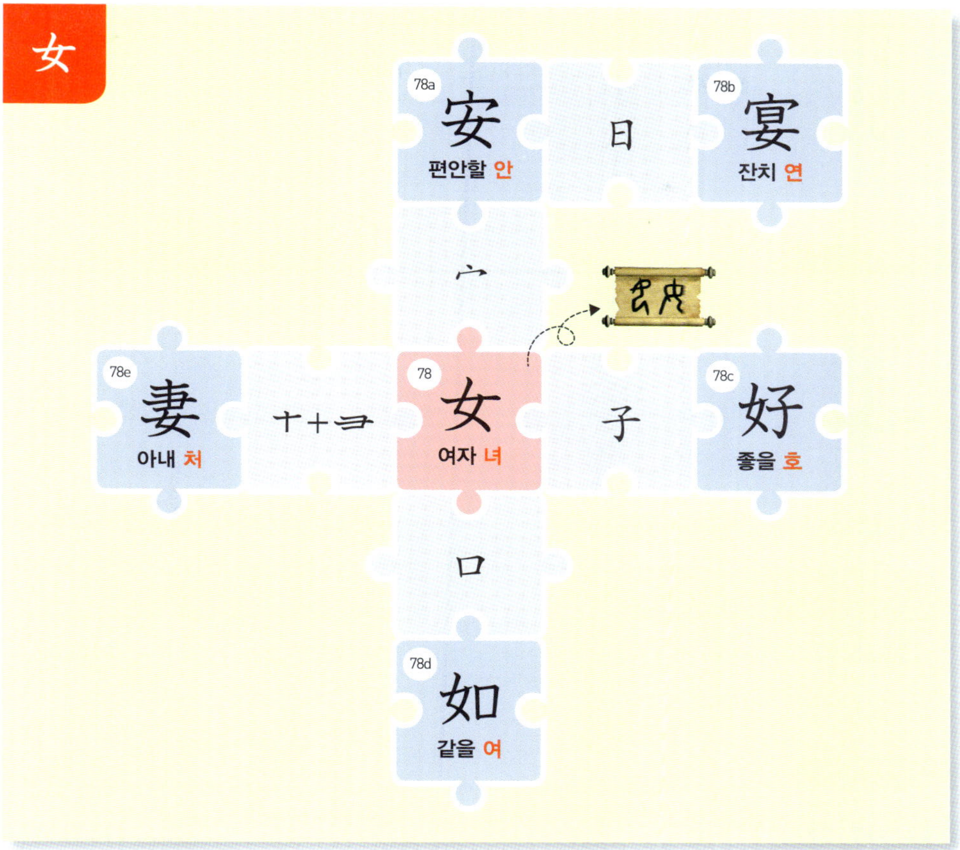

사람 | 명칭 | 생장 과정

	78a 安 편안할 안	日	78b 宴 잔치 연
	宀		
78e 妻 아내 처	十+ㅋ	78 女 여자 녀	子	78c 好 좋을 호
	口		
	78d 如 같을 여		

78   く 女 女

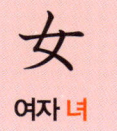
여자 녀

음 じょ・にょ・にょう   훈 おんな・め

두 손을 무릎에 가지런히 올려놓고 꿇어앉아 있는 단정한 **여자**의 모습을 본떠 만든 글자이다.

☐ **悪女**(あくじょ) 악녀   ☐ **男女**(だんじょ) 남녀
☐ **長女**(ちょうじょ) 장녀 ☞ **次女**(じじょ) 차녀, **長男**(ちょうなん) 장남, **次男**(じなん) 차남

- 天女(てんにょ) 선녀
- 女房(にょうぼう) 아내, 처, 마누라
- 雪女(ゆきおんな) 눈이 내리는 밤 하얀 옷을 입고 나타난다는 눈의 정령, 설녀
- 女神(めがみ) 여신
- 老若男女(ろうにゃくなんにょ) 남녀노소
- 女の子(おんなのこ) 여자아이, 젊은 여성

78a

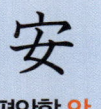

편안할 안

음 あん　훈 やすい

宀(べん・めん) 집면 ＋ 女(じょ・にょ・にょう) 여자녀

여자(女)가 두 손을 무릎 위에 가지런히 올려놓고 집(宀) 안에 앉아 있는 모습에서 **편안하다**는 뜻이 파생되었다.

- 安易(あんい) 안이, 손쉬움
- 安全(あんぜん) 안전
- 平安(へいあん) 평안
- 安い(やすい) 싸다, 헐하다
- 安心(あんしん) 안심
- 安否(あんぴ) 안부
- 保安(ほあん) 보안
- 激安(げきやす) 초저가, 염가, 폭탄 세일

78b

잔치 연

음 えん

宀(べん・めん) 집면 ＋ 日(にち・じつ) 날일 ＋ 女(じょ・にょ・にょう) 여자녀

여자(女)를 집(宀)으로 데리고 오는 날(日), 즉 결혼하는 날에 **잔치**를 베푸는 모습이다.

- 宴会(えんかい) 연회
- 饗宴(きょうえん) 향연
- 宴席(えんせき) 연석, 연회석
- 酒宴(しゅえん) 주연, 술자리

사람 | 명칭 | 생장 과정

78c

好 좋을 호

子 好 好 好 好 好

- 음: こう
- 훈: このむ・すく

女(じょ・にょ・にょう) 여자녀 + 子(し・す) 아들자

자식(子)을 품에 안고 흐뭇해 하는 어머니(女)의 표정에서 **좋다**는 뜻을 갖게 되었다.

- 愛好家(あいこうか) 애호가
- 好都合(こうつごう) 안성맞춤, 상황이 좋음
- 好評(こうひょう) 호평
- 好む(このむ) 좋아하다, 즐기다, 바라다
- 好況(こうきょう) 호황, 호경기
- 好調(こうちょう) 호조
- 絶好(ぜっこう) 절호
- 好く(すく) 좋아하다, 풍류를 즐기다

78d

如 같을 여

く 女 女 如 如 如

- 음: じょ・にょ

女(じょ・にょ・にょう) 여자녀 + 口(こう・く) 입구

연약한 여자(女)의 입(口)으로 하는 말이 사실에 더 가깝다는 의미에서 **같다, 그대로이다**는 뜻이 파생되었다.

- 欠如(けつじょ) 결여
- 如意(にょい) 여의, 사물이 뜻대로 됨
- 突如(とつじょ) 돌연, 갑자기, 별안간
- 如実(にょじつ) 여실, 현실(사실) 그대로임

78e

妻 아내 처

妻 妻 妻 妻 妻 妻 妻

- 음: さい
- 훈: つま

十(비녀의 모양) + 크(けい) 손 계 + 女(じょ・にょ・にょう) 여자녀

아내(女)가 쪽진 머리가 풀리지 않도록 비녀(十)를 머리에 꼽고(크) 있는 모습이다.

| 고대 중국에서는 결혼한 여자들만 비녀로 머리를 올렸다.

- 妻子(さいし) 아내와 자식
- 新妻(にいづま) 갓 결혼한 아내, 새댁
- 夫妻(ふさい) 부처, 부부
- 妻(つま) 아내, 처, 마누라
- 人妻(ひとづま) 남의 아내, 유부녀

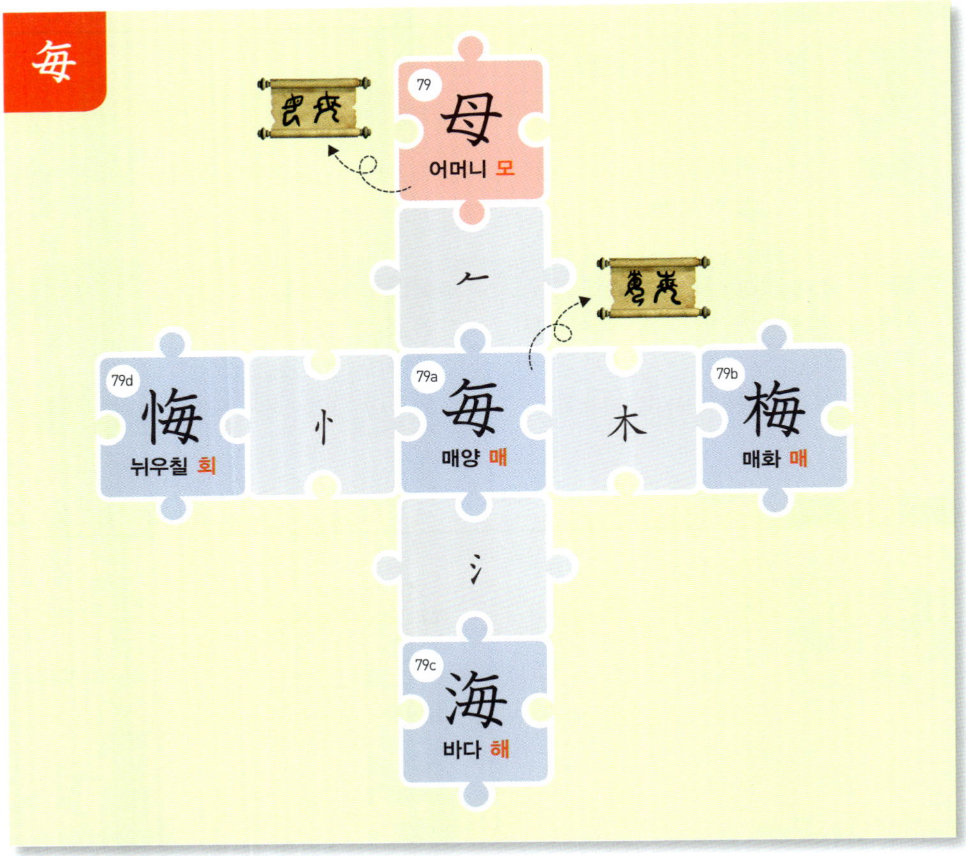

毎

| 79d 悔 뉘우칠 회 | 卜 | 79a 每 매양 매 | 木 | 79b 梅 매화 매 |

79 母 어머니 모

79c 海 바다 해

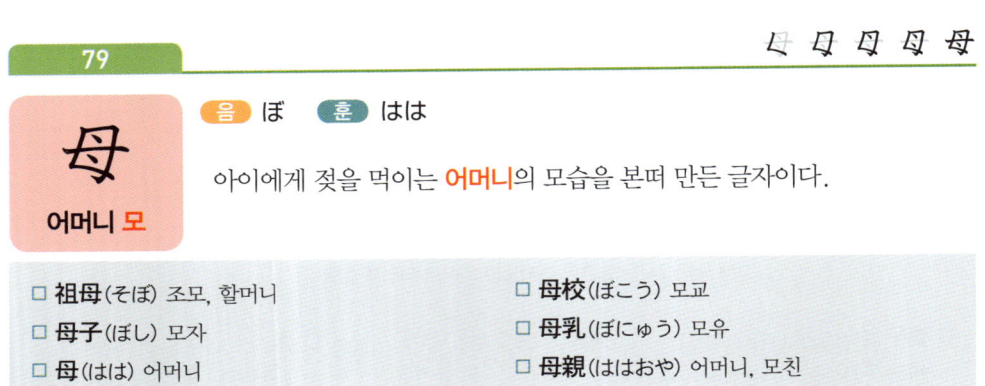

79

음 ぼ　훈 はは

母 어머니 모

아이에게 젖을 먹이는 **어머니**의 모습을 본떠 만든 글자이다.

- □ 祖母(そぼ) 조모, 할머니
- □ 母子(ぼし) 모자
- □ 母(はは) 어머니
- □ 母校(ぼこう) 모교
- □ 母乳(ぼにゅう) 모유
- □ 母親(ははおや) 어머니, 모친

사람 | 명칭 | 생장 과정

79a

매양 **매**

- 음 まい
- 훈 ごと

亠(비녀의 모양) + 母(ぼ) 어머니 모

늘 단정하게 비녀(亠)가 꽂혀 있는 어머니(母)의 쪽진 머리를 보고 **매**, **그때마다**, **마다**의 뜻이 파생되었다.

> 亠는 사람이 아니라 비녀의 모양이다. 옛날 중국에서는 여자가 결혼을 하면 머리를 올리고 비녀를 꽂았다.
> 우리 每자의 일본식 한자로, 우리는 7획이지만 일본은 6획으로 모양이 다른 것에 주의하자!

- ☐ 毎朝(まいあさ) 매일 아침, 아침마다
- ☐ 毎月(まいげつ) 매월, 달마다
- ☐ 毎度(まいど) 매번, 항상, 번번이
- ☐ 毎年(まいねん) 매년, 해마다
- ☐ 事毎に(ことごとに) 사사건건, 매사에
- ☐ 毎回(まいかい) 매회, 매번
- ☐ 毎週(まいしゅう) 매주
- ☐ 毎日(まいにち) 매일, 날마다
- ☐ 毎晩(まいばん) 매일 밤, 밤마다
- ☐ 日毎に(ひごとに) 날마다, 하루하루, 나날이

79b

매화 **매**

- 음 ばい
- 훈 うめ

木(ぼく・もく) 나무 목 + 毎(まい) 매양 매

매번(毎) 봄이면 가장 먼저 꽃을 피우는 **매화**나무(木)를 의미한다. 옛부터 동양에서는 매서운 겨울 바람을 이겨내고 이른 봄 그윽하고 맑은 향기가 나는 꽃을 피우는 **매화**를 절개와 지조의 상징으로 여겼다. 또한 매실을 수확할 때쯤 오는 비라는 의미에서 **장마**를 나타낸다.

> 우리 梅자의 일본식 한자이다.

- ☐ 松竹梅(しょうちくばい) 송죽매
- ☐ 梅雨前線(ばいうぜんせん) 장마전선
- ☐ 梅(うめ) 매실
- ☐ 梅干(し)(うめぼし) 일본의 매실장아찌 ☞ 매실을 소금물에 절이고 붉은 차조기로 붉게 물들여 햇빛에 건조시킨 뒤 용기에 넣어 보관하는 저장식품으로 신맛이 강한 것이 특징이다.
- ☐ 梅雨入り(つゆいり) 장마철이 시작됨 ↔ 梅雨明け(つゆあけ) 장마가 끝남
- ☐ 梅雨(ばいう・つゆ) 장마
- ☐ 梅毒(ばいどく) 매독

79c

海 海 海 海 海 海 海 海 海

海
바다 해

- 음 かい
- 훈 うみ

氵=水(すい) 물 수 + 毎(まい) 매양 매

바다는 아무리 비가 많이 와도 넘치지 않으며, 아무리 오랜 가뭄이 들어도 줄어들지 않고 항상(毎) 한결같은 수위(水)를 유지한다.

| 우리 海자의 일본식 한자이다.

- □ 海外(かいがい) 해외
- □ 海水(かいすい) 해수, 바닷물
- □ 近海(きんかい) 근해
- □ 海(うみ) 바다
- □ 海辺(うみべ) 해변, 바닷가, 해안
- □ 海岸(かいがん) 해안
- □ 海面(かいめん) 해면, 해수면
- □ 領海(りょうかい) 영해
- □ 荒海(あらうみ) 거친 바다
- □ 海女(あま) 해녀

79d

悔 悔 悔 悔 悔 悔 悔 悔 悔

뉘우칠 회

- 음 かい
- 훈 くいる・く(や)む・くやしい

忄=心(しん) 마음 심 + 毎(まい) 매양 매

늘(毎) 마음(心)에 사무치는 **후회**의 감정을 나타낸다.

| 우리 悔자의 일본식 한자이다.

- □ 悔恨(かいこん) 회한
- □ 悔いる(くいる) 후회하다, 뉘우치다
- □ お悔(や)み(おくやみ) 문상
- □ 後悔(こうかい) 후회, 뉘우침
- □ 悔(や)む(くやむ) 후회하다, 애석하게 여기다
- □ 悔しい(くやしい) 분하다, 후회스럽다

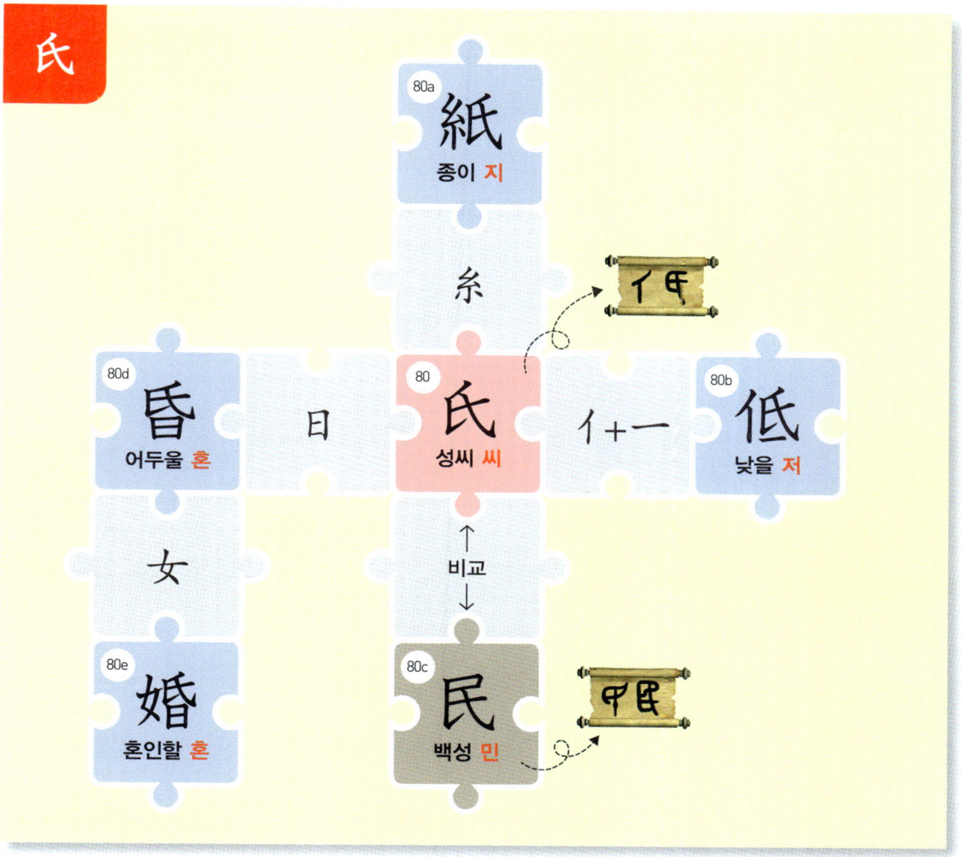

사람 | 명칭 | 생장 과정

氏

- 80a 紙 종이 지
- 糸
- 80d 昏 어두울 혼
- 日
- 80 氏 성씨 씨
- 亻+一
- 80b 低 낮을 저
- 女
- ↕ 비교
- 80c 民 백성 민

80

氏
성씨 씨

음 し　훈 うじ

식물의 뿌리, 혹은 남자의 생식기를 본떠 만든 글자라는 설에서, 근본을 나타내는 **성씨**를 뜻하게 되었다.

- □ 氏族(しぞく) 씨족
- □ 氏(うじ) 성, 가문, 문벌
- □ 氏名(しめい) 씨명, 성명
- □ 氏神(うじがみ) 그 고장의 수호신

80a

紙 종이 지

- 음 し
- 훈 かみ

糸(し) 실 사 + 氏(し) 성씨 씨

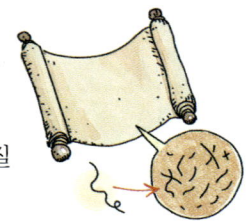

종이의 뿌리(氏)는 실(糸)이라는 뜻이다.
종이의 원료(氏)는 식물의 섬유질이며, 그 섬유질이 실(糸)로 구성되어 있음을 알려주는 글자이다.

- □ 紙幣(しへい) 지폐
- □ 白紙(はくし) 백지
- □ 用紙(ようし) 용지
- □ 油紙(あぶらがみ) 기름종이
- □ 手紙(てがみ) 편지, 서한
- □ 紙面(しめん) 지면
- □ 表紙(ひょうし) 표지
- □ 紙(かみ) 종이
- □ 色紙(いろがみ) 색종이

80b

低 낮을 저

- 음 てい
- 훈 ひくい・ひくめる・ひくまる

亻=人(じん・にん) 사람 인 + 氐(てい) 근본 저

근본이란 가장 아래에 있는 본바탕이라는 뜻에서 지위가 아래(氐)에 있는 **낮은** 사람(人)을 뜻한다.

> 근본을 의미하는 氏자가 '성씨'의 뜻으로 사용되자, 글자의 밑 부분에 점(丶)을 더하여 근본을 강조하는 氐자를 만들었다.

- □ 最低(さいてい) 최저, 최하
- □ 低温(ていおん) 저온
- □ 低速(ていそく) 저속
- □ 低める(ひくめる) 낮추다, 낮게 하다
- □ 低圧(ていあつ) 저압
- □ 低下(ていか) 저하
- □ 低い(ひくい) 낮다, 작다, 짧다
- □ 低まる(ひくまる) 낮아지다

사람 | 명칭 | 생장 과정

80c 民

民 백성 민

- 음: みん
- 훈: たみ

전쟁 포로를 종으로 삼기 위해 뾰족한 창(矛)으로 한쪽 눈(目)을 찔러 멀게 만드는 모습에서 '노예'를 의미하였던 것이 점차 **백성**의 뜻으로 변하였다.

> 옛 글자를 보면 뾰족한 창(矛)으로 눈(目)을 찌르는 모습임을 알 수 있다. 民자의 부수자가 氏자이기 때문에 여기에서 다루고 있을 뿐 서로 아무런 관련이 없다.

- 国民(こくみん) 국민
- 住民(じゅうみん) 주민
- 民族(みんぞく) 민족
- 市民(しみん) 시민
- 民営(みんえい) 민영
- 民(たみ) 백성, 국민, 신민

80d 昏

昏 어두울 혼

- 음: こん

氏(し) 성씨 씨 + 日(にち・じつ) 날 일

태양(日)이 나무뿌리(氏)처럼 땅속으로 파고 들어간 모습에서 **어둡다**, **해가 저물다**는 뜻이 파생되었다.

- 黄昏(こうこん・たそがれ) 황혼
- 昏絶(こんぜつ) 혼절
- 昏睡(こんすい) 혼수

80e 婚

婚 혼인할 혼

- 음: こん

女(じょ・にょ・にょう) 여자 녀 + 昏(こん) 어두울 혼

해가 지고 어두컴컴해질(昏) 무렵 신부(女)를 맞이하여 **혼례**를 올리던 중국의 풍습이 반영된 글자이다.

- 結婚(けっこん) 결혼
- 新婚(しんこん) 신혼
- 離婚(りこん) 이혼
- 婚約(こんやく) 약혼
- 未婚(みこん) 미혼 ↔ 既婚(きこん) 기혼

81

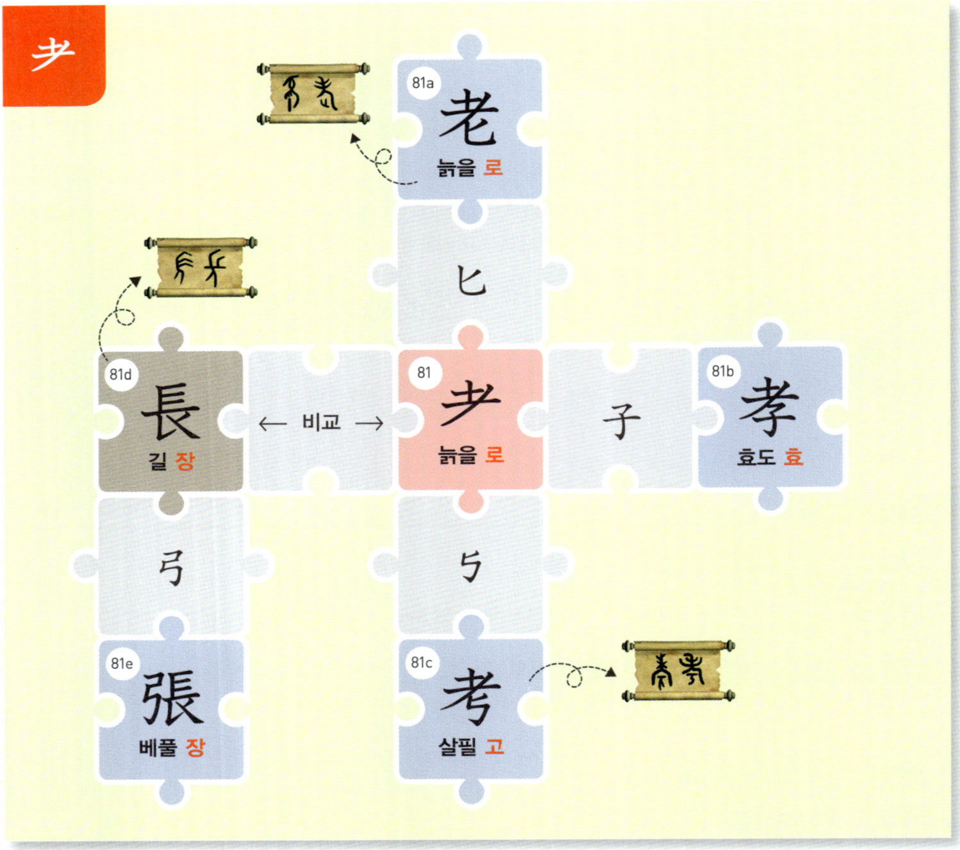

	老 늙을 로	
	匕	
長 길 장	← 비교 → 耂 늙을 로	子 孝 효도 효
弓	丂	
張 베풀 장	考 살필 고	

81

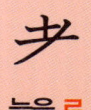
늙을 로

음 ろう

ー + 土 耂

긴 머리카락(丿)을 휘날리며 등이 굽은 **늙은** 노인이 지팡이로 땅(土)을 짚고 서 있는 모습을 본떠 만든 글자이다.

| 老자와 동일하며 다른 글자와 합쳐질 때에는 耂자의 형태로 많이 쓰인다.

사람 | 명칭 | 생장 과정

81a

늙을 로

음 ろう　훈 おいる・ふける

耂(ろう) 늙을로 ＋ 匕(ひ) 숟가락 비

耂자가 단독 사용을 하지 못하자 **늙은** 노인을 뜻하는 匕자를 더하여 **늙다**는 뜻을 더 분명히 하였다.

匕자의 갑골문자는 좌우가 바뀐 사람(人)의 모습으로, 노약자나 힘없는 노인을 가리키는 글자로도 이해할 수 있다.

- 老化(ろうか) 노화
- 老後(ろうご) 노후
- 老人(ろうじん) 노인
- 老年(ろうねん) 노년
- 老いる(おいる) 늙다, 노쇠하다
- 老ける(ふける) 나이를 먹다, 늙다
- 老舗(しにせ) 노포, 대를 이어 내려오는 신용과 격식이 있는 가게

81b

효도 효

음 こう

耂(ろう) 늙을로 ＋ 子(し・す) 아들 자

거동이 불편한 늙으신(耂) 부모님을 자식(子)이 업고 있는 모습에서 **효도**라는 뜻이 파생되었다.

- 孝行(こうこう) 효행, 효도
- 孝子(こうし) 효자 ☞ 孝女(こうじょ) 효녀
- 孝心(こうしん) 효심
- 不孝(ふこう) 불효

81c

살필 고

음 こう　훈 かんがえる

耂(ろう) 늙을로 ＋ 丂(지팡이의 모양)

늙은(耂) 노인이 지팡이(丂)로 두드려 안전한지 미리 **살피고** 걸음을 내딛는 모습에서 **시험하다**, **고려하다**, **조사하다**는 의미가 생겨났다.

- 考案(こうあん) 고안
- 参考(さんこう) 참고
- 思考(しこう) 사고
- 考える(かんがえる) 생각하다, 고안하다
- 考え方(かんがえかた) 사고방식

81d

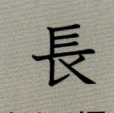

길 장, 어른 장

음 ちょう　훈 ながい

長長長長長長長長

老자와 마찬가지로 長자도 긴 머리카락을 휘날리는 노인이 지팡이를 짚고 있는 모습을 본떠 만든 글자이다. 老자가 늙었다는 뜻으로 발전한 반면, 長자는 **연장자**, **길다**의 의미로 발전하였다.

- 延長(えんちょう) 연장
- 社長(しゃちょう) 사장 ☞ 取締役(とりしまりやく) 이사, 部長(ぶちょう) 부장, 課長(かちょう) 과장, 代理(だいり) 대리
- 成長(せいちょう) 성장
- 長距離(ちょうきょり) 장거리
- 長方形(ちょうほうけい) 직사각형
- 長生き(ながいき) 장수
- 長期(ちょうき) 장기 ↔ 短期(たんき) 단기
- 長所(ちょうしょ) 장점 ↔ 短所(たんしょ) 단점
- 長い(ながい) 길다, (세월・시간이) 오래다
- 長年(ながねん) 긴 세월, 여러 해, 오랜 기간

81e

베풀 장

음 ちょう　훈 はる

弓(きゅう) 활궁 ＋ 長(ちょう) 길장

張張張張張張張張張張張

화살을 쏘기 위해 활(弓)과 활시위를 잡은 손을 길게(長) 벌려 팽팽하게 당긴 모습에서 **넓히다**, **과장하다**는 의미가 생겨났다.

- 拡張(かくちょう) 확장
- 主張(しゅちょう) 주장
- 張る(はる) 뻗다, 뻗어나다, 펴다, 뻗치다
- 頑張りや(がんばりや) 어떤 난관에도 굴하지 않고 끝까지 노력하는 사람
- 欲張り(よくばり) 욕심이 많음, 욕심꾸러기
- 緊張(きんちょう) 긴장
- 出張(しゅっちょう) 출장
- 誇張(こちょう) 과장
- 膨張(ぼうちょう) 팽창

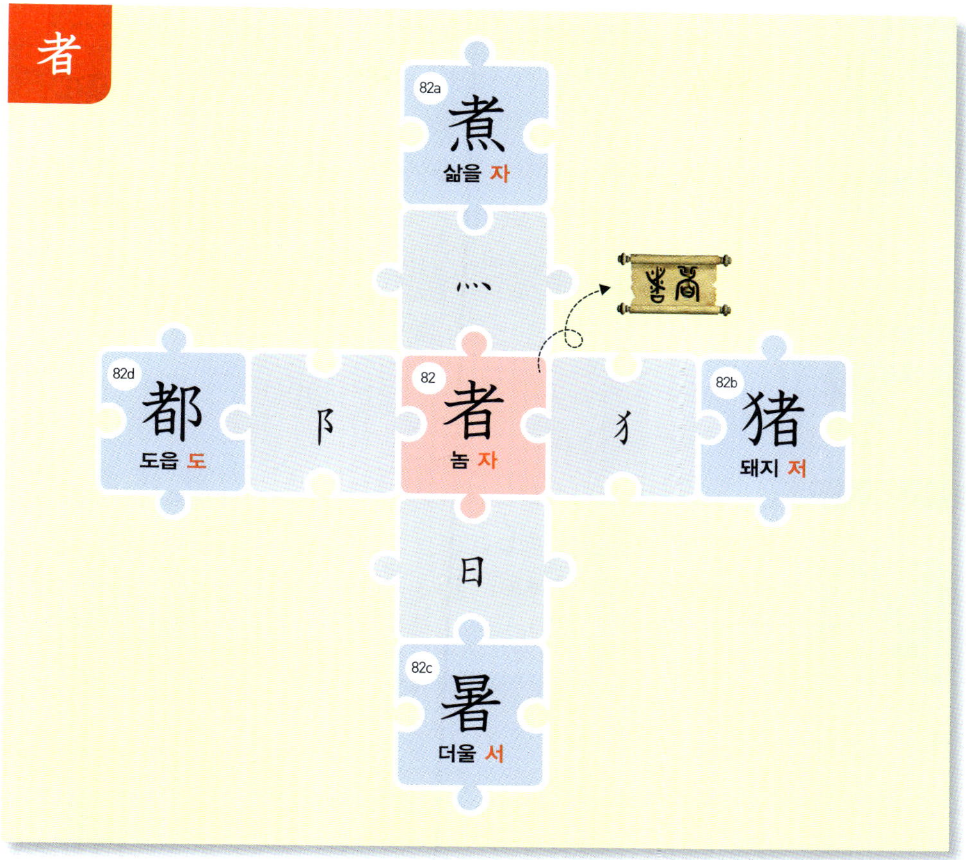

사람 | 명칭 | 생장 과정

者

82a 煮 삶을 자
82d 都 도읍 도
82 者 놈 자
82b 猪 돼지 저
82c 暑 더울 서

82

82　者者者者者者者者

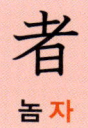
놈 자

음 しゃ　훈 もの

者자는 금문을 보면 솥에 음식을 익히고 있는 모습으로, 耂(로 늙을 로)자와는 아무런 관련이 없다. 동물들 중 사람만이 음식을 익혀 먹는다는 뜻이다.

| 우리 者자의 일본식 한자로, 우리보다 1획이 적다.

- 患者(かんじゃ) 환자
- 記者(きしゃ) 기자
- 役者(やくしゃ) 배우
- 者(もの) 자, 사람
- 若者(わかもの) 젊은이
- 悪者(わるもの) 악인, 나쁜 놈

82a

煮 煮 煮 煮 煮 者 者 者 煮 煮 煮

煮
삶을 자

- 음 しゃ
- 훈 にる・にえる

者(しゃ) 놈 자 + 灬=火(か) 불 화

'삶다'의 뜻을 가진 者자가 '사람'이라는 뜻으로 쓰이게 되자 불을 뜻하는 火자를 더하여 **삶다**는 의미를 되살렸다.

- □ 煮沸消毒(しゃふつしょうどく) 자비소독 : 끓는 물에 넣어 소독함
- □ 煮る(にる) 익히다, 삶다, 끓이다, 조리다
- □ 煮える(にえる) 삶아지다, 익다, 물이 끓다
- □ 煮物(にもの) 음식을 조림 또 그 음식

82b

猪 猪 猪 猪 猪 猪 猪 猪 猪 猪

猪
돼지 저

- 음 ちょ
- 훈 いのしし

犭=犬(けん) 개 견 + 者(しゃ) 놈 자

음식을 익혀 먹는 사람(者)에게 고기를 제공하는 동물(犬)이라는 의미에서 **돼지**를 뜻하게 되었다. 돼지가 사람에게 단백질 공급원으로서 얼마나 오랫동안 함께했는지를 알 수 있다.

- □ 猪口(ちょこ・ちょく) 도자기로 된 작은 술잔
- □ 猪突(ちょとつ) 저돌
- □ 猪(いのしし) 멧돼지

82c

暑 暑 暑 暑 暑 暑 暑 暑 暑 暑 暑

暑
더울 서

- 음 しょ
- 훈 あつい

日(にち・じつ) 날 일 + 者(しゃ) 놈 자

음식을 삶을(者) 때의 열기와 태양(日)의 열기를 합하여 **덥다**는 뜻의 글자를 만들었다.

| 우리 暑자의 일본식 한자이다.

사람 | 명칭 | 생장 과정

- 酷暑(こくしょ) 혹서
- 残暑(ざんしょ) 잔서, 늦더위 ☞ 残暑見舞い(ざんしょみまい) 늦더위 문안 인사
- 暑中(しょちゅう) 서중, 삼복 때 ☞ 일본인들은 이 시기에 친지나 주변 사람들에게 안부를 묻는 편지나 엽서를 보내는데 이를 暑中見舞い(しょちゅうみまい, 복중 문안 인사)라고 한다.
- 避暑(ひしょ) 피서
- 猛暑(もうしょ) 맹서, 심한 더위
- 暑い(あつい) 덥다 ↔ 寒い(さむい) 춥다
- 暑さ(あつさ) 더위

82d

都 도읍 도

음 と・つ　훈 みやこ

者(しゃ) 놈 자 + 阝→邑(ゆう) 고을 읍

음식을 익혀 먹는 사람(者)들이 많이 모여 사는 마을(邑)이란 뜻이다. 사람이 많이 모여 있는 마을은 대도시로 여기에서 **수도**라는 뜻이 파생되었다.

- 우리 都자의 일본식 한자이다.
- 阝(ふ 언덕 부)가 글자의 오른 편에 오면 고을(邑)의 뜻을 갖는다.

- 都営(とえい) 도영, 도쿄도가 운영하거나 관리하는 사업이나 시설
- 首都(しゅと) 수도
- 都市(とし) 도시
- 都合(つごう) 사정, 형편, 변통
- 都度(つど) 때마다
- 都(みやこ) 서울, 수도, 도회지

82

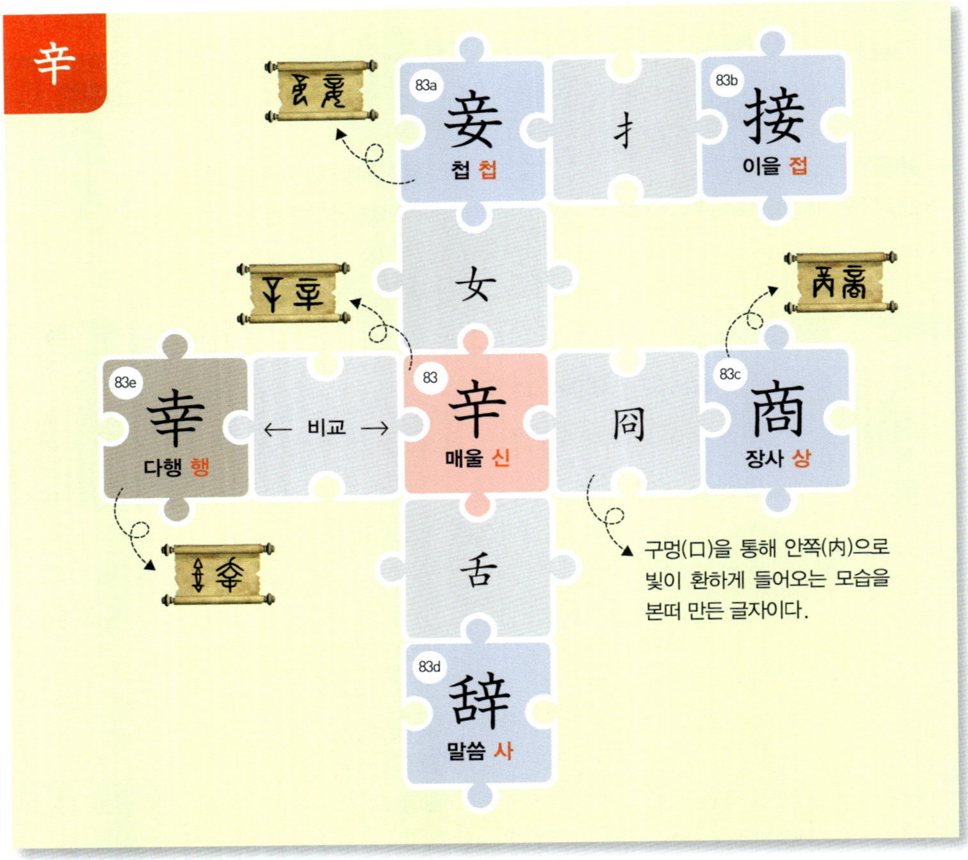

사람 | 명칭 | 신분

辛

	83a 妾 첩 **첩**	扌	83b 接 이을 **접**
	女		
83e 幸 다행 **행** ← 비교 →	83 辛 매울 **신**	囧	83c 商 장사 **상**
	舌		
	83d 辭 말씀 **사**		

구멍(口)을 통해 안쪽(內)으로 빛이 환하게 들어오는 모습을 본떠 만든 글자이다.

辛 辛 辛 辛 辛 辛 辛

83

매울 **신**

음 しん　**훈** からい・つらい

문신을 새기거나 사람을 고문할 때 사용하던 송곳 같은 날카로운 도구 또는 형구의 모습을 본떠 만든 글자로 고문을 당할 때의 **고통**을 의미한다. 또한 고통스러운 맛이라는 의미에서 **맵다**는 뜻도 갖게 되었다.

| 매운맛은 혀가 아니라 통증을 느끼는 통각세포에서 감지한다고 한다.

☐ **香辛料**(こうしんりょう) 향신료　　☐ **辛抱**(しんぼう) 참고 견딤

사람 | 명칭 | 신분

- 辛い(からい) 맵다, 얼얼하다, 괴롭다
- 辛い(つらい) 고통스럽다, 괴롭다, 모질다
- 辛口(からくち) 술이 달지 않고 쌉쌀한 것, 단맛보다 매운맛을 좋아하는 것 또 그런 사람
  - ↔ 甘口(あまくち) 단맛이 남 또 그런 것, 단맛을 좋아함 또 그런 사람

83a

妾妾妾妾妾妾妾妾

妾 첩 **첩**

- 음 しょう
- 훈 めかけ

立→辛(しん) 매울 신 + 女(じょ・にょ・にょう) 여자 녀

여자(女)를 종이나 **첩**으로 삼기 위해 송곳(辛)으로 이마에 문신을 새기는 모습이다. 옛날 포로로 잡아온 여자(女)나 사형을 당한 죄인의 처나 딸의 이마에 송곳(辛)으로 문신을 새겨 종이나 첩으로 삼던 중국의 풍습을 알 수 있다.

- 愛妾(あいしょう) 애첩
- 妻妾(さいしょう) 처첩
- 妾(めかけ) 첩

83b

接接接接接接接接接接

接 이을 **접**

- 음 せつ
- 훈 つぐ

扌=手(しゅ) 손 수 + 妾(しょう) 첩 첩

첩(妾)을 손(手)으로 희롱하는 장면으로, 첩이 낳은 자식으로 대를 **잇다**는 의미와 첩의 시중을 받다는 의미를 가지고 있다.

- 間接(かんせつ) 간접
- 接触(せっしょく) 접촉
- 接続(せつぞく) 접속
- 直接(ちょくせつ) 직접
- 面接(めんせつ) 면접
- 接ぐ(つぐ) 접목하다, 이어 붙이다

83c

商商商商商商商商商商

商 장사 **상**

- 음 しょう
- 훈 あきなう

立→辛(しん) 매울 신 + 冏(きょう・けい) 빛날 경

장사하는 사람들이 좋은 물건을 확보하기 위해 비유적으로 송곳(立→辛)으로 찔러 보이지 않는 곳까지 환하게(冏) 살펴보는 모습이다.

- 商業(しょうぎょう) 상업
- 商売(しょうばい) 장사
- 商店街(しょうてんがい) 상점가
- 商品(しょうひん) 상품
- 商人(しょうにん) 상인
- 商う(あきなう) 장사하다

83d

辞 말씀 사

- 음 じ
- 훈 やめる

舌(ぜつ) 혀 설 + 辛(しん) 매울 신

중요한 **말**(舌)을 송곳(辛)으로 점토판에 새기는 모습이다. 조리있는 말(辞)로 마지막을 장식한다는 의미에서 **그만두다**, **사절하다**는 뜻도 파생되었다.

우리 辭자의 일본식 한자이다. 양손(爪+又)으로 실패와 뜨개바늘(辛)을 잡고 옷감을 짜는 모습에서 헝클어진 실을 정리하여 옷감을 짜듯이 말을 조리있게 해야 함을 강조하고 있다.

- 辞書(じしょ) 사전
- 辞典(じてん) 사전
- 辞職(じしょく) 사직
- 辞任(じにん) 사임
- 辞退(じたい) 사퇴
- 辞表(じひょう) 사표
- 辞める(やめる) (일자리를) 그만두다, 사직하다

83e

幸 다행 행

- 음 こう
- 훈 さいわい・さち・しあわせ

양쪽 손목과 발목을 채우는 나무로 만든 차꼬의 모양을 본뜬 글자로, 현재 차꼬에 갇히지 않은 것만도 **다행**이라는 의미에서 **운이 좋다**는 뜻을 갖게 되었다.

옛날 통치자들이 백성들의 위에 군림하기 위해 형구로 백성들을 위협하던 시대적 배경에서 생겨난 의미라고 할 수 있다.

- 幸運(こううん) 행운
- 幸福(こうふく) 행복
- 幸い(さいわい) 다행, 행복
- 幸(さち) 산과 바다에서 얻은 음식물, 행운, 행복 ☞ 海の幸, 山の幸(うみのさち, やまのさち) 산해진미
- 幸せ(しあわせ) 운수, 운, 행운, 운이 좋음, 행복

사람 | 명칭 | 신분

士

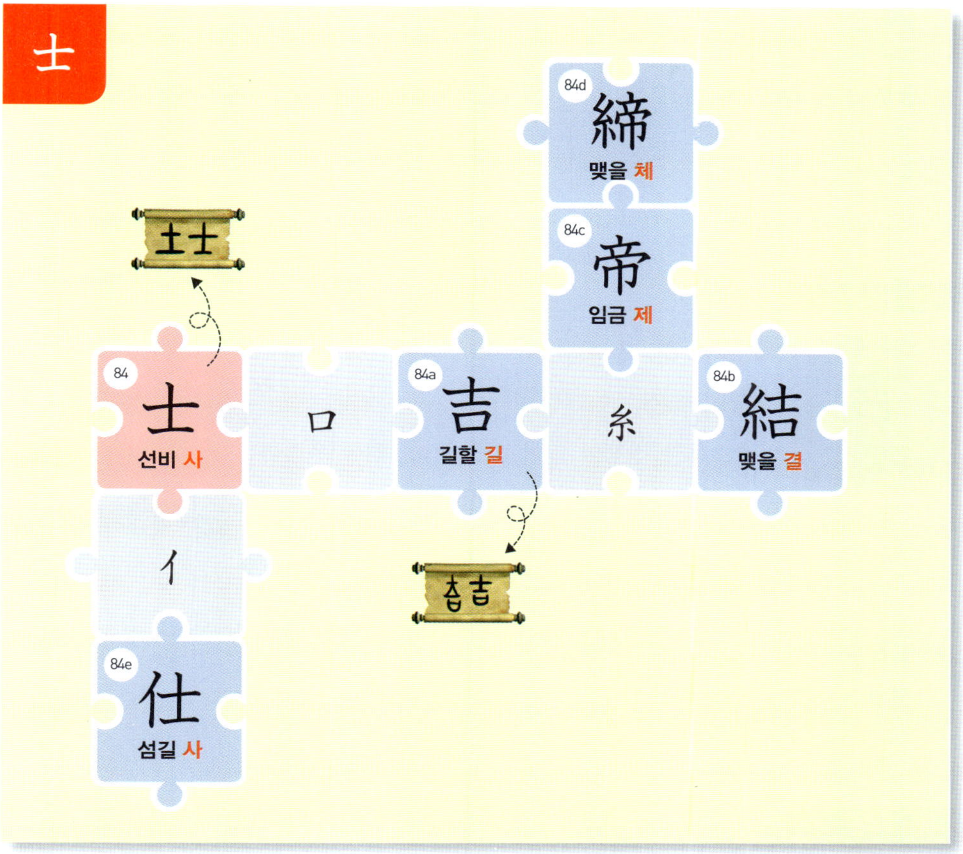

| 84d 締 맺을 체 |
| 84c 帝 임금 제 |

| 84 士 선비 사 | 口 | 84a 吉 길할 길 | 糸 | 84b 結 맺을 결 |

| 亻 |
| 84e 仕 섬길 사 |

84

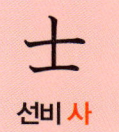
선비 사

음 ㅅ

권위를 상징하는 의장용 도끼(士)를 본떠 만든 글자이다. 도끼를 들고 있는 사람은 어느 정도의 권위를 가진 사람이므로 **무사**, **학식과 덕행이 높은 성인 남자**를 가리키는 뜻으로 발전하였다.

251

- 栄養士(えいようし) 영양사
- 会計士(かいけいし) 회계사
- 学士(がくし) 학사 ☞ 修士(しゅうし) 석사, 博士(はかせ) 박사
- 士気(しき) 사기
- 消防士(しょうぼうし) 소방사
- 武士(ぶし) 무사, 무인
- 弁護士(べんごし) 변호사
- 名士(めいし) 명사
- 力士(りきし) 스모 선수, 힘이 센 사람, 장사

84a

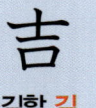
길할 길

음 きち・きつ

士(し) 선비 사 + 口(받침대 모양)

오랫동안 전쟁이 없어 받침대(口) 위에 올려놓은 도끼(士)가 방치되어 녹이 슬고 도끼 자루가 썩고 있는 모습에서 **길하다, 행운이다**라는 뜻이 파생되었다.

- 吉日(きちじつ) 길일
- 吉夢(きちむ) 길몽
- 大吉(だいきち) 대길
- 吉凶(きっきょう) 길흉
- 不吉(ふきつ) 불길

84b

맺을 결

음 けつ 훈 むすぶ・ゆう・ゆわえる

糸(し) 실 사 + 吉(きち・きつ) 길할 길

주변 국가나 이웃 부족과 전쟁을 하지 않기로 평화(吉) 조약을 맺는(糸) 모습에서 **맺다, 매다, 묶다**라는 뜻이 파생되었다.

| 糸자가 묶거나 이어주는 역할을 하고 있다.

- 完結(かんけつ) 완결
- 結果(けっか) 결과, 결실
- 結局(けっきょく) 결국
- 結婚(けっこん) 결혼
- 結成(けっせい) 결성
- 結論(けつろん) 결론
- 団結(だんけつ) 단결
- 結ぶ(むすぶ) 잇다, 매다, 묶다, 맺다
- 結う(ゆう) 매다, 묶다, 머리를 땋다
- 結わえる(ゆわえる) 매다, 묶다

사람 | 명칭 | 신분

84c

帝 帝 帝 帝 帝 帝 帝 帝

임금 제

음 てい

임금이 주관하는 제사를 올리기 위해 제단을 세우고 천으로 덮어 놓은 모습을 본떠 만든 글자이다.

| 갑골문자는 나무기둥을 X자로 엮어 만든 모습으로, 천제를 위한 특별한 제단으로 보여진다.

- 皇帝(こうてい) 황제
- 帝王(ていおう) 제왕
- 帝国(ていこく) 제국

84d

締 締 締 締 締 締 締 締 締 締 締 締 締

맺을 체

음 てい **훈** し(ま)る・しめる

糸(し) 실 사 + 帝(てい) 임금 제

왕(帝)이 이웃 나라와 평화조약을 맺는(糸) 모습에서 **맺다**라는 뜻이 파생되었다.

| 평화조약과 같이 중대한 사안의 결정은 임금(帝)과 같은 최고 권력자가 하는 일이었다.

- 締結(ていけつ) 체결
- 締約(ていやく) 체약
- 締(し)まる 단단히 죄이다(매어지다), 긴장하다, 품행이 좋아지다, 절약하다
- 締める(しめる) 죄다, (바싹) 조르다, 졸라매다
- 締(め)切り(しめきり) 마감, 마감 날짜

84e

仕 仕 仕 仕 仕

섬길 사

음 し・じ **훈** つかえる

亻=人(じん・にん) 사람 인 + 士(し) 선비 사

벼슬에 오른 사람(人)이 의장용 도끼(士)를 소유한 모습에서 **섬기다**, **일하다**, **벼슬하다** 등의 뜻이 파생되었다.

- 仕上げ(しあげ) 마무리, 뒷마감
- 仕方(しかた) 하는 방법, 수단, 방식
- 仕組み(しくみ) 구조, 장치
- 仕事(しごと) 일, 직업, 업무
- 仕業(しわざ) 소행, 짓
- 給仕(きゅうじ) 급사
- 仕える(つかえる) 시중들다, 봉사하다, 섬기다

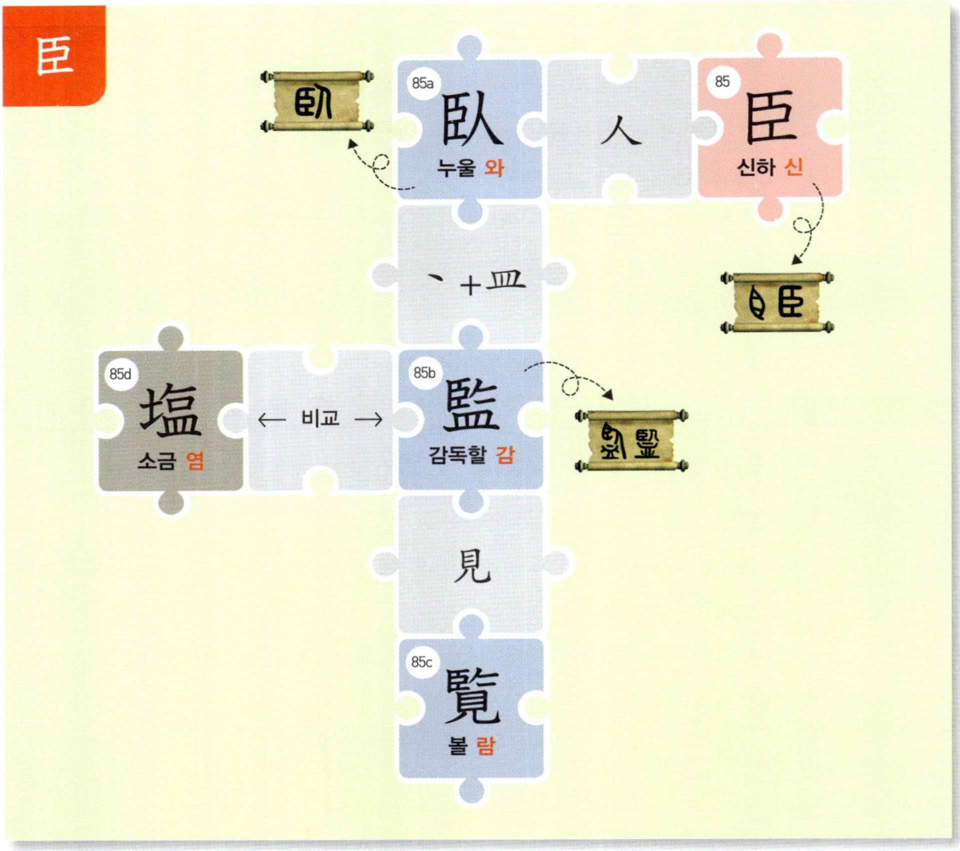

臣

臣 / 臣 (신하 신)

| 85a 臥 누울 와 | 人 | 85 臣 신하 신 |

(`丶` + 皿)

| 85d 塩 소금 염 | ← 비교 → | 85b 監 감독할 감 |

見

85c 覽 볼 람

85

臣 신하 신

음 しん・じん

긴장한 사람이 '눈을 크게 뜬 모습'을 옆에서 보고 묘사한 글자이다. 임금이 절대 권력을 가진 전제군주제 국가에서 **신하**들은 임금을 정면으로 볼 수 없었고, 또 **신하**들은 항상 긴장하고 임금의 안색을 살펴야 했으므로 '크게 뜬 눈'으로 묘사하였다.

- 大臣(だいじん) 대신, 장관 ☞ 内閣総理大臣(ないかくそうりだいじん) 내각총리대신
- 君臣(くんしん) 군신   臣下(しんか) 신하   忠臣(ちゅうしん) 충신

사람 | 명칭 | 신분

85a

臣 ← ← ← ← 臣 臣 臥 臥

臥
누울 **와**

음 が

臣(しん・じん) 신하 신 ＋ 人(じん・にん) 사람 인

사람(人)이 **누워서** 자는 모습을 묘사하기 위해 눈을 크게 뜬 모습을 본떠 만든 臣자를 더하였다.

- 臥薪嘗胆(がしんしょうたん) 와신상담
- 臥竜(がりょう) 와룡

85b

丨 匚 臣 臣 臣 臣 臣 臣ˊ 臣ˊ 臣ˊ 監 監 監

監
감독할 **감**

음 かん

臣(しん・じん) 신하 신 ＋ 人(じん・にん) 사람 인 ＋ 丶(물의 모양) ＋ 皿(べい) 그릇 명

거울이 없던 시절에 물(丶)이 담긴 그릇(皿)에 자기 얼굴을 자세히 비춰 보는(臣) 사람(人)의 모습에서 **감독하다**는 뜻이 파생되었다.

크게 뜬 눈을 본떠 만든 臣자가 보는 역할을 담당하고 있다.

- 監禁(かんきん) 감금
- 監獄(かんごく) 감옥
- 監査(かんさ) 감사
- 監察(かんさつ) 감찰
- 監視(かんし) 감시
- 監督(かんとく) 감독

85

85c

覧 覧 覧 覧 覧 覧 覧 覧 覧 覧 覧 覧 覧 覧 覧 覧 覧

覽
볼 **람**

음 らん

監(かん) 감독할 감 ＋ 見(けん・げん) 볼 견

물에 비친(監) 자신을 자세히 들여다본(見) 후에야 비로소 다른 사람을 **두루 살펴보는** 모습이다.

우리 覽자의 일본식 한자이다. 覽자를 보면 監자와 見자가 합쳐진 글자임을 알 수 있다.

- 一覧(いちらん) 일람
- 閲覧(えつらん) 열람
- 回覧(かいらん) 회람
- 観覧(かんらん) 관람
- 展覧会(てんらんかい) 전람회
- 博覧会(はくらんかい) 박람회

85d

塩 塩 塩 塩 塩 塩 塩 塩 塩 塩 塩 塩

塩
소금 **염**

- 음 えん
- 훈 しお

土(ど・と) 흙 토 + 人(じん・にん) 사람 인 + 口→鹵(ろ) 소금 로 + 皿(べい) 그릇 명

흙(土)에서 채취한 귀중한 **암염**(鹵)을 사람(人)이 그릇(皿)에 담아 감시하는 모습이다.

> 우리 鹽자의 일본식 한자로, 황금과 같은 소금(鹵)을 감시(監)하는 모습이다. 고대 중국에서 소금은 화폐로 사용된 적이 있을 정도로 귀중하고 값비싼 것이었다.

- □ 塩田(えんでん) 염전
- □ 塩分(えんぶん) 염분
- □ 食塩(しょくえん) 식염
- □ 塩(しお) 소금
- □ 塩辛い(しおからい) 짜다

사람 | 명칭 | 신분

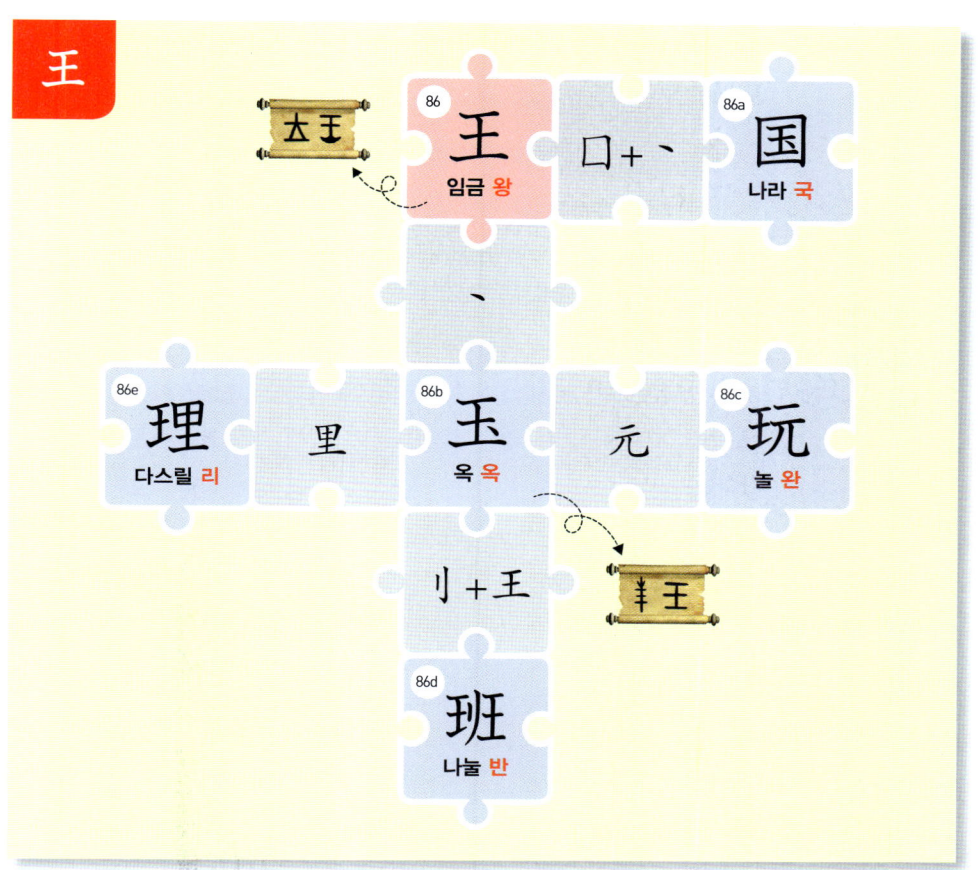

86

王 王 王 王

86

王
임금 **왕**

음 おう

권위를 상징하는 작은 도끼가 士(し 선비사)자로 발전하였다면, 王자는 큰 도끼를 본떠 만든 글자로, 가장 큰 권위를 지닌 **임금**을 뜻하게 되었다.

玉(구슬 옥)자가 다른 글자와 합쳐질 때는 대부분 王자 모양으로 변하므로 주의하자!

- 王様(おうさま) 임금님, 왕
- 王子(おうじ) 왕자 ☞ 王女(おうじょ) 공주, 王妃(おうひ) 왕비
- 王者(おうじゃ) 제왕, 제1인자, 왕도로 나라를 다스리는 사람
- 国王(こくおう) 국왕
- 三冠王(さんかんおう) 3관왕
- 女王(じょおう) 여왕

86a

国 国 国 冂 冃 国 国 国

나라 국

음 こく   **훈** くに

囗(い·こく) 에워쌀 위 + 王(おう) 임금 왕 + ヽ(국민을 의미)

왕(王), 백성(ヽ), 경계(囗)를 합하여 만든 글자로 **나라**를 의미한다. **나라**가 형성되기 위해서는 국민, 주권, 영토 이 세 가지 요소가 필요함을 잘 알려준다.

> 우리 國자의 일본식 한자로, 백성(口)과 영토(一)를 지키는 군인의 창(戈), 그리고 경계(囗)를 더한 글자이다.

- 外国人(がいこくじん) 외국인
- 帰国(きこく) 귀국
- 国際(こくさい) 국제
- 国産(こくさん) 국산
- 国民(こくみん) 국민
- 他国(たこく) 타국
- 天国(てんごく) 천국
- 万国(ばんこく) 만국, 세계 모든 나라
- 国(くに) 국가, 나라
- 北国(きたぐに) 북쪽에 위치한 나라, 북쪽 지방
- 島国(しまぐに) 섬나라
- 雪国(ゆきぐに) 눈이 많이 내리는 지방

86b

玉 玉 王 玉 玉

구슬 옥

음 ぎょく   **훈** たま

옥으로 만든 **구슬** 몇 개를 끈으로 꿰어(ヽ) 놓은 모습을 본떠 만든 글자이다.

> 다른 글자와 합쳐질 때에는 대부분 점(ヽ)이 없는 王자 형태로 바뀐다.

- 玉石(ぎょくせき) 옥석, 좋은 것과 나쁜 것, 가치 있는 것과 하찮은 것
- 宝玉(ほうぎょく) 보옥, 보석
- 玉(たま) 옥, 구슬, (둥근 모양의) 알
- 替え玉(かえだま) 대리, 대역
- 目玉(めだま) 눈알, 안구 ☞ 目玉焼き(めだまやき) 달걀프라이
- 水玉(みずたま) 물방울, 물방울무늬

86c

玩 놀 완

음 がん

王→玉(ぎょく) 구슬 옥 + 元(がん·げん) 으뜸 원

옥(玉)은 고대의 여자들이 **즐기는** 장신구들 중 으뜸(元) 가는 재료였다.

중국인들은 신석기 시대부터 옥을 가공하기 시작하였으며, BC 500년경부터 장신구를 만드는 재료로 사용되었다.

- 玩具(がんぐ) 완구, 장난감 ☞ お玩具(おもちゃ)라고도 읽는다.
- 食玩(しょくがん) 과자나 음료의 덤으로 주는 장난감 ☞ 食品玩具(しょくひんがんぐ)의 준말

86d

班 나눌 반

음 はん

王→玉(ぎょく) 구슬 옥 + リ=刀(とう) 칼 도 + 王→玉(ぎょく) 구슬 옥

칼(刀)로 옥(玉)을 쪼개어 반으로 나눈 모습에서, 업무나 학습의 목적을 위해 조직을 나누어 편성하는 **반**, **배분하다**는 뜻이 파생되었다.

- 班(はん) 반, 조, (접미어로 쓰이어) 수나 순서를 나타냄
- 首班(しゅはん) 수반, 수석, 내각총리대신   捜査班(そうさはん) 수사반

86e

理 다스릴 리

음 り

王→玉(ぎょく) 구슬 옥 + 里(り) 마을 리

숙련된 마을(里) 기술자들이 옥(玉)을 분류하고 가공하여 장신구를 만드는 모습에서 **다스리다**, **도리**, **이치** 등의 뜻이 파생되었다.

아무리 옥(玉)이 많이 나는 마을(里)이라도 옥의 흠을 잘 다스려 가공하는 것이 이치에 맞다라고 생각하면 기억하기 쉽다.

- 修理(しゅうり) 수리
- 無理(むり) 무리
- 理想(りそう) 이상
- 整理(せいり) 정리
- 理解(りかい) 이해
- 理由(りゆう) 이유, 까닭
- 地理(ちり) 지리
- 理性(りせい) 이성
- 料理(りょうり) 요리

전쟁(87~100)

고대인들의 삶에 가장 강력한 영향을 주었던 것은 생존이 걸린 전쟁이었을 것이다.

1. 전쟁을 수행하기 위해서 필요한 것 중 하나는 무기이다. 활, 창, 도끼, 칼, 방패를 본떠 만든 기본 한자에 대해서 알아보자.
2. 원활한 물자 지원 없이 전쟁에서 이길 수는 없다. 운송 수단인 수레와 배를 의미하는 기본 한자들이 어떻게 발전해 나가는지 살펴보자.
3. 고대에는 전쟁에 나갈 때에는 반드시 신에게 의식을 올렸다. 제단에서 제사를 드리는 행위와 점을 치는 행위를 나타내는 기본 한자들이 흥미를 더할 것이다.

삶 (87~133)

필수품(101~119)

동서고금을 막론하고 사람이 삶을 살아가는데 가장 필수적인 세 가지 요소는 '의·식·주'이다.

1. 필수품인 옷을 만들기 위해서는 천이 있어야 하고, 천을 만들기 위해서는 실이 필요한 이런 일련의 과정이 기본 한자에 나타나 있다. 또 천을 염색해 옷을 지어 입었으므로 색을 나타내는 글자들도 살펴보게 될 것이다.
2. 밥그릇에 덮개가 덮힌 모습의 食자부터 주식인 쌀, 쌀을 도정하기 전의 벼, 중국음식에 많이 사용되는 콩에 이르기까지 음식과 관련된 기본 한자를 알 수 있다.
3. 집의 형태에 따라 생성된 한자, 문의 모양에 따라 만들어진 한자, 경사진 절벽에 굴을 파고 살았던 것에 기인한 언덕과 관련된 한자 등 사람들의 주거 형태와 관련된 한자에 대해 생각해 보자.

농업(직업)(120~133)

농업은 생존에 가장 기본적으로 필요한 식량을 생산하는 직업으로, 인류의 발전 과정에서 떼놓을 수 없는 관계를 형성해 왔다.

1. 농업의 바탕이라 할 수 있는 농경지와 그와 관련된 흙과 밭, 그리고 고대에는 산림이나 초원을 불태워 농경지로 만들었으므로 불과 관련된 글자도 여기에서 다룬다.
2. 농사를 짓기 위해서는 밭을 가는 쟁기와 같은 농기구가 필요하였다.
3. 농산물을 수확하면 그것을 담는 용기가 필요하다. 술병, 계량용기, 그물, 망태기, 덮개 등과 관련된 다양한 기본 한자들을 학습할 수 있다.

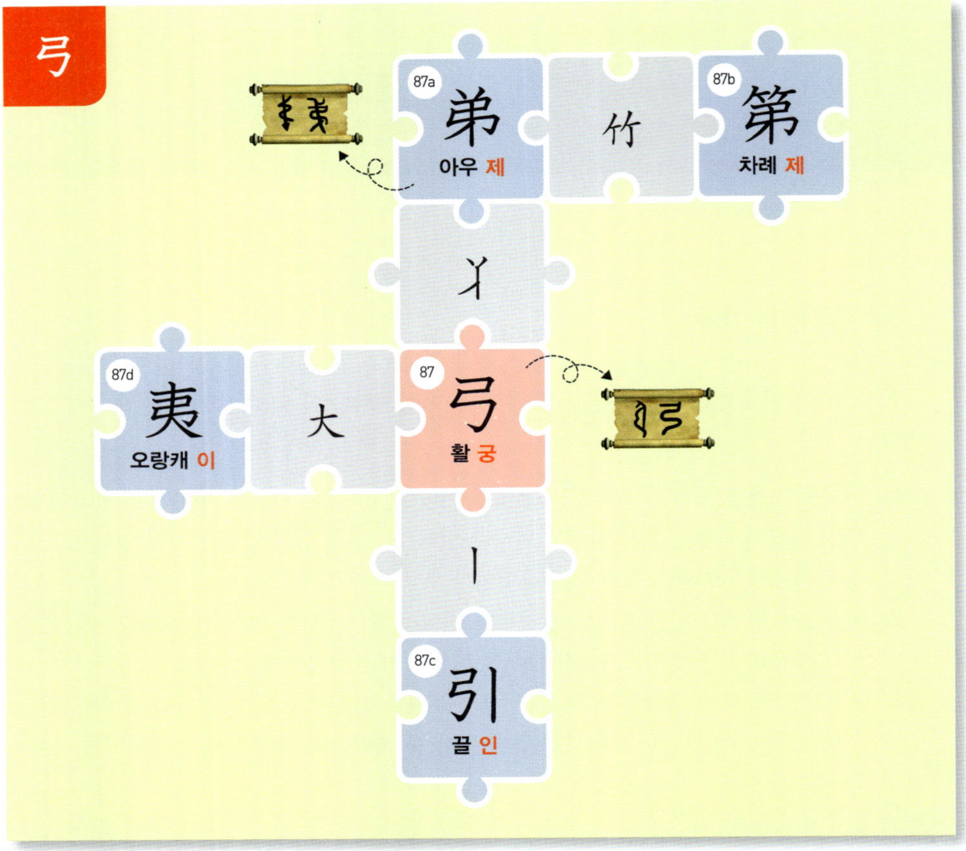

삶 | 전쟁 | 무기

弓

| 87a 弟 아우 제 | 竹 | 87b 第 차례 제 |

亻

| 87d 夷 오랑캐 이 | 大 | 87 弓 활 궁 |

ㅣ

87c 引 끌 인

弓 弓 弓

87

弓 활 궁

음 きゅう　훈 ゆみ

등이 둥글게 굽은 **활** 모양을 본떠 만든 글자이다. **활**은 고대 최고의 공격용 무기 중 하나였다.

- 弓術(きゅうじゅつ) 궁술
- 弓道(きゅうどう) 궁도
- 洋弓(ようきゅう) 양궁
- 弓(ゆみ) 활, 궁술
- 弓矢(ゆみや) 활과 화살
- 弓弦(ゆみづる) 활시위

87a

아우 제

음 てい・だい・で　훈 おとうと

弓(나선형으로 감긴 모습) + ㄨ→戈(か) 창 과

창(戈)에 가죽끈이 나선형(弓)으로 순서에 맞게 잘 감겨 있는 모습을 본떠 만든 글자로, 순서 특히 출생 순서가 느린 쪽을 나타내는 데서 **아우**라는 뜻이 파생되었다.

금문에서는 창(戈)에 나선형(弓)으로 줄이 칭칭 감겨 있는 모습을 볼 수 있는데, 弟자에 들어 있는 弓자는 나선형을 나타내는 것으로 활을 뜻하는 것이 아니다.

- 師弟(してい) 사제
- 弟妹(ていまい) 남동생과 여동생
- 弟子(でし) 제자
- 姉弟(してい) 누나와 남동생
- 兄弟(きょうだい) 형제, 동기
- 弟(おとうと) 남동생

87b

차례 제

음 だい

竹(ちく) 대 죽 + 弟(てい・だい・で) 아우 제

가죽끈이 나선형으로 순차적으로 감겨 있는 모습을 본떠 만들어진 弟자가 '아우'의 뜻으로 사용되자, 일정한 간격으로 마디가 있는 대나무(竹)를 더하여 **차례**라는 의미를 되살렸다. 수사의 앞에 붙어 **서수를 나타내는 접두사**로도 사용된다.

- 次第(しだい) 순서, 점점, 차츰차츰, 형편, 사정
- 第一印象(だいいちいんしょう) 첫인상
- 第二新卒(だいにしんそつ) 졸업 후 취직한 회사를 단기간에 퇴사한 사람
- 落第(らくだい) 낙제

87c

引 끌 인

- 음: いん
- 훈: ひく・ひける

弓(きゅう) 활궁 + ㅣ(활시위의 모양)

활(弓)의 시위(ㅣ)를 잡아당기는 모습에서 **끌다, 당기다**라는 뜻이 파생되었다.

- □ 引退(いんたい) 은퇴
- □ 引力(いんりょく) 인력
- □ 索引(さくいん) 색인
- □ 引ける(ひける) 파하다, 기가 죽다, 열등감이 들다
- □ 引きこもり(ひきこもり) 은둔형 외톨이
- □ 引用(いんよう) 인용
- □ 強引(ごういん) 강제, 강행
- □ 引く(ひく) 끌다, 당기다, 빼다
- □ 字引(じびき) 자전, 옥편, 사전
- □ 割引(わりびき) 할인

87d

 오랑캐 이

- 음: い

弓(きゅう) 활궁 + 大(だい・たい) 큰대

중국 **동쪽의 이민족**을 의미하는 글자로, 활(弓)을 잘 쏘는 사람(大)이라는 뜻이다. 흥미롭게도 기원전 1세기경 중국 동쪽에 세워진 고구려는 활(弓)을 잘 쏘는 기마 민족(大)으로 알려져 있다.

> 고구려의 시조인 주몽의 이름을 글자 그대로 풀이하면 '활(弓)을 잘 쏘는 사람(大)'이란 의미이다.

- □ 攘夷(じょうい) 양이
- □ 焼夷弾(しょういだん) 소이탄

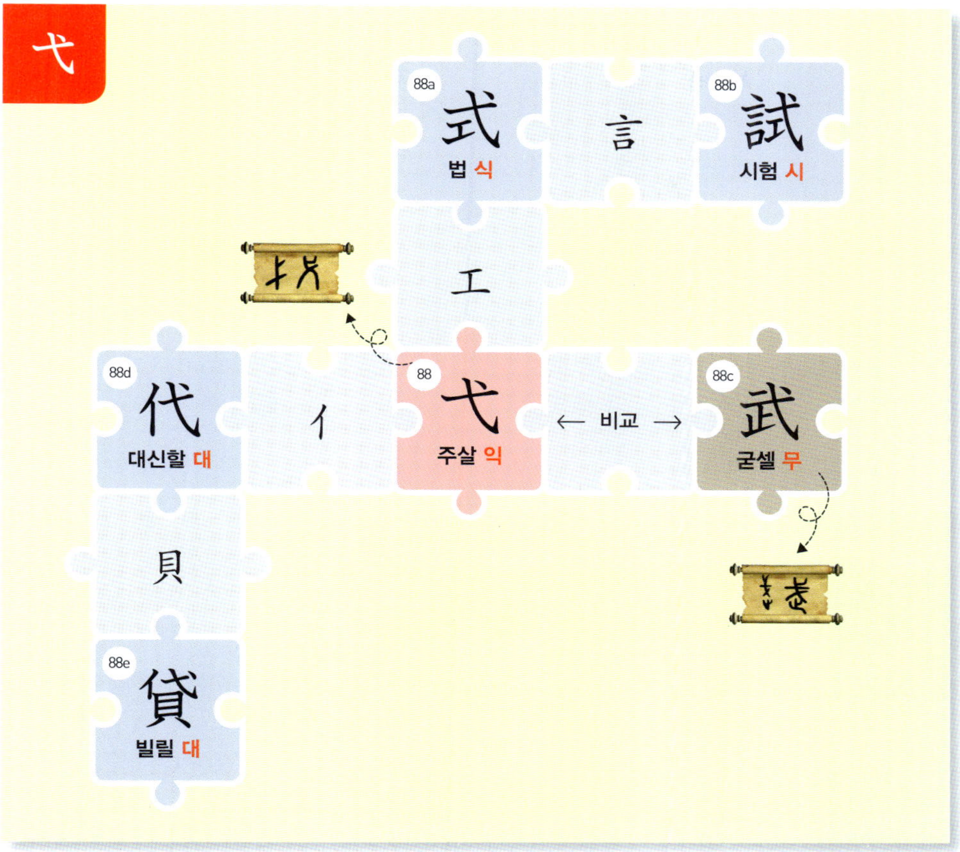

삶 | 전쟁 | 무기

弋

| 88a 式 법 식 | 言 | 88b 試 시험 시 |

工

| 88d 代 대신할 대 | 亻 | 88 弋 주살 익 | ← 비교 → | 88c 武 굳셀 무 |

貝

88e 貸 빌릴 대

88

주살 익

음 よく

화살의 오늬와 활의 시위를 긴 줄로 연결하여 반복적으로 사용할 수 있도록 만든 연습용 화살인 **주살**을 본떠 만든 글자이다.

| 오늬는 화살의 머리를 활시위에 끼도록 도려낸 부분을 말한다.

265

88a

式 법 **식**

- 음: しき
- 弋(よく) 주살 익 + 工(こう・く) 장인 공

연습용 화살인 주살(弋)을 도구(工)를 사용해서 만든다는 뜻이다. 연습용 화살도 실전용 화살을 만드는 것처럼 정해진 **방식** 그대로 만들어야 한다는 의미이다.

- 形式(けいしき) 형식
- 正式(せいしき) 정식
- 方式(ほうしき) 방식
- 公式(こうしき) 공식, 공적으로 정한 방식
- 卒業式(そつぎょうしき) 졸업식 ↔ 入学式(にゅうがくしき) 입학식
- 様式(ようしき) 양식
- 儀式(ぎしき) 의식

88b

試 시험 **시**

- 음: し
- 훈: こころみる・ためす
- 言(げん・ごん) 말씀 언 + 式(しき) 법식

시험은 정해진 방식(式)에 따라 바르게 설명(言) 할 수 있는지를 검증하는 일이다.

- 試合(しあい) 시합, 경기
- 試写会(ししゃかい) 시사회
- 試みる(こころみる) 시험해 보다, 시도해 보다
- 試飲(しいん) 시음
- 試食(ししょく) 시식
- 試験(しけん) 시험
- 入試(にゅうし) 입시
- 試す(ためす) 시험하다

88c

武 굳셀 **무**

- 음: ぶ・む

창(戈)을 들고 전쟁터로 향하는 발(止)이란 뜻으로, 무기를 들고 전쟁터로 향하는 **군인**의 **용맹함**을 묘사하고 있다.

- 武器(ぶき) 무기
- 武力(ぶりょく) 무력
- 武道(むしゃ) 무사

삶 | 전쟁 | 무기

88d 代　代 代 代 代 代

대신할 대

음 だい・たい　훈 か(わ)る・かえる・よ・しろ

亻＝人(じん・にん) 사람 인 ＋ 弋(よく) 주살 익

실전용 화살을 **대신하여** 연습용 화살인 주살(弋)로 활쏘기 연습을 하는 사람(人)을 가리킨다. 또한 이전 시대를 다음 시대가 **대신한다**는 의미에서 **역사상의 시대**를 나타낼 때도 사용된다.

- 現代(げんだい) 현대 ☞ 古代(こだい) 고대, 近代(きんだい) 근대
- 時代(じだい) 시대
- 代表(だいひょう) 대표
- 代(わ)る(かわる) 대리하다, 대신하다
- 千代(ちよ) 천년, 영구, 영원
- 苗代(なわしろ) 못자리
- 世代(せだい) 세대
- 交代(こうたい) 교대
- 代える(かえる) 대신하다, 대리케 하다
- 代物(しろもの) 상품, 물건, 사람, 인물, 대금
- 身代金(みのしろきん) 몸값

88e 貸　貸 貸 貸 貸 代 代 伐 伐 伐 貸 貸

빌릴 대

음 たい　훈 かす

代(だい・たい) 대신할 대 ＋ 貝(はい・ばい) 조개 패

남에게 나의 돈(貝)을 대신(代) 쓰도록 하다는 뜻에서 **빌려주다**는 뜻이 파생되었다.

- 貸与(たいよ) 대여
- 貸す(かす) 빌려주다
- 貸(し)切り(かしきり) 전세
- 貸家(かしや・かしいえ) 셋집
- 賃貸(ちんたい) 임대
- 貸し借り(かしかり) 대차 : 빌려 주거나 빌려 옴
- 貸(し)出し(かしだし) 대출

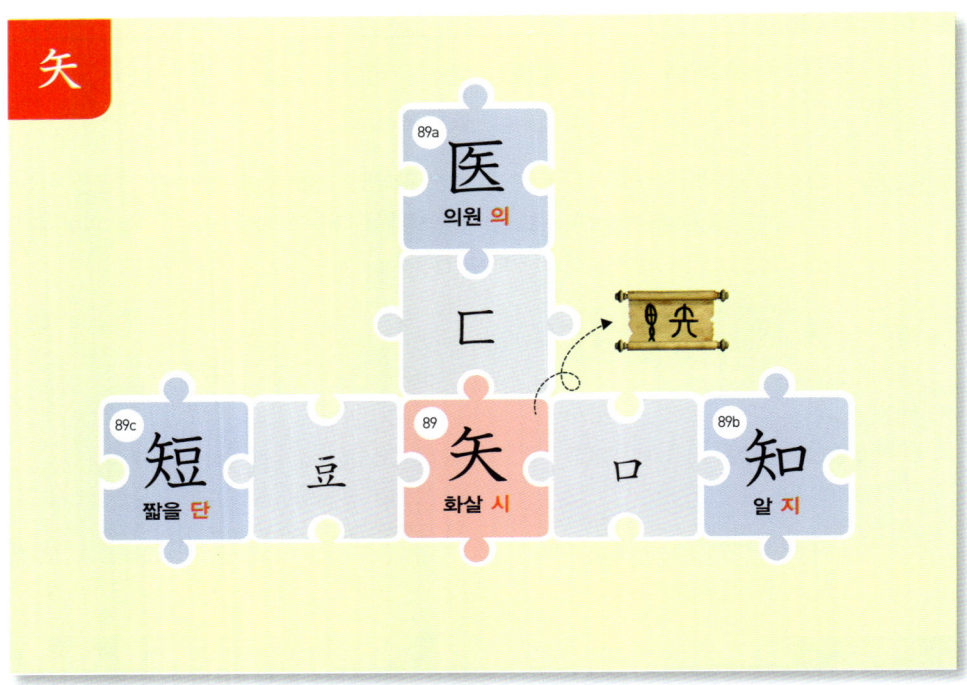

矢 矢 矢 矢 矢

89

화살 시

음 し　훈 や

화살촉과 화살대 그리고 오늬를 포함한 **화살**의 전체 모양을 본떠 만든 글자이다.

| 오늬는 화살의 머리를 활시위에 끼도록 도려낸 부분을 말한다.

- 一矢(いっし) 한 개의 화살
- 嚆矢(こうし) 효시
- 矢(や) 화살
- 毒矢(どくや) 독화살
- 矢先(やさき) 화살촉, 화살이 날아오는 정면, ~하려는 참
- 矢印(やじるし) 화살표

삶 | 전쟁 | 무기

89a

医医医医医医医

医 의원 의

음 い

匚(상처가 난 모양) + 矢(し) 화살 시

화살(矢)에 맞아 생긴 상처(匚)에 술을 부어 치료하는 장면에서 **의사**라는 뜻이 파생되었다.

> 우리 醫자의 일본식 한자이다. 醫자를 살펴보면 옛날에는 화살(矢)과 창(殳)에 맞아 생긴 상처(匚)에 술(酉)을 부어 소독하고 치료했던 것을 미루어 짐작할 수 있다.

- 医学(いがく) 의학
- 医師(いし) 의사
- 医者(いしゃ) 의사
- 医大(いだい) 의대 ☞ 医科大学(いかだいがく, 의과대학)의 준말
- 医療(いりょう) 의료

89b

知知知知知知知知

知 알 지

음 ち　훈 しる

矢(し) 화살 시 + 口(こう・く) 입 구

화살(矢)로 과녁을 정확하게 맞히듯이 어떤 사실에 관해 자세하게 입(口)으로 설명하는 모습에서 **알다**는 뜻이 파생되었다.

- 承知(しょうち) 알아들음, 동의
- 知恵(ちえ) 지혜
- 知識(ちしき) 지식
- 知能(ちのう) 지능
- 知る(しる) 알다
- 知(り)合い(しりあい) 아는 사이, 친지

89c

短短短短短短短短短短短短

短 짧을 단

음 たん　훈 みじかい

矢(し) 화살 시 + 豆(とう・ず) 콩 두

제기(豆)의 높이가 화살(矢)의 길이에 미치지 못한다는 의미에서 **짧다**는 뜻을 갖게 되었다.

> 豆자는 받침대가 높은 제기를 본떠 만든 글자이다.

- 短気(たんき) 성질이 급함
- 短縮(たんしゅく) 단축
- 短大(たんだい) 단기대학
- 短い(みじかい) 짧다, 부족하다
- 手短(てみじか) 간략함, 간단함

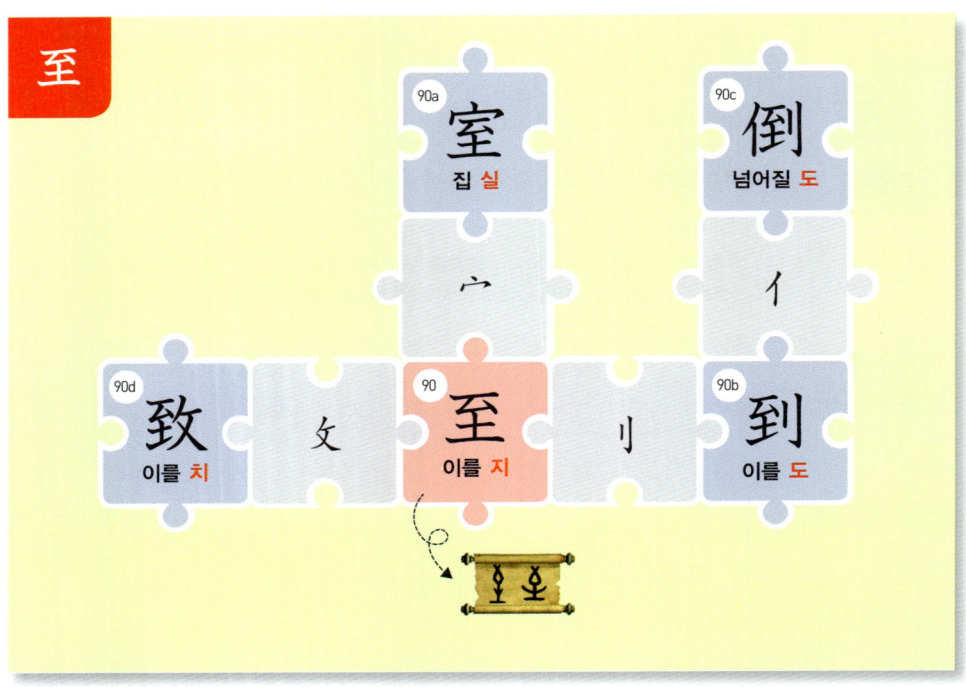

90

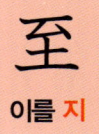

이를 지

음 し　훈 いたる

至至至至至至

화살(矢)이 날아와 땅(土)에 거꾸로 꽂힌 모습에서 화살이 땅에 닿았다 즉 **도달하다**는 뜻이 파생되었다.

신성시 여겨지는 화살(矢)을 쏘아서 그 화살이 날아가 꽂힌 자리(一)에 건물이나 제단을 세우던 중국의 옛날 풍습이 반영된 글자이다. 중국의 자금성도 그런 방식으로 위치를 정했다는 설이 있다.

- 夏至(げし) 하지 ☞ 冬至(とうじ) 동지
- 至極(しごく) 지극, 더 없음
- 至る(いたる) 이르다, 도달하다, 두루 미치다
- 至急(しきゅう) 지급, 매우 급함
- 至当(しとう) 지당

삶 | 전쟁 | 무기

90a

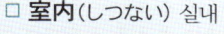

집 **실**

음 しつ　훈 むろ

宀(べん・めん) 집 면 ＋ 至(し) 이를 지

신성한 화살이 도달해(至) 꽂힌 자리에 집(宀)을 짓던 풍습에서 **집**, **방**이라는 뜻이 파생되었다. 또한 한 방에 함께 사는 사람이라는 의미에서 **아내**의 뜻도 갖게 되었다.

- 教室(きょうしつ) 교실
- 正室(せいしつ) 정실
- 和室(わしつ) 다다미를 깐 일본식 방 ▶
- 室町時代(むろまちじだい) 무로마치 시대 ☞ 무로마치 막부가 정권을 잡았던 1336년~1573년까지의 240년간
- 室内(しつない) 실내
- 病室(びょうしつ) 병실

90b

이를 **도**

음 とう

至(し) 이를 지 ＋ 刂=刀(とう) 칼 도

땅 위에 날아와 꽂힌 화살(至)과 칼(刀)로 전쟁을 묘사하고 있다. 칼(刀)로 무장하고 마침내 적진에 이르렀다(至)는 의미에서 **도달하다**, **도착하다**는 뜻이 파생되었다.

- 殺到(さっとう) 쇄도
- 到着(とうちゃく) 도착
- 到達(とうたつ) 도달
- 到来(とうらい) 도래

90c 倒 넘어질 도

- 음: とう
- 훈: たおれる・たおす

イ=人(じん・にん) 사람 인 + 到(とう) 이를 도

적진에 도착한(到) 병사들이 적군(人)을 거꾸로 **쓰러뜨리는** 장면이다.

- □ 圧倒(あっとう) 압도
- □ 転倒(てんとう) 전도, 거꾸로 됨, 넘어짐, 놀라 어찌할 바를 모름
- □ 倒産(とうさん) 도산, 파산
- □ 倒れる(たおれる) 쓰러지다, 넘어지다
- □ 面倒(めんどう) 성가심, 귀찮음, 돌봄, 보살핌
- □ 倒す(たおす) 쓰러뜨리다, 넘어뜨리다

90d 致 이를 치

- 음: ち
- 훈: いたす

至(し) 이를 지 + 攵(ぼく) 칠복

신성한 화살이 꽂힌 땅(至)을 차지하기 위해 몽둥이(攵)를 들고 그 땅에 **도달한** 모습이다.

- □ 一致(いっち) 일치
- □ 致命傷(ちめいしょう) 치명상
- □ 拉致(らち) 납치
- □ 合致(がっち) 합치
- □ 誘致(ゆうち) 유치
- □ 致す(いたす) する의 겸사말, 초래하다, 야기하다

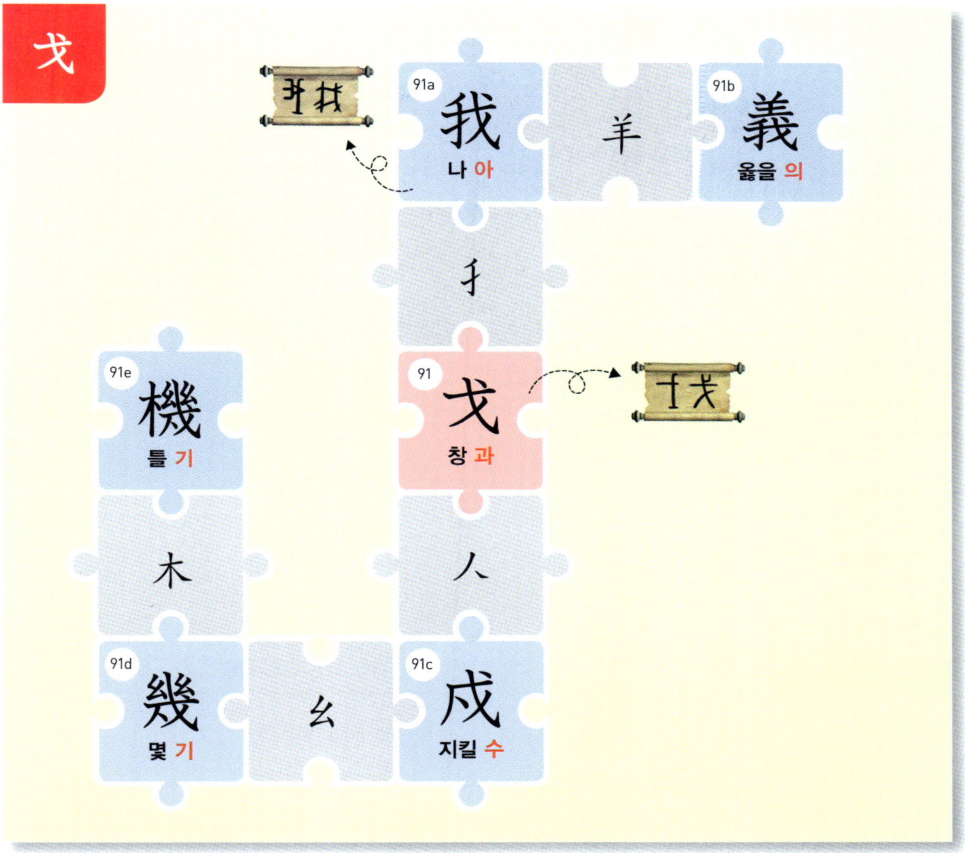

삶 | 전쟁 | 무기

戈

91a 我 나 아		羊	91b 義 옳을 의
	扌		
91e 機 틀 기	91 戈 창 과		
木	人		
91d 幾 몇 기	幺	91c 戍 지킬 수	

91

戈
창 과

음 か

낫처럼 생겨 자르고 벨 수 있는 날을 가진 **창**을 본떠 만든 글자이다.

☐ 干戈(かんか) 무기, 무력, 전쟁

91a

我 나 아

- 음: が
- 훈: われ・わ

扌(톱니 모양) + 戈(か) 창과

톱니(扌)가 달린 창(戈)의 모습에서 '톱'을 뜻하는 글자였으나, 고대 중국에서 1인칭 '나'를 뜻하는 말과 발음이 같아 후에 나, 우리의 뜻으로 쓰이게 되었다.

- □ 我田引水(がでんいんすい) 아전인수
- □ 怪我(けが) 상처, 부상, 잘못
- □ 我(われ) 나, 자신
- □ 我ながら(われながら) 내가 생각해도, 나 스스로도
- □ 我が国(わがくに) 우리나라
- □ 我がまま(わがまま) 제멋대로 굶, 방자함, 버릇없음
- □ 我が家(わがや) 내 집, 우리 집
- □ 我慢(がまん) 참음, 인내
- □ 自我(じが) 자아
- □ 我々(われわれ) 우리, 우리들

91b

義 옳을 의

- 음: ぎ

羊(よう) 양양 + 我(が) 나아

창(我)으로 제물로 바칠 양(羊)을 잡는 모습으로, 제물을 바쳐 신의 뜻을 묻는 것이 바람직하다는 것에서 옳다는 뜻이 파생되었다.

| 義자에 쓰인 我자는 '나'라는 뜻이 아니라 我자의 원 뜻인 톱날이 붙은 창을 의미한다.

- □ 意義(いぎ) 의의, 뜻
- □ 義理(ぎり) 의리
- □ 主義(しゅぎ) 주의
- □ 義務(ぎむ) 의무
- □ 講義(こうぎ) 강의
- □ 正義(せいぎ) 정의

91c

戌　1ノ厂厂戌戌戌

지킬 수

- 음 じゅ・しゅ
- 戈(か) 창 과 ＋ ト→人(じん・にん) 사람 인

창(戈)을 들고 보초를 서고 있는 사람(人)의 모습에서 **지키다**는 뜻이 파생되었다.

91d

幾　'纟纟纟纟纟纟纟幾幾幾

몇 기

- 음 き　훈 いく
- 幺(よう) 작을 요 ＋ 幺(よう) 작을 요 ＋ 戌(じゅ・しゅ) 지킬 수

국경을 지키는(戌) 군인들이 주변의 작은(幺) 변화에도 **세밀한** 주의를 기울이는 모습에서 **몇, 얼마** 등의 뜻이 파생되었다.

- □ 幾何(きか) 기하학 ☞ 幾何学(きかがく)의 준말
- □ 幾多(いくた) 수많은, 무수히
- □ 幾年(いくねん) 몇 년, 몇 해
- □ 幾重(いくえ) 겹겹, 여러 겹, 첩첩
- □ 幾つ(いくつ) 몇, 몇 개, 몇 살
- □ 幾ら(いくら) 얼마, 어느 정도, 얼만큼

91e

機　一十才木木村杉松松機機機機

틀 기

- 음 き　훈 はた
- 木(ぼく・もく) 나무 목 ＋ 幾(き) 몇 기

베틀처럼 세밀한(幾) 장치가 되어 있는 나무(木)로 만든 **기계**를 뜻한다.

- □ 機会(きかい) 기회
- □ 機能(きのう) 기능
- □ 動機(どうき) 동기
- □ 機(はた) 베틀
- □ 機械(きかい) 기계
- □ 契機(けいき) 계기
- □ 飛行機(ひこうき) 비행기
- □ 機織(り)(はたおり) 베틀로 베를 짬, 또 그 사람

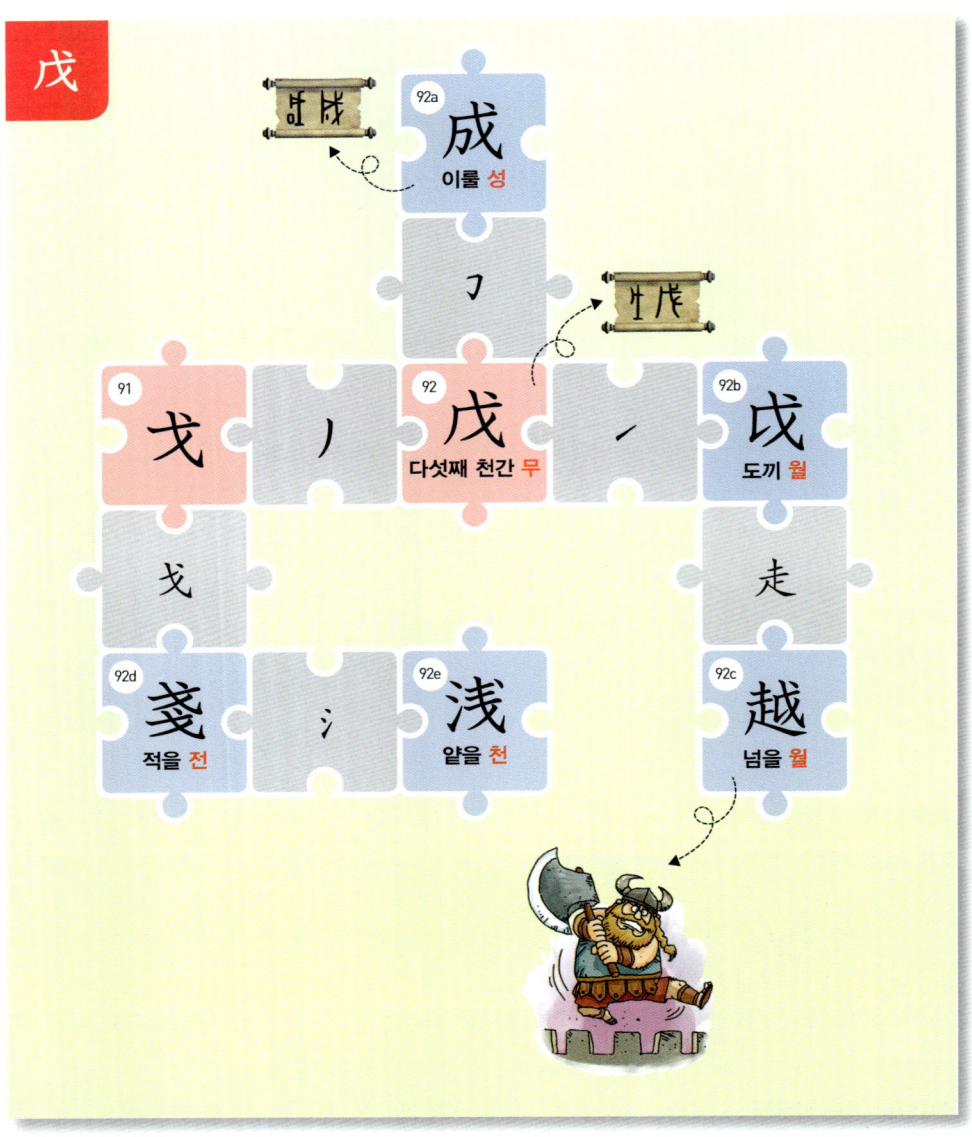

92

다섯째 천간 무

丿 丆 戊 戊 戊

음 ぼ

丿(へつ) 삐침 별 + 戈(か) 창 과

주로 찌르는 역할을 하는 창(戈)에 베거나 내려찍는 날(丿)을 더한 모습이다. **열 가지 천간의 다섯 번째**를 나타낸다.

│ 丿 자는 특별한 의미가 없는 글자이므로 상황에 맞추어 다양하게 해석할 수 있다.

□ 戊辰戦争(ぼしんせんそう) 무진전쟁 ☞ 1868년~1869년에 걸쳐 일본 정부군과 막부파 사이에서 일어난 전쟁

92a

이룰 성

厂 厈 成 成 成 成

음 せい・じょう   **훈** なる・なす

戊(ぼ) 다섯째 천간 무 + 丁(부정칭의 사물을 나타냄)

창(戊)의 날(丿)에 무엇(丁)인가가 잘려 나간 모습이다. 창(戊)으로 적장의 목(丁)을 자르는 공적을 세운 것에서 **이루다**는 뜻이 파생되었다.

□ 完成(かんせい) 완성   □ 結成(けっせい) 결성
□ 成績(せいせき) 성적   □ 成長(せいちょう) 성장
□ 成立(せいりつ) 성립   □ 成就(じょうじゅ) 성취
□ 成る(なる) 되다, 이루어지다, 완성되다   □ 成す(なす) 이루다, 이룩하다, 만들다

92b

도끼 월

丿 戊 戊 戊 戊

음 えつ

戊(ぼ) 다섯째 천간 무 + ⌒(둥근 날을 나타냄)

戊자가 창에 일반적인 날(丿)을 더한 글자라면, 戉자는 창에 둥근 날(⌒)이 달린 **도끼**의 모습으로 창이 더욱 공격적으로 개량되었음을 보여준다.

│ 옛 글자를 보면 창의 왼편에 둥근 도끼날이 달려 있는 모습이다.

92c

넘을 **월**

越越越越越越越越越越越越

音 えつ・おち　訓 こえる・こす

走(そう) 달릴 주 ＋ 戊(えつ) 도끼 월

병사가 더욱 공격적으로 개량된 도끼(戊)를 들고 성벽을 **뛰어넘어** 적진으로 돌진(走)하는 모습을 뜻한다.

- 越冬(えっとう) 월동
- 優越感(ゆうえつかん) 우월감
- 越す(こす) 넘다, 넘어가다, 건너다
- 超越(ちょうえつ) 초월
- 越える(こえる) 넘다, 건너다, 지나가다
- 引っ越し(ひっこし) 이사

92d

적을 **전**, 나머지 **잔**

戔戔戔戔戔戔戔戔

音 せん

戈(か) 창 과 ＋ 戈(か) 창 과

살상 무기인 창(戈) 두 자루를 겹쳐 놓은 모습에서 원래 '해치다'는 뜻으로 쓰였지만, 창(戈)을 연거푸 사용하여 갈가리 찢어 놓은 모습에서 **적다**, **깎다**는 뜻이 파생되었다.

92e

얕을 **천**

浅浅浅浅浅浅浅浅浅

音 せん　訓 あさい

氵＝水(すい) 물 수 ＋ 𢦏→戔(せん) 적을 전

물(水)이 적다(𢦏)는 말은 물의 깊이가 **얕다**는 뜻이다.

| 우리 淺자의 일본식 한자이다.

- 浅海(せんかい) 천해, 얕은 바다
- 浅学(せんがく) 천학, 자신의 학식을 겸손하게 이르는 말
- 浅い(あさい) 얕다, 깊지 않다, 덜하다
- 浅知恵(あさぢえ) 얕은 꾀, 잔꾀
- 浅漬け(あさづけ) 무, 오이, 가지 등을 단시간 절임 또는 단시간에 절인 채소, 겉절이

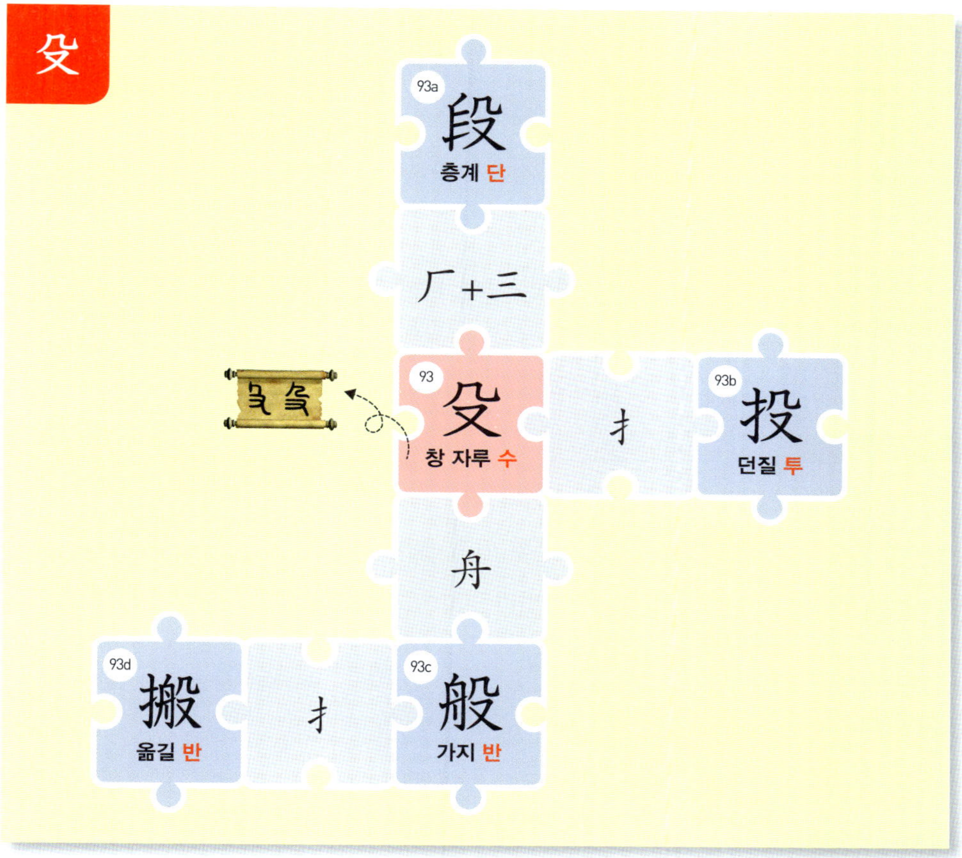

삶 | 전쟁 | 무기

殳

- 93a 段 층계 **단**
- ⼚+三
- 93 殳 창 자루 **수**
- 扌
- 93b 投 던질 **투**
- 舟
- 93d 搬 옮길 **반**
- 扌
- 93c 般 가지 **반**

93

殳 殳 殳 殳

창 자루 **수**

음 しゅ

창의 자루 끝에 쇠촉이 없는 긴 자루만을 손(又)에 들고 있는 모습을 본떠 만든 글자로, 다른 글자와 합쳐질 때 **막대기**, **치다**는 의미로 사용된다.

279

93a

段 층계 단

- 음 だん
- 厂(かん) 기슭 엄 + 三(층층대 모습) + 殳(しゅ) 창 자루 수

비탈진 언덕(厂)을 일정하게 구분(三)하여 연장으로 두들겨(殳) **계단**을 만든다는 뜻이다.

- □ 階段(かいだん) 계단, 단계, 순서
- □ 手段(しゅだん) 수단
- □ 初段(しょだん) 초단
- □ 段階(だんかい) 단계
- □ 段段(だんだん) 차차, 점점
- □ 値段(ねだん) 값, 가격

93b

投 던질 투

- 음 とう
- 훈 なげる
- 扌=手(しゅ) 손 수 + 殳(しゅ) 창 자루 수

손(手)에 든 창(殳)을 멀리 **던지는** 모습이다.

- □ 投影(とうえい) 투영
- □ 投資(とうし) 투자
- □ 投手(とうしゅ) 투수
- □ 投票(とうひょう) 투표
- □ 投げる(なげる) 던지다, 멀리 보내다, (빛을) 비추다

93c

般 가지 반

- 음 はん
- 舟(しゅう) 배 주 + 殳(しゅ) 창 자루 수

배(舟)는 돛의 모양이나 노(殳)를 젓는 방식, 운항 방식 등등에 따라 다양한 **종류**로 분류된다.

> 초기의 배는 노가 아니라 삿대(殳)로 강바닥을 짚어서 미는 방식을 사용하였다. 삿대는 배질을 할 때 쓰는 긴 막대를 말한다.

- □ 一般(いっぱん) 일반
- □ 全般(ぜんぱん) 전반
- □ 万般(ばんぱん) 만반

93d

搬 搬 搬 搬 搬 搬 搬 搬 搬 搬 搬 搬 搬

搬
옮길 반

音 はん

扌＝手(しゅ) 손 수 ＋ 般(はん) 가지 반

손(手)으로 삿대를 밀어 움직이는 종류(般)의 배로 물건을 옮기는 모습이다.

- 運搬(うんぱん) 운반
- 搬出(はんしゅつ) 반출
- 搬送(はんそう) 반송
- 搬入(はんにゅう) 반입

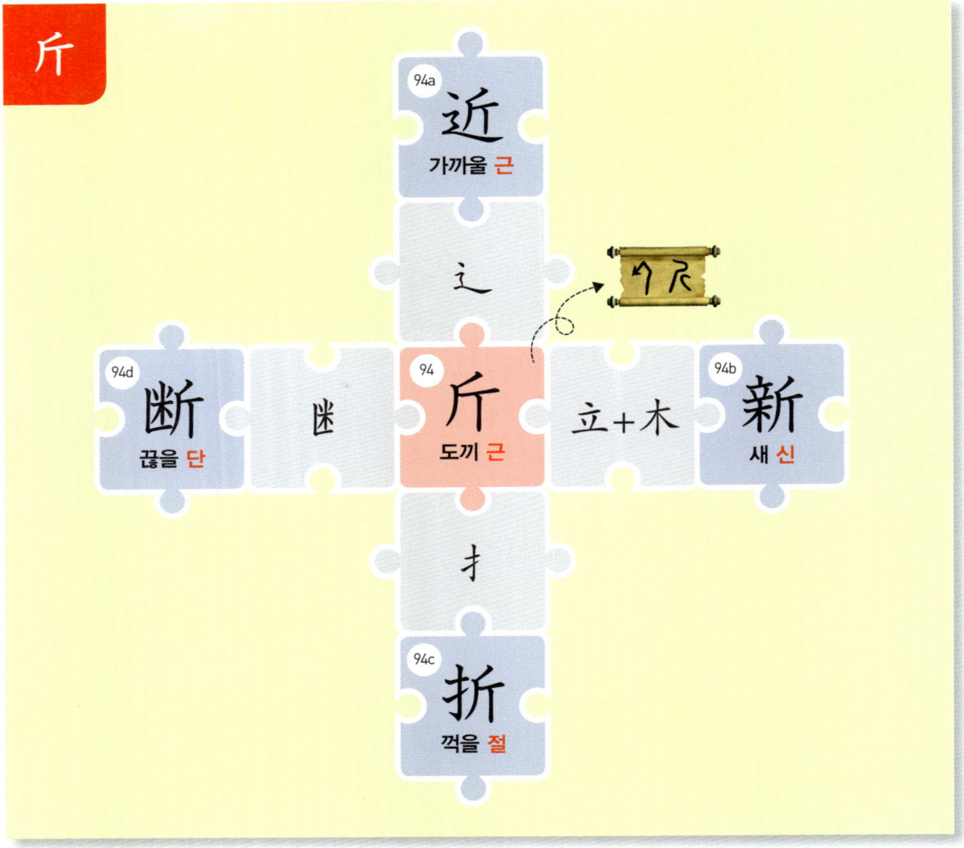

94

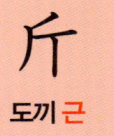

	94a 近 가까울 근

```
        近
       가까울 근

        辶

94d 断      94 斤      立+木   94b 新
끊을 단   迷   도끼 근              새 신

        扌

       94c 折
       꺾을 절
```

斤 斤 斤 斤

斤 도끼 근

음 きん

나무를 패거나 찍는 연장, 또는 전쟁에서 적과 싸울 때 사용하던 무기인 **도끼**의 모양을 본떠 만든 글자이다. **중량을 재는 단위**로도 사용된다.

□ 斤(きん) 근 ☞ 일본에서 한 斤은 약 600그램이다.　□ 斤目(きんめ) 근수, 근량
□ 斤量(きんりょう) 근량, 근수, 무게, 경마에서 출전 말의 부담중량

94a

近 近 斤 斤 近 近 近

가까울 근

- 음: きん
- 훈: ちかい

斤(きん) 도끼 근 + 辶(ちゃく) 쉬엄쉬엄 갈 착

도끼(斤)를 들고 땔감을 하러 가는(辶) 곳은 비교적 **가까운** 곳이다.

- 近況(きんきょう) 근황
- 最近(さいきん) 최근, 요즈음, 근래
- 近い(ちかい) 가깝다
- 近道(ちかみち) 지름길
- 身近(みぢか) 신변
- 近所(きんじょ) 근처, 근방, 이웃집
- 付近(ふきん) 부근
- 近く(ちかく) 근처, 가까운 곳
- 間近(まぢか) (시간・거리 등이) 매우 가까움

94b

新 新 新 新 亲 辛 新 新 新 新

새 신

- 음: しん
- 훈: あたらしい・あらた・にい

立→辛(しん) 매울 신 + 木(ぼく・もく) 나무 목 + 斤(きん) 도끼 근

원뜻은 '칼(辛)이나 도끼(斤)로 나무(木)를 잘라내 장작을 만들다'였으나, 잘려진 나무 단면이 싱싱하고 푸르른 모습에서 **새롭다, 싱싱하다**는 뜻이 파생되었다.

- 革新(かくしん) 혁신
- 最新型(さいしんがた) 최신형
- 新鮮(しんせん) 신선
- 新しい(あたらしい) 새롭다, 싱싱하다, 오래지 않다
- 新妻(にいづま) 새댁, 갓 결혼한 아내
- 更新(こうしん) 경신, 갱신
- 斬新(ざんしん) 참신
- 新聞(しんぶん) 신문
- 新た(あらた) 새로움, 새로 시작함, 생생함

94c

折

음 せつ **훈** おる・お(り)・おれる

扌=手(しゅ) 손 수 + 斤(きん) 도끼 근

꺾을 절

손(手)에 도끼(斤)를 들고 나뭇가지를 내리쳐서 **꺾는** 모습이다.

- 右折(うせつ) 우회전 ↔ 左折(させつ) 좌회전
- 挫折(ざせつ) 좌절
- 折(り)(おり) 시절, 때, 시기
- 骨折(こっせつ) 골절
- 折る(おる) 접다, 굽히다, 꺾다
- 折れる(おれる) 접히다, 꺾어지다, 부러지다

94d

断

음 だん **훈** たつ・こと(わ)る

𠦂(밧줄의 단면 모양) + 斤(きん) 도끼 근

끊을 단

굵은 밧줄의 잘려진 단면(𠦂)을 뜻하는데, 도끼(斤)로 밧줄을 자른 것에서 **자르다**, **끊다**는 뜻이 파생되었다.

우리 斷자의 일본식 한자이다. 斷자를 살펴보면 잘린 밧줄의 단면에 여러 가닥의 실(糸)이 들어 있는 모양이다.

- 横断歩道(おうだんほどう) 횡단보도
- 決断(けつだん) 결단
- 断水(だんすい) 단수, 수돗물이 끊어짐
- 独断(どくだん) 독단
- 断つ(たつ) 끊다, 자르다
- 断(わ)る(ことわる) 거절(사절)하다, 미리 양해를 얻다
- 禁断(きんだん) 금단
- 診断(しんだん) 진단
- 中断(ちゅうだん) 중단
- 不断(ふだん) 부단, 끊임없음, 평소

삶 | 전쟁 | 무기

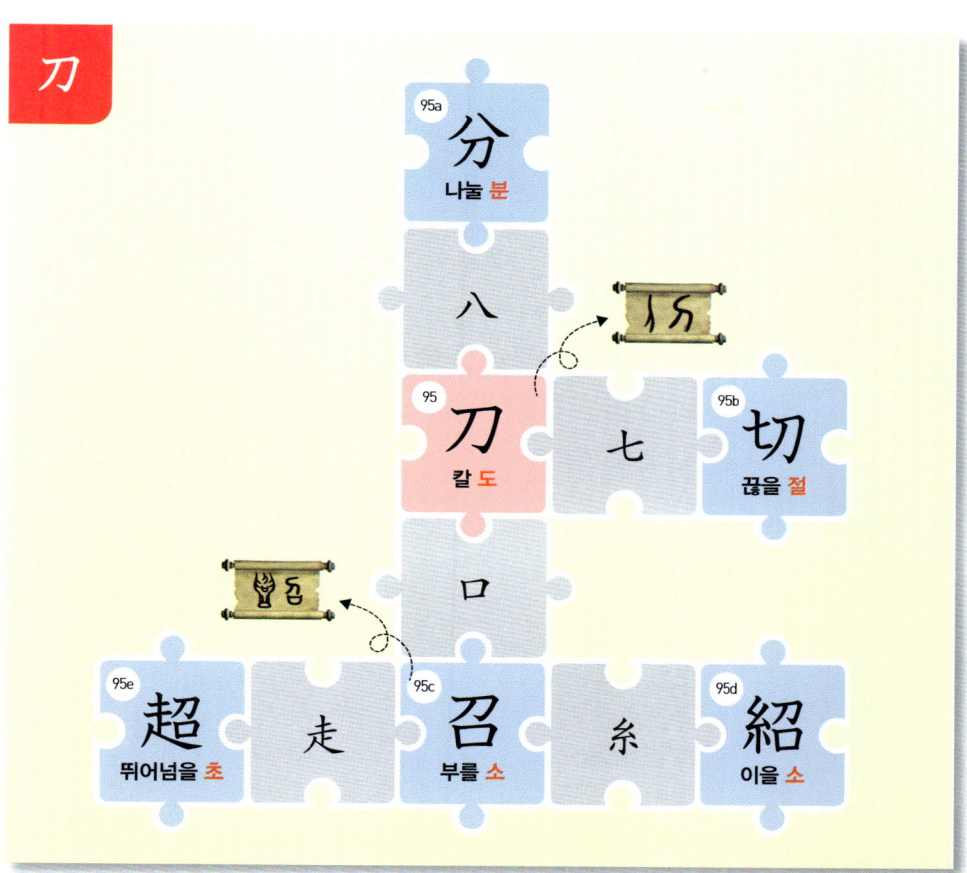

95

刀 刀

刀
칼 도

음 とう　훈 かたな

손잡이가 있는 칼의 모양을 본떠 만든 글자이다.

- 短刀(たんとう) 단도
- 刀劍(とうけん) 도검, 칼과 검
- 日本刀(にほんとう) 일본도, 일본 고유의 방식으로 제작된 도검의 총칭

- 刀(かたな) 한쪽에만 날이 있는 칼 ↔ 剣(つるぎ) 양쪽에 날이 있는 검
- 刀傷(かたなきず) 칼에 베인 상처 또 그 자국
- 剃刀(かみそり) 면도칼

95a

分 分 分 分

分
나눌 분

음 ぶん・ふん・ぶ   훈 わける・わ(か)れる・わ(か)る

八(はち) 여덟 팔 + 刀(とう) 칼 도

칼(刀)로 잘라 반으로 **나누는**(八) 모습이다. 이처럼 나눈다는 의미에서 시간을 나누는 **분**의 뜻으로도 사용된다.

| 八자는 양쪽으로 대칭을 이루며 갈라진 모양으로 '나누다'는 뜻을 가지고 있다.

- 自分(じぶん) 자기, 스스로, 나, 저
- 分配(ぶんぱい) 분배
- 分針(ふんしん) 분침
- 五分五分(ごぶごぶ) 비등함, 어슷비슷함
- 分ける(わける) 나누다, 가르다, 구분하다
- 分(か)れる(わかれる) 갈라지다, 나뉘다, 구별되다
- 分(か)る(わかる) 알다, 잘 헤아리다
- 成分(せいぶん) 성분
- 分類(ぶんるい) 분류
- 分別(ふんべつ) 분별
- 大分(だいぶ) 상당히, 꽤

95b

切 切 切 切

切
끊을 절

음 せつ・さい   훈 きる・きれる

七(しち・しつ) 일곱 칠 + 刀(とう) 칼 도

도살한 동물의 고기를 칼(刀)로 **자른** 모양(七)이다.

| 七자는 고기를 단순하게 가로세로로 자른 모양이라고 생각하자.

- 親切(しんせつ) 친절
- 適切(てきせつ) 적절
- 切る(きる) 베다, 자르다, 절단하다
- 切手(きって) 우표
- 大切(たいせつ) 중요, 소중, 귀중
- 一切(いっさい) 일체, 모두, 전부
- 切れる(きれる) 끊어지다, 잘라지다, 베어지다
- 切符(きっぷ) 표

95c

ㄱ ㄲ 괻 召 召

부를 소

음 しょう　　훈 めす

刀(とう) 칼도 + 口(こう·く) 입구

칼(刀)로 잡은 동물을 제단 위에 올려놓고 입(口)을 모아 신을 부르는 모습이다.

갑골문자는 양손으로 제물을 받치면서 신을 부르는 모습이었으나, 금문에 와서 제물을 잡는 칼(刀)과 신을 부르는 입(口)만 남게 되었다.

- 召喚(しょうかん) 소환
- 召集(しょうしゅう) 소집
- 召す(めす) 부르시다, 드시다, 입으시다, 타시다, 사시다
- 召し上がる(めしあがる) 드시다

95d

ㄑ ㄠ ㄠ 幺 糸 糸 紅 紹 紹 紹

이을 소

음 しょう

糸(し) 실 사 + 召(しょう) 부를 소

신을 부르는(召) 행위를 통해 신과 인간이 **연결되는** 것을 실(糸)을 더하여 묘사하였다.

- 紹介(しょうかい) 소개

95e

⼟ 超 赱 ⼟ ⼟ 圭 走 起 起 起 超 超

超
뛰어넘을 초

음 ちょう　　훈 こえる·こす

走(そう) 달릴 주 + 召(しょう) 부를 소

신을 부르기(召) 위해 인간의 한계를 **넘어서** 영계와 육계를 넘나들며(走) 춤을 추는 무당의 모습에서 **뛰어넘다, 뛰어나다**는 뜻이 파생되었다.

- 超(ちょう) 초~
- 超音波(ちょうおんぱ) 초음파
- 超過(ちょうか) 초과
- 超人(ちょうじん) 초인
- 超える(こえる) 지나가다, 기준을 넘다, 건너뛰다
- 超す(こす) 넘다, 초과하다

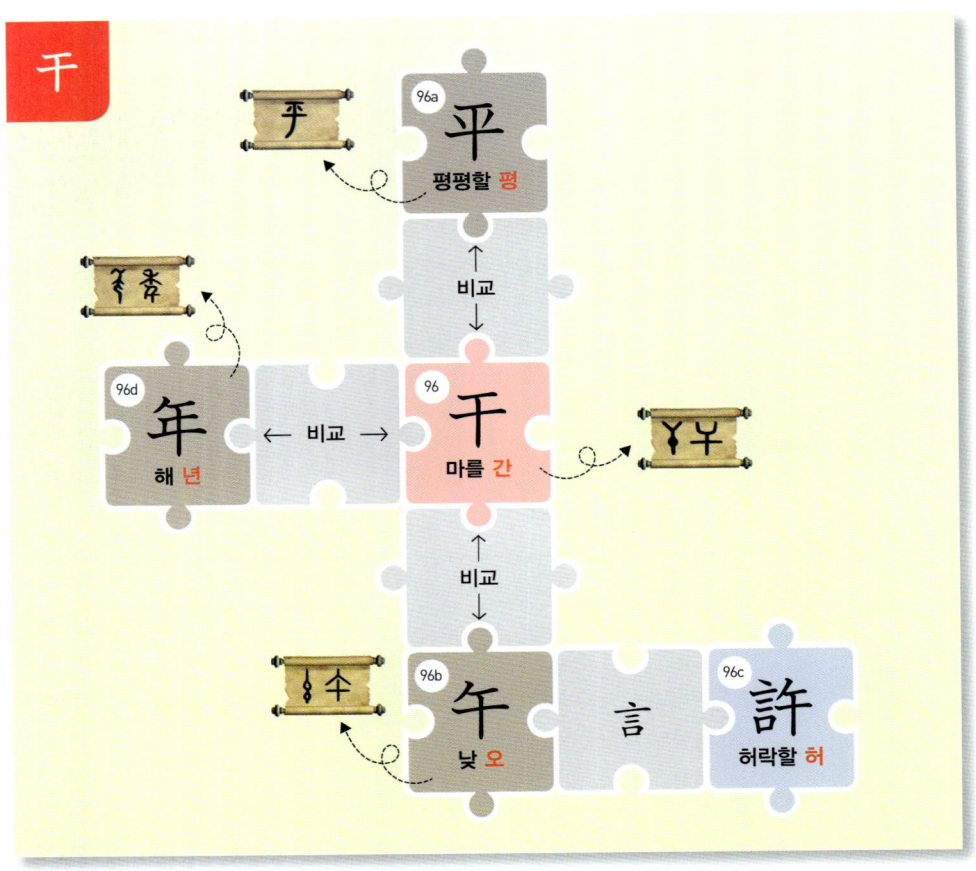

干 干 干

96

干
마를 간

- 음 かん
- 훈 ほす・ひる

앞쪽이 두 갈래로 갈라진 방어 겸 공격용 무기인 방패를 본떠 만든 글자이다. 그러나 방패라는 의미로 쓰이는 경우는 거의 없고, 현재는 **말리다**의 뜻으로 사용된다.

삶 | 전쟁 | 무기

- 干渉(かんしょう) 간섭
- 干す(ほす) 말리다
- 干る(ひる) 마르다, 썰물이 되어 바닥이 드러나다, 결말이 나다
- 干物(ひもの) 건어물
- 若干(じゃっかん) 약간, 얼마간, 어느 정도

96a

平 平 平 平 平

평평할 평

음 へい・びょう　훈 たいら・ひら

호수의 **평평한** 수면 위를 뒤덮고 있는 수초의 모습이다.

일본의 석학 시라카와 시즈카(白川靜) 선생은 나무를 평평하게 만들기 위해 손도끼(干)로 나무를 다듬을 때 파편(ˇ)이 흩어지는 모습이라고 하였다.

- 公平(こうへい) 공평
- 平均(へいきん) 평균
- 平和(へいわ) 평화
- 平ら(たいら) 평평함, 평탄함
- 平気(へいき) 태연함, 개의치 않음, 걱정 없음
- 平野(へいや) 평야
- 平等(びょうどう) 평등
- 平社員(ひらしゃいん) 평사원

96b

午 午 午 午

낮 오

음 ご

곡식을 찧고 빻을 때 사용하는 도구인 절굿공이를 똑바로 세운 모양을 본떠 만든 글자이다. 절굿공이의 위쪽이 하늘 한가운데를 가리키는 모습에서 해가 하늘 한가운데 떠 있는 시간대인 **정오**라는 뜻이 파생되었다.

- 午後(ごご) 오후
- 子午線(しごせん) 자오선
- 午前(ごぜん) 오전
- 正午(しょうご) 정오

삶 | 전쟁 | 무기

96c 許 허락할 허

- 음: きょ
- 훈: ゆるす

言(げん・ごん) 말씀 언 + 午(ご) 낮 오

'열 번 찍어 안 넘어가는 나무 없다'는 속담처럼, 절구질을 할 때 절굿공이(午)를 수없이 오르내리듯이 끊임없이 말(言)로 요청하여 허락을 받는 모습이다.

- 許可(きょか) 허가
- 特許(とっきょ) 특허
- 許す(ゆるす) 허가하다, 허락하다, 허용하다, 용서하다
- 許諾(きょだく) 허락
- 免許(めんきょ) 면허

96d 年 해 년

- 음: ねん
- 훈: とし

⺧→亻=人(じん・にん) 사람 인 + ⺧→禾(か) 벼 화

벼(禾)를 지고 나르는 사람(人)의 모습으로 추수 때를 연상하게 한다. 추수는 한 해에 한 번뿐이었으므로 해를 의미하는 글자로 발전하였다.

| 갑골문자는 벼(禾)와 사람(人)을 합쳐 놓은 모양을 하고 있다.

- 生年月日(せいねんがっぴ) 생년월일
- 年間(ねんかん) 연간
- 年配(ねんぱい) 연배
- 年齢(ねんれい) 연령
- 本年(ほんねん) 본년, 금년, 올해
- 年(とし) 해, 나이, 연령
- 今年(ことし) 올해, 금년 ☞ 去年(きょねん) 작년, 来年(らいねん) 내년
- 年上(としうえ) 연상 ↔ 年下(としした) 연하
- 定年(ていねん) 정년
- 年月(ねんげつ) 연월, 세월
- 年表(ねんぴょう) 연표
- 平年(へいねん) 평년
- 例年(れいねん) 예년
- お年玉(おとしだま) 새해 선물, 세뱃돈

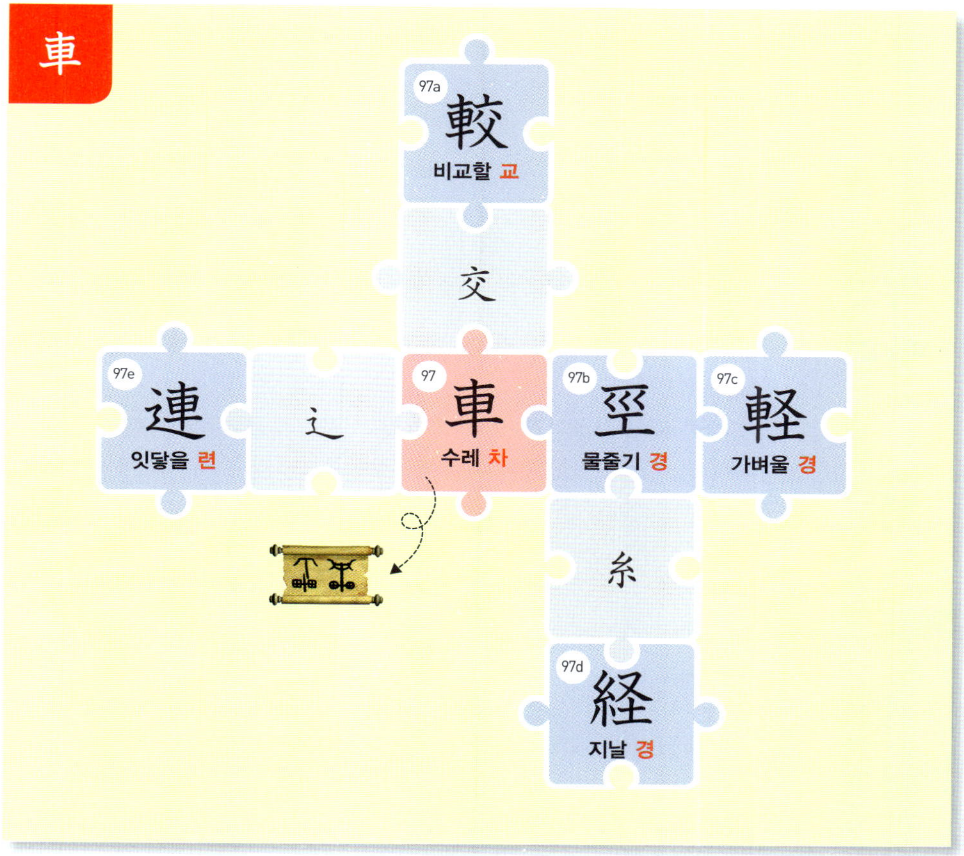

삶 | 전쟁 | 운송수단

車

- 97a 較 비교할 교
- 交
- 97e 連 잇닿을 련
- 辶
- 97 車 수레 차
- 97b 巠 물줄기 경
- 97c 輕 가벼울 경
- 糸
- 97d 經 지날 경

97

車 一 一 一 亘 車 車

車 수레 차, 수레 거

음 しゃ　훈 くるま

소, 말, 또는 사람이 끄는 바퀴가 달린 수레의 모습을 본떠 만든 글자이다. 시대가 변하면서 점차 바퀴가 달린 **자동차**의 뜻을 갖게 되었다.

- □ 自動車(じどうしゃ) 자동차
- □ 乗車(じょうしゃ) 승차 ↔ 下車(げしゃ) 하차
- □ 車両(しゃりょう) 차량
- □ 駐車(ちゅうしゃ) 주차

- 列車(れっしゃ) 열차
- 車椅子(くるまいす) 휠체어
- 車(くるま) 자동차, 바퀴 모양
- 齒車(はぐるま) 톱니바퀴

97a

較 較 較 較 較 較 較 較 較 較 較 較

較 비교할 교

음 かく

車(しゃ) 수레 차 + 交(こう・きょう) 사귈 교

섞여(交) 있는 다양한 차(車)들 가운데 누구의 차가 좋은지 **비교**하는 모습이다.

고대 중국에서도 사람의 신분을 비교할 때 탈것이 사용되었음을 유추할 수 있다.

- 比較(ひかく) 비교

97b

巠 巠 巠 巠 巠 巠 巠

巠 물줄기 경

음 けい

베틀의 날실(巛)에 추(工)를 달아 늘어뜨려 놓은 모습을 본떠 만든 글자이다. 실이 늘어진 모양이 물줄기를 닮아서 **물줄기**, **지하수** 등의 뜻이 파생되었다.

巠자는 단독으로 쓰이는 경우는 없지만, 다른 글자와 합쳐 한자를 구성하는 중요 요소이므로 단독으로 다루었다. 다른 글자와 합쳐질 때에는 모양이 巠자로 바뀐다.

97c

軽 軽 軽 軽 軽 軽 軽 軽 軽 軽 軽

軽 가벼울 경

음 けい 훈 かるい・かろやか

車(しゃ) 수레 차 + 巠(けい) 물줄기 경

수레(車)의 바퀴와 베틀(巠)이 경쾌하게 움직이는 것에서 **가볍다**는 뜻이 파생되었다.

우리 輕자의 일본식 한자이다.

97

삶 | 전쟁 | 운송수단

- **軽視**(けいし) 경시
- **軽率**(けいそつ) 경솔
- **軽音楽**(けいおんがく) 경음악
- **軽い**(かるい) 가볍다
- **軽やか**(かろやか) 발랄하고 경쾌함, 가벼움
- **気軽**(きがる) (구애 받지 않고) 소탈함, 선선함
- **手軽**(てがる) 간편함, 손쉬움
- **身軽**(みがる) 경쾌함, 몸놀림이 가벼움, 몸이 홀가분함

97d

経経経経経経経経経経

経
지날 경

- 음: けい・きょう
- 훈: へる・たつ

糸(し) 실 사 + 巠(けい) 물줄기 경

베틀(巠)에 세로 방향으로 놓인 날실(糸)을 뜻한다. 날실 사이를 씨실이 교차하며 지나가는 장면에서 **경과하다**는 뜻이 파생되었다.

| 우리 經자의 일본식 한자이다.

- **経営**(けいえい) 경영
- **経過**(けいか) 경과
- **経済**(けいざい) 경제
- **経理**(けいり) 경리
- **経路**(けいろ) 경로
- **経文**(きょうもん) 경문
- **経る**(へる) 지나가다, (때가) 지나다, (장소를) 지나다
- **経つ**(たつ) (시간・때가) 지나다, 경과하다

97e

連連連連連連連連連連

連
잇닿을 련

- 음: れん
- 훈: つらなる・つらねる・つれる

車(しゃ) 수레 차 + 辶(ちゃく) 쉬엄쉬엄 갈 착

자동차(車) 바퀴가 끊임없이 돌아가며 나아가듯이(辶) 일이 끊임없이 계속된다는 의미에서 **연속하다**는 뜻이 파생되었다.

- **国連**(こくれん) 국제연합 ☞ 国際連合(こくさいれんごう)의 준말
- **連休**(れんきゅう) 연휴
- **連日**(れんじつ) 연일
- **連続**(れんぞく) 연속
- **連盟**(れんめい) 연맹
- **連絡**(れんらく) 연락
- **連なる**(つらなる) (한 줄로) 늘어서다, 나란히 줄지어(연속해) 있다
- **連ねる**(つらねる) (한 줄로) 늘어놓다, 잇다
- **連れる**(つれる) 데려오(가)다, 거느리다, 동반하다

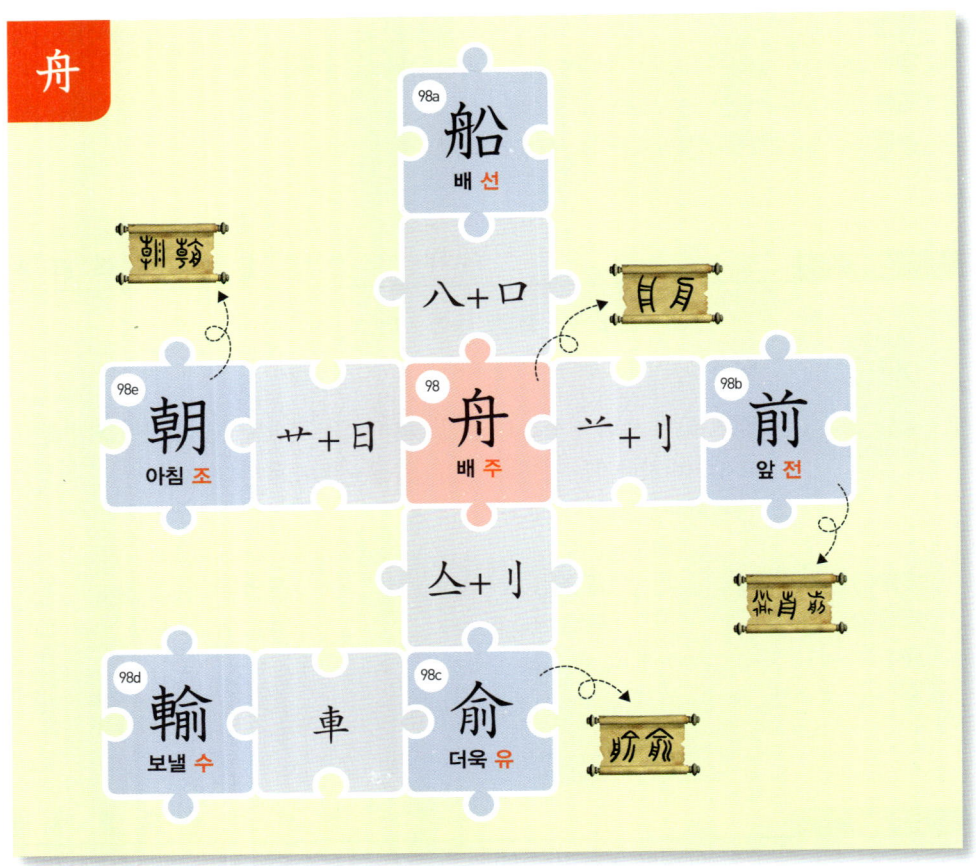

98

舟
배 주

음 しゅう　훈 ふね・ふな

통나무 속을 긁어낸 통나무**배**, 혹은 작은 나룻**배**의 모습을 본떠 만든 글자이다.

- 舟遊(しゅうゆう) 주유, 뱃놀이
- 舟形(ふながた) 선형, 배 모양
- 舟(ふね) 소형 배
- 小舟(おぶね・こぶね) 작은 배, 편주

삶 | 전쟁 | 운송수단

98a

船 船 船 船 船 船 船 船 船 船

배 선

음 せん　　**훈** ふね・ふな

舟(しゅう) 배 주　+　㕣(えん) 산속의 늪 연

물가의 늪(㕣)에 작은 쪽배(舟)가 놓여진 모습으로, 작은 보트에서 큰 배까지 모든 **배**를 의미한다.

㕣자는 입(口)을 벌리고 (八) 무엇이든지 빨아들이는 늪을 묘사한다. 보통 동력을 이용하는 큰 배는 船자를, 손으로 젓는 작은 배는 舟자를 쓴다.

- 漁船(ぎょせん) 어선, 고깃배
- 船舶(せんぱく) 선박
- 大船(おおぶね) 큰 배
- 船酔い(ふなよい) 뱃멀미
- 船長(せんちょう) 선장
- 船(ふね) 배
- 船便(ふなびん) 선편, 배편

98b

前 前 前 前 前 前 前 前

앞 전

음 ぜん　　**훈** まえ

丷→止(し) 그칠 지　+　月→舟(しゅう) 배 주　+　刂=刀(とう) 칼 도

물살을 가르고(刀) 나아가는 배(舟)의 뱃머리에 서 있는 사람의 발(止) 모습에서 **앞**이라는 뜻이 파생되었다.

갑골문자는 물살을 가르고 나아가는(行) 배(舟)의 맨 앞에 서 있는 사람의 발(止)을 그려 놓았다.

- 以前(いぜん) 이전
- 前後(ぜんご) 전후
- 前方(ぜんぽう) 전방
- 前略(ぜんりゃく) 전략, 편지문에서 서두의 날씨 등의 인사말을 생략한다는 의미로 쓰는 말
- 目前(もくぜん) 목전, 눈앞
- 腕前(うでまえ) 솜씨, 역량, 기량
- 出前(でまえ) 배달, 배달 요리, 배달원
- 午前(ごぜん) 오전
- 前進(ぜんしん) 전진
- 前面(ぜんめん) 전면
- 前(まえ) 앞, 앞서, 전, 먼저
- 手前(てまえ) 자기 앞, 자기에게 가까운 쪽
- 前金(まえきん) 선금

98c

俞 俞 俞 俞 俞 俞 俞 俞 俞

俞
더욱 유, 대답할 유

음 ゆ

亼(しゅう) 삼합 집 + 月→舟(しゅう) 배 주 + 刂=刀(とう) 칼 도

배(舟)가 물살을 가르고(刀) 나아가기에 바람, 물결 등 모든(亼) 상황들이 **더욱** 좋아지는 모습이다.

98d

輸 輸 輸 輸 輸 車 車 軩 軩 軩 輸 輸 輸 輸 輸

輸
보낼 수, 나를 수

음 ゆ

車(しゃ) 수레 차 + 俞(ゆ) 더욱 유

바람과 물살 등 모든 상황이 더욱(俞) 좋아져 수레(車)에 물건을 실어 배로 **나르고** 있는 모습이다.

- 密輸(みつゆ) 밀수
- 輸出(ゆしゅつ) 수출
- 輸入(ゆにゅう) 수입
- 輸血(ゆけつ) 수혈
- 輸送(ゆそう) 수송

| 삶 | 전쟁 | 운송수단

98e

一 十 十 古 吉 直 卓 朝 朝 朝 朝

朝
아침 조

음 ちょう　훈 あさ

艹=草(そう) 풀초 ＋ 日(にち・じつ) 날일 ＋ 月→舟(しゅう) 배주

아침 해(日)가 초원(草) 위로 떠오르는 것을 뜻하는 글자였으나, 배(舟)를 나타내는 月자가 더해지면서 배가 물에서 부드럽게 나아가듯이, 막 시작한 아침(朝)의 왕조가 오랫동안 부드럽게(舟) 지속되기를 바라는 의미에서 **왕조**, **조정**의 뜻도 갖게 되었다.

朝자에 쓰인 月(げつ・がつ 달 월)자는 옛 글자를 보면 舟자의 모습을 하고 있다.

- 王朝(おうちょう) 왕조
- 朝礼(ちょうれい) 조례
- 朝一(あさいち) 아침 업무의 시작 직후
- 朝日(あさひ) 아침 해, 아침 햇빛
- 朝食(ちょうしょく) 조식
- 朝(あさ) 아침
- 朝寝坊(あさねぼう) 늦잠꾸러기, 늦잠을 잠
- 今朝(けさ) 오늘 아침

삶 | 전쟁 | 의식

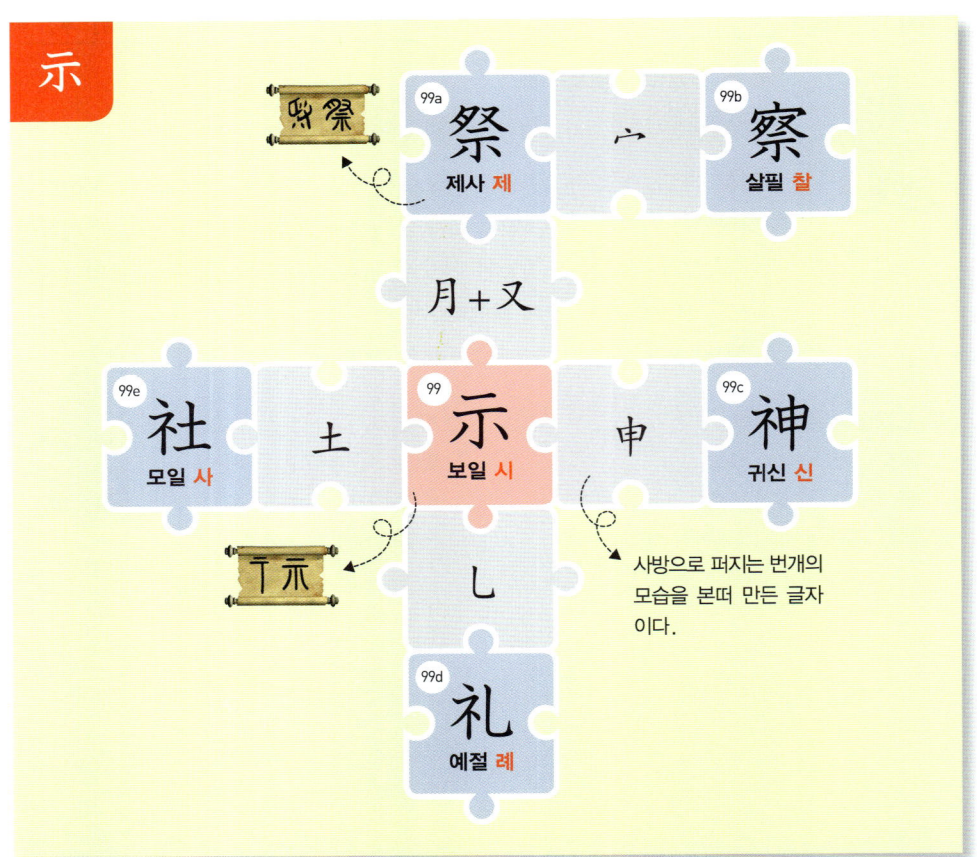

99

示 보일 시

음 じ・し 훈 しめす

신에게 바치는 제물을 올려놓는 제단을 본떠 만든 글자로, 제물을 받은 신이 답례로 계시를 **보여주는** 장면이다.

示자는 다른 글자와 합쳐질 때에는 모양이 礻로 바뀐다.

- 暗示(あんじ) 암시
- 掲示板(けいじばん) 게시판
- 指示(しじ) 지시
- 展示会(てんじかい) 전시회
- 表示(ひょうじ) 표시
- 示唆(しさ) 시사, 암시, 귀띔
- 黙示(もくし) 묵시
- 示す(しめす) 가리키다, 나타내다, 보이다

99a

祭 祭 祭 祭 祭 祭 祭 祭 祭 祭

제사 제

- 음: さい
- 훈: まつる・まつ(り)

月→肉(にく) 고기 육 + 又(ゆう) 또 우 + 示(じ・し) 보일 시

제단(示) 위에 손(又)으로 고기(月)를 올려놓고 신에게 **제사**를 지내는 모습이다.

| 又자가 글자의 조형미를 위해 획이 조금 줄어들었음을 볼 수 있다.

- □ 祭日(さいじつ) 제삿날, 신사(神社)의 제사가 있는 날 □ 前夜祭(ぜんやさい) 전야제
- □ 文化祭(ぶんかさい) 문화제 ☞ 학교에서 학생이 주체가 되어 개최하는 행사
- □ 祭る(まつる) 제사 지내다, 신으로 모시다
- □ 祭(り)(まつり) 제사, 축제, 잔치 ☞ 일본은 마츠리의 나라라고 할 정도로 1년 내내 전국에서 크고 작은 마츠리가 열린다. 일본의 3대 마츠리로는 도쿄의 神田祭(かんだまつり), 오사카의 天神祭(てんじんまつり), 교토의 祇園祭(ぎおんまつり)가 있다.

99b

察 察 察 察 察 察 察 察 察 察 察 察 察 察

살필 찰

- 음: さつ

宀(べん・めん) 집 면 + 祭(さい) 제사 제

집(宀)에서 조상신에게 제사(祭)를 지내기 위해 제사상을 차려 놓고 음식이 올바로 진설되어 있는지를 **자세히 살피는** 모습이다.

- □ 核査察(かくささつ) 핵사찰   □ 監察(かんさつ) 감찰   □ 観察(かんさつ) 관찰
- □ 警察(けいさつ) 경찰   □ 考察(こうさつ) 고찰   □ 視察(しさつ) 시찰

99c

神 神 神 神 神 神 神 神

귀신 신

- 음: しん・じん
- 훈: かみ・かん

ネ=示(じ・し) 보일 시 + 申(しん) 거듭 신

번개(申)를 신의 현시(示)로 여기고 두려워하는 모습에서 **신**, **절대적인 존재**, **초인간적인 존재**라는 뜻이 파생되었다.

| 우리 神자의 일본식 한자이다.

- 神経(しんけい) 신경
- 精神(せいしん) 정신
- 神(かみ) 신
- 神秘(しんぴ) 신비
- 神社(じんじゃ) 신사
- 神主(かんぬし) 신관
- 神話(しんわ) 신화
- 神通力(じんずうりき) 신통력

99d

礼 礼 礼 礼 礼

예절 례

- 음 れい・らい
- ネ=示(じ・し) 보일 시 + し(いん・おん) 숨을 은

제단(示) 위에 가장 좋은 예물을 풍성하게(し) 올려놓고 신에게 **예**를 올리는 모습이다.

> 우리 禮자의 일본식 한자이다. 禮자를 살펴보면 제단(示)에 제물을 풍성하게(豊) 올려놓은 모습임을 알 수 있다.
> し자는 경우에 따른 다양한 해석이 가능한 글자로서, 礼자에서는 음을 담당하는 역할로 사용되었다.

- 失礼(しつれい) 실례, 무례함
- 目礼(もくれい) 목례
- 礼拝(らいはい) (불교에서의) 예배 ☞ 크리스트교에서는 れいはい라고 읽는다.
- 謝礼(しゃれい) 무례
- 礼儀(れいぎ) 예의
- 無礼(ぶれい) 무례
- 礼賛(らいさん) 예찬

99e

社 社 社 社 社 社

모일 사

- 음 しゃ
- 훈 やしろ
- ネ=示(じ・し) 보일 시 + 土(ど・と) 흙 토

농경 사회에서 흙(土)은 초목과 곡식을 자라게 하는 힘을 가진 존재로 숭배의 대상이 되었는데, 그러한 토지(土)신을 숭배하기 위해 제단(示) 앞에 마을 사람들이 **모여** 있는 모습을 뜻한다. 이처럼 어떤 목적을 위해서 모여 있는 집단으로 **사회**, **회사**의 뜻으로도 사용된다.

- 会社(かいしゃ) 회사
- 弊社(へいしゃ) 폐사, 자기 회사를 겸손하게 이르는 말 ↔ 御社(おんしゃ) 귀사
- 社(やしろ) 신을 모시는 건물, 신사
- 支社(ししゃ) 지사
- 社会(しゃかい) 사회

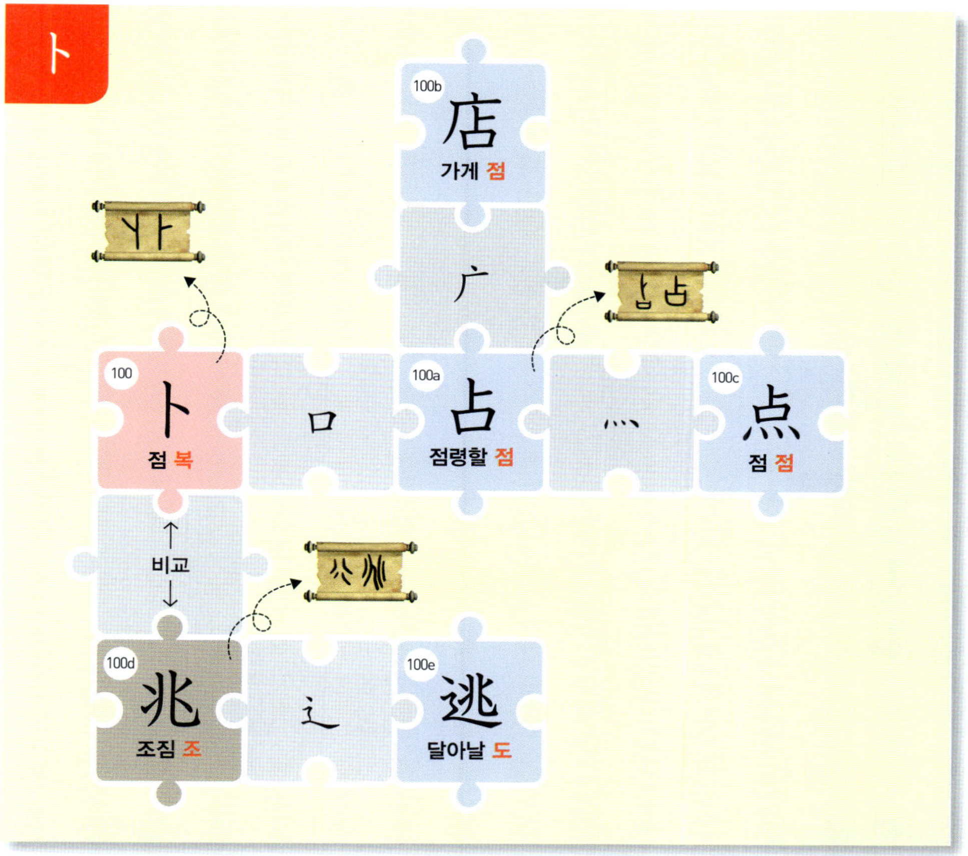

삶 | 전쟁 | 의식

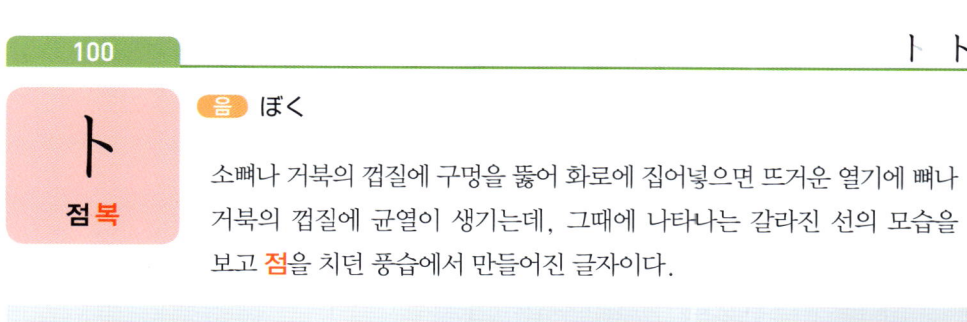

100

卜
점 복

음 ぼく

소뼈나 거북의 껍질에 구멍을 뚫어 화로에 집어넣으면 뜨거운 열기에 뼈나 거북의 껍질에 균열이 생기는데, 그때에 나타나는 갈라진 선의 모습을 보고 **점**을 치던 풍습에서 만들어진 글자이다.

- 卜占(ぼくせん) 점
- 卜者(ぼくしゃ) 점쟁이

100a

占　占　占　占

占 점령할 점

- 음: せん
- 훈: しめる・うらなう

ト(ぼく) 점복 ＋ 口(こう・く) 입구

점(ト)을 쳐서 점괘에 나온 좋은 장소를 말해주자(口) 먼저 가서 그 장소를 **차지하는** 모습을 뜻한다.

- 占有(せんゆう) 점유
- 独占(どくせん) 독점
- 占う(うらなう) 점치다, 예언하다
- 占用(せんよう) 점용
- 占める(しめる) 차지하다, 자리 잡다, 점유하다
- 占領(せんりょう) 점령
- 占い師(うらないし) 점쟁이

100b

店　店　店　店　店　店　店　店

店 가게 점

- 음: てん
- 훈: みせ

广(げん) 집엄 ＋ 占(せん) 점령할 점

점괘에 나온 좋은 장소를 차지하고(占) 그곳에 집(广)을 지어 장사하는 모습에서 **가게**, **상점**의 뜻을 갖게 되었다.

广자는 한쪽 벽이 트인 집의 모양으로, 상품을 진열하기 위해 벽을 터 놓은 가게라고 생각하자.

- 喫茶店(きっさてん) 찻집, 다방
- 店員(てんいん) 점원
- 店舗(てんぽ) 점포, 가게
- 支店(してん) 지점
- 店長(てんちょう) 점장
- 売店(ばいてん) 매점
- 商店街(しょうてんがい) 상점가
- 店頭(てんとう) 가게 앞
- 店(みせ) 가게, 상점, 점포

100c

点　点　点　点　点　点　点　点　点

 점 점

- 음: てん

占(せん) 점령할 점 ＋ 灬=火(か) 불 화

점(占)을 치기 위해 뼈나 거북의 껍질을 불(火)에 태우는 모습에서 **점**, **점수** 등의 뜻이 파생되었다.

우리 點자의 일본식 한자이다. 점(占)을 치기 위해 뼈를 불(灬)에 검(黒)게 태웠다는 의미로 해석할 수 있다.

삶 | 전쟁 | 의식

- 点(てん) 점, 작은 표시
- 交差点(こうさてん) 교차점
- 重点(じゅうてん) 중점
- 頂点(ちょうてん) 정점
- 満点(まんてん) 만점
- 観点(かんてん) 관점
- 採点(さいてん) 채점
- 焦点(しょうてん) 초점
- 点線(てんせん) 점선
- 要点(ようてん) 요점
- 欠点(けってん) 결점
- 弱点(じゃくてん) 약점
- 地点(ちてん) 지점, 곳
- 得点(とくてん) 득점

100d　丿 ㇒ ㇒ 兆 兆 兆

兆　조짐 조

- 음: ちょう
- 훈: きざす・きざし

卜(ぼく 점 복)자와 마찬가지로 점을 칠 때 사용하던 뼈나 거북의 껍질에 나타나는 균열을 본떠 만든 글자로, 미래를 보는 점을 치던 것에서 **조짐**이라는 뜻이 파생되었다. 또한 그러한 균열이 나타날 수 있는 경우의 수가 너무나 많으므로 아주 큰 숫자인 **조**를 의미하기도 한다.

- 前兆(ぜんちょう) 전조
- 兆す(きざす) 싹트다, 징조가 보이다
- 兆候(ちょうこう) 조짐, 징후
- 兆し(きざし) 조짐, 전조, 징조

100e　丿 ㇒ ㇒ 兆 兆 兆 逃 逃

달아날 도

- 음: とう
- 훈: にげる・に(が)す・のがす・のがれる

兆(ちょう) 조짐 조 + 辶(ちゃく) 쉬엄쉬엄 갈 착

점을 쳐서 조짐(兆)이 나쁘게 나오자 멀리 **달아나는**(辶) 모습이다.

- 逃走(とうそう) 도주
- 逃亡(とうぼう) 도망
- 逃(が)す(にがす) 놓아 주다, 놓치다
- 逃れる(のがれる) 달아나다, 도망치다, 벗어나다
- 見逃す(みのがす) 못 보고 빠뜨리다, 못 본 체하다, 묵인하다
- 逃避(とうひ) 도피
- 逃げる(にげる) 도망치다, 달아나다
- 逃す(のがす) 놓치다

삶 | 필수품 | 의

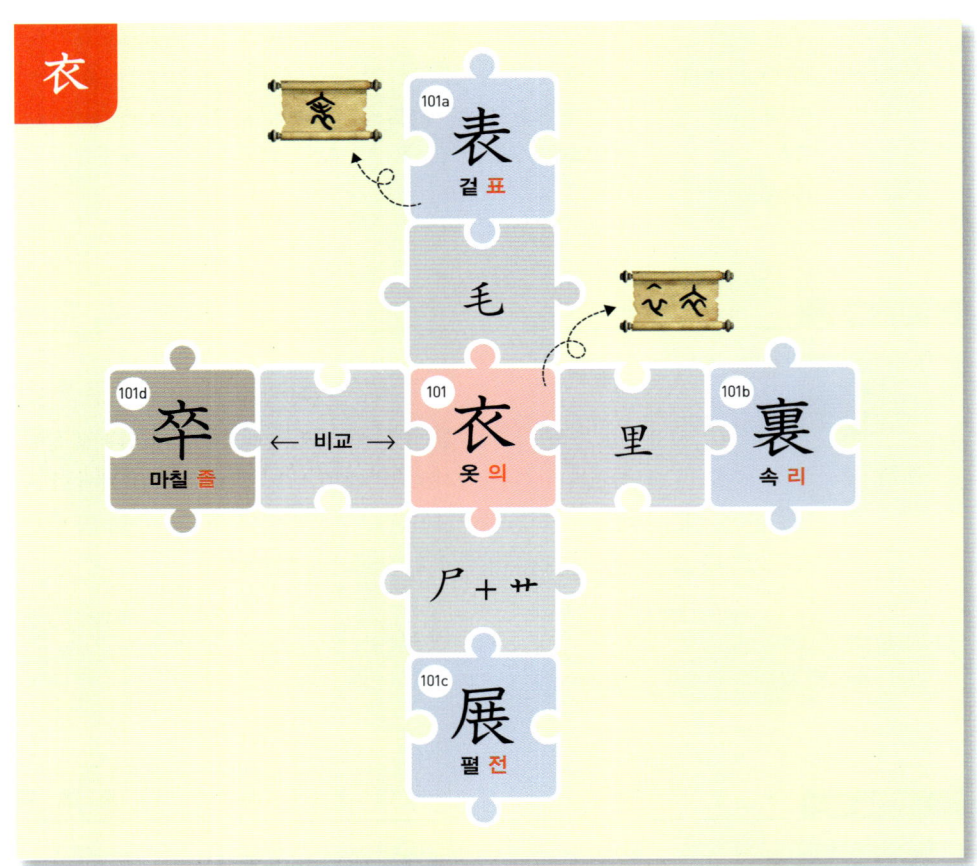

101

衣 옷 의

음 い　훈 ころも

옷衣을 펼쳐 놓은 모습을 본떠 만든 글자이다. 다른 글자와 합쳐질 때에는 모양이 衤로 바뀐다.

- 衣装(いしょう) 의상
- 衣類(いるい) 의류
- 衣服(いふく) 의복, 옷
- 脱衣(だつい) 탈의

- 衣(ころも) 옷, 의복, 승려의 법의, 과자나 튀김의 옷
- 羽衣(はごろも) 선녀의 날개옷, 새나 곤충의 날개
- 浴衣(ゆかた) 여름 또는 목욕 후에 입는 무명으로 된 홑옷

101a

表
겉 표

음 ひょう　훈 おもて・あら(わ)す・あらわれる

毛(もう) 털 모 ＋ 衣(い) 옷 의

가죽의 털(毛)이 **겉**으로 드러나도록 만든 옷(衣)을 입고 있는 모습이다.

- 時刻表(じこくひょう) 시간표
- 代表(だいひょう) 대표
- 発表(はっぴょう) 발표
- 表情(ひょうじょう) 표정
- 表(わ)す(あらわす) 나타내다, 표현하다
- 表口(おもてぐち) 앞문, 정문 출입구
- 図表(ずひょう) 도표
- 年表(ねんぴょう) 연표
- 表現(ひょうげん) 표현
- 表(おもて) 표면, 겉, (야구의 ~회) 초
- 表れる(あらわれる) 나타나다, 드러나다
- 表門(おもてもん) 정문

101b

裏
속 리

음 り　훈 うら

衣(い) 옷 의 ＋ 里(り) 마을 리

옷(衣)이 몸을 보호하듯이 외부의 침입으로부터 보호하기 위해 숲**속**이나 깊은 산이 둘러싸인 곳에 마을(里)을 형성하였다.

- 囲炉裏(いろり) 바닥을 사각으로 파내어 불을 피울 수 있도록 한 곳
- 脳裏(のうり) 뇌리
- 裏面(りめん) 이면
- 裏口(うらぐち) 뒷문, 부정한 수단
- 裏門(うらもん) 뒷문
- 秘密裏(ひみつり) 비밀리
- 裏(うら) 뒤, 뒷면, 안감, (야구의 ~회) 말
- 裏話(うらばなし) 비화
- 舞台裏(ぶたいうら) 무대 뒤, 막후, 이면

101c

展 展 展 展 展 展 展 展 展 展

펄 전

음 てん

尸(し) 주검 시 + ⺾(수의를 펼쳐 놓은 모습) + 衣(い) 옷 의

시신(尸)을 감싸기 위해 수의(衣)를 가지런히 펼쳐놓은 모습(⺾)에서 **펴다, 늘어놓다, 전시하다** 등의 뜻이 파생되었다.

- 展開(てんかい) 전개
- 展示(てんじ) 전시
- 展覧会(てんらんかい) 전람회
- 進展(しんてん) 진전
- 展望(てんぼう) 전망
- 発展(はってん) 발전

101d

卒 卒 卒 卒 卒 卒 卒 卒

마칠 졸

음 そつ

시신에 수의(衣)를 입히고 천으로 둘둘 말아서 묶어둔 모습(一)에서 **마치다**는 뜻이 파생되었다. 또한 허리춤을 졸라맨 하인이나 말단 군인의 모습과 비슷하여 **병졸, 하인**의 뜻도 갖게 되었다.

- 卒(そつ) 하급 병사, 졸업의 준말, (귀인의) 죽음
- 新卒(しんそつ) 그해 졸업하는 것 또는 그 졸업자
- 卒業(そつぎょう) 졸업
- 卒論(そつろん) 졸업논문 ☞ 卒業論文(そつぎょうろんぶん)의 준말
- 大卒(だいそつ) 대졸

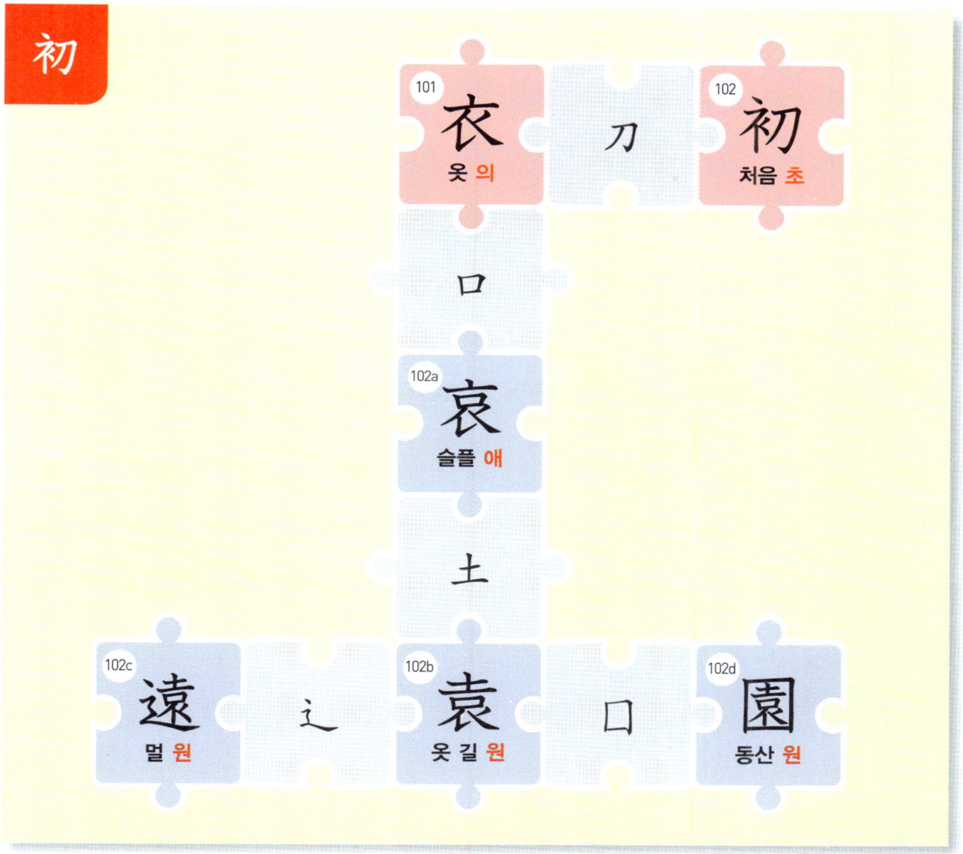

삶 | 필수품 | 의

初

- 101 衣 옷의
- 刀
- 102 初 처음 초
- 口
- 102a 哀 슬플 애
- 土
- 102c 遠 멀 원
- 辶
- 102b 袁 옷 길 원
- 口
- 102d 園 동산 원

102

102

初
처음 초

음 しょ　**훈** はじめ・はじめて・はつ・うい・そめる

=衣(い) 옷 의 ＋ 刀(とう) 칼 도

옷(衣)을 만들기 위해 **처음**으로 하는 일은 칼(刀)로 천을 자르고 마름질 하는 일이다.

- ☐ 最初(さいしょ) 최초
- ☐ 初心(しょしん) 초심
- ☐ 初級(しょきゅう) 초급
- ☐ 初対面(しょたいめん) 첫 대면

- 初日(しょにち) 첫날
- 初めて(はじめて) 최초로, 처음(으로), 비로소
- 初耳(はつみみ) 처음 듣는 일
- 初める(そめる) ~하기 시작하다, 처음으로 ~하다
- 書初め(かきぞめ) 새해 처음으로 붓글씨를 씀 ☞ 원래 1월 2일에 행하던 행사로 자신의 각오나 포부 등을 담거나, 상서로운 뜻의 문구를 쓰거나 그림을 그린다.
- 初め(はじめ) 처음, 최초
- 初恋(はつこい) 첫사랑
- 初陣(ういじん) (시합·경기 등에) 첫 출전

102a

슬플 애

- 음: あい
- 훈: あわれ・あわれむ

衣(い) 옷 의 + 口(こう・く) 입 구

수의(衣)를 입고 누워 있는 시신을 보며 입(口)을 가리고 **슬퍼하며** 우는 모습을 나타낸다.

- 哀悼(あいとう) 애도
- 哀れ(あわれ) 불쌍함, 가련함, 비애
- 哀れむ(あわれむ) 불쌍히 여기다, 사랑하다, 귀여워하다
- 悲哀(ひあい) 비애

102b

옷 길 원

- 음: えん

土→止(し) 그칠 지 + 哀(あい) 슬플 애

안타깝고 슬프지만(哀) 죽은 사람을 의식에 따라 **긴 옷**을 입혀 떠나보내는(止) 모습이다.

袁자는 단독으로 쓰이는 경우는 없지만, 다른 글자와 합쳐 한자를 구성하는 중요 요소이므로 단독으로 다루었다. 다른 글자와 합쳐질 때에는 모양이 袁으로 바뀐다.

102c

遠遠遠遠遠遠袁袁袁袁遠遠

멀 원

음 えん・おん　훈 とおい

袁(えん) 옷 길 원 ＋ 辶(ちゃく) 쉬엄쉬엄 갈 착

긴 옷(袁)을 입고 돌아갈(辶) 수 없는 곳으로 떠났다는 의미에서 **멀다**는 뜻이 파생되었다.

- 永遠(えいえん) 영원
- 遠距離(えんきょり) 원거리
- 遠足(えんそく) 소풍
- 久遠(くおん) 영원
- 遠隔(えんかく) 원격
- 遠近(えんきん) 원근
- 望遠鏡(ぼうえんきょう) 망원경
- 遠い(とおい) 멀다

102d

園園園園園園園園園園園園

동산 원

음 えん　훈 その

囗(い・こく) 에워쌀 위 ＋ 袁(えん) 옷 길 원

긴 옷(袁)을 입고 떠나간 사람의 무덤 주위에 울타리를 두르고(囗) 정원으로 잘 가꾸어 놓은 모습에서 **채소나 수목을 재배하는 밭, 아이들을 위한 공부나 오락 시설** 등을 나타낼 때에 쓰인다.

- 園児(えんじ) 원아
- 動物園(どうぶつえん) 동물원
- 保育園(ほいくえん) 보육원
- 楽園(らくえん) 낙원
- 公園(こうえん) 공원
- 農園(のうえん) 농원
- 幼稚園(ようちえん) 유치원
- 花園(はなぞの) 화원

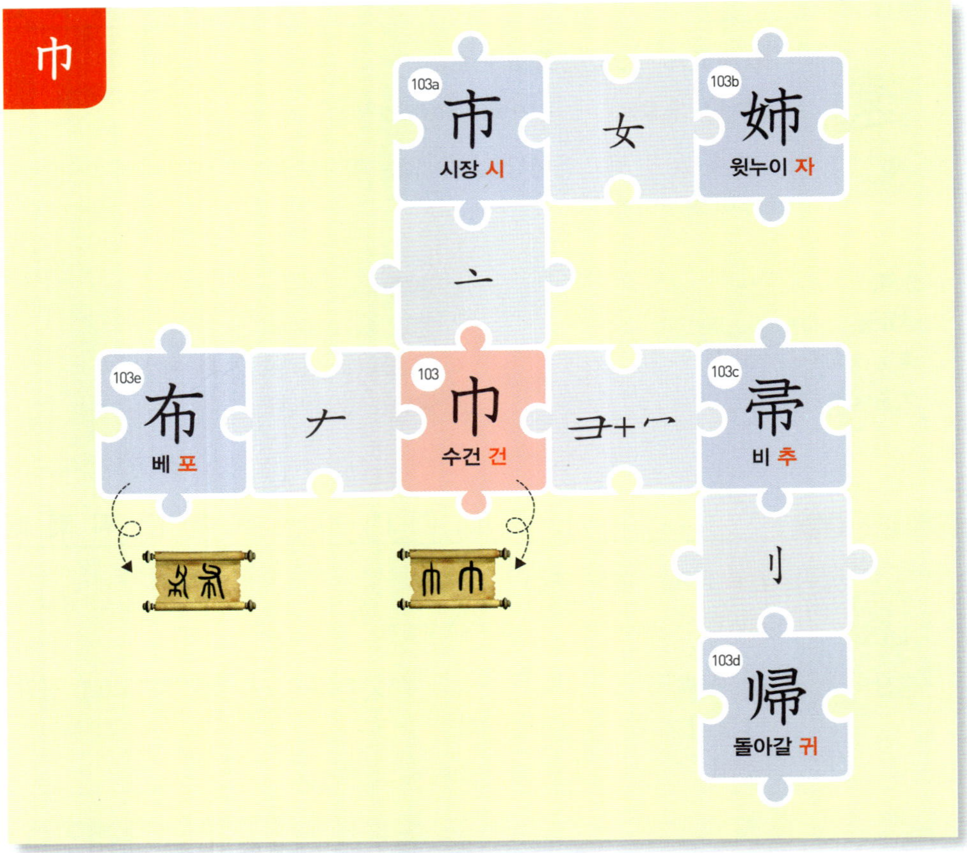

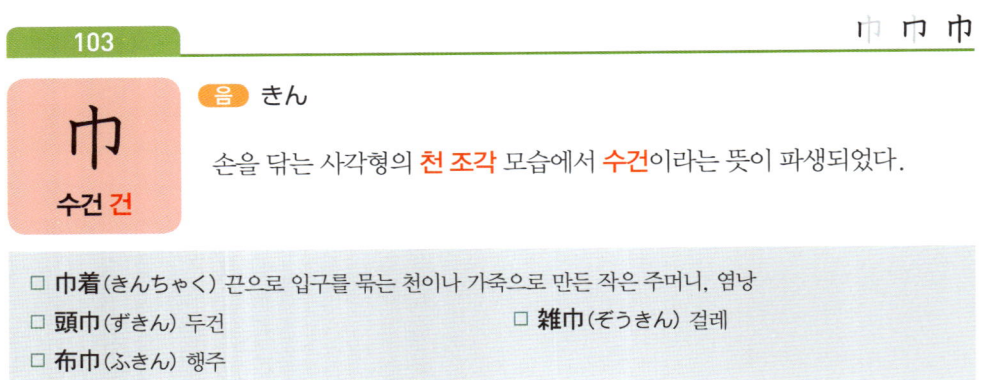

103

巾 수건 건

음 きん

손을 닦는 사각형의 **천 조각** 모습에서 **수건**이라는 뜻이 파생되었다.

- 巾着(きんちゃく) 끈으로 입구를 묶는 천이나 가죽으로 만든 작은 주머니, 염낭
- 頭巾(ずきん) 두건
- 雑巾(ぞうきん) 걸레
- 布巾(ふきん) 행주

103a

시장 시

市 市 市 市 市

음 し 훈 いち

亠(장식 모양) + 巾(きん) 수건 건

가로 장식(亠)이 달린 깃대에 품목을 적은 천(巾), 즉 오늘날의 간판을 달고 장사하는 사람들이 모여 있는 곳이라는 의미로 **시장**을 뜻한다. 또 시장은 사람이 많이 모여 사는 곳에 형성되므로 **도시**라는 의미도 갖게 되었다.

- 市場(しじょう) 시장 ☞ (금융시장과 같이) 재화·서비스가 거래되는 추상적인 개념
- 市長(しちょう) 시장
- 市民(しみん) 시민
- 市役所(しやくしょ) 시청
- 都市(とし) 도시
- 市場(いちば) (식료품·일용품 등을 파는) 시장

103b

윗누이 자

姉 姉 姉 姉 姉 姉 姉

음 し 훈 あね

女(じょ·にょ·にょう) 여자 녀 + 市(し) 시장 시

동생들을 위해 시장 또는 도시(市)에 나가 일을 하는 여자(女) 형제라는 의미로 **언니**, **손윗누이**를 뜻하게 되었다.

- 姉妹(しまい) 자매
- 姉(あね) 언니, 누나, 배우자의 손위 여자 형제
- 姉さん女房(あねさんにょうぼう) 연상의 아내
- お姉さん(おねえさん) 언니, 누님

103c

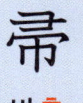
비 추

帚 帚 帚 帚 帚 帚 帚

음 そう 훈 ほうき

彐(けい) 손 계 + 冖(べき·みゃく) 덮을 멱 + 巾(きん) 수건 건

천(巾)으로 만든 **빗자루**를 손(彐)에 들고 바닥에 덮혀(冖) 있는 먼지를 쓸어내는 모습이다.

- 帚(ほうき) 비, 빗자루

103d

帰 帰 帰 帰 帰 帰 帰 帰 帰 帰

帰 돌아갈 귀

음 き　훈 かえる・かえす

刂=刀(とう) 칼 도 ＋ 帚(そう) 비 추

사당은 제물을 잡아(刀) 제사를 드리는 성스러운 장소이다. 그처럼 중요한 곳을 하루도 빠지지 않고 빗자루(帚)를 들고 청소하러 오가는 모습에서 **돌아가다**, **돌아오다**는 뜻이 파생되었다.

> 우리 歸자의 일본식 한자이다. 제물(自)을 바치고 제를 올리는 사당을 청소하기 위해 빗자루(帚)를 들고 가는(止) 모습이다.

- □ 帰化(きか) 귀화
- □ 帰国(きこく) 귀국
- □ 復帰(ふっき) 복귀
- □ 帰る(かえる) 돌아가다, 돌아오다
- □ 帰す(かえす) 돌려보내다, 돌아가게 하다
- □ 帰り道(かえりみち) 귀로
- □ 日帰り旅行(ひがえりりょこう) 당일치기 여행

103e

布 布 布 布 布

布 베 포

음 ふ　훈 ぬの

巾(きん) 수건 건 ナ=又(ゆう) 또 우

손(又)에 나무 방망이를 들고 다듬잇돌 위에 놓인 **천**(巾)을 두드려 다듬는 장면이다. 그렇게 반드럽게 다듬어진 천을 펼치는 모습에서 **펴다**, **널리 알리다**는 뜻도 파생되었다.

> 금문을 보면 ナ자는 손에 방망이를 든 모습이다. 일본의 와카(和歌 : 5·7·5·7·7로 이루어진 일본 고유 형식의 시) 등에도 다듬이질이 등장하는 것으로 보아 일본에서도 다듬이질의 역사가 오래되었음을 알 수 있다.

- □ 公布(こうふ) 공포
- □ 財布(さいふ) 지갑
- □ 配布(はいふ) 배포
- □ 布団(ふとん) 이불
- □ 分布(ぶんぷ) 분포
- □ 毛布(もうふ) 모포, 담요
- □ 布(ぬの) 직물의 총칭, 옛날에는 견의 반대 개념으로 삼베와 무명을 가리켰음
- □ 布地(ぬのじ) 천, 옷감, 피륙

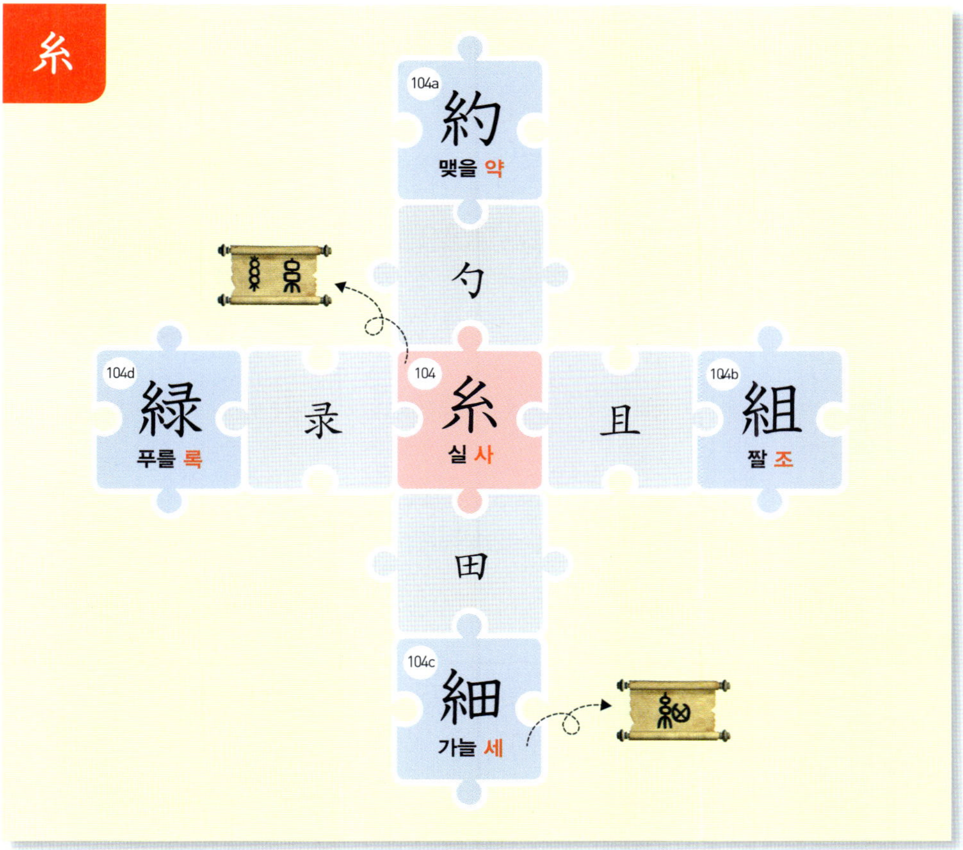

삶 | 필수품 | 의

| 104a 約 맺을 약 |
| 勻 |
| 104d 綠 푸를 록 | 录 | 104 糸 실 사 | 且 | 104b 組 짤 조 |
| 田 |
| 104c 細 가늘 세 |

104

糸 幺 幺 糸 糸 糸

糸 실 사

- 음 し
- 훈 いと

실 한 가닥을 감아 놓은 실타래(糸)의 모습을 본떠 만든 글자이다. 다른 글자와 합쳐질 경우 묶어주고 이어주고 연결해 주는 실의 기능적인 특징이 의미에 기여한다.

- 菌糸(きんし) 균사
- 絹糸(けんし) 견사
- 綿糸(めんし) 면사
- 糸(いと) 실, 실처럼 가늘고 긴 것
- 糸口(いとぐち) 실마리, 단서
- 毛糸(けいと) 털실

104a

約

맺을 **약**

음 やく

糸(し) 실 사 ＋ 勺(しゃく) 국자 작

결혼식에서 평생 함께하기를 약속하며 술을 떠서(勺) 신랑 신부가 나눠 마시며 부부의 연을 **맺는**(糸) 모습이다.

- 契約(けいやく) 계약
- 節約(せつやく) 절약
- 約束(やくそく) 약속, 언약, 규칙
- 予約(よやく) 예약
- 婚約(こんやく) 약혼
- 先約(せんやく) 선약
- 要約(ようやく) 요약

104b

組

짤 **조**

음 そ 훈 く(み)・くむ

糸(し) 실 사 ＋ 且(しょ) 또 차

且자는 도마 위에 고기를 겹겹이 쌓아 놓은 모습을 본떠 만든 글자로, 실(糸)을 겹쳐서 쌓다(且)는 것은 실로 천을 **짜다**는 의미이며, 여기에서 **조직하다**는 뜻도 갖게 되었다.

- 組閣(そかく) 조각 : 총리가 내각을 조직하는 것
- 組(み)(くみ) 세트, 쌍, 그룹, 반, 패거리
- 組む(くむ) 조직하다, 편성하다, 짝이 되다, 꼬다, 끼다, 맞붙다
- 組合(くみあい) 조합
- 組織(そしき) 조직
- 番組(ばんぐみ) 프로그램

104c 細 가늘 세

음 さい　훈 ほそい・ほそる・こまか・こまかい

糸(し) 실 사 ＋ 田→囟(しん) 숫구멍 신

정수리의 숫구멍(囟)이 아직 막히지 않은 갓난아이처럼 약하고 가는 실(糸)의 모습에서 **가늘다, 세밀하다**는 뜻이 파생되었다.

> 옛 글자를 보면 田(でん 밭 전)자는 囟자의 변형임을 알 수 있다. 숫구멍은 갓난아이의 정수리 뼈가 굳지 않아서 숨 쉴 때마다 뛰는 곳이다.

- □ 細菌(さいきん) 세균
- □ 細胞(さいぼう) 세포
- □ 繊細(せんさい) 섬세
- □ 細い(ほそい) 가늘다, 좁다
- □ 細か(こまか) 잔 모양, 자세한 모양, 세세한 모양
- □ 細道(ほそみち) 좁은 길
- □ 細工(さいく) 세공
- □ 詳細(しょうさい) 상세
- □ 明細書(めいさいしょ) 명세서
- □ 細る(ほそる) 가늘어지다, 약해지다
- □ 細かい(こまかい) 잘다, 작다, 미세하다, 까다롭다

104d 緑 푸를 록

음 りょく・ろく　훈 みどり

糸(し) 실 사 ＋ 彔(ろく) 기록할 록

옷감이나 실을 아름답게 염색하던 옛사람들의 생활상을 알려주는 글자로, 뜻을 나타내는 糸자와 음을 나타내는 彔자가 합쳐져 **초록빛**을 의미하는 글자가 만들어졌다.

> 우리 綠자의 일본식 한자이다. 彔자는 송곳 같은 연장으로 나무에 홈을 파고 있는 모습을 본떠 만든 글자이다. 나뭇가지가 껍질이 벗겨져 푸른빛이 드러나는 모습에서 '녹색, 초록빛'이라는 뜻이 파생되었다고 생각하자.

- □ 新緑(しんりょく) 신록
- □ 緑青色(ろくしょういろ) 녹청색
- □ 青緑(あおみどり) 청록색
- □ 緑茶(りょくちゃ) 녹차
- □ 緑(みどり) 녹색, 초록(빛), 나무의 새싹, 자연

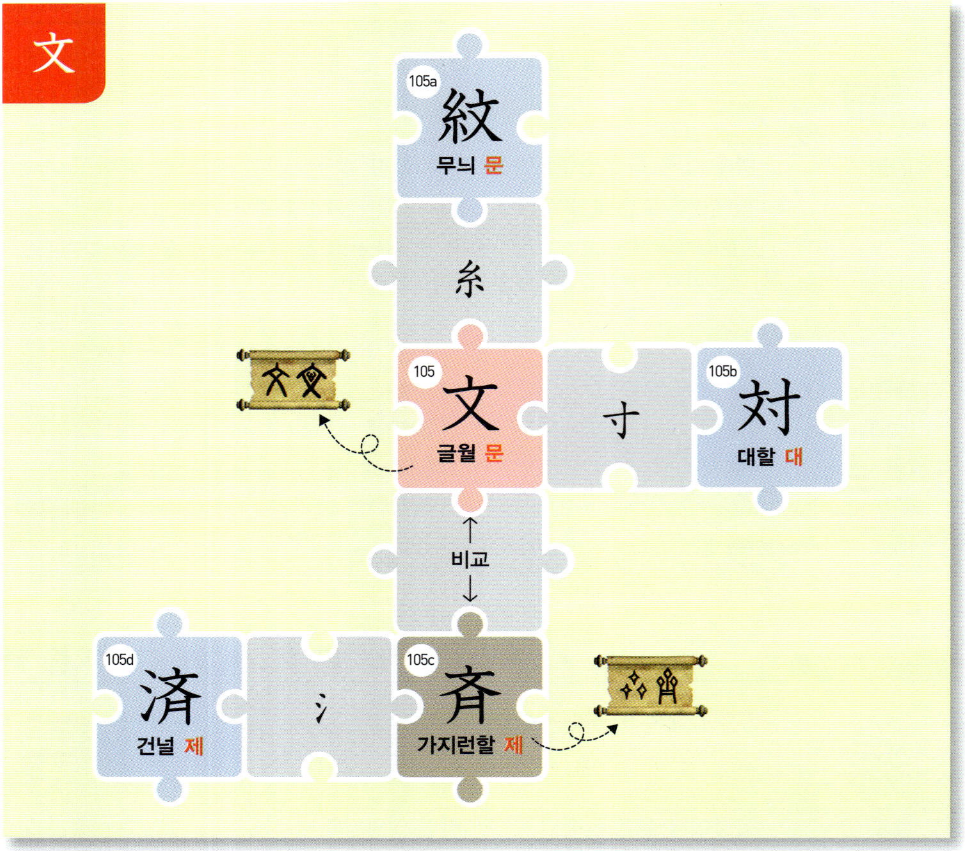

105

文

105a	紋 무늬 문
	糸
105	文 글월 문
	寸
105b	対 대할 대
	↑ 비교 ↓
105d	済 건널 제
	氵
105c	斉 가지런할 제

文 文 文 文

글월 문

음 ぶん・もん　훈 ふみ

머리(亠) 아래 가슴(乂)에 문신을 새긴 사람의 모습을 본떠 만든 글자이다. 한자가 문신과 같이 그림에서 시작되었으므로 **문자**라는 뜻이 파생되었다.

- 作文(さくぶん) 작문, 글짓기
- 文献(ぶんけん) 문헌
- 文化(ぶんか) 문화
- 文章(ぶんしょう) 문장, 글월

- 文法(ぶんぽう) 문법
- 注文(ちゅうもん) 주문
- 文(ふみ) 서한, 연서, 책, 문서
- 文字(もじ) 문자, 글자, 문장
- 呪文(じゅもん) 주문
- 文句(もんく) 불평, 이의, 문구
- 恋文(こいぶみ) 연애편지

105a

紋 무늬 문

- 음: もん
- 糸(し) 실 사 + 文(ぶん・もん) 글월 문

몸에 문신(文)을 새기듯 옷감에 실(糸)로 **무늬**를 새기는 모습이다.

- 家紋(かもん) 가문, 한 집안의 문장
- 指紋(しもん) 지문
- 紋章(もんしょう) 문장
- 小紋(こもん) 자잘한 무늬
- 紋柄(もんがら) 무늬의 모양

105b

対 대할 대

- 음: たい・つい
- 文(ぶん・もん) 글월 문 + 寸(すん) 마디 촌

사람을 **대할** 때 손(寸)에 촛대를 들고 몸에 새겨진 문신(文)을 비추면서 적인지를 확인하는 모습에서 **대하다**, **마주하다**, **대답하다** 등의 뜻이 파생되었다.

| 우리 對자의 일본식 한자이다.

- 応対(おうたい) 응대
- 対決(たいけつ) 대결
- 対策(たいさく) 대책
- 対立(たいりつ) 대립
- 一対(いっつい) 한 쌍, 한 벌
- 絶対(ぜったい) 절대
- 対抗(たいこう) 대항
- 対象(たいしょう) 대상
- 反対(はんたい) 반대
- 対句(ついく) 대구

105c

斉 斉 斉 斉 斉 斉 斉 斉

음 せい

농작물의 이삭이 **가지런하게** 돋아난 모습을 본떠 만든 글자이다.

| 우리 齊자의 일본식 한자이다.

☐ 一斉(いっせい) 일제　　☐ 斉唱(せいしょう) 제창

105d

済 済 済 済 済 済 済 済 済 済

음 さい　　**훈** すむ・すます

氵＝水(すい) 물 수　＋　斉(せい) 가지런할 제

홍수(水)나 가뭄을 잘 견뎌내고 가지런하게(斉) 자라고 있는 농작물을 가리킨다. 그렇게 어려움을 극복했다는 비유적인 표현으로 **건너다**, **마치다**는 뜻을 갖게 되었다.

| 우리 濟자의 일본식 한자이다.

☐ 救済(きゅうさい) 구제　　☐ 共済(きょうさい) 공제
☐ 経済(けいざい) 경제
☐ 決済(けっさい) 결제 ☞ 未済(みさい) 미제, 既済(きさい) 기제
☐ 返済(へんさい) 반제, 변제　　☐ 弁済(べんさい) 변제
☐ 済む(すむ) 끝나다, 완료되다, 해결되다
☐ 済ます(すます) 끝내다, 마치다, 완료하다, 때우다, 해결하다
☐ 使用済み(しようずみ) 사용필

삶 | 필수품 | 의

白

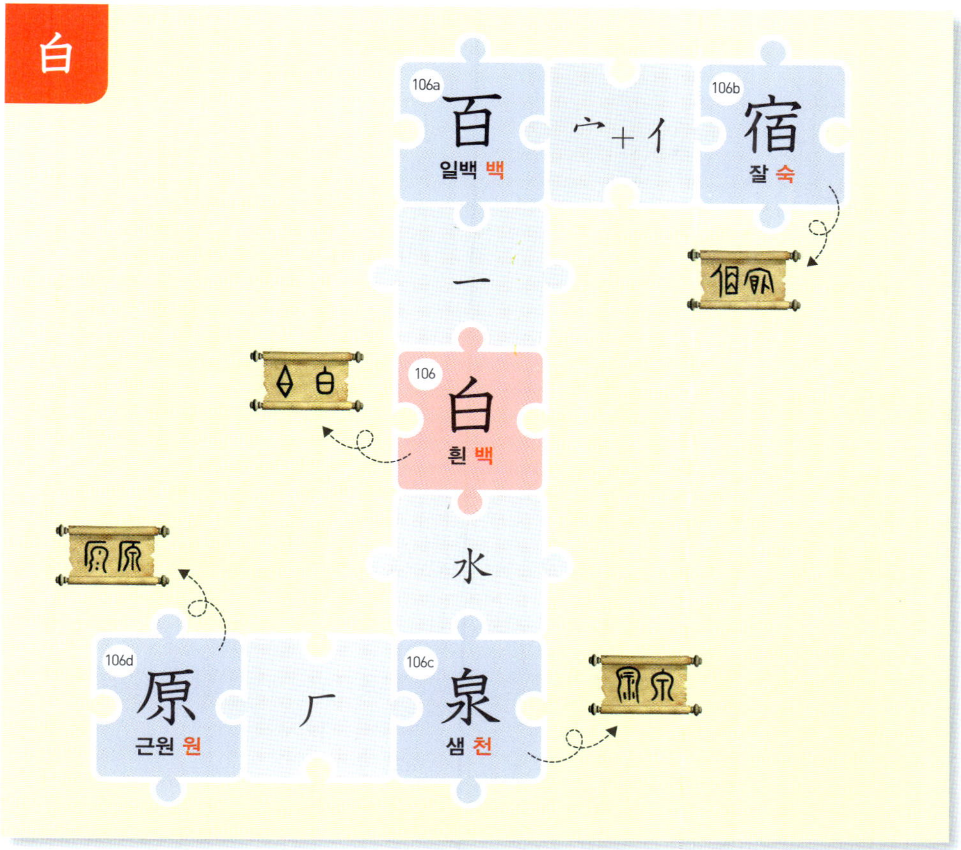

106a 百 일백 백	宀+亻	106b 宿 잘 숙
	一	
	106 白 흰 백	
	水	
106d 原 근원 원	厂	106c 泉 샘 천

106

白 白 白 白 白

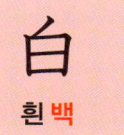
흰 백

음 はく・びゃく   훈 しろ・しら・しろい

햇빛(日)을 받은 물방울이 마치 구슬처럼 **하얗게** 빛(ヽ)나는 모습을 본떠 만든 글자이다. 갑골문자가 발달하였던 은나라 때는 흰색을 숭상하였기 때문에 **최고**라는 의미를 내포하고 있다.

☐ **空白**(くうはく) 공백

319

- 紅白歌合戦(こうはくうたがっせん) 홍백노래자랑 ☞ 일본 NHK방송사에서 매년 12월 31일에 방송하는 노래 프로그램으로, 백팀과 홍팀으로 나뉘어 경연을 펼친다.
- 告白(こくはく) 고백
- 白紙(はくし) 백지
- 白(しろ) 백, 흰색, 색이 하얀 것
- 白雪姫(しらゆきひめ) 백설공주
- 色白(いろじろ) 살갗이 하얌
- 黒白(くろしろ) 흑백
- 自白(じはく) 자백
- 白夜(びゃくや) 백야
- 白髪(しらが) 백발
- 白い(しろい) 희다
- 面白い(おもしろい) 재미있다, 즐겁다

106a

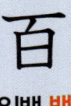

일백 백

음 ひゃく

一(いち・いつ) 하나 일 + 白(はく・びゃく) 흰 백

일(一)이라는 기본수에 최고(白)라는 의미를 더해 **일백**을 표현하였다.

- 百(ひゃく) 백, 다수, 많은 것
- 百点(ひゃくてん) 100점
- 百貨店(ひゃっかてん) 백화점
- 八百屋(やおや) 채소가게
- 數百(すうひゃく) 수백
- 百科事典(ひゃっかじてん) 백과사전
- 百済(くだら) 백제
- 百合(ゆり) 백합

106b

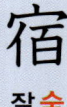

잘 숙

음 しゅく 훈 やど・やどる・やどす

宀(べん・めん) 집 면 + 亻=人(じん・にん) 사람 인 + 百(ひゃく) 일백 백

많은(百) 사람(人)들이 잘 수 있도록 되어 있는 숙박업소(宀)에서 하룻밤 **묵는** 모습이다.

옛 글자는 百자가 요의 모양으로, 宿자는 집(宀) 안에서 사람(人)이 요(百) 위에 누워 자는 모습을 나타낸다.

- 合宿(がっしゅく) 합숙
- 宿泊(しゅくはく) 숙박
- 宿(やど) 집, 숙소, 여관, 숙박
- 宿す(やどす) 품다, 머금다, 잉태하다
- 宿題(しゅくだい) 숙제
- 宿命(しゅくめい) 숙명
- 宿る(やどる) 머물다, 살다, 숙박하다

106c

泉 샘 천

음 せん　**훈** いずみ

白(はく・びゃく) 흰 백　+　水(すい) 물 수

바위틈의 **샘**에서 솟아나는 물(水)이 햇빛을 받아 빛나는(白) 모습을 본떠 만든 글자이다.

- 温泉(おんせん) 온천
- 泉(いずみ) 샘, 샘물, 원천
- 源泉(げんせん) 원천

106d

原 근원 원

음 げん　**훈** はら

厂(かん) 언덕 엄　+　泉(せん) 샘 천

큰 강도 그 **근원**을 찾아 거슬러 가면 언덕(厂) 바위틈의 작은 샘(泉)에서 발원하였음을 알 수 있다.

│ 泉자 아랫부분의 水자가 小(しょう 작을 소)자 모양으로 간략하게 바뀌었음에 유의하자.

- 原因(げんいん) 원인
- 原始(げんし) 원시
- 原則(げんそく) 원칙
- 原爆(げんばく) 원폭 ☞ 原子爆弾(げんしばくだん)의 준말
- 原料(げんりょう) 원료
- 野原(のはら) 들, 들판
- 原作(げんさく) 원작
- 原子力(げんしりょく) 원자력
- 原(はら) 들, 벌판

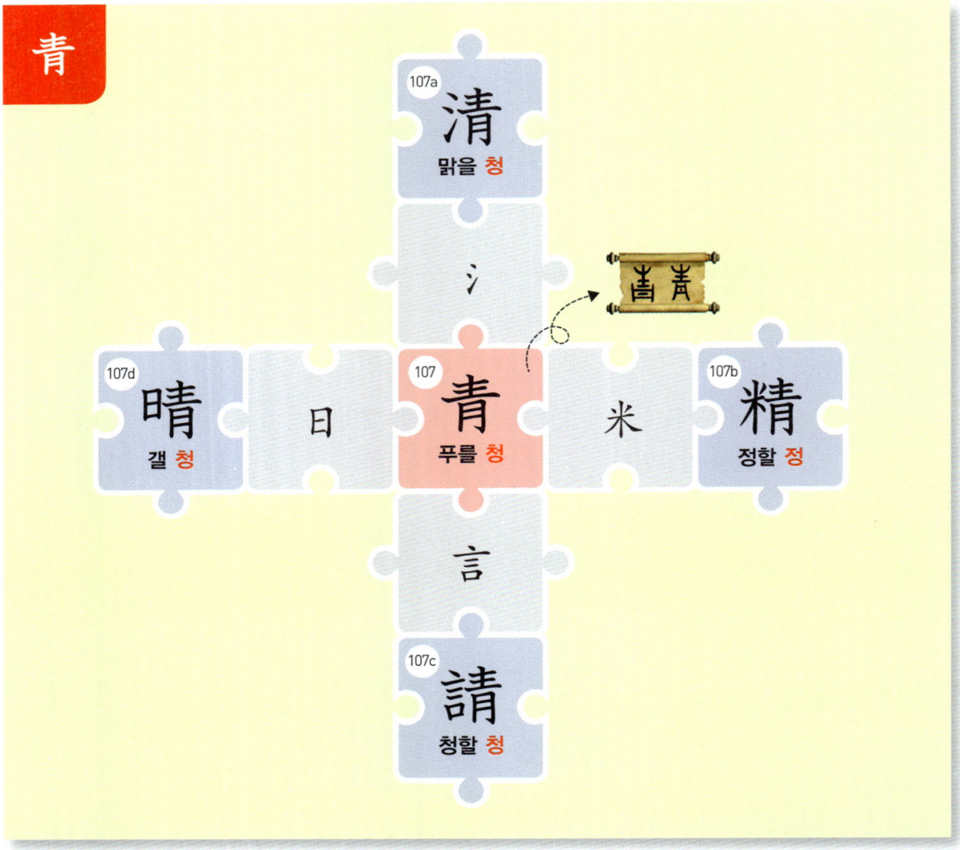

青

```
        107a
         清
        맑을 청

         ⺡

107d           107           107b
 晴      日    青    米    精
갤 청         푸를 청         정할 정

         言

        107c
         請
        청할 청
```

青 青 青 青 青 青 青

음 せい・しょう   훈 あお・あおい

구리와 같은 붉은(月→丹)색 계열의 광물에서 **푸른색** 녹이 생겨나는(龶→生) 모습을 나타낸다.

| 우리 靑자의 일본식 한자이다.
| 옛 글자를 보면 生(せい・しょう 날 생)자와 丹(たん 붉을 단)자의 합자임을 알 수 있다.
| 丹자는 우물(井)처럼 무너지지 않도록 틀을 짜서 파내려 간 굴에서 붉은색 계열의 구리와 같은 광물(丶)을 캐내는 모습이다.

- 青春(せいしゅん) 청춘
- 群青色(ぐんじょういろ) 군청색
- 青(あお) 파랑, 청색
- 青臭い(あおくさい) 풋내나다, 미숙하다
- 青空(あおぞら) 창공
- 青年(せいねん) 청년
- 紺青(こんじょう) 감청(색)
- 青い(あおい) 파랗다, 푸르다, 창백하다
- 青信号(あおしんごう) 청신호

107a

清清清清清清清清清清

清
맑을 청

음 せい・しょう・しん　훈 きよい・きよまる・きよめる

氵=水(すい) 물 수 ＋ 青(せい・しょう) 푸를 청

태양빛이 맑은 물에 부딪치면 적외선과 붉은 계통의 빛은 흡수되고, 파란 계통의 빛은 대부분 물분자에 부딪쳐 산란된다. 그 산란된 빛 때문에 물(水)은 **맑을수록** 푸른(青)빛을 띠게 된다.

- 清潔(せいけつ) 청결
- 清純(せいじゅん) 청순
- 日清(にっしん) 일본과 청나라
- 清まる(きよまる) 맑아지다
- 清める(きよめる) 맑게 하다, 깨끗이 하다, 부정을 없애다
- 清算(せいさん) 청산
- 清浄(しょうじょう) 청정
- 清い(きよい) 맑다, (성품이) 깨끗하다, 청렴하다

107b

精精精精精精精精精精精

精
정할 정

음 せい・しょう

米(べい・まい) 쌀 미 ＋ 青(せい・しょう) 푸를 청

푸른(青) 쌀(米)이란 먹을 수 있도록 깨끗하게 도정한 쌀을 의미한다. 그렇게 말끔하게 겨를 제거하는 모습에서 **세밀하다**, **순수하다**, **정력**이라는 뜻이 파생되었다.

| 우리 精자의 일본식 한자이다.

- 精気(せいき) 정기
- 精油(せいゆ) 정유
- 精神(せいしん) 정신
- 精力(せいりょく) 정력
- 精密(せいみつ) 정밀
- 精進(しょうじん) 정진

107c

請 請 請 請 請 請 請 請 請 請 請 請 請

請
청할 **청**

음 せい　**훈** こう・うける

言(げん・ごん) 말씀 언 ＋ 青(せい・しょう) 푸를 청

푸른(青) 말(言)이란 깨끗한 말을 의미한다. 다른 사람에게 무엇을 **청할** 때에는 바르고 고운 말을 써야 한다.

| 우리 請자의 일본식 한자이다.

- 申請(しんせい) 신청
- 要請(ようせい) 요청
- 請ける(うける) (돈을 내고) 찾다, (도급을) 맡다
- 請求(せいきゅう) 청구
- 請う(こう) 청하다, 바라다, 소망하다, 기원하다
- 下請(け)(したうけ) 하청

107d

晴 晴 晴 晴 晴 晴 晴 晴 晴 晴 晴

晴
갤 **청**

음 せい　**훈** はれる・はらす

日(にち・じつ) 날 일 ＋ 青(せい・しょう) 푸를 청

구름이 걷혀 태양(日)이 빛나고 하늘이 푸르다(青)는 것은 비 온 뒤에 하늘이 **맑게 개었음**을 의미한다.

| 우리 晴자의 일본식 한자이다.

- 快晴(かいせい) 쾌청
- 晴天(せいてん) 청천, 맑게 갠 하늘
- 晴れる(はれる) (하늘이) 개다, (마음이) 상쾌해지다, (의심 등이) 풀리다
- 晴らす(はらす) (의심 등을) 해소시키다, 개운하게 하다, (비를) 긋다
- 晴れ着(はれぎ) 나들이옷
- 晴(れ)間(はれま) 비・눈 등이 갠 사이, 구름 사이로 보이는 푸른 하늘, 마음이 상쾌한 때

삶 | 필수품 | 의

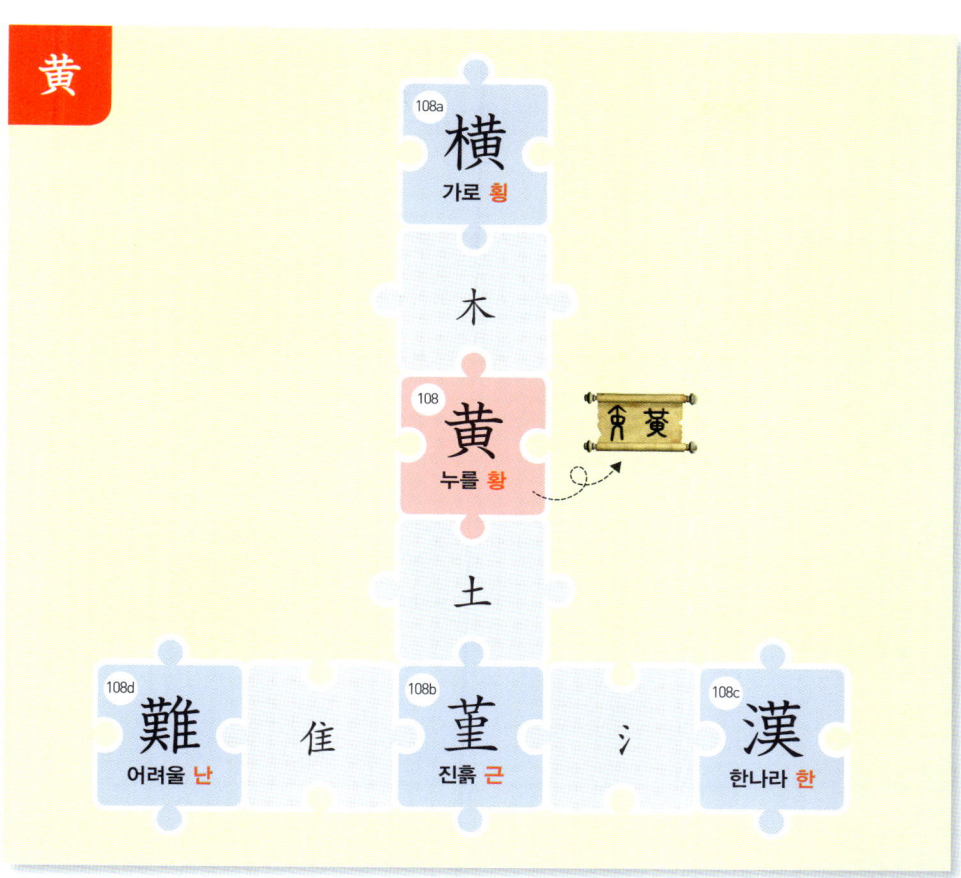

| 108 |

음 こう・おう　훈 き・こ

黄자의 형성에 대해서는 학자마다 의견 차이를 보이는데, 그중 설득력이 높은 것은 불화살이 날아갈 때 불빛이 노랗게 보이는 모습에서 **노랗다**는 의미를 갖게 되었다고 보는 견해이다.

| 우리 黃자의 일본식 한자이다.

325

- 黄白(こうはく) 금과 은, 돈
- 卵黄(らんおう) 난황
- 黄身(きみ) 노른자위, 난황
- 黄金(おうごん) 황금
- 黄色(きいろ) 황색, 노랑
- 黄金色(こがねいろ) 황금색

108a

横横横横横横横横横横横横

横 가로 횡

- 음: おう
- 훈: よこ

木(ぼく・もく) 나무 목 + 黄(こう・おう) 누를 황

허공을 가르고 날아가는 불화살(黃)처럼 항상 가로질러 잠그는 나무(木)로 된 문빗장의 모습에서 **가로**, **옆**, **측면**이라는 뜻이 파생되었다.

- 横断(おうだん) 횡단, 가로지름
- 縦横(じゅうおう) 종횡
- 横顔(よこがお) 옆 얼굴, 프로필
- 横道(よこみち) 옆길, 샛길
- 横領(おうりょう) 횡령
- 横(よこ) 옆, 가로, 측면
- 横綱(よこづな) 스모에서 가장 높은 지위

108b

菫菫菫菫菫菫菫菫菫菫

菫 진흙 근

- 음: きん

菫→黃(こう・おう) 누를 황 + 土(ど・と) 흙 토

땅(土)에 가뭄이 들어 풀 한 포기 없는 누런(黃) **진흙**땅이 갈라져 있는 모습이다.

갑골문자는 가뭄이 들었을 때 기우제를 지내고 있는 무속인의 입을 강조하여 묘사하고 있다.

108c

漢
한나라 한

- 음 かん
- 氵=水(すい) 물 수 + 莫→菫(きん) 진흙 근

중국 장강(長江)의 최대 지류인 한수(漢水)를 의미하는 글자이다. **한나라**는 진흙(菫)으로 인해 황톳물(水)이 흐르는 한수 유역에서 일어난 국가로, 오늘날 중국 문화의 기틀이 다져진 것도 이 시기이다.

- ☐ 漢字(かんじ) 한자
- ☐ 漢方薬(かんぽうやく) 한방약
- ☐ 漢文(かんぶん) 한문
- ☐ 痴漢(ちかん) 치한

108d

難
어려울 난

- 음 なん
- 훈 かたい・むずかしい
- 莫→菫(きん) 진흙 근 + 隹(すい) 새 추

가뭄으로 풀이 다 말라 죽고 누런 진흙(菫)만 남아서 날아다니는 새(隹)조차도 먹을 게 없는 **어려운** 상황을 묘사하고 있다.

- ☐ 苦難(くなん) 고난
- ☐ 災難(さいなん) 재난
- ☐ 難題(なんだい) 난제
- ☐ 難病(なんびょう) 난치병
- ☐ 難しい(むずかしい) 어렵다, 곤란하다, 까다롭다
- ☐ 困難(こんなん) 곤란
- ☐ 難易度(なんいど) 난이도
- ☐ 難点(なんてん) 난점
- ☐ 難い(かたい) 어렵다, 힘들다
- ☐ 信じ難い(しんじがたい) 믿기 어렵다

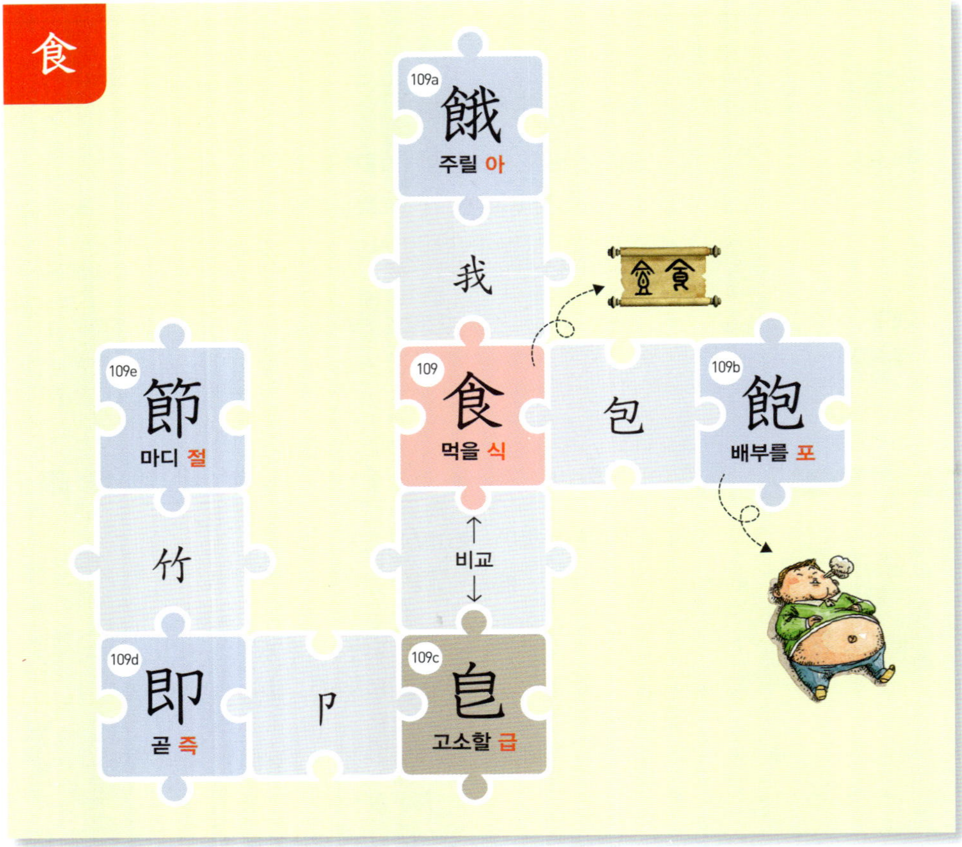

삶 | 필수품 | 식

食

	109a 餓 주릴 아		
	我		
109e 節 마디 절	109 食 먹을 식	包	109b 飽 배부를 포
竹	↑비교↓		
109d 即 곧 즉	卩	109c 皀 고소할 급	

食 食 食 食 食 食 食 食 食

109

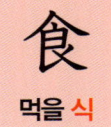
먹을 식

음 しょく・じき　훈 くう・くらう・たべる

음식이 담긴 그릇(皀)과 음식을 따뜻하게 유지하는 뚜껑(亼)이 더해져 **먹다**는 뜻을 나타낸다. 다른 글자와 합쳐질 때에는 食으로 모양이 바뀌므로 주의하자.

옛 글자를 보면 食자에 들어 있는 皀자는 그릇 모양으로, 艮(こん・ごん 어긋날 간)자와는 아무런 관련이 없다.

- 給食(きゅうしょく) 급식
- 食事(しょくじ) 식사
- 食堂(しょくどう) 식당
- 定食(ていしょく) 정식
- 偏食(へんしょく) 편식
- 餌食(えじき) 먹이, 희생물, 밥
- 断食(だんじき) 단식
- 食う(くう) 먹다 ☞ 食べる보다 거친 속어적인 말
- 食らう(くらう) 먹다, 마시다 ☞ 食べる・飲む의 거친 말
- 食べる(たべる) 먹다
- 食べ物(たべもの) 음식물

109a

음 が

食(しょく・じき) 먹을 식 + 我(が) 나 아

식사할(食) 때가 되어 허기를 느끼는 자신(我)의 모습에서 **배고프다**, **굶주리다**의 뜻을 갖게 되었다.

- 餓死(がし) 아사
- 飢餓(きが) 기아

109b

음 ほう **훈** あきる・あかす

食(しょく・じき) 먹을 식 + 包(ほう) 쌀 포

음식을 많이 먹어(食) 마치 태아를 품고(包) 있는 임신부처럼 배가 부풀어 오른 모습에서 **배부르다**는 뜻이 파생되었다.

- 飽食(ほうしょく) 포식
- 飽満(ほうまん) 포만
- 飽和(ほうわ) 포화
- 飽きる(あきる) 싫증나다, 물리다
- 飽かす(あかす) 물리게 하다, 싫증나게 하다, 듬뿍 쓰다

109c

음 きゅう

와인 잔처럼 다리가 긴 그릇(匕)에 밥(白)이 고봉으로 담겨 있는 모습이다.

匕(ひ 숟가락 비)자나 白(はく・びゃく 흰 백)자와는 모양만 같을 뿐 아무런 관련이 없다.

109d

即 곧 즉

- 음: そく
- 훈: すなわち

皀→皀(きゅう) 고소할 급 + 卩(せつ) 병부 절

배고픈 사람이 밥(皀)이 들어오자 **곧장** 밥상 앞에 무릎을 꿇고(卩) 다가앉은 모습을 나타낸다.

| 우리 卽자의 일본식 한자이다.

- 即位(そくい) 즉위
- 即死(そくし) 즉사
- 即興(そっきょう) 즉흥
- 即座(そくざ) 즉좌, 그 자리, 즉석, 당장
- 即時(そくじ) 즉시
- 即ち(すなわち) 즉, 곧, 당장에

109e

節 마디 절

- 음: せつ・せち
- 훈: ふし

竹(ちく) 대 죽 + 即(そく) 곧 즉

대나무(竹)와 밥상(皀) 앞에 무릎을 꿇고(卩) 앉은 사람, 즉 대나무 마디와 사람의 무릎마디 모습에서 **마디**를 뜻하는 글자가 만들어졌다. 대나무 마디처럼 규칙적으로 찾아오는 **절기**를 뜻하기도 한다.

| 우리 節자의 일본식 한자이다.

- 関節(かんせつ) 관절
- 節倹(せっけん) 절약하고 검소하게 함, 절약, 검약
- 節約(せつやく) 절약
- お節料理(おせちりょうり) 일본의 설에 먹는 요리
- 節日(せちにち) 절일, 설·단오 등과 같이 행사가 있는 날
- 節(ふし) 마디, 옹이, 관절, 때, 선율
- 節目(ふしめ) 옹이나 마디가 있는 부분, 단락을 짓는 시점, 고비
- 季節(きせつ) 계절, 절기
- 節水(せっすい) 절수
- 折節(おりふし) 그때그때, 계절, 때마침

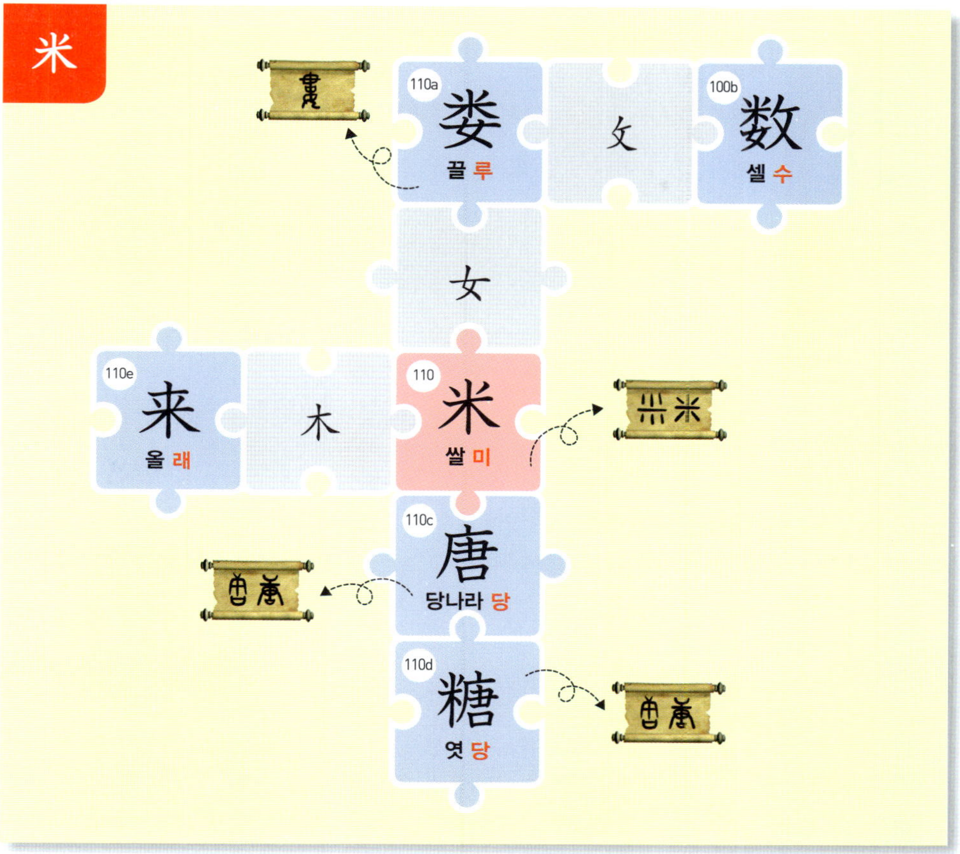

삶 | 필수품 | 식

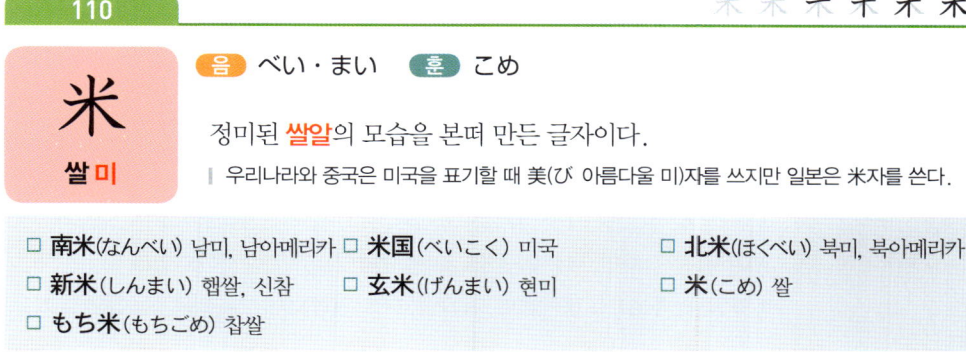

110

米 쌀미

음 べい・まい　훈 こめ

정미된 **쌀알**의 모습을 본떠 만든 글자이다.

우리나라와 중국은 미국을 표기할 때 美(び 아름다울 미)자를 쓰지만 일본은 米자를 쓴다.

- ☐ 南米(なんべい) 남미, 남아메리카
- ☐ 米国(べいこく) 미국
- ☐ 北米(ほくべい) 북미, 북아메리카
- ☐ 新米(しんまい) 햅쌀, 신참
- ☐ 玄米(げんまい) 현미
- ☐ 米(こめ) 쌀
- ☐ もち米(もちごめ) 찹쌀

110a

娄 끌 루

- 음 ろう
- 米(べい・まい) 쌀미 + 女(じょ・にょ・にょう) 여자녀

여자(女)가 머리에 쌀(米)을 이고 힘들어서 발을 **끌면서** 가는 모습이다.

| 우리 妻자의 일본식 한자로, 妻자는 여자가 머리에 물건을 겹겹이 이고 있는 모습이다.

110b

数 셀 수

- 음 すう・す
- 훈 かず・かぞえる
- 米(べい・まい) 쌀미 + 女(じょ・にょ・にょう) 여자녀 + 攵(ぼく) 칠복

손에 지휘봉을 든(攵) 감독관이 여자(女)들이 머리에 이고 나르는 쌀(米) 포대의 개수를 **세며** 확인하는 모습이다. 또 '하나, 둘' 숫자를 헤아리는 모습에서 **수**의 뜻도 갖게 되었다.

| 攵자는 손(又)에 몽둥이(丨)를 들고 있는 모습이다.
| 우리 數자의 일본식 한자이다.

- □ 回数(かいすう) 횟수
- □ 数字(すうじ) 숫자
- □ 点数(てんすう) 점수
- □ 数輩(すはい) 여러 명
- □ 算数(さんすう) 산수
- □ 手数(てすう) 수고, 귀찮음, 잔손질, 폐
- □ 人数(にんずう) 인원수
- □ 数(かず) 수, 다수
- □ 数学(すうがく) 수학
- □ 複数(ふくすう) 복수
- □ 口数(くちかず) 말수
- □ 数える(かぞえる) 세다, 셈하다, 열거하다
- □ 数え年(かぞえどし) 태어난 해를 한 살로 세는 나이

110c

唐 당나라 당

- 음 とう
- 훈 から

손(ヨ)에 절굿공이를 들고(┌) 절구(口)에 든 곡식을 찧는 모습에서 만들어진 글자였으나 훗날 **당나라**를 가리키는 말로 전이되었다.

| 옛 글자는 두 손으로 절구질하는 모습으로, 아랫부분의 口자가 절구라는 것을 짐작케 한다.

- 唐(とう) 중국의 당나라
- 唐揚(げ)・空揚(げ)(からあげ) 튀김옷을 입히지 않고 튀김, 또 그 요리
- 唐様(からよう) 중국 양식, 중국풍
- 唐突(とうとつ) 돌연, 뜻밖

110d

糖 엿 **당**

음: とう

米(べい・まい) 쌀미 + 唐(とう) 당나라 당

곡식(米)을 절구질(唐)하여 빻은 가루로 달고 맛있는 과자를 만드는 모습에서 **설탕**이라는 뜻이 파생되었다.

- 糖(とう) 당
- 砂糖(さとう) 설탕
- 黒砂糖(くろざとう) 흑설탕
- 糖尿病(とうにょうびょう) 당뇨병
- 血糖(けっとう) 혈당
- 糖分(とうぶん) 당분

110e

来 올 **래**

음: らい 훈: くる・きたる・きたす

木(ぼく・もく) 나무 목 + 米(べい・まい) 쌀미

쌀(米)과 비슷한 작물(木)인 보리의 모양을 묘사한 글자이다. 보리는 겨울을 나고 봄에 이삭이 피기 때문에 사람들이 가장 고대하는 계절인 봄이 **온다**는 의미를 갖게 되었다.

> 우리 來자의 일본식 한자이다.
> 고대 사람들이 먹을 것이 없는 겨울에 보리 이삭이 피는 봄이 오기를 얼마나 고대했는지 알 수 있다.

- 以来(いらい) 이래
- 将来(しょうらい) 장래
- 来月(らいげつ) 다음 달
- 来る(くる) 오다, 다가오다
- 来す(きたす) 오게 하다, 초래하다, 일으키다
- 往来(おうらい) 왕래, 내왕
- 未来(みらい) 미래
- 来日(らいにち) 외국인이 일본에 옴
- 来る(きたる) 오다, 다가오다, 찾아오다
- 従来(じゅうらい) 종래
- 由来(ゆらい) 유래

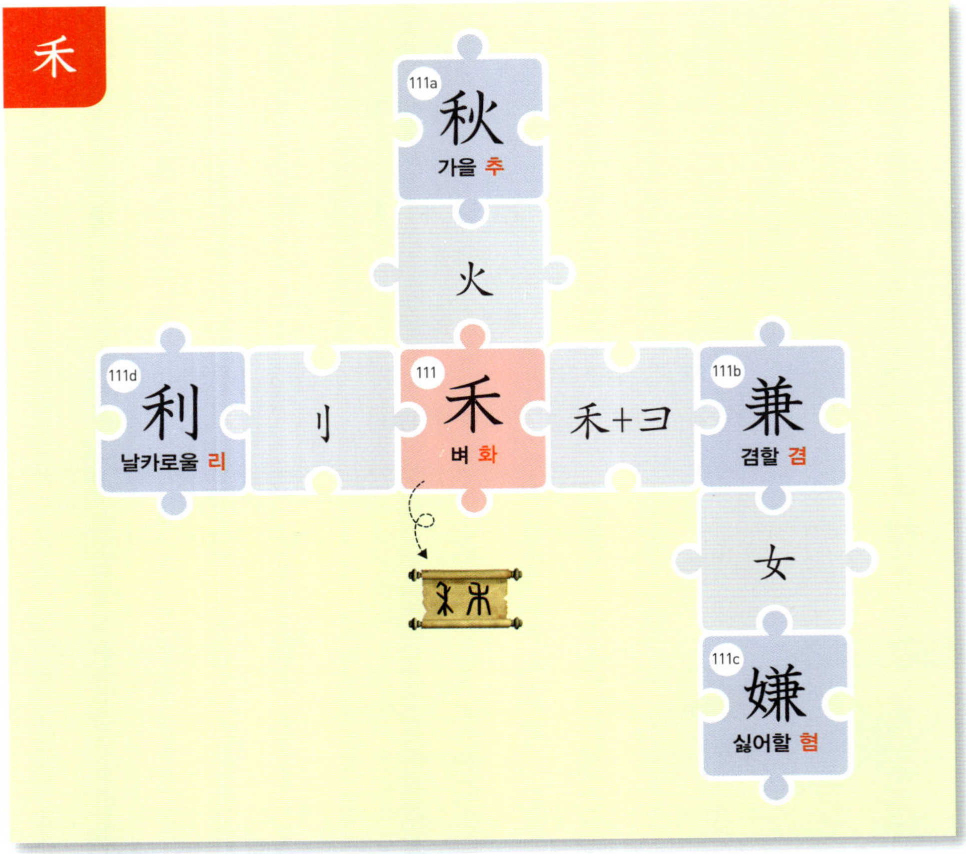

禾

- 111a 秋 가을 추
- 火
- 111d 利 날카로울 리
- 刂
- 111 禾 벼 화
- 禾+크
- 111b 兼 겸할 겸
- 女
- 111c 嫌 싫어할 혐

111

벼 화

음 か

벼 이삭의 모습을 본뜬 글자로, 익을수록 고개(丿)를 숙이는 나무(木)라는 의미에서 **벼**라는 뜻이 파생되었다.

□ 禾穀類(かこくるい) 화곡류 : (벼·보리 등과 같이) 씨를 맺는 볏과 식물의 총칭

삶 | 필수품 | 식

111a

가을 **추**

음 しゅう　훈 あき

禾(か) 벼 화　+　火(か) 불 화

벼(禾)가 불타다(火)는 것은 벼가 누렇게 익어 가는 들판을 묘사한 것으로, 벼가 익어가는 계절인 **가을**을 뜻하게 되었다.

- 秋分(しゅうぶん) 추분
- 春秋(しゅんじゅう) 춘추, 봄과 가을, 1년, 세월, 나이
- 晩秋(ばんしゅう) 만추, 늦가을
- 秋風(あきかぜ) 추풍, 가을 바람
- 秋(あき) 가을
- 秋晴れ(あきばれ) 쾌청한 가을 날씨

111b

겸할 **겸**

음 けん　훈 かねる

禾(か) 벼 화　+　禾(か) 벼 화　+　ヨ(けい) 손 계

가을에 벼(禾)를 베기 위해 여러 포기의 벼를 한 손(ヨ)에 잡고 있는 모습에서 **겸하다**는 뜻이 파생되었다.

우리 兼자의 일본식 한자이다.

- 兼職(けんしょく) 겸직
- 兼任(けんにん) 겸임
- 兼用(けんよう) 겸용
- 兼ねる(かねる) 겸하다, (동사 연용형에 붙어) ~하기 어렵다
- 気兼ねなく(きがねなく) 스스럼 없이

111c

嫌嫌嫌嫌嫌嫌嫌嫌嫌嫌嫌嫌

嫌 싫어할 혐

- 음 けん・げん
- 훈 きらう・いや

女(じょ・にょ・にょう) 여자 녀 ＋ 兼(けん) 겸할 겸

여러 남자의 바짓가랑이를 아울러(兼) 잡고 있는 여자(女)의 모습에서 **싫어하다**, **혐오스럽다**는 뜻이 파생되었다.

- □ 嫌悪(けんお) 혐오
- □ 機嫌(きげん) 기분, 비위
- □ 嫌(いや) 싫음, 하고 싶지 않음
- □ 嫌い(きらい) 싫음, 마음에 들지 않음, ~경향이 있다
- □ 嫌疑(けんぎ) 혐의
- □ 嫌う(きらう) 싫어하다, 꺼리다

111d

利利利利利利利

利 날카로울 리

- 음 り
- 훈 きく

禾(か) 벼 화 ＋ 刂＝刀(とう) 칼 도

벼(禾)를 수확하려면 칼날(刂)이 **날카로워야** 하며, 또한 벼의 수확은 모두에게 도움이 되므로 **이롭다**는 뜻도 파생되었다.

- □ 勝利(しょうり) 승리
- □ 便利(べんり) 편리
- □ 利口(りこう) 영리함, 요령이 좋음
- □ 利用(りよう) 이용
- □ 左利き(ひだりきき) 왼손잡이 ↔ 右利き(みぎきき) 오른손잡이
- □ 金利(きんり) 금리
- □ 利益(りえき) 이익
- □ 利子(りし) 이자
- □ 利く(きく) 기능을 발휘하다, 가능하다, 통하다

삶 | 필수품 | 식

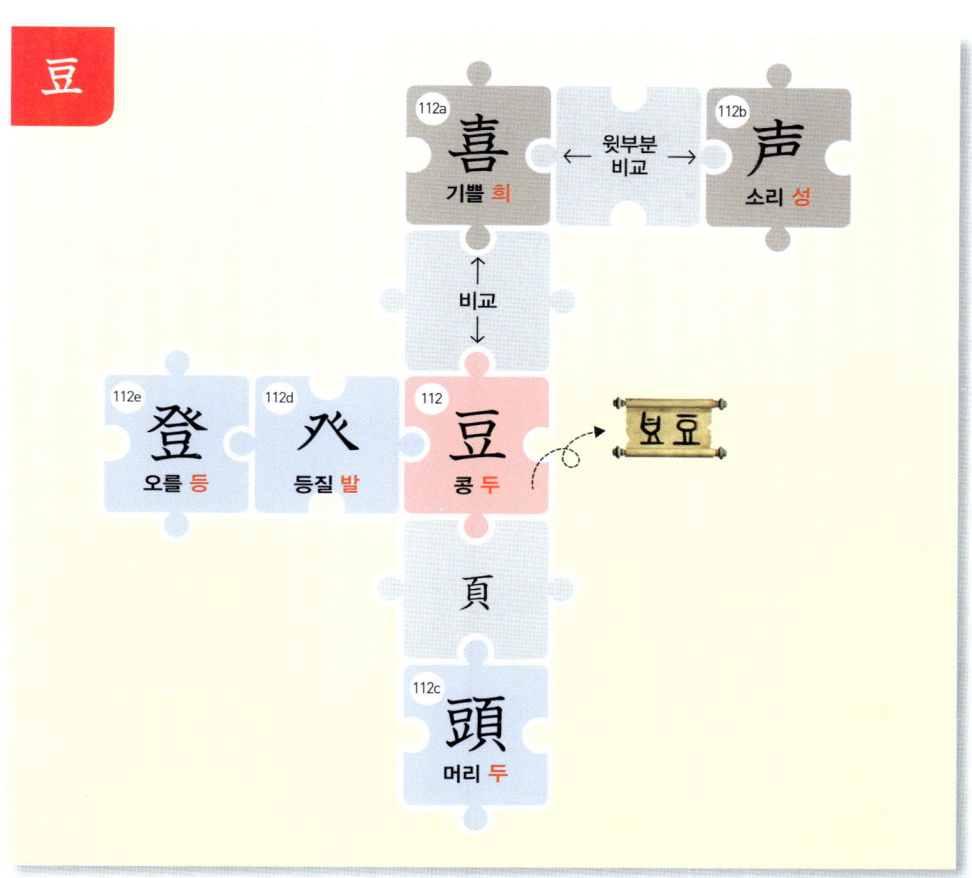

| 112 |

豆
콩 두

음 とう・ず　　훈 まめ

받침대가 높은 제기를 본떠 만든 글자이다. 그릇의 높이나 모양이 줄기가 짧은 식물인 콩과 비슷하여 **콩**의 뜻을 갖게 되었다.

- 豆乳(とうにゅう) 두유
- 豆腐(とうふ) 두부
- 納豆(なっとう) 낫토 : 삶은 대두를 발효시킨 식품
- 大豆(だいず) 대두, 콩
- 豆(まめ) 콩, 대두
- 枝豆(えだまめ) 가지째 딴 풋콩으로, 콩깍지째 삶아서 먹음

337

112a

喜 喜 喜 喜 喜 喜 喜 喜 喜 喜 喜

喜 기쁠 희

- 음: き
- 훈: よろこぶ

壴(しゅ・ちゅ) 악기 이름 주 + 口(こう・く) 입구

윗부분에 장식(士)이 있는 받침대 위에 북(壴)을 올려놓고, 그 북 장단에 맞추어 입(口)으로 노래하는 모습에서 **기쁘다**는 뜻이 파생되었다.

| 豆(とう・ず) 콩 두)자와 壴자는 모양만 비슷할 뿐 의미상 아무런 관련이 없다.

- □ 歓喜(かんき) 환희
- □ 喜怒哀楽(きどあいらく) 희로애락
- □ 喜ぶ(よろこぶ) 기뻐하다, 즐거워하다, 좋아하다
- □ 喜劇(きげき) 희극 ↔ 悲劇(ひげき) 비극
- □ 悲喜(ひき) 희비

112b

声 声 声 声 声 声 声

声 소리 성

- 음: せい・しょう
- 훈: こえ・こわ

士(장식이 달린 틀의 모습) + 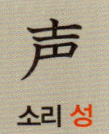(돌판의 모습)

장식을 한 틀(士)에 매단 얇은 돌판(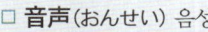)을 쳐서 **소리**를 내는 타악기를 뜻한다.

| 우리 聲자의 일본식 한자이다. 얇은 돌판을 달아맨 악기(声)를 막대기(殳)로 쳐서 울리는 소리를 귀(耳)로 듣고 있는 모습이다.

- □ 音声(おんせい) 음성
- □ 声明(せいめい) 성명
- □ 大音声(だいおんじょう) 우렁찬 목소리
- □ 大声(おおごえ) 큰소리
- □ 声色(こわいろ) 음색, 목청
- □ 声楽(せいがく) 성악
- □ 発声(はっせい) 발성
- □ 声(こえ) 목소리
- □ 鼻声(はなごえ) 콧소리, 코멘소리
- □ 声音(こわね) 음성

112c

頭
머리 두

음 とう・ず・と　　**훈** あたま・かしら

豆(とう・ず) 콩두 ＋ 頁(けつ) 머리 혈

받침대가 높은 제기(豆)의 모습이 마치 사람의 신체 중 **머리**(頁)가 몸의 가장 위에 달려 있는 것과 비슷한 모습에서 만들어진 글자이다.

- 先頭(せんとう) 선두
- 冒頭(ぼうとう) 모두, 서두
- 頭脳(ずのう) 두뇌
- 頭(あたま) 머리, 머리카락, 두뇌, 우두머리, 처음, 시초, 꼭대기
- 頭金(あたまきん) 계약금
- 頭部(とうぶ) 두부
- 頭痛(ずつう) 두통
- 音頭(おんど) 선창
- 頭文字(かしらもじ) 머리글자

112d

癶
등질 발

음 はつ

밖을 향해 혹은 위를 향해 벌리고 있는 두 발의 모습에서 만들어진 글자로 **등지다, 벌어지다, 걷다**는 뜻을 가지고 있다. 따라서 이 글자가 들어가면 '발'이 하는 일을 연상하도록 하자.

112e

登
오를 등

음 とう・と　　**훈** のぼる

癶(はつ) 등질 발 ＋ 豆(とう・ず) 콩두

신에게 제물을 바치기 위해 높은 제단(豆)의로 향하는 두 발(癶)의 모습에서 **올라가다**는 뜻이 파생되었다.

- 登場(とうじょう) 등장
- 登録(とうろく) 등록
- 不登校(ふとうこう) 학교에 대한 불안이나 공포 등의 심리적 이유, 또 가정 문제나 재난 등의 여러 상황이 원인이 되어 등교할 수 없게 되는 상태, 등교 거부
- 登山(とざん) 등산
- 登用(とうよう) 등용
- 登る(のぼる) 높은 곳으로 올라가다

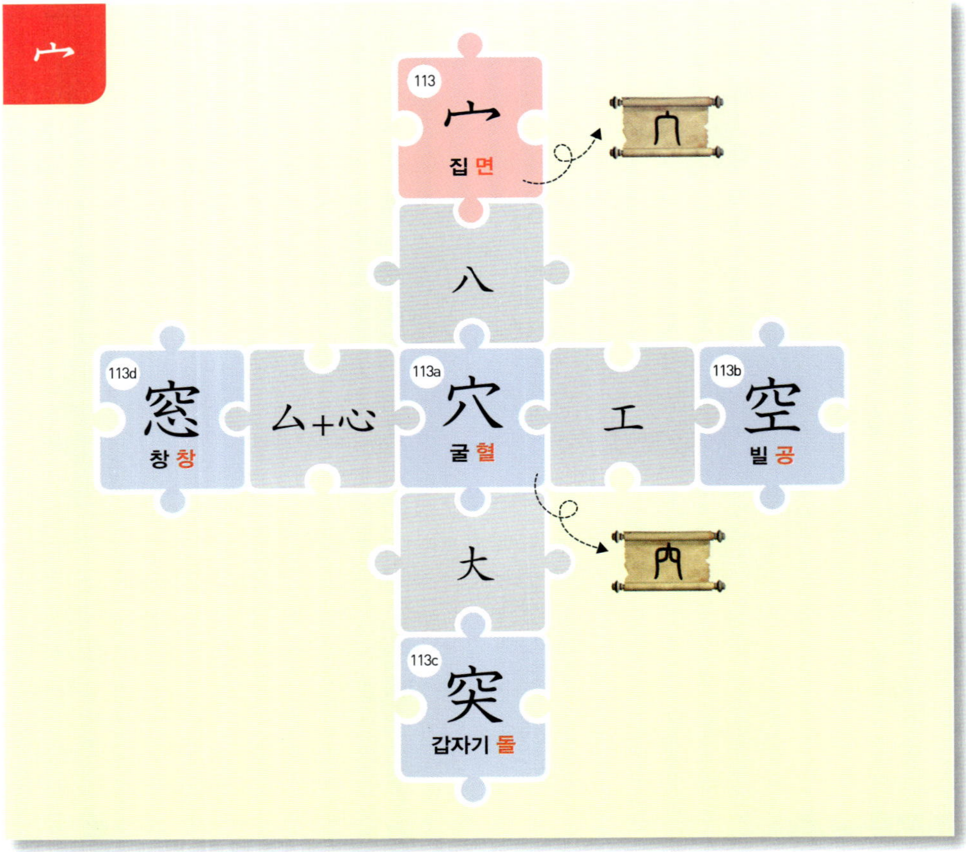

삶 | 필수품 | 주

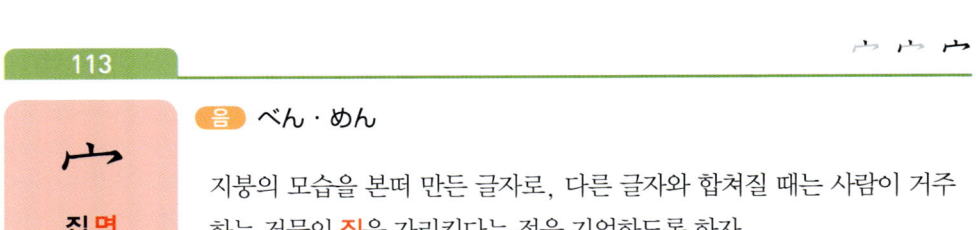

113
宀 집 면

음 べん・めん

지붕의 모습을 본떠 만든 글자로, 다른 글자와 합쳐질 때는 사람이 거주하는 건물인 집을 가리킨다는 점을 기억하도록 하자.

113a

穴 굴 혈, 구멍 혈

- 음: けつ
- 훈: あな

宀(べん・めん) 집면 + 八(はち) 여덟 팔

옛날에는 산자락이나 언덕에 **굴**을 파서 집(宀)으로 삼아 기거하던 사람들이 있었다. 사람이 들어가 살기 위해 파 놓은 **굴**의 입구(八)를 본떠 만든 글자이다.

| 穴자에서 八자는 입구가 벌어져 있는 모양을 나타낸다.

- 経穴(けいけつ) 경혈
- 穴(あな) 구멍, 약점, 굴, 은신처
- 大穴(おおあな) 큰 구멍, 큰 손해, 큰 결손, (경마 등에서) 예상이 크게 뒤집힘
- 落とし穴(おとしあな) 함정, 계략, 모략
- 洞穴(どうけつ) 동굴
- 毛穴(けあな) 모공

113b

空 빌 공

- 음: くう
- 훈: そら・あく・あける・から・すく

穴(けつ) 굴 혈 + 工(こう・く) 장인 공

도구(工)를 사용해서 파 놓은 동굴(穴)의 속이 **텅 비어** 있는 모습이다. 또한 그처럼 비어 있는 공간이라는 의미에서 **하늘**, **허공**이라는 뜻도 파생되었다.

- 空気(くうき) 공기, 대기, 분위기
- 空想(くうそう) 공상
- 空(そら) 하늘, 공중, 허공
- 空ける(あける) 비우다
- 空く(すく) 틈이 나다, 짬이 나다, 속이 비다, 공복이 되다
- 青空(あおぞら) 창공
- 空き缶(あきかん) 빈 깡통
- 空手(からて) 빈손, 맨손, 당수(唐手)
- 空港(くうこう) 공항
- 航空(こうくう) 항공
- 空く(あく) 비다, 들어 있지 않다, 짬이 나다
- 空(から) 빔, 허공, 헛됨, 거짓
- 夜空(よぞら) 밤하늘
- 空元気(からげんき) 허세, 객기

113c

갑자기 **돌**

突突突突突突突突

| 음 | とつ | 훈 | つく・つつく |

穴(けつ) 굴 혈 + 大(だい・たい) 큰 대

동굴(穴)처럼 생긴 구멍에서 **갑자기** 커다란(大) 개가 튀어나와 지나가던 사람이 깜짝 놀라는 모습이다. 또 **갑자기** 커다란(大) 개가 튀어나와 부딪히게 되는 모습에서 **부딪치다**, **찌르다** 등의 뜻도 파생되었다.

| 우리 突자의 일본식 한자이다.

- 衝突(しょうとつ) 충돌
- 突入(とつにゅう) 돌입
- 突く(つく) 찌르다, (뿔로) 받다, 내지르다
- 突く(つつく) (가볍게) 쿡쿡 찌르다, 쿡쿡 쪼다, 부추기다, 꼬드기다
- 突然(とつぜん) 돌연, 갑자기
- 突破(とっぱ) 돌파

113d

창 **창**

窓窓窓窓窓窓窓窓窓窓

| 음 | そう | 훈 | まど |

穴(けつ) 굴 혈 + ム(し) 나 사 + 心(しん) 마음 심

사람의 눈(穴)은 자신(ム)의 마음(心)을 보여주는 **창**이다.

- 車窓(しゃそう) 차창
- 窓(まど) 창, 창문
- 窓口(まどぐち) 창구
- 同窓(どうそう) 동창
- 外窓(そとまど) 바깥 창
- 窓際(まどぎわ) 창가

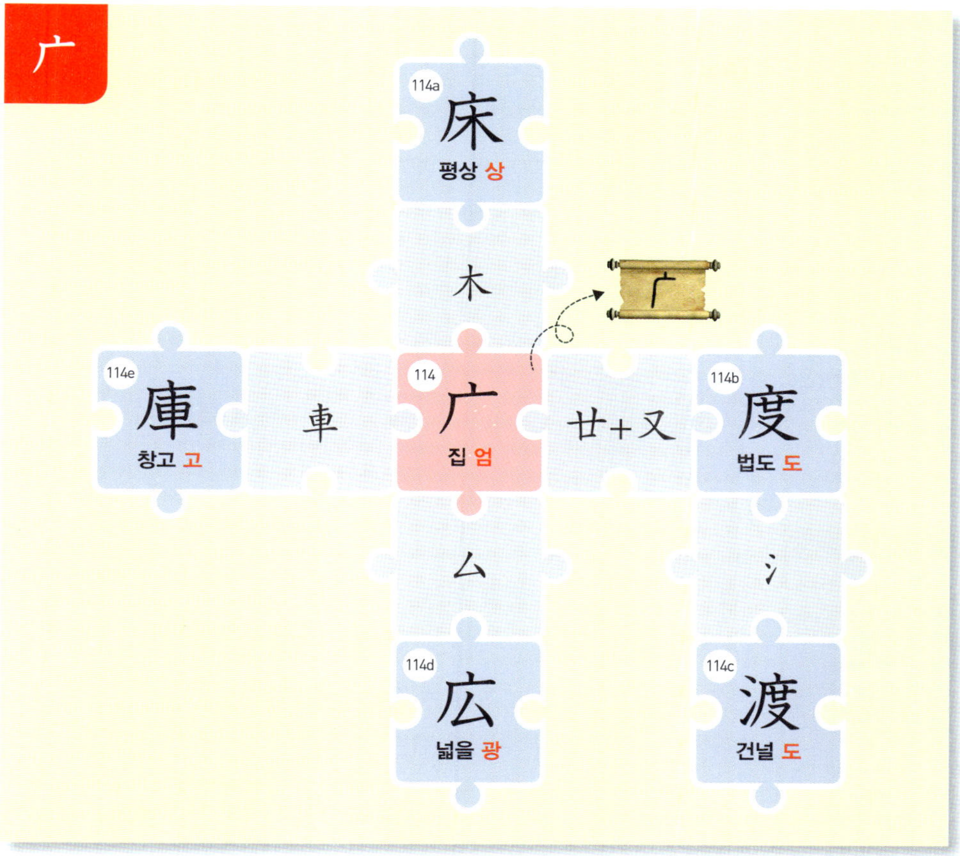

삶 | 필수품 | 주

广

	114a 床 평상 상			
	木			
114e 庫 창고 고	114 广 집 엄	廿+又	114b 度 법도 도	
	厶		氵	
	114d 広 넓을 광		114c 渡 건널 도	

114

114

广
집 엄

음 げん

지붕의 모양을 본떠 만든 글자로, 한쪽 벽이 트인 구조로 되어 있는 **집**을 말한다. 옛날 중국의 궁궐이나 관청은 한쪽 뜻이 트여 있어 그곳에서 왕이나 관리가 업무를 보았다.

114a

床床床床床床床

음 しょう　**훈** とこ・ゆか

广(げん) 집엄 ＋ 木(ぼく・もく) 나무 목

평상 상

집(广) 안에 있으며 나무(木)로 만든 평평한 곳이란 의미에서 **침대**, **마루**라는 뜻이 파생되었다. 중국인들이 오래 전부터 침대생활을 해 왔음을 알 수 있는 글자이다.

- 起床(きしょう) 기상
- 病床(びょうしょう) 병상
- 臨床(りんしょう) 임상
- 床の間(とこのま) 도코노마 ; 바닥을 한 층 높게 해 족자나 꽃으로 장식하는 곳
- 寝床(ねどこ) 침상, 잠자리, 침실
- 床(ゆか) 마루

114b

度度度度度度度度度

음 ど・と・たく　**훈** たび

广(げん) 집엄 ＋ (じゅう・にゅう) 스물 입 ＋ 又(ゆう) 또 우

법도 도

큰 집(广)을 지을 때 어느 **정도** 크기로 지어야 할지 **기준**을 가늠하기 위해 손(又)으로 여러 번(廿) 치수를 재는 모습이다. 이렇게 길이를 재는 모습에서 온도, 습도 등 **눈금의 수치나 횟수** 등을 나타내는 접미사로서의 쓰임도 생겨났다.

廿자는 十(じゅう・じつ 열 십)자 두 개를 겹쳐 놓은 모양이다.

- 限度(げんど) 한도, 한계
- 制度(せいど) 제도
- 程度(ていど) 정도
- 法度(はっと) 금령, (특히 중세 시대의) 법령
- 度(たび) 때, 번, 적, 횟수
- 高度(こうど) 고도
- 速度(そくど) 속도
- 度胸(どきょう) 담력, 배짱
- 一度(ひとたび) 한 번, 일단
- 今度(こんど) 이번, 이 다음
- 態度(たいど) 태도
- 支度(したく) 준비, 채비

114c

건널 **도**

음 と　**훈** わたる・わたす

氵=水(すい) 물 수　+　度(ど・と・たく) 법도 도

강(水)의 깊이를 재면서(度) 안전하게 **건너다**는 뜻이다.

- 渡航(とこう) 도항
- 渡る(わたる) 건너다, 건너가(오)다
- 渡米(とべい) 도미
- 渡す(わたす) 건네주다, 건너가게 하다, 넘겨주다

114d

넓을 **광**

음 こう　**훈** ひろい・ひろまる・ひろめる・ひろがる・ひろげる

广(げん) 집 엄　+　ム→黄(こう・おう) 누를 황

궁궐(广)에서 신하들이 모일 수 있도록 한 쪽 벽이 트여 있는 쪽으로 황토(ム→黄) 마당이 **넓게** 펼쳐져 있다는 뜻이다.

우리 廣자의 일본식 한자이다. 廣자에서 黃자를 ム자로 간략하게 줄여 놓았음을 알 수 있다.

- 広域(こういき) 광역
- 広範(こうはん) 광범
- 広い(ひろい) 넓다
- 広める(ひろめる) 넓히다, 널리 퍼지게 하다
- 広げる(ひろげる) 넓히다, 확장하다
- 広場(ひろば) 광장
- 広告(こうこく) 광고
- 広報(こうほう) 홍보
- 広まる(ひろまる) 넓어지다, 널리 퍼지다
- 広がる(ひろがる) 넓어지다, 번지다, 퍼지다
- 幅広(はばひろ) 폭이 넓음
- 広広(ひろびろ) 널찍한 모양, 아주 넓은 모양

114e

창고 **고**

음 こ・く

广(げん) 집 엄　+　車(しゃ) 수레 차

수레(車)를 넣어 두던 집(广)이라는 뜻에서 **창고**를 의미한다.

- 金庫(きんこ) 금고
- 倉庫(そうこ) 창고
- 在庫(ざいこ) 재고
- 庫裏(くり) 사원의 부엌, 주지와 그 가족이 사는 곳
- 車庫(しゃこ) 차고

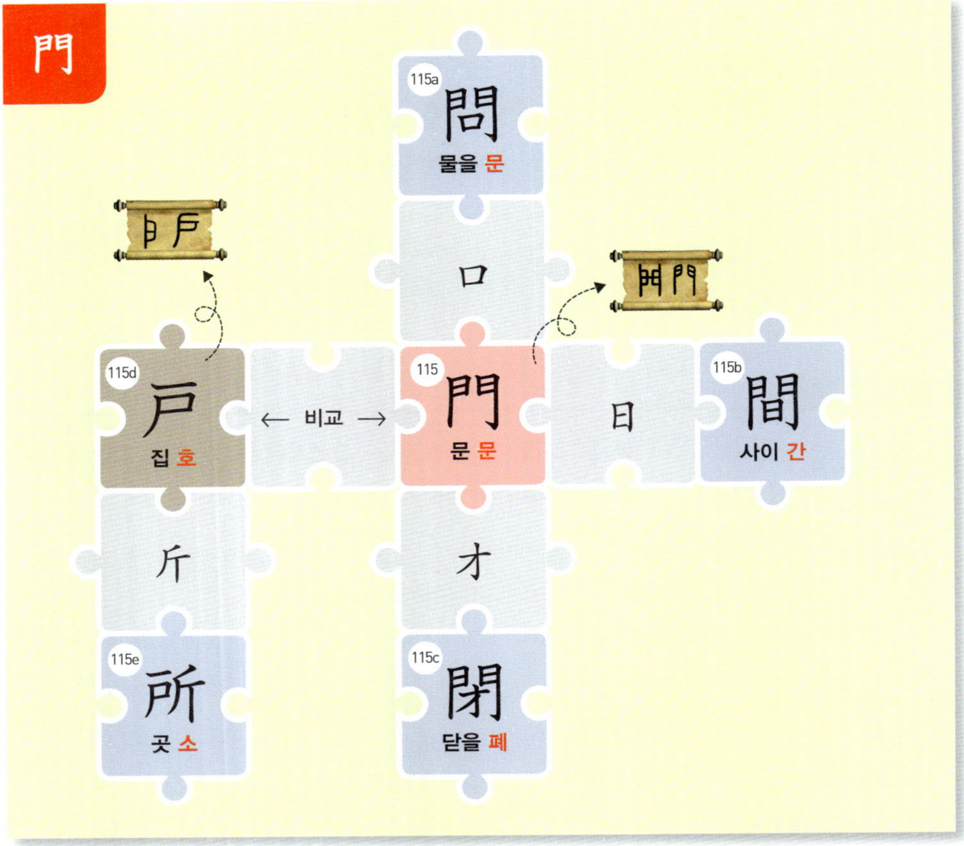

門

	115a 問 물을 문		
115d 戶 집 호	← 비교 →	115 門 문 문	日	115b 間 사이 간
斤		才	
115e 所 곳 소		115c 閉 닫을 폐	

115 丨 冂 冂 門 門 門 門 門

門
문 문

음 もん   훈 かど

대궐이나 큰 집의 대문처럼 좌우로 여닫게 되어 있는 두 짝의 문을 본떠 만든 글자이다.

- 門(もん) 문, 대문, 출입구
- 專門(せんもん) 전문
- 正門(せいもん) 정문
- 入門(にゅうもん) 입문

- **部門**(ぶもん) 부문
- **門**(かど) 문, 집 앞, 집, 일족
- **門松**(かどまつ) 정월에 문 앞에 세우는 소나무 장식 ▶
- **名門**(めいもん) 명문
- **門口**(かどぐち) 출입구

115a

問問問問問問問問問問問

問
물을 문

음 もん　훈 とう・と(い)・とん

門(もん) 문문 ＋ 口(こう・く) 입구

남의 집 문(門) 앞에서 자신이 찾아온 집이 맞는지 입(口)으로 **묻는** 모습이다.

- **学問**(がくもん) 학문
- **訪問**(ほうもん) 방문
- **問答**(もんどう) 문답
- **問**(い)(とい) 물음, 질문, 문제, 설문
- **疑問**(ぎもん) 의문
- **問題**(もんだい) 문제
- **問う**(とう) 묻다, 물어보다, 질문하다
- **問屋**(とんや) 도매상

115b

間間間間間間間間間間間

間
사이 간

음 かん・けん　훈 あいだ・ま

門(もん) 문문 ＋ 日(にち・じつ) 날일

문(門) **틈**으로 햇빛(日)이 비치는 모습으로, 시간적 공간적 간격을 나타낼 때 쓴다.

- **間接**(かんせつ) 간접 ↔ **直接**(ちょくせつ) 직접
- **空間**(くうかん) 공간
- **世間**(せけん) 세상, 사회, 세상 사람들
- **眉間**(みけん) 미간
- **合間**(あいま) 틈, 짬
- **間際**(まぎわ) 직전, 막 ~하려는 찰나, 바로 옆
- **期間**(きかん) 기간
- **瞬間**(しゅんかん) 순간
- **人間**(にんげん) 인간
- **間**(あいだ) 사이, 간격, 틈새
- **居間**(いま) 거실(居室)
- **間取り**(まどり) 방의 배치

115c

閉 閉 閉 閉 閉 閉 閉 閉 閉 閉 閉

閉 닫을 폐

- 음: へい
- 훈: とじる・とざす・しめる・し(ま)る

門(もん) 문 문 + 才(빗장을 지른 모양)

문(門)을 **닫고** 빗장을 질러(才) 잠근 것을 뜻한다.

- 開閉(かいへい) 개폐
- 閉止(へいし) 폐지
- 密閉(みっぺい) 밀폐
- 閉ざす(とざす) 닫다, 잠그다, 폐쇄하다, 가두다
- 閉(ま)る(しまる) 닫히다
- 閉鎖(へいさ) 폐쇄
- 閉店(へいてん) 폐점
- 閉じる(とじる) 닫다, 눈을 감다, 덮다
- 閉める(しめる) (문 따위를) 닫다

115d

戸 戸 戸 戸

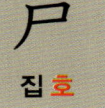
집 호

- 음: こ
- 훈: と

문짝이 하나만 있는 창고나 서민들의 오두막집 **문**을 본떠 만든 글자이다.

- 一戸建て(いっこだて) 단독주택
- 雨戸(あまど) (풍우를 막기 위한) 빈지문, 덧문
- 戸数(こすう) 호수, 가구수
- 戸籍(こせき) 호적
- 戸棚(とだな) 찬장

115e

所 所 所 所 所 所 所 所

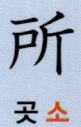
곳 소

- 음: しょ
- 훈: ところ

戸(こ) 집 호 + 斤(きん) 도끼 근

외짝 문(戸)이 달려 있는 창고로 도끼(斤)와 같은 기구를 넣어 두는 곳이라는 뜻에서 **장소**라는 뜻이 파생되었다.

- 急所(きゅうしょ) 급소
- 所得(しょとく) 소득
- 所(ところ) 곳, 장소
- 住所(じゅうしょ) 주소
- 所有(しょゆう) 소유
- 台所(だいどころ) 부엌, 주방
- 所属(しょぞく) 소속
- 名所(めいしょ) 명소
- 見所(みどころ) 볼 만한 곳, 장래성

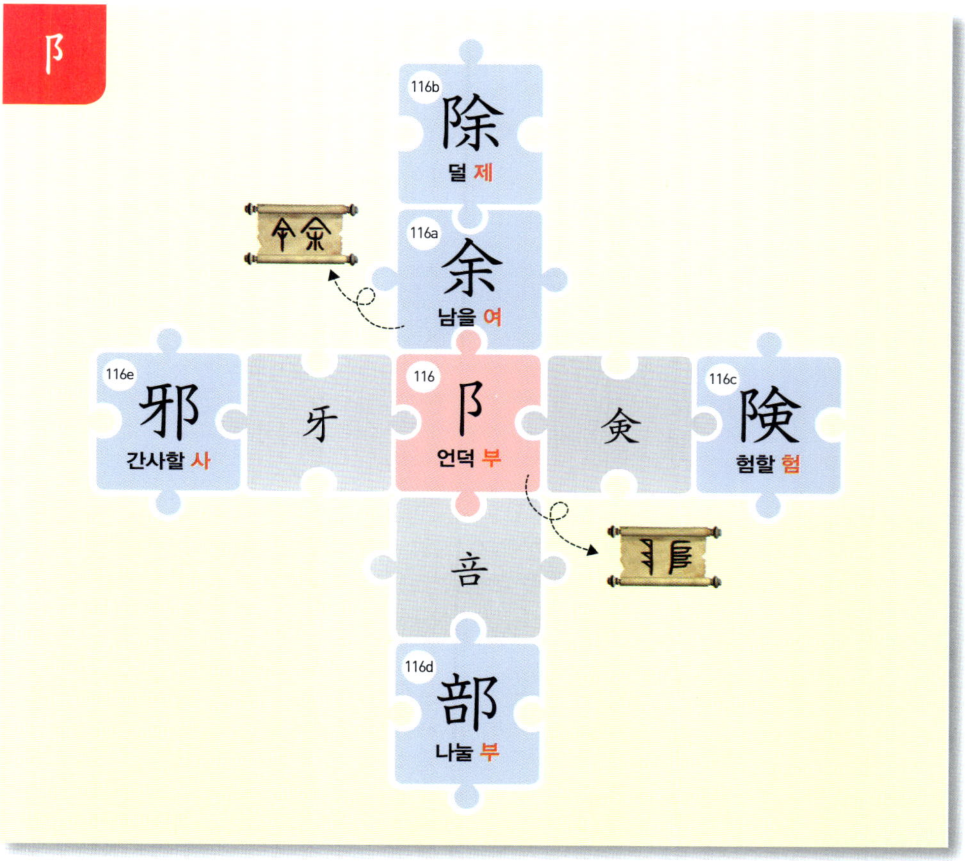

삶 | 필수품 | 주

阝

- 116b 除 덜 제
- 116a 余 남을 여
- 116e 邪 간사할 사
- 牙
- 116 阝 언덕 부
- 夋
- 116c 險 험할 험
- 音
- 116d 部 나눌 부

116

阝 언덕 부

음 ふ

험한 산비탈이나 **언덕**의 측면 모습을 본떠 만든 글자이다.

阝자는 다른 글자와 합쳐져 글자의 왼편에 올 때는 '언덕(阜)'을 뜻하고, 오른편에 올 때는 '마을, 고을(邑)'을 뜻한다.

349

116a

남을 여

余 余 余 余 余 余 余

음 よ　훈 あまる・あます

풀을 뽑을 때 쓰는 앞쪽이 날카로운 연장을 본떠 만든 글자이다. 우리 餘자의 일본식 한자로, 숟가락이 아니라 삽(余)으로 밥(食)을 떠야 할 정도로 음식이 **남는다**는 의미이다.

- 余興(よきょう) 여흥
- 余地(よち) 여지
- 余る(あまる) 남다, 어떤 수량을 넘다, 벅차다
- 余り(あまり) 나머지, 우수리, ~한 나머지, 너무, (부정과 함께) 그다지
- 余所(よそ) 딴 곳, 자기와 상관 또는 관심 없는 일
- 余裕(よゆう) 여유
- 余す(あます) 남기다

116b

除 除 除 除 除 除 除 除 除

덜 제

음 じょ・じ　훈 のぞく

阝=阜(ふ) 언덕 부 ＋ 余(よ) 남을 여

언덕(阜)을 쉽게 오르도록 연장(余)을 사용해서 계단을 만드는 모습에서 어려움을 **제거하다**는 뜻이 파생되었다.

- 解除(かいじょ) 해제
- 除去(じょきょ) 제거
- 免除(めんじょ) 면제
- 除く(のぞく) 제거하다, 없애다, 제외하다
- 削除(さくじょ) 삭제
- 除夜(じょや) 제야
- 掃除(そうじ) 소제, 청소

116c

険 険 険 険 険 険 険 険 険

험할 험

음 けん　훈 けわしい

阝=阜(ふ) 언덕 부 ＋ 僉(せん) 모두 첨

모든(僉) 사람을 가로막고 있는 언덕(阜)이란 넘기 매우 힘든 산을 의미하는데, 여기에서 **위험하다**는 뜻이 파생되었다.

우리 險자의 일본식 한자이다.

- 危険(きけん) 위험
- 冒険(ぼうけん) 모험
- 険しい(けわしい) 험하다, 험상궂다, 험악하다
- 探検(たんけん) 탐험
- 保険(ほけん) 보험

116d

部　나눌 부, 분류 부

음　ぶ

音(とう) 침부　+　阝=邑(ゆう) 고을 읍

부풀어(音) 오른, 즉 커진 고을(邑)을 관리하기 쉽게 조직을 **나누는** 모습이다.

- 細部(さいぶ) 세부
- 内部(ないぶ) 내부
- 部品(ぶひん) 부품
- 部類(ぶるい) 부류
- 全部(ぜんぶ) 전부, 모두
- 腹部(ふくぶ) 복부
- 部分(ぶぶん) 부분
- 部屋(へや) 방

116e

邪　간사할 사

음　じゃ

牙((が・げ)) 어금니 아　+　阝=邑(ゆう) 고을 읍

어금니(牙)처럼 깊숙한 곳에 숨어 지내며 마을(邑)에서 **사악한** 짓을 일삼는 음흉한 사람의 모습이다.

- 邪悪(じゃあく) 사악
- 風邪(かぜ) 감기
- 邪魔(じゃま) 방해, 장애, 거추장스러움

117

厂 厂

厂
기슭 **엄**

음 かん

바위가 돌출되어 생긴 **벼랑**을 본떠 만든 글자이다.

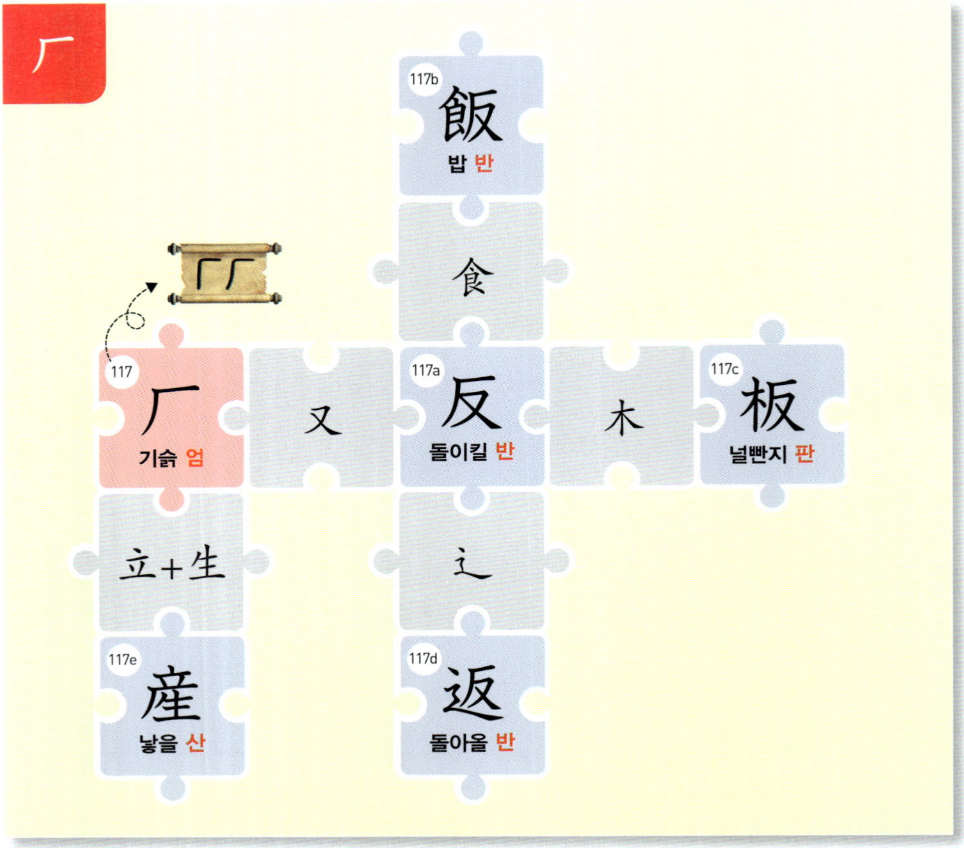

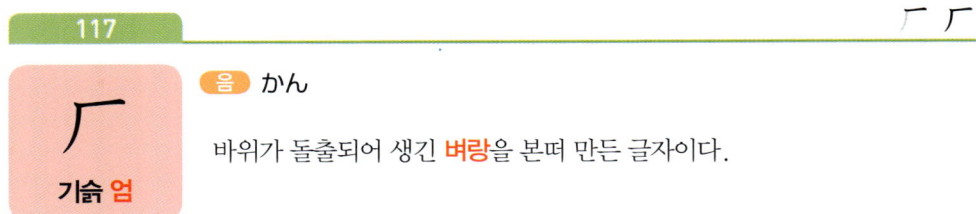

117a

反 反 反 反

反 돌이킬 **반**

| 음 | はん・ほん・たん | 훈 | そる・そらす |

厂(かん) 기슭 엄 + 又(ゆう) 또 우

벼랑(厂)과 같은 장애물을 손(又)으로 직접 막고 버티어 상황을 반대로 **되돌리려** 하는 모습이다.

- □ 違反(いはん) 위반
- □ 反射(はんしゃ) 반사
- □ 反対(はんたい) 반대
- □ 謀反(むほん) 모반
- □ 反る(そる) (활처럼) 휘다, 젖혀지다, 뒤로 젖혀지다
- □ 反らす(そらす) (반대 방향으로) 휘게 하다, 뒤로 젖히다
- □ 反抗(はんこう) 반항
- □ 反省(はんせい) 반성
- □ 反応(はんのう) 반응
- □ 反物(たんもの) 옷감

117b

飯 밥 **반**

| 음 | はん | 훈 | めし |

食(しょく・じき) 먹을 식 + 反(はん・ほん・たん) 돌이킬 반

기력이 떨어질 때 기력을 되찾기(反) 위해 먹는(食) 주식이라는 의미에서 **밥, 식사**를 의미하게 되었다.

| 우리 飯자의 일본식 한자이다.

- □ 残飯(ざんぱん) 잔반, 먹다 남은 밥
- □ 赤飯(せきはん) 팥을 넣은 찰밥 ☞ 경사스러운 날에 먹는다.
- □ 電気炊飯器(でんきすいはんき) 전기밥솥
- □ 夕飯(ゆうはん・ゆうめし) 저녁밥
- □ 朝飯(あさめし) 아침밥
- □ 朝飯前(あさめしまえ) 아침밥을 먹기 전, 식은 죽 먹기
- □ 早飯(はやめし) 밥을 빨리 먹음, 보통 때보다 일찍 밥을 먹음
- □ 無駄飯食い(むだめしぐい) 무위도식하는 사람, 놀고 먹는 사람
- □ 飯店(はんてん) 중국 요리점
- □ 飯(めし) 밥, 식사

117c

板 널빤지 **판**

음 はん・ばん 훈 いた

木(ぼく・もく) 나무 목 + 反(はん・ほん・たん) 돌이킬 반

나무(木)를 적당한 두께로 켜서 양쪽을 다듬어 어느 쪽으로 뒤집어도(反) 사용할 수 있게 만든 평평한 **판자**의 모습이다.

- 鉄板(てっぱん) 철판
- 掲示板(けいじばん) 게시판
- 黒板(こくばん) 흑판, 칠판
- 板前(いたまえ) (일본 요리를 하는) 요리사, 도마를 두는 곳
- 看板(かんばん) 간판, 명성
- 降板(こうばん) 강판 ↔ 登板(とうばん) 등판
- 板(いた) 판자, 널빤지, 판자 모양의 물건

117d

돌아올 **반**

음 へん 훈 かえす・かえる

反(はん・ほん・たん) 돌이킬 반 + 辶(ちゃく) 쉬엄쉬엄 갈 착

길을 가다가(辶) 반대(反)로 **되돌아오는** 모습이다.

- 返還(へんかん) 반환
- 返事(へんじ) 대답, 응답, 답장
- 返品(へんぴん) 반품
- 返す(かえす) (되)돌리다, (본디 상태로) 돌리다, 갚다
- 返る(かえる) (되)돌아가다, (되)돌아오다
- 繰(り)返し(くりかえし) 반복함, 되풀이함
- 寝返り(ねがえり) 자다가 몸을 뒤침, 아군을 배반하고 적에 붙음
- 若返り(わかがえり) 젊어짐, 회춘, 젊은 층으로 바뀜
- 返却(へんきゃく) 반환, 되돌려줌
- 返信(へんしん) 회신
- 恩返し(おんがえし) 보은, 은혜를 갚음

産 産 産 産 産 産 産 産 産 産

117e

낳을 산

음 さん　**훈** うむ・うまれる・うぶ

立(りつ・りゅう) 설 립　+　厂(かん) 기슭 엄　+　生(せい・しょう) 날 생

벼랑(厂) 위에 우뚝 서(立) 있는 사람이란 난세를 헤쳐나가는 뛰어난 영웅을 가리킨다. 자식을 **낳은**(生) 어머니는 아이가 자라서 난세의 영웅과 같이 훌륭한 인재가 되기를 바란다.

- 遺産(いさん) 유산
- 財産(ざいさん) 재산
- 産物(さんぶつ) 산물
- 生産(せいさん) 생산
- 破産(はさん) 파산
- 産まれる(うまれる) 태어나다, 출생하다
- お土産(おみやげ) (여행지에서 사는) 토산물, (방문 시 가져가는) 선물
- 原産地(げんさんち) 원산지
- 産業(さんぎょう) 산업
- 出産(しゅっさん) 출산
- 倒産(とうさん) 도산, 파산
- 産む(うむ) 낳다
- 産毛(うぶげ) 배냇머리, 솜털

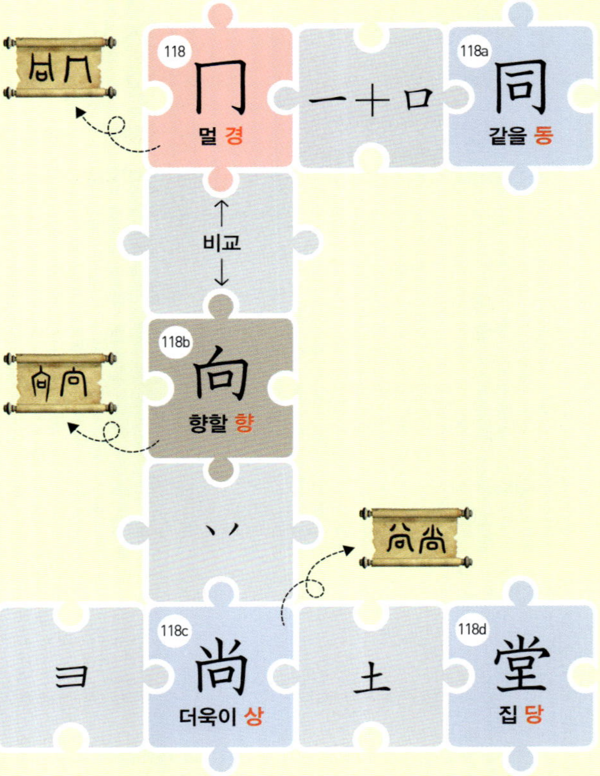

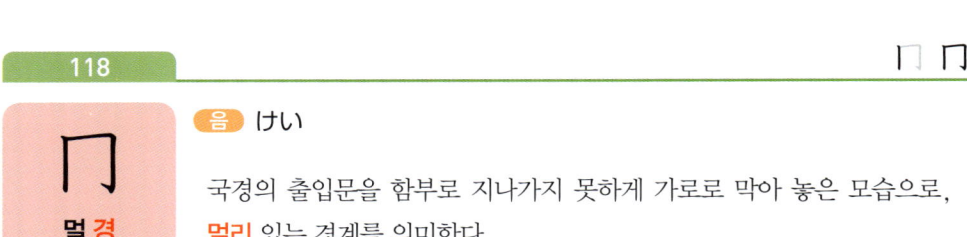

118

冂 멀 경

음 けい

국경의 출입문을 함부로 지나가지 못하게 가로로 막아 놓은 모습으로, **멀리** 있는 경계를 의미한다.

다른 글자와 합쳐질 때는 '멀다'는 뜻보다는 글자의 형태적인 면에 의미가 더 부여되고 있다.

118a

一 冂 冃 同 同 同

같을 동

- 음 どう
- 훈 おなじ

一(いち・いつ) 한 일 + 口(こう・く) 입 구 + 冂(けい) 멀 경

하나(一)의 목소리(口)를 내는 **같은** 집단(冂)이라는 의미이다.

| 冂자는 경계를 쳐 놓은 모습이므로 경계 안에 있는 집단을 의미한다고 생각하자.

- 共同(きょうどう) 공동
- 協同(きょうどう) 협동
- 合同(ごうどう) 합동
- 同時(どうじ) 동시
- 同然(どうぜん) 다를 바 없음, 같음
- 同点(どうてん) 동점
- 同様(どうよう) 같은 모양, 같음
- 同じ(おなじ) 같음, 동일
- 同い年(おないどし) 동갑

118b

丶 宀 匂 匂 向 向

향할 향

- 음 こう
- 훈 むく・むける・むかう・むこう

宀(べん・めん) 집 면 + 口(창문 모양)

집(宀) 안의 창문(口)가에 서서 밖을 **향해** 내다보는 모습이다.

| 向자에서 口(こう・く 입 구)자 모양처럼 생긴 것은 '창문'을 나타내는 기호이다.

- 意向(いこう) 의향
- 傾向(けいこう) 경향
- 向上(こうじょう) 향상
- 志向(しこう) 지향
- 動向(どうこう) 동향
- 方向(ほうこう) 방향
- 向く(むく) 향하다, 돌리다
- 向ける(むける) 향하게 하다, 파견하다
- 向かう(むかう) 향하다, 면하다
- 向こう(むこう) 저쪽, 맞은편, 건너편, 행선지, 상대방
- 前向き(まえむき) 정면으로 향함, 적극적임 ↔ 後向き(うしろむき) 소극적임, 등을 돌림
- 日向(ひなた) 양지

118c

尚 尚 尚 尚 尚 尚 尚

더욱이 상

- 음 しょう
- 훈 なお

丶丶→八(はち) 여덟 팔 + 向(こう) 향할 향

신을 향하여(向) 축복을 내려달라고(八) 기도하는 모습에서 **더욱, 한층 더, 숭상하다, 높이다** 등의 뜻을 갖게 되었다.

| 尚자에서 八자처럼 생긴 글자는 '신의 축복이 하늘에서 내려오는' 모습을 나타낸다.

- 和尚(おしょう) 화상, 스님, 주지, 승려
- 尚(なお) 역시, 여전히, 오히려, 더 한층, 또한
- 高尚(こうしょう) 고상
- 尚更(なおさら) 더욱 더, 더더욱, 더 한층

118d

堂堂堂堂堂堂堂堂堂堂堂

집 **당**

음 どう

尚(しょう) 더욱이상 + 土(ど·と) 흙토

빗물이 넘치지 않게 흙(土)을 돋우어 터를 높이(尚) 쌓아 그 위에 **집**을 짓던 풍습에서 **건물**이라는 뜻이 파생되었다.

- 音楽堂(おんがくどう) 음악당
- 国会議事堂(こっかいぎじどう) 국회의사당
- 聖堂(せいどう) 성당
- 講堂(こうどう) 강당
- 食堂(しょくどう) 식당
- 堂堂(どうどう) 당당, 거침없이, 당당히

118e

当当当当当当

마땅할 **당**

음 とう　훈 あ(た)る · あてる

⺍→尚(しょう) 더욱이상 + ヨ→田(でん) 밭 전

농작물을 생산하는 농경지(田)는 **마땅히** 숭상(尚) 받아야 한다는 의미에서 **마땅하다, 적당하다, 들어맞다**는 뜻이 파생되었다.

| 우리 當자의 일본식 한자이다.

- 該当(がいとう) 해당
- 担当(たんとう) 담당
- 当事者(とうじしゃ) 당사자
- 当番(とうばん) 당번
- 正当(せいとう) 정당
- 適当(てきとう) 적당
- 当日(とうじつ) 당일
- 当(た)る(あたる) 맞다, (총탄·화살·타격 등이) 명중하다, 적중하다
- 相当(そうとう) 상당, 상응, 해당
- 当時(とうじ) 당시
- 当然(とうぜん) 당연
- 当てる(あてる) 맞히다, 명중시키다

里

119b 動 움직일 동		119c 働 일할 동
	亻	

力

119 里 마을 리	千	119a 重 무거울 중	禾	119d 種 씨 종

予

119e 野 들 야

베틀로 천을 짤 때 날실 사이를 오가는 씨실이 담긴 북의 모습을 본떠 만든 글자이다.

119

里
마을 리

음 り   **훈** さと

마을이 농경지(田)가 가까운 땅(土)에 자리를 잡고 있는 모습이다. 농경지에서 마을까지의 거리를 나타내는 데서 **거리를 재는 단위**로도 사용되고 있다.

☐ 里(り) 리 ☞ 거리 단위로 일본의 1리는 3.927킬로미터이다.

- 五里霧中(ごりむちゅう) 오리무중
- 里(さと) 마을, 촌락, 시골
- 村里(むらざと) 시골, 촌락
- 千里眼(せんりがん) 천리안
- 里親(さとおや) 수양부모
- 山里(やまざと) 산골 마을

119a

重 重 重 重 重 重 重 重 重

무거울 중

음 じゅう・ちょう 훈 え・おもい・かさねる・かさなる

里→東(とう) 동녘 동 + 千→人(じん・にん) 사람 인

사람(人)이 **무거운** 자루(東)를 지고 있는 모습이다.
東자는 양쪽 주둥이를 묶어 놓은 자루의 모습을 본떠 만든 글자이다.

- 体重(たいじゅう) 체중, 몸무게
- 重視(じゅうし) 중시
- 重大(じゅうだい) 중대
- 重要(じゅうよう) 중요
- 慎重(しんちょう) 신중
- 二重(ふたえ) 이중, 두 겹
- 重ねる(かさねる) 포개다, 쌓아 올리다, 겹치다, 거듭하다
- 重なる(かさなる) 포개지다, 겹치다, 거듭되다
- 厳重(げんじゅう) 엄중
- 重傷(じゅうしょう) 중상
- 重点(じゅうてん) 중점
- 貴重(きちょう) 귀중
- 尊重(そんちょう) 존중
- 重い(おもい) 무겁다, 무게가 나가다
- 重荷(おもに) 무거운 짐, 부담, 책임

119b

動 動 動 動 動 動 動 動 動 動

움직일 동

음 どう 훈 うごかす・うごく

重(じゅう・ちょう) 무거울 중 + 力(りょく・りき) 힘 력

무거운(重) 물건을 **움직이려면** 힘(力)이 필요하다.

- 運動(うんどう) 운동
- 行動(こうどう) 행동
- 自動車(じどうしゃ) 자동차
- 不動産(ふどうさん) 부동산
- 流動(りゅうどう) 유동
- 動く(うごく) 움직이다, (기계 따위가) 작동하다
- 活動(かつどう) 활동
- 作動(さどう) 작동
- 動物(どうぶつ) 동물
- 変動(へんどう) 변동
- 動かす(うごかす) 움직이다

119c

丿 亻 亻 亻 亻 俨 俨 俥 俥 働 働

働
일할 동

- 음 どう
- 훈 はたらく

亻＝人(じん・にん) 사람 인 ＋ 動(どう) 움직일 동

사람(人)이 무거운 물건을 움직인다(動)는 것은 **일을 한다**는 뜻이다.

働자는 일본에서 만든 한자이다.

- 稼働(かどう) 가동
- 実働(じつどう) 실제로 일하는 시간
- 労働(ろうどう) 노동
- 働く(はたらく) 일하다, 작용하다
- 働き者(はたらきもの) 부지런한 사람, 유능한 일꾼

119d

丿 二 千 利 禾 禾 秆 秆 種 種 種 種

種
씨 종

- 음 しゅ
- 훈 たね

禾(か) 벼 화 ＋ 重(じゅう・ちょう) 무거울 중

물에 뜨는 쭉정이는 버리고 물에 가라앉는 무거운(重) 볍씨(禾)만을 **종자**로 사용한다는 뜻이다.

- 機種(きしゅ) 기종
- 種類(しゅるい) 종류
- 人種(じんしゅ) 인종
- 品種(ひんしゅ) 품종
- 予防接種(よぼうせっしゅ) 예방접종
- 種(たね) 종자, 씨, 원인, 재료, 거리
- 特種(とくだね) 특종

119e

丨 口 曰 日 甲 甲 里 野 野 野 野

들 야

- 음 や
- 훈 の

里(り) 마을 리 ＋ 予(よ) 줄 여

베틀의 북(予)이 날실 사이를 왕복하며 천을 짜듯이 사람들이 마을(里)과 **들**을 왕복하며 농사를 짓는 모습이다.

- 視野(しや) 시야
- 分野(ぶんや) 분야
- 野球(やきゅう) 야구
- 野菜(やさい) 채소
- 野党(やとう) 야당 ↔ 与党(よとう) 여당
- 野望(やぼう) 야망
- 野原(のはら) 들, 들판
- 野山(のやま) 산야, 산과 들

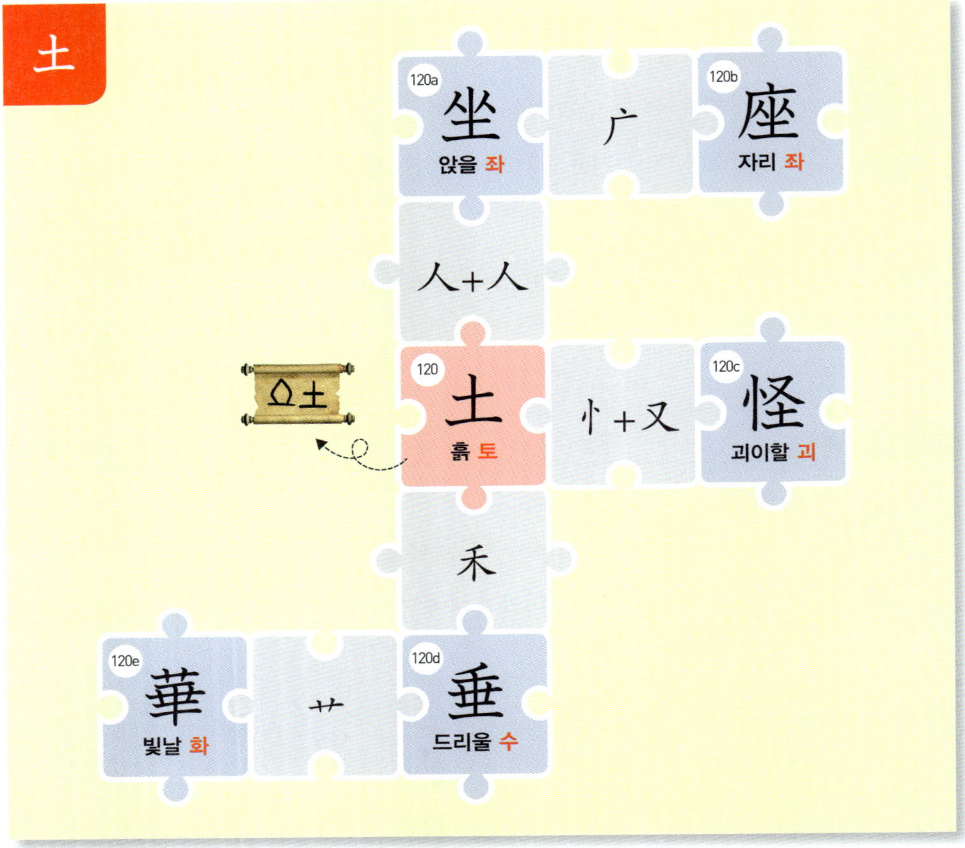

삶 | 농업 | 농경지

土

120a 坐 앉을 좌		120b 座 자리 좌
人+人		
120 土 흙 토	忄+又	120c 怪 괴이할 괴
禾		
120e 華 빛날 화	⺾	120d 垂 드리울 수

(요 土)

120

土 흙 토

음 ど・と   훈 つち

쌓아 올린 **흙**기둥의 모양, 또는 흙으로 만든 남자의 생식기 모양을 본떠 만든 글자이다.

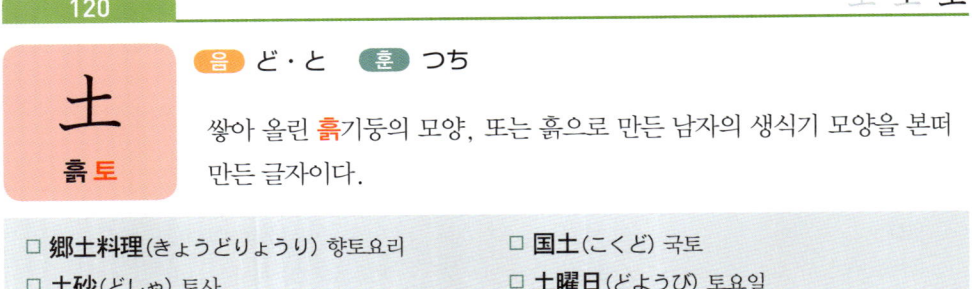

- 郷土料理(きょうどりょうり) 향토요리
- 土砂(どしゃ) 토사
- 国土(こくど) 국토
- 土曜日(どようび) 토요일

- 風土(ふうど) 풍토
- 土地(とち) 토지, 땅
- 土遊び(つちあそび) 흙장난
- 領土(りょうど) 영토
- 土(つち) 땅, 흙, 토양, 대지
- 土色(つちいろ) 흙빛, 사색

120a

坐 坐 坐 坐 坐 坐 坐

앉을 **좌**

음 ざ

人(じん・にん) 사람 인 + 人(じん・にん) 사람 인 + 土(ど・と) 흙 토

두 사람(人)이 땅(土)바닥에 마주 **앉아** 담소를 나누고 있는 모습을 뜻한다.

> 원래 坐자는 앉는 동작을, 座자는 앉는 장소에 사용하였으나, 坐자가 상용한자 외 한자로 분류되어 현재는 座자로 대체하여 쓰고 있다.

120b

座 座 座 座 座 座 座 座 座

자리 **좌**

음 ざ   **훈** すわる

广(げん) 집 엄 + 坐(ざ) 앉을 좌

집(广) 안에서 편안하게 **자리**를 잡고 앉아(坐) 있는 모습을 뜻한다.

- 講座(こうざ) 강좌
- 座視(ざし) 좌시
- 正座(せいざ) 정좌
- 土下座(どげざ) 땅에 엎드려 머리를 조아림
- 座る(すわる) 앉다, 지위를 차지하다, 단단히 자리 잡다
- 座り心地(すわりごこち) 앉았을 때의 느낌, 앉음새
- 座高(ざこう) 앉은키
- 座席(ざせき) 좌석
- 星座(せいざ) 별자리

120

120c

怪 怪 怪 怪 怪 怪 怪 怪

怪 괴이할 **괴**

- 음 かい・け
- 훈 あやしい・あやしむ

忄=心(しん) 마음 심 + 又(ゆう) 또 우 + 土(ど・と) 흙 토

음탕한 마음(心)으로 손(又)으로 성기(土)를 만지는 모습에서 **괴상하다**는 뜻이 파생되었다

- 怪談(かいだん) 괴담
- 妖怪(ようかい) 요괴
- 怪しい(あやしい) 수상하다, 괴이하다
- 怪物(かいぶつ) 괴물
- 怪我(けが) 상처, 부상, 잘못
- 怪しむ(あやしむ) 이상히 여기다, 수상히 여기다

120d

垂 垂 垂 垂 垂 垂 垂 垂

垂 드리울 **수**

- 음 すい
- 훈 たれる・たらす

禾(か) 벼 화 + 土(ど・と) 흙 토

벼 이삭(禾)이나 식물의 줄기가 수양버들처럼 땅(土)에 닿을 정도로 **늘어져** 있다는 뜻이다.

- 胃下垂(いかすい) 위하수
- 垂れる(たれる) 늘어지다, 드리워지다
- 垂直(すいちょく) 수직
- 垂らす(たらす) 늘어뜨리다, 드리우다

120e

華 華 華 華 華 華 華 華 華

빛날 **화**

- 음 か・け
- 훈 はな

艹=草(そう) 풀 초 + 垂(すい) 드리울 수

벼(垂)에 꽃망울(草)이 터진 모습은 쌀을 주식으로 하는 사람들에게 **빛나고** 화려한 일이다.

- 豪華(ごうか) 호화
- 万華鏡(まんげきょう) 만화경
- 華(はな) 꽃
- 繁華街(はんかがい) 번화가
- 蓮華(れんげ) 연꽃
- 華やか(はなやか) 화려한 모양

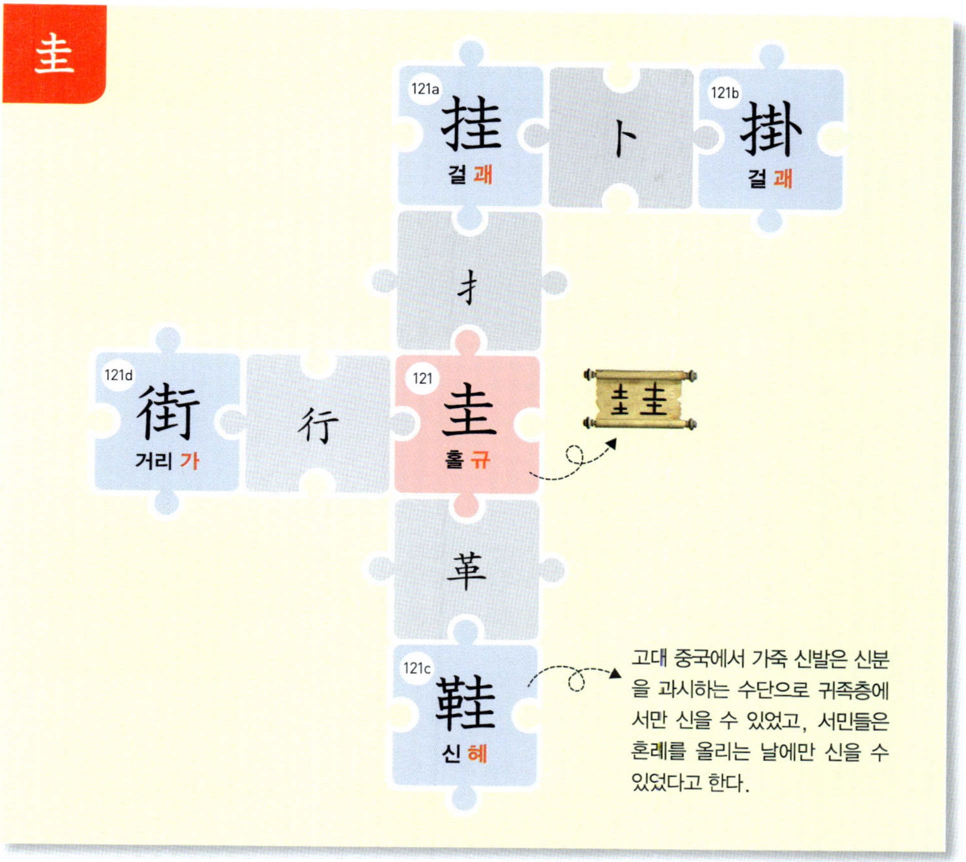

삶 | 농업 | 농경지

홀 규

음 けい

홀은 옥이나 상아 또는 나무로 만든 위가 조금 뾰족한 사각형 장신구이다. **홀**은 임금이 신하를 중요한 관직에 임명할 때 하사하던 임명장이며, 임금을 알현할 때나 국가적 의식에 참석할 때 신하들이 늘 손에 들고 있던 품계를 나타내는 표시이기도 하였다.

土(ど・と 흙 토)자와는 관련이 없으나 글꼴이 비슷하고 부수가 土자여서 여기에서 다루었다.

121a

挂 걸 **괘**

- 음: けい・かい
- 훈: かける

扌=手(しゅ) 손 수 + 圭(けい) 홀 규

국가적 의식에 참석하는 신하들의 손(手)에 언제나 홀(圭)이 들려 있는 모습이 마치 홀(圭)이 손(手)에 **걸려 있는** 것처럼 보인다는 뜻이다.

121b

掛 걸 **괘**

- 훈: かける・か(か)る

挂(けい・かい) 걸 괘 + 卜(ぼく) 점 복

좋은 점괘(卜)가 적힌 귀한 홀을 잘 보이는 곳에 **걸어**(挂) 놓은 모습이다.

- □ 掛ける(かける) 걸다, (자물쇠・단추 등을) 채우다, 걸치다, (돈・시간 등을) 들이다
- □ 掛(か)る(かかる) 걸리다, 놓이다, 덤비다, 공격하다
- □ 言い掛(か)り(いいがかり) 트집
- □ 掛(け)替え(かけがえ) 여벌, 대용품, 대신
- □ 掛(け)持ち(かけもち) 겸임, 겸무, 겹치기

121c

鞋 신 **혜**

- 음: あい・かい

革(かく) 가죽 혁 + 圭(けい) 홀 규

임금으로부터 관직 임명을 받고 홀(圭)을 하사 받은 신하들이 자신의 신분을 과시하기 위해 가죽(革)으로 만든 **신발**을 신은 모습이다.

- □ 草鞋(わらじ・そうあい・そうかい) 짚신

삶 | 농업 | 농경지

121d

街　街　街　街　街　街　街　街　街　街　街　街

街
거리 **가**

음 がい・かい　훈 まち

行(こう・ぎょう) 다닐 행 ＋ 圭(けい) 홀 규

임금 앞에 홀(圭)을 들고 줄지어 서 있는 신하들처럼 건물이나 가로수가 늘어서 있는 사거리(行)의 모습에서 **거리**를 뜻하게 되었다.

- **住宅街**(じゅうたくがい) 주택가
- **街道**(かいどう) 가도, 교통상 중요한 도로, 인생 행로
- **街**(まち) 상가 등이 밀집된 곳, 번화한 거리
- **商店街**(しょうてんがい) 상점가
- **街角**(まちかど) 모퉁이, 길목

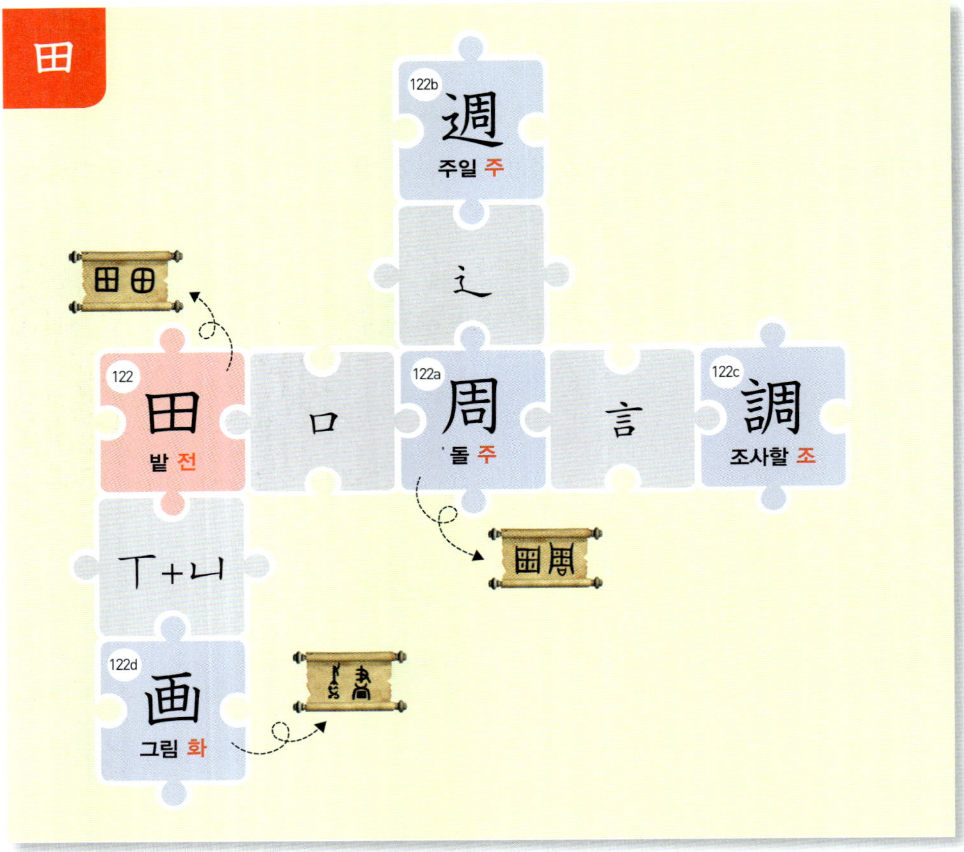

田

122b 週 주일 주

122 田 밭 전

ㅁ

122a 周 돌 주

言

122c 調 조사할 조

丅+凵

122d 画 그림 화

田 田 田 田 田

122

田 밭 전

음 でん 훈 た

관리하기 쉽도록 도랑이나 둑으로 구획된 **밭**의 모양을 본떠 만든 글자이다.

- 丹田 (たんでん) 단전
- 田園 (でんえん) 전원
- 油田 (ゆでん) 유전
- 田 (た) 논
- 田植え (たうえ) 모내기
- 田畑 (たはた) 논밭, 전답, 경작지
- 田舎 (いなか) 시골, 지방

삶 | 농업 | 농경지

122a

周 几 月 冃 用 用 周 周

돌 **주**

음 しゅう　훈 まわり

田(でん) 밭 전 ＋ 口(こう・く) 입구

먹을거리(口)인 농작물을 잘 관리하기 위해 주기적으로 논밭(田)을 돌아 보는 모습에서 **두루 미치다**, **둘레**라는 뜻이 파생되었다.

갑골문자는 밭(田) 모양의 사각형 안에 점(丶)이 하나씩 찍혀 있는 모습으로, 밭(田)을 주기적으로 잘 관리하여 농작물(丶)이 골고루 자라고 있음을 보여준다.

- 周囲(しゅうい) 주위
- 周知(しゅうち) 주지
- 周波数(しゅうはすう) 주파수
- 世界一周(せかいいっしゅう) 세계 일주
- 周期(しゅうき) 주기
- 周年(しゅうねん) 주년
- 周辺(しゅうへん) 주변
- 周り(まわり) 사물의 둘레, 주위, 주변

122b

几 几 月 冃 用 用 周 周 週 週

주일 **주**

음 しゅう

周(しゅう) 돌 주 ＋ 辶(ちゃく) 쉬엄쉬엄 갈 착

농경지를 주기적(周)으로 돌아보고 가는(辶) 농부들의 모습에서 **일주일** 이라는 뜻이 파생되었다.

- 先週(せんしゅう) 지난 주 ☞ 今週(こんしゅう) 이번 주, 来週(らいしゅう) 다음 주
- 一週間(いっしゅうかん) 일주일 간
- 隔週(かくしゅう) 격주
- 週刊(しゅうかん) 주간
- 週休二日制(しゅうきゅうふつかせい) 주5일제 ☞ 週五日制(しゅういつかせい)라고도 한다.
- 週末(しゅうまつ) 주말

122c 調 조사할 조

- 음: ちょう
- 훈: しらべる・ととのう・ととのえる

言(げん・ごん) 말씀 언 + 周(しゅう) 돌 주

논밭의 농작물이 잘 자라는지 주위(周)를 돌아보고 말(言)로 작업 지시를 하는 모습이다. 농작물이 **균형 잡히게** 자라는지 **조사한다**는 의미와 목소리의 고른 정도를 나타낸다는 의미에서 **가락**, **운율**의 뜻도 갖게 되었다.

- □ 強調(きょうちょう) 강조
- □ 好調(こうちょう) 호조
- □ 調査(ちょうさ) 조사
- □ 調節(ちょうせつ) 조절
- □ 調和(ちょうわ) 조화
- □ 協調(きょうちょう) 협조
- □ 順調(じゅんちょう) 순조
- □ 調整(ちょうせい) 조정
- □ 調理(ちょうり) 조리
- □ 調べる(しらべる) 조사하다, 연구하다
- □ 調う(ととのう) 모두 준비되다, 갖추어지다, 성립되다
- □ 調える(ととのえる) 준비하다, 마련하다, 갖추다, 성립시키다

122d 画 그림 화, 그을 획

- 음: が・かく

丁→聿(りつ) 붓 율 + 凵(도화지 모양) + 田(でん) 밭 전

붓(聿)으로 도화지(凵) 위에 지형도(田)나 **그림**을 **그리다**는 뜻이다.

> 우리 畫자의 일본식 한자이다. 畫자를 보면 붓(聿)으로 종이(凵) 위에 지형도(田)를 그리는 모습임을 알 수 있다.

- □ 映画館(えいがかん) 영화관
- □ 画質(がしつ) 화질
- □ 漫画(まんが) 만화
- □ 画期的(かっきてき) 획기적
- □ 区画(くかく) 구획
- □ 画家(がか) 화가
- □ 動画(どうが) 동영상
- □ 録画(ろくが) 녹화
- □ 企画(きかく) 기획
- □ 計画(けいかく) 계획

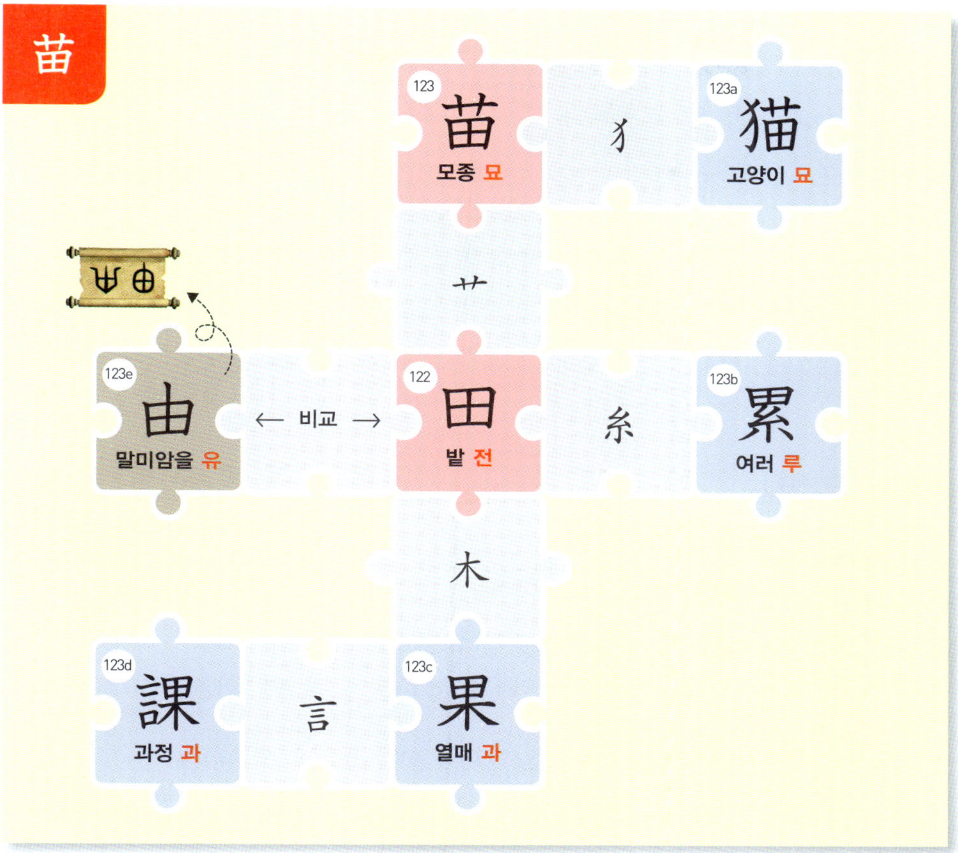

삶 | 농업 | 농경지

苗

	123 苗 모종 묘	犭	123a 猫 고양이 묘
	艹		
123e 由 말미암을 유	← 비교 →	122 田 밭 전	糸	123b 累 여러 루
	木		
123d 課 과정 과	言	123c 果 열매 과	

123

一十十十十十苗苗

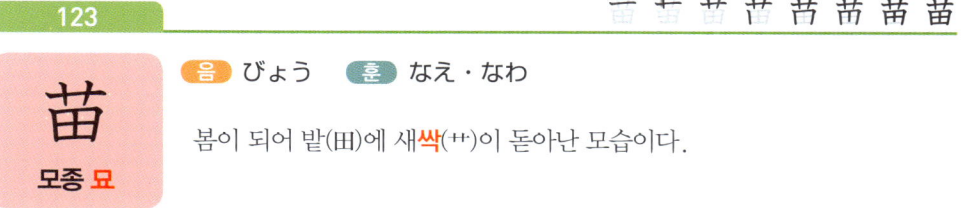

苗
모종 묘

음 びょう   훈 なえ・なわ

봄이 되어 밭(田)에 새싹(艹)이 돋아난 모습이다.

☐ 育苗(いくびょう) 육묘   ☐ 種苗(しゅびょう) 종묘
☐ 苗木(なえぎ) 묘목   ☐ 苗代(なわしろ) 못자리

123a

猫 猫 猫 猫 猫 猫 猫 猫 猫 猫 猫

猫 고양이 묘

음 びょう   훈 ねこ

犭=犬(けん) 개 견 + 苗(びょう) 모종 묘

고양이(犬)가 곡식 창고에서 봄에 사용할 종자(苗)를 쥐들로부터 안전하게 지키는 모습이다.

犭자는 개 크기 정도의 동물을 뜻하는 글자에 의미 요소로 쓰이는 경우가 많다.

- 愛猫家(あいびょうか) 애묘가
- 猫舌(ねこじた) 뜨거운 음식을 잘 못 먹는 사람
- 猫(ねこ) 고양이
- 猫背(ねこぜ) 새우등 또 그런 사람

123b

累 累 累 累 累 累 累 累 累 累 累

累 여러 루

음 るい

田(でん) 밭 전 + 糸(し) 실 사

여러 개의 농경지(田)를 실(糸)로 묶어 놓은 모습이다.

우리 纍자의 일본식 한자이다. 纍자는 밭(田) 세 개를 함께 묶어(糸) 놓은 모습이다.

- 累計(るいけい) 누계
- 累積(るいせき) 누적
- 累算(るいさん) 누산, 누계를 냄
- 連累(れんるい) 연루
- 累進税(るいしんぜい) 누진세

123c

果 果 果 果 果 果 果 果

果 열매 과

음 か   훈 は(た)す・はてる・はて

田(でん) 밭 전 + 木(ぼく・もく) 나무 목

나무(木)에 달린 밭(田)이란, 나무에 열매가 열렸음을 묘사하는 것이다.

- 因果(いんが) 인과
- 効果(こうか) 효과
- 果(た)す(はたす) 완수하다, 달성하다, 다하다
- 果て(はて) 끝, 종말, 말로
- 結果(けっか) 결과, 결실
- 成果(せいか) 성과
- 果てる(はてる) 끝나다, 목숨이 다하다, 죽다
- 果物(くだもの) 과일, 과실

123d

課課課課課課課課課課課課課課

課 과정 과

음 か

言(げん·ごん) 말씀 언 + 果(か) 열매 과

강의(言) 내용(果)에 따라 교육 **과정**이 나뉘어진다.

| 果자는 맺어진 결과를 의미하므로 강의(言)에서 다뤄지는 내용을 강조하고 있다.

- 課税(かぜい) 과세
- 課長(かちょう) 과장
- 日課(にっか) 일과
- 課題(かだい) 과제, 임무
- 課程(かてい) 과정
- 放課後(ほうかご) 방과 후

123e

由 口 由 由 由

由 말미암을 유

음 ゆ·ゆう·ゆい　훈 よし

바닥이 깊은 저수조에서 물이 솟아나오는 모습을 본떠 만든 글자로, 물이 흘러나오는 진원지라는 의미에서 **말미암다**, **유래**, **연유**라는 뜻이 파생되었다.

- 経由(けいゆ) 경유
- 事由(じゆう) 사유
- 理由(りゆう) 이유, 까닭
- 由(よし) 연유, 사정, 까닭
- 由来(ゆらい) 유래
- 自由(じゆう) 자유
- 由緒(ゆいしょ) 유서, 유래, 수단, 방법, 취지

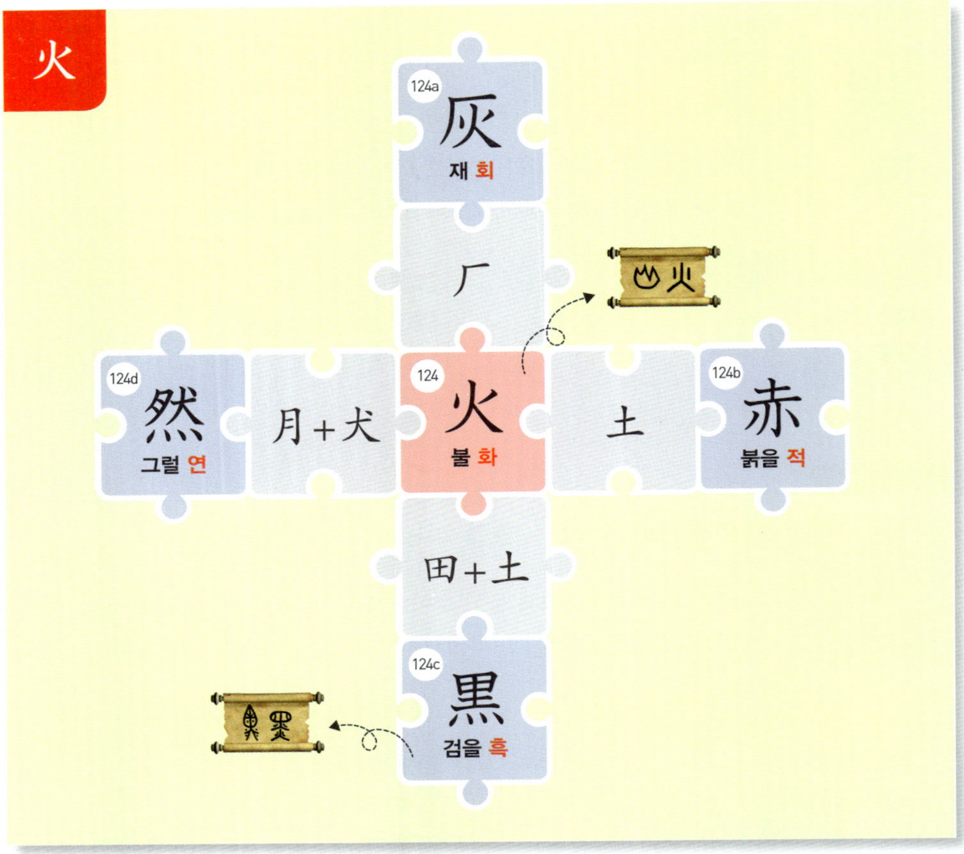

火

```
        124a
         灰
         재 회
          │
          厂  →  [갑골문]
          │
124d      │      124b
然 — 月+犬 — 火 — 土 — 赤
그럴 연       불 화       붉을 적
          │
         田+土
          │
        124c
   [갑골문] ← 黑
         검을 흑
```

124

火 불 화

음 か　훈 ひ・ほ

火 火 火 火

장작**불**이 타오르는 모습 또는 **불**꽃의 모양을 본떠 만든 글자이다.

옛날에는 산과 들판을 태워 농경지를 조성하였기 때문에 농경지 편에서 火자를 다루었다.

- 火災(かさい) 화재
- 火事(かじ) 화재, 불
- 火山(かざん) 화산
- 火薬(かやく) 화약

- 点火(てんか) 점화
- 噴火(ふんか) 분화
- 炭火(すみび) 숯불
- 火柱(ひばしら) 불기둥
- 火影(ほかげ) 불빛, 등불, 등불에 비쳐 생기는 그림자
- 発火(はっか) 발화
- 火(ひ) 불, 불빛
- 火種(ひだね) 불씨
- 火花(ひばな) 불똥, 불티, 스파크

124a

灰灰灰灰灰灰

재 회

음 かい 훈 はい

厂→又(ゆう) 또 우 ＋ 火(か) 불 화

손(厂)으로 집을 수 있는 불(火), 즉 타고 남은 **재**를 의미한다.

- 灰白色(かいはくしょく) 회백색
- 灰(はい) 재
- 灰色(はいいろ) 회색, 잿빛
- 灰汁(あく) 잿물, 떫은 맛, (고기 등을 삶을 때 뜨는) 거품, 독특한 개성
- 石灰(せっかい) 석회
- 火山灰(かざんばい) 화산재
- 灰皿(はいざら) 재떨이

124b

示 亦 赤 赤 赤 赤

붉을 적

음 せき・しゃく 훈 あか・あかい・あからむ・あからめる

土→大(だい・たい) 큰 대 ＋ ⺌→火(か) 불 화

죄수(大)를 벌건 장작더미 위에서 화형(火) 시키는 장면에서 **붉다, 빨갛다** 등의 뜻이 파생되었다.

- 赤外線(せきがいせん) 적외선
- 赤道(せきどう) 적도
- 赤銅(しゃくどう) 적동, 구리에 금을 첨가한 합금
- 赤い(あかい) 붉다, 빨갛다
- 赤らめる(あからめる) 붉히다
- 赤信号(あかしんごう) 적신호
- 赤十字(せきじゅうじ) 적십자
- 赤血球(せっけっきゅう) 적혈구
- 赤(あか) 빨강
- 赤らむ(あからむ) 불그스름해지다, 홍조를 띠다
- 赤字(あかじ) 적자
- 赤ん坊(あかんぼう) 갓난아기

124c

검을 **흑**

- 음: こく
- 훈: くろ・くろい

田(굴뚝 모양) + 土(나가는 모양) + 灬=火(か) 불 화

아궁이에 불(火)을 때자 연기가 굴뚝(田)으로 빠져나가며(土) 주위를 온통 **검게** 그을리는 모습이다.

| 우리 黑자의 일본식 한자이다.

- 暗黒(あんこく) 암흑
- 黒(くろ) 검정
- 黒字(くろじ) 흑자
- 白黒(しろくろ) 흑백
- 黒板(こくばん) 흑판, 칠판
- 黒い(くろい) 검다, 까맣다
- 黒幕(くろまく) 흑막
- 腹黒(はらぐろ) 속이 검음, 음험함

124d

그럴 **연**

- 음: ぜん・ねん

月→肉(にく) 고기 육 + 犬(けん) 개 견 + 灬=火(か) 불 화

개(犬) 고기(肉)를 요리하기 위해 불(火)에 털을 태워 제거하는 장면으로, 개고기가 연회와 제사에 오르는 것은 당연하다는 의미에서 **그와 같이**, **그대로**라는 뜻이 파생되었다.

| 고대 중국의 은나라와 주나라 때는 개고기를 즐겨 먹어 제사와 일반 연회에 빠지지 않는 음식이었다.
| 月(げつ・がつ 달 월)자가 다른 글자와 합쳐질 경우 대부분은 肉의 의미를 갖는다.

- 忽然(こつぜん) 홀연, 갑자기
- 当然(とうぜん) 당연
- 必然(ひつぜん) 필연
- 自然(しぜん) 자연
- 突然(とつぜん) 돌연, 갑자기
- 天然(てんねん) 천연

삶 | 농업 | 농기구

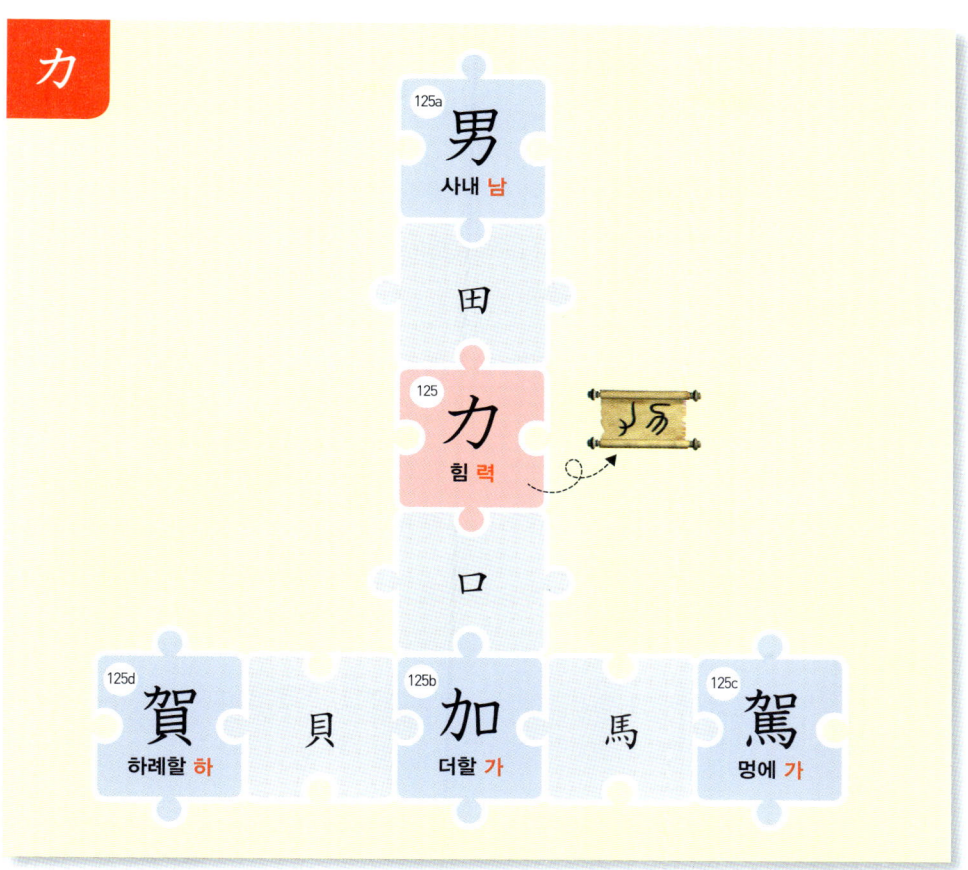

125

力 힘 력

음 りょく・りき 　훈 ちから

농기구 중 하나인 쟁기의 모습을 본떠 만든 글자로, 밭에서 쟁기질을 하기 위해 힘을 쓰고 있는 모습이다.

フ 力

- 圧力(あつりょく) 압력
- 権力(けんりょく) 권력
- 実力(じつりょく) 실력
- 重力(じゅうりょく) 중력
- 視力(しりょく) 시력
- 速力(そくりょく) 속력

- **電力**(でんりょく) 전력
- **自力**(じりき) 자력
- **力士**(りきし) 스모 선수, 씨름꾼
- **力量**(りきりょう) 역량
- **力仕事**(ちからしごと) 육체노동
- **努力**(どりょく) 노력
- **力学**(りきがく) 역학
- **力説**(りきせつ) 역설
- **力**(ちから) 힘
- **馬鹿力**(ばかぢから) (상식 밖의) 굉장한 힘
- **能力**(のうりょく) 능력
- **力作**(りきさく) 역작
- **力走**(りきそう) 역주
- **底力**(そこぢから) 저력

125a

男 사내 남

음 だん・なん 훈 おとこ

田(でん) 밭 전 + 力(りょく・りき) 힘 력

들판(田)에서 힘(力) 쓰며 농사짓는 사람은 **남자**이었음을 뜻한다.

- **男女**(だんじょ) 남녀
- **男性**(だんせい) 남성, 남자 ↔ **女性**(じょせい) 여성, 여자
- **男優**(だんゆう) 남자 배우 ↔ **女優**(じょゆう) 여배우
- **長男**(ちょうなん) 장남  **次男**(じなん) 차남   **男の子**(おとこのこ) 남자 아이, 젊은 남자
- **男心**(おとこごころ) 남자의 마음, 사나이다운 마음

125b

加 더할 가

음 か 훈 くわえる・くわわる

力(りょく・りき) 힘 력 + 口(こう・く) 입 구

쟁기(力)질을 하면서 입(口)으로 기합을 넣거나 흥얼흥얼 노래를 부르는 것이 힘(力)을 **더하여** 준다는 뜻이다.

- **加工**(かこう) 가공
- **増加**(ぞうか) 증가
- **付加**(ふか) 부가
- **加入**(かにゅう) 가입
- **追加**(ついか) 추가
- **加える**(くわえる) 가하다, 더하다, 보태다, 가입시키다, 넣다
- **参加**(さんか) 참가
- **添加**(てんか) 첨가
- **加わる**(くわわる) 가해지다, 더해지다, 늘다, 가담하다

125c

フ カ カ 加 加 加 加 加 智 智 駕 駕 駕 駕

駕
멍에 **가**

음 が

加(か) 더할 가 ＋ 馬(ば) 말 마

말(馬)에 굴레, 고삐, 안장 등의 마구를 더하는(加) 모습에서, **탈것**, **말을 타다**란 뜻을 갖게 되었다.

- 竜駕(りょうが) 용가, 왕의 수레
- 駕籠(かご) 가마

125d

フ カ カ 加 加 加 加 智 智 智 賀 賀

하례할 **하**

음 が

加(か) 더할 가 ＋ 貝(ばい) 조개 패

선물이나 돈(貝)을 베풀며(加) **축하하다**는 뜻으로, 고대 중국인들도 타인의 경사에 물질적인 지원을 했었음을 알 수 있다.

- 謹賀新年(きんがしんねん) 근하신년
- 祝賀(しゅくが) 축하
- 年賀状(ねんがじょう) 연하장

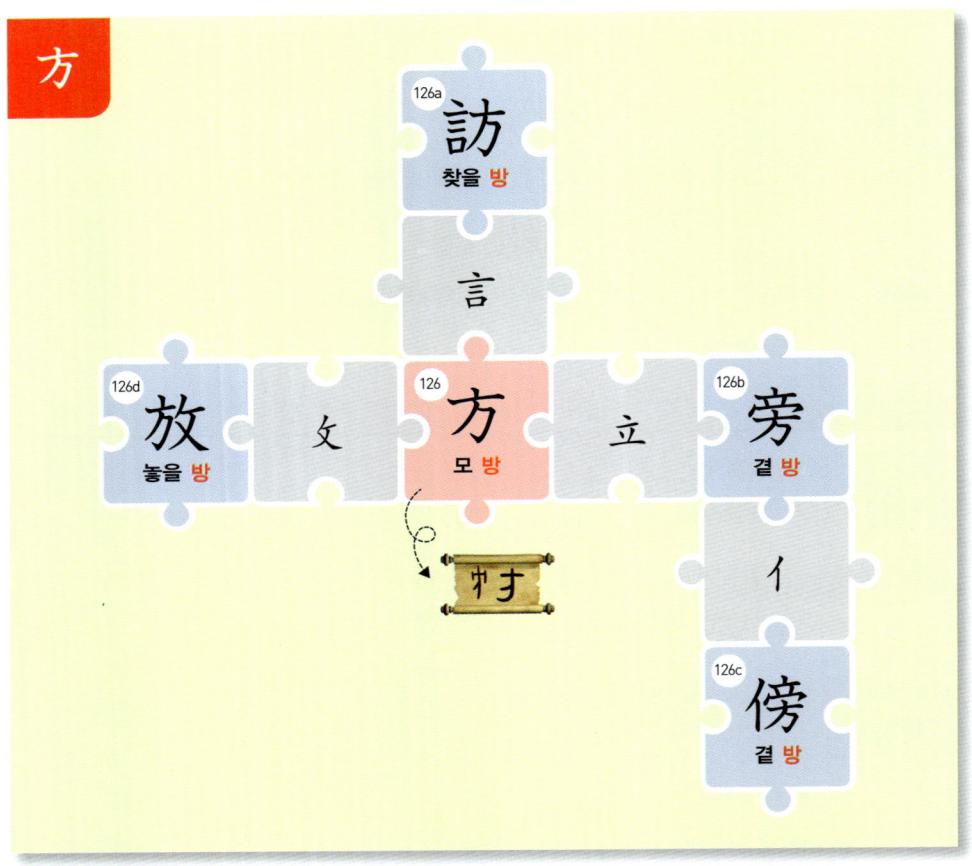

方 方 方 方

| 126 |

方 모방

음 ほう 훈 かた

쟁기를 본떠 만든 글자로, 쟁기(方)질하여 농경지를 반듯하게 정리해 놓은 모습에서 **사각형**이라는 뜻이 파생되었다. 또한 사각형의 모서리가 네 방향을 향하고 있기 때문에 **방향**의 뜻도 갖게 되었다.

- 後方(こうほう) 후방
- 前方(ぜんぽう) 전방
- 処方箋(しょほうせん) 처방전
- 地方(ちほう) 지방

- **方言**(ほうげん) 방언, 사투리, 은어
- **方式**(ほうしき) 방식
- **方面**(ほうめん) 방면
- **明け方**(あけがた) 새벽녘, 동틀녘
- **大方**(おおかた) 대부분, 대개, 대강, 대충, 거의
- **目方**(めかた) 무게, 중량
- **方向**(ほうこう) 방향
- **方法**(ほうほう) 방법
- **方**(かた) 쪽, 방향
- **言い方**(いいかた) 말투, 말씨, 표현
- **見方**(みかた) 아군, 편듦
- **夕方**(ゆうがた) 저녁때, 해질녘

126a

訪 訪 訪 訪 訪 訪 訪 訪 訪 訪

訪
찾을 방

- 음: ほう
- 훈: おとずれる・たずねる
- **言**(げん・ごん) 말씀 언 + **方**(ほう) 모 방

위대한 스승이나 명의를 찾기 위해 사방(方)으로 수소문(言) 하는 모습에서 **방문하다**라는 뜻이 파생되었다.

- **再訪**(さいほう) 재방문
- **訪問**(ほうもん) 방문
- **訪れる**(おとずれる) 방문하다, 찾다
- **訪ねる**(たずねる) 방문하다, 찾다 ☞ 訪ねる는 방문의 목적이나 의지가, 訪れる는 방문 장소로 이동한 느낌이 강하다.
- **探訪**(たんぼう) 탐방
- **来訪**(らいほう) 내방

126b

旁 旁 旁 旁 旁 旁 旁 旁 旁 旁

旁
곁 방

- 음: ぼう
- 훈: つくり
- **立**(りつ・りゅう) 설 립 + **方**(ほう) 모 방

쟁기(方)가 지나가자 흙이 **옆**으로 갈라지면서 뒤집어져 쌓이는(立) 모습이다.

- **旁引**(ぼういん) 널리 예를 듦
- **旁**(つくり) 방, 한자에서 글자의 오른쪽에 있는 부수
- **旁点・傍点**(ぼうてん) 방점

126c

傍 傍 傍 傍 傍 傍 傍 傍 傍 傍

傍 곁 **방**

- 음: ぼう
- 훈: かたわら

亻＝人(じん・にん) 사람 인 ＋ 旁(ぼう) 곁 방

늘 곁(旁)에 서 있는 배우자(人)의 모습에서 **곁**, **옆**이라는 뜻이 파생되었다.

- □ 近傍(きんぼう) 근방
- □ 傍観(ぼうかん) 방관
- □ 傍聴(ぼうちょう) 방청
- □ 傍ら(かたわら) 곁, 옆, 가, ~함과 동시에, ~하는 한편

126d

放 放 放 放 放 放 放 放

放 놓을 **방**

- 음: ほう
- 훈: はなす・はなつ・はなれる・ほうる

方(ほう) 모 방 ＋ 攵(ぼく) 칠 복

죄인을 채찍으로 친(攵) 다음 어느 쪽(方)으로 가든 마음대로 가도록 **풀어주는** 모습이다.

- □ 開放(かいほう) 개방
- □ 解放(かいほう) 해방
- □ 放棄(ほうき) 포기
- □ 放射線(ほうしゃせん) 방사선
- □ 放射能(ほうしゃのう) 방사능
- □ 放送(ほうそう) 방송
- □ 放置(ほうち) 방치
- □ 放す(はなす) 놓다, 풀어놓다, 놓아주다
- □ 放つ(はなつ) 떼어 놓다, 풀어놓다, 놓아주다, 추방하다
- □ 放れる(はなれる) 놓이다, 풀리다, 발사되다
- □ 放る(ほうる) 던지다, 집어치우다, 단념하다, 방치하다

삶 | 농업 | 농기구

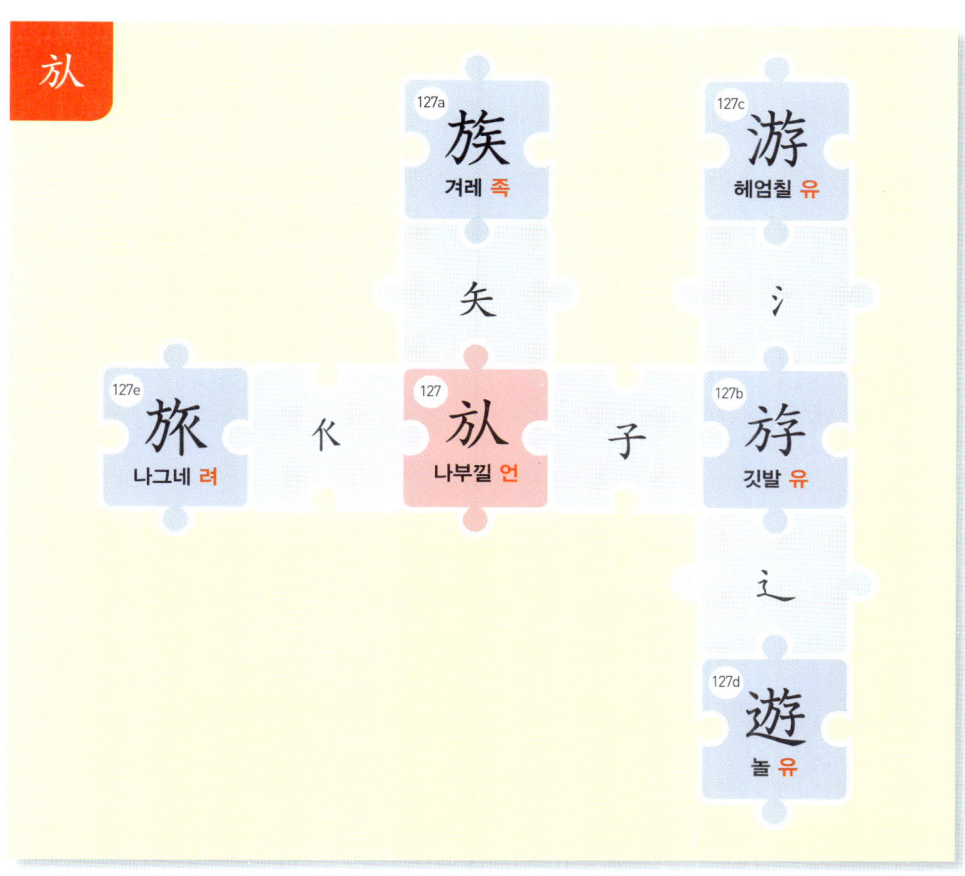

127

127

㫃
나부낄 **언**

음 がん

方(ほう) 모 방 + 人(깃발이 펄럭이는 모양)

네모난(方) 깃발이 펄럭이는 모양(人)에서 **나부끼다**는 의미를 갖게 되었다.

㫃자의 오른쪽 부분은 人자와 모양만 같을 뿐 의미적으로는 무관한 글자이며 깃발이 나부끼는 모양을 나타내는 부호이다. 다른 글자와 합쳐질 때는 조형미를 위해 모양이 조금 변한다.

127a

族族方族族族族族族族族

族
겨레 족

음 ぞく

㫃(がん) 나부낄 언 ＋ 矢(し) 화살 시

나부끼는(㫃) 깃발과 화살(矢)은 전쟁을 의미한다. 전시에 한 깃발 아래 모였다는 것은 같은 언어와 문화를 공유하며 한 핏줄을 이어받은 같은 **민족**임을 뜻한다.

- 遺族(いぞく) 유족
- 種族(しゅぞく) 종족
- 水族館(すいぞくかん) 수족관
- 家族(かぞく) 가족
- 親族(しんぞく) 친족, 친척
- 民族(みんぞく) 민족

127b

斿斿斿斿斿斿斿斿斿

斿
깃발 유

음 ゆう・よう

㫃(がん) 나부낄 언 ＋ 子(し・す) 아들 자

나부끼는(㫃) **깃발** 아래에서 돌아다니며 뛰어노는 아이들(子)을 뜻한다.

127c

游游游游游游游游游游游游

游
헤엄칠 유

음 ゆう 훈 およぐ

氵＝水(すい) 물 수 ＋ 斿(ゆう・よう) 깃발 유

나부끼는 깃발(斿)이란 어른들의 보호를 의미하는데, 어른들의 보살핌 속에서 자유롭게 물(水)에서 노는 아이들의 모습에서 **헤엄치다**, **돌아다니다**라는 뜻이 파생되었다.

- 回游(かいゆう) 회유, 어류나 고래 등이 먹이나 산란 등을 위해 떼를 지어 환절기에 이동하는 것
  ☞ 대개 回遊라고 쓴다.
- 游泳(ゆうえい) 유영, 헤엄, 처세 ☞ 대개 遊泳라고 쓴다.
- 游ぐ(およぐ) 헤엄치다, 수영하다 ☞ 대개 泳ぐ라고 쓴다.

127d

遊遊遊方方方方方斿斿游遊

놀 유

음 ゆう・ゆ　　**훈** あそぶ

辶(ちゃく) 쉬엄쉬엄 갈 착　+　斿(ゆう・よう) 깃발 유

깃발(斿)을 들고 개선행진(辶)을 하는 군인들 사이를 뛰어다니는 아이들의 모습에서 **놀다**, **유람하다**라는 뜻이 파생되었다.

- 遊園地(ゆうえんち) 유원지
- 遊覧(ゆうらん) 유람
- 遊行(ゆぎょう) 유행 : 승려가 포교와 수행을 위해 여러 곳을 돌아다니는 일
- 遊ぶ(あそぶ) 놀다, 유람하다
- 遊説(ゆうぜい) 유세
- 遊び事(あそびごと) 놀이, 오락, 심심풀이

127e

旅旅方方方方方斿斿旅

나그네 려

음 りょ　　**훈** たび

队(がん) 나부낄 언　+　仃→从 (じゅう・しょう) 따를 종

나부끼는(队) 깃발 아래 두 사람(从)을 그려 넣어, 깃발을 들고 전쟁터로 향하는 병사의 모습을 묘사하였다. 전쟁을 위해 이역만리까지 파견되는 병사들의 모습에서 **여행**의 뜻을 갖게 되었다.

- 旅客(りょかく・りょきゃく) 여객
- 旅券(りょけん) 여권
- 旅費(りょひ) 여비
- 旅出(たびで) 여행을 떠남
- 旅人(たびびと) 여행자 ☞ たびにん이라고 읽으면 '떠돌이, 유랑 노름꾼'이라는 뜻이므로 발음에 주의!
- 船旅(ふなたび) 선편 여행
- 旅館(りょかん) 여관
- 旅行(りょこう) 여행
- 旅(たび) 여행

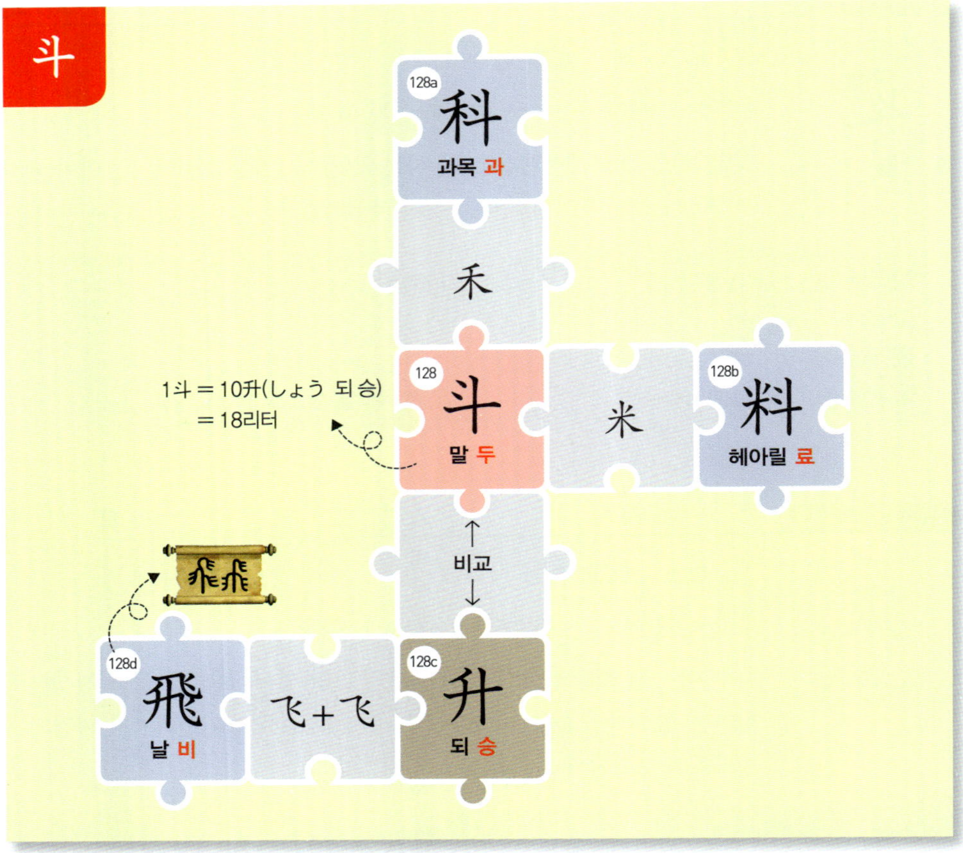

삶 | 농업 | 용기

斗

- 128a 科 과목 과
- 禾
- 128 斗 말 두
- 米
- 128b 料 헤아릴 료
- 1斗 = 10升(しょう 되승) = 18리터
- ↑ 비교 ↓
- 128d 飛 날 비
- 飞 + 飞
- 128c 升 되 승

128

斗 말 두

 斗 斗 斗 斗

 음 と

곡물의 용량을 재는 자루가 달린 계량기의 모양을 본떠 만든 글자이다. 계량기로 곡물의 용량을 재는 모습에서 용량을 나타내는 단위 중 하나인 **말**로 쓰이게 되었다.

- 斗(と) 말, 북두성
- 漏斗(じょうご) 깔때기
- 北斗七星(ほくとしちせい) 북두칠성

128a

과목 과

음 か

禾(か) 벼 화 + 斗(と) 말 두

수확한 벼(禾)를 계량기(斗)로 재어 세금, 식량, 종자 등 용도에 따라 **과목**별로 분류하는 모습이다.

- 科学(かがく) 과학
- 科目(かもく) 과목
- 外科(げか) 외과 ☞ 内科(ないか) 내과
- 専科(せんか) 전과, 전문 분야만을 배우는 과정 또 그 과정에서 배우는 과목
- 百科事典(ひゃっかじてん) 백과사전
- 文科(ぶんか) 문과 ☞ 理科(りか) 이과, 工科(こうか) 공과
- 分科(ぶんか) 분과
- 学科(がっか) 학과
- 教科書(きょうかしょ) 교과서

128b

헤아릴 료

음 りょう

米(べい・まい) 쌀 미 + 斗(と) 말 두

쌀(米)의 수량을 재어(斗) 얼마 동안 먹을 양인지 **헤아리는** 모습이다.

- 衣料(いりょう) 의료
- 給料(きゅうりょう) 급료
- 材料(ざいりょう) 재료
- 資料(しりょう) 자료
- 燃料(ねんりょう) 연료
- 無料(むりょう) 무료
- 飲料(いんりょう) 음료
- 原料(げんりょう) 원료
- 食料(しょくりょう) 식료
- 送料(そうりょう) 송료
- 料金(りょうきん) 요금
- 料理(りょうり) 요리, 음식

128c

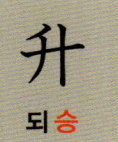

되 승

음 しょう　훈 ます

육면체의 계량도구로 자루에 담긴 곡식을 퍼 올리는 모습에서 **되, 오르다**는 뜻이 파생되었다.

> ますむ라고 훈으로 읽힐 때는 일본에서 만든 한자인 枡자를 사용하는 경우가 많다.

- 一升瓶(いっしょうびん) 한 되들이 병
- 升(ます) 되, 되 모양처럼 생긴 것
- 升酒(ますざけ) 됫술, 되로 파는 술, 되에 담은 술
- 升席(ますせき) (스모 경기장 등에서의) 되 모양으로 칸막이가 되어 있는 관람석
- 升目(ますめ) 되로 된 양, 바둑판·원고지 등의 칸과 같이 되 모양으로 구분되어 있는 것

128d

날 비

음 ひ　훈 とぶ・とばす

飞+飞→羽(う) 깃 우 ＋ 升(しょう) 되 승

큰 새가 날개(羽)를 활짝 펼치면서 하늘 위로 **날아** 오르는(升) 모습이다.

- 飛行機(ひこうき) 비행기
- 飛行場(ひこうじょう) 비행장, 공항
- 飛躍(ひやく) 비약
- 飛ぶ(とぶ) 날다, 날아가다
- 飛ばす(とばす) 날리다, 날려 버리다, (중간을) 건너뛰다, (자동차 등을) 달리다, (물 등을) 튀기다
- 飛び石(とびいし) (정원의) 징검돌
- 飛(び)乗り(とびのり) (출발하려는 차 등에) 뛰어올라 탐

삶 | 농업 | 용기

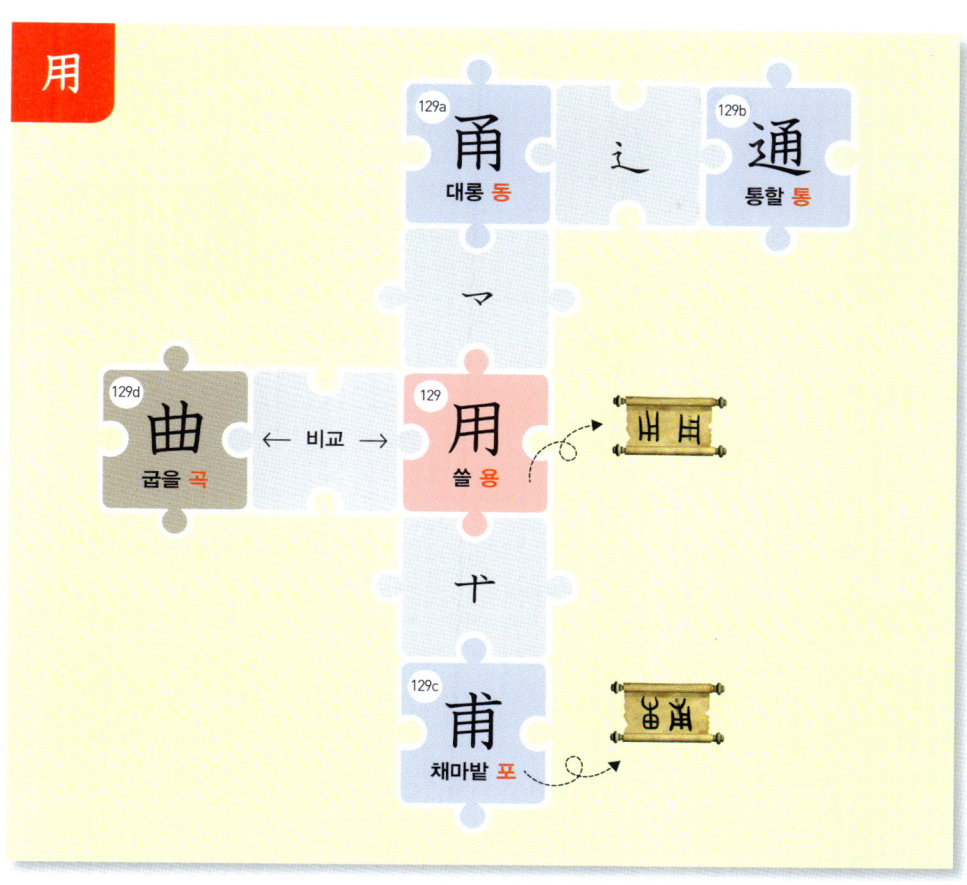

| 129 | 用 月 月 月 用 |

用 쓸 용

음 よう　훈 もちいる

대나무나 식물의 줄기를 엮어 만든 망태기를 본떠 만든 글자이다. 망태기가 농작물이나 물건을 담는 데 유용하게 쓰이는 것에서 **사용되다**라는 의미를 갖게 되었다.

- 応用（おうよう）응용
- 効用（こうよう）효용
- 急用（きゅうよう）급한 볼일
- 作用（さよう）작용

- 信用(しんよう) 신용
- 通用(つうよう) 통용
- 用意(ようい) 준비, 대비, 주의
- 用件(ようけん) 용건
- 用途(ようと) 용도
- 流用(りゅうよう) 유용
- 用いる(もちいる) 쓰다, 사용하다, 이용하다
- 専用(せんよう) 전용
- 適用(てきよう) 적용
- 費用(ひよう) 비용
- 用事(ようじ) 볼일, 용건, 용무, 용변
- 用法(ようほう) 용법
- 利用(りよう) 이용

129a

甬
대롱 **동**

음 よう

用(よう) 쓸 용 + マ(손잡이 모양)

망태기(用) 위에 **대롱** 모양의 손잡이(マ)가 더해진 모습이다.

대롱 모양의 손잡이가 달린 종의 모양으로 여겨 '종의 꼭지'라는 뜻도 있다. 종은 공기에 파동을 주고 망태기는 공기가 통과한다는 연관성이 있으므로 쉽게 암기할 수 있을 것이다.

129b

通
통할 **통**

음 つう・つ 훈 とおる・とおす・かよう

甬(よう) 대롱 동 + 辶(ちゃく) 쉬엄쉬엄 갈 착

망태기(甬)의 틈새 사이로 바람이 **통과하여** 지나가는(辶) 것을 나타낸다.

- 開通(かいつう) 개통
- 通過(つうか) 통과
- 通勤(つうきん) 통근
- 通告(つうこく) 통고
- 通知(つうち) 통지
- 通路(つうろ) 통로
- 通夜(つや) (장례 전 가족과 친지들이 고인의 유해를 지키며) 하룻밤을 새며 명복을 비는 일
- 通る(とおる) 통하다, 통과하다
- 通す(とおす) 통하게 하다, 통과시키다, 관철하다
- 通う(かよう) 다니다, 왕래하다, 통하다
- 共通(きょうつう) 공통
- 通学(つうがく) 통학
- 通行(つうこう) 통행
- 通常(つうじょう) 통상
- 通報(つうほう) 통보
- 普通(ふつう) 보통, 대개, 일반적으로

삶 | 농업 | 용기

129c

甫 甫 甫 甫 甫 甫 甫

甫
채마밭 포

음 ほ

艹→屮(싹이 움트는 모양) + 用→田(でん) 밭 전

넓은 **밭**(田)의 채소가 이제 막 싹(屮)을 틔우며 올라오는 모습을 나타낸다.

│ 甫자의 부수가 用자이므로 여기에서 다루고 있을 뿐, 두 글자는 아무런 관련이 없다.

129d

曲 口 由 曲 曲 曲

曲
굽을 곡

음 きょく   훈 ま(が)る・まげる

대나무나 싸리를 **구부려서** 만든 망태기나 바구니의 모습을 본떠 만든 글자이다.

- 曲線(きょくせん) 곡선
- 曲流(きょくりゅう) 곡류
- 交響曲(こうきょうきょく) 교향곡
- 主題曲(しゅだいきょく) 주제곡
- 名曲(めいきょく) 명곡
- 曲(が)る(まがる) 구부러지다, 굽다, 방향을 바꾸다
- 曲げる(まげる) (곧은 것을) 구부리다, 굽히다
- 曲調(きょくちょう) 곡조
- 屈曲(くっきょく) 굴곡
- 作曲(さっきょく) 작곡
- 編曲(へんきょく) 편곡

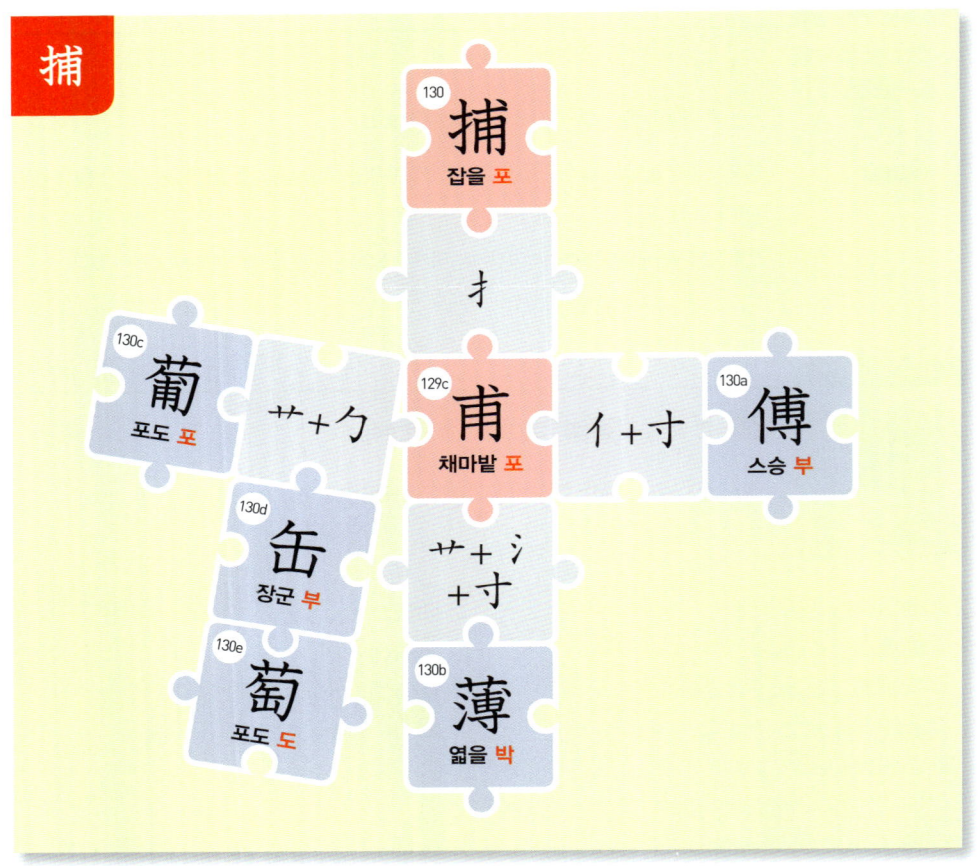

| 130 | 捕捐捐捐捐捐捐捕捕 |

捕 잡을 포

음 ほ　훈 とらえる・とらわれる・とる・つかまえる・つかまる

채소밭(甫)을 망치는 동물을 손(手)으로 **붙잡다**는 뜻이다.

- 逮捕(たいほ) 체포
- 捕虜(ほりょ) 포로
- 捕手(ほしゅ) 포수
- 捕らえる(とらえる) 잡다, 붙잡다, 파악하다

삶 | 농업 | 용기

- 捕らわれる(とらわれる) 붙잡히다, 사로잡히다
- 捕る(とる) 잡다
- 捕まえる(つかまえる) 붙잡다, 붙들다
- 捕まる(つかまる) 붙잡히다

130a

傅 스승 부

음 ふ

亻=人(じん・にん) 사람 인 + 甫(ほ) 채마밭 포 + 寸(すん) 마디 촌

채소밭(甫)에서 많은 수확을 얻을 수 있도록 농사법을 가르쳐 주는(寸) 사람(人)이라는 의미에서 **스승**의 뜻을 갖게 되었다.

- 師傅(しふ) 사부

130b

薄 엷을 박

음 はく   훈 うすい・うすめる・うすまる・うすらぐ・うすれる

艹=草(そう) 풀 초 + 氵=水(すい) 물 + 甫(ほ) 채마밭 포 + 寸(すん) 마디 촌

손(寸)으로 잘 가꾼 채소밭(甫)처럼 풀(草)이 수면(水) 위를 **엷게** 덮고 있는 모습을 나타낸다.

- 薄氷(はくひょう) 박빙
- 薄い(うすい) 얇다, 정도·밀도가 적다, (색·맛이) 산뜻하다, 연하다
- 薄める(うすめる) 엷게 하다
- 薄まる(うすまる) (농도가) 엷어지다
- 薄らぐ(うすらぐ) 조금씩 엷어지다, 덜해지다
- 薄れる(うすれる) 희미해지다, 약해지다, (농도가) 묽어지다
- 薄味(うすあじ) 담백한 맛
- 薄着(うすぎ) 옷을 얇게 입음 ↔ **厚着**(あつぎ) 옷을 많이 껴입음
- 品薄(しなうす) 품귀

130c

葡 葡 葡 葡 葡 苟 苟 苟 荀 葡 葡 葡

葡 포도 포

음 ほ・ぶ

艹=草(そう) 풀 초 + 勹(ほう) 쌀 포 + 甫(ほ) 채마밭 포

포도나무의 넝쿨(草)이 나무를 휘감으며(勹) 밭(甫)에서 잘 자라고 있는 모습이다.

- 日葡(にっぽ) 일본과 포르투갈
- 葡萄(ぶどう) 포도

130d

缶 缶 缶 午 缶 缶

缶 장군 부

음 かん

술 등을 담는 배가 불룩하고 입구가 좁은 질그릇을 본떠 만든 글자로 **용기**, **그릇**을 의미한다. 이 용기는 고대에 일종의 타악기로도 사용되었다.

- 缶(かん) 캔, 깡통, 양철통
- 空き缶(あきかん) 빈 캔
- 缶切(き)り(かんきり) 깡통 따개
- 缶詰(かんづめ) 통조림

130e

萄 萄 萄 萄 萄 苟 苟 苟 萄 萄 萄

萄 포도 도

음 とう・どう

艹=草(そう) 풀 초 + 勹(ほう) 쌀 포 + 缶(かん) 장군 부

넝쿨(草)이 나무를 휘감고(勹) 잘 자란 **포도**를 따 질그릇(缶)에 넣어 술을 담그는 모습이다.

- 葡萄酒(ぶどうしゅ) 포도주

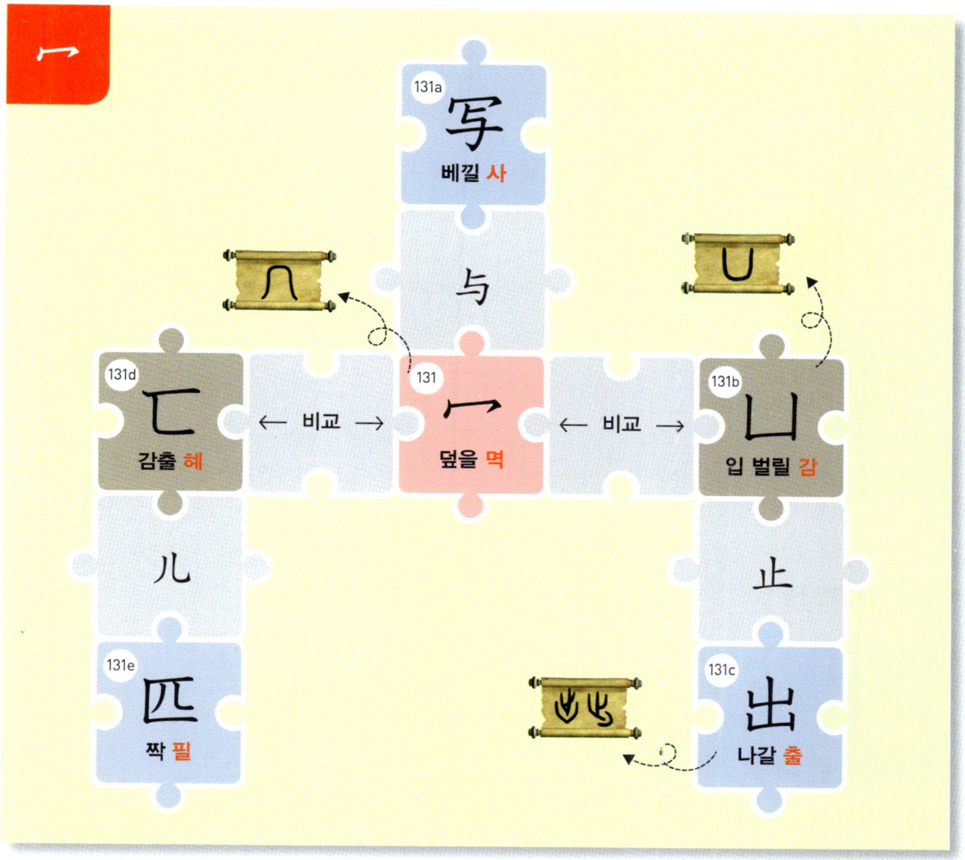

삶 | 농업 | 용기

冖

| 131a 写 베낄 사 |
| 与 |
| 131d 匚 감출 혜 ← 비교 → 131 冖 덮을 멱 ← 비교 → 131b 凵 입 벌릴 감 |
| 儿 | 止 |
| 131e 匹 짝 필 | 131c 出 나갈 출 |

131

冖 덮을 멱

음 べき・みゃく

음식이나 물건을 **덮어** 놓던 보자기나 덮개의 모양을 본떠 만든 글자이다.

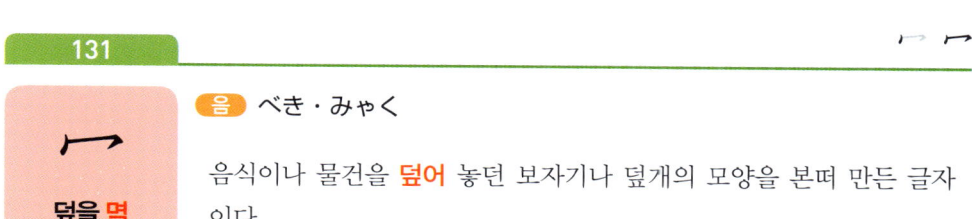

131a

写 写 写 写 写

베낄 사

- 음: しゃ
- 훈: うつす・うつる

冖(べき・みゃく) 덮을 멱 + 与(よ) 줄 여

비유적으로 표현하자면, 무지하여 시야가 덮힌(冖) 사람들이 깨우칠 수 있도록 좋은 책을 **베껴서** 사람들에게 나누어 주는(与) 모습이다.

> 우리 寫자의 일본식 한자이다. 사람을 가까이하는 새 중 하나인 까치(鵲)의 집(冖)이 어디를 가든 베낀 것처럼 비슷하다는 것을 뜻한다.

- 試写会(ししゃかい) 시사회
- 写真(しゃしん) 사진
- 描写(びょうしゃ) 묘사
- 写す(うつす) 베끼다, 묘사하다, 사진을 찍다
- 実写(じっしゃ) 실사
- 写生(しゃせい) 사생
- 複写(ふくしゃ) 복사
- 写る(うつる) (사진에) 찍히다, 비쳐 보이다

131b

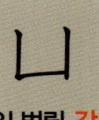

凵 凵

입 벌릴 감

- 음: かん

위가 열린 구덩이나 뚜껑이 없는 그릇의 모양을 본떠 만든 글자이다.

131c

出 出 出 出 出

나갈 출

- 음: しゅつ・すい
- 훈: でる・だす

止(し) 그칠 지 + 凵(かん) 입 벌릴 감

갑골문자는 움막(凵)에서 밖으로 **나가는** 발(止)을 그려 넣은 모습이다.

- 救出(きゅうしゅつ) 구출
- 出演(しゅつえん) 출연
- 出血(しゅっけつ) 출혈
- 出国(しゅっこく) 출국
- 出世(しゅっせ) 출세
- 支出(ししゅつ) 지출
- 出勤(しゅっきん) 출근
- 出現(しゅつげん) 출현
- 出身地(しゅっしんち) 출신지
- 出席(しゅっせき) 출석

삶 | 농업 | 용기

- 出張(しゅっちょう) 출장
- 進出(しんしゅつ) 진출
- 提出(ていしゅつ) 제출
- 出る(でる) 나가다, 나오다, 나아가다
- 家出(いえで) 가출, 외출, 출가
- 売り出し(うりだし) 팔기 시작함, 세일, 인기(지명도)가 높아짐, 매출액
- 出口(でぐち) 출구
- 出発(しゅっぱつ) 출발
- 脱出(だっしゅつ) 탈출
- 出納(すいとう) 출납
- 出す(だす) 내다, 내놓다, 내밀다, 드러내다
- 人出(ひとで) 인파

131d

匚 匚

匚
감출 혜

음 けい

속이 비어 있는 통이나 그릇의 모양으로, **감추다**는 뜻을 가지고 있다.

131e

匹 匹 匹 匹

匹
짝 필

음 ひつ   훈 ひき

匚(けい) 감출 혜 + (말총이 말려 있는 모습)

상자(匚) 안에 한 **쌍**의 말총()이 얽히지 않게 서로 반대편으로 말려 있는 모습이다.

| 수사 뒤에 붙어서 동물·물고기·피륙 등을 세는 단위로도 사용된다.

- 匹敵(ひってき) 필적
- 匹(ひき) 필, 동물·새·물고기·곤충 등을 세는 단위
- 匹物(ひきもの) 한 필 길이의 직물

襾

襾 襾 襾 襾 襾 襾

132

襾

덮을 아

음 あ

병이나 항아리를 **덮을** 때 사용하는 뚜껑을 나타낸다.

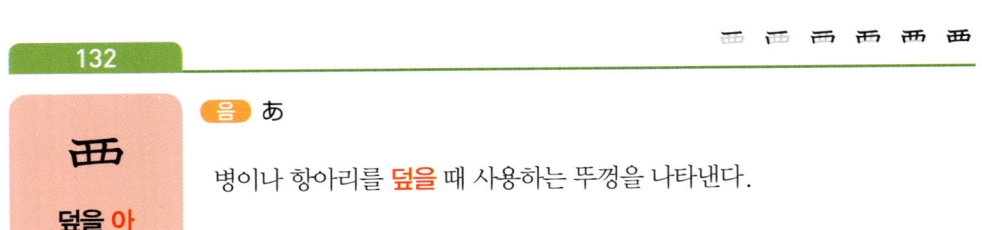

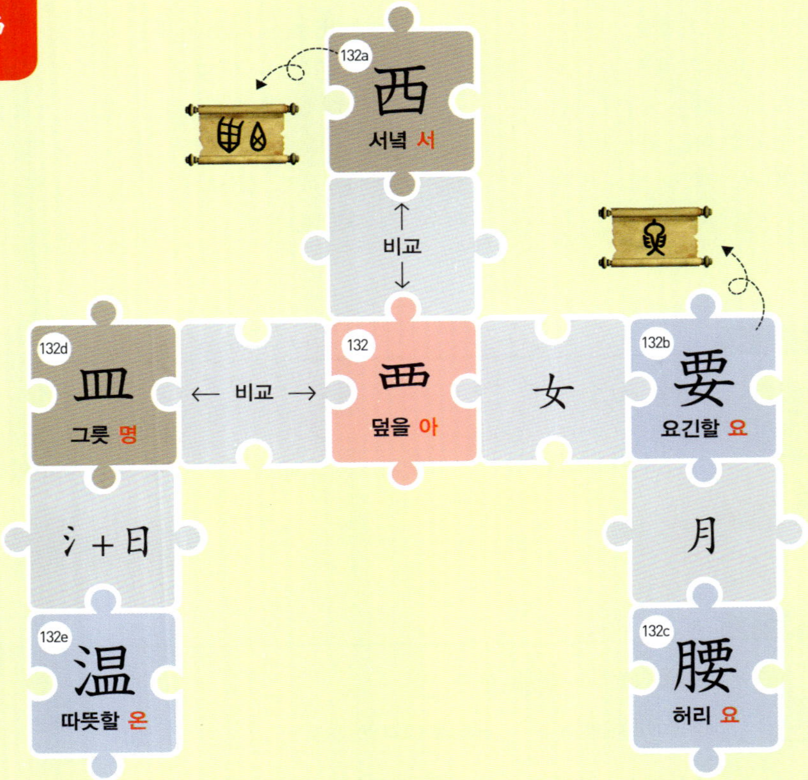

삶 | 농업 | 용기

132a

西 西 西 西 西 西

西 서녘 서

음 せい・さい   훈 にし

뚜껑(兀)이 있는 물을 담는 질그릇(口)의 모습이다. **서쪽**이라는 추상적인 개념을 기호로 나타내기 어렵기 때문에 발음이 같은 글자를 빌려 썼다.

옛 글자를 보면 나중에 질그릇의 뚜껑이 더해진 것으로 보인다.

- 西部(せいぶ) 서부
- 西洋(せいよう) 서양
- 関西(かんさい) 교토·오사카를 중심으로 한 지방, 관서 지방
- 東西(とうざい) 동서
- 西風(にしかぜ) 서풍
- 西日(にしひ) 석양, 저녁해
- 西方(せいほう) 서방
- 西暦(せいれき) 서력
- 西(にし) 서쪽, 서풍, 관서 지방
- 西側(にしがわ) 서측
- 真西(まにし) 정서(쪽)

132b

要 要 要 要 要 要 要 要 要

要 요긴할 요

음 よう   훈 かなめ・いる

覀→臼(きょく) 양손 국 + 女(じょ・にょ・にょう) 여자 녀

여자(女)가 양손(臼)으로 허리를 받치고 서 있는 모습으로, 허리는 신체 중에서 가장 **중요한** 곳이라는 의미에서 **필요하다**, **소용되다**는 뜻을 갖게 되었다.

옛 글자에는 覀자가 臼자로 표기되어 있다.

- 重要(じゅうよう) 중요
- 要求(ようきゅう) 요구
- 要素(ようそ) 요소
- 要点(ようてん) 요점
- 要領(ようりょう) 요령
- 要る(いる) 필요하다, 소용되다
- 必要(ひつよう) 필요
- 要請(ようせい) 요청
- 要注意(ようちゅうい) 요주의
- 要約(ようやく) 요약
- 要(かなめ) 가장 중요한 점, 요점, 부채의 사북

132c

腰 腰 腰 腰 腰 腰 腰 腰 腰 腰 腰

腰
허리 요

음 よう　훈 こし

月→肉(にく) 고기 육　+　要(よう) 요긴할 요

허리를 뜻하는 글자가 요긴하다(要)는 의미로 가차되자, 신체를 뜻하는 고기(肉)를 추가하여 원래 의미를 되살렸다.

- 腰椎(ようつい) 요추
- 腰痛(ようつう) 요통
- 腰(こし) 허리, 사물의 중간 부분

132d

皿 皿 皿 皿 皿

皿
그릇 명

음 べい　훈 さら

가운데가 움푹 파인 **그릇**의 모양을 본떠 만든 글자이다.

- 器皿(きべい) 기명, 음식을 담는 그릇
- 小皿(こざら) 작은 접시
- 灰皿(はいざら) 재떨이
- 皿(さら) 접시, 접시와 비슷한 모양의 물건
- 取(り)皿(とりざら) 요리를 덜어 담는 작은 접시

132e

温 温 温 温 温 温 温 温 温 温 温

温
따뜻할 온

음 おん　훈 あたたか・あたたかい・あたたまる・あためる

氵=水(すい) 물 수　+　日(にち・じつ) 날 일　+　皿(べい) 그릇 명

그릇(皿)에 담긴 물(水)이 햇빛(日)을 받아 **따뜻해진** 모습을 나타낸다.

| 우리 溫자의 일본식 한자이다.

- 温室(おんしつ) 온실
- 温度(おんど) 온도
- 体温計(たいおんけい) 체온계
- 温か(あたたか) 따뜻함, 훈훈함, 다정함
- 温まる(あたたまる) 따뜻해지다, 훈훈해지다
- 温泉(おんせん) 온천
- 気温(きおん) 기온
- 保温(ほおん) 보온
- 温かい(あたたかい) 따뜻하다, 훈훈하다, 다정하다
- 温める(あたためる) 따뜻하게 하다, 데우다

삶 | 농업 | 용기

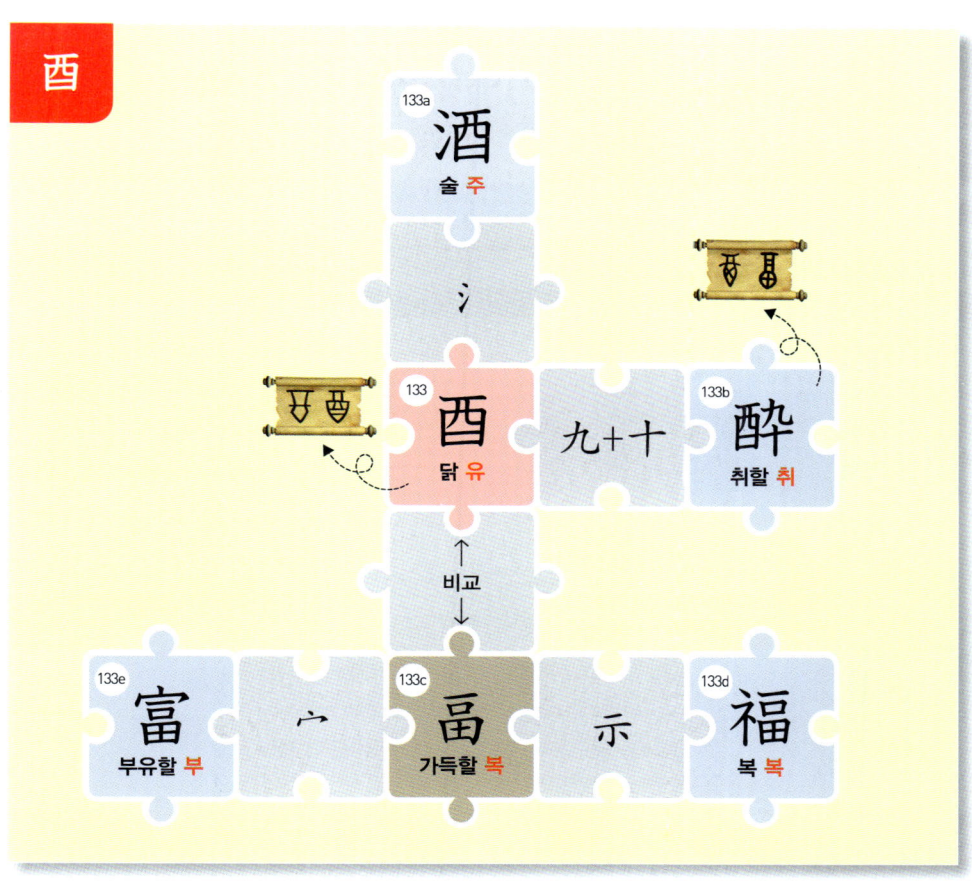

133

酉 酉 酉 酉 酉 酉 酉

133

酉
닭유, 열째 지지 유

음 ゆう　훈 とり

인류 역사의 시초부터 등장하는 음료인 술을 담는 단지의 모양을 본떠 만든 글자로 **십이지**(十二支) **중 열 번째**로 **닭**을 의미한다.

☐ 酉(とり) 열째 지지 유, 서쪽

133a

酒酒酒酒酒酒酒酒酒酒

酒 술 주

- 음 しゅ
- 훈 さけ・さか

氵=水(すい) 물 수 + 酉(ゆう) 닭 유

술 단지(酉)에 담긴 물(水)이란 **술**을 의미한다.

- 飮酒(いんしゅ) 음주
- 酒造(しゅぞう) 주조
- 洋酒(ようしゅ) 양주
- 甘酒(あまざけ) 단술
- 酒屋(さかや) 술을 빚는 사람(집), 술집, 술장수
- 寝酒(ねざけ) 자기 전에 마시는 술
- 禁酒(きんしゅ) 금주
- 清酒(せいしゅ) 청주
- 酒(さけ) 술
- 居酒屋(いざかや) 선술집
- 酒癖(さけぐせ) 술버릇

133b

醉醉醉醉醉醉醉醉醉醉醉

醉 취할 취

- 음 すい
- 훈 よう

酉(ゆう) 닭 유 + 九(きゅう) 아홉 구 + 十(じゅう・じつ) 열 십

십진법에서 가장 큰 수인 구(九)와 십(十)을 더하여 술(酉)을 많이 마시고 **취했음**을 강조한다.

- 醉客(すいきゃく) 취객
- 麻醉(ますい) 마취
- 醉う(よう) 술에 취하다, 술기가 돌다, 멀미하다, 도취하다
- 二日醉い(ふつかよい) 숙취
- 醉い止め(よいどめ) 멀미 예방, 멀미약
- 泥醉(でいすい) 만취
- 醉い(よい) 취함, 취기

133c

畐畐畐畐畐畐畐畐畐

畐 가득할 복

- 음 ふく

술이 **가득** 들어 있는 술병(酉)의 모양을 본떠 만든 글자이다.

133d

福福福福福福福福福福福福

福
복 복

음 ふく

礻=示(じ・し) 보일 시 + 畐(ふく) 가득할 복

신(示)에게 술(畐)을 바쳐 **축복**을 받는 모습을 나타낸다. 토지신을 숭배하는 농경 사회에서 술(畐)은 신(示)에게 바쳐야 하는 필수적인 제물이었다. 술이 발효될 때 거품이 생기는 모습을 소출이 많이 나는 모습과 연관 지어 생각했기 때문이다.

- □ 福(ふく) 복, 행복
- □ 多福(たふく) 다복, 복이 많음
- □ 福利厚生(ふくりこうせい) 복리후생
- □ 幸福(こうふく) 행복
- □ 福祉(ふくし) 복지
- □ 裕福(ゆうふく) 유복

133e

富富富富富富富富富富富富

富
부유할 부

음 ふ・ふう   훈 とむ・とみ

宀(べん・めん) 집 면 + 畐(ふく) 가득할 복

신에게 바칠 술을 많이(畐) 가지고 있는 집(宀)은 당연히 부잣집이었으므로 **부유하다**라는 뜻이 파생되었다.

- □ 貧富(ひんぷ) 빈부
- □ 豊富(ほうふ) 풍부함
- □ 富む(とむ) 부유하다, 풍부하다, 많다
- □ 富裕(ふゆう) 부유, 유복
- □ 富貴(ふうき・ふっき) 부귀
- □ 富(とみ) 부, 재산, 자원, 복권

동물(134~152)

자연을 구성하는 생태 피라미드의 최상위층에 속하는 인간에게 동물은 대단히 중요한 요소라고 할 수 있다.

1. 고대인에게 가장 친숙한 **육지동물**은 가축이다. 따라서 기본 한자에도 양, 개, 돼지, 소, 말 등이 등장한다.
2. 육지동물을 제외한 **기타 동물**에는 새, 곤충, 물고기와 관련된 한자를 다루고 있다. 또 화폐로 사용되어 인간에게 친숙한 조개가 기본 한자에서 상당히 중요한 역할을 하고 있음을 알 수 있다.
3. 동물들의 **부산물**들도 사람의 생활에 많은 영향을 미쳤다. 여기에서는 털, 가죽, 뿔, 고기 등과 관련한 기본 한자들을 수록하였다.

자연 (134~182)

산천초목(153~169)

자연을 구성하는 주요 요소들에는 **산**과 산에서 나오는 **광물**들이 있으며 그 광물들을 가공하기 위해서는 도구가 필요했을 것이다. 자연에는 생명의 원천이라고 할 수 있는 **물**이 있으며 생태 피라미드의 최하위층에 속하는 **풀과 나무**도 있다. 이러한 모든 요소들이 어떻게 기본 한자로서의 역할을 하는지 살펴보자.

천체(170~172)

지구상에 존재하는 모든 생명체는 천체의 영향을 받고 있으므로, 자연이 제 역할을 하도록 돕는 천체에서 기본 한자가 생성된 것은 당연한 이치일 것이다. 여기에서는 **해와 달에서 생성된 기본 한자**들이 다른 한자들과 조립되면서 어떻게 새로운 한자와 의미를 만들어 내는지 그 배경들을 함께 살펴보자.

기타(173~182)

기본 한자를 구성하는 마지막 단계로서 **숫자와 부호**들이 있다. 여기에서는 숫자들과 특별한 의미 없이 부호적인 개념에서 기본 글자가 된 亅, 丶, 丿자를 접하게 될 것이다. 특별한 의미가 없다고는 하나 기본 글자의 한 부분을 차지하고 있으므로 다른 한자와 조립되는 배경이나 과정을 생각하면서 살펴보자.

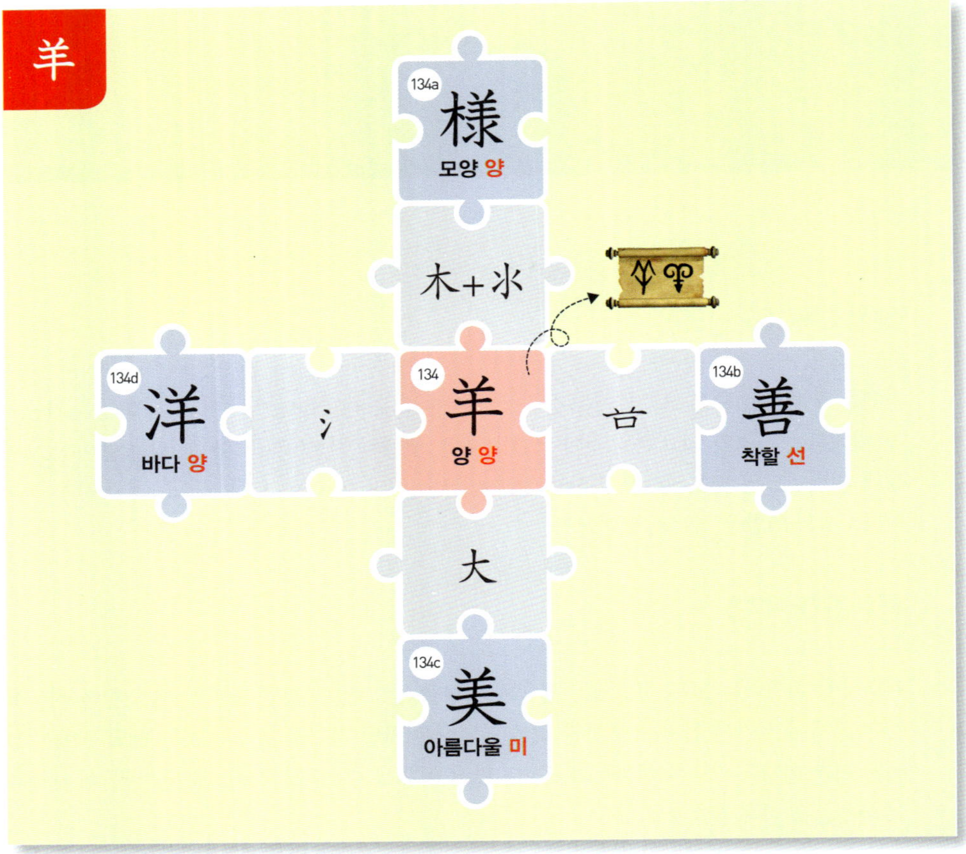

자연 | 동물 | 육지 동물

羊

- 134a 様 모양 양
- 木+水
- 134d 洋 바다 양
- 氵
- 134 羊 양 양
- 告
- 134b 善 착할 선
- 大
- 134c 美 아름다울 미

134

羊 羊 羊 羊 羊 羊

羊
양 **양**

음 よう   훈 ひつじ

둥그렇게 생긴 멋진 뿔을 가진 **양**을 정면에서 바라본 모습을 본떠 만든 글자이다.

- 羊水(ようすい) 양수
- 羊毛(ようもう) 양모, 양털
- 羊(ひつじ) 양
- 子羊(こひつじ) 어린 양

134a

様 모양 **양**

음 よう　훈 さま

木(ぼく・もく) 나무 목 ＋ 羊(よう) 양 양 ＋ 氺＝水(すい) 물 수

목판(木)에 양(羊)들이 다니는 길과 물길(水)을 새긴 것에서 **모양**, **무늬**, **상태** 등의 뜻이 파생되었다.

- 多様(たよう) 다양
- 様式(ようしき) 양식
- 様(さま) 모양, 상태, ~씨
- 王様(おうさま) 임금님, 왕
- 模様(もよう) 무늬
- 様子(ようす) 모양, 모습, 상태, 정세
- 様々(さまざま) 여러 가지, 가지각색

134b

善 착할 **선**

음 ぜん　훈 よい

羊(よう) 양 양 ＋ 䒑→誩(けい・きょう) 말다툼할 경

영물로 여겨지는 양(羊)이 언쟁(誩)을 벌이고 있는 두 사람 중에 **선한** 사람은 누구인지 가려내는 모습이다.

│ 善자의 옛글자인 譱자를 보면 䒑 부분은 誩자가 변한 것임을 알 수 있다.

- 改善(かいぜん) 개선
- 慈善(じぜん) 자선
- 善意(ぜんい) 선의
- 善良(ぜんりょう) 선량
- 善い(よい) 좋다, 뛰어나다, 바람직하다 ☞ 구어에서는 주로 いい라고 말한다.
- 最善(さいぜん) 최선
- 善悪(ぜんあく) 선악
- 善人(ぜんにん) 선인, 호인

134c

아름다울 미

美 美 美 美 美 美 美 美 美

음 び   훈 うつくしい

羊(よう) 양 양 + 大(だい・たい) 큰 대

신에게 바칠 양(羊)을 사람(大)이 둘러매고 있는 모습에서 **아름답다**, **맛있다**의 뜻이 파생되었다.

- 耽美(たんび) 탐미
- 美人(びじん) 미인, 미녀
- 褒美(ほうび) 포상, 상
- 美味しい(おいしい) 맛있다, 맛좋다
- 美術(びじゅつ) 미술
- 美容師(びようし) 미용사
- 美しい(うつくしい) 아름답다, 곱다

134d

바다 양

洋 洋 洋 洋 洋 洋 洋 洋 洋

음 よう

氵=水(すい) 물 수 + 羊(よう) 양 양

초원을 뒤덮은 양(羊)떼들의 모습이 마치 드넓은 **바다**(水)와 같다는 뜻을 나타낸다.

- 海洋(かいよう) 해양
- 太平洋(たいへいよう) 태평양
- 洋室(ようしつ) 서양식 방
- 洋装(ようそう) 양장
- 西洋(せいよう) 서양
- 東洋(とうよう) 동양
- 洋食(ようしょく) 양식
- 洋服(ようふく) 양복

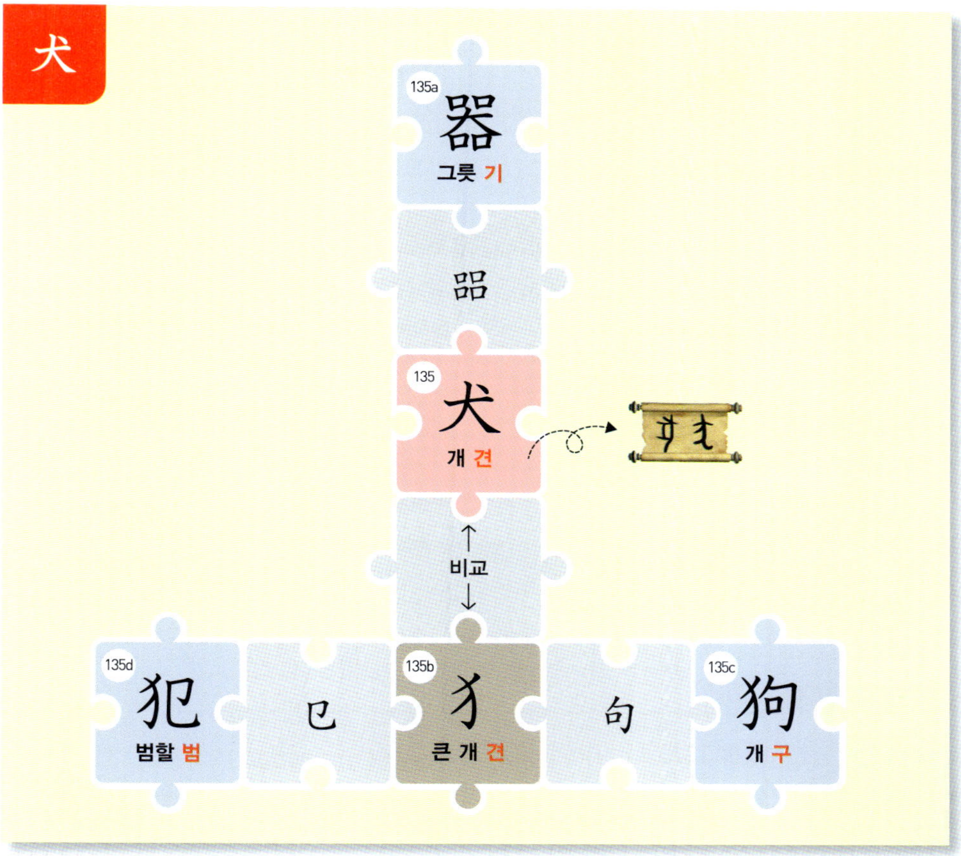

자연 | 동물 | 육지 동물

犬

135a 器 그릇 기

品

135 犬 개 견

↑ 비교

135d 犯 범할 범   巳   135b 犭 큰 개 견   句   135c 狗 개 구

135

135

大 大 犬 犬

犬 개 견

음 けん   훈 いぬ

귀(ヽ)를 쫑긋 세운 **개**의 모습을 본떠 만든 글자이다.

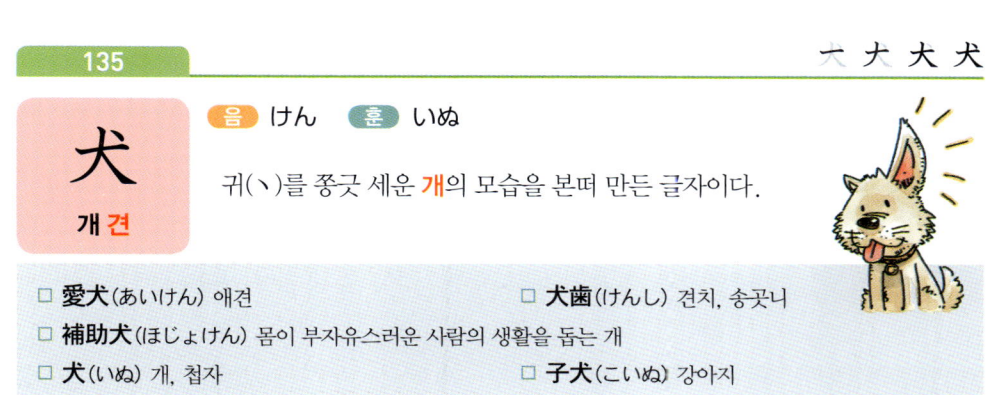

- 愛犬(あいけん) 애견
- 補助犬(ほじょけん) 몸이 부자유스러운 사람의 생활을 돕는 개
- 犬(いぬ) 개, 첩자
- 犬歯(けんし) 견치, 송곳니
- 子犬(こいぬ) 강아지

409

135a

器器器器器器器器哭哭哭器器器

器 그릇 기

음 き　**훈** うつわ

昍(그릇의 모습) + 犬(けん) 개 견

개(犬) 고기를 담은 그릇(昍)의 모습으로, 제물을 담는 **그릇**, **기구**라는 뜻을 갖게 되었다. 실제로 중국의 은나라와 주나라 때 개고기는 제사와 일반 연회에서 빠지지 않는 음식이었다고 한다.

우리 器자의 일본식 한자이다. 우리 器자는 犬자 이지만 일본은 大자이다. 위의 한자 분해와 해설은 현재 일본에서 사용하는 器자로는 한자의 어원을 밝히기 어려워 원글자에 근거한 것이므로 현재 일본에서 사용하는 器자와 혼동하지 않도록 주의하기 바란다.

- 楽器(がっき) 악기
- 器用(きよう) 재주가 있음, 요령이 좋음, 약삭빠르게 처신함
- 器量(きりょう) 기량, 역량
- 臓器(ぞうき) 장기
- 器(うつわ) 그릇, 용기
- 器具(きぐ) 기구
- 食器(しょっき) 식기
- 武器(ぶき) 무기

135b

犭犭犭

犭 큰 개 견

음 けん

犬자와 같은 글자로, 다른 글자와 합쳐질 때 犬자를 대신하는 글자로 사용되며, 단독으로는 사용되지 않는다. **개 크기 정도의 동물**을 나타내는 데 의미 요소로 사용된다.

135c

狗狗狗狗犳狗狗狗

狗 개 구

음 く

犭=犬(けん) 개 견 + 句(く) 글귀 구

집을 지키는 **개**(犬)가 낯선 사람을 향해 쉴 새 없이 짖어대는(句) 모습을 나타낸다.

- 走狗(そうく) 주구

135d

범할 범

- 음: はん
- 훈: おかす

犭＝犬(けん) 개 견 ＋ 㔾＝卩(せつ) 병부 절

개(犬)가 사람(㔾)을 공격하는 모습에서 **범하다**, **어기다**의 뜻이 파생되었다.

- 共犯(きょうはん) 공범
- 戦犯(せんぱん) 전범
- 犯罪(はんざい) 범죄
- 防犯(ぼうはん) 방범
- 侵犯(しんぱん) 침범
- 犯行(はんこう) 범행
- 犯人(はんにん) 범인
- 犯す(おかす) 범하다, 어기다

豕

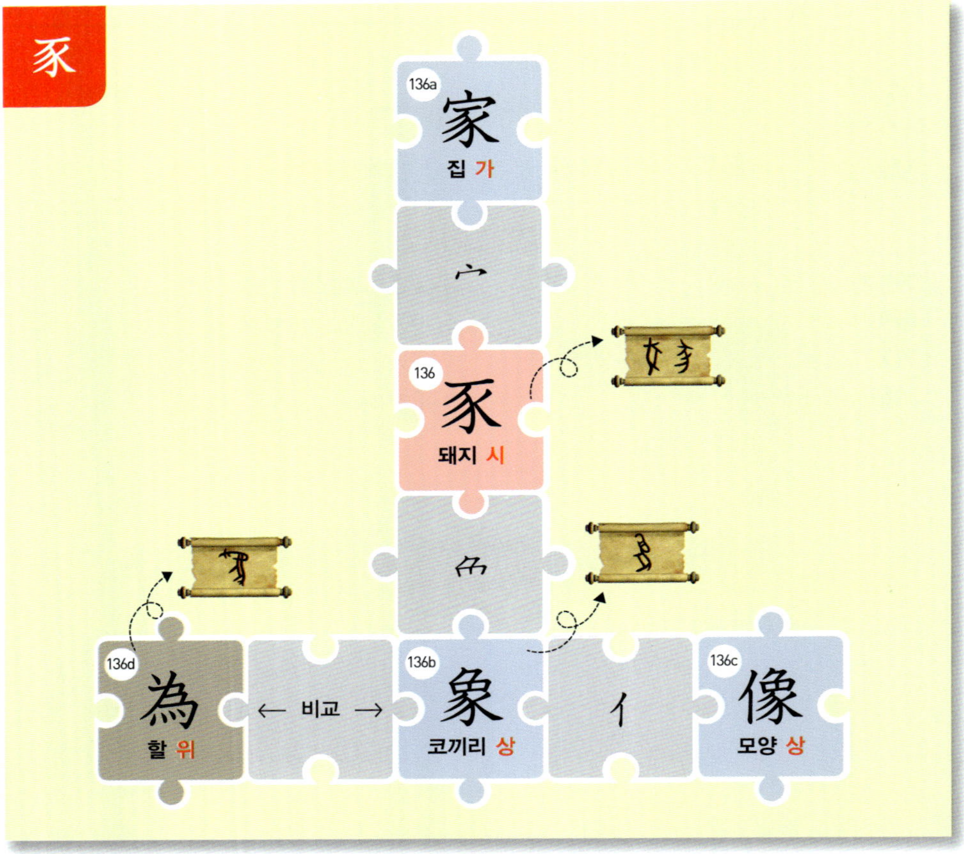

| 136a | 家 집 가 |
| 宀 |
| 136 | 豕 돼지 시 |
| 돼지 |

| 136d | 為 할 위 | ← 비교 → | 136b | 象 코끼리 상 | 亻 | 136c | 像 모양 상 |

136

豕豕豕豕豕豕豕

豕 돼지 시

음 시

새끼에게 젖을 주려고 누워 있는 통통한 어미 **돼지**의 모습을 본떠 만든 글자이다.

자연 | 동물 | 육지 동물

136a

家家家家家家家家家家

집 가

음 か・け   훈 いえ・や

宀(べん・めん) 집 면 + 豕(し) 돼지 시

단란한 **가정**을 표현하기 위해 지붕(宀)과 새끼를 많이 낳는 돼지(豕)를 더하여 만든 글자로, 다산을 기원한 중국인들의 위트를 엿볼 수 있다. 돼지는 보통 한 번에 8~12마리의 새끼를 낳는다고 한다.

- 家事(かじ) 가사, 집안 일
- 家庭(かてい) 가정
- 作家(さっか) 작가
- 専門家(せんもんか) 전문가
- 本家(ほんけ) 본가, 종가
- 家柄(いえがら) 집안, 가문, 명문
- 家賃(やちん) 집세
- 家族(かぞく) 가족
- 家内(かない) 가족, (자기의) 아내, 집사람
- 実家(じっか) 생가, 친정
- 家来(けらい) 가신
- 家(いえ) 집, 주택, 자택
- 家元(いえもと) 종가, 본가
- 家主(やぬし) 가주, 집주인, 가장

136b

象象象象象象象象象象象

코끼리 상

음 しょう・ぞう

𠂉(코가 긴 모습) + 豕(し) 돼지 시

코가 긴 머리(𠂉)와 돼지(豕)처럼 통통한 몸을 한 **코끼리**의 특징을 본떠 만든 글자이다. 그러나 기후 변화 등의 이유로 중국 북방지역에서 코끼리가 사라지게 되면서 그 지역의 사람들에게 코끼리는 상상의 동물이 되었으므로 **모습, 상징**의 뜻도 갖게 되었다.

- 印象(いんしょう) 인상
- 現象(げんしょう) 현상
- 対象(たいしょう) 대상
- 象牙(ぞうげ) 상아
- 気象(きしょう) 기상
- 象徴(しょうちょう) 상징
- 象(ぞう) 코끼리

136c

像 모양 상

음 ぞう

イ＝人(じん・にん) 사람 인 ＋ 象(しょう・ぞう) 코끼리 상

코끼리를 본 적이 없는 중국 북방지역의 사람(人)들이 전해 들은 이야기를 근거로 **모양**이나 **형상**을 상상하는 모습을 나타낸다.

- 映像(えいぞう) 영상
- 写真現像(しゃしんげんぞう) 사진 현상
- 想像(そうぞう) 상상
- 画像(がぞう) 화상
- 肖像(しょうぞう) 초상
- 銅像(どうぞう) 동상

136d

為 할 위

음 い 훈 なす

힘든 일을 시키기 위해 육상 동물 중 가장 큰 코끼리(象)를 손(爪)으로 조련하는 모습에서 **하다**, **행하다** 등의 뜻이 파생되었다.

| 우리 爲자의 일본식 한자이다.
| 갑골문자는 인위적(爪)으로 코끼리(象)를 길들이는 모습을 하고 있다.

- 為政者(いせいしゃ) 위정자
- 所為(しょい) 소위
- 為す(なす) 하다, 행하다
- 行為(こうい) 행위
- 人為的(じんいてき) 인위적
- 為替(かわせ) 환, 환어음

자연 | 동물 | 육지 동물

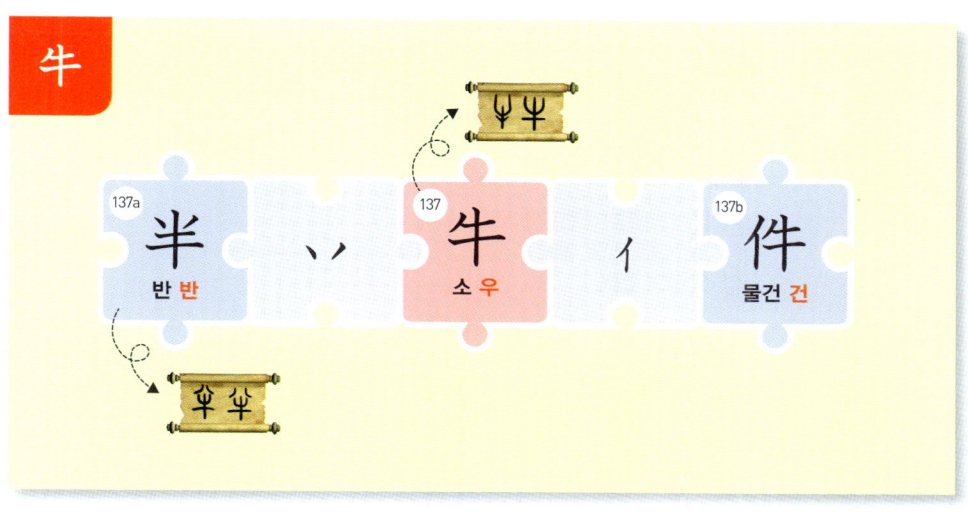

137

牛
소 우

음 ぎゅう　훈 うし

牛 ノ 午 牛

멋진 뿔을 가진 **소**를 정면에서 바라본 모습을 본떠 만든 글자이다.

- 牛肉(ぎゅうにく) 쇠고기
- 水牛(すいぎゅう) 물소
- 牛(うし) 소
- 牛乳(ぎゅうにゅう) 우유
- 和牛(わぎゅう) 일본 재래 품종의 소
- 子牛(こうし) 송아지

137a

半　半　半　半　半

半
반 반

음 はん　　훈 なかば

丷→八(はち) 여덟 팔　＋　牛(ぎゅう) 소 우

소(牛)를 도살하여 **절반**으로 나누는(八) 것을 뜻한다.

우리 半자의 일본식 한자이다.
八자는 '여덟 팔'의 의미 외에도 양쪽으로 대칭을 이루며 나누어진 모양에서 '나누다'는 의미도 갖고 있다.

- 過半数(かはんすう) 과반수
- 前半(ぜんはん・ぜんぱん) 전반 ↔ 後半(こうはん) 후반
- 半額(はんがく) 반액
- 半島(はんとう) 반도
- 半日(はんにち) 반일, 한나절
- 半分(はんぶん) 반, 절반
- 半ば(なかば) 절반, 반, 중앙, 중간

137b

件　件　件　件　件　件

件
물건 건

음 けん

亻＝人(じん・にん) 사람 인　＋　牛(ぎゅう) 소 우

사람(人)에게 소(牛)는 농사, 제물, 고기와 가죽 등 많은 것들을 가능하게 하는 가축임을 강조하는 의미에서 **물건**, **사건**의 뜻으로 쓰이게 되었다.

- 案件(あんけん) 안건
- 件数(けんすう) 건수
- 事件(じけん) 사건
- 条件(じょうけん) 조건
- 用件(ようけん) 용건
- 要件(ようけん) 요건

자연 | 동물 | 육지 동물

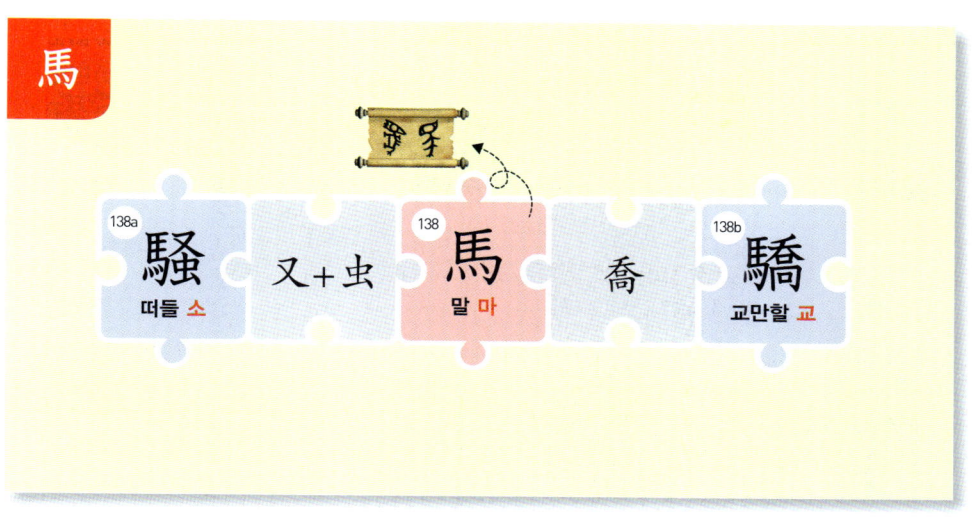

138

음 ば　훈 うま・ま

날렵한 네 다리로 갈기를 휘날리며 달리는 말의 모습을 본떠 만든 글자이다.

- 競馬(けいば) 경마
- 乗馬(じょうば) 승마
- 馬鹿(ばか) 바보, 멍청이 ☞ 말과 사슴도 구별하지 못하는 바보라는 의미이다.
- 白馬(はくば) 백마
- 馬車(ばしゃ) 마차
- 馬力(ばりき) 마력
- 馬(うま) 말
- 絵馬(えま) 기원할 때 또는 소원이 이루어졌을 때 신사나 절에 봉납하는 말 그림이 그려져 있는 액자 ▶

자연 | 동물 | 육지 동물

138a

騷 騷 騷 騷 騷 騷 騷 騷 騷 騷 騷 騷 騷 騷 騷 騷 騷

騷
떠들 소

- 음 そう
- 훈 さわぐ

馬(ば) 말 + 又(ゆう) 또우 + 虫(ちゅう) 벌레 충

벼룩과 같은 벌레(虫)가 몸을 물자 손(又)으로 긁을 수 없는 말(馬)이 가려운 나머지 땅바닥에 나뒹굴며 온몸을 비벼대는 모습에서 **떠들다**, **소란스럽다**, **시끄럽다** 등의 뜻이 파생되었다.

우리 騷자의 일본식 한자이다.

- □ 騒音(そうおん) 소음
- □ 騒動(そうどう) 소동
- □ 物騒(ぶっそう) 세상이 뒤숭숭하고 위험한 상태
- □ 騒ぐ(さわぐ) 떠들다, 시끄러워지다, 소란(소동)을 피우다
- □ 大騒ぎ(おおさわぎ) 크게 소란을 피움, 큰 소동

138b

驕 驕 驕 驕 驕 驕 驕 驕 驕 驕 驕 驕 驕 驕 驕 驕 驕

驕
교만할 교

- 음 きょう

馬(ば) 말 마 + 喬(きょう) 높을 교

키 큰 말(馬)을 타고 높은(喬) 곳에서 보면 모든 사람들이 발 아래로 보이므로 **교만하다**는 의미를 갖게 되었다.

- □ 驕傲(きょうごう) 교오, 교만
- □ 驕慢(きょうまん) 교만

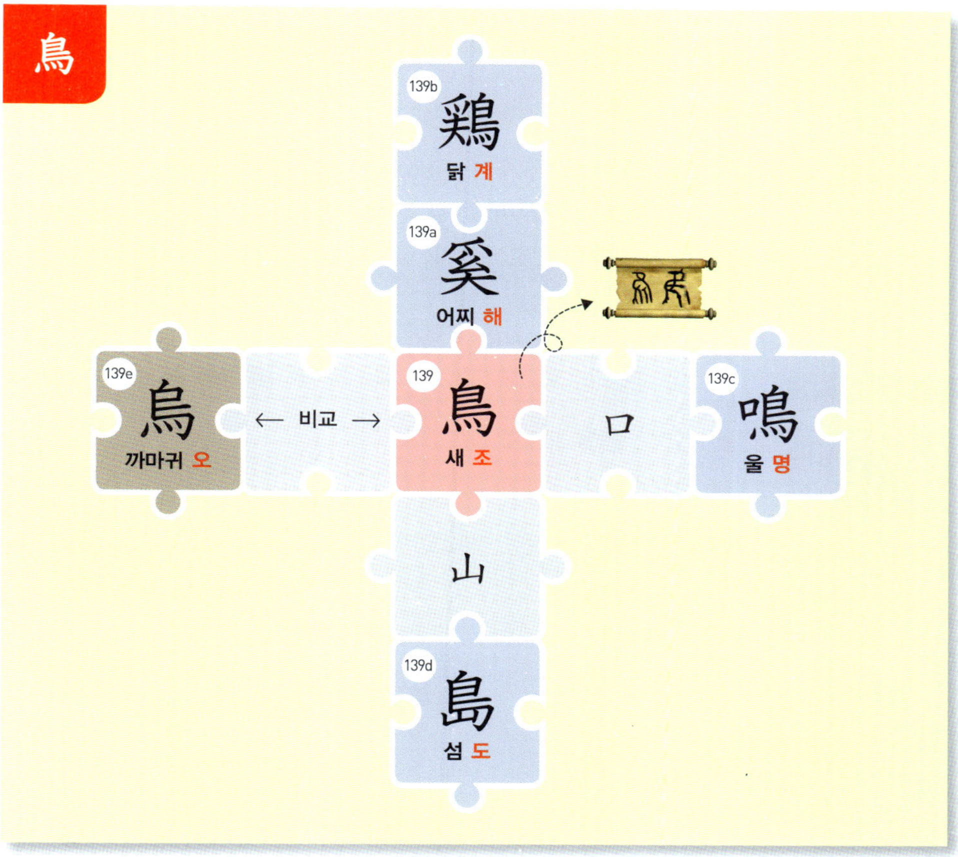

자연 | 동물 | 기타 동물

鳥

- 139b 鷄 닭 계
- 139a 奚 어찌 해
- 139e 烏 까마귀 오 ← 비교 →
- 139 鳥 새 조
- 口
- 139c 鳴 울 명
- 山
- 139d 島 섬 도

139

鳥 새 조

음 ちょう **훈** とり

꽁지가 긴 **새**의 모습을 본떠 만든 글자이다.

- □ 鳥類(ちょうるい) 조류
- □ 鳥(とり) 새, 조류
- □ 鳥居(とりい) 신사 입구에 세워져 있는 기둥문
- □ 白鳥(はくちょう) 백조, 흰색의 새
- □ 小鳥(ことり) 작은새
- □ 鳥肉(とりにく) 새고기, 특히 닭고기

139a

奚奚奚奚奚奚奚奚奚奚

奚 어찌 해

- 음: けい
- ⺥=爪(そう) 손톱 조 + 糸(し) 실 사 + 大(だい·たい) 큰 대

밧줄(糸)로 사람(大)를 묶어 손(爪)으로 끌고 오는 장면에서 **어찌**, **왜**의 뜻이 파생되었다. 일본어에서는 단독으로 쓰이지 않고, 다른 글자와 합쳐질 때에는 모양이 奚로 바뀐다.

139b

鶏鶏鶏鶏鶏鶏奚奚奚鷄鷄鷄鶏鶏鶏鶏鶏

鶏 닭 계

- 음: けい 훈: にわとり
- 奚→奚(けい) 어찌 해 + 鳥(ちょう) 새 조

사람에게 종살이(奚) 하는 새(鳥)라는 뜻으로 사람에게 사육되는 새인 **닭**을 묘사하고 있다.

| 우리 鷄자의 일본식 한자이다.

- □ 鶏卵(けいらん) 달걀
- □ 鶏(にわとり) 닭
- □ 若鶏(わかどり) 병아리, 생후 80일 전후의 어린 닭 또는 그 고기
- □ 養鶏(ようけい) 양계

139c

鳴鳴鳴鳴鳴鳴鳴鳴鳴鳴鳴鳴鳴鳴

鳴 울 명

- 음: めい 훈: なく·なる·ならす
- 鳥(ちょう) 새 조 + 口(こう·く) 입 구

새(鳥)가 입(口)으로 소리를 내며 **우는** 모양을 나타낸다.

| 鳴く는 새·짐승·곤충 등이 우는 것을 의미하고, 泣く(なく)는 사람이 우는 것을 의미한다.

- □ 共鳴(きょうめい) 공명
- □ 鳴く(なく) 소리를 내다, 울다
- □ 鳴らす(ならす) 소리를 내다, 울리다
- □ 耳鳴り(みみなり) 이명, 귀울음
- □ 悲鳴(ひめい) 비명
- □ 鳴る(なる) 소리가 나다, 울리다
- □ 鳴き声(なきごえ) 울음 섞인 목소리, 울음소리

자연 | 동물 | 기타 동물

139d

島 島 島 島 島 島 島 島 島 島

島 섬 도

음 とう　훈 しま

鳥(ちょう) 새 조 ＋ 山(さん) 뫼 산

새(鳥)들이 자유롭게 날아다니는 바다 한가운데 산(山)처럼 솟아 있는 **섬**의 모습을 나타낸다.

날아다니는 새(鳥)들만이 섬(山)에 자유롭게 접근할 수 있음을 생각하자.

- 諸島(しょとう) 제도
- 無人島(むじんとう) 무인도
- 島(しま) 섬
- 島国(しまぐに) 섬나라
- 半島(はんとう) 반도
- 列島(れっとう) 열도
- 小島(こじま) 작은 섬

139e

烏 烏 烏 烏 烏 烏 烏 烏 烏 烏

烏 까마귀 오

음 う　훈 からす

까마귀의 모습을 본떠 만든 글자로, **까마귀**는 깃털이 검어 검정색 눈이 잘 보이지 않으므로 눈(一)이 없는 새(鳥)로 묘사하였다.

- 烏合の衆(うごうのしゅう) 오합지졸
- 烏(からす) 까마귀

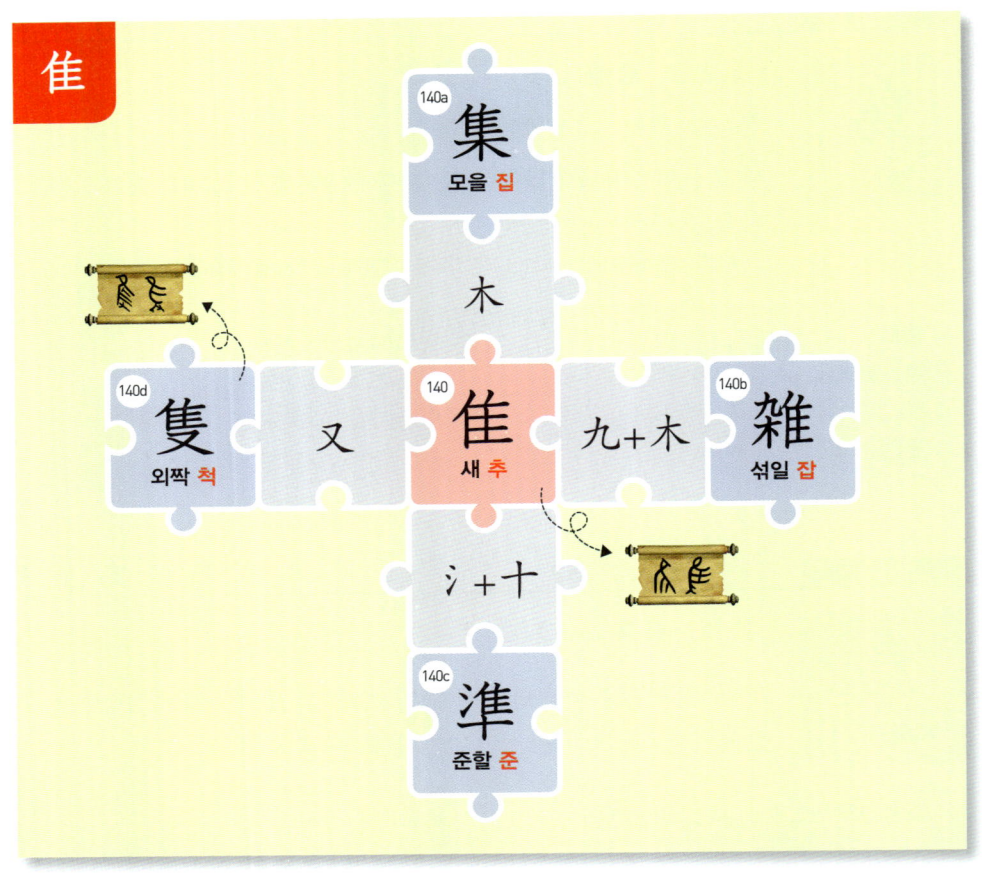

140

音 すい　　**訓** とり

隹
새 추

작고 귀여운 **새**의 옆모습을 본떠 만든 글자이다. 단독으로는 쓰이지 않는다.

鳥(ちょう 새 조)자는 주로 부리나 꽁지가 길고 큰 새를 의미하고, 隹자는 꽁지가 짧은 새를 의미한다.

자연 | 동물 | 기타 동물

140a

集

모을 집

集集集集集集隹隹隹集集

음 しゅう　훈 あつまる・あつめる・つどう

隹(すい) 새 추 + 木(ぼく・もく) 나무 목

작은 새(隹)들이 나뭇가지(木) 위에 **모여** 지저귀고 있는 모습을 뜻한다.

- 集会(しゅうかい) 집회
- 集団(しゅうだん) 집단
- 募集(ぼしゅう) 모집
- 集める(あつめる) 모으다, 집중시키다
- 集合(しゅうごう) 집합
- 集中(しゅうちゅう) 집중
- 集まる(あつまる) 모이다, 집중하다
- 集う(つどう) 모이다, 회합하다

140b

雜

섞일 잡

雜雜雜雜雜雜雜雜雜雜雜雜

음 ざつ・ぞう

九(きゅう・く) 아홉 구 + 木(ぼく・もく) 나무 목 + 隹(すい) 새 추

여러(九) 색깔이 **섞인** 아름다운 깃털을 가진 새(隹)가 나무(木) 위에 앉아 있는 모습을 나타낸다.

> 우리 雜자의 일본식 한자이다.

- 混雜(こんざつ) 혼잡
- 雜誌(ざっし) 잡지
- 雜巾(ぞうきん) 걸레
- 雜炊(ぞうすい) 어패류와 채소 등을 넣고 간장이나 된장으로 간을 맞춰 끓인 죽
- 雜煮(ぞうに) 일본식 떡국 ▶
- 雜音(ざつおん) 잡음
- 複雜(ふくざつ) 복잡

140

140c

準 準 準 準 準 準 準 準 準 準 準 準

準
준할 **준**

음 じゅん

氵=水(すい) 물 수 + 隹(すい) 새 추 + 十(수직·수평을 나타내는 모습)

흐르는 물(水)과 일정 추위를 기준(十)으로 하여 어김없이 따뜻한 나라로 날아갈 준비를 하는 철새(隹)들의 모습에서 **기준, 준하다**는 뜻이 파생되었다.

- 規準(きじゅん) 규준, 규범이 되는 표준
- 準急(じゅんきゅう) 준급 ☞ 준급행열차(準急行列車)의 준말로 급행열차보다 정차역의 수가 많다.
- 準拠(じゅんきょ) 준거
- 準備(じゅんび) 준비
- 基準(きじゅん) 기준
- 準決勝(じゅんけっしょう) 준결승
- 標準(ひょうじゅん) 표준

140d

隻 隻 隻 隻 隻 隻 隻 隻 隻

隻
외짝 **척**

음 せき

隹(すい) 새 추 + 又(ゆう) 또 우

손(又)에 새(隹) 한 마리만을 들고 있는 모습에서 **외짝, 하나**를 뜻하며, **짝을 이룬 사물의 한 쪽을 세는 단위** 또 배, 화살 또는 새를 세는 단위로도 사용된다.

- ~隻(せき) (배) ~척

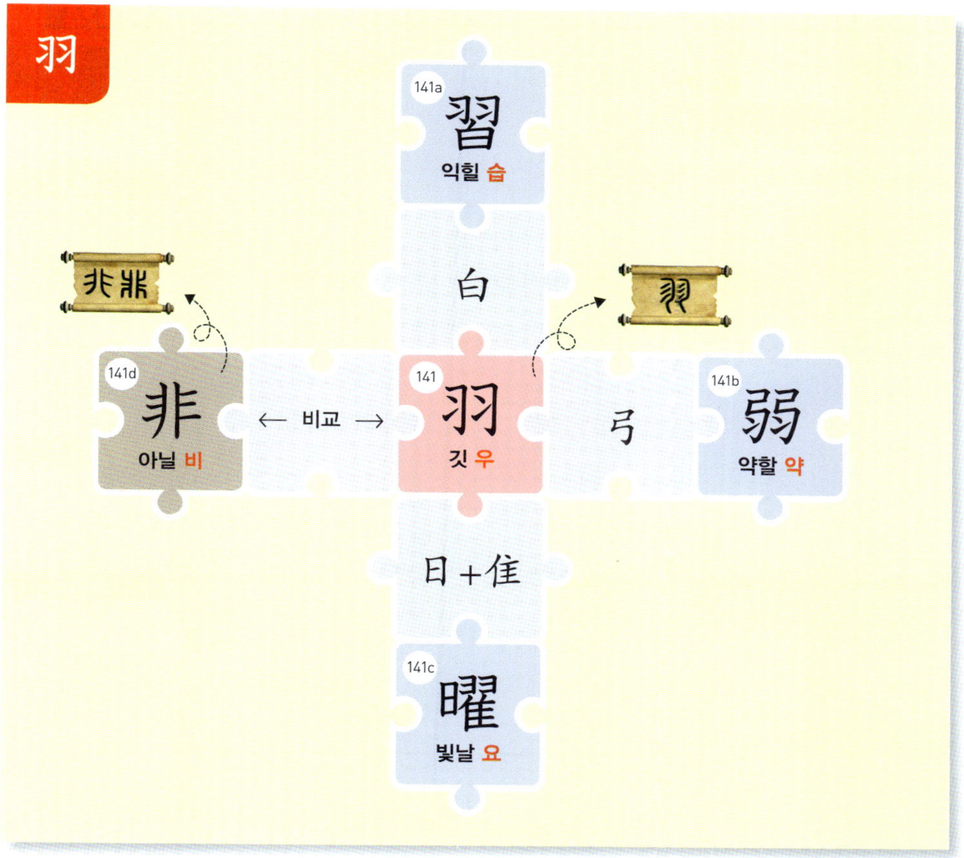

자연 | 동물 | 기타 동물

羽

141a 習 익힐 습

白

141d 非 아닐 비 ← 비교 → 141 羽 깃 우   弓   141b 弱 약할 약

日+隹

141c 曜 빛날 요

141

ㄱ ㄱ ㄱ 기 习 羽 羽

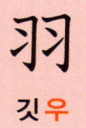
깃 우

음 う   훈 はね・は

두 날갯죽지를 위로 쭉 펴서 올리고 앉아 있는 새의 **깃털**, **날개**를 본떠 만든 글자이다.

| 우리 羽자의 일본식 한자이다. 깃털 모양의 방향이 우리와 다르다는 것에 주의하자.

☐ 羽毛 (うもう) 새털, 깃털
☐ 羽色 (はいろ) 새의 날개빛
☐ 羽 (はね) 날개, 새털, 깃
☐ 羽音 (はおと) 날개 소리, 날아가는 화살의 소리

425

- 羽子(はご) 모감주나무 열매에 새털을 끼운 것으로 우리나라의 제기와 모양이 비슷하다
- 羽子板(はごいた) 羽子를 칠 때 쓰는 나무 판으로 장식용으로 쓰기도 한다.

141a

習 익힐 습

- 음 しゅう
- 훈 ならう

羽(う) 깃우 + 白(はく・びゃく) 흰 백

새가 날기(白) 위해서는 수도 없이 날갯짓(羽)을 익혀야 한다는 의미에서 **익히다, 연습하다, 배우다** 등의 뜻이 파생되었다.

- 学習(がくしゅう) 학습
- 習慣(しゅうかん) 습관, 관습
- 予習(よしゅう) 예습 ↔ 復習(ふくしゅう) 복습
- 習う(ならう) 연습하다, 익히다, 배우다
- 実習(じっしゅう) 실습
- 習得(しゅうとく) 습득
- 練習(れんしゅう) 연습
- 見習い(みならい) 견습, 수습

141b

弱 약할 약

- 음 じゃく
- 훈 よわい・よわる・よわまる・よわめる

弓(きゅう) 활 궁 + 羽(う) 깃우

깃털(羽)로 장식한 활(弓)은 전투용이 아니라 장식용이었던 것에서 **약하다**는 뜻이 파생되었다.

| 우리 弱자의 일본식 한자이다.

- 強弱(きょうじゃく) 강약
- 弱点(じゃくてん) 약점
- 弱い(よわい) 약하다, 모자라다
- 弱まる(よわまる) 약해지다, 수그러지다
- 弱気(よわき) 무기력함, 나약함, 우는 소리를 잘함, 시세가 약함
- 弱火(よわび) 약불
- 衰弱(すいじゃく) 쇠약
- 弱年(じゃくねん) 약관, 나이가 어림 또는 그 사람
- 弱る(よわる) 약해지다, 곤란해지다, 난처해지다
- 弱める(よわめる) 약하게 하다, 약화시키다

자연 | 동물 | 기타 동물

141c

曜曜曜曜曜曜曜曜曜曜曜曜曜曜曜曜曜曜

曜
빛날 요

음 よう

日(にち・じつ) 날 일 + 羽(う) 깃 우 + 隹(すい) 새 추

무지개색으로 빛나는 꿩(隹)의 깃털(羽)처럼 해와 달, 태양계의 다섯 개 별(日)들이 아름답게 빛나는 모습에서 **요일**의 뜻이 파생되었다.

| 우리 曜자의 일본식 한자이다.
| 翟(꿩 적)자는 꿩(隹)의 깃털(羽)이 무지개색으로 빛나는 모습을 뜻한다.

☐ 月曜日(げつようび) 월요일   ☐ 火曜日(かようび) 화요일
☐ 水曜日(すいようび) 수요일   ☐ 木曜日(もくようび) 목요일
☐ 金曜日(きんようび) 금요일   ☐ 土曜日(どようび) 토요일
☐ 日曜日(にちようび) 일요일

141d

丿 丰 非 非 非 非 非 非

非
아닐 비

음 ひ

새가 양 날개를 활짝 펼치고 날고 있는 모습을 본떠 만든 글자로, 펼쳐진 양 날개는 서로 만날 일이 없다는 의미에서 **아니다**와 같은 부정의 뜻을 갖게 되었다.

☐ 是非(ぜひ) 시비, 옳고 그름, 아무쪼록, 제발, 꼭   ☐ 非運(ひうん) 비운, 불운
☐ 非行(ひこう) 비행   ☐ 非合理(ひごうり) 비합리
☐ 非常(ひじょう) 비상   ☐ 非常識(ひじょうしき) 비상식
☐ 非難(ひなん) 비난

141

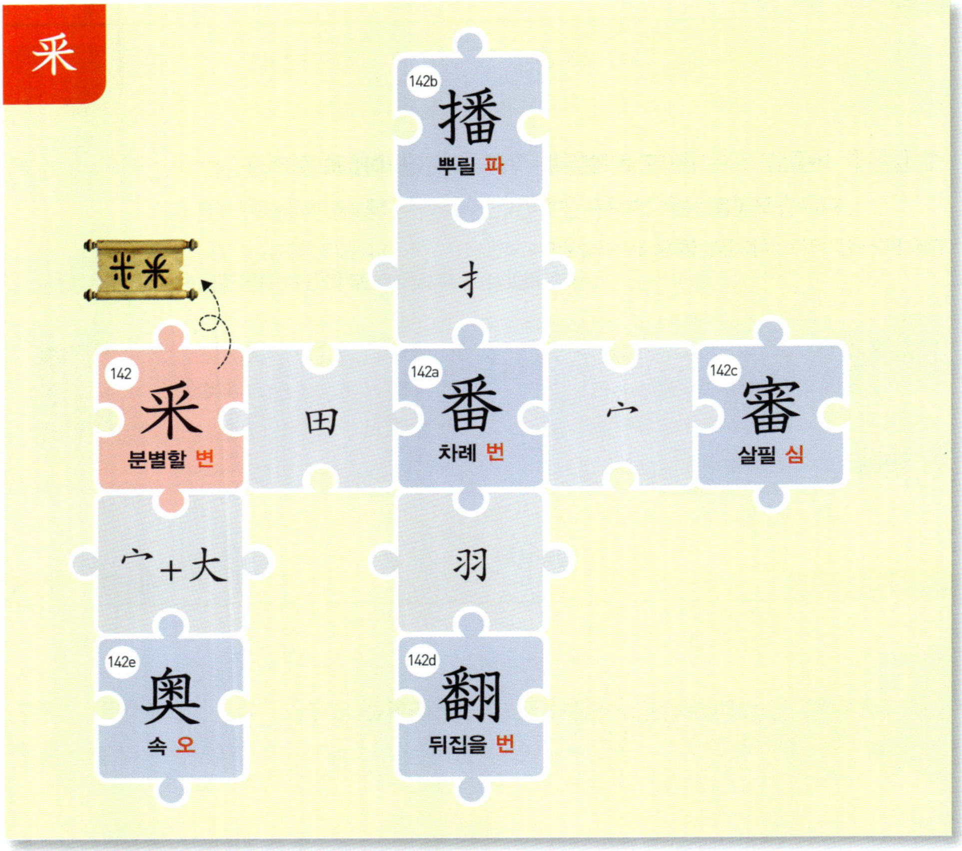

采

	142b 播 뿌릴 파		
	扌		
142 采 분별할 변	田	142a 番 차례 번	宀	142c 審 살필 심
宀+大	羽	
142e 奧 속 오	142d 翻 뒤집을 번	

采 采 采 采 平 采 采

142

采
분별할 변

음 はん・べん

새나 짐승의 발자국을 본떠 만든 글자로, 발자국(采)을 보면 어떤 짐승인지 알 수 있다는 것에서 **분별하다**는 뜻이 파생되었다.

단독으로는 사용되지 않으며, 다른 글자와 합쳐질 때 의미적인 요소로 쓰인다.

자연 | 동물 | 기타 동물

142a

番　番　番　番　番　番　番　番　番　番　番

番 차례 번

음 ばん

釆(はん・べん) 분별할 변 ＋ 田(でん) 밭 전

농경지(田)에 짐승의 발자국(釆)이 일정한 간격에 따라 **차례로** 찍혀 있는 모습이다.

- 順番(じゅんばん) 순번
- 番号(ばんごう) 번호
- 番地(ばんち) 번지
- 本番(ほんばん) 영화・텔레비전・라디오 등에서 리허설 없이 실제로 바로 촬영・방송하는 것
- 留守番(るすばん) 부재중에 집을 지킴. 또 그 사람

142b

播　播　播　播　播　播　播　播　播　播　播　播

播 뿌릴 파

음 は　훈 まく

扌＝手(しゅ) 손 수 ＋ 番(ばん) 차례 번

밭에 일정한 간격에 맞춰 손(手)으로 차례로(番) 씨를 **뿌리는** 모습이다.

- 伝播(でんぱ) 전파
- 播種(はしゅ) 파종
- 播く(まく) 뿌리다, 파종하다

142c

審　審　審　審　審　審　審　審　審　審　審　審

審 살필 심

음 しん

宀(べん・めん) 집 면 ＋ 番(ばん) 차례 번

범인을 잡기 위해 집(宀) 안에 찍힌 발자국을 차례차례(番) 따라가며 자세히 **살펴보다**는 뜻이다. 상세히 조사하고 명확히 하다는 뜻이 있는 審자의 특성 상 법률과 관련된 어휘가 많다.

- 一審(いっしん) 1심
- 結審(けっしん) 결심
- 原審(げんしん) 원심
- 再審(さいしん) 재심
- 審議(しんぎ) 심의
- 審査(しんさ) 심사
- 審判(しんぱん) 심판
- 主審(しゅしん) 주심 ☞ 副審(ふくしん) 부심
- 陪審員(ばいしんいん) 배심원

142d

🔊 ほん　🔆 ひるがえる・ひるがえす

番(ばん) 차례 번 ＋ 羽(う) 깃 우

翻
뒤집을 번

새가 날기 위해 날개(羽)를 연속해서(番) 위아래로 퍼덕이는 모습이 마치 날개가 **뒤집히는** 것처럼 보인다는 뜻이다.

| 우리 飜자의 일본식 한자이다.

- 翻訳(ほんやく) 번역
- 翻弄(ほんろう) 번롱, 농락함
- 翻る(ひるがえる) 뒤집히다, 갑자기 바뀌다, 나부끼다
- 翻す(ひるがえす) 뒤집다, 번복하다, 나부끼게 하다

142e

속 오

🔊 おう　🔆 おく

宀(べん・めん) 집 면 ＋ 米→釆(はん・べん) 분별할 변 ＋ 大→廾(きょう) 두 손 받들 공

집(宀) 안을 어지럽힌 범인을 찾기 위해 발자국(釆)으로 보이는 흔적을 두 손(廾)에 들고 자세히 살펴보는 모습이다.

| 우리 奧자의 일본식 한자이다. 한자 분해와 해설은 원글자에 근거한 것이므로, 현재 일본에서 사용하는 奥자와 혼동하지 않도록 주의하기 바란다.

- 奥義(おうぎ) 학문・무술 등에서 가장 중요한 사항, 비법
- 奥さん(おくさん) 부인, 아주머니 ☞ 奥様(おくさま 부인, 사모님, 안주인)보다 정도가 낮은 높임말
- 奥底(おくそこ) 깊은 속, 속마음, 본심
- 奥地(おくち) 오지

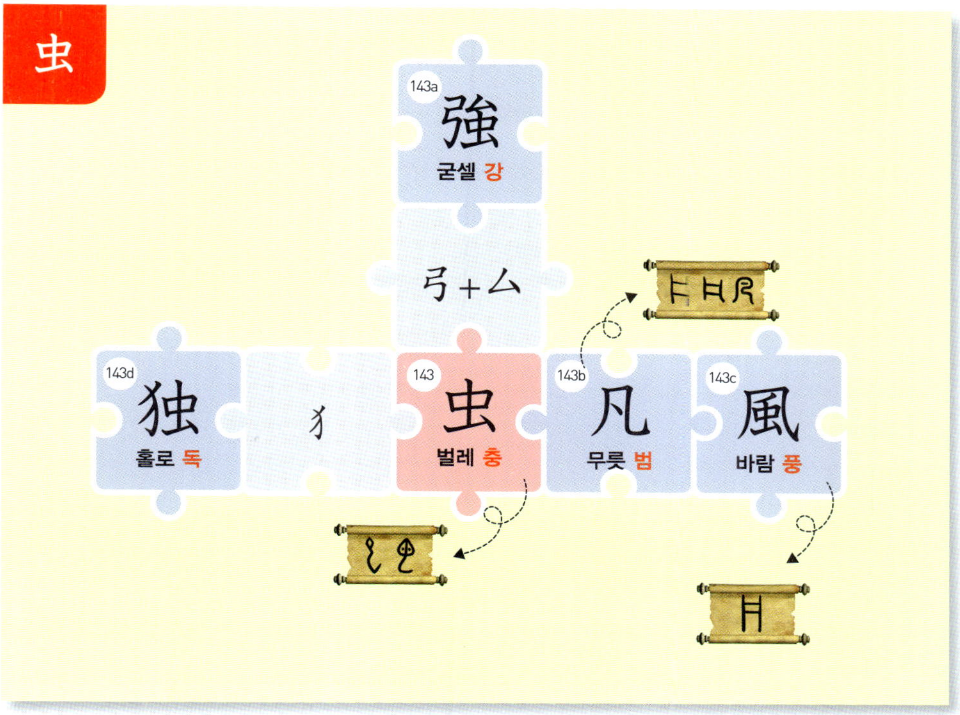

자연 | 동물 | 기타 동물

虫

| 143a 強 굳셀 강 |
| 弓 + 厶 |

| 143d 独 홀로 독 | 犭 | 143 虫 벌레 충 | 143b 凡 무릇 범 | 143c 風 바람 풍 |

143

虫 벌레 충

虫口虫虫虫虫

음 ちゅう　훈 むし

뱀이 똬리를 틀고 있는 모양을 본떠 만든 글자로, 뱀처럼 몸이 긴 곤충뿐만 아니라 모든 **벌레**의 총칭으로 쓰인다.

- 害虫(がいちゅう) 해충
- 昆虫(こんちゅう) 곤충
- 虫(むし) 벌레, 곤충, 회충
- 虫除け(むしよけ) 방충제
- 寄生虫(きせいちゅう) 기생충
- 虫垂炎(ちゅうすいえん) 충수염
- 虫歯(むしば) 충치
- 弱虫(よわむし) 겁쟁이

143a

強強強強強強強強強強強

強 굳셀 강

- 음: きょう・ごう
- 훈: つよい・つよまる・つよめる・しいる

弓(きゅう) 활 궁 ＋ ム(등딱지 모양) ＋ 虫(ちゅう) 벌레 충

바구미(虫)의 단단한 등딱지(ム)와 단단하게 휘어진 활(弓)의 모습에서 **강하다, 굳세다**란 뜻이 파생되었다.

| 우리 強자의 일본식 한자이다.
| 強자의 고어는 활(弓)처럼 껍질(ム)이 단단한 벌레(虫)인 '바구미'를 뜻한다.

- 強化(きょうか) 강화
- 強制(きょうせい) 강제
- 強調(きょうちょう) 강조
- 強力(きょうりょく) 강력
- 強引(ごういん) 반대나 저항 등을 무릅쓰고 억지로 하는 모양
- 強盗(ごうとう) 강도
- 強まる(つよまる) 강해지다, 세지다
- 強いる(しいる) 억지로 시키다, 강요하다
- 強火(つよび) 센 불
- 強行(きょうこう) 강행
- 強大(きょうだい) 강대
- 強要(きょうよう) 강요
- 勉強(べんきょう) 공부
- 強い(つよい) 강하다, 힘이 세다
- 強める(つよめる) 강하게 하다, 세게 하다
- 強気(つよき) 성미가 강함, 강경함, 오름세

143b

凡 凡 凡

凡 무릇 범

- 음: ぼん・はん
- 훈: すべて・およそ

바람을 받아 배에 추진력을 가하는 돛의 모양을 본떠 만든 글자로, 주위에 흔하게 있는 바람을 사용한다는 의미에서 **무릇, 평범하다**는 뜻을 가지게 되었다.

- 非凡(ひぼん) 비범
- 凡人(ぼんじん) 범인
- 凡て(すべて) 전부, 모두, 모조리
- 平凡(へいぼん) 평범
- 凡例(はんれい) 범례
- 凡そ(およそ) 대강, 대충, 무릇, 도무지

자연 | 동물 | 기타 동물

143c

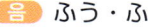

바람 풍

- 음 ふう・ふ
- 훈 かぜ・かざ

凡(ぼん・はん) 무릇 범 + 虫(ちゅう) 벌레 충

바람을 받아 배를 움직이는 돛(凡)에 바람을 일으키며 날아다니는 용을 벌레(虫)로 대신하여 간략하게 그려 넣은 모습이다.

> 갑골문자에서 風자는 새 또는 돛(凡)으로 나타났으나 후에 이 두 가지가 합쳐지면서 새가 용을 의미하는 벌레(虫)의 모습으로 바뀌었다.

- □ 台風(たいふう) 태풍
- □ 風景(ふうけい) 풍경, 경치
- □ 風味(ふうみ) 풍미
- □ 屏風(びょうぶ) 병풍
- □ 風(かぜ) 바람
- □ 風車(かざぐるま) 풍차
- □ 風雨(ふうう) 풍우, 바람과 비, 폭풍우
- □ 風速(ふうそく) 풍속
- □ 風力(ふうりょく) 풍력
- □ 風情(ふぜい) 풍정, 운치, 모양, 모습
- □ 北風(きたかぜ) 북풍
- □ 風邪(かぜ) 감기

143d

홀로 독

- 음 どく
- 훈 ひとり

犭＝犬(けん) 개 견 + 虫(ちゅう) 벌레 충

무리 지어 생활하는 개(犬)나 벌레(虫)와 같은 동물들 가운데는 반드시 홀로 우뚝 서 있는 우두머리가 있다.

> 우리 獨자의 일본식 한자이다.

- □ 孤独(こどく) 고독
- □ 独裁(どくさい) 독재
- □ 独身(どくしん) 독신
- □ 独断的(どくだんてき) 독단적
- □ 独立(どくりつ) 독립
- □ 独り言(ひとりごと) 혼잣말, 독백
- □ 単独(たんどく) 단독
- □ 独自(どくじ) 독자
- □ 独占(どくせん) 독점
- □ 独特(どくとく) 독특
- □ 独り(ひとり) 혼자, 독신
- □ 独り占め(ひとりじめ) 독점, 독차지

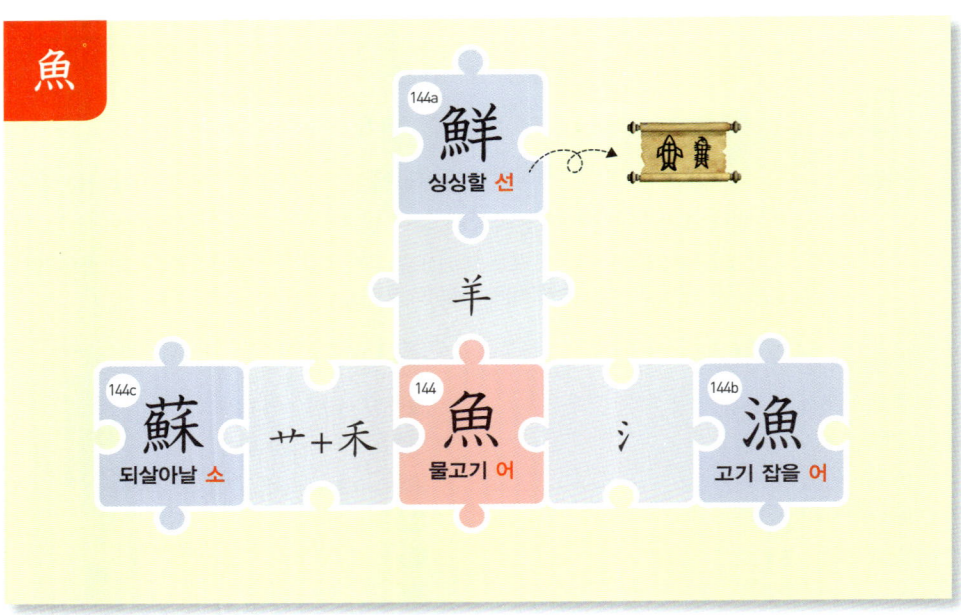

144

魚
물고기 어

음 ぎょ　훈 うお・さかな

머리(⺈), 몸통(田), 지느러미(灬) 등 **물고기**의 모습을 본떠 만든 글자이다.

- ☐ **魚類**(ぎょるい) 어류
- ☐ **熱帯魚**(ねったいぎょ) 열대어
- ☐ **魚**(さかな) 물고기, 생선
- ☐ **魚心あれば水心**(うおごころ あれば みずごころ) 이심전심
- ☐ **魚釣**(り)(うおつり) 낚시
- ☐ **金魚**(きんぎょ) 금붕어
- ☐ **魚**(うお) 어류의 총칭, 생선, 물고기
- ☐ **魚市場**(うおいちば) 어시장
- ☐ **魚屋**(さかなや) 생선가게, 생선장수

자연 | 동물 | 기타 동물

144a

鮮 鮮 鮮 鮮 鮮 鮮 鮮 鮮 鮮 鮮 鮮 鮮 鮮 鮮 鮮 鮮 鮮

鮮 싱싱할 선

- 음: せん
- 훈: あざやか

魚(ぎょ) 물고기 어 + 羊(よう) 양 양

물고기(魚)는 **신선해야** 양(羊) 고기처럼 맛있게 먹을 수 있다.

양(羊) 고기는 섬유질이 가늘고 부드러워 식감이 아주 좋은 고기로 알려져 있다.

- □ 新鮮(しんせん) 신선
- □ 鮮明(せんめい) 선명
- □ 鮮魚(せんぎょ) 선어, 싱싱한 생선
- □ 鮮やか(あざやか) 또렷함, 산뜻함, 선명함

144b

漁 漁 漁 漁 漁 漁 漁 漁 漁 漁 漁 漁 漁 漁

漁 고기 잡을 어

- 음: ぎょ・りょう

氵=水(すい) 물 수 + 魚(ぎょ) 물고기 어

어부들이 바다나 강(水)에서 **물고기(魚)를 잡는** 모습이다.

- □ 漁業(ぎょぎょう) 어업
- □ 漁村(ぎょそん) 어촌
- □ 漁港(ぎょこう) 어항
- □ 大漁(たいりょう) 풍어
- □ 漁船(ぎょせん) 어선, 고깃배
- □ 漁師(りょうし) 어부, 고기잡이

144c

蘇 蘇 蘇 蘇 蘇 蘇 蘇 蘇 蘇 蘇 蘇 蘇 蘇 蘇 蘇 蘇

 되살아날 소

- 음: そ
- 훈: よみがえる

艹=草(そう) 풀 초 + 魚(ぎょ) 물고기 어 + 禾(か) 벼 화

병들었던 사람이 약초(草), 생선(魚), 밥(禾)을 먹고 건강을 회복하는 모습에서 **되살아나다, 소생하다**는 뜻을 갖게 되었다.

- □ 蘇生(そせい) 소생
- □ 蘇る(よみがえる) 되살아나다, 소생하다

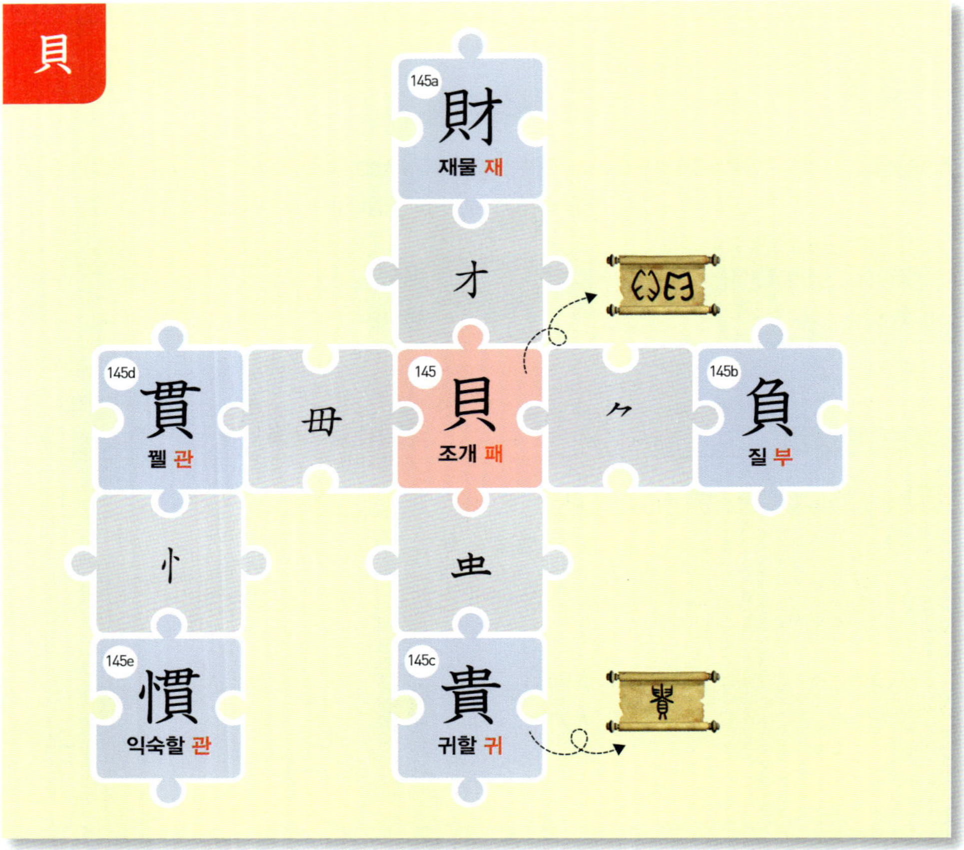

貝

	財 재물 재		
	才		
貫 꿸 관	毌	貝 조개 **패**	負 질 부
	小		
慣 익숙할 관		貴 귀할 귀	

145a 財 재물 재
145b 負 질 부
145c 貴 귀할 귀
145d 貫 꿸 관
145e 慣 익숙할 관

145

貝 丨 冂 冃 冃 目 貝 貝

貝 조개 **패**

음 かい

살(八)이 껍질(目) 밖으로 삐져나온 **조개**의 모습을 본떠 만든 글자이다.

고대 중국의 남쪽 바다에 서식하던 자줏빛이 감도는 조개(貝)는 내륙 지방인 은(殷)과 주(周) 왕조의 영역에 살던 사람들에게는 상당히 귀한 것으로, 금속 화폐가 보급되기 전까지 화폐로 사용되었다. 따라서 貝자가 들어간 한자에는 재산과 관련된 것이 많다.

- 貝(かい) 조개
- 貝殻(かいがら) 조가비, 조개껍질

| 자연 | 동물 | 기타 동물

- 貝塚(かいづか) 패총, 조개더미
- 貝焼き(かいやき) 조개구이
- 貝柱(かいばしら) 조개관자

145a

財 재물 재

음 ざい・さい

貝(かい) 조개 패 + 才(さい) 재주 재

돈(貝)을 쌓아 놓고 자신의 것이라고 표시(才)한 모습에서 **재물**이란 뜻이 파생되었다.

才자는 신으로부터 재능을 받을 수 있는 특별한 장소에 막대기(十)를 꽂고 표시(丿)를 해 놓은 모양이다.

- 財産(ざいさん) 재산
- 財団(ざいだん) 재단
- 財務省(ざいむしょう) 재무성 ☞ 일본 행정기관 중 하나로, 재정·조세·국고 관리·통화 등등에 관한 행정 업무를 담당한다.
- 消費財(しょうひざい) 소비재
- 理財(りざい) 이재, 재산을 유리하게 운영하는 것
- 財政(ざいせい) 재정
- 財閥(ざいばつ) 재벌
- 文化財(ぶんかざい) 문화재
- 財布(さいふ) 지갑

145b

負 질 부

음 ふ **훈** まける・まかす・おう

亻(じん・にん) 사람 인 + 貝(かい) 조개 패

등에 돈(貝) 보따리를 **지고** 있는 사람(亻)이란 뜻이다. 짊어지고 있는 돈이란 빚을 의미하며, 여기에서 **빚지다, 패하다**는 뜻이 파생되었다.

- 勝負(しょうぶ) 승부
- 負傷(ふしょう) 부상
- 抱負(ほうふ) 포부
- 負かす(まかす) 이기다
- 負債(ふさい) 부채
- 負担(ふたん) 부담
- 負ける(まける) 지다, 패하다
- 負う(おう) 짊어지다, 업다, 떠맡다

145c

貴 貝 貝 貴 貴 貴 青 青 青 貴 貴 貴

貴
귀할 **귀**

음 き　훈 たっとい・とうとい・たっとぶ・とうとぶ

虫 (양손으로 움켜쥔 모습) + 貝 (かい) 조개 패

가격(貝)이 많이 나가는 귀중한 물건을 양손으로 움켜쥐고(虫) 있는 모습이다.

- 貴金属(ききんぞく) 귀금속
- 貴重(きちょう) 귀중
- 高貴(こうき) 고귀
- 貴族(きぞく) 귀족
- 貴賓(きひん) 귀빈
- 富貴(ふうき) 부귀
- 貴い(たっとい・とうとい) 소중하다, 귀중하다, 고귀하다
- 貴ぶ(たっとぶ・とうとぶ) 공경하다, 존경하다, 존중하다 ☞ たっとい・たっとぶ가 문어체 느낌이라면 とうとい・とうとぶ는 구어체 느낌이다.

145d

貝 貝 貝 貴 貫 貫 貫 貫 貫 貫

貫
꿸 **관**

음 かん　훈 つらぬく

毌(かん) 꿰뚫을 관 + 貝(かい) 조개 패

가운데 구멍이 나 있는 동전(貝)들을 실로 꿰어(毌) 꾸러미로 만든 모습에서 꿰뚫다는 뜻이 파생되었다.

중국을 최초로 통일하고 만리장성을 축조한 진나라(秦, 기원전 221년~기원전 207년) 시황제는 가운데에 구멍을 낸 동전을 제조하여 유통시켰는데, 이것이 중국화폐의 기본형이 되었다.

- 一貫性(いっかんせい) 일관성
- 貫徹(かんてつ) 관철
- 貫通(かんつう) 관통
- 貫く(つらぬく) 관통하다, 꿰뚫다

자연 | 동물 | 기타 동물

145e

慣慣慣慣慣慣慣慣慣慣慣慣慣

慣
익숙할 관

음 かん　훈 なれる・ならす

忄=心(しん) 마음 심 ＋ 貫(かん) 꿸 관

동전들을 실로 꿰듯이(貫) 어떤 행동을 오랫동안 되풀이하는 과정에서 저절로 익숙해진 행동 방식을 습관이라고 한다. 습관은 머리에서 생각해서 나오는 것이 아니라 마음(心)에서 저절로 나오는 행동이다.

- 慣行(かんこう) 관행
- 慣性(かんせい) 관성
- 慣例(かんれい) 관례
- 慣れる(なれる) 익숙해지다, 길들다, 습관이 되다
- 慣習(かんしゅう) 관습
- 慣用句(かんようく) 관용구
- 習慣(しゅうかん) 습관
- 慣らす(ならす) 순응시키다, 길들이다

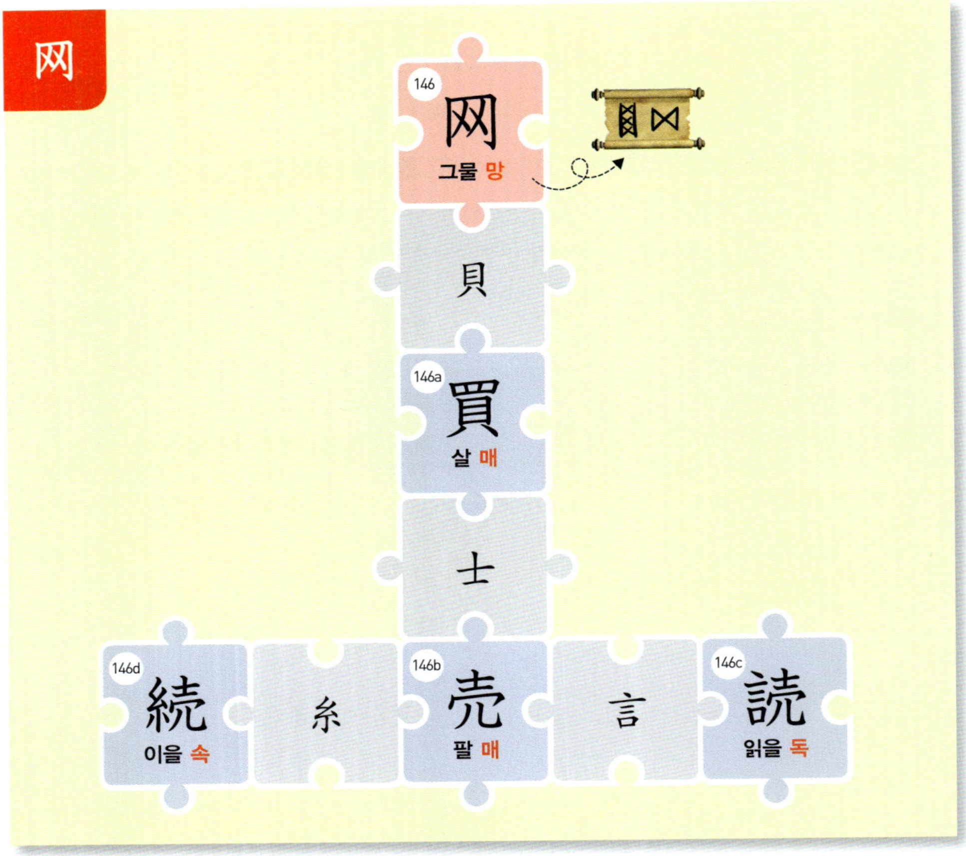

자연 | 동물 | 부산물

网

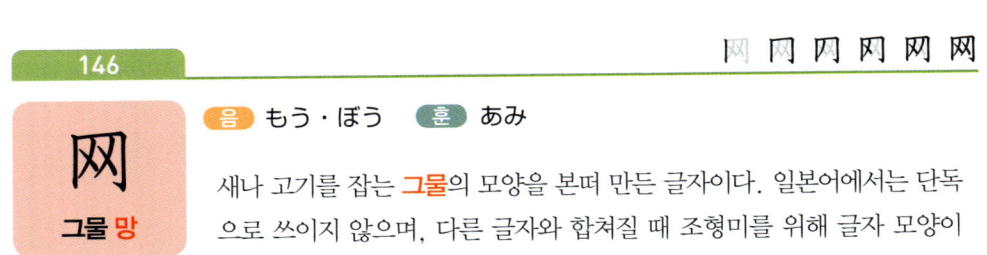

146
- 146 网 그물 망
- 146a 買 살 매
- 146b 売 팔 매
- 146c 読 읽을 독
- 146d 続 이을 속

网 冈 冈 网 网 网

146

网 그물 망

음 もう・ぼう　훈 あみ

새나 고기를 잡는 그물의 모양을 본떠 만든 글자이다. 일본어에서는 단독으로 쓰이지 않으며, 다른 글자와 합쳐질 때 조형미를 위해 글자 모양이 罒로 변한다.

146a

買
살 **매**

음 ばい　**훈** かう

⺲=网(もう・ぼう) 그물 망 ＋ 貝(かい) 조개 패

돈(貝)을 내고 물건을 **사서** 망태기(网)에 담는 도습이다.

- 購買(こうばい) 구매
- 不買(ふばい) 불매
- 買(い)物(かいもの) 물건을 삼, 쇼핑
- 買収(ばいしゅう) 매수
- 買う(かう) 사다, 구입하다

146b

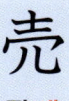

売
팔 **매**

음 ばい　**훈** うる・うれる

士→出(しゅつ・すい) 나갈 출 ＋ ⺆→网(もう・ぼう) 그물 망 ＋ 儿→貝(かい) 조개 패

망태기(网)에 담긴 물건을 돈(貝)을 받고 내주는(出) 것으로 **팔고** 있음을 뜻한다.

> 우리 賣자의 일본식 한자이다.

- 競売(きょうばい) 경매
- 特売(とくばい) 특매, 특별히 싸게 판매함
- 売買(ばいばい) 매매
- 販売(はんばい) 판매
- 売る(うる) 팔다, 이익을 위해 배반하다
- 売れる(うれる) 팔리다, 널리 알려지다, 인기가 있다
- 売(り)上げ(うりあげ) 매상
- 売(り)場(うりば) 매표소, 판매소, 매장
- 商売(しょうばい) 장사
- 売店(ばいてん) 매점
- 発売(はつばい) 발매
- 非売品(ひばいひん) 비매품
- 売(り)切れ(うりきれ) 품절

146c

読 읽을 독

- 음: どく・とく・とう
- 훈: よむ

言(げん・ごん) 말씀 언 + 売(ばい) 팔매

물건을 팔기(売) 위해 상품 목록을 읽으면서 가격을 말하는(言) 모습이다.

│ 우리 讀자의 일본식 한자이다.

- 読者(どくしゃ) 독자
- 読解力(どっかいりょく) 독해력
- 読本(とくほん) 독본, 교과서, 입문서, 해설서
- 読点(とうてん) 쉼표
- 読(み)物(よみもの) 읽을거리
- 読書(どくしょ) 독서
- 必読(ひつどく) 필독
- 句読点(くとうてん) 구독점
- 読む(よむ) 읽다

146d

続 이을 속

- 음: ぞく
- 훈: つづく・つづける

糸(し) 실 사 + 売(ばい) 팔매

상거래가 계속 이어지려면(糸) 좋은 물건을 저렴한 가격에 팔아야(売) 한다.

│ 우리 續자의 일본식 한자이다.

- 接続(せつぞく) 접속
- 続続(ぞくぞく) 속속, 잇따라
- 続行(ぞっこう) 속행
- 連続(れんぞく) 연속
- 続ける(つづける) 계속하다
- 続出(ぞくしゅつ) 속출
- 続編(ぞくへん) 속편
- 存続(そんぞく) 존속
- 続く(つづく) 계속하다, 계속되다, 뒤따르다

자연 | 동물 | 부산물

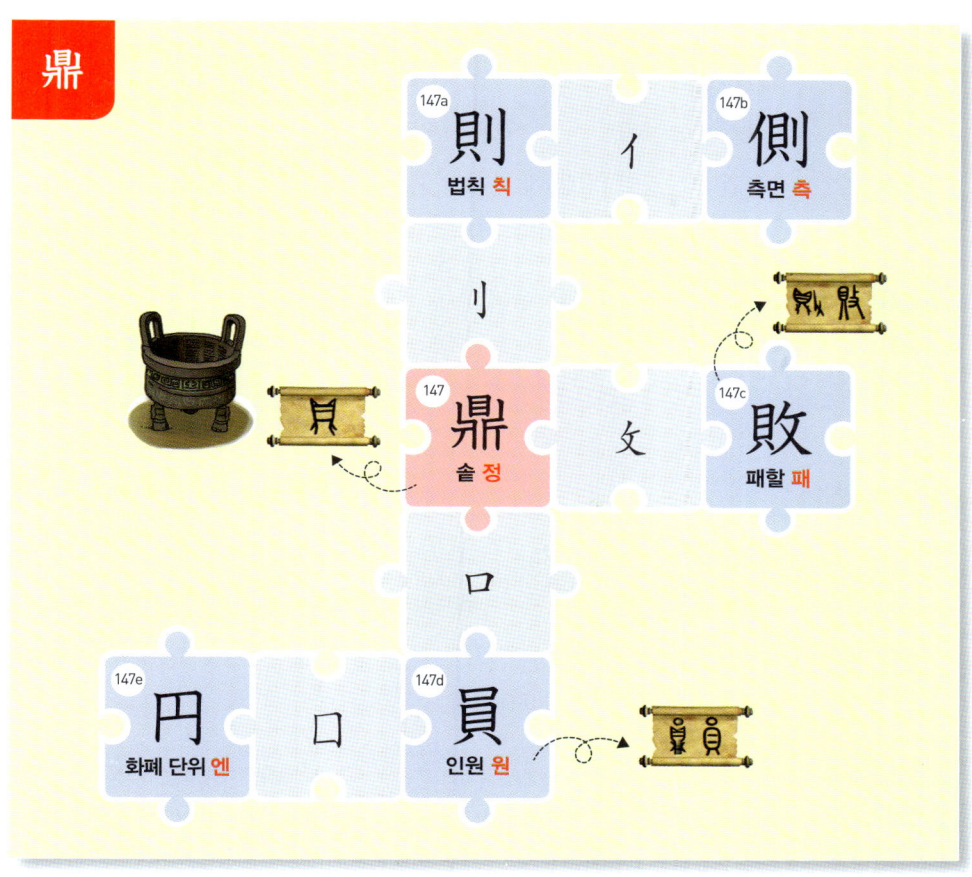

147

鼎
솥 정

음 てい　훈 かなえ

양쪽에 귀가 달리고 다리가 세 개인 **제사용 솥**의 모양을 본떠 만든 글자이다. 고대에는 나라의 제례나 행사에 없어서는 안 될 중요한 제기로, 후에는 왕권 즉 국가의 상징물로 인식되었다. 鼎자의 글꼴이 복잡하여 다른 글자와 합쳐질 때에는 貝자로 줄여서 사용되기도 한다.

☐ 鼎談会(ていだんかい) 정담회　☐ 鼎(かなえ) 세 개의 다리가 달린 중국 고대의 금속 솥

443

147a

則 則 則 則 則 則 則 則 則

則 법칙 칙

- 음: そく
- 貝→鼎(てい) 솥 정 + 刂=刀(とう) 칼 도

왕권의 상징인 정(鼎)에 나라의 근간이 되는 법이나 규칙 등을 칼(刀)로 새겨 넣은 모습을 뜻한다.

- □ 会則(かいそく) 회칙
- □ 校則(こうそく) 교칙
- □ 変則(へんそく) 변칙
- □ 規則(きそく) 규칙
- □ 鉄則(てっそく) 철칙
- □ 法則(ほうそく) 법칙
- □ 原則(げんそく) 원칙
- □ 反則(はんそく) 반칙

147b

側 側 側 側 側 側 側 側 側

側 측면 측

- 음: そく
- 훈: がわ
- 亻=人(じん・にん) 사람 인 + 則(そく) 법칙 칙

법(則)이 새겨진 정(鼎)을 지키고 있는 사람(人)은 왕의 측근이라는 의미에서 곁, 옆의 뜻이 파생되었다.

- □ 側面(そくめん) 측면
- □ 縁側(えんがわ) 툇마루
- □ 右側(みぎがわ・うそく) 우측
- □ 側近(そっきん) 측근
- □ 片側(かたがわ) 한쪽 편, 한쪽
- □ 両側(りょうがわ・りょうかわ) 양측
- □ 裏側(うらがわ) 뒤쪽, 안쪽, 이면
- □ 左側(ひだりがわ・さそく) 좌측

147c

敗 敗 敗 敗 敗 敗 敗 敗 敗 敗

敗 패할 패

- 음: はい
- 훈: やぶれる
- 貝→鼎(てい) 솥 정 + 攵(ぼく) 칠복

고대 왕조의 상징이었던 정(鼎)을 몽둥이로 쳐서(攵) 깨뜨리는 모습에서 전쟁에서 패배하였음을 알 수 있다.

자연 | 동물 | 부산물

- 惨敗(さんぱい) 참패
- 敗者(はいしゃ) 패자
- 腐敗(ふはい) 부패
- 敗れる(やぶれる) (승부에서) 지다, 패하다
- 失敗(しっぱい) 실패
- 敗訴(はいそ) 패소
- 連敗(れんぱい) 연패
- 勝敗(しょうはい) 승패
- 敗北(はいぼく) 패배

147d

員 員 員 員 員 員 員 員 員 員

員
인원 원

음 いん

口(こう・く) 입구 + 貝→鼎(てい) 솥 정

정(鼎)의 둥근 주둥이(口)를 강조하는 모습에서 둥글다는 의미로 쓰였었지만, 지금은 둥근 테두리 안에 있는 사람이라는 의미에서 **일원**, **어떤 분야에 종사하고 있는 사람**을 가리킨다.

- 委員(いいん) 위원
- 会員(かいいん) 회원
- 全員(ぜんいん) 전원
- 満員(まんいん) 만원
- 一員(いちいん) 일원
- 議員(ぎいん) 의원
- 定員(ていいん) 정원
- 要員(よういん) 요원
- 駅員(えきいん) 역무원
- 社員(しゃいん) 사원
- 店員(てんいん) 점원

147e

円 円 円 円

円
화폐 단위 엔, 둥글 원

음 えん **훈** まるい

口(い・こく) 에워쌀 위 + 員(いん) 인원 원

둥글다는 의미를 가지고 있던 員자가 인원의 뜻으로 사용되자, 口자를 더하여 **둥글다**는 원래의 의미를 되살렸다. 고대의 돈이 둥근 모양이었기 때문에 **화폐 단위**로도 사용된다.

> 우리 圓자의 일본식 한자로, 한자 분해와 해설은 원글자에 근거한 것이므로, 현재 일본에서 사용하는 円자와 혼동하지 않도록 주의하기 바란다.

- ～円(えん) ～엔(일본의 화폐 단위)
- 円周(えんしゅう) 원주, 원둘레 ☞ 円周率(えんしゅうりつ) 원주율
- 円熟(えんじゅく) 원숙
- 円満(えんまん) 원만
- 円錐形(えんすいけい) 원추형
- 円い・丸い(まるい) 둥글다
- 円滑(えんかつ) 원활
- 円盤(えんばん) 원반

辰

148b
震
우레 진
雨
148d
農
농사 농
禾+田
148
辰
다섯째 지지 진
扌
148a
振
떨칠 진
비교
貝
148e
豊
풍년 풍
148c
賑
구휼할 진

148

辰 辰 辰 辰 辰 辰 辰

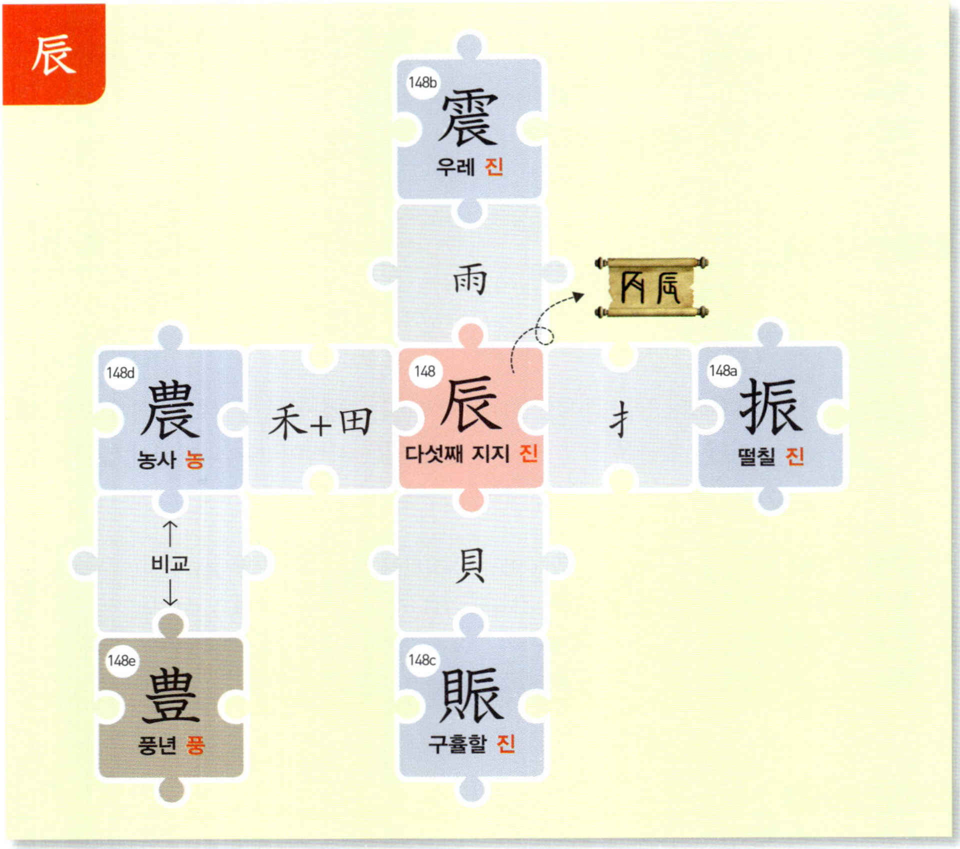

辰

다섯째 지지 진, 별 진

음 しん 훈 たつ

갑골문자는 껍질 밖으로 살이 삐져나온 대합조개의 모습으로, 대합조개의 껍질은 크고 두꺼워 고대에는 농작물을 수확할 때 낫 대용으로도 사용되었다. 지금은 **십이지(十二支)의 다섯 번째**를 의미한다.

| 다른 글자와 합쳐져 '흔들리거나 움직이다'는 의미로도 사용된다.

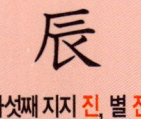

자연 | 동물 | 부산물

- 辰宿(しんしゅく) 진수, 성좌, 모든 별자리의 별들
- 辰星(しんせい) 천체의 총칭, 수성
- 辰(たつ) 진 : 다섯 번째 지지

148a

떨칠 진

- 음 しん
- 훈 ふる・ふるう・ふれる

扌=手(しゅ) 손 수 + 辰(しん) 다섯째 지지 진

대합조개(辰)를 줍다가 손(手)을 물린 사람이 조개를 **흔들어 떨쳐** 내는 모습이다.

- 振興(しんこう) 진흥
- 振幅(しんぷく) 진폭
- 振る(ふる) 흔들다, 흔들어 휘두르다, 흔들어 뿌리다, 뿌리치다
- 振るう(ふるう) 떨다, 휘두르다, 떨치다
- 振(り)掛け(ふりかけ) 김·어육·깨·소금 등으로 이루어진 밥에 뿌려 먹는 식품
- 振(り)仮名(ふりがな) 한자의 읽는 방법을 표시하기 위해 적는 가나
- 振(り)込み(ふりこみ) 납입
- 振(り)袖(ふりそで) 미혼 여성이 입는 소매가 긴 기모노 ☞ 성인식이나 결혼식 피로연 등 격식을 갖춘 자리에 입는다.
- 振動(しんどう) 진동
- 不振(ふしん) 부진
- 振れる(ふれる) 흔들리다

148b

우레 진

- 음 しん
- 훈 ふるう・ふるえる

雨(う) 비 우 + 辰(しん) 다섯째 지지 진

비(雨)가 올 때 천둥이 치고 하늘과 땅이 **떨리는**(辰) 모습을 나타낸다.

- 地震(じしん) 지진
- 震源地(しんげんち) 진원지
- 震度(しんど) 진도
- 震う(ふるう) 흔들리다, 떨다, 진동하다
- 震央(しんおう) 진앙
- 震災(しんさい) 지진으로 인한 재해
- 余震(よしん) 여진
- 震える(ふるえる) 흔들리다, 떨리다

148c

賑賑賑賑賑賑賑賑賑賑賑賑賑

賑
구휼할 진

- 음: しん
- 훈: にぎわう・にぎわす・にぎやか

貝(かい) 조개 패 + 辰(しん) 다섯째 지지 진

곡식을 수확(辰)하여 넉넉해진 재물(貝)로 남을 돕는 모습에서 **번영하다**, **구휼하다**는 뜻이 파생되었다.

- □ 殷賑(いんしん) 활기차고 번화함
- □ 賑わう(にぎわう) 활기차다, 번성하다, 붐비다, 흥청거리다
- □ 賑わす(にぎわす) 활기차게 하다, 떠들썩하게 하다, 번성하게 하다
- □ 賑やか(にぎやか) 활기참, 번화함, 북적임

148d

農農農農農農農農農農農農農

農
농사 농

- 음: のう

田(でん) 밭 전 + 禾(か) 벼 화 + 辰(しん) 다섯째 지지 진

낫 대신 대합조개(辰)의 껍질을 사용하여 밭에서 곡식(田+禾→曲)을 수확하는 모습에서 **농사**의 뜻이 파생되었다.

- □ 農園(のうえん) 농원
- □ 農作物(のうさくぶつ) 농작물
- □ 農村(のうそん) 농촌
- □ 農家(のうか) 농가
- □ 農産物(のうさんぶつ) 농산물
- □ 農民(のうみん) 농민
- □ 農業(のうぎょう) 농업
- □ 農場(のうじょう) 농장

148e

豊豊豊豊豊豊豊豊豊豊豊豊豊

豊
풍년 풍

- 음: ほう
- 훈: ゆたか

曲(곡식을 제물로 올려놓은 모습) + 豆(とう・ず) 콩 두

풍년이 들어 신에게 감사를 드리기 위해 제기(豆) 위에 곡식을 제물로 가득 올려놓은 모습(曲)이다.

- □ 豊作(ほうさく) 풍작
- □ 豊富(ほうふ) 풍부함
- □ 豊年(ほうねん) 풍년
- □ 豊か(ゆたか) 풍족함, 풍부함, 넉넉함

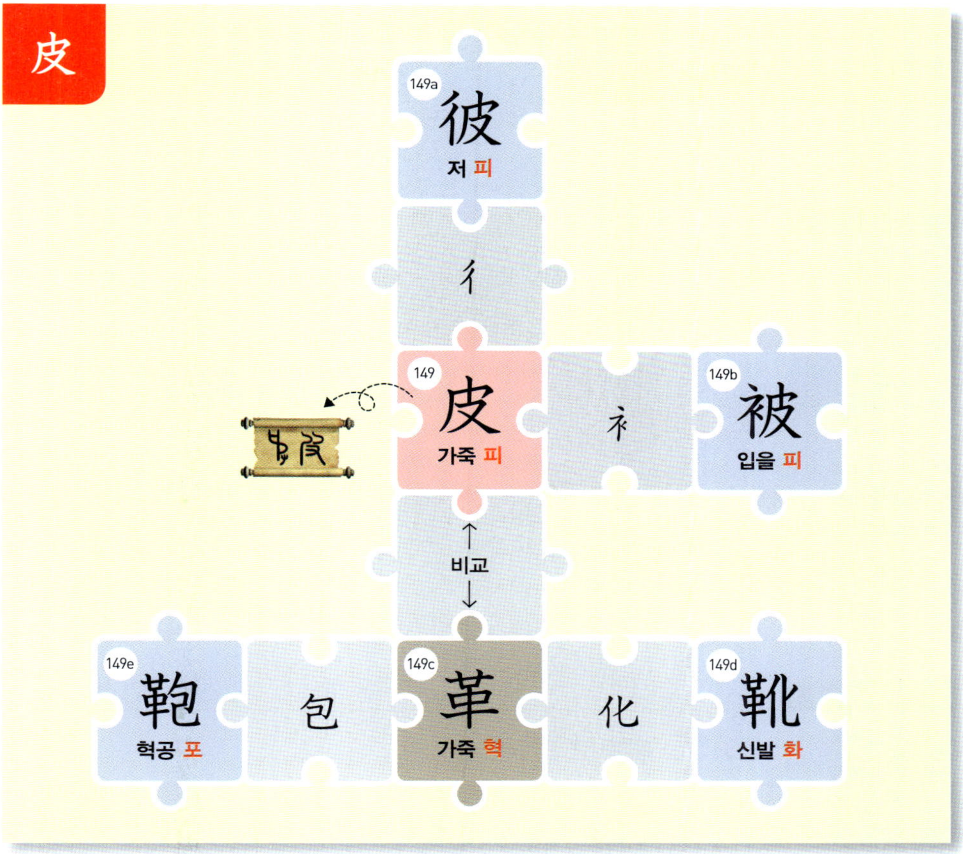

자연 | 동물 | 부산물

皮

| 149a 彼 저 피 |
| 亻 |
| 149 皮 가죽 피 | 衤 | 149b 被 입을 피 |
| ↕ 비교 |
| 149e 鞄 혁공 포 | 包 | 149c 革 가죽 혁 | 化 | 149d 靴 신발 화 |

149

149

皮
가죽 피

음 ひ　**훈** かわ

손(又)으로 도구를 사용해 짐승의 몸에서 가죽을 벗겨 내는 모습으로, 털을 뽑지 않은 상태의 가공되지 않은 **가죽**을 의미한다.

- 脱皮(だっぴ) 탈피
- 皮脂(ひし) 피지
- 皮革(ひかく) 피혁, 가죽
- 皮肉(ひにく) 빈정거림, 비꼼, 야유, 짓궂음

449

- 皮膚(ひふ) 피부
- 皮(かわ) 껍질, 가죽
- 毛皮(けがわ) 모피, 털가죽
- 表皮(ひょうひ) 표피
- 皮切り(かわきり) 최초, 개시, 일의 시작

149a

저 **피**

음 ひ　　훈 かれ・かの

イ(てき) 조금 걸을 척 ＋ 皮(ひ) 가죽 피

사거리 건너편(イ)에 있는 사람이나 사물(皮)을 가리키기 위한 대명사로 **저**, **그**, **저쪽** 등의 뜻이 파생되었다.

- 彼我(ひが) 피아
- 彼氏(かれし) 그, 그 사람, 남자친구
- 彼女(かのじょ) 그녀, 여자친구
- 彼岸(ひがん) 피안
- 彼等(かれら) 그들, 그 사람들

149b

입을 **피**

음 ひ　　훈 こうむる

ネ＝衣(い) 옷 의 ＋ 皮(ひ) 가죽 피

동물의 가죽(皮)을 벗겨 옷(衣)을 만들어 입은 모습에서 **입다**, **당하다**, **받다** 등의 뜻이 파생되었다.

- 被害(ひがい) 피해
- 被災(ひさい) 재해를 입음, 피해를 입음
- 被る(こうむる) 받다, 당하다, 입다
- 被告(ひこく) 피고
- 被爆(ひばく) 피폭

자연 | 동물 | 부산물

149c

가죽 혁

음 かく　훈 かわ

동물의 배를 열십자 모양으로 갈라 **가죽**을 통째로 벗겨 내는 모습으로, 皮자가 가공하기 전의 가죽이라면, 革자는 가공한 후의 가죽을 의미한다. 가죽을 가공하여 바꾼 모습에서 **고치다**는 뜻도 파생되었다.

- 改革(かいかく) 개혁
- 革命(かくめい) 혁명
- 革(かわ) 가죽
- 革製品(かわせいひん) 가죽 제품
- 革新(かくしん) 혁신
- 変革(へんかく) 변혁
- 革靴(かわぐつ) 가죽 구두

149d

신발 화

음 か　훈 くつ

革(かく) 가죽 혁 ＋ 化(か・け) 될 화

무두질한 가죽(革)이 장인의 손길을 거쳐 **신발**로 변화(化)하였다는 의미이다.

- 製靴(せいか) 제화
- 短靴(たんぐつ) 단화
- 靴下(くつした) 양말
- 長靴(ながぐつ) 장화

149e

혁공 포

훈 かばん

革(かく) 가죽 혁 ＋ 包(ほう) 쌀 포

가죽(革)으로 물건을 넣어(包) 들거나 메고 다닐 수 있게 만든 **가방**을 뜻한다.

- 鞄(かばん) 가방
- 鞄持ち(かばんもち) 비서, 조수, 상사에게 아첨하는 사람을 경멸하는 말

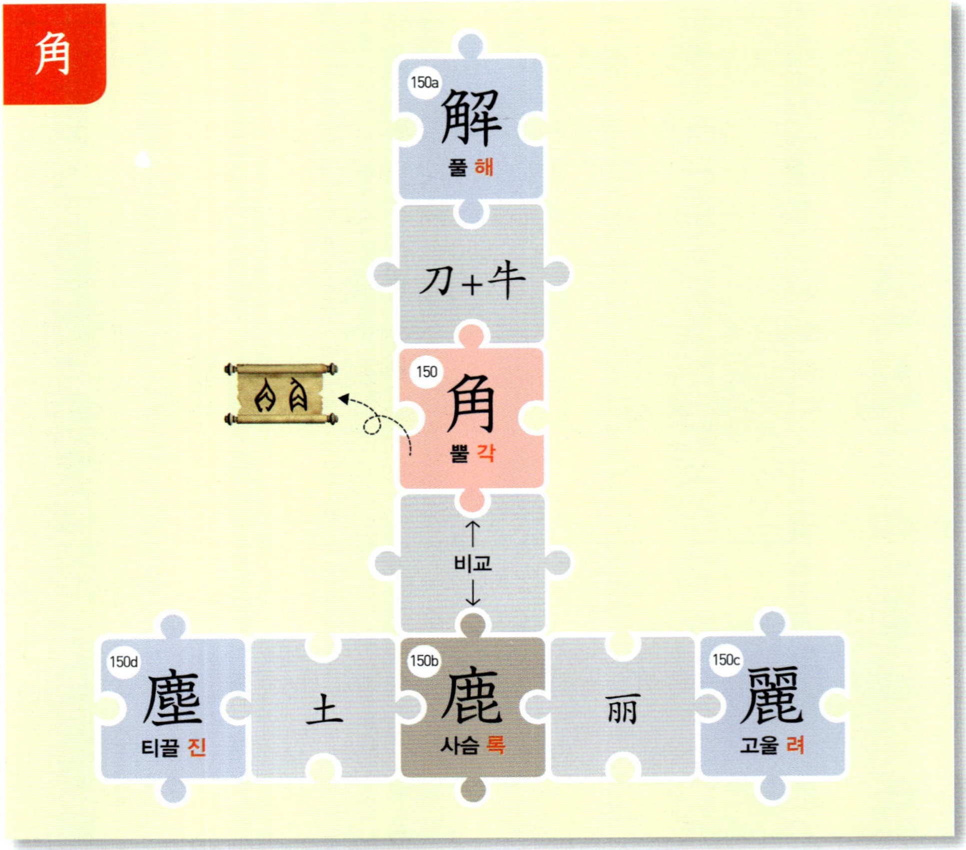

150

150a	解 풀 해
	刀+牛
150	角 뿔 각
	↑ 비교 ↓
150d 塵 티끌 진	土
150b 鹿 사슴 록	丽
150c 麗 고울 려	

150

角角角角角角角

뿔 각

음 かく　　훈 かど・つの

소나 양과 같은 동물의 **뿔**의 모양을 본떠 만든 글자로, 동물에 따라 뿔의 휘어진 모양이 다르므로 **각도**라는 의미도 파생되었다.

- 一角(いっかく) 일각, 한쪽 각, 한 모서리
- 角度(かくど) 각도
- 角質(かくしつ) 각질
- 直角(ちょっかく) 직각

자연 | 동물 | 부산물

- 角(かど) 각진 귀퉁이, 구석, 길모퉁이
- 街角・町角(まちかど) 모퉁이, 길목
- 角(つの) 뿔, 뿔 모양의 것
- 角隠し(つのかくし) 일본의 전통 결혼식 때 신부가 머리에 쓰는 흰 비단천

150a

解 풀 해

- 음: かい・げ
- 훈: とく・とかす・とける

角(かく) 뿔 각 + 刀(とう) 칼 도 + 牛(ぎゅう) 소 우

소를 도축할 때 살과 뼈는 물론 뿔(角)까지 칼르(刀) 해체하는 장면에서 **풀다**는 뜻을 가지게 되었다. 또 철저하게 풀어 해결하는 모습에서 **깨닫다**는 의미도 파생되었다.

- 解決(かいけつ) 해결
- 解説(かいせつ) 해설
- 解約(かいやく) 해약
- 和解(わかい) 화해
- 解熱(げねつ) 해열
- 解かす(とかす) 눈 등을 녹이다, 머리를 빗다
- 解雇(かいこ) 해고
- 解剖(かいぼう) 해부
- 正解(せいかい) 정답
- 解毒(げどく) 해독
- 解く(とく) 풀다, 끄르다
- 解ける(とける) 풀리다, 해제되다

150b

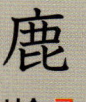
鹿 사슴 록

- 음: ろく
- 훈: しか・か

사슴의 큰 뿔과(广) 날렵한 몸(卅), 그리고 갸날픈 다리(比)를 본떠 만든 글자이다.

鹿자 자체가 제부수 글자이므로 하나의 그림으로 기억하도록 하자.

- 神鹿(しんろく) 신의 사자로 신사에서 기르는 사슴
- 鹿(しか) 사슴
- 鹿毛(かげ) 말의 털 색깔을 이르는 말로, 몸의 털은 사슴을 닮은 갈색이고, 갈기・꼬리・발굽의 털은 검은색이다.

150c

麗麗麗麗麗麗麗麗麗麗麗麗麗麗麗

麗
고울 려

- 음 れい
- 훈 うるわしい

丽(사슴의 뿔 모양) + 鹿(ろく) 사슴 록

사슴(鹿)의 머리에 좌우 대칭으로 **아름답게** 자라난 뿔(丽)을 강조한 모습이다.

- □ 華麗(かれい) 화려
- □ 奇麗・綺麗(きれい) 고움, 예쁨, 아름다움, 깨끗함, 청결함
- □ 流麗(りゅうれい) 유려
- □ 麗しい(うるわしい) 곱다, 아름답다, 기분이 좋다

150d

塵塵塵塵塵塵塵塵塵塵塵塵

塵
티끌 진

- 음 じん
- 훈 ちり

鹿(ろく) 사슴 록 + 土(ど・と) 흙토

사슴(鹿) 떼가 달아나며 일으키는 흙먼지(土)의 모습에서 **티끌**의 뜻이 파생되었다.

- □ 微塵切り(みじんぎり) 잘게 썲, 또 잘게 썬 것
- □ 塵(ちり) 티끌, 먼지
- □ 塵紙(ちりがみ) 휴지, 화장지

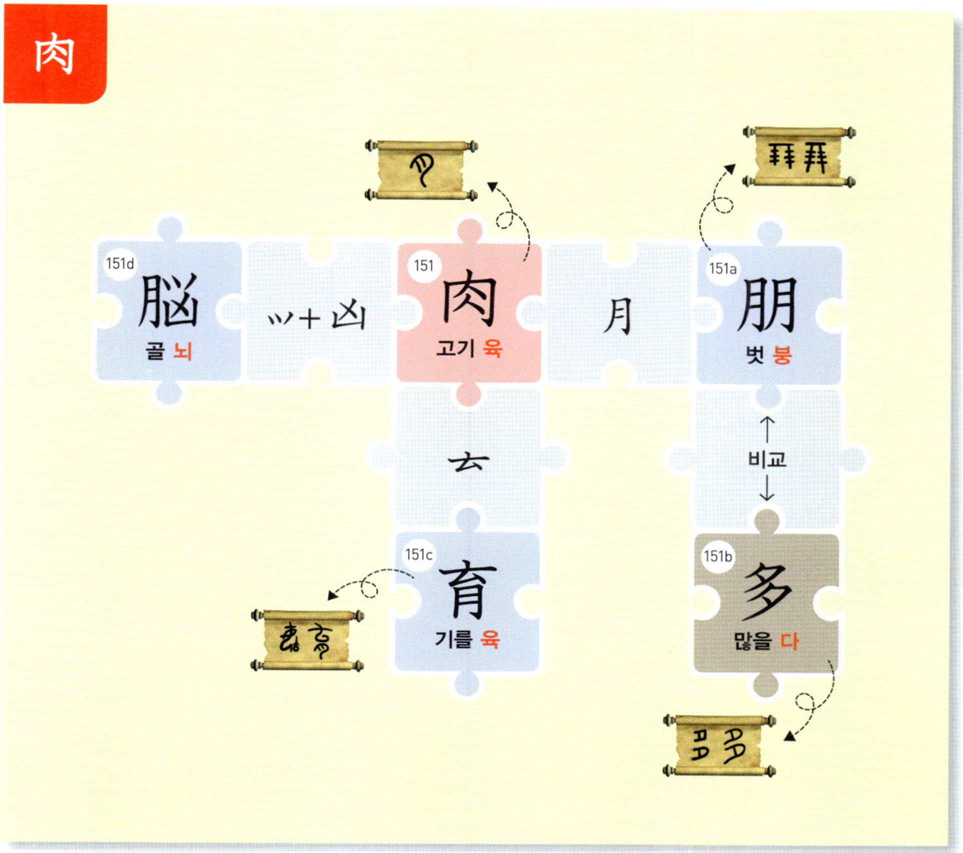

자연 | 동물 | 부산물

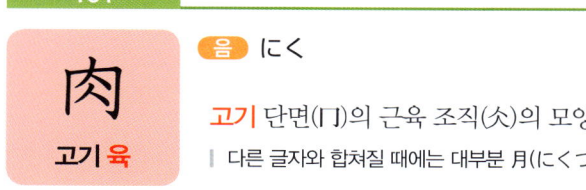

151

| 肉 冂 内 内 肉 肉

肉
고기 육

음 にく

고기 단면(冂)의 근육 조직(仌)의 모양을 본떠 만든 글자이다.
| 다른 글자와 합쳐질 때에는 대부분 月(にくづき 육달 월)자로 모양이 바뀐다.

- 肉(にく) 살, 근육, 고기
- 筋肉(きんにく) 근육
- 肉親(にくしん) 육친
- 牛肉(ぎゅうにく) 쇠고기
- 肉眼(にくがん) 육안
- 肉体(にくたい) 육체

151a

朋 月 月 月 月 朋 朋 朋

朋 벗 붕

- 음 ほう
- 月→肉(にく) 고기 육 + 月→肉(にく) 고기 육

크기가 비슷한 생선(肉)을 두 줄로 엮어 놓은 모습으로, 서로 공감대가 비슷한 사람들끼리 어울려 **친구**가 된다는 의미를 가지고 있다.

- □ 朋党(ほうとう) 붕당
- □ 朋友(ほうゆう) 붕우, 친구, 벗

151b

多 夕 夕 多 多 多

- 음 た 훈 おおい
- 夕→月→肉(にく) 고기 육 + 夕→月→肉(にく) 고기 육

고기(肉)를 잔뜩 포개 놓은 모습에서 **많다**의 뜻이 파생되었다.

| 옛 글자를 보면 夕(せき 저녁 석)자는 초승달이 아니라 고기 모양임을 알 수 있다.

- □ 多機能(たきのう) 다기능
- □ 多数(たすう) 다수
- □ 多忙(たぼう) 다망, 매우 바쁨
- □ 多く(おおく) 많음, 많은 것, 대개, 흔히, 많이
- □ 多少(たしょう) 다소, 약간, 꽤
- □ 多分(たぶん) 대개, 아마, 양·정도가 많거나 큼
- □ 多い(おおい) 많다
- □ 多め(おおめ) 조금 많은 정도, 또 그 모양

151c

育 育 育 育 育 育 育 育

育 기를 육

- 음 いく 훈 そだつ・そだてる・はぐくむ
- 𠫓(어린아이의 모습) + 月→肉(にく) 고기 육

어린아이(𠫓)가 자라면서 점점 살(肉)이 오르는 모습에서 **기르다**는 뜻이 파생되었다.

| 𠫓은 子(し・す 아들 자)자를 뒤집어 놓은 모양으로, '어린아이'를 뜻한다.

자연 | 동물 | 부산물

- 育児(いくじ) 육아
- 体育(たいいく) 체육
- 生育(せいいく) 생육
- 保育(ほいく) 보육
- 育つ(そだつ) 자라다, 성장하다
- 育む(はぐくむ) (어미 새가) 새끼를 품어 기르다, 키우다, 양육하다
- 教育(きょういく) 교육
- 飼育(しいく) 사육
- 発育(はついく) 발육
- 養育(よういく) 양육
- 育てる(そだてる) 키우다, 기르다, 양육하다

151d

丿 冂 月 月 月 肝 肝 脳 脳 脳

脳
골 **뇌**

음 のう

月→肉(にく) 고기 육 + ⺍(머리카락이 나 있는 모습) + 凶→囟(しん) 숫구멍 신

머리카락(⺍)과 뼈로 둘러싸여 있으며 숫구멍(囟)이 있는 부위로, 우리 몸(肉)에서 가장 중요한 부위 중 하나인 **뇌**를 나타낸다.

| 우리 腦자의 일본식 한자이다.
| 脳자를 보면 凶자가 囟자의 변형임을 알 수 있다.

- 脳(のう) 뇌, 뇌수, 두뇌
- 小脳(しょうのう) 소뇌
- 大脳(だいのう) 대뇌
- 脳卒中(のうそっちゅう) 뇌졸중
- 首脳(しゅのう) 수뇌
- 頭脳(ずのう) 두뇌
- 脳死(のうし) 뇌사

151

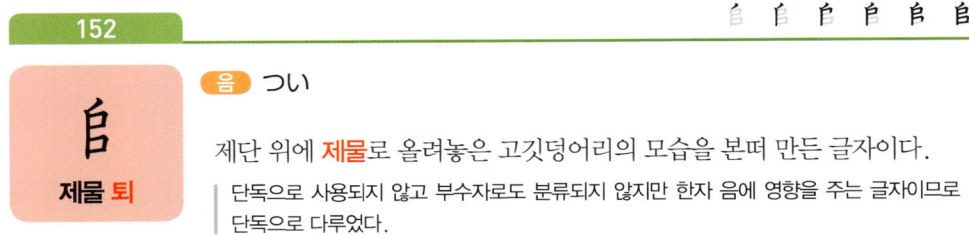

152

152

𠂤 𠂤 𠂤 𠂤 𠂤 𠂤

𠂤
제물 퇴

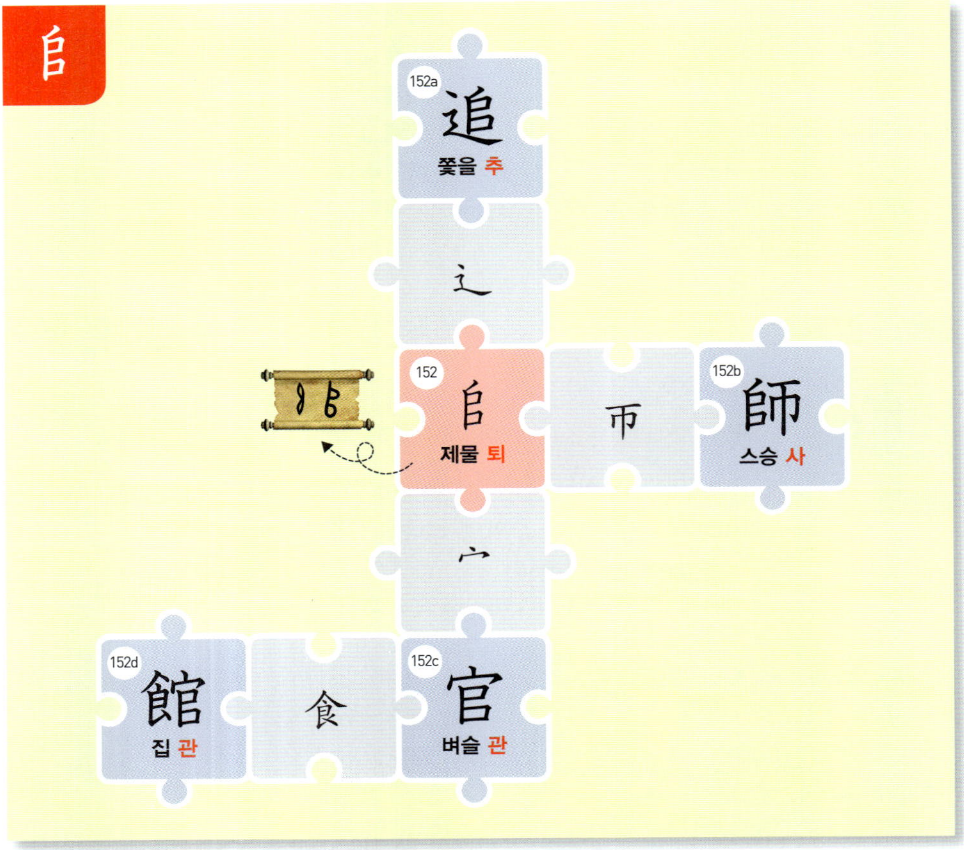

음 つい

제단 위에 **제물**로 올려놓은 고깃덩어리의 모습을 본떠 만든 글자이다.

단독으로 사용되지 않고 부수자로도 분류되지 않지만 한자 음에 영향을 주는 글자이므로 단독으로 다루었다.

자연 | 동물 | 부산물

152a

追
쫓을 추

음 つい　훈 おう

自(つい) 제물 퇴 + 辶(ちゃく) 쉬엄쉬엄 갈 착

신에게 제물(自)을 바치러 가는 우두머리를 **뒤쫓는**(辶) 사람들의 모습을 나타낸다.

- 追加(ついか) 추가
- 追伸(ついしん) 추신
- 追放(ついほう) 추방
- 追い越し(おいこし) 추월, 앞지름
- 追求(ついきゅう) 추구
- 追突(ついとつ) 추돌
- 追う(おう) 쫓다, (뒤)따르다

152b

師
스승 사

음 し

自(つい) 제물 퇴 + 帀(そう) 두를 잡

제사 의식용 의관을 두른(帀) **지도자**가 제물(自)로 올려진 고깃덩어리를 들고 제사를 주관하고 있는 모습이다.

| 帀자는 천(巾)을 몸에 빙 두른 모습을 나타낸다.

- 医師(いし) 의사
- 講師(こうし) 강사
- 師範(しはん) 사범
- 漁師(りょうし) 어부, 고기잡이
- 技師(ぎし) 기사
- 詐欺師(さぎし) 사기꾼
- 調理師(ちょうりし) 조리사
- 師走(しわす) 음력 12월

자연 | 동물 | 부산물

152c

官官官官官官官官

벼슬 관

음 かん

宀(べん・めん) 집 면 + 𠂤(つい) 제물 퇴

고대에 신에게 제사를 올리는 일은 나라의 큰 행사로 관청(宀)에서 일하는 **관료**들이 제물(𠂤)을 관리하였음을 알 수 있다.

- 外交官(がいこうかん) 외교관
- 裁判官(さいばんかん) 재판관
- 長官(ちょうかん) 장관
- 官庁(かんちょう) 관청
- 消化器官(しょうかきかん) 소화기관

152d

館館館館館館館館館館館館館館

집 관

음 かん　훈 やかた

食(しょく・じき) 먹을 식 + 官(かん) 벼슬 관

공무로 출장 나온 관료(官)들의 식사(食)와 숙식을 제공하는 집이란 뜻에서 **여관**의 뜻이 파생되었다.

| 우리 館자의 일본식 한자이다.

- 映画館(えいがかん) 영화관
- 館内(かんない) 관내
- 図書館(としょかん) 도서관
- 大使館(たいしかん) 대사관
- 旅館(りょかん) 여관
- 館(やかた) 지위가 높은 사람의 저택, 임시 거처, 숙소
- 館長(かんちょう) 관장
- 公館(こうかん) 공관
- 体育館(たいいくかん) 체육관
- 博物館(はくぶつかん) 박물관

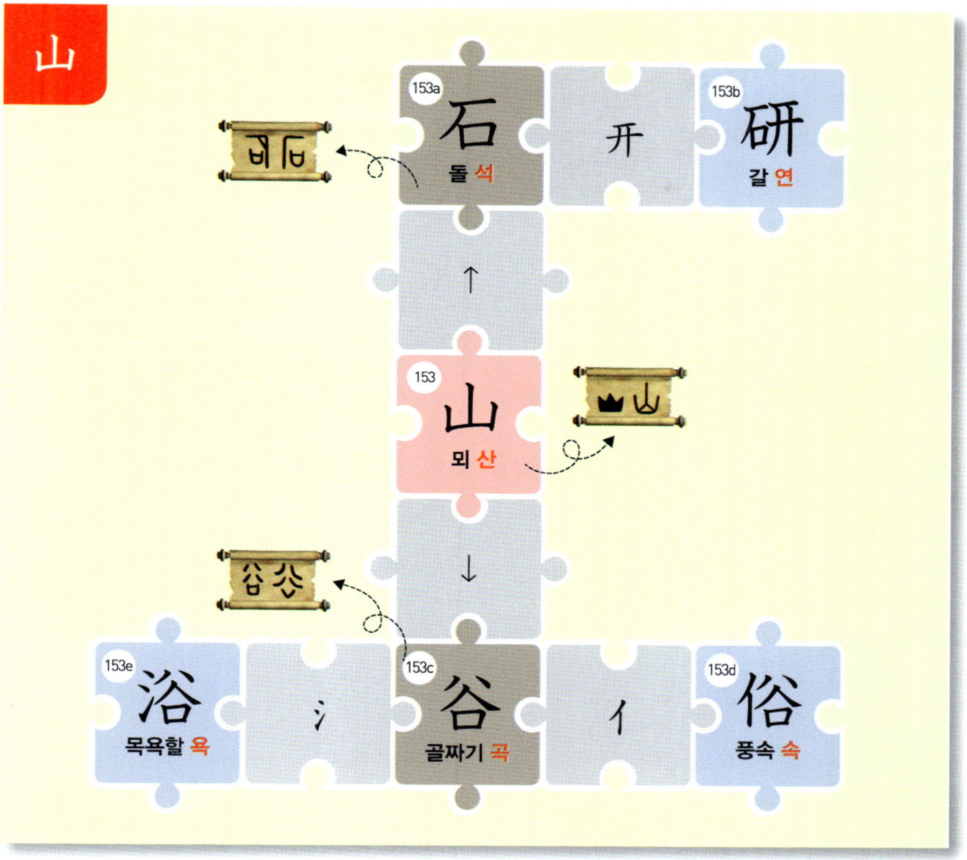

자연 | 산천초목

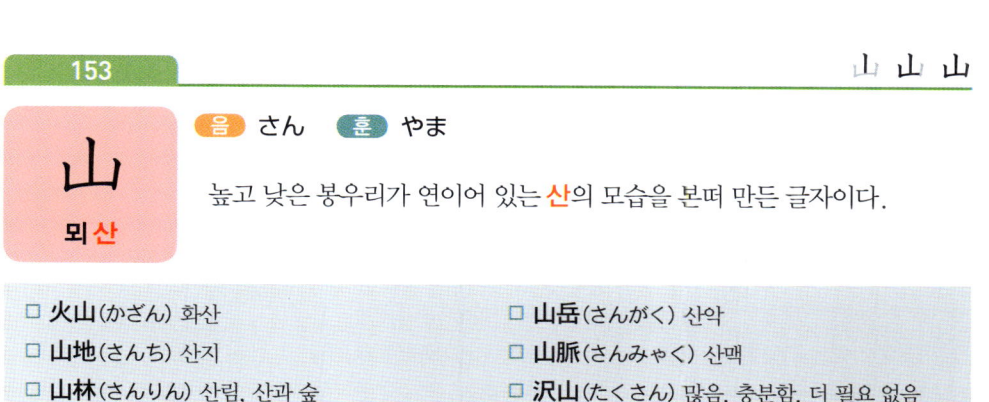

153

山
뫼 산

음 さん　**훈** やま

높고 낮은 봉우리가 연이어 있는 **산**의 모습을 본떠 만든 글자이다.

- 火山(かざん) 화산
- 山地(さんち) 산지
- 山林(さんりん) 산림, 산과 숲
- 山岳(さんがく) 산악
- 山脈(さんみゃく) 산맥
- 沢山(たくさん) 많음, 충분함, 더 필요 없음

- 登山(とざん) 등산 ↔ 下山(げざん) 하산
- 山(やま) 산, 정점
- 山火事(やまかじ) 산불
- 山幸(やまさち) 산에서 잡은 사냥감 또는 채취한 나물이나 열매 ☞ 海幸(うみさち) 해산물
- 山登り(やまのぼり) 등산
- 山道(やまみち) 산길
- 雪山(ゆきやま) 설산

153a

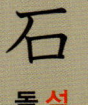
돌 석

石 石 石 石 石

음 せき・しゃく・こく　훈 いし

낭떠러지(宀→厂) 아래에 있는 큰 바위(口)의 모습에서 **돌**의 뜻이 파생되었다.

- 化石(かせき) 화석
- 石油(せきゆ) 석유
- 宝石(ほうせき) 보석
- 石高(こくだか) 미곡의 수확량
- 石垣(いしがき) 돌담
- 石畳(いしだたみ) 납작한 돌을 깐 곳 또는 그 돌, 징검돌, 돌계단
- 石焼(いしやき) 돌그릇, 달군 돌 위에 얹어 굽는 요리법 또는 구운 것
- 小石(こいし) 작은 돌, 자갈
- 石炭(せきたん) 석탄
- 石鹸(せっけん) 비누
- 磁石(じしゃく) 자석
- 石(いし) 돌

153b

갈 연

研 研 研 研 研 研 研

음 けん　훈 とぐ

石(せき・しゃく・こく) 돌 석 + 开(평평한 모양)

평평한(开) 돌(石)로 만든 벼루에 먹을 **갈다**는 뜻으로, 글을 쓰기 위해 먹을 갈다는 의미에서 **연구하다**는 뜻도 갖게 되었다.

| 우리 硏자의 일본식 한자이다.
| 开은 방패(干) 두 개를 나란히 붙여 앞을 평평하게 만든 모습을 나타낸다.

- 研究(けんきゅう) 연구
- 研修(けんしゅう) 연수
- 研ぐ(とぐ) 갈다, 닦아서 윤을 내다, 물에 비벼 씻다

자연 | 산천초목

153c

谷　골짜기 곡

음 こく　훈 たに

산간을 따라 흘러내린 모든 물(冫)이 모이는 곳의 입구(口)란 뜻으로 **계곡**을 의미한다.

- 峡谷(きょうこく) 협곡
- 谷(たに) 산골짜기, 골
- 渓谷(けいこく) 계곡
- 谷間(たにま・たにあい) 골짜기

153d

俗　풍속 속

음 ぞく

亻=人(じん・にん) 사람 인 ＋ 谷(こく) 골짜기 곡

모든 물을 다 받아들여 흐르게 하는 계곡(谷)처럼, **풍속**이란 사람(人)들에게 받아들여져 전해 내려오는 습관을 의미한다.

- 俗語(ぞくご) 속어, 구어
- 風俗(ふうぞく) 풍속, 풍습
- 俗説(ぞくせつ) 속설
- 民俗学(みんぞくがく) 민속학

153e

浴　목욕할 욕

음 よく　훈 あびる・あびせる

氵=水(すい) 물 수 ＋ 谷(こく) 골짜기 곡

물(水)이 흐르는 계곡(谷)에서 씻고 있는 모습에서 **목욕하다, 물을 끼얹다**는 뜻이 파생되었다.

- 海水浴(かいすいよく) 해수욕
- 入浴(にゅうよく) 입욕
- 浴場(よくじょう) 욕실, 목욕탕, 공중목욕탕
- 浴びる(あびる) 뒤집어쓰다, (햇볕을 흠뻑) 쬐다
- 浴衣(ゆかた) 목욕 후나 여름철에 입는 무명 홑옷
- 日光浴(にっこうよく) 일광욕
- 浴室(よくしつ) 욕실
- 浴槽(よくそう) 욕조
- 浴びせる(あびせる) 끼얹다, 퍼붓다

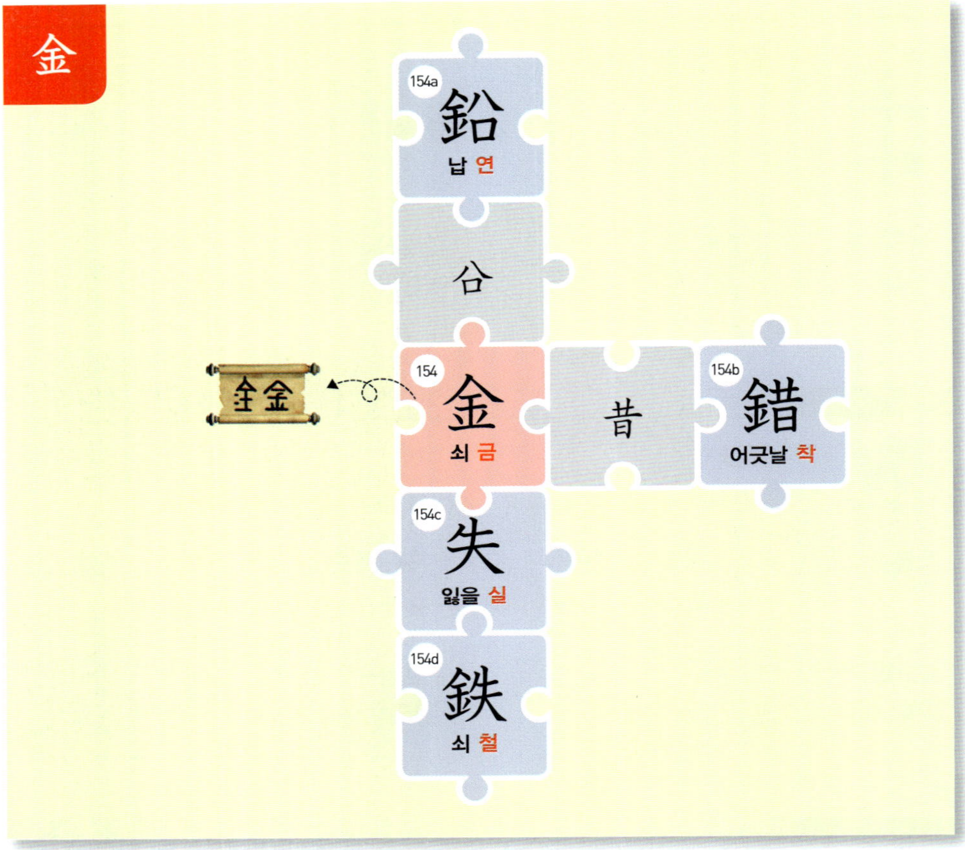

金

154a 鉛 납 연

合

154 金 쇠 금

昔

154b 錯 어긋날 착

154c 失 잃을 실

154d 鉄 쇠 철

全金

154

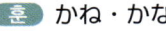

金
쇠 금

음 きん・こん　훈 かね・かな

흙(土)에서 채취한 광물(丶)을 녹인 쇳물을 거푸집(仝)에 붓는 모습에서 금속의 뜻이 파생되었다. 또 변색되거나 부식되지 않고 아름다워 인간의 관심을 끈 최초의 금속이라 할 수 있는 금의 뜻도 갖게 되었다.

실제로 금은 구리 다음으로 인간이 가장 먼저 사용한 금속으로 6000년 전쯤 메소포타미아에서 처음으로 사용되었다고 한다.

자연 | 산천초목

- 金利(きんり) 금리
- 資金(しきん) 자금
- 送金(そうきん) 송금
- 賃金(ちんぎん) 임금, 보수 ☞ 특이한 발음에 주의!
- 募金(ぼきん) 모금
- 料金(りょうきん) 요금
- 金色(こんじき) 금색, 황금빛
- 金持ち(かねもち) 부자, 재산가
- 金具(かなぐ) 쇠장식
- 現金(げんきん) 현금
- 税金(ぜいきん) 세금
- 大金(たいきん) 대금, 큰돈
- 預金(よきん) 예금
- 黄金(おうごん) 황금
- 金(かね) 금속, 돈
- 小金(こがね) 적은 재산, 소액
- 金棒(かなぼう) 쇠몽둥이, 철봉

154a

鉛
납 연

음 えん　**훈** なまり

金(きん·こん) 쇠 금 + (えん) 산속의 늪 연

늪(㕣)의 진흙처럼 푸르스름한 잿빛을 띠는 금속(金)인 **납**을 뜻한다.

㕣은 진흙이 열리면서(八) 무엇이든지 빨아들이는(口) 모습으로, 늪에 빠지면 나오기 힘든 상황을 나타낸다.

- 亜鉛(あえん) 아연
- 黒鉛(こくえん) 흑연
- 鉛筆(えんぴつ) 연필
- 鉛(なまり) 납

154b

錯
어긋날 착

음 さく

金(きん·こん) 쇠 금 + 昔(せき·しゃく) 옛 석

금(金)과 은을 한 곳에 넣고 오랫동안(昔) **섞는** 것은 순수한 금에 다른 성분이 섞이게 되는 것이므로 **잘못된** 일이다.

- 交錯(こうさく) 교착
- 錯覚(さっかく) 착각
- 錯誤(さくご) 착오

154c 失　矢　矢　失　失

失 잃을 **실**

- 음 しつ
- 훈 うしなう

手(しゅ) 손 수 ＋ ㇏(빠져나가는 모습)

어떤 물건이 손(手) 아래쪽으로 빠져나가는(㇏) 모습에서 **잃다**는 뜻이 파생되었다.

- 失業(しつぎょう) 실업
- 失望(しつぼう) 실망
- 失恋(しつれん) 실연
- 損失(そんしつ) 손실
- 失う(うしなう) 잃다, 잃어버리다
- 失敗(しっぱい) 실패
- 失礼(しつれい) 실례, 무례함
- 消失(しょうしつ) 소실
- 紛失(ふんしつ) 분실

154d 鉄鉄鉄鉄鉄鉄鉄鉄鉄鉄鉄鉄

鉄 쇠 **철**

- 음 てつ

金(きん・こん) 쇠 금 ＋ 失(しつ) 잃을 실

철은 인류가 가장 많이 사용하는 금속(金) 중 하나이지만 반면에 흔(失)하고 값싼(失) 금속이기도 하다.

| 우리 鐵자의 일본식 한자이다.

- 地下鉄(ちかてつ) 지하철
- 鉄筋(てっきん) 철근
- 鉄人(てつじん) 철인
- 鉄板(てっぱん) 철판
- 鉄橋(てっきょう) 철교
- 鉄鋼(てっこう) 철강
- 鉄道(てつどう) 철도

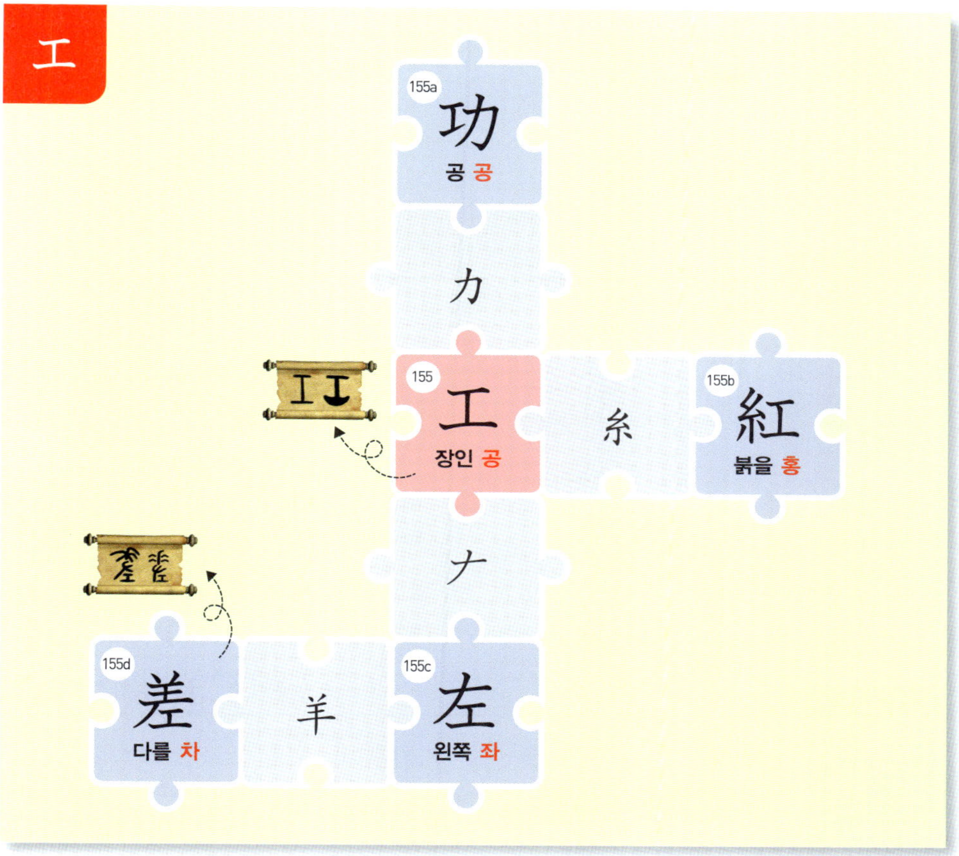

자연 | 산천초목

	155a 功 공 공		
	力		
工	155 工 장인 공	糸	155b 紅 붉을 홍
	ナ		
155d 差 다를 차	羊	155c 左 왼쪽 좌	

工 工 工

155

工 장인 공

음 こう・く

물건을 만들 때 사용하는 도구의 모양을 본떠 만든 글자로, **장인**이 도구를 사용해 일하는 것을 뜻한다.

- 加工(かこう) 가공
- 工学(こうがく) 공학
- 工業(こうぎょう) 공업
- 工芸(こうげい) 공예

- 工作(こうさく) 공작
- 工場(こうじょう) 공장
- 人工(じんこう) 인공
- 細工(さいく) 세공, 세공품
- 工事(こうじ) 공사
- 工程(こうてい) 공정
- 工夫(くふう) 여러 가지로 궁리함, 고안함
- 大工(だいく) 목수, 도편수

155a

功功功功功

功
공 공

음 こう・く

工(こう・く) 장인공 + 力(りょく・りき) 힘력

도구(工)를 잘 다루는 장인이 힘(力)을 다하여 **공로**를 세우는 모습이다.

- 功績(こうせき) 공적
- 成功(せいこう) 성공
- 功徳(くどく) 공덕
- 功労(こうろう) 공로
- 年功(ねんこう) 연공

155b

紅紅紅紅紅紅紅紅

紅
붉을 홍

음 こう・く   훈 べに・くれない

糸(し) 실 사 + 工(こう・く) 장인공

실(糸)에 색을 물들였던 옛사람들의 생활상을 알려주는 글자로, 工자와 합쳐져 **붉다**는 뜻을 나타내는 글자가 만들어졌다.

> 工자는 제구를 의미하기도 하였다. 따라서 제물로 받쳐진 가축의 피가 묻은 제구의 모습에서 붉다는 뜻이 파생되었다고 생각하자.

- 紅茶(こうちゃ) 홍차
- 紅白(こうはく) 홍백, 붉은색과 흰색 ☞ 일본은 2개 팀으로 나누어 시합을 벌일 경우 전통적으로 홍팀과 백팀으로 나눈다.
- 紅葉(こうよう) 단풍이 듦, 단풍
- 口紅(くちべに) 루즈, 입술연지
- 薄紅(うすくれない) 옅은 홍색, 담홍색
- 真紅(しんく) 진홍색
- 紅(くれない) 다홍색, 주홍색

자연 | 산천초목

155c

左 左 左 左 左

왼쪽 **좌**

음 さ　훈 ひだり

ナ(ゆう) 손우 ＋ 工(こう・く) 장인공

도구(工)를 들고 있는 손(ナ)의 모습으로, 주된 역할을 하는 오른손이 아니라 돕는 역할을 하는 왼손이라는 의미에서 **왼쪽**의 뜻을 갖게 되었다.

- 左記(さき) (세로쓰기 문서에서) 좌기, 왼쪽에 적음
- 左右(さゆう) 좌우, 왼쪽과 오른쪽
- 左側(ひだりがわ) 좌측 ↔ 右側(みぎがわ) 우측
- 左手(ひだりて) 왼손 ↔ 右手(みぎて) 오른손
- 左折(させつ) 좌회전
- 左(ひだり) 왼쪽, 왼편, 좌측
- 左利き(ひだりきき) 왼손잡이
- 右左(みぎひだり) 좌우

155d

差 差 差 差 差 差 差 差 差

다를 **차**

음 さ　훈 さす

羊(よう) 양양 ＋ 左(さ) 왼쪽좌

양(羊)의 털을 깎기 위해 왼손(左)으로 양털을 잡고 있는 모습으로, 손으로 잡았을 때 털의 길이가 일정치 않고 부위별로 차이가 난다는 의미에서 **다르다**의 뜻이 파생되었다.

> 옛 글자는 추수를 하기 위해 농작물(禾)을 왼손(左)으로 잡고 있는 모습으로, 같은 땅에서 자란 농작물(禾)의 길이가 일정치 않고 다른 것을 나타낸다.

- 格差(かくさ) 격차
- 誤差(ごさ) 오차
- 差別(さべつ) 차별
- 差す(さす) (우산 등을) 쓰다, (조수가) 밀려오다, 가리키다
- 交差点(こうさてん) 교차점
- 差額(さがく) 차액
- 時差(じさ) 시차

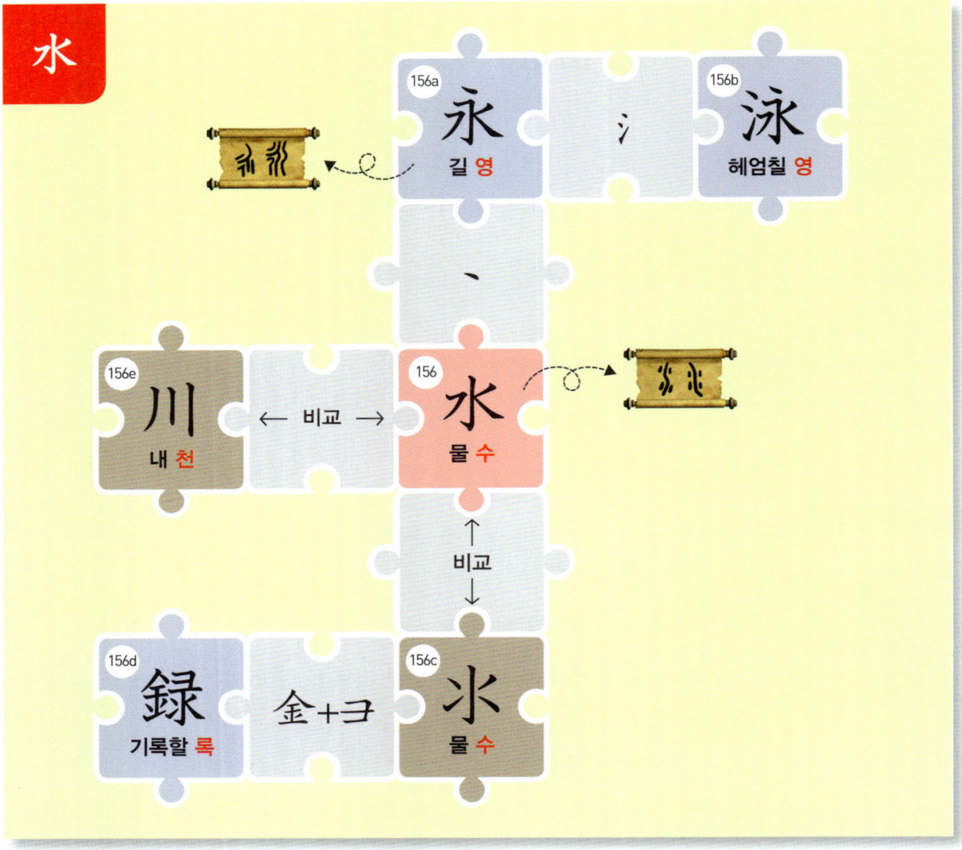

水

| 156a 永 길 영 | 156b 泳 헤엄칠 영 |

156 水 물 수

156e 川 내 천 ← 비교 →

156d 録 기록할 록 金+彐 156c 氷 물 수

156

물 수

음 すい   훈 みず

흐르는 강물(水)의 모습을 본떠 만든 글자로 **물**을 의미한다.

- □ 温水(おんすい) 온수
- □ 水産業(すいさんぎょう) 수산업
- □ 水道(すいどう) 수도, 상수도
- □ 洪水(こうずい) 홍수
- □ 水族館(すいぞくかん) 수족관
- □ 水分(すいぶん) 수분

- 断水(だんすい) 단수
- 噴水(ふんすい) 분수
- 水(みず) 물
- 水入らず(みずいらず) 타인이 끼지 않고 가족만 모임
- 水着(みずぎ) 수영복
- 排水(はいすい) 배수
- 防水(ぼうすい) 방수

156a

길 영

음 えい　훈 ながい

水(すい) 물 수 ＋ 丶(사람의 모습)

강물(水)에서 헤엄치는 사람(丶)의 모습을 묘사한 글자였으나, 강물을 따라 한없이 떠내려가는 모습에서 **영원히**라는 뜻이 파생되었다.

- 永遠(えいえん) 영원
- 永い(ながい) (세월・시간이) 아주 오래다, 영원하다
- 永年(ながねん・えいねん) 오랜 세월, 여러 해
- 永久(えいきゅう) 영구

156b

헤엄칠 영

음 えい　훈 およぐ

氵＝水(すい) 물 수 ＋ 永(えい) 길 영

사람이 물에서 헤엄치는 모습의 永자가 영원의 뜻으로 사용되자, 물(水)을 추가하여 **헤엄치다**라는 본뜻을 되살렸다.

- 水泳(すいえい) 수영
- 泳ぐ(およぐ) 헤엄치다, 수영하다
- 背泳(はいえい・せおよぎ) 배영
- 平泳ぎ(ひらおよぎ) 평영

156c

물 **수**

음 すい

氺자와 같은 의미의 글자로, 단독으로는 사용되지 않으며 다른 글자와 합쳐질 때 아랫부분에 위치하면서 드물게 사용된다.

156d

기록할 **록**

음 ろく

金(きん・こん) 쇠 금 + ヨ→크(けい) 손 계 + 氺=水(すい) 물 수

쇠(金)로 만들어진 날카로운 연장을 손(크)으로 잡고 나무에 무엇인가를 새겨 **기록하는** 모습이다. 여기에서 水자는 홈을 팔 때 나무의 부스러기가 튀어나가는 장면을 물방울이 튀는 것에 빗대어 표현한 것으로 보인다.

| 우리 錄자의 일본식 한자이다.

- 記録(きろく) 기록
- 登録(とうろく) 등록
- 付録(ふろく) 부록
- 録音(ろくおん) 녹음
- 収録(しゅうろく) 수록
- 備忘録(びぼうろく) 비망록
- 目録(もくろく) 목록
- 録画(ろくが) 녹화

156e

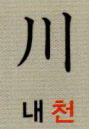
내 **천**

음 せん　**훈** かわ

굽이굽이 산허리를 감싸고 흐르는 **강물**의 모습을 본떠 만든 글자이다.

- 河川(かせん) 하천
- 小川(おがわ) 작은 시내
- 川上(かわかみ) 강의 상류 ↔ 川下(かわしも) 하류, 강 아래쪽
- 川風(かわかぜ) 강바람
- 川(かわ) 하천, 강, 시내
- 川口(かわぐち) 강어귀, 하구
- 川魚(かわうお) 민물고기

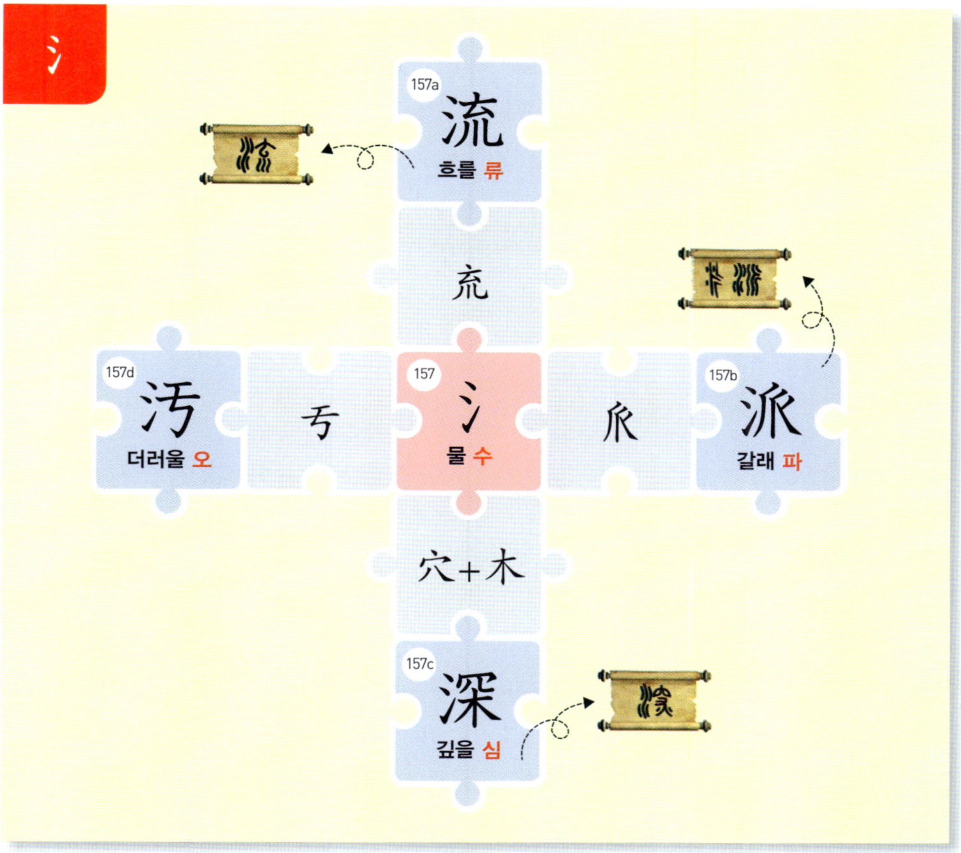

자연 | 산천초목

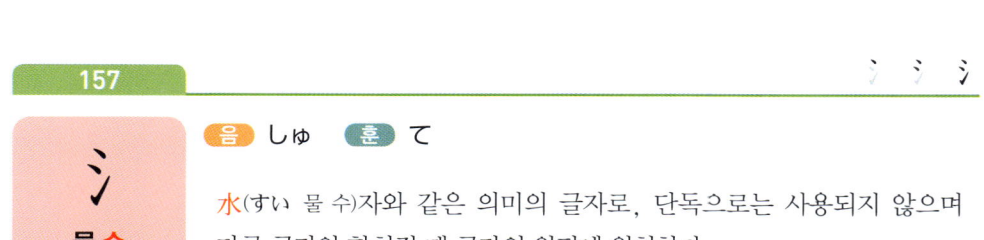

157

| 음 | しゅ | 훈 | て |

氵

물 수

水(すい 물 수)자와 같은 의미의 글자로, 단독으로는 사용되지 않으며 다른 글자와 합쳐질 때 글자의 왼편에 위치한다

157a 流 흐를 류

음 りゅう・る **훈** ながれる・ながす

氵=水(すい) 물 수 + 㐬(りゅう) 깃발 류

아이가 흐르는 물에서 헤엄치는 모습을 나타내는 㐬자에 물(水)을 추가하여 흐르다는 뜻을 나타내었다.

㐬자는 단독으로는 사용되지 않는다.

- 海流(かいりゅう) 해류
- 気流(きりゅう) 기류
- 合流(ごうりゅう) 합류
- 漂流(ひょうりゅう) 표류
- 流星(りゅうせい) 유성
- 流布(るふ) 유포
- 流す(ながす) 흘리다, 흐르게 하다
- 逆流(ぎゃくりゅう) 역류
- 交流(こうりゅう) 교류
- 電流(でんりゅう) 전류
- 流行(りゅうこう・はやり) 유행
- 流入(りゅうにゅう) 유입
- 流れる(ながれる) 흐르다, 흘러내리다, 흘러가다

157b 派 갈래 파

음 は

氵=水(すい) 물 수 + 𠂢(지류가 갈라지는 모습)

강물(水)의 본류에서 지류가 갈라져 나가는 모습(𠂢)으로, 전체에서 일부분이 갈라지다는 의미에서 파벌, 파견의 뜻이 파생되었다.

- 一派(いっぱ) 일파
- 特派員(とくはいん) 특파원
- 派生(はせい) 파생
- 派手(はで) 화려한 모양, 행동이나 태도 등이 과장된 모양
- 派閥(はばつ) 파벌
- 左派(さは) 좌파, 급진파
- 派遣(はけん) 파견
- 流派(りゅうは) 유파

자연 | 산천초목

157c

깊을 심

음 しん　훈 ふかい・ふかまる・ふかめる

氵=水(すい) 물 수 ＋ 穴(けつ) 구멍 혈 ＋ 木(ぼく・もく) 나무 목

바닥에 물(水)이 흐르는 **깊고** 어두운 동굴(穴)에서 횃불(火)을 들고 있는 모습이다.

| 옛 글자에서 미루어보아 횃불(火)을 들고 있는 손(又)이 木자로 변한 것으로 보인다.

- 深海(しんかい) 심해
- 深刻(しんこく) 심각
- 水深(すいしん) 수심
- 深まる(ふかまる) 깊어지다
- 深呼吸(しんこきゅう) 심호흡
- 深夜(しんや) 심야
- 深い(ふかい) 깊다
- 深める(ふかめる) 깊게 하다

157d

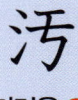
더러울 오

음 お　훈 けがす・けがれる・けがらわしい・よごす・よごれる・きたない

氵=水(すい) 물 수 ＋ 亐(う) 어조사 우

물길(水)이 꺾여(亐) 흐르지 못하고 고여서 썩고 있는 모습에서 **더럽다**는 뜻이 파생되었다.

| 亐자는 소리가 목구멍에서 성대를 거쳐 꺾여 올라오는 것을 뜻한다.

- 汚水(おすい) 오수
- 汚物(おぶつ) 오물
- 汚れる(けがれる) 더러워지다, 더럽혀지다
- 汚す(よごす) 더럽히다
- 汚い(きたない) 더럽다, 불결하다, 꾀죄죄하다
- 汚染(おせん) 오염
- 汚す(けがす) 더럽히다, 모독하다
- 汚らわしい(けがらわしい) 더럽다, 추잡스럽다
- 汚れる(よごれる) 더러워지다

157

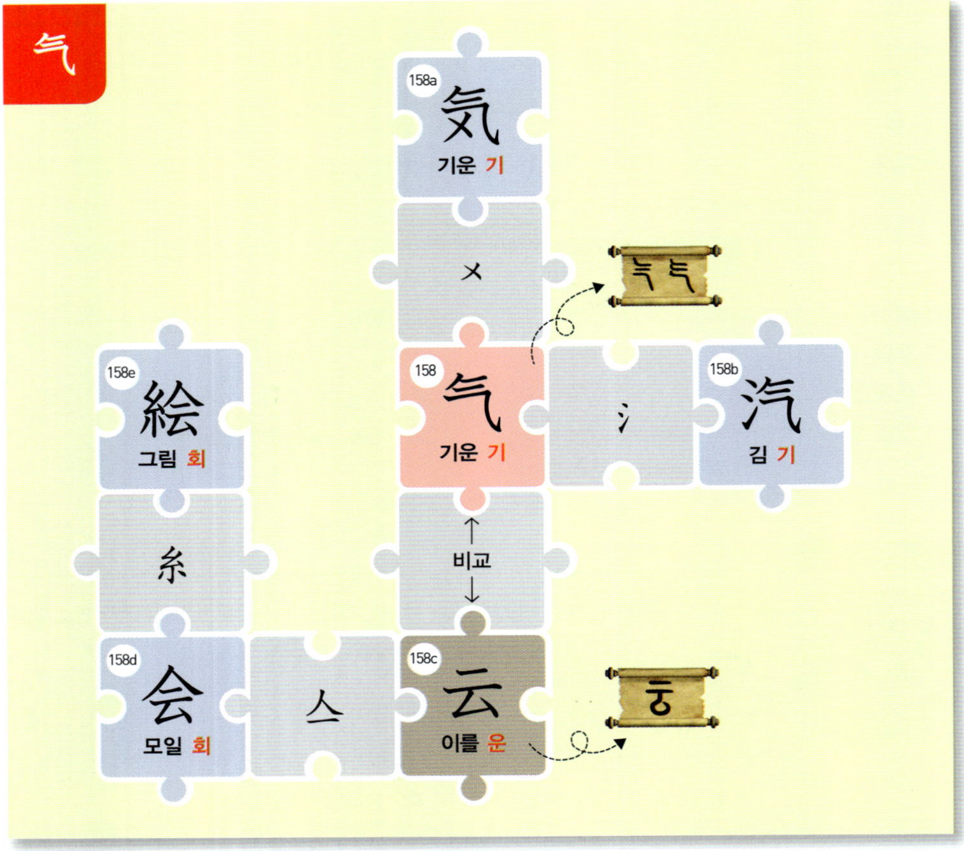

158

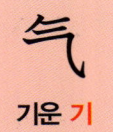
기운 기

음 き・け

하늘에 구름이 피어오르는 모습, 또는 수증기가 하늘로 올라가는 모습에서 **기운**, **기체**, **공기**의 뜻을 갖게 되었다.

부수자이며 단독으로는 사용되지 않는다.

자연 | 산천초목

158a

気気気気気気

기운 **기**

음 き・け

气(き・け) 기운 기 + ×→米(べい・まい) 쌀미

밥(米)을 할 때 뜨거운 수증기(气)가 올라가는 모습에서 **기운**, **기체**, **공기** 의 뜻을 갖게 되었다.

> 우리 氣자의 일본식 한자이다. 한자 분해와 해설은 원글자에 근거한 것이므로, 현재 일본에서 사용하는 気자와 혼동하지 않도록 주의하기 바란다.

- 気圧(きあつ) 기압
- 気温(きおん) 기온
- 気候(きこう) 기후
- 気質(きしつ) 기질
- 気分(きぶん) 기분
- 気味(きみ) 기미, 기색, 경향
- 雰囲気(ふんいき) 분위기
- 本気(ほんき) 본마음, 진심
- 勇気(ゆうき) 용기
- 気配(けはい) 낌새, 분위기
- 湿気(しっけ) 습기
- 人気(ひとけ) 인기척

158b

汽汽汽汽汽汽汽

김 **기**

음 き

氵=水(すい) 물 수 + 气(き・け) 기운 기

액체인 물(水)이 기체(气)로 변하여 공중으로 올라가는 모습에서 **증기**라는 뜻이 파생되었다.

- 汽車(きしゃ) 기차
- 汽船(きせん) 기선, 증기선
- 汽笛(きてき) 기적

158c

云云云云

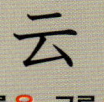
이를 **운**, 구름 **운**

음 うん 훈 いう

하늘에 구름이 뭉게뭉게 떠 있는 모습을 본떠 만든 글자로, 떠다니는 구름은 비를 예고하는 것이므로 **말하다**는 뜻을 갖게 되었다.

- 云々(うんぬん) 운운, 인용 문이나 어구의 뒤를 생략할 때 쓰는 말, 이러쿵저러쿵 비평함, 말할 수 없는 사정이나 일
- 云う(いう) 말하다, 이야기하다

158d 会 会 会 会 会 会

모일 **회**

음 かい・え   훈 あう

亼(しゅう) 삼합 집 ＋ 云(うん) 이를 운

토의(云)를 하기 위해 여러 사람이 모여(亼) 있는 모습에서 **모이다**는 뜻이 파생되었다.

| 우리 會자의 일본식 한자이다.

- 宴会(えんかい) 연회
- 会見(かいけん) 회견
- 会場(かいじょう) 회장
- 会話(かいわ) 회화
- 再会(さいかい) 재회
- 会釈(えしゃく) 가볍게 인사를 주고받음
- 会う(あう) 만나다, 조우하다, 대면하다
- 立(ち)会(い)(たちあい) 입회, 입회함
- 会議(かいぎ) 회의
- 会合(かいごう) 회합
- 会談(かいだん) 회담
- 協会(きょうかい) 협회
- 大会(たいかい) 대회
- 会得(えとく) 터득
- 出会(い)(であい) 우연히 만남

158e 絵 絵 絵 絵 絵 絵 絵 絵 絵 絵 絵

그림 **회**

음 かい・え

糸(し) 실 사 ＋ 会(かい・え) 모일 회

형형색색의 실(糸)을 모아(会) 다양한 문양의 천을 짜던 모습에서 **그림**이라는 뜻이 파생되었다.

| 우리 繪자의 일본식 한자이다.

- 絵画(かいが) 회화, 그림
- 油絵(あぶらえ) 유화
- 絵の具(えのぐ) 그림물감
- 絵文字(えもじ) 이모티콘
- 絵(え) 그림
- 絵日記(えにっき) 그림일기
- 絵本(えほん) 그림책
- 似顔絵(にがおえ) 초상화

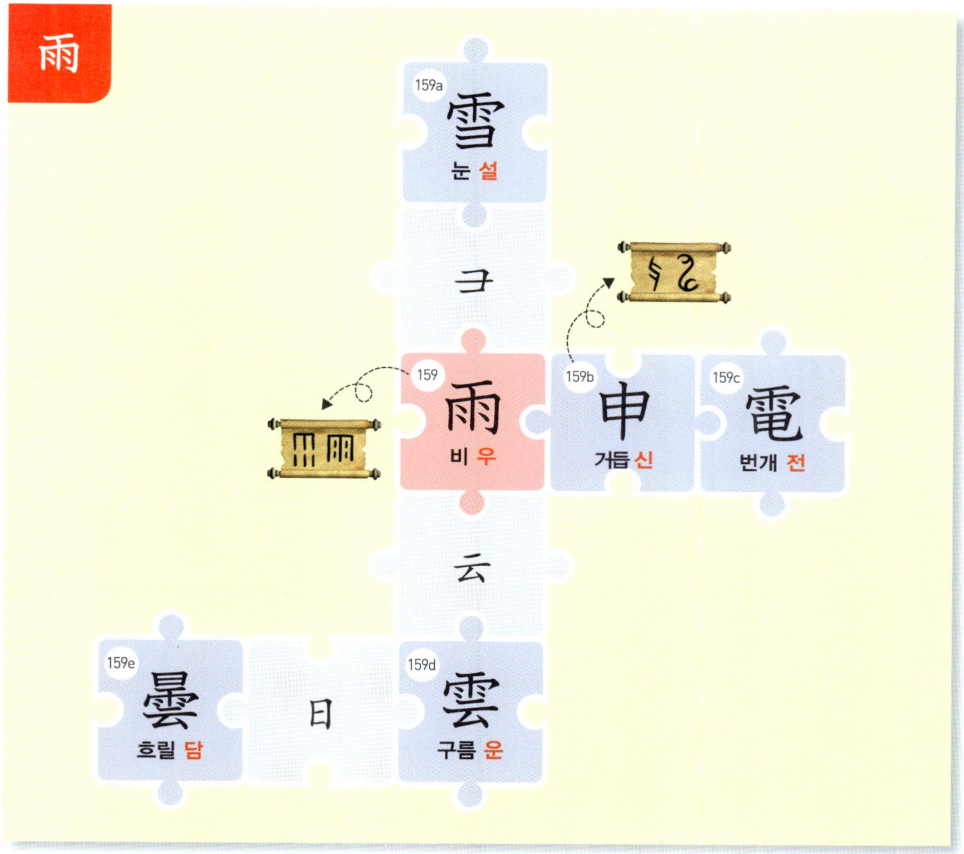

자연 | 산천초목

雨

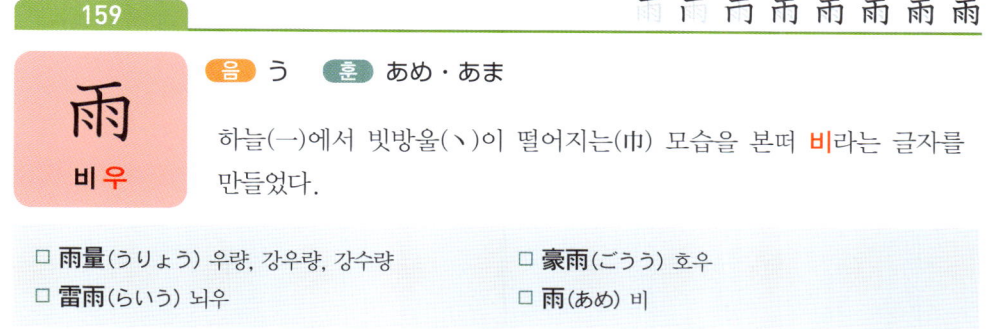

159

雨雨雨雨雨雨雨雨

雨
비 우

음 う　**훈** あめ・あま

하늘(一)에서 빗방울(ヽ)이 떨어지는(巾) 모습을 본떠 **비**라는 글자를 만들었다.

- 雨量(うりょう) 우량, 강우량, 강수량
- 雷雨(らいう) 뇌우
- 豪雨(ごうう) 호우
- 雨(あめ) 비

479

- 雨傘(あまがさ) 우산
- 雨具(あまぐ) 우산·장화·비옷 등 비가 오는 날 외출할 때 사용하는 장비
- 時雨(しぐれ) 늦가을부터 초겨울에 걸쳐 한 차례 지나가듯 내리는 비

159a

눈 설

음 せつ　훈 ゆき

雨(う) 비 우 ＋ ヨ(けい) 손 계

눈을 손(ヨ)으로 만질 수 있는 비(雨)라고 운치 있게 표현한 글자이다.

- 降雪量(こうせつりょう) 강설량
- 積雪(せきせつ) 적설
- 雪(ゆき) 눈
- 雪合戦(ゆきがっせん) 눈싸움
- 除雪(じょせつ) 제설
- 大雪(たいせつ・おおゆき) 대설
- 初雪(はつゆき) 첫눈
- 吹雪(ふぶき) 눈보라

159b

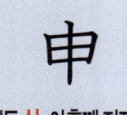
거듭 신, 아홉째 지지 신

음 しん　훈 もうす

사방으로 퍼지는 번개의 모습을 본떠 만든 글자이다. 번개가 퍼지듯이 자신의 의견이나 뜻을 펼친다는 의미에서 **설명하다**는 뜻을 갖게 되었다.

- 申告(しんこく) 신고
- 内申(ないしん) 내신
- 申す(もうす) 말씀드리다 ☞ 言う(いう 말하다)·語る(かたる 말하다)의 겸양어
- 申(し)込み(もうしこみ) 신청
- 申請(しんせい) 신청
- 申(し)訳(もうしわけ) 변명, 해명

자연 | 산천초목

159c

번개 전, 전기 전

電 電 電 電 電 電 電 電 電 電 電 電 電

음 でん

雨(う) 비 우 + 电→申(しん) 거듭 신

비(雨)가 올 때 번개가 거듭(申) 친다는 의미로, 번개는 대기의 가시적인 방전현상이므로 **전기**의 뜻도 갖게 되었다.

- 終電(しゅうでん) 그날의 마지막 운행 전철
- 電気(でんき) 전기
- 電灯(でんとう) 전등
- 発電(はつでん) 발전
- 電車(でんしゃ) 전차
- 電波(でんぱ) 전파
- 停電(ていでん) 정전
- 電池(でんち) 전지
- 電力(でんりょく) 전력

159d

구름 운

雲 雲 雲 雲 雲 雲 雲 雲 雲 雲 雲 雲

음 うん　훈 くも

雨(う) 비 우 + 云(うん) 이를 운

구름을 나타내는 云자가 말하다는 의미로 사용되자, 구름(云) 위에 비(雨)가 숨어 있는 모습으로 비로 변하는 **구름**을 표현하였다.

- 暗雲(あんうん) 암운
- 雲台(うんだい) 카메라의 삼각 받침대 위에 카메라를 고정시키는 대
- 雲泥の差(うんでいのさ) 천양지차
- 雨雲(あまぐも) 비구름
- 雲海(うんかい) 운해
- 雲(くも) 구름, 높은 지위
- 雲行き(くもゆき) 구름이 움직이는 모양, 일이 되어 가는 형세

159e

흐릴 담

曇 曇 曇 曇 曇 曇 曇 曇 曇 曇 曇 曇 曇 曇

음 どん　훈 くもる

日(にち・じつ) 날 일 + 雲(うん) 구름 운

해(日)가 구름(雲)에 가려 날씨가 **흐리다**는 뜻이다.

- 曇天(どんてん) 흐린 날씨
- 曇る(くもる) 흐리다, 흐려지다, 어두워지다

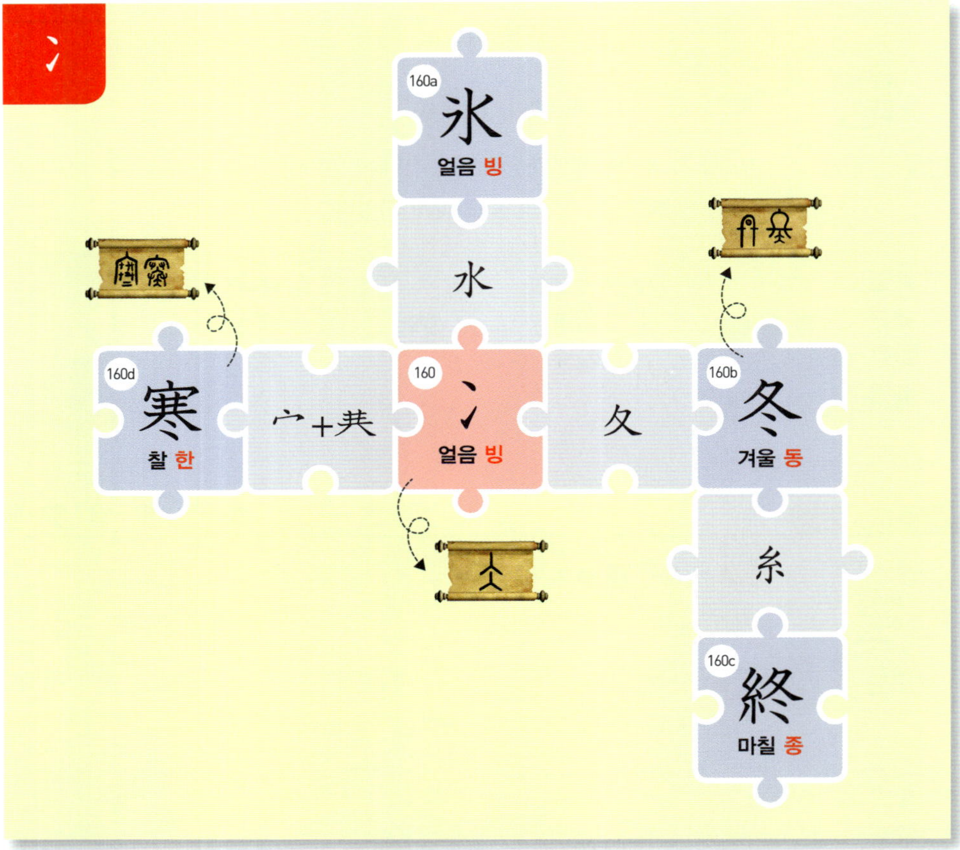

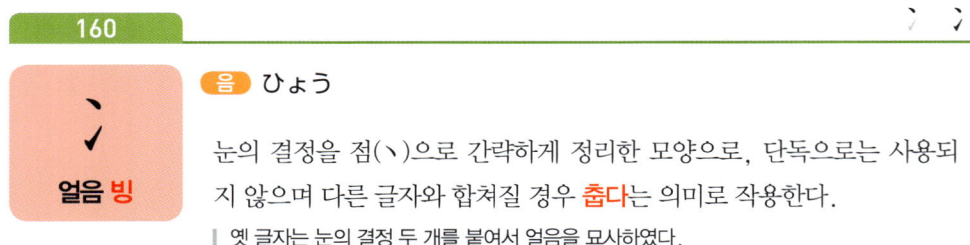

160

160

冫

얼음 빙

음 ひょう

눈의 결정을 점(丶)으로 간략하게 정리한 모양으로, 단독으로는 사용되지 않으며 다른 글자와 합쳐질 경우 **춥다**는 의미로 작용한다.

| 옛 글자는 눈의 결정 두 개를 붙여서 얼음을 묘사하였다.

자연 | 산천초목

160a

얼음 빙

음 ひょう　훈 こおり・ひ

丶→冫(ひょう) 얼음 빙 + 水(すい) 물 수

기온이 영하로 내려가자 물(水)이 얼어(冫) **얼음**이 되는 모습이다.

- 海氷(かいひょう) 해빙
- 氷山(ひょうざん) 빙산
- 氷水(こおりみず) 얼음물
- 氷雨(ひさめ) (여름에 내리는) 우박, 싸라기눈, (겨울에 내리는) 차가운 비
- 氷河期(ひょうがき) 빙하기
- 氷(こおり) 얼음

160b

겨울 동

음 とう　훈 ふゆ

夂(ち) 뒤져올 치 + 冫(ひょう) 얼음 빙

추위(冫)에 몸을 움츠리고 천천히 걷는(夂) 모습에서 **겨울**이라는 뜻이 파생되었다.

> 옛 글자를 보면 실의 양 끝에 매듭을 지어 놓은 모습인데, 이는 식물의 성장 등 모든 것이 정지된 겨울을 매듭 지어진 실로 묘사한 것으로 보인다.

- 冬季(とうき) 동계
- 冬(ふゆ) 겨울
- 真冬(まふゆ) 한겨울, 엄동
- 冬至(とうじ) 동지
- 冬休み(ふゆやすみ) 겨울 방학, 겨울 휴가

160c

終 終 終 終 終 終 終 終 終

마칠 종

음 しゅう　훈 お(わ)る・おえる

糸(し) 실 사 ＋ 冬(とう) 겨울 동

冬자가 겨울이라는 뜻으로 쓰이자, 마무리를 매듭 짓는다는 의미에서 실(糸)을 더하여 **마치다**는 원래 의미를 되살렸다.

- 最終(さいしゅう) 최종
- 終業式(しゅうぎょうしき) 종업식 ↔ 始業式(しぎょうしき) 시업식
- 終始(しゅうし) 시종, 내내, 줄곧
- 終日(しゅうじつ) 온종일
- 終了(しゅうりょう) 종료
- 終(わ)る(おわる) 끝나다, 마치다
- 終える(おえる) 마치다, 종결짓다

160d

寒 寒 寒 寒 寒 寒 寒 寒 寒 寒 寒

찰 한

음 かん　훈 さむい

宀(べん・めん) 집 면 ＋ 共→艹＝草(そう) 풀 초 ＋ 冫(ひょう) 얼음 빙

집(宀) 안에 보온재로 건초더미(草)를 들여 놓았지만 여전히 얼음(冫)처럼 **차가운** 바람이 들어오는 모습이다.

옛 글자는 집(宀) 안의 건초더미(茻) 가운데서 사람(人)이 차가운(冫) 바람에 떨고 있는 모습을 하고 있다.

- 寒波(かんぱ) 한파
- 寒冷(かんれい) 한랭
- 防寒(ぼうかん) 방한
- 寒い(さむい) 춥다, 차다, 오싹하다
- 寒がり(さむがり) 몹시 추위를 탐 또 그런 사람
- 寒気(さむけ) 한기, 추운 느낌

자연 | 산천초목

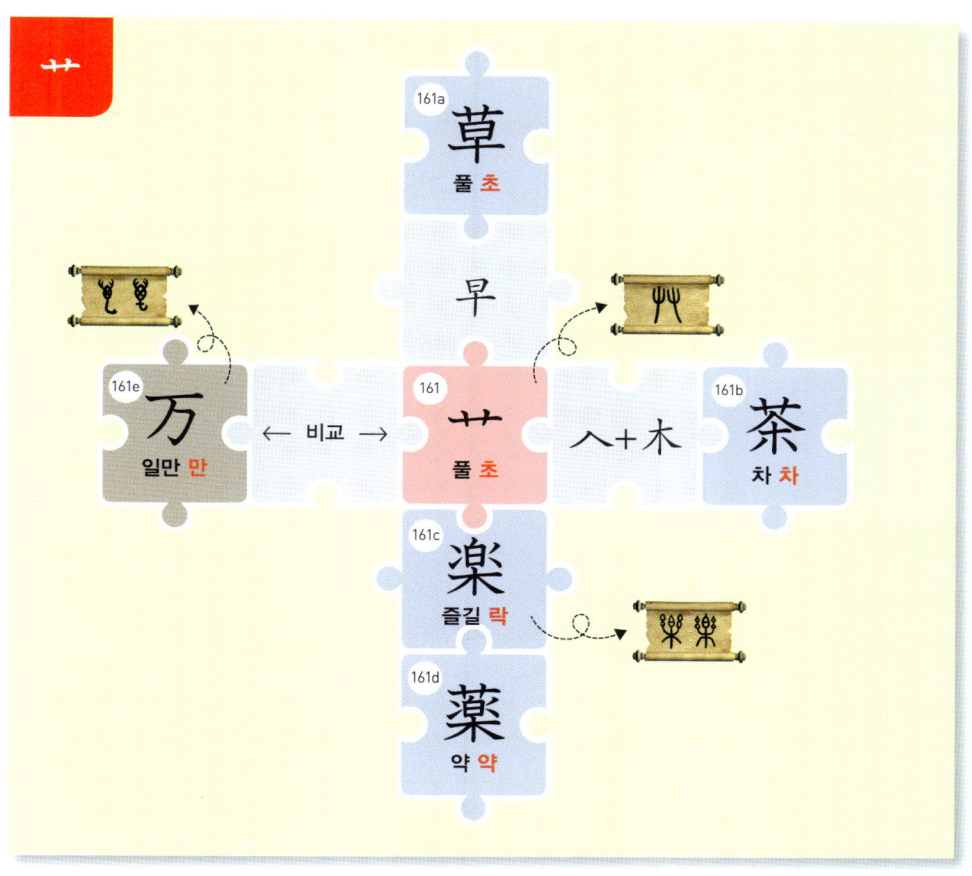

161

음 초

땅을 뚫고 올라온 풀(艸)들이 가지런히 돋아 있는 모습을 간략하게 줄여 놓은 글자이다. 단독으로는 사용되지 않으며, 다른 글자와 합쳐질 때 대개 윗부분에 위치한다.

| 艹자의 획순이 우리는 4획, 일본은 3획으로 다르다는 것에 주의하자.

161a

草 풀 초

- 음: そう
- 훈: くさ

⺾=艸(そう) 풀초 + 早(そう・さつ) 아침 조

이슬을 머금은 초원의 풀(艸)들이 아침(早) 햇살을 받아 반짝이는 모습이다.

| 우리와 일본의 ⺾자의 획순 차이로 우리의 草자는 10획이지만 일본의 草자는 9획이다.

- 雜草(ざっそう) 잡초
- 草(くさ) 풀
- 仕草(しぐさ) 몸짓, 짓
- 草案(そうあん) 초안
- 草木(くさき・そうもく) 초목
- 煙草(たばこ) 담배
- 草稿(そうこう) 초고
- 草花(くさばな) 화초
- 草履(ぞうり) 짚신

161b

茶 차 차

- 음: ちゃ・さ

⺾=草(そう) 풀초 + 𠆢(덮고 있는 모양) + 木(ぼく・もく) 나무 목

차나무(木)를 덮고(𠆢) 있는 잎(草)을 가공하여 차를 만드는 모습이다.

| 차를 마시는 풍습은 중국 사천(四川) 지방에서 기원하여 동서로 전파되었다.

- 茶(ちゃ) 차, 다도
- 茶色(ちゃいろ) 다색, 갈색
- 抹茶(まっちゃ) 새싹을 따서 정제한 엽차를 갈아 분말로 만든 차
- 茶道(さどう・ちゃどう) 다도
- 紅茶(こうちゃ) 홍차
- 茶碗(ちゃわん) 밥공기
- 煎茶(せんちゃ) 달인 차
- 緑茶(りょくちゃ) 녹차

161c

楽 즐길 락

- 음: がく・らく
- 훈: たのしい・たのしむ

白(はく・びゃく) 흰백 + 丷(수술의 모양) + 木(ぼく・もく) 나무 목

수술(丷)로 장식한 하얀(白) 북이 나무(木) 받침대 위에 놓여 있는 모습으로, 악기를 연주한다는 의미에서 즐기다, 편안하다, 쉽다는 뜻이 파생되었다.

| 우리 樂자의 일본식 한자이다.
| 樂자는 꼬아진 실의 모습을 나타내는 幺자가 두 개의 점(丶)으로 간략화 되었음을 보여준다.

자연 | 산천초목

- 音楽(おんがく) 음악
- 楽器(がっき) 악기
- 享楽(きょうらく) 향락
- 行楽(こうらく) 행락
- 楽観的(らっかんてき) 낙관적
- 楽しむ(たのしむ) 즐기다, 좋아하다
- 楽譜(がくふ) 악보
- 安楽(あんらく) 안락
- 気楽(きらく) 마음이 편함, 홀가분함, 매사에 느긋함
- 娯楽(ごらく) 오락
- 楽しい(たのしい) 즐겁다, 재미있다
- 楽屋(がくや) 무대 뒤의 분장실
- 快楽(かいらく) 쾌락
- 楽天的(らくてんてき) 낙천적

161d

薬 약 약

- 음: やく
- 훈: くすり

⺾=草(そう) 풀 초 + 楽(がく・らく) 즐길 락

아픈 사람을 편안하고 즐겁게(楽) 해 주는 한약재(草)라는 의미에서 **약**이라는 뜻이 파생되었다.

> 우리 藥자의 일본식 한자이다.

- 火薬(かやく) 화약
- 薬品(やくひん) 약품
- 風邪薬(かぜぐすり) 감기약
- 漢方薬(かんぽうやく) 한방약
- 薬局(やっきょく) 약국, 약방
- 薬指(くすりゆび) 약지
- 農薬(のうやく) 농약
- 薬(くすり) 약
- 粉薬(こなぐすり) 가루약

161e

万 일만 만

- 음: まん・ばん
- 훈: よろず

물 위에 떠서 사는 부평초의 모양을 본떠 만든 글자로, 부평초의 작은 잎이 셀 수 없이 많이 퍼지는 데서 **일만**이라는 뜻을 갖게 되었다.

> 우리 萬자의 일본식 한자이다. 萬자는 전갈의 모습을 나타내는데, 전갈과 같은 절지동물들은 다리가 많기 때문에 일만의 뜻을 갖게 되었다.

- 万一(まんいち) 만일
- 万事(ばんじ) 만사
- 八百万(やおよろず) 셀 수 없이 많음, 다수, 무수
- 万年筆(まんねんひつ) 만년필
- 万全(ばんぜん) 만전
- 万病(まんびょう) 만병
- 万能(ばんのう) 만능
- 万屋(よろずや) 만물상, 만능꾼

161

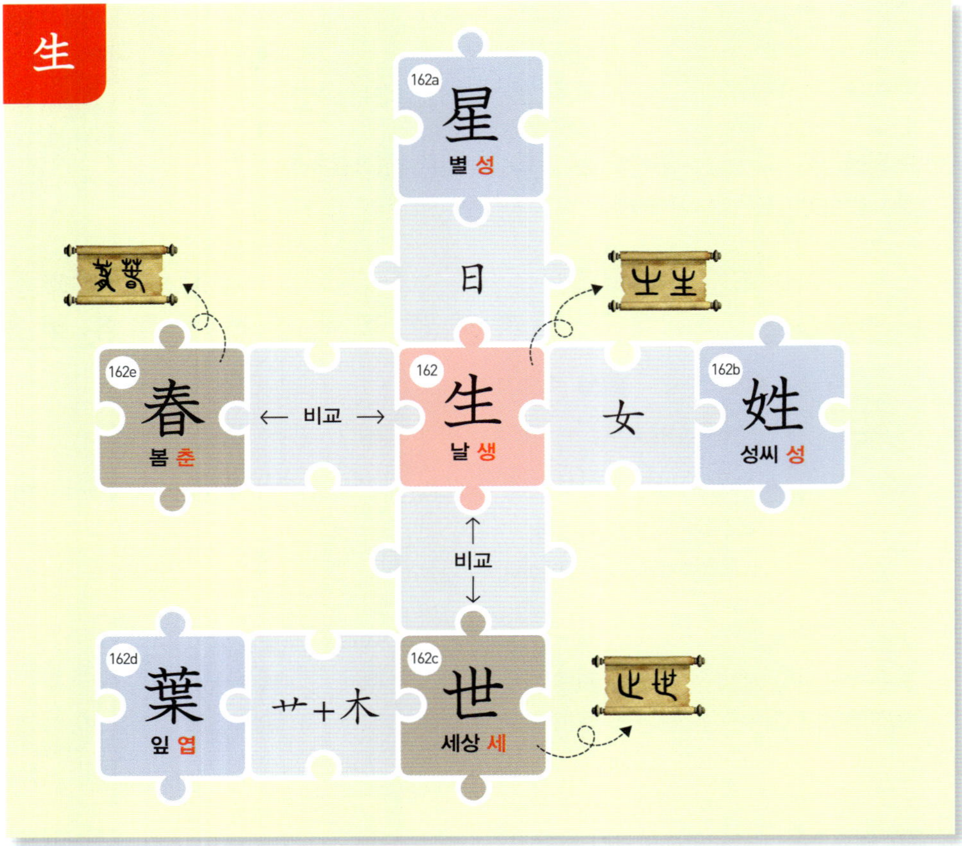

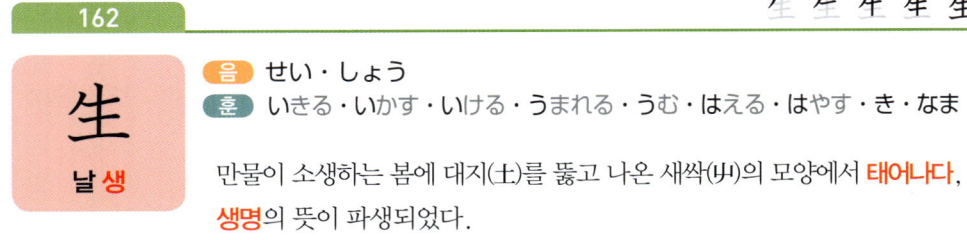

162

生 날 생

- 음: せい・しょう
- 훈: いきる・いかす・いける・うまれる・うむ・はえる・はやす・き・なま

만물이 소생하는 봄에 대지(土)를 뚫고 나온 새싹(屮)의 모양에서 **태어나다**, **생명**의 뜻이 파생되었다.

자연 | 산천초목

- 衛生(えいせい) 위생
- 生活(せいかつ) 생활
- 生存(せいぞん) 생존
- 生物(せいぶつ) 생물
- 発生(はっせい) 발생
- 一生(いっしょう) 일생
- 養生(ようじょう) 양생, 섭생, 보양
- 生かす(いかす) 살리다, 소생시키다
- 生(ま)れる(うまれる) 태어나다, 출생하다
- 生える(はえる) 나다, 자라다
- 生一本(きいっぽん) 순수, 강직
- 生(なま) 가공하지 않음, 자연 그대로임, 불충분함, 서투른, 미숙한
- 生意気(なまいき) 건방짐, 주제넘음
- 生木(なまき) 살아 있는 나무, 갓 베어 건조하지 않은 나무
- 出生(しゅっせい) 출생
- 生産(せいさん) 생산
- 生徒(せいと) 생도, 학생
- 生命(せいめい) 생명
- 留学生(りゅうがくせい) 유학생
- 生涯(しょうがい) 생애
- 生きる(いきる) 살다, 생존하다
- 生ける(いける) 살리다, 살게 하다
- 生む(うむ) 낳다, 만들어 내다
- 生やす(はやす) 자라게 하다, 기르다
- 生地(きじ) 본래의 성질, 맨 얼굴, 옷감
- 生水(なまみず) 생수

162a

星 丆 戸 戸 星 早 早 星

별성

음 せい・しょう 훈 ほし

日(にち・じつ) 날일 + 生(せい・しょう) 날생

태양처럼 밝게 빛나지는 않지만 반짝이는 **별**을 해(日)가 막 태어난(生) 모습으로 묘사하고 있다.

- 衛星(えいせい) 위성
- 巨星(きょせい) 거성
- 星座(せいざ) 성좌, 별자리
- 明星(みょうじょう) 명성, 금성, 샛별
- 流れ星(ながれぼし) 유성, 별똥별
- 火星(かせい) 화성
- 彗星(すいせい) 혜성
- 惑星(わくせい) 혹성
- 星(ほし) 별
- 星空(ほしぞら) 별이 반짝이는 맑은 하늘

162

162b

姓 姓 姓 姓 姓 姓 姓

姓 성씨 **성**

음 せい・しょう

女(じょ・にょ・にょう) 여자녀 ＋ 生(せい・しょう) 날생

고대의 모계 중심 사회에서 어느 여성(女)이 낳았는지(生)를 이름에 드러나게 한 것에서 **성**의 뜻이 파생되었다.

- 姓名(せいめい) 성명
- 同姓(どうせい) 동성
- 夫婦別姓(ふうふべっせい) 부부별성 : 결혼 후에도 부부가 결혼 전의 성을 쓰는 것 ☞ 일본은 결혼 후에는 부부 중 한 쪽의 성을 선택해 쓰는데, 주로 부인이 남편의 성을 따르는 경우가 많다. 근래 부부별성을 인정하지 않는 것에 대한 저항이 커지고 있다.
- 素姓・素性(すじょう) 혈통, 태생, 내력, 유래, 본성, 천성
- 百姓(ひゃくしょう・ひゃくせい) 백성, 서민

162c

世 世 世 世 世

世 세상 **세**

음 せい・せ 훈 よ

만물이 소생하는 봄이 되어 나뭇가지에 움(丷)이 돋아난 모습으로, 새로운 생명이 **세상**으로 나와 일생이 시작되었음을 묘사하고 있다.

- 後世(こうせい) 후세
- 出世(しゅっせ) 출세
- 世間(せけん) 세간, 세상, 사회
- 世話(せわ) 보살핌, 시중듦, 폐, 신세
- 浮(き)世(うきよ) 덧없는 세상, 속세, 인생
- 世論(よろん) 여론
- 世紀(せいき) 세기
- 世界(せかい) 세계
- 世代(せだい) 세대
- 世(よ) 세상, 사회
- 世の中(よのなか) 세상, 사회

자연 | 산천초목

162d

葉 葉 葉 葉 葉 葉 葉 葉 葉 葉 葉 葉

葉
잎 **엽**

음 よう　훈 は

艹=草(そう) 풀 초 ＋ 世(せい・せ) 세상 세 ＋ 木(ぼく・もく) 나무 목

메마른 나뭇가지(木)에 새싹(世)이 돋아나고 자라 **잎사귀**(草)가 무성해진 모습을 나타낸다.

- 紅葉(こうよう・もみじ) 단풍이 듦, 단풍
- 葉緑体(ようりょくたい) 엽록체
- 青葉(あおば) 푸른 잎, 싱싱한 새잎
- 葉書(はがき) 엽서
- 前頭葉(ぜんとうよう) 전두엽
- 葉(は) 잎, 잎사귀
- 言葉(ことば) 말, 언어, 단어, 문장

162e

春 春 春 春 春 春 春 春

봄 **춘**

음 しゅん　훈 はる

㞢(새싹들이 돋아나는 모습) ＋ 日(にち・じつ) 날 일

추운 겨울이 끝나고 따뜻한 햇살(日)이 지속되는 **봄**이 되어 새싹들이 돋아나고(㞢) 있는 모습을 뜻한다.

옛 글자는 새싹이 무리 지어 올라오는 모습을 㞢로 표현하고 있다.

- 迎春(げいしゅん) 영춘, 새해를 맞이함
- 春分(しゅんぶん) 춘분
- 青春(せいしゅん) 청춘
- 春雨(はるさめ) 봄비
- 春夏秋冬(しゅんかしゅうとう) 춘하추동
- 新春(しんしゅん) 신춘
- 春(はる) 봄

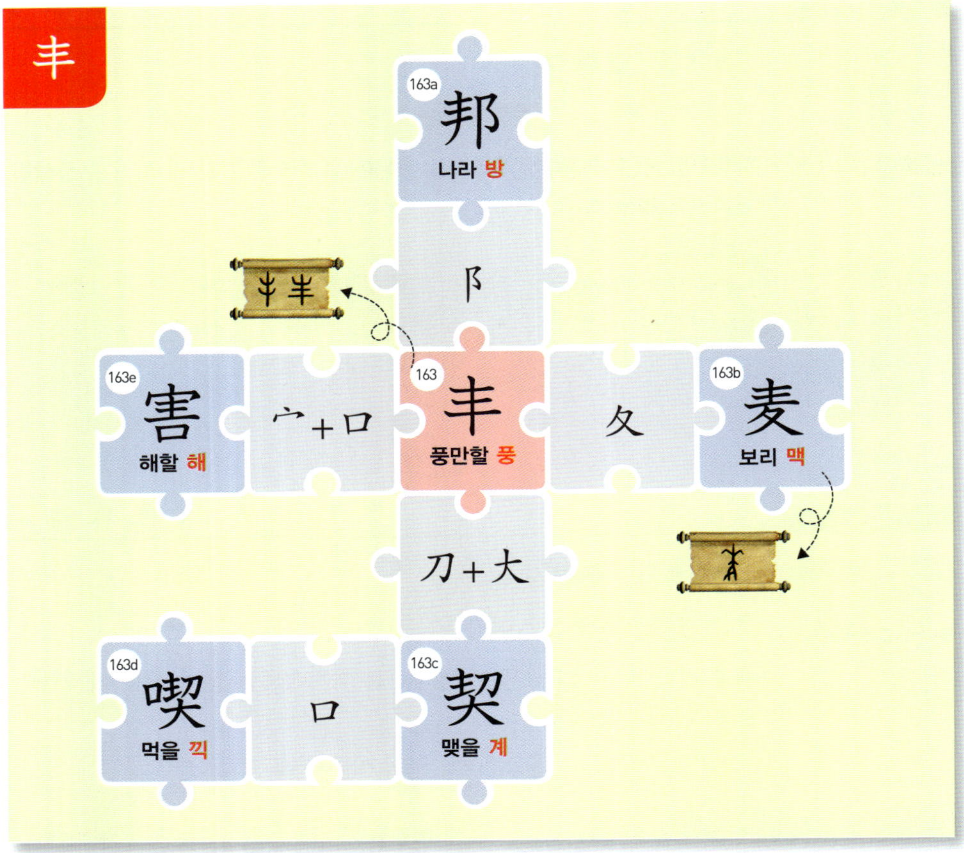

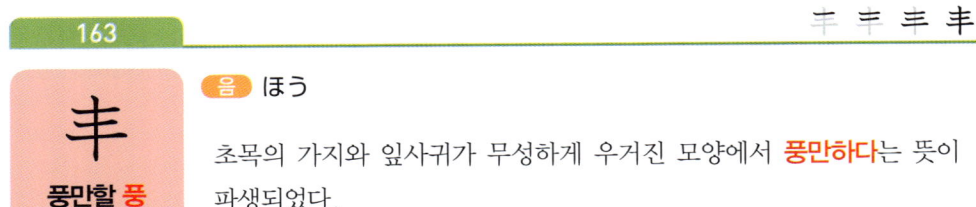

| 163 | 丰 풍만할 풍 | **음** ほう |

초목의 가지와 잎사귀가 무성하게 우거진 모양에서 **풍만하다**는 뜻이 파생되었다.

자연 | 산천초목

163a 邦 나라 방

邦 邦 邦 邦 邦 邦 邦

- 음 ほう

丰(ほう) 풍만할 풍 + 阝→邑(ゆう) 고을 읍

풍성한(丰) 마을(邑)이란 의미로, 많은(丰) 마을(邑)들이 모여 **나라**를 형성하게 됨을 알려 준다.

| 阝자가 글자의 오른 편에 올 때는 邑자의 뜻을 갖는다.

- 邦画(ほうが) 국산 영화, 자기 나라의 그림
- 友邦(ゆうほう) 우방
- 邦楽(ほうがく) 방악, 국가 고유의 음악
- 連邦(れんぽう) 연방

163b 麦 보리 맥

麦 麦 麦 麦 麦 麦 麦

- 음 ばく 훈 むぎ

丰(ほう) 풍만할 풍 + 夂(ち) 뒤져올 치

보리는 겨울철에 이삭이 웃자라서 추위에 얼어 죽지 않도록 미리 밟아 주어야 한다. 풍족한(丰) **보리** 소출을 위해 보리밭을 꼼꼼하게 밟는 모습을 천천히 걷는(夂) 것으로 묘사하였다.

| 우리 麥자의 일본식 한자이다.

- 麦芽(ばくが) 맥아, 엿기름
- 麦(むぎ) 보리・밀・호밀・귀리 등의 총칭
- 麦茶(むぎちゃ) 보리차
- 米麦(べいばく) 쌀과 보리, 곡물
- 小麦(こむぎ) 밀
- 麦畑(むぎばたけ) 보리밭

163c

契 맺을 계

- 음: けい
- 훈: ちぎる

丰(ほう) 풍만할 풍 + 刀(とう) 칼도 + 大(だい・たい) 큰대

사람(大)들이 모여 여러(丰) 조항을 칼(刀)로 새겨 증거로 남기고 계약을 **맺는** 모습이다.

- 契機(けいき) 계기
- 契約(けいやく) 계약
- 契る(ちぎる) 굳게 약속하다, 부부의 인연을 맺다

163d

喫 먹을 끽

- 음: きつ

口(こう・く) 입구 + 契(けい) 맺을 계

동맹을 맺거나 계약을 체결(契)한 후 음식과 술을 함께 나눠 먹던(口) 풍습에서 **마시다**, **먹다** 등의 뜻이 파생되었다.

- 喫煙(きつえん) 끽연, 흡연
- 喫茶店(きっさてん) 찻집, 다방
- 満喫(まんきつ) 만끽

163e

害 해할 해

- 음: がい

宀(べん・めん) 집면 + 丰(ほう) 풍만할 풍 + 口(こう・く) 입구

적의 집(宀)에 잡초가 무성(丰)하게 자라길 바라는 저주의 말(口)을 하는 모습이다. 집에 사람의 손길이 미치지 않아 풀이 무성하다는 것은 적이 **해**를 입었음을 뜻한다.

- 加害(かがい) 가해
- 災害(さいがい) 재해
- 障害(しょうがい) 장애, 장해, 방해, 방해물
- 損害(そんがい) 손해
- 公害(こうがい) 공해
- 傷害(しょうがい) 상해
- 侵害(しんがい) 침해
- 被害(ひがい) 피해

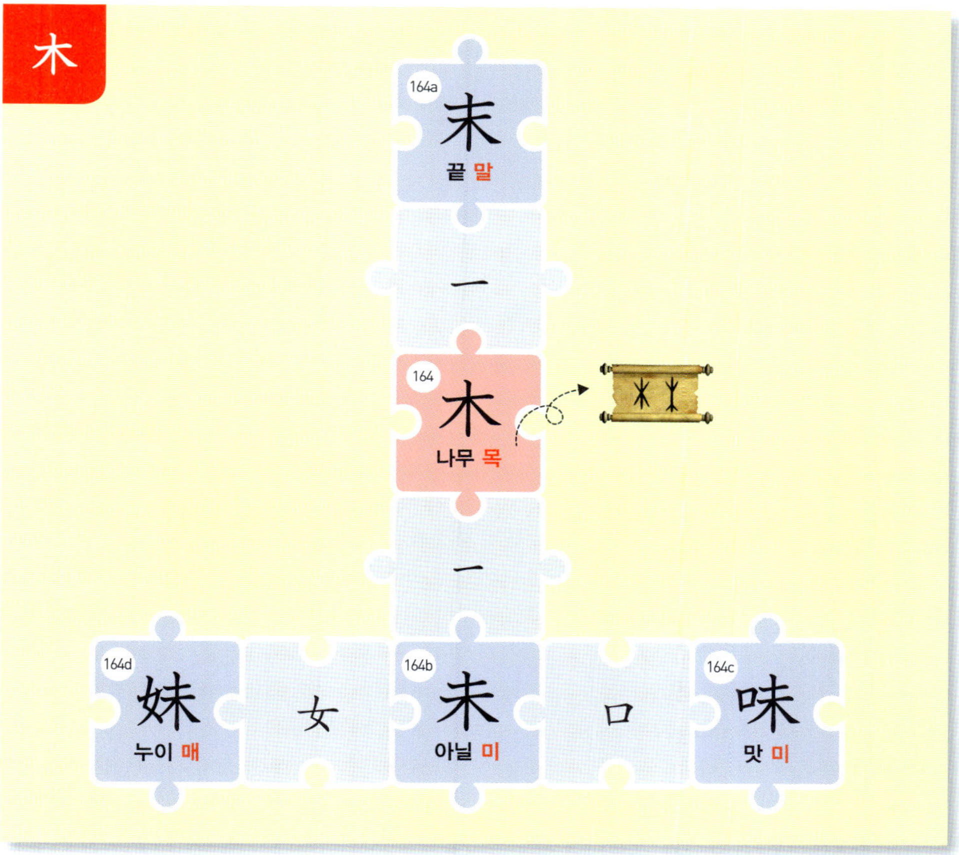

자연 | 산천초목

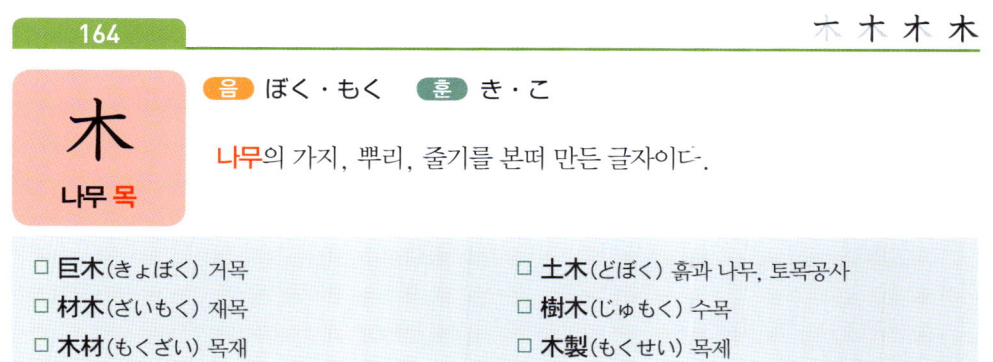

164

木 나무 목

음 ぼく・もく　훈 き・こ

나무의 가지, 뿌리, 줄기를 본떠 만든 글자이다.

- 巨木(きょぼく) 거목
- 材木(ざいもく) 재목
- 木材(もくざい) 목재
- 土木(どぼく) 흙과 나무, 토목공사
- 樹木(じゅもく) 수목
- 木製(もくせい) 목제

- 木造(もくぞう) 목조
- 植木(うえき) 정원수
- 並木(なみき) 가로수
- 木の葉(このは) 나뭇잎, 낙엽
- 木(き) 나무, 수목, 재목
- 苗木(なえぎ) 묘목
- 木霊(こだま) 나무의 정령, 메아리

164a

끝 **말**

음 まつ・ばつ 훈 すえ

一(긴 선의 모양) + 木(ぼく・もく) 나무 목

나무(木)의 꼭대기에 긴 선(一)을 그어 그곳이 **끝**임을 강조한 글자이다.

- 期末(きまつ) 기말
- 始末(しまつ) 일의 시작과 끝, (나쁜 결과로서의) 일의 최종 상황, 형편, 일의 뒤처리
- 週末(しゅうまつ) 주말
- 粗末(そまつ) 만듦새가 허술함, 품질이 나쁨, 소홀히 다룸
- 年末(ねんまつ) 연말
- 末日(まつじつ) 말일
- 末孫(まっそん・ばっそん) 말손
- 末っ子(すえっこ) 막내
- 月末(げつまつ) 월말
- 末期(まっき) 말기
- 末席(まっせき・ばっせき) 말석, 하위의 지위
- 末(すえ) 끝, 마지막
- 末永く(すえながく) 오래도록, 언제까지나

164b

아닐 **미**

음 み 훈 いまだ・まだ

一(짧은 선의 모양) + 木(ぼく・もく) 나무 목

나무(木)의 꼭대기에 짧은 선(一)을 그어 성장이 끝나지 **않았음**을 강조한 글자이다. 다 자란 거목이 **아니라** 아직 더 자라야 할 묘목임을 나타낸다.

- 未解決(みかいけつ) 미해결
- 未成年(みせいねん) 미성년
- 未満(みまん) 미만
- 未だ(いまだ) 아직, 이때까지
- 未婚(みこん) 미혼
- 未知(みち) 미지
- 未来(みらい) 미래, 장래
- 未だ(まだ) 아직, 지금까지도

자연 | 산천초목

164c

맛 미

丨 口 口 口 叶 吽 咊 味 味

음 み　**훈** あじ・あじわう

口(こう・く) 입 구　+　未(み) 아닐 미

입(口)으로 미미한(未) **맛**의 차이를 구별해 내는 고습이다.

- 意味(いみ) 의미
- 三味線(しゃみせん) 세 줄로 이루어진 일본 고유의 현악기
- 趣味(しゅみ) 취미
- 風味(ふうみ) 풍미
- 味方(みかた) 아군, 편듦
- 味(あじ) 맛
- 味見(あじみ) 맛을 봄, 간을 봄
- 興味(きょうみ) 흥미
- 調味料(ちょうみりょう) 조미료
- 味覚(みかく) 미각
- 味噌汁(みそしる) 된장국
- 味わう(あじわう) 맛보다, 체험하다

164d

누이 매

ㄑ 女 女 妆 奸 奸 妹 妹

음 まい　**훈** いもうと

女(じょ・にょ・にょう) 여자 녀　+　未(み) 아닐 미

여자(女) 형제 가운데 손위가 아닌(未) 형제, 즉 **여동생**을 의미한다.

- 義妹(ぎまい) 남편이나 아내의 여동생, 남동생의 아내, 자매 결연을 맺은 여동생
- 実妹(じつまい) 친여동생
- 姉妹品(しまいひん) 자매품
- 妹(いもうと) 여동생
- 姉妹(しまい) 자매, 여자 형제
- 弟妹(ていまい) 남동생과 여동생

本

| 165 | 本 十 才 木 本 |

本
근본 **본**

음 ほん　훈 もと

木자의 아랫부분에 가로로 선(一)을 그어 나무의 뿌리를 강조한 모습이다. 나무 **뿌리**처럼 **책**이 지식의 **근원**이라는 의미도 가지고 있다.

- □ 本(ほん) 책, 서적, 대본
- □ 基本(きほん) 기본
- □ 原本(げんぽん) 원본
- □ 資本(しほん) 자본
- □ 手本(てほん) 견본, 본보기, 글씨본

자연 | 산천초목

- 本社(ほんしゃ) 본사
- 本能(ほんのう) 본능
- 見本(みほん) 견본
- 大本(おおもと・たいほん) 근본, 근원
- 本性(ほんしょう) 본성
- 本屋(ほんや) 책방, 서점
- 本(もと) 시초, 근본, 기본, 뿌리
- 本人(ほんにん) 본인
- 本物(ほんもの) 진짜, 실물
- 本木(もとき) 나무 밑동

165a

休 休 伓 什 休 休

休
쉴 휴

- 음 きゅう
- 훈 やすむ・やすまる・やすめる

イ=人(じん・にん) 사람 인 + 木(ぼく・もく) 나무 목

사람(人)이 나무(木)에 기대어 **쉬고** 있는 모습을 나타낸다.

- 休暇(きゅうか) 휴가
- 休講(きゅうこう) 휴강
- 連休(れんきゅう) 연휴
- 休まる(やすまる) (심신이) 편안해지다
- 休み(やすみ) 휴식, 쉼
- 休業(きゅうぎょう) 휴업
- 休日(きゅうじつ) 휴일
- 休む(やすむ) 휴식하다, 쉬다
- 休憩(きゅうけい) 휴게, 휴식
- 休養(きゅうよう) 휴양
- 休める(やすめる) 쉬게 하다

165b

麻 麻 麻 麻 麻 麻 麻 麻 麻 麻 麻

麻
삼 마

- 음 ま
- 훈 あさ

广(げん) 집 엄 + 木→朩(とう) 삼 줄기 껍질 빈 + 木→朩(とう) 삼 줄기 껍질 빈

여인들이 집(广)에서 **삼** 줄기의 껍질(朩)을 가공하여 삼실을 만드는 모습이다. 삼의 잎과 꽃에는 마취 물질이 들어 있어 **마비시키다**는 의미도 가지고 있다.

| 중국에서는 BC 2800년 무렵부터 섬유를 얻기 위해 삼을 재배했다고 한다.
| 옛 글자에서 朩자는 삼 줄기의 껍질(朩)이 벗겨지는 모습을 나타낸다.

- 胡麻(ごま) 참깨
- 麻薬(まやく) 마약
- 麻糸(あさいと) 삼실
- 麻酔(ますい) 마취
- 麻(あさ) 삼・모시 등의 총칭, 삼, 삼베
- 麻縄(あさなわ) 삼으로 굵게 꼰 끈
- 麻痺(まひ) 마비

165

499

165c

갈 **마**

| 음 | ま | 훈 | みがく |

麻(ま) 삼 마 + 石(せき・しゃく) 돌 석

숫돌(石)에 무뎌진 연장을 마찰(麻)시켜 날을 세우는 모습에서 **갈다**는 뜻이 파생되었다. 삼(麻)에는 마취 물질이 들어 있으므로 마찰되는 부분이 얼얼(麻)해지는 것을 의미한다.

- 研磨(けんま) 연마
- 切磋琢磨(せっさたくま) 절차탁마 : 부지런히 학문과 덕행을 닦는 것을 이르는 말
- 達磨(だるま) 달마, 달마대사, 오뚝이 ▶
- 磨く(みがく) 닦다, 광을 내다, 갈다
- 歯磨(き)(はみがき) 치약

165d

탈 **승**

| 음 | じょう | 훈 | のる・のせる |

禾→木(ぼく・もく) 나무 목 + 匕(ひ) 숟가락 비 + 匕(ひ) 숟가락 비

나무(木)로 만든 수레에 두 사람(匕)이 **올라탄** 모습이다.

우리 乘자의 일본식 한자이다. 옛 글자를 보면 현재의 禾(か 벼 화)자는 木자가 변한 것임을 알 수 있다.

- 乗客(じょうきゃく) 승객
- 搭乗(とうじょう) 탑승
- 便乗(びんじょう) 편승
- 乗せる(のせる) 태우다, 싣다
- 乗(り)物(のりもの) 탈것
- 乗車(じょうしゃ) 승차
- 乗船(とうせん) 승선
- 乗る(のる) 타다, 실리다
- 乗(り)換え(のりかえ) 환승

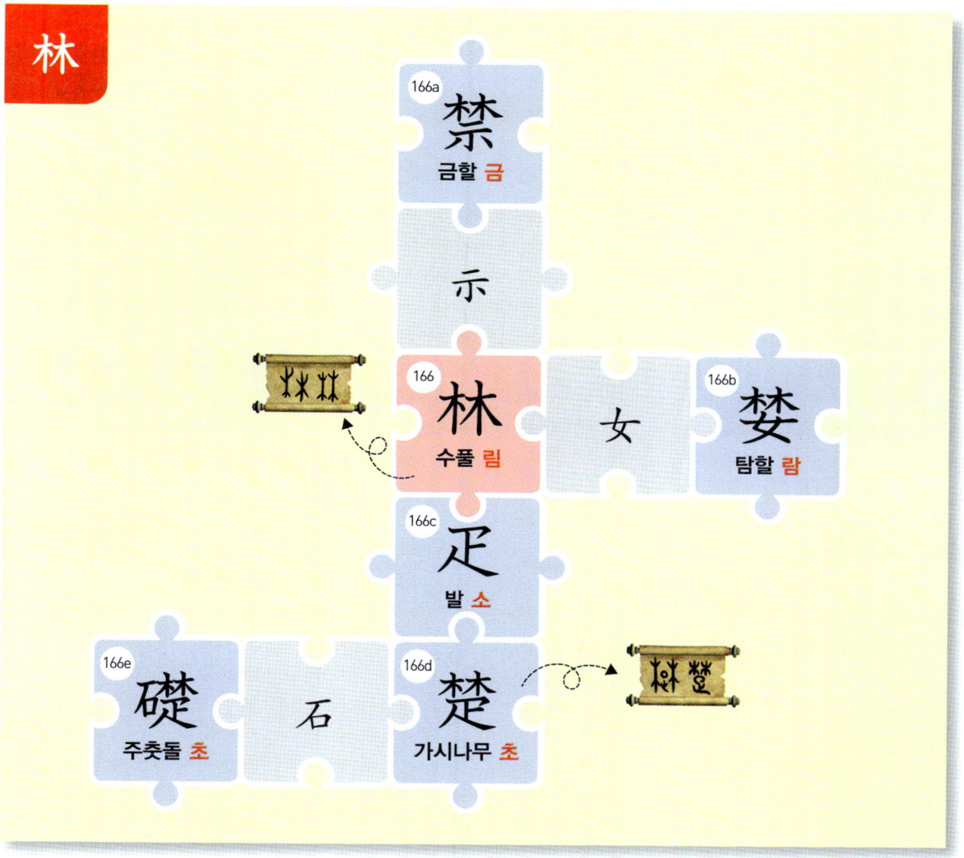

자연 | 산천초목

166

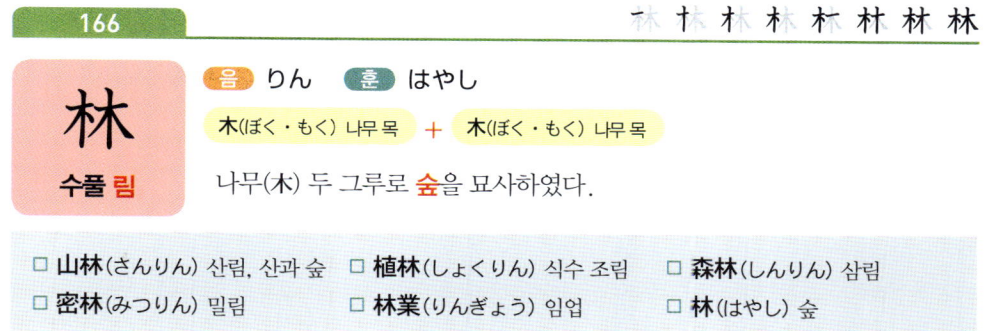

166a	禁 금할 금
166	林 수풀 림
166b	婪 탐할 람
166c	疋 발 소
166d	楚 가시나무 초
166e	礎 주춧돌 초

林 수풀 림

- 음: りん
- 훈: はやし

木(ぼく・もく) 나무 목 + 木(ぼく・もく) 나무 목

나무(木) 두 그루로 숲을 묘사하였다.

- 山林(さんりん) 산림, 산과 숲
- 密林(みつりん) 밀림
- 植林(しょくりん) 식수 조림
- 林業(りんぎょう) 임업
- 森林(しんりん) 삼림
- 林(はやし) 숲

166a

禁 禁 禁 禁 禁 禁 禁 禁 禁 禁 禁 禁 禁

禁 금할 금

음 きん

林(りん) 수풀 림 + 示(じ・し) 보일 시

제단(示)에 올릴 제물을 잡기 위해 숲(林)에 출입을 **금지**하였다.

- 解禁(かいきん) 해금
- 禁煙(きんえん) 금연
- 禁止(きんし) 금지
- 禁断(きんだん) 금단
- 禁物(きんもつ) 금물
- 厳禁(げんきん) 엄금

166b

婪 婪 婪 婪 婪 婪 婪 婪 婪

婪 탐할 람

음 らん

林(りん) 수풀 림 + 女(じょ・にょ・にょう) 여자 녀

여자(女)가 출입이 금지된 숲(林)에 열린 열매를 보고 **탐내는** 모습이다.

- 貪婪(どんらん) 탐람, 탐욕, 몹시 욕심을 부림

166c

疋 疋 疋 疋 疋

疋 발 소

음 そ・しょ

무릎에서 발끝까지의 모습을 본떠 만든 글자로, **발**을 의미한다.

자연 | 산천초목

166d

楚 楚 楚 楚 楚 楚 楚 楚 楚 梦 梦 梦 楚

楚
가시나무 초,
초나라 초, 회초리 초

음 そ

林(りん) 수풀 림 ＋ 疋(そ・しょ) 발 소

출입이 금지된 숲(林)으로 걸어 들어간 여자의 발(疋)의 모습으로, 숲속에는 **가시나무**가 무성하여 걷기 **괴로운** 상태를 나타낸다.

- 苦楚(くそ) 고초, 고생, 괴로움
- 清楚(せいそ) 청초
- 四面楚歌(しめんそか) 사면초가

166e

礎 礎 礎 礎 礎 礎 礎 礎 礎 礎 礎 礎 礎 礎 礎

礎
주춧돌 초

음 そ

石(せき・しゃく) 돌 석 ＋ 楚(そ) 가시나무 초

인류 역사의 **초석**(石)이 첫 번째 사람의 잘못된 선택으로 인한 고통(楚)에서 시작되었음을 나타낸다.

- 基礎(きそ) 기초
- 礎石(そせき) 초석
- 定礎(ていそ) 정초, 주춧돌을 놓음, 공사를 개시함

166

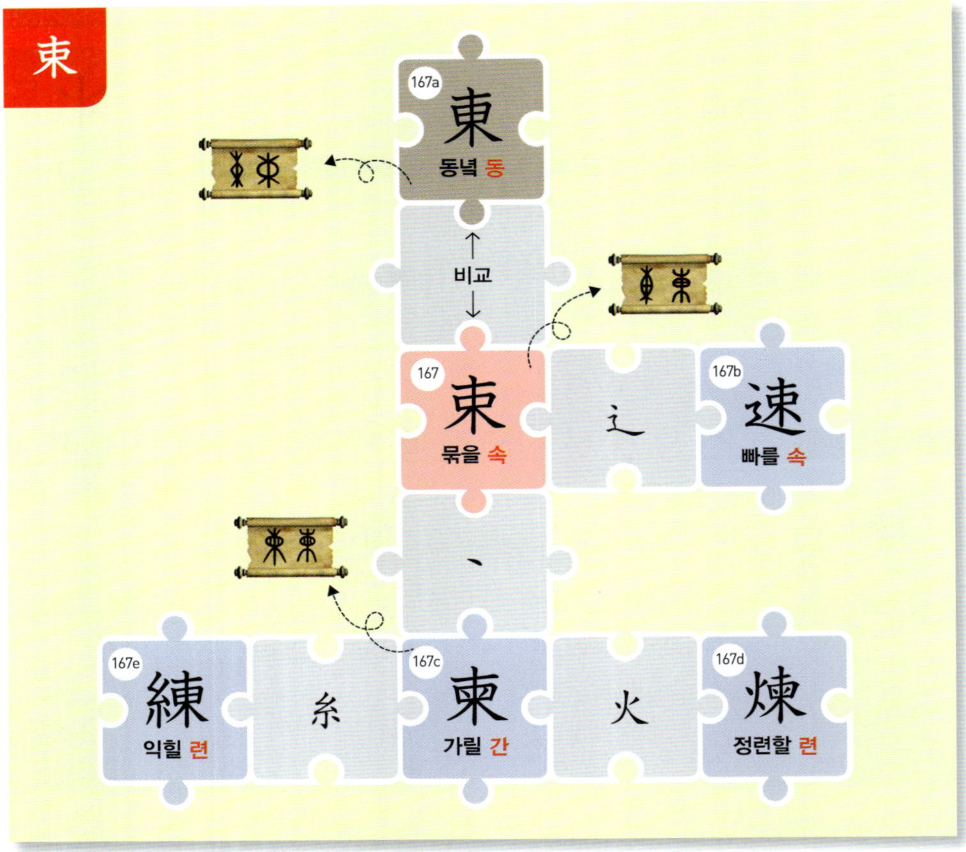

束

```
        167a 東
         동녘 동
           ↑
          비교
           ↓
    167 束          之        167b 速
     묶을 속                    빠를 속

167e 練    糸    167c 柬   火   167d 煉
  익힐 련         가릴 간         정련할 련
```

167

束 묶을 속

- 음 そく
- 훈 たば

木(ぼく・もく) 나무 목 + 口(묶어 놓은 모습)

나뭇가지(木)를 운반하기 편하게 끈으로 **묶어**(口) **다발**로 만든 모습이다.

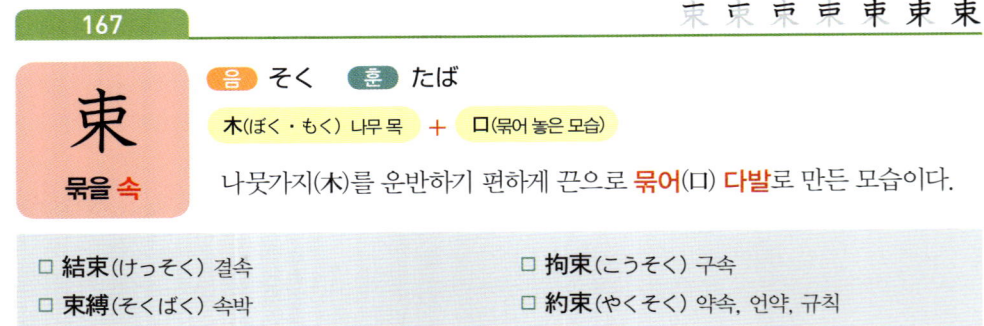

- 結束(けっそく) 결속
- 束縛(そくばく) 속박
- 拘束(こうそく) 구속
- 約束(やくそく) 약속, 언약, 규칙

자연 | 산천초목

- 束(たば) 다발, 단, 뭉치, 묶음
- 花束(はなたば) 꽃다발
- 札束(さつたば) 돈다발, 지폐 뭉치
- 一束(ひとたば) 한 다발, 한 묶음

167a

東
동녘 **동**

 とう　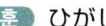 ひがし

입구를 묶어 놓은 자루의 모습이다. **동쪽**이라는 추상적인 개념은 기호로 표현하기 어렵기 때문에 발음이 같은 글자를 빌려 나타내었다.

갑골문자는 자루의 양쪽을 묶어 놓은 모습을 하고 있다.

- 関東地方(かんとうちほう) 관동 지역 ☞東京都(とうきょうと), 神奈川県(かながわけん), 埼玉県(さいたまけん), 群馬県(ぐんまけん), 栃木県(とちぎけん), 茨城県(いばらきけん), 千葉県(ちばけん)을 이른다.
- 中東(ちゅうとう) 중동
- 東北(とうほく) 동북
- 東洋(とうよう) 동양
- 東(ひがし) 동쪽, 중앙, 동풍
- 東風(ひがしかぜ) 동풍
- 東側(ひがしがわ) 동측
- 東日本(ひがしにほん) 동일본, 일본열도에서 중부지방의 동쪽 지역 ↔ 西日本(にしにほん) 서일본
- 東向き(ひがしむき) 동향

167b

速
빠를 **속**

 そく　훈 はやい・はやめる・はやまる・すみやか

束(そく) 묶을 속 ＋ 辶(ちゃく) 쉬엄쉬엄 갈 착

여러 개로 흩어진 것을 하나로 묶으니(束) 쉽고 **빠르게** 운반(辶) 할 수 있다는 뜻이다.

- 快速(かいそく) 쾌속
- 加速(かそく) 가속
- 高速(こうそく) 고속
- 時速(じそく) 시속
- 迅速(じんそく) 신속
- 速達(そくたつ) 속달, 속히 배달함
- 速度(そくど) 속도, 빠르기
- 速報(そくほう) 속보
- 風速(ふうそく) 풍속
- 速い(はやい) 빠르다
- 速める(はやめる) 속도를 빨리 하다, 빠르게 하다
- 速まる(はやまる) 빨라지다
- 速やか(すみやか) 빠름, 신속

167c

가릴 **간**

음 かん・けん

柬(そく) 묶을 속 ＋ 丶(물건의 모양)

짐을 쌀 때는 필요한 물건(丶)들만 **가려** 자루에 담아 묶는다(束)는 의미이다. 일본어에서는 단독으로 쓰이지 않고, 다른 글자와 합쳐져 사용된다.

167d

정련할 **련**

음 れん

火(か) 불 화 ＋ 柬(かん・けん) 가릴 간

순도가 높은 금속을 얻기 위해 불(火)로 녹여 불순물을 가려내는(柬) 모습에서 **정련하다**는 뜻을 갖게 되었다.

- 試煉・試練(しれん) 시련
- 煉瓦(れんが) 연와, 벽돌
- 洗煉・洗練(せんれん) 세련
- 煉乳・練乳(れんにゅう) 연유

167e

익힐 **련**

음 れん　훈 ねる

糸(し) 실 사 ＋ 柬→東(かん・けん) 가릴 간

실크를 만들기 위해서는 누에고치에서 생사를 뽑아내어 정련하는 과정을 거쳐야 하는데, 좋은 실크를 만들기 위해서는 생사(糸)가 알맞게 삶아진 때를 잘 가려서(柬) 건져내야 하며, 그러기 위해서는 많은 **연습**이 필요하다.

| 우리 練자의 일본식 한자이다.

- 訓練(くんれん) 훈련
- 鍛鍊(たんれん) 단련, 연마
- 練る(ねる) (반죽 등을) 이기다
- 熟練(じゅくれん) 숙련
- 練習(れんしゅう) 연습

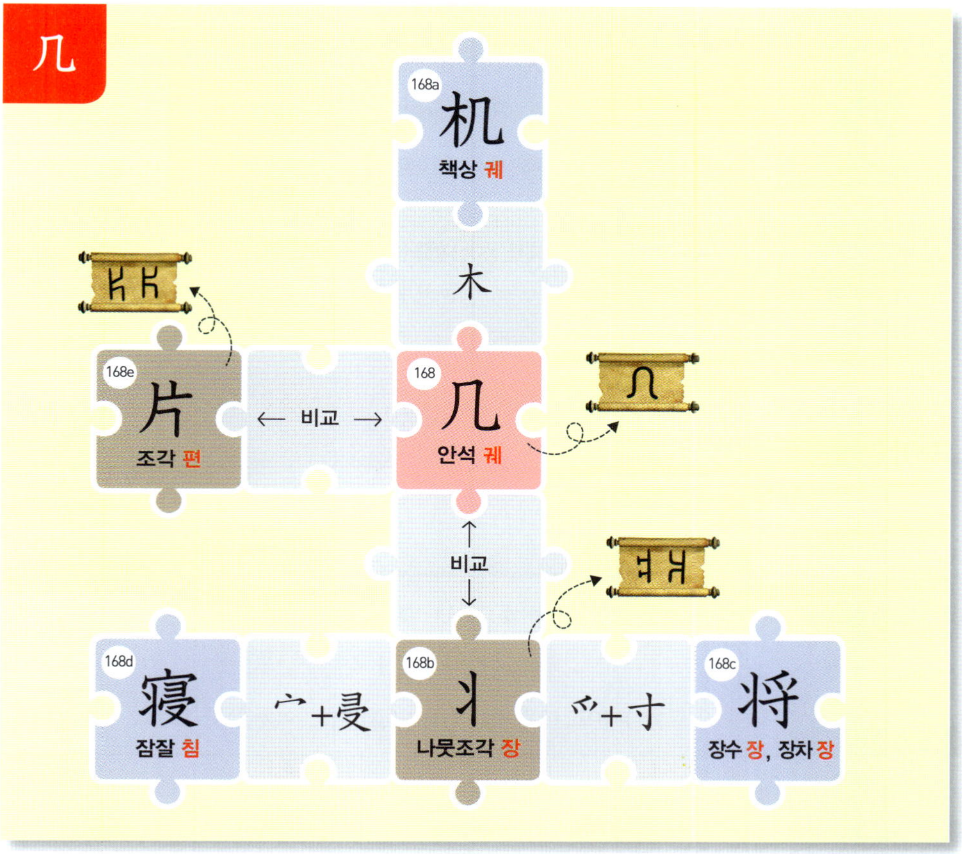

자연 | 산천초목

几

```
        机
        책상 궤
         |
         木
         |
片  ← 비교 →  几        几
조각 편      안석 궤
         |
        비교
         ↓
寝   宀+㑴   爿   爿+寸   将
잠잘 침       나뭇조각 장        장수 장, 장차 장
```

168

168

几 안석 궤

음 き

각 모서리에 다리가 있는 사각형의 **탁자**를 본떠 만든 글자이다.
의미 면에서 나무와 관련이 있으므로 산천초목 항목에서 다루기로 한다.

☐ 几帳面(きちょうめん) 착실하고 꼼꼼한 모양

168a

机 机 机 机 机 机

机 책상 궤

- 음 き
- 훈 つくえ

木(ぼく・もく) 나무 목 + 几(き) 안석 궤

책을 읽거나 글을 쓸 때 사용하기 위해 나무(木)로 **책상**(几)을 만들었다.

- 机上の空論(きじょうのくうろん) 탁상공론
- 机(つくえ) 책상
- 脇机(わきづくえ) 보조 책상
- 床机(しょうぎ) 걸상
- 学習机(がくしゅうづくえ) 공부책상

168b

丬 丬 丬

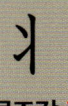
나뭇조각 장

- 음 しょう

반으로 쪼개진 통나무의 왼쪽 모습에서 **나뭇조각**의 뜻이 파생되었다.

우리 爿자의 일본식 한자이다.

168c

将 将 将 将 将 将 将 将 将

将 장수 장, 장차 장

- 음 しょう

丬(しょう) 나뭇조각 장 + 爫→夕→月→肉(にく) 고기 육 + 寸(すん) 마디 촌

전시 중에 장수가 나뭇조각(丬)의 평평한 면에 승리를 기원하며 고기 제물(肉)을 손(寸)으로 올려놓는 모습이다. 이때 승리를 기원한다는 것은 미래를 축복해 달라는 뜻이므로 **장차**라는 의미가 파생되었다.

우리 將자의 일본식 한자이다.
將자에서 夕(せき 저녁 석)자는 고기를 의미하는 月자가 변한 것이다.

- 主将(しゅしょう) 주장, 캡틴
- 将軍(しょうぐん) 장군
- 女将(おかみ) 여관·요릿집 등의 여주인
- 将棋(しょうぎ) 장기
- 将来(しょうらい) 장래, 미래

자연 | 산천초목

168d

잠잘 **침**

寝寝寝寝寝寝寝寝寝寝寝寝

음 しん   훈 ねる・ねかす

宀(べん・めん) 집 면 + 爿(しょう) 나뭇조각 장 + 큣→帚(そう) 비 추

집(宀) 안에 있는 침대(爿) 주위를 빗자루(帚)로 청소하는 모습에서 **잠자다**는 뜻이 파생되었다.

- 就寝(しゅうしん) 취침
- 寝台(しんだい) 침대
- 寝かす(ねかす) 누이다, 재우다, 눕히다, 쓰러뜨리다
- 早寝(はやね) 일찍 잠
- 寝室(しんしつ) 침실
- 寝る(ねる) 자다, 잠을 자다
- 昼寝(ひるね) 낮잠

168e

조각 **편**

음 へん   훈 かた

爿자가 반으로 쪼개진 통나무의 왼쪽 부분이라면, 片자는 오른쪽 모습을 본떠 만든 글자로, **한쪽**, **얇은 조각**이라는 의미로 사용된다.

- 断片(だんぺん) 단편
- 片思い(かたおもい) 짝사랑
- 片言(かたこと) 어린아이나 외국인이 떠듬떠듬하는 서투른 말, 한 마디의 말
- 片隅(かたすみ) 한쪽 구석
- 片道(かたみち) 편도, 일방
- 破片(はへん) 파편
- 片方(かたほう) 한쪽, 한편

竹

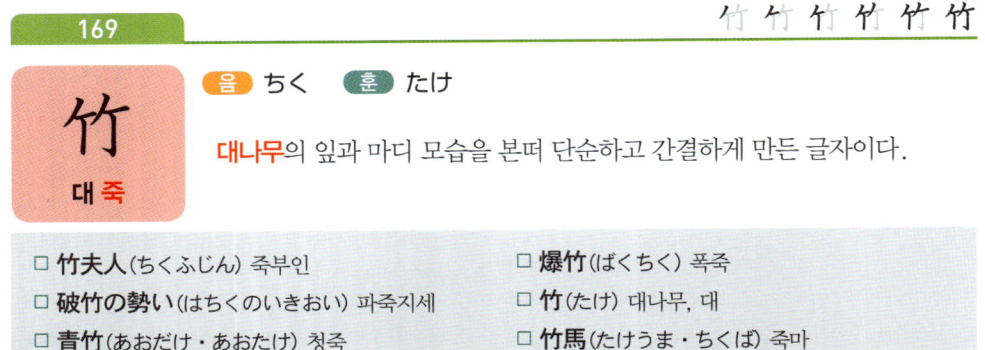

	169	
竹 대 죽	음 ちく　훈 たけ	竹竹竹竹竹竹

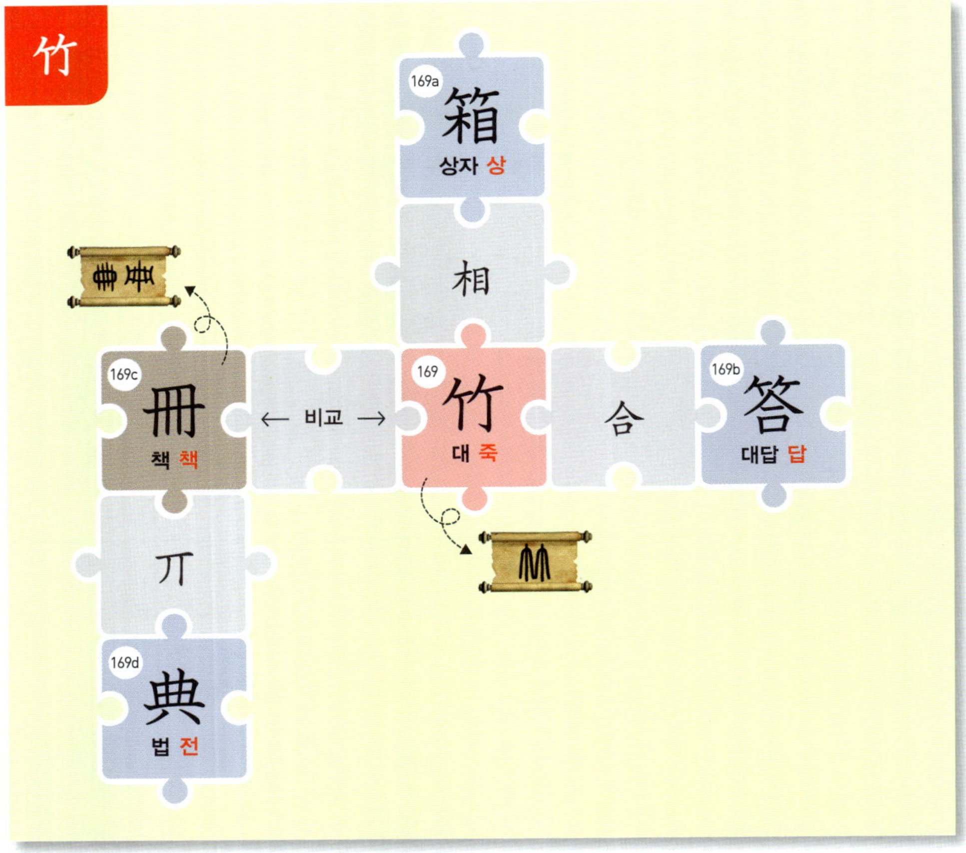

대나무의 잎과 마디 모습을 본떠 단순하고 간결하게 만든 글자이다.

- 竹夫人(ちくふじん) 죽부인
- 破竹の勢い(はちくのいきおい) 파죽지세
- 青竹(あおだけ・あおたけ) 청죽
- 爆竹(ばくちく) 폭죽
- 竹(たけ) 대나무, 대
- 竹馬(たけうま・ちくば) 죽마

자연 | 산천초목

169a

箱
상자 **상**

훈 はこ

竹(ちく) 대 죽 + 相(そう・しょう) 서로 상

대나무는 가볍고 잘 휘지만 또한 잘 부러지지 않는 특징이 있다. 그런 대나무(竹)를 가공하여 서로(相) 엇갈리게 엮어서 만든 **상자**를 뜻한다.

- 箱(はこ) 상자
- 重箱(じゅうばこ) 찬합
- 本箱(ほんばこ) 책장
- 受(け)箱(うけばこ) 수취함
- 箱船(はこぶね) 방주, 네모난 배

169b

答
대답 **답**

음 とう 훈 こたえる・こたえ

竹(ちく) 대 죽 + 合(ごう・がっ・かっ) 합할 합

종이가 발명되기 전 중국에서는 중요한 계약을 할 때에는 그 내용을 대나무(竹) 쪽에 기록한 후, 반으로 쪼개어 각각 보관하고 있다가 나중에 합쳐(合) 그 내용을 증명하였다. 그렇게 계약의 진위 여부에 대한 확인을 요구 받을 때 대나무(竹) 쪽을 합쳐(合) 응하는 것에서 **대답하다**는 뜻으로 쓰이게 되었다.

- 応答(おうとう) 응답
- 解答(かいとう) 해답
- 問答(もんどう) 문답, 물음과 답, 논쟁
- 答(え)(こたえ) 대답, 해답, 답안
- 回答(かいとう) 회답
- 答案(とうあん) 답안
- 答える(こたえる) 대답하다, 해답하다

169

자연 | 산천초목

169c

책 **책**

음 さつ・さく

대나무(竹)를 얇고 납작하게 깎아 엮은 죽간(冊)의 모습에서 **책**이란 뜻이 파생되었다.

> 죽간은 중국에서 종이가 발명되기 전에 대나무 조각을 엮어서 만든 책(冊)을 말한다.

- 一冊(いっさつ) 한 권
- 分冊(ぶんさつ) 분책
- 短冊(たんざく) 글을 쓰거나 증표로 물건에 달거나 하는 좁고 길게 자른 종이나 얇은 나무, 와카(和歌) 등을 쓰는 좁고 두터운 긴 종이
- 小冊子(しょうさっし) 소책자
- 別冊(べっさつ) 별책

169d

법 **전**

음 てん

曲→冊(さつ・さく) 책책 + 丌(き) 책상 기

제사 **의식**이나 국가의 **법** 등 중요한 기록이 들어 있는 책(冊)을 책상(丌) 위에 올려둔 모습을 본떠 만든 글자이다.

> 丌자는 물건을 얹는 책상을 본떠 만든 글자이다.

- 辞典(じてん) 사전
- 特典(とくてん) 특전
- 古典(こてん) 고전
- 祭典(さいてん) 제전
- 典型(てんけい) 전형
- 式典(しきてん) 식전, 의식
- 法典(ほうてん) 법전

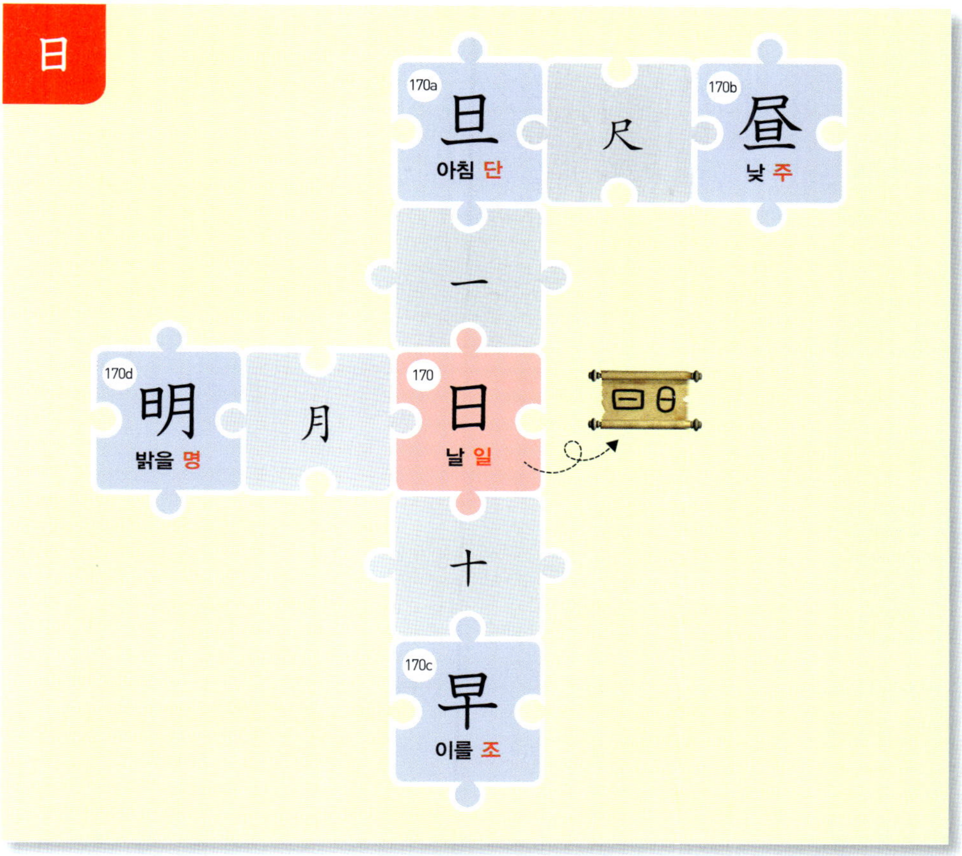

자연 | 천체

日

- 170a 旦 아침 단
- 170b 昼 낮 주
- 一
- 170d 明 밝을 명
- 月
- 170 日 날 일
- 十
- 170c 早 이를 조

170

日 冂 月 日

日 날 일

음 にち・じつ　훈 ひ・か

태양의 모습을 본떠 만든 글자로, 태양이 뜨고 지는 주기인 날을 의미하기도 한다.

- □ 駐日(ちゅうにち) 주일, 일본에 주재함
- □ 日没(にちぼつ) 일몰
- □ 日中(にっちゅう) 주간, 낮, 중국과 일본
- □ 日時(にちじ) 일시, 시일과 시간
- □ 日記(にっき) 일기
- □ 隔日(かくじつ) 격일

- 期日(きじつ) 기일
- 平日(へいじつ) 평일
- 朝日(あさひ) 아침 해
- 日向(ひなた) 양지, 양달 ↔ 日陰(ひかげ) 음지, 응달
- 日和(ひより) 날씨, 무언가를 하기에 딱 좋은 날씨, 일이 되어 가는 형세
- 大晦日(おおみそか) 1년의 마지막 날, 12월 31일
- 三日(みっか) 3일
- 明後日(あさって) 모레
- 一昨日(おととい) 그저께
- 先日(せんじつ) 전날
- 日(ひ) 해, 태양, 햇빛
- 月日(つきひ) 세월, 시간, 월일, 달과 태양
- 二日(ふつか) 2일
- 八日(ようか) 8일
- 明日(あした・あす) 내일

170a

아침 단

음 たん・だん

日(にち・じつ) 날 일 + 一(수평선의 모양)

수평선(一) 위로 해(日)가 막 떠오르며 새벽이 점점 밝아오는 것을 뜻한다.

- 一旦(いったん) 일단, 한 번
- 旦那(だんな) 주인, 남편
- 元旦(がんたん) 설날

170b

낮 주

음 ちゅう   훈 ひる

尺(しゃく) 자 척 + 旦(たん・だん) 아침 단

새벽(旦)에 해가 떠오른 후 낮에는 해의 그림자로 시간을 측정(尺)할 수 있었다. 낮의 한가운데인 정오라는 뜻도 갖고 있다.

| 우리 자의 일본식 한자로, 새벽(旦)에 해가 떠오른 후 낮에 붓(聿)으로 글을 쓰는 모습이다.

- 昼食(ちゅうしょく) 중식, 점심
- 白昼(はくちゅう) 백주, 대낮
- 昼間(ひるま) 주간, 낮
- 真昼(まひる) 한낮, 대낮, 백주
- 昼夜(ちゅうや) 주야, 밤과 낮, 늘
- 昼(ひる) 낮, 한낮
- 昼休み(ひるやすみ) 점심 때의 쉬는 시간, 낮잠

자연 | 천체

170c

早 早 早 早 早 早

早
이를 조

음 そう・さっ **훈** はやい・はやまる・はやめる

日(にち・じつ) 날 일 ＋ 十(한층 더 떠오른 모양)

수평선 위로 해(日)가 한층 더 떠오른(十) **아침**을 나타낸다. **아침**이 하루의 시작이므로 **이르다**는 뜻도 파생되었다.

- 早期(そうき) 조기
- 早退(そうたい) 조퇴
- 早急(さっきゅう・そうきゅう) 조급, 몹시 급함
- 早い(はやい) (시간적으로) 이르다, 빠르다
- 早める(はやめる) (시간을) 앞당기다, 예정보다 이르게 하다
- 早口(はやくち) 말이 빠름
- 早熟(そうじゅく) 조숙
- 早朝(そうちょう) 조조, 이른 아침
- 早速(さっそく) 즉시
- 早まる(はやまる) 빨라지다, 서두르다
- 最早(もはや) 벌써, 이미, 어느새

170d

明 明 明 明 明 明 明 明

明
밝을 명

음 めい・みょう
훈 あ(か)り・あかるい・あかるむ・あからむ・あきらか・あける・あく・あくる・あ(か)す

日(にち・じつ) 날 일 ＋ 月(げつ・がつ) 달 월

낮의 해(日)와 밤의 달(月)을 합쳐서 **밝다**는 뜻이 되었다. 밝은 미래를 기대하는 의미에서 **다음**이라는 뜻도 갖게 되었다.

- 解明(かいめい) 해명
- 照明(しょうめい) 조명
- 未明(みめい) 미명
- 明確(めいかく) 명확
- 明後日(みょうごにち・あさって) 모레
- 明年(みょうねん) 명년, 내년
- 明るい(あかるい) 밝다, 환하다, 명랑하다
- 明らむ(あからむ) 동이 터 밝아지다
- 明ける(あける) (날이) 새다, 밝(아지)다, 새해가 되다, 기간이 끝나다
- 明く(あく) 열리다, 벌어지다, 일정 기간이 끝나다
- 明(か)す(あかす) 밝히다, 털어놓다, 명백히 하다, 입증하다
- 証明(しょうめい) 증명
- 透明(とうめい) 투명
- 明暗(めいあん) 명암
- 明白(めいはく) 명백
- 明朝(みょうちょう) 명조, 내일 아침
- 明(か)り(あかり) 밝은 빛, 결백한 증거
- 明るむ(あかるむ) 밝아지다
- 明らか(あきらか) 밝음, 환함, 분명함, 뚜렷함
- 明くる(あくる) 다음의, 이듬

170

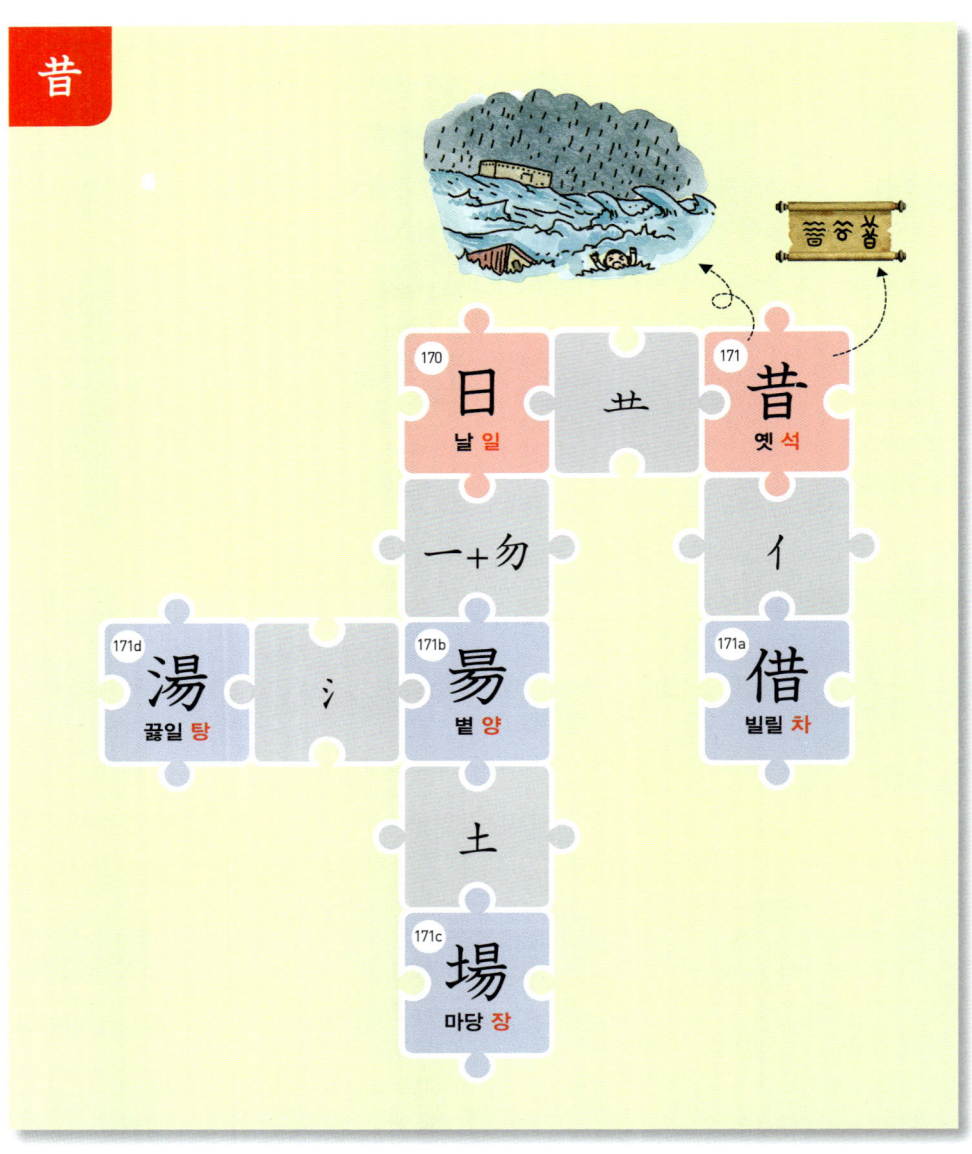

자연 | 천체

171

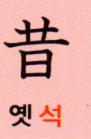

昔 옛 석

- 음: せき・しゃく
- 훈: むかし

艹(물이 흘러넘치는 모양) + 日(にち・じつ) 날 일

큰 비로 홍수가 나 마을 곳곳에 물이 흘러넘쳤던 날을 상상하며 **옛날**이라는 뜻의 글자를 만들었다.

갑골문자는 물이 넘쳐흐르는 모습(艹)과 그날을 상징하는 태양(日)으로 묘사되어 있다.

- □ 昔時(せきじ) 옛날, 왕년
- □ 今昔(こんじゃく・こんせき) 금석, 지금과 옛날
- □ 大昔(おおむかし) 아주 먼 옛날, 태고
- □ 昔年(せきねん) 석년, 옛날
- □ 昔(むかし) 옛날, 예전
- □ 昔話(むかしばなし) 옛날이야기

171a

借 빌릴 차

- 음: しゃく
- 훈: かりる

亻=人(じん・にん) 사람 인 + 昔(せき・しゃく) 옛 석

과거(昔)의 대홍수에서 살아남은 사람(人)들은 자신들의 생명은 신에게서 **빌린** 것으로 여겼다.

- □ 借金(しゃっきん) 차금, 빚, 꾼 돈
- □ 借用(しゃくよう) 차용
- □ 借りる(かりる) 빌리다, 꾸다
- □ 借家(しゃくや・かりいえ) 셋집
- □ 貸借(たいしゃく) 대차
- □ 借入金(かりいれきん) 차입금

171b

昜 볕 양

- 음: よう

旦(たん・だん) 아침 단 + 勿(もち) 말 물

아침(旦)에 수평선 위로 막 떠오른 **해**의 주변이 이글거리는(勿) 모습을 나타낸다.

勿자는 무생물과 관련되어 사용될 경우, 아지랑이가 피어오르는 모습을 의미하기도 한다.

모양이 비슷한 易(えき・い 바꿀 역)자와 혼동하지 않도록 하자.

171c

場 場 場 場 場 場 場 場 場 場 場

場 마당 **장**

- 음 じょう
- 훈 ば

土(ど・と) 흙토 + 昜(よう) 볕양

사람들이 모이거나 어떤 일을 벌이기에 좋은 넓은 땅(土)에 햇살(昜)이 쏟아지는 모습에서 **장소**란 뜻이 파생되었다.

- □ 会場(かいじょう) 회장
- □ 工場(こうじょう) 공장
- □ 場外(じょうがい) 장외, 회장 밖
- □ 飛行場(ひこうじょう) 비행장, 공항
- □ 相場(そうば) 시세, 시가
- □ 場合(ばあい) 경우, 사정
- □ 場面(ばめん) 장면, 경우
- □ 劇場(げきじょう) 극장
- □ 試験場(しけんじょう) 시험장
- □ 登場(とうじょう) 등장
- □ 職場(しょくば) 직장
- □ 立場(たちば) 설 곳, 입장, 관점
- □ 場所(ばしょ) 장소, 곳
- □ 本場(ほんば) 본장소, 본고장, 본산지, 본바닥

171d

湯 湯 湯 湯 湯 湯 湯 湯 湯 湯 湯 湯

湯 끓일 **탕**

- 음 とう
- 훈 ゆ

氵=水(すい) 물수 + 昜(よう) 볕양

물(水)이 이글거리는 태양(昜)처럼 끓는 모습으로, **뜨거운 물**을 나타낸다.

- □ 銭湯(せんとう) 대중목욕탕
- □ 湯(ゆ) 뜨거운 물, 목욕물, 온천
- □ 湯船(ゆぶね) 목욕통, 욕조
- □ 熱湯(ねっとう) 열탕
- □ 湯気(ゆげ) 김, 수증기

171

자연 | 천체

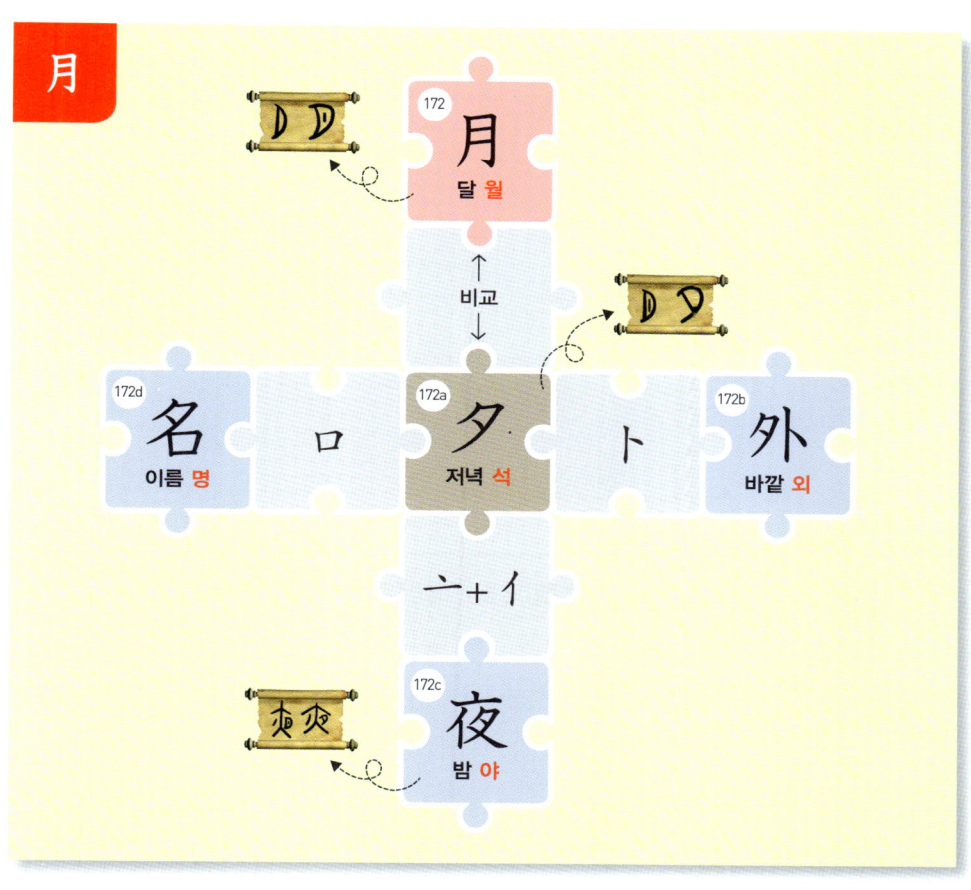

172

月 月 月 月

月
달 월

- 음 げつ・がつ
- 훈 つき

초승달 또는 일그러져 있는 반원형 **달**의 모습을 본떠 만든 글자이다.

月자가 다른 글자와 합쳐질 때는 '달'이란 뜻 이외에 '고기·신체(肉)·배(舟)'의 의미로도 사용된다.

- □ 月刊(げっかん) 월간
- □ 月給(げっきゅう) 월급
- □ 満月(まんげつ) 만월
- □ 正月(しょうがつ) 정월, 설
- □ 月(つき) 달, 달빛, 한 달, 월
- □ 月見(つきみ) 달구경

172a

夕 저녁 석

- 음: せき
- 훈: ゆう

초승달을 본떠 만든 글자로 **저녁**을 의미한다.

- 夕陽(せきよう) 석양
- 夕刊(ゆうかん) 석간
- 夕飯(ゆうはん) 저녁밥
- 夕べ(ゆうべ) 어젯밤
- 七夕(たなばた) 칠석
- 夕方(ゆうがた) 해질녘, 저녁때
- 夕立(ゆうだち) 소나기
- 夕日(ゆうひ) 석양
- 夕焼け(ゆうやけ) 저녁놀

172b

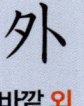

外 바깥 외

- 음: がい・げ
- 훈: そと・ほか・はずす・はずれる

夕(せき) 저녁 석 + 卜(ぼく) 점복

밤(夕)에 점(卜)을 치면 점쟁이와 귀신이 모두 피곤하여 점괘가 빗나간다는 의미에서 **바깥**을 뜻하게 되었다.

- 案外(あんがい) 예상 외, 뜻밖에도, 의외로
- 外見(がいけん) 외견, 외관, 겉보기
- 外交(がいこう) 외교
- 外出(がいしゅつ) 외출
- 除外(じょがい) 제외
- 例外(れいがい) 예외
- 外(そと) 밖, 바깥, 겉
- 外す(はずす) 떼다, 떼어 내다, 벗기다
- 外側(そとがわ) 바깥쪽, 겉면
- 以外(いがい) 이외
- 外観(がいかん) 외관
- 外国人(がいこくじん) 외국인
- 郊外(こうがい) 교외
- 番外(ばんがい) 번외
- 外科(げか) 외과
- 外・他(ほか) 다른 것, 딴것, 외
- 外れる(はずれる) 빠지다, 벗겨지다, 누락되다

자연 | 천체

172c

밤 야

음 や　훈 よ・よる

亠(뒤덮인 모습) + 亻=人(じん・にん) 사람 인 + 夂(ち) 뒤져 올 치 + 丶(돌부리 모양)

사람(人)이 어둠으로 뒤덮인(亠) 밤에 돌부리(丶)에 걸릴까봐 천천히 걷고(夂) 있는 모습이다.

> 금문은 사람(大)의 몸에서 가장 음침하고 어두운 곳인 겨드랑이(丶)에 달(夕)이 들어가 있는 모습으로 밤을 묘사하고 있다.

- 今夜(こんや) 오늘 밤, 오늘 저녁
- 徹夜(てつや) 철야
- 夜景(やけい) 야경
- 夜空(よぞら) 밤하늘
- 夜道(よみち) 밤길
- 夜昼(よるひる) 밤과 낮, 주야, 늘, 끊임없이
- 深夜(しんや) 심야
- 夜間(やかん) 야간, 밤
- 夜行(やこう) 야행
- 夜中(よなか) 밤중, 한밤중
- 夜(よる) 밤

172d

이름 명

음 めい・みょう　훈 な

夕(せき) 저녁 석 + 口(こう・く) 입 구

얼굴을 구분할 수 없는 어두운 밤(夕)에는 이름을 불러야(口) 서로를 찾거나 분간할 수 있다.

- 氏名(しめい) 씨명, 성명
- 匿名(とくめい) 익명
- 名曲(めいきょく) 명곡
- 名刺(めいし) 명함
- 名物(めいぶつ) 명물
- 名誉(めいよ) 명예
- 名字(みょうじ) 성씨, 성
- 宛名(あてな) 수취인의 이름, 또는 주소와 이름
- 題名(だいめい) 제목
- 名医(めいい) 명의
- 名作(めいさく) 명작
- 名人(めいじん) 명인
- 名簿(めいぼ) 명부
- 本名(ほんみょう) 본명
- あだ名(あだな) 별명
- 名前(なまえ) 이름

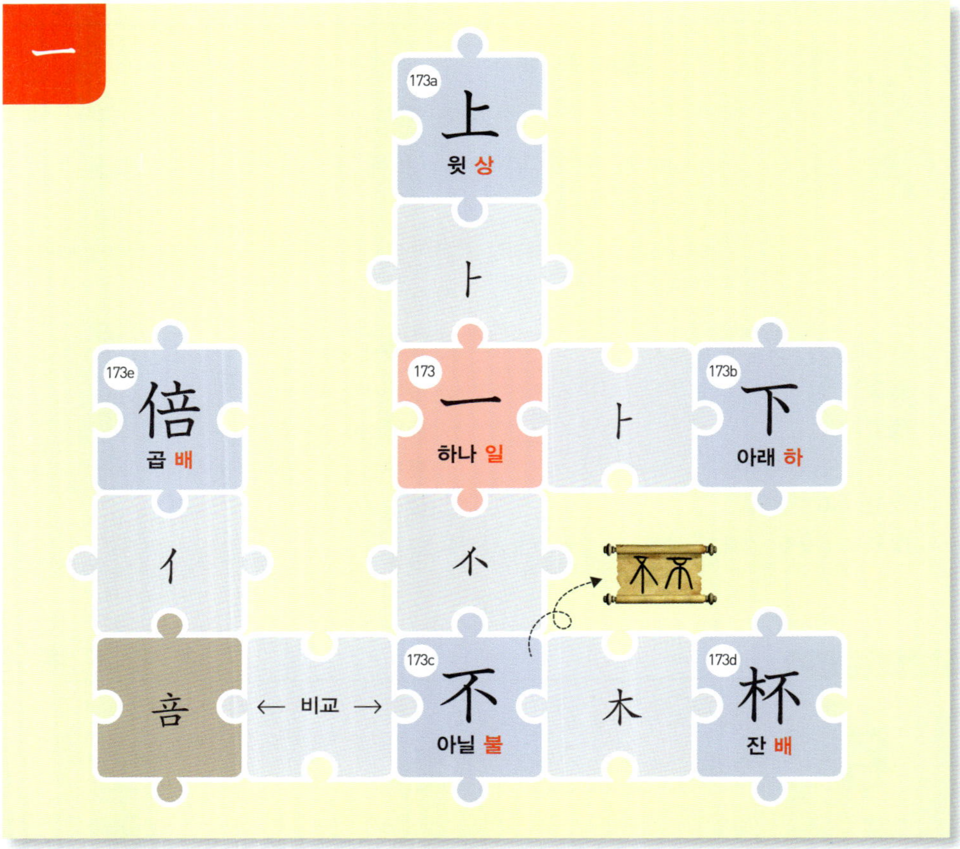

자연 | 기타

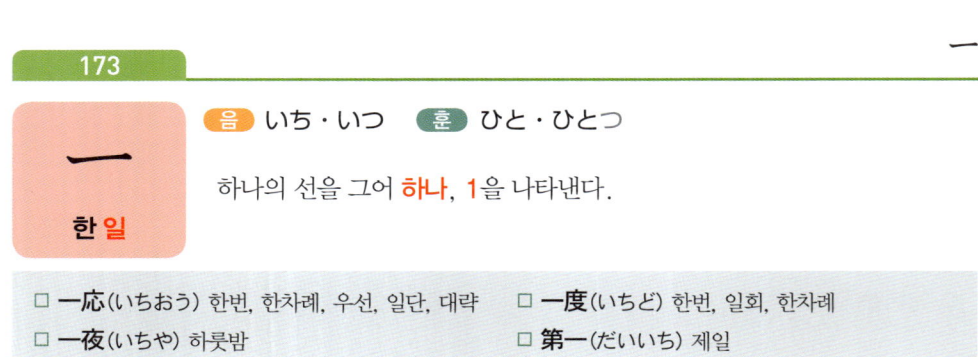

173

一 한 일

음 いち・いつ　훈 ひと・ひとつ

하나의 선을 그어 **하나**, 1을 나타낸다.

- 一応(いちおう) 한번, 한차례, 우선, 일단, 대략
- 一夜(いちや) 하룻밤
- 一度(いちど) 한번, 일회, 한차례
- 第一(だいいち) 제일

- 日本一(にほんいち・にっぽんいち) 일본에서 제일임, 최상
- 一致(いっち) 일치
- 統一(とういつ) 통일
- 一口(ひとくち) 한 입, 한 모금, 한마디의 말
- 一筋(ひとすじ) 한 줄기, 일족, 외곬, 한결 같음
- 一昔(ひとむかし) 옛날이라고 느껴질 정도의 과거
- 一山(ひとやま) (과일이나 채소 등의) 한 무더기, 하나의 산
- 一つ(ひとつ) 하나, 1, 같음
- 一昨年(おととし) 재작년
- 一等(いっとう) 일등
- 唯一(ゆいいつ) 유일
- 一言(ひとこと) 일언, 한마디 말
- 一日(ついたち) 초하루, 1일

173a

上 上 上

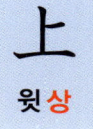
윗**상**

음 じょう・しょう
훈 うえ・うわ・かみ・あげる・あがる・のぼる・のぼせる

一(기준 선) + ト(표시)

기준이 되는 선(一) **위**에 표시(ト)를 함으로써 어떤 위치보다 **위**를 나타낸다.

- 屋上(おくじょう) 옥상
- 上空(じょうくう) 상공
- 上昇(じょうしょう) 상승
- 地上(ちじょう) 지상
- 上下(しょうか・じょうげ・うえした・かみしも) 상하, 위와 아래
- 上(うえ) 위
- 目上(めうえ) 윗사람, 손위 ↔ 目下(めした) 아랫사람, 손아래
- 上着(うわぎ) 겉옷, 상의
- 上半期(かみはんき) 상반기
- 上げる(あげる) 올리다, 띄우다
- 上る(のぼる) 오르다, 상경하다, 승진하다, 수량이 상당한 정도에 달하다
- 上せる(のぼせる) 올리다, 오르게 하다, 실리다, 상류로 거슬러 올라가게 하다, 상경시키다
- 極上(ごくじょう) 극상, 최상
- 上司(じょうし) 상사
- 上品(じょうひん) 고상함, 품위가 있음
- 年上(としうえ) 연상
- 上面(うわつら) 표면, 외견
- 上座(かみざ) 상좌, 상석, 윗자리
- 上がる(あがる) 오르다, 올라가다

173b

下 下 下

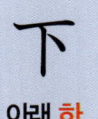
아래 하

음 か・げ
훈 した・しも・もと・さげる・さがる・くだる・くだす・くださる・おろす・おりる

一(기준 선) + 卜(표시)

기준이 되는 선(一) **아래**에 표시(卜)를 함으로써 어떤 위치보다 **아래**를 나타낸다.

- 以下(いか) 이하
- 部下(ぶか) 부하
- 下車(げしゃ) 하차 ↔ 乗車(じょうしゃ) 승차
- 下品(げひん) 하품, 품위가 없음
- 下痢(げり) 설사
- 靴下(くつした) 양말
- 下見(したみ) 예비 조사, 미리 읽어 둠
- 下(しも) 하류, 아래, 하부
- 下半期(しもはんき) 하반기
- 膝下(ひざもと) 슬하, 측근
- 下がる(さがる) 내리다, 내려가다, 떨어지다
- 下す(くだす) 내리다, 아랫사람에게 주다
- 下さる(くださる) 주시다 ☞ くれる(주다)・与える(あたえる 주다, 수여하다)의 존경어
- 下ろす(おろす) 내리다, 내려놓다
- 下記(かき) 하기
- 下校(げこう) 하교
- 下旬(げじゅん) 하순
- 下落(げらく) 하락
- 下(した) 아래, 밑부분, 하부
- 下着(したぎ) 속옷, 내복
- 年下(としした) 연하
- 下座(しもざ) 아랫자리, 말석
- 足下(あしもと) 발밑, 발 언저리
- 下げる(さげる) 내리다, 내려주다
- 下る(くだる) 내리다
- 下りる(おりる) 내리다, 내려오(가)다

173c

不 不 不 不

아닐 불, 아닐 부

음 ふ・ぶ

一(땅) + 𣎴(뿌리 모양)

식물의 뿌리(𣎴)를 본떠 만든 글자로, 대지(一)를 뚫고 나오지 못한 모습에서 **아니다**라는 부정의 의미가 파생되었다.

| 不자의 부수가 一자이므로 여기에서 다룬다.

- 不安(ふあん) 불안
- 不快(ふかい) 불쾌
- 不意(ふい) 돌연, 불시, 갑작스러움
- 不可能(ふかのう) 불가능

자연 | 기타

- 不吉(ふきつ) 불길
- 不幸(ふこう) 불행
- 不信(ふしん) 불신
- 不調(ふちょう) 일이 잘 이루어지지 않음, 상태가 나쁨
- 不当(ふとう) 부당
- 不良(ふりょう) 불량
- 出不精・出無精(でぶしょう) 외출하는 것을 귀찮아함, 또 그런 사람
- 不器用(ぶきよう) 서투름, 손재주가 없음
- 不用心・無用心(ぶようじん) 주의가 부족함, 세상이 어수선함
- 不況(ふきょう) 불황
- 不在(ふざい) 부재
- 不正(ふせい) 부정
- 不明(ふめい) 불명

173d

杯杯杯杯杯杯杯杯

잔 배

음 はい　훈 さかずき

木(ぼく・もく) 나무 목 ＋ 不(ふ・ぶ) 아닐 불

고대에 서민들이 사용하던 나무(木)로 만든 **술잔**을 나타내기 위해 不자를 음운 요소로 더하여 만든 글자이다.

- 乾杯(かんぱい) 건배
- 優勝杯(ゆうしょうはい) 우승배
- 祝杯(しゅくはい) 축배
- 杯(さかずき) 술잔

173e

倍倍倍倍倍倍倍倍倍倍

倍
곱 배

음 ばい

亻＝人(じん・にん) 사람 인 ＋ 咅(とう) 침 부

사람(人)들의 숫자가 **불어나는**(咅) 모습에서 배의 뜻이 파생되었다.

　咅자는 不자와는 반대로, 싹이 솟아(立) 나와 땅이 불룩하게(口) 부푼 모습을 나타낸다.

- 倍(ばい) 배, 2배
- 倍数(ばいすう) 배수
- 倍率(ばいりつ) 배율
- 倍返し(ばいがえし) 배로 갚음, 배액 배상
- 倍増(ばいぞう) 배증, 배가
- 人一倍(ひといちばい) 남보다 갑절, 남의 배

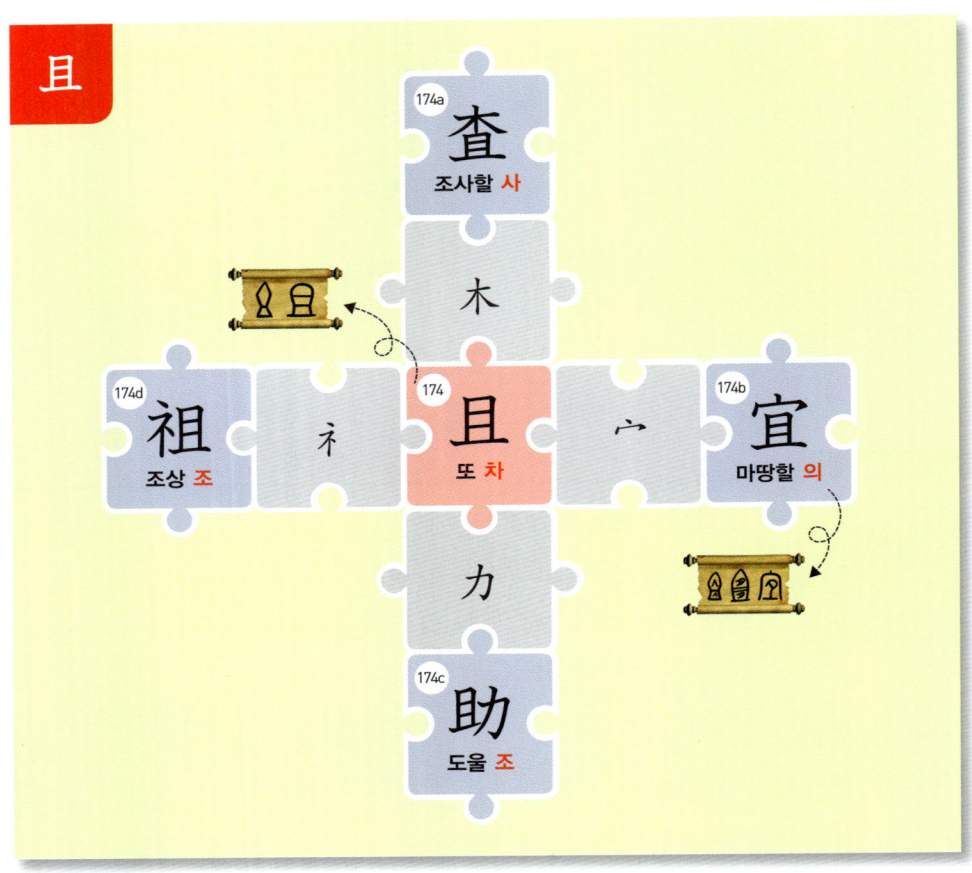

174

且
또 차

훈 かつ

제사상에 올릴 고기를 썰어 도마(一)에 겹겹이 쌓아 놓은(目) 모습으로, 도마에 고기가 겹겹이 쌓인다는 의미에서 **또**, **그 위에**라는 뜻이 파생되었다.

- 且つ (かつ) 동시에, 또한, 한편, 게다가, 그 위에

자연 | 기타

174a

一 十 才 木 木 杏 杏 査 査

査
조사할 **사**

음 さ

木(ぼく・もく) 나무 목 + 且(かつ) 또 차

뗏목을 만들 수 있는 나무(木)인지 다시(且) **조사하는** 모습이다.
실제로 査자의 고어에는 뗏목이라는 의미가 포함되어 있다.

- 検査(けんさ) 검사
- 捜査(そうさ) 수사
- 査定(さてい) 사정
- 探査(たんさ) 탐사
- 審査(しんさ) 심사
- 調査(ちょうさ) 조사

174b

宜 宜 宜 宀 宀 宀 宜 宜

宜
마땅할 **의**

음 ぎ

宀(べん・めん) 집 면 + 且(かつ) 또 차

집(宀)에서 고기를 겹겹이 쌓아 놓고(且) 제사를 지내는 모습으로, 고기가 **알맞게** 익었는지 살피는 것은 마땅히 해야 할 일이다.

- 適宜(てきぎ) 적의, 적당
- 便宜(べんぎ) 편의

174c

⟍ 刀 月 助 助 助 助

助
도울 **조**

음 じょ 훈 たすける・たすかる・すけ

且(かつ) 또 차 + 力(りょく・りき) 힘 력

신에게 올리는 제사에 바칠 고기를 쌓아 올리는(且) 일에 힘(力)을 보태는 것에서 **돕다**는 뜻이 생겨났다.

- 援助(えんじょ) 원조
- 助言(じょげん) 조언
- 助成(じょせい) 조성 : 연구나 사업이 완성되도록 도움
- 助ける(たすける) 살리다, 구조하다, 돕다
- 助かる(たすかる) 살아나다, 면하다, 구제되다
- 救助(きゅうじょ) 구조
- 助詞(じょし) 조사
- 助教授(じょきょうじゅ) 조교수
- 助手(じょしゅ) 조수
- 補助(ほじょ) 보조
- 助(すけ) 도움, 조력

174d

祖 祖 祖 祖 祖 祖 祖 祖 祖

祖
조상 **조**

음 そ

ネ=示 (じ・し) 보일 시 ＋ 且 (かつ) 또 차

제단(示) 위에 고기를 겹겹이 쌓아 놓고(且) **조상**에게 제사를 드리는 모습이다.

- 元祖(がんそ) 원조
- 祖国(そこく) 조국
- 祖母(そぼ) 조모, 할머니
- 始祖(しそ) 시조
- 祖先(そせん) 선조, 조상
- 先祖(せんぞ) 선조, 조상
- 祖父(そふ) 조부, 할아버지

자연 | 기타

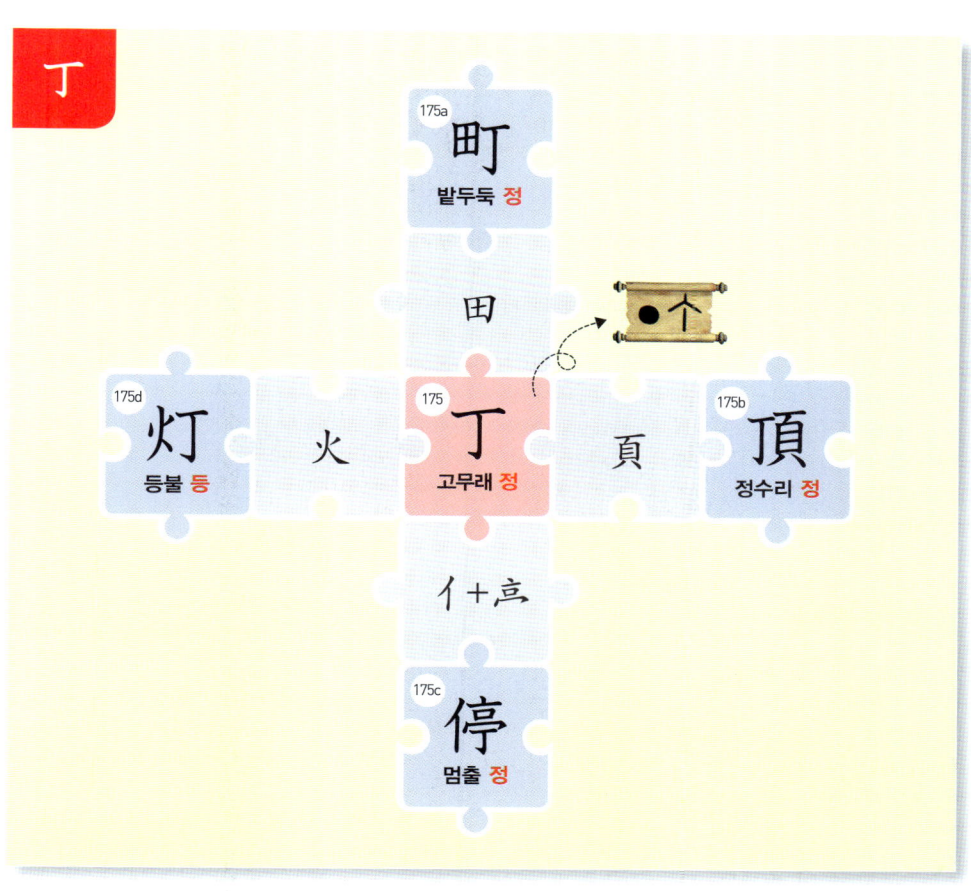

175

丁
고무래 정, 장정 정

🔊 **음** ちょう・てい

못(亅)의 머리(一)를 강조한 모습이다. 못의 머리가 크다는 것은 못으로써 힘을 쓰기 쉽다는 뜻이므로, 머리(一)가 다 자라 힘을 쓸(亅) 수 있는 성인 남자를 가리키는 말이 되었다.

- 丁数(ちょうすう) 정수, 짝수
- 包丁(ほうちょう) 식칼
- 丁度(ちょうど) 꼭, 정확히, 마침, 마치
- 丁寧(ていねい) 주의 깊음, 친절함, 공손함, 정중함

175a

밭두둑 정

음 ちょう   훈 まち

田(でん) 밭 전 + 丁(ちょう・てい) 고무래 정

농경지(田)가 밭두둑으로 경계를 짓듯이 시가지에 말뚝(丁)을 박아 구획을 정리한 모습에서 **구역**, **도회**, **시가** 등의 뜻이 파생되었다.

- 市町村(しちょうそん) 시정촌 ☞ 일본의 행정단위로 우리나라의 시·읍·면에 해당함
- 町内(ちょうない) 町의 안, 또 거기에 살고 있는 사람
- 町人(ちょうにん) 에도시대 때 도시에 거주하며 상공업에 종사한 사람
- 町(まち) 주택과 상가 등이 밀집한 지역, 도회, 읍내, 우리나라의 읍에 해당하는 일본 행정구역의 하나
- 下町(したまち) 도시의 상업 지역, 번화가
- 町角(まちかど) 길모퉁이
- 町工場(まちこうば) 町에 있는 작은 공장

175b

정수리 정

음 ちょう   훈 いただく・いただき

丁(ちょう・てい) 고무래 정 + 頁(けつ) 머리 혈

인체의 윗부분인 머리(頁)에서도 가장 윗 부분인 **정수리**를 나타내기 위해서 못(丁)의 머리를 더하였다.

- 絶頂(ぜっちょう) 절정
- 頂上(ちょうじょう) 정상, 꼭대기
- 頂点(ちょうてん) 정점, 꼭대기
- 頂く(いただく) (머리에) 이다, 받들다, 모시다, 모라(받다)의 겸양어
- 頂(いただき) 꼭대기, 정상

자연 | 기타

175c

停 停 停 停 停 停 停 停 停 停

멈출 정

음 てい

亻=人(じん・にん) 사람 인 + 高→高(こう) 높을 고 + 丁(ちょう・てい) 고무래 정

사람(人)이 전망이 좋은 정자(亭)에서 **머물러** 쉬고 있는 모습이다.

亭자는 전망이 좋은 곳에 자리 잡고(丁) 기둥을 높이(高) 올려 지은 정자를 나타낸다.

- 調停(ちょうてい) 조정
- 停止(ていし) 정지
- 停滞(ていたい) 정체
- 停留所(ていりゅうじょ) 정거장
- 停学(ていがく) 정학
- 停車(ていしゃ) 정차
- 停電(ていでん) 정전

175d

灯 灯 灯 灯 灯 灯

등불 등

음 とう 훈 ひ

火(か) 불 화 + 丁(ちょう・てい) 고무래 정

등잔대(丁) 위에 올려놓은 호롱불(火)의 모습에서 **등불**이라는 뜻이 파생되었다.

우리 燈자의 일본식 한자이다.
燈자가 높이 올려놓은(登) 등불(火)을 나타내므로, 丁자를 등잔을 올려놓는 위가 넓은 등잔대의 모양이라고 생각하자.

- 消灯(しょうとう) 소등
- 電灯(でんとう) 전등, 전등불
- 灯油(とうゆ) 등유
- 提灯(ちょうちん) 초롱
- 点灯(てんとう) 점등
- 灯台(とうだい) 등대, 등잔 받침대
- 灯(ひ) 등불

二

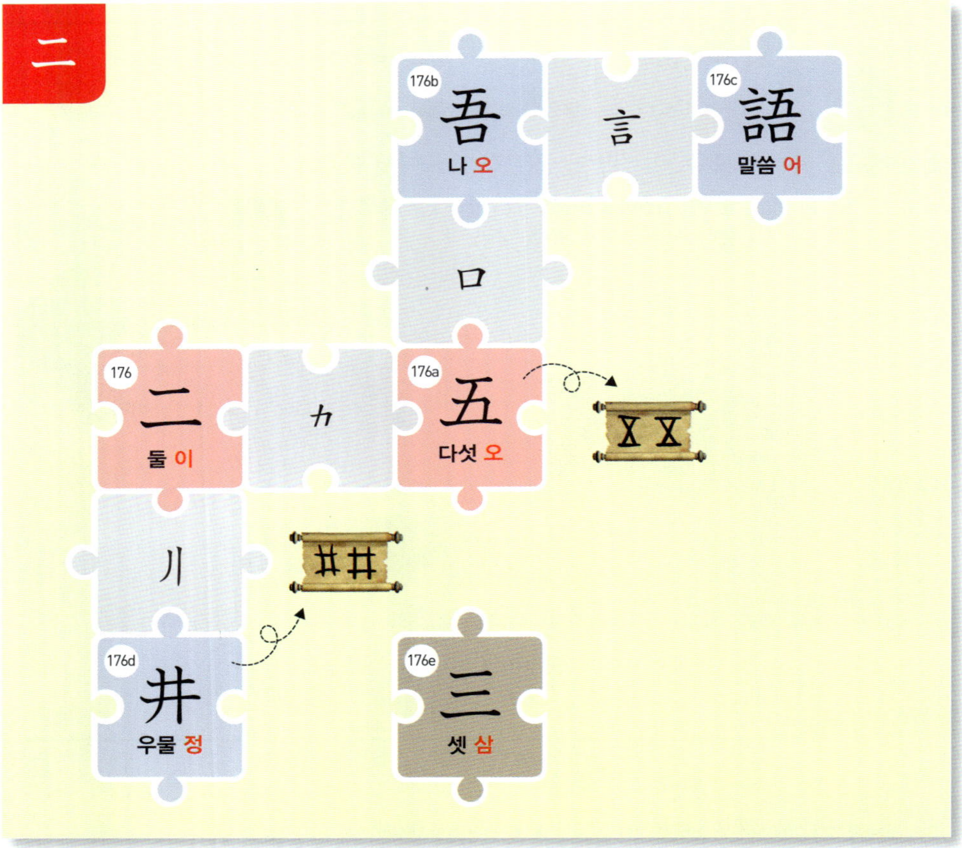

| 176b 吾 나오 | 言 | 176c 語 말씀어 |

口

| 176 二 둘이 | 力 | 176a 五 다섯오 | ✕✕ |

| | ｜ |
| 176d 井 우물정 | ♯♯ |
| 176e 三 셋삼 |

176　　　　　　　　　　　　　　　　　　　　二 二

二 둘이	음 に・じ　훈 ふた・ふたつ
	두 개의 선을 그어 **둘**, **2**를 나타낸다.

☐ 二階(にかい) 2층　　　　☐ 二食(にじき) 2식
☐ 二世(にせい) 2세

532

- 不二(ふじ) 둘이, 유일함, 둘도 없음, 둘이 아니라 하나임
- 二重(ふたえ) 두 겹, 쌍꺼풀
- 二つ(ふたつ) 둘, 2
- 二十日(はつか) 20일
- 二言(ふたこと) 두 말
- 二十歳(はたち) 스무 살
- 二人(ふたり) 두 사람

176a

五
다섯 **오**

음 ご　훈 いつ・いつつ

二(하늘과 땅) ＋ 力(교차한 모양)

하늘과 땅을 상징하는 두 개의 선(二)을 교차(力)하며 연결한 모양으로 천지간의 자연을 묘사하였다. 자연에는 다섯 가지 기본 물질이 있다는 사상에서 **다섯**, **5**의 뜻이 파생되었다.

> 옛 글자는 천지를 상징하는 두 개의 선(二)을 X자로 연결한 모습을 하고 있다.
> 동양철학인 음양오행 사상에서는 자연을 유지시키는 다섯 가지 기본 물질로 물(水), 불(火), 나무(木), 금속(金), 흙(土)을 들고 있다.

- 五感(ごかん) 오감
- 五輪(ごりん) 오륜
- 五つ(いつつ) 다섯, 5
- 五穀(ごこく) 오곡
- 五日(いつか) 5일

176b

吾
나 **오**

음 ご　훈 わが

五(ご) 다섯 오 ＋ 口(こう・く) 입구

천지간의 다섯(五) 가지 기본 물질을 다스리는 신에게 자신의 행복을 비는(口) 모습에서 **나**, **우리**의 뜻이 파생되었다.

> 口자는 복을 비는 입을 묘사하고 있다.

- 吾人(ごじん) 나, 우리(들)
- 吾(が)輩・我(が)輩(わがはい) 나, 본인, 이 사람, 우리들

176c

語語語語語語語語語語語語語

語 말씀 어

- 음: ご
- 훈: かたる・かたらう

言(げん・ごん) 말씀 언 + 吾(ご) 나 오

자연을 다스리는 신에게 각자 자신(吾)의 **언어**로 기도(言)하는 모습이다.

- □ 外来語(がいらいご) 외래어
- □ 語意(ごい) 어의
- □ 国語(こくご) 국어
- □ 熟語(じゅくご) 숙어, 2자 이상의 한자가 결합하여 된 말
- □ 主語(しゅご) 주어
- □ 敬語(けいご) 경어
- □ 語学(ごがく) 어학
- □ 言語(げんご) 언어
- □ 語る(かたる) 말하다, 이야기하다
- □ 語らう(かたらう) 서로 이야기하다, 이야기를 주고받다, 설득하여 자기편으로 끌어들이다, 남녀가 언약하다

176d

井井井井

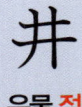 우물 정

- 음: せい・しょう
- 훈: い

우물의 틀을 본떠 만든 글자이다.

井자의 부수가 二자이므로 여기에서 다룬다.

- □ 油井(ゆせい) 유정
- □ 井戸(いど) 우물
- □ 天井(てんじょう) 천장

176e

 三 三 三

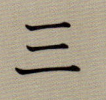 셋 삼

- 음: さん
- 훈: み・みつ・みっつ

세 개의 선을 그어 **셋**, 3을 나타낸다.

- □ 再三(さいさん) 재삼, 여러 번
- □ 三流(さんりゅう) 3개의 파, 삼류
- □ 三日(みっか) 3일
- □ 三つ(みっつ) 셋, 3
- □ 三角形(さんかくけい) 삼각형
- □ 三日月(みかづき) 초승달
- □ 三つ葉(みつば) 세잎

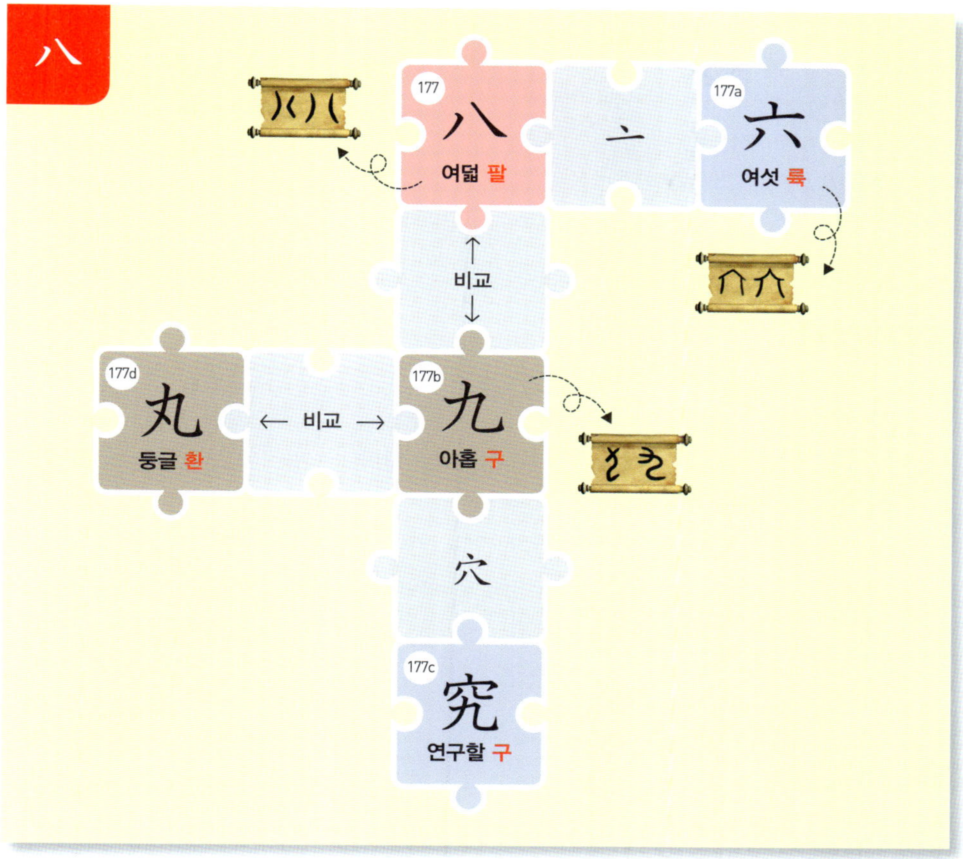

자연 | 기타

177

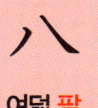
여덟 팔

　　음 はち　　훈 や・やつ・やっつ・よう

대칭을 이루며 양쪽으로 나누어진 모양에서 나누다는 의미를 갖고 있었으나, 4나 2로 여러 번 나누어지는(八) 수라는 의미에서 팔, 8의 뜻이 파생되었다.

八자를 뒤집은 모양(丷)은 하늘에서 신의 축복이 내려오는 모습을 의미하기도 한다.

- 八月(はちがつ) 8월
- 八方美人(はっぽうびじん) 대인 관계에 있어 모두에게 좋은 평가를 받기 위해 행동함, 또 그런 사람
  ☞ 비난하는 느낌으로 사용하는 경우가 많다.
- 八百屋(やおや) 채소 가게
- 八つ当(た)り(やつあたり) 화가 나서 엉뚱한 사람에게 화풀이하는 것
- 八つ(やっつ) 여덟, 8
- 八日(ようか) 8일

177a

여섯 륙

음 ろく 　훈 むっつ・むい

원래 지붕(亠)과 기둥(八)으로 집을 나타내는 글자였으나, 점차 숫자 **여섯**, **6**을 뜻하게 되었다.

 옛 글자에서 지붕(亠)의 모양이 머리(亠)로 바뀌었음을 알 수 있다.

- 四六時中(しろくじちゅう) 하루 종일, 늘, 언제나
- 六つ(むっつ) 여섯, 6
- 六感(ろっかん) 육감
- 六日(むいか) 6일

177b

아홉 구

음 きゅう・く 　훈 ここの・ここのつ

손(九)의 마지막 부분을 굴곡진(乙) 모양으로 묘사하여, 손(九)으로 셀 수 있는 십진수의 마지막(乙) 숫자인 **아홉**, **9**를 나타내었다.

- 九回裏(きゅうかいうら) 9회말
- 九州(きゅうしゅう) 일본 서남쪽에 있는 섬, 규슈 지방
- 九月(くがつ) 9월
- 九時(くじ) 9시
- 九日(ここのか) 9일
- 九重(ここのえ) 구중, 아홉 겹, 궁궐, 수도
- 九つ(ここのつ) 아홉, 9

자연 | 기타

177c

究究究究究究究

究
연구할 구

음 きゅう　훈 きわめる

穴(けつ) 구멍 혈 ＋ 九(きゅう・く) 아홉 구

한 분야를 굴(穴)을 파듯이 깊이(九) **연구하는** 모습이다. 九는 십진수의 마지막 숫자로, 연구의 깊이를 강조하는 역할을 하고 있다.

- 究極(きゅうきょく) 구극, 궁극
- 探究(たんきゅう) 탐구
- 究明(きゅうめい) 구명
- 究める(きわめる) 깊이 연구하다, 끝까지 밝히다, 알아내다

177d

ノ 九 丸

丸
둥글 환

음 がん　훈 まる・まるい・まるめる

사람이 엎드려서 절을 할 때 등이 **둥그렇게** 말리는 모습에서 **알**, **탄알**의 뜻이 파생되었다.

| 九자와는 관계가 없는 글자이다.

- 一丸(いちがん) 한 덩어리
- 丸暗記(まるあんき) 통암기
- 丸裸(まるはだか) 맨몸, 알몸, 무일푼
- 丸める(まるめる) 둥글게 하다, 뭉치다, 삭발하다, 구슬리다
- 弾丸(だんがん) 탄환
- 丸顔(まるがお) 둥근 얼굴
- 丸い(まるい) 둥글다, 모가 나지 않다, 원만하다

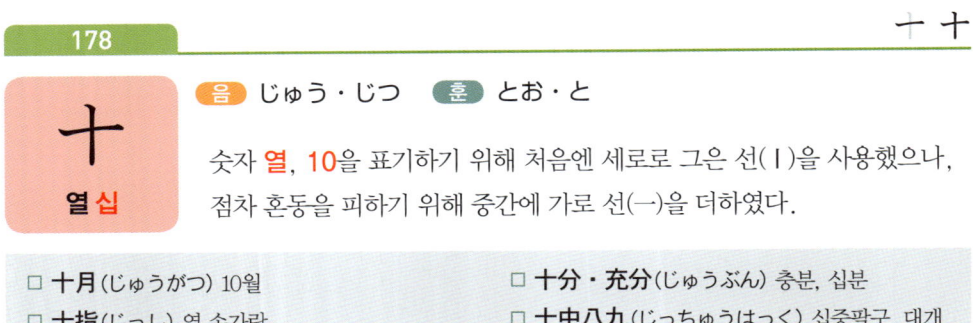

178

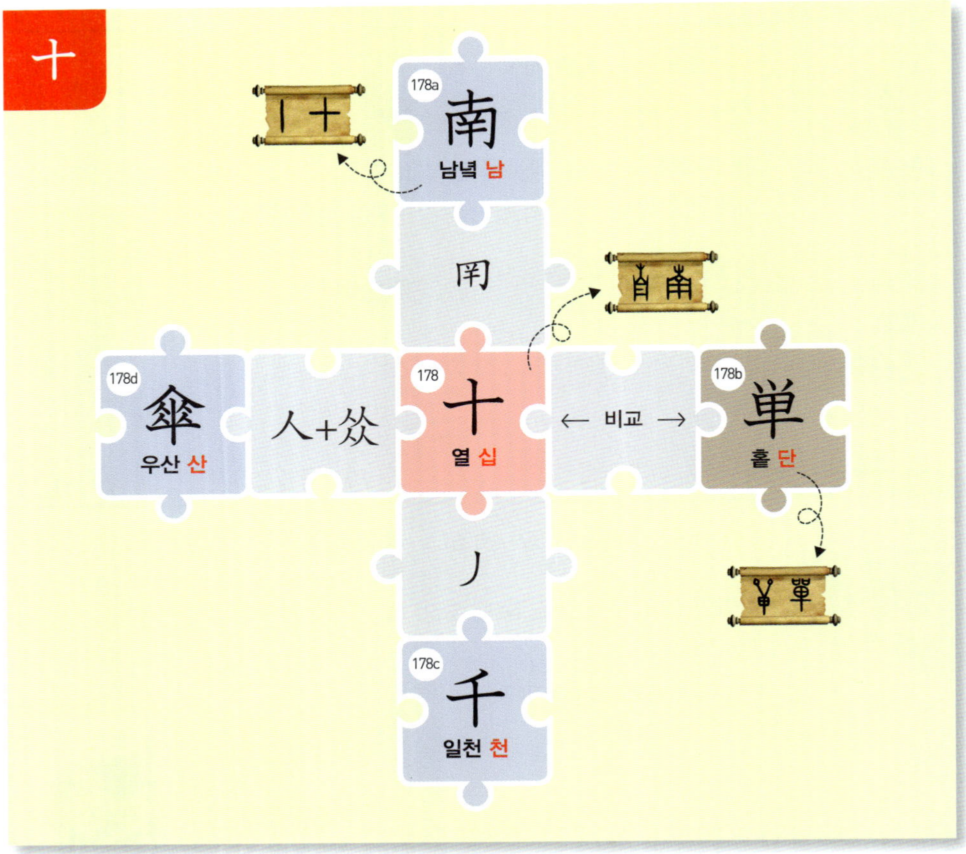

十	음 じゅう・じつ 훈 とお・と
열 십	숫자 **열**, **10**을 표기하기 위해 처음엔 세로로 그은 선(丨)을 사용했으나, 점차 혼동을 피하기 위해 중간에 가로 선(一)을 더하였다.

- 十月(じゅうがつ) 10월
- 十指(じっし) 열 손가락
- 十分・充分(じゅうぶん) 충분, 십분
- 十中八九(じっちゅうはっく) 십중팔구, 대개

자연 | 기타

- 十日(とおか) 10일
- 十人十色(じゅうにんといろ) 십인십색, 각인각색

178a

南南南南南南南南南

南
남녘 **남**

음 なん   **훈** みなみ

十(장식의 모습) + 冎(악기를 나타냄)

걸어 놓을 수 있도록 장식(十)이 되어 있으며 두드리면 맑은 소리가 나는 중국 남방 지역에서 쓰였던 악기(冎)의 모습에서 **남쪽**의 뜻을 갖게 되었다.

| 실제로 중국 남부에 사는 묘족에게는 南이라 부르는 전통 악기가 있다.

- 南極(なんきょく) 남극
- 南米(なんべい) 남미
- 南(みなみ) 남, 남쪽
- 南半球(みなみはんきゅう) 남반구
- 南部(なんぶ) 남부
- 南北(なんぼく) 남북
- 南風(みなみかぜ・なんぷう) 남풍
- 南向き(みなみむき) 남향

178b

単単単単単単単単

単
홑 **단**

음 たん

끝이 두 갈래로 갈라진 방패(干)의 끝 부분에 칼날을 달아 놓은 모습으로, 이 방패 **하나만** 지니고 있으면 사냥이 가능하다는 의미이다.

| 우리 單자의 일본식 한자이다.

- 簡単(かんたん) 간단
- 単位(たんい) 단위
- 単語(たんご) 단어, 낱말
- 単身(たんしん) 단신
- 単価(たんか) 단가
- 単一(たんいつ) 단일
- 単純(たんじゅん) 단순
- 単独(たんどく) 단독

178c

일천 천

음 せん　훈 ち

ノ(へつ) 삐침 별 + 十(じゅう・じつ) 열십

十자 위에 한 획(ノ)을 그어 숫자 **천**을 나타낸다.

ノ자는 의미가 없는 글자로 상황에 따라 다양한 해석이 가능하다.

- 千円札(せんえんさつ) 천 엔권
- 千字文(せんじもん) 천자문
- 千歳(ちとせ) 천 년, 긴 세월
- 千差万別(せんさばんべつ) 천차만별
- 千里眼(せんりがん) 천리안
- 千代紙(ちよがみ) 종이접기나 종이 공예에 사용하는 일본 전통 문양이 인쇄되어 있는 정사각형의 종이

178d

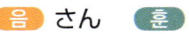

우산 산

음 さん　훈 かさ

人(지붕의 모양) + 𠆢(살대) + 十(손잡이)

펼쳐진 **우산**의 지붕(人)과 뼈대(𠆢) 그리고 손잡이(十)의 모습을 본떠 만든 글자이다.

- 傘下団体(さんかだんたい) 산하 단체
- 日傘(ひがさ) 양산
- 傘(かさ) 우산

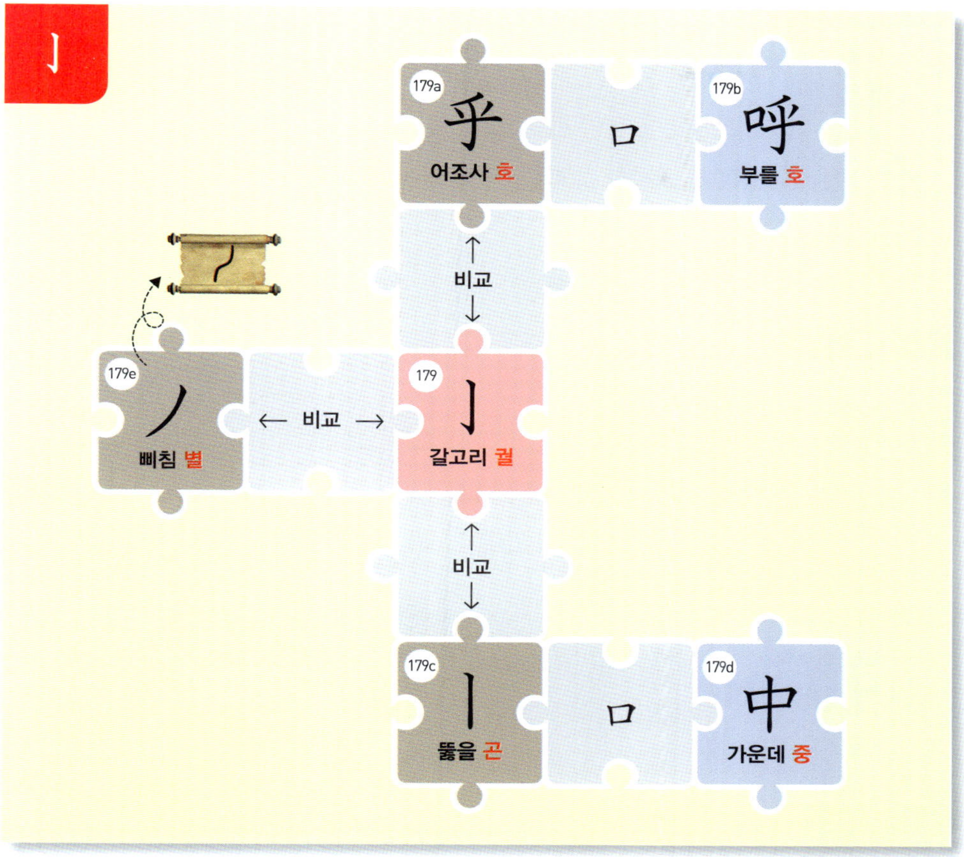

자연 | 기타

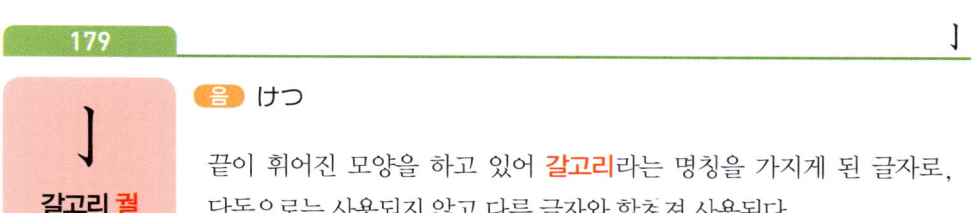

179

亅
갈고리 궐

음 けつ

끝이 휘어진 모양을 하고 있어 **갈고리**라는 명칭을 가지게 된 글자로, 단독으로는 사용되지 않고 다른 글자와 합쳐져 사용된다.

179a

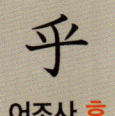

음 こ

누군가를 부르기 위해 목구멍에서 소리가 올라오다 위에서 크게 퍼지는 모습을 묘사한 것으로 보인다. **상태를 나타내는 말에 붙어 뜻을 덧붙이는 보조 역할**을 한다.

179b

음 こ   **훈** よぶ

口(こう・く) 입구 + 乎(こ) 어조사 호

소리가 크게 퍼지는 모습의 乎자가 어조사로 사용되자, 누군가를 **부르기** 위해 입(口)을 더하여 원래 의미를 되살렸다.

- 歓呼(かんこ) 환호
- 呼吸(こきゅう) 호흡, 숨쉬기
- 点呼(てんこ) 점호
- 呼応(こおう) 호응
- 呼称(こしょう) 호칭
- 呼ぶ(よぶ) 부르다

179c

음 こん

수직선 모양으로 위와 아래를 **관통**시킨 모습이다.

자연 | 기타

179d

가운데 **중**

음 ちゅう・じゅう　훈 なか

口(사물) + ｜(こん) 뚫을 곤

사물(口)의 **가운데**를 관통(｜)시킨 모습으로, 중국이 세계의 중심이라는 의미에서 **중국**을 가리키기도 한다.

- 暗中(あんちゅう) 암중, 어둠 속
- 集中(しゅうちゅう) 집중
- 中間(ちゅうかん) 중간
- 中旬(ちゅうじゅん) 중순
- 中毒(ちゅうどく) 중독
- 途中(とちゅう) 도중
- 一日中(いちにちじゅう) 하루 종일
- 世界中(せかいじゅう) 온세상, 세상 전체
- 連中(れんじゅう・れんちゅう) 한 패, 동아리, 동료, 일당
- 中(なか) 가운데, 안, 속, 중간
- 背中(せなか) 등
- 夜中(よなか) 한밤중
- 懐中時計(かいちゅうどけい) 회중시계
- 中央(ちゅうおう) 중앙
- 中古(ちゅうこ) 중고
- 中心(ちゅうしん) 중심
- 中立(ちゅうりつ) 중립
- 夢中(むちゅう) 열중함, 몰두함
- 一年中(いちねんじゅう) 1년 중, 1년 내내
- 町中(まちじゅう) 마을 전체, 마을 사람 모두
- お中(おなか) 배(신체)
- 中庭(なかにわ) 안뜰

179e

삐침 **별**

음 へつ

오른쪽 위에서 왼쪽 아래로 삐쳐 내린 모양으로, 특별한 의미가 없어 상황에 따라 다양한 해석이 가능한 글자이다.

180

음 さ　훈 ながら

도구(ㅏ)로 농작물을 베어 추수를 하고 있는 사람(ㅓ→人)의 모습으로, 한 해 동안 자란 작물을 **잠깐** 시간을 내어 자르다는 의미를 가지고 있다.

□ 乍ら(ながら) ~하면서, 그대로, 모두 다

180a

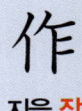

음 さく・さ　훈 つくる

イ＝人(じん・にん) 사람 인 ＋ 乍(さ) 잠깐 사

乍자가 '잠시'의 뜻으로 쓰이자, 일을 하는 주체인 사람(人)을 더하여 **짓다**, **만들다**, **일하다**는 뜻을 나타내었다.

자연 | 기타

- 傑作(けっさく) 걸작
- 作品(さくひん) 작품
- 作家(さっか) 작가
- 製作(せいさく) 제작
- 作業(さぎょう) 작업
- 作法(さほう) 예의범절, 관습, 작법
- 操作(そうさ) 조작
- 発作(ほっさ) 발작
- 作る(つくる) 만들다, 제작하다, 제조하다, 설립하다
- 作成(さくせい) 작성
- 作文(さくぶん) 작문, 글짓기
- 作曲(さっきょく) 작곡
- 創作(そうさく) 창작
- 作動(さどう) 작동, 가동
- 作用(さよう) 작용
- 動作(どうさ) 동작

180b

昨昨昨昨昨昨昨昨昨

昨
어제 **작**

음 さく

日(にち・じつ) 날 일 + (さ) 잠깐 사

화살처럼 날아가는 것이 세월이라는 말처럼, 지나간 시간은 빠르게 느껴진다. 그렇게 잠깐(乍) 사이에 지나간 날(日)이라는 의미에서 **어제**란 뜻이 파생되었다.

- 昨年(さくねん) 작년
- 昨今(さっこん) 작금, 요즘
- 一昨年(おととし・いっさくねん) 재작년, 그러께
- 昨夜(さくや・ゆうべ) 어젯밤
- 一昨日(おととい・いっさくじつ) 그저께
- 昨日(きのう・さくじつ) 어제

180

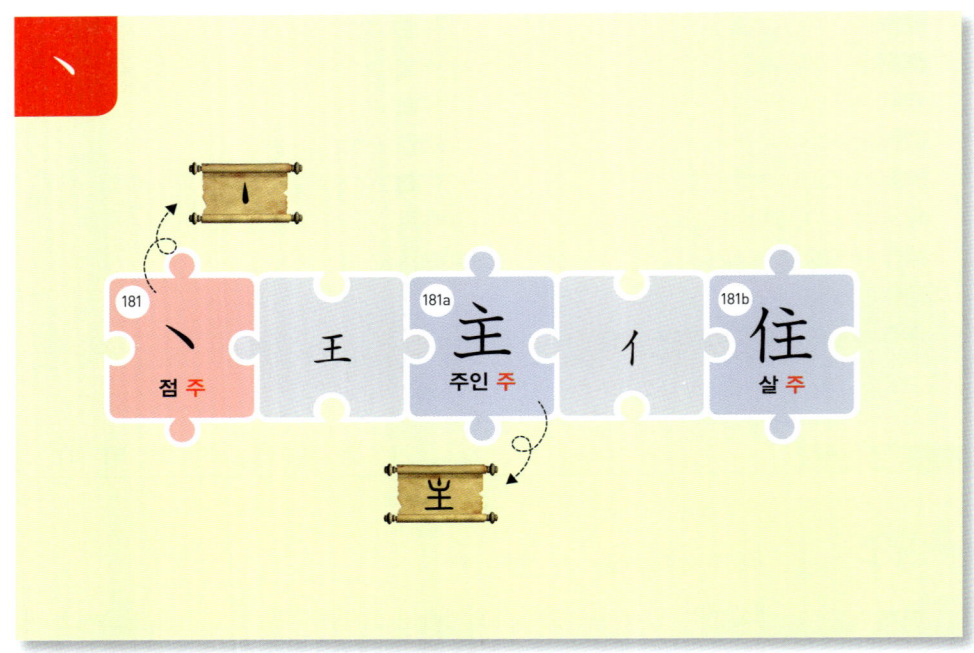

181

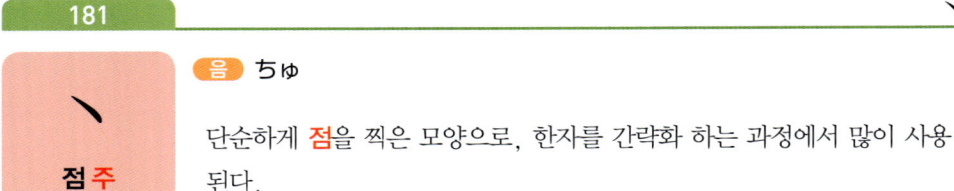

음 ちゅ

단순하게 점을 찍은 모양으로, 한자를 간략화 하는 과정에서 많이 사용된다.

자연 | 기타

181a

主
주인 **주**

主 主 主 主 主

음 しゅ・す　　**훈** ぬし・おも

丶(불꽃) + 王(등잔대)

등잔대(王) 위에서 등불(丶)이 타고 있는 모양을 본떠 만든 글자로, 한밤중의 등불은 모든 사물의 중심이 된다는 의미에서 **주인**이란 뜻이 파생되었다.

| 王자처럼 생긴 글자는 등잔대로, 王자와 모양만 같을 뿐 의미적으로 아무런 관련이 없다.

- 主演(しゅえん) 주연
- 主義(しゅぎ) 주의
- 主人公(しゅじんこう) 주인공
- 主役(しゅやく) 주역
- 坊主(ぼうず) 중, 중처럼 민 머리, 사내아이의 애칭
- 株主(かぶぬし) 주주
- 家主(やぬし) 집주인

- 主観(しゅかん) 주관
- 主催(しゅさい) 주최
- 主題(しゅだい) 주제
- 亭主(ていしゅ) (집)주인, 남편
- 地主(じぬし) 지주
- 主に(おもに) 주로, 대부분

181b

住
살 **주**

住 住 住 住 住 住 住

음 じゅう　　**훈** すむ・すまう

亻＝人(じん・にん) 사람 인 + 主(しゅ・す) 주인 주

저녁이 되어 집 안에 등불(主)을 밝히는 사람(人)들의 모습에서 **살다**의 뜻이 파생되었다.

- 住居(じゅうきょ) 주거
- 住宅(じゅうたく) 주택
- 住む(すむ) 살다, 거주하다
- 住(ま)い(すまい) 주거, 주소, 살이

- 住所(じゅうしょ) 주소
- 住民(じゅうみん) 주민
- 住まう(すまう) 살다, 살고 있다

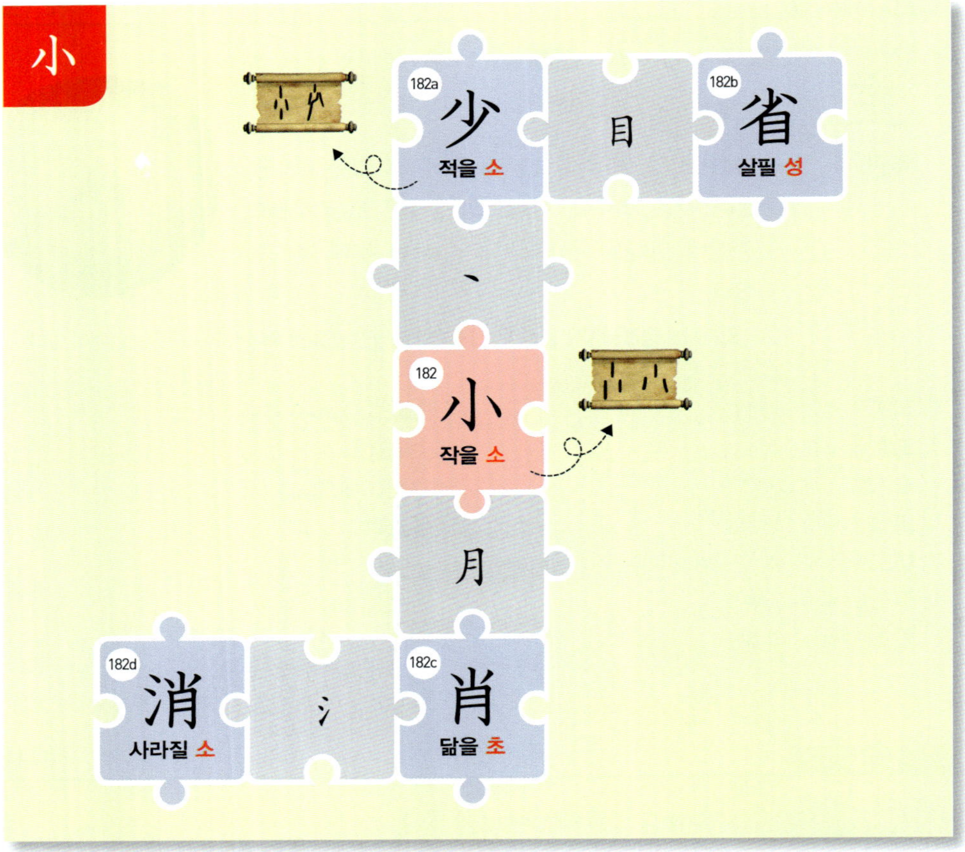

182

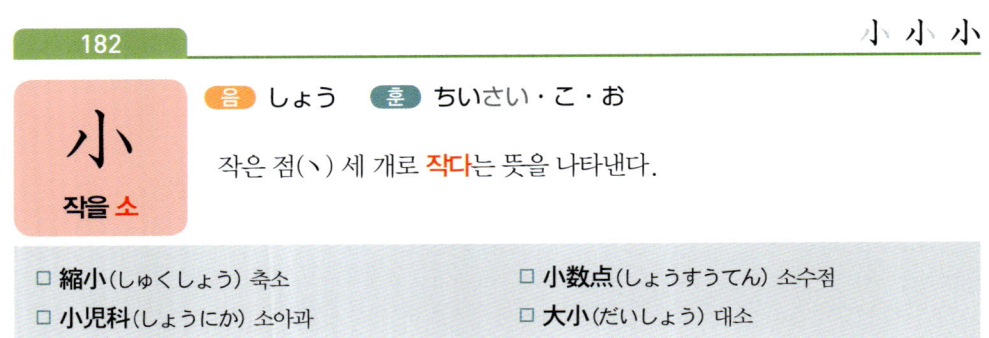

| 182a 少 적을 소 | 目 | 182b 省 살필 성 |

182 小 작을 소

| 182d 消 사라질 소 | 氵 | 182c 肖 닮을 초 |

182

小小小

小 작을 소

- 음 しょう
- 훈 ちいさい・こ・お

작은 점(丶) 세 개로 **작다**는 뜻을 나타낸다.

- □ 縮小(しゅくしょう) 축소
- □ 小児科(しょうにか) 소아과
- □ 小数点(しょうすうてん) 소수점
- □ 大小(だいしょう) 대소

자연 | 기타

- 小さい(ちいさい) 작다, 크지 않다
- 小言(こごと) 잔소리, 꾸중, 불평, 투덜댐
- 小包(こづつみ) 소포, 작은 꾸러미
- 小道(こみち) 좁은 길, 샛길
- 小川(おがわ) 작은 시내
- 小さな(ちいさな) 작은
- 小雨(こさめ) 가랑비
- 小鳥(ことり) 작은 새
- 小指(こゆび) 새끼손가락
- 小豆(あずき) 팥

182a

亅 小 小 少

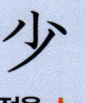
적을 소

음 しょう　　훈 すくない・すこし

작은 점(丶) 네 개로 **적다**는 뜻을 나타낸다.

- 希少(きしょう) 희소
- 少額(しょうがく) 소액
- 少年(しょうねん) 소년
- 多少(たしょう) 다소, 약간, 꽤
- 少ない(すくない) 적다, 어리다
- 少し(すこし) 조금, 좀, 약간
- 減少(げんしょう) 감소
- 少女(しょうじょ) 소녀
- 少量(しょうりょう) 소량
- 幼少(ようしょう) 유소, 나이가 어림
- 数少ない(かずすくない) 수가 적다, 몇 안 되다

182b

省 省 省 省 省 省 省 省

살필 성, 덜 생

음 せい・しょう　　훈 かえりみる・はぶく

少(しょう) 적을 소 ＋ 目(ぼく・もく) 눈목

자세히 **살펴보기** 위해 눈(目)을 가늘게(少) 뜨면서 초점을 맞추는 모습으로, 그렇게 자세히 살펴 낭비를 줄여 **절약하다**는 뜻으로도 사용된다.

- 帰省(きせい) 귀성
- 省略(しょうりゃく) 생략
- 省みる(かえりみる) 돌이켜보다, 반성하다
- 省く(はぶく) 덜다, 줄이다, 생략하다, 없애다
- 反省(はんせい) 반성
- 文部省(もんぶしょう) 문부성

자연 | 기타

182c

肖 닮을 초

음 しょう

⺌→小(しょう) 작을 소 + 月→肉(にく) 고기 육

자녀를 작은(小) 몸(肉)으로 표현해 부모와 **닮았음**을 묘사하고 있다.

| 우리 肖자의 일본식 한자이다. 한자 윗부분이 다른 것에 주의하자.

- 肖像(しょうぞう) 초상
- 不肖(ふしょう) 불초
- 肖像権(しょうぞうけん) 초상권

182d

消 사라질 소

음 しょう　**훈** きえる・けす

氵=水(すい) 물 수 + 肖(しょう) 닮을 초

산모가 출산할 때 부모를 닮은(肖) 태아를 감싸 보호하던 양수(水)가 터지며 **사라지는** 모습이다.

| 우리 消자의 일본식 한자이다. 한자 윗부분이 다른 것에 주의하자.

- 解消(かいしょう) 해소
- 消極(しょうきょく) 소극
- 消息(しょうそく) 소식
- 消費(しょうひ) 소비
- 消耗品(しょうもうひん) 소모품
- 消える(きえる) 꺼지다, 사라지다, 없어지다
- 消化(しょうか) 소화
- 消失(しょうしつ) 소실
- 消毒(しょうどく) 소독
- 消滅(しょうめつ) 소멸
- 抹消(まっしょう) 말소
- 消す(けす) 끄다, 지우다, 없애다

색인

가나다순 색인

총획순 색인

가나다순 색인

가	可	13		皆	72c		軽	97c		工	155
	哥	13a	객	客	12c		門	118		功	155a
	歌	13b	갱	更	31c		経	97d	과	戈	91
	叚	30d	거	居	15e		景	2b		果	123c
	暇	30e		去	63c	계	計	17a		課	123d
	街	121d		車	97		彐	32		科	128a
	加	125b	건	建	33b		界	51b		关	62b
	駕	125c		鍵	33c		階	72d	관	貫	145d
	家	136a		巾	103		季	77b		官	152c
각	覚	9b		件	137b		鷄	139b		慣	145e
	各	12b	걸	乞	67a		契	163c		館	152d
	角	150	검	檢	55a	고	高	3	광	広	114d
간	看	7a		倹	55e		古	15	괘	挂	121a
	艮	10	게	憩	20a		故	15a		掛	121b
	干	96	견	見	9		固	15b	괴	怪	120c
	間	115b		犬	135		鼓	42b	교	交	1a
	柬	167c		犭	135b		考	81c		校	1b
감	甘	12a	결	欠	19		庫	114e		喬	3a
	鹼	55d		決	62a	곡	曲	129d		橋	3b
	監	85b		結	84b		谷	153c		蕎	3c
	凵	131a	겸	兼	111b	곤	困	16a		嚙	21b
갑	甲	28b	경	京	2		丨	179c		教	43a
강	降	47c		鯨	2a	골	骨	24		較	97a
	強	143a		竟	18d	공	廾	38		驕	138b
개	個	15c		鏡	18e		共	38a	구	口	12
	箇	15d		敬	40d		供	38b		句	40c
	開	38d		警	40e		公	76e		狗	135c
	介	51a		巠	97b		空	113b		九	177b

552

숫자는 한자 번호임

	究	177c		箕	39a	뇌	脳	151d		到	90b
	久	56c		基	39b	능	能	73d		倒	90c
국	局	74c		期	39c	다	多	151b		刀	95
	国	86a		旗	39d	단	短	89c		逃	100e
군	君	32e		技	42a		段	93d		渡	114c
궁	弓	87		起	44d		断	94d		萄	130e
궐	亅	179		己	66		旦	170a		島	139d
궤	几	168		記	66b		単	78b		度	114b
	機	168a		紀	66c	달	牽	49c	독	独	143d
귀	帰	103d		幾	91d		達	49d		読	146c
	貴	145c		機	91e	담	談	17c	돌	突	113c
규	規	9d		器	135a		曇	159e	동	動	119b
	圭	121		气	158	답	答	169b		働	119c
근	根	10a		汽	158b	당	唐	110c		甬	129a
	斤	94		気	158a		糖	110d		冬	160b
	近	94a	길	吉	84a		堂	118d		東	167a
	董	108b	끽	喫	163d		当	118e		同	118a
금	今	54c	난	暖	29b	대	待	48d	두	亠	1
	金	154		難	108d		大	60		豆	112
	禁	166a	남	男	125a		台	76b		頭	112c
급	及	56a		南	178a		代	88d		斗	128
	急	56d	낭	娘	11a		貸	88e	득	得	35b
	皀	109c	내	內	53b		対	105a	등	等	37d
기	奇	14	녀	女	78	도	道	4e		登	112e
	騎	14a	녁	疒	65		図	16d		灯	175d
	寄	14b	년	年	96d		盗	19c	락	楽	161c
	綺	14c	념	念	54d		徒	44e	란	乱	20d
	其	39	농	農	148d		都	82d		卵	70c

553

람	覽	85c	루	婁	110a		買	146a		門	115
	婪	166b		累	123b		売	146b		問	115a
랑	狼	11b	류	留	70d		妹	164d		紋	105a
	浪	11c		流	157a	맥	麦	163b	물	勿	41
	郎	11d	륙	六	177a	멱	冖	131		物	41a
	廊	11e	률	律	33a	면	面	6e	미	米	110
래	来	110e	리	吏	31a		免	57		美	134c
랭	冷	71b		理	86e		勉	57a		未	164b
량	涼	2d		裏	101b		宀	113		味	164c
	良	11		利	111d	명	命	71a	민	民	80c
려	麗	150c		里	119		皿	132d	박	薄	130b
	旅	127e	린	隣	47e		鳴	139c		班	86d
력	力	125		粦	47d		明	170d		般	93c
련	連	97e	림	林	166		名	172d		搬	93d
	煉	167d	립	立	64	모	毛	5e		反	117a
	練	167e	마	馬	138		冒	7d		飯	117b
렬	列	25b		麻	165b		帽	7e		返	117d
령	令	71		磨	165c		厶	76		半	137a
	零	71c	만	曼	27c		母	79	발	癶	112d
	領	71d		慢	27d	목	目	7	방	方	126
례	例	25c		万	161e		木	164		訪	126a
	礼	99d		晩	57b	묘	卯	70b		旁	126b
로	鹵	55c	말	末	164a		苗	123		傍	126c
	耂	81	망	亡	1c		猫	123a		放	126d
	老	81a		忘	1d	무	無	47a		邦	163a
록	緑	104d		忙	1e		舞	47b	배	配	66d
	鹿	150b		网	146		武	88c		背	73a
	録	156d	매	枚	43c		戊	92		杯	173d
론	論	17b		毎	79a	문	聞	22a		倍	173e
료	料	128b		梅	79b		文	105	백	白	106

가나다순 색인

	百	106a		府	36c		私	76a	서	書	33e
번	煩	4c		腐	36d		辞	33d		暑	82c
	番	142a		夫	60a		士	84		西	132a
	翻	142d		阝	116		仕	84e	석	石	153a
범	犯	135d		部	116d		社	99e		昔	171
	凡	143b		傅	130a		糸	104		夕	172a
법	法	63d		缶	130d		邪	116e	선	先	58d
변	変	43d		富	133d		写	131a		船	98a
	辺	49a		負	145b		師	152b		善	134b
	釆	142	북	北	73		査	174a		鮮	144a
별	丿	179e	분	分	95a		乍	180	설	舌	20
병	並	64b	불	不	173c		厶	76		齧	21a
	瓶	64e	붕	朋	151a	산	算	38e		説	59d
	病	65a	비	鼻	6c		散	43b		雪	159a
보	報	30b		匕	72		産	117e	성	性	27a
	歩	44a		比	72a		山	153		成	92a
	普	64c		飛	128d		傘	178d		声	112b
복	服	30c		非	141d	삼	彡	5		星	162a
	攵	43	빙	冫	160		三	176e		姓	162b
	复	46a		氷	160a	상	相	7c		省	182b
	腹	46b	사	四	16b		商	83c	세	歳	44b
	卜	100		射	23a		床	114a		洗	58e
	畐	133b		謝	23b		尚	118c		細	104c
	福	133c		死	25a		象	136b		世	162c
본	本	165		思	26a		像	136c	소	笑	61a
봉	封	35c		史	31		箱	169a		咲	62c
부	父	30a		使	31b		上	173a		召	95c
	付	36		事	32a		色	75d		紹	95d
	附	36a		寺	37	색	生	162		所	115e
	符	36b		巳	75	생	省	182b		騒	138a

555

	蘇	144c		始	76c	안	顏	5d	여	余	116a
	疋	166c		試	88b		眼	10c		如	78d
	小	182		矢	89		安	78a	역	易	41b
	少	182a		示	99	알	歹	25		駅	74d
	消	182d		市	103a	암	暗	18a	연	延	50d
속	続	146d		豕	136	압	押	28c		宴	78b
	俗	153d	식	息	6b	앙	央	61b		然	124d
	束	167		植	8a		卬	70		研	153b
	速	167b		殖	25d	애	愛	29e		鉛	154a
손	孫	77d		式	88a		哀	102a	염	塩	85d
송	送	62d		食	109	액	厄	69a	엽	葉	162d
수	首	4d	신	身	23	야	也	68	영	影	2c
	誰	17d		辛	83		野	119e		英	61c
	手	28		臣	85		夜	172c		映	61d
	戍	91c		新	94b	약	弱	141b		迎	70a
	受	93		神	99c		約	104a		永	156a
	輸	98d		申	159b		薬	161d		泳	156b
	数	110b	실	室	90a	양	羊	134	예	予	4a
	垂	120d		失	154c		様	134a		預	4b
	水	156	심	心	26		洋	134d	오	悪	26c
	氺	156c		忄	27		昜	171b		午	96b
	氵	157		審	142c	어	御	69c		烏	139e
숙	宿	106b		深	157c		魚	144		奥	142e
습	拾	28e	십	十	178		漁	144b		汚	157d
	習	141a	씨	氏	80		語	176c		五	176a
승	升	128c	아	牙	21c	언	彦	5c		吾	176b
	乗	165d		我	91a		言	17	옥	屋	74a
시	時	37a		餓	109a		㐅	127		玉	86b
	是	45d		襾	132	엄	广	114	온	温	132e
	尸	74	악	悪	26c		厂	117	와	瓦	64d

가나다순 색인

음	한자	쪽	음	한자	쪽	음	한자	쪽	음	한자	쪽
	臥	85a		原	106d		医	89a		昨	180b
완	完	58b		員	147d		義	91b	잔	戔	92d
	玩	86c		円	147e		衣	101	잡	雜	140b
왕	往	48b	월	戉	92b		宜	174b	장	章	18c
	尢	63		越	92c	이	耳	22		丈	34d
	王	86		月	172		易	41b		長	81d
외	外	172b	위	囗	16		已	66a		張	81e
요	夭	61		位	64a		弛	68c		爿	168b
	要	132b		危	69b		夷	87d		將	168c
	腰	132c		為	136d		二	176		場	171c
	曜	141c	유	有	34b	익	弋	88	재	財	145a
욕	浴	153e		乳	67d		戈	50	쟁	爭	32a
용	用	129		俞	98c	인	人	51	저	低	80b
우	又	30		由	123e		亻	52		猪	82b
	冖	34		斿	127b		勹	56	적	的	40b
	右	34a		游	127c		儿	58		赤	124b
	友	34c		遊	127d		因	60d	전	全	53a
	尤	63a		酉	133		印	69d		前	98b
	牛	137	육	肉	151		引	87c		展	101c
	羽	141		育	151c	일	日	170		田	122
	雨	159	윤	尹	32d		一	173		電	159c
운	云	158c	율	聿	33	입	入	53		典	169d
	雲	159d	은	銀	10b	자	自	6		戔	92d
웅	熊	73e		乚	67c		子	77	절	卩	69
원	爰	29a	을	乙	67		字	77a		絶	75e
	元	58a	음	音	18		者	82		切	95b
	院	58c		飮	19a		煮	82a		節	109e
	袁	102b	읍	邑	75c		姉	103b		折	94c
	遠	102c	의	椅	14d		勺	40a	점	占	100a
	園	102d		意	18b	작	作	180a		店	100b

557

	点	100c		調	122c		支	42	
접	接	83b		鳥	139		止	44	
정	亭	3d		早	170c		遲	49b	찰
	情	27e		助	174c		之	67b	참
	静	32b		祖	174d		池	68a	
	正	45	족	足	45a		地	68b	창
	定	45b		族	127a		旨	73b	채
	政	45c	졸	卒	101d		指	73c	
	廷	50a	종	種	119d		紙	80a	
	庭	50b		終	160c		知	89b	책
	挺	50c	좌	坐	120a		至	90	처
	精	107b		座	120b	직	直	8	
	鼎	147		左	155c	진	眞	8d	척
	丁	175	주	走	44c		進	49e	
	頂	175b	주	舟	98		辰	148	
	停	175c		周	122a		振	148a	천
	井	176d		週	122b		震	148b	
	町	175a		酒	133a		賑	148c	
제	題	45e		晝	170b		塵	150d	
	帝	84c		、	181	질	疾	65b	
	弟	87a		主	181a	집	人	54	철
	第	87b		住	181b		集	140a	첨
	祭	99a	죽	竹	169	차	次	19b	첩
	齊	105c	준	準	140c		此	72a	청
	除	116d	중	重	119a		差	155d	
	濟	105d		中	179d		茶	161b	
조	爪	29	즉	卽	109d		借	171a	
	朝	98e	지	志	26d		且	174	체
	兆	100d		誌	26e		車	97	
	組	104b		持	37b	착	着	7b	

	辶	49	
	錯	154b	
찰	察	99b	
참	參	5a	
	駅	74d	
창	窓	113d	
채	彩	5b	
	採	29c	
	菜	29d	
책	冊	169c	
처	処	46d	
	妻	78e	
척	彳	48	
	尺	74b	
	隻	140d	
천	穿	21d	
	舛	47	
	天	60b	
	浅	92e	
	泉	106c	
	川	156e	
	千	178c	
	鉄	154d	
철	僉	55	
첨	妾	83a	
첩	青	107	
청	清	107a	
	請	107c	
	晴	107d	
체	体	24b	

558

가나다순 색인

	締	84d		歯	21	패	貝	145	학	学	77c
초	超	95e		久	46		敗	147c	한	限	10d
	初	102		治	76d	편	便	31d		漢	108c
	艹	161		致	90d		片	168e		寒	160d
	草	161a	칙	則	147a	평	平	86a	함	含	54c
	楚	166d	친	親	9c	폐	閉	115c	합	合	54a
	礎	166e	침	寝	168d	포	勹	40	해	海	79c
	肖	182c	쾌	快	27b		包	75a		奚	139a
촌	寸	35		夬	62		布	103e		解	150a
	村	35a	타	打	28a		飽	109b		害	163e
찰	撮	22e		他	68d		甫	129c	행	行	48a
최	最	22d		誕	50e		捕	130		幸	83e
추	推	28d	탈	脱	59e		葡	130c	향	向	118b
	帚	103c	탕	湯	171d		鞄	149e	허	許	96c
	秋	111a	태	兌	59c	표	表	101a	험	験	55b
	隹	140		太	60c	풍	風	143c		険	116c
	追	152a		台	76b		豊	148e	혁	革	149c
축	祝	59a	택	沢	74e		丰	163	현	現	9a
춘	春	162e	토	討	35d	피	疲	65d	혈	頁	4
출	出	131c		土	120		皮	149		穴	113a
충	虫	143	통	痛	65c		彼	149a	혐	嫌	111c
취	臭	6d		通	129b		被	149b	협	夾	51c
	吹	19d	퇴	𠂤	152	필	必	26b		狭	51d
	取	22b	투	投	93b		筆	33d	형	兄	59
	趣	22c	특	特	37c		匹	131e	혜	鞋	121c
	就	63b	파	巴	75b	하	何	13c		匸	131d
	醉	133a		播	142d		河	13d	호	号	12e
측	側	147b		派	157b		夏	46c		好	78c
치	値	8b	판	板	117c		賀	125d		戸	115d
	置	8c	팔	八	177		下	173b		乎	179a

559

가나다순 색인

혼	呼	179b		華	120e	황	況	59b	효	孝	81b
	昏	80d		火	124		黃	108	후	後	48c
	婚	80e		靴	149d	회	回	16c	휴	休	165a
홍	紅	155b		画	122d		悔	79d	흑	黑	124c
화	和	12c	환	奐	57c		灰	124a	흠	欠	19
	話	20b		換	57d		会	158d	흡	吸	56b
	化	52a		丸	177d		絵	158e	흥	興	38c
	花	52b	활	活	20c	획	画	122d	희	喜	112a
	禾	111		滑	24a	횡	橫	108a			

총획순 색인

숫자는 한자 번호임

1획									
乙	67	丁	175	尸	74	4획		予	4a
乚	67c	二	176	巳	75			毛	5e
一	173	八	177	子	77			欠	19
丨	179	九	177b	女	78			牙	21c
丿	179c	十	178	士	84			歹	25
ノ	179e	亡	1c	弓	87			心	26
丶	181	彡	5	弋	88			手	28
		口	12	干	96			爪	29
2획		囗	16	巾	103			父	30a
又	1	忄	27	宀	113			尹	32d
廾	30	ヨ	32	广	114			友	34c
勹	34	丈	34d	阝	116			勿	41
人	40	寸	35	土	120			支	42
亻	51	廾	38	犭	135b			攴	43
入	52	勹	40a	凡	143b			止	44
冫	53	夂	46	山	153			介	51a
儿	56	彳	48	工	155			化	52a
冖	58	辶	49	川	156e			内	53b
匕	69	入	50	氵	157			今	54b
厶	72	又	54	廾	161			元	58a
刀	76	及	56a	万	161e			夫	60a
卜	95	久	56c	斗	168b			天	60b
厂	100	大	60	夕	172a			太	60c
冂	117	尢	63	上	173a			夭	61
力	118	己	66	下	173b			央	62
宀	125	巳	66a	三	176e			尤	63a
凵	131	乞	67a	丸	177d			厄	69a
匸	131b	之	67b	千	178c			卬	70
㇒	131d	也	68	小	182			比	72b
几	160								
	168								

561

尺	74b	月	172	令	71	犯	135d
巴	75b	不	173c	北	73	半	137a
公	76e	五	176a	包	75a	皮	149
氏	80	井	176d	台	76b	石	153a
屮	81	六	177a	母	79	失	154c
王	86	中	179d	民	80c	功	155a
引	87c	少	182a	仕	84e	左	155c
戈	91	目	7	玉	86b	永	156a
殳	93	甘	12a	代	88d	氺	156c
斤	94	号	12e	矢	89	申	159b
分	95a	可	13	戊	92	氷	160a
切	95b	古	15	戉	92b	冬	160b
午	96b	四	16b	召	95c	生	162
文	105	必	26b	平	96a	世	162c
戸	115d	打	28a	示	99	未	164a
反	117a	甲	28b	礼	99d	末	164b
火	124	史	31	占	100a	本	165
方	126	右	34a	市	103a	疋	166c
斗	128	付	36	布	103e	冊	169c
升	128c	句	40c	白	106	旦	170a
匹	131e	正	45	禾	111	外	172b
犬	135	処	46d	犮	112d	且	174
牛	137	辺	49a	穴	113a	乎	179a
円	147e	兄	59	広	114d	乍	180
水	156	央	61b	田	122	主	181a
气	158	去	63c	由	123e	交	1a
云	158c	立	64	加	125b	忙	1e
丰	163	瓦	64d	用	129	自	6a
木	164	疒	65	写	131a	艮	10
片	168e	他	68d	出	131c	各	12b
日	170	卯	70b	皿	132d	回	16c

5획 (appears between 91 and 93 area for left column / next to 打 28a area indicating start of 5획 section)

6획 (appears in 由 123e area indicating start of 6획 section)

총획순 색인

次	19b	毎	79a	肉	151	廷	50a
舌	20	老	81a	多	151b	夾	51c
耳	22	考	81c	旨	52	花	52b
死	25a	吉	84a	汚	157d	含	54c
列	25b	夷	87d	気	158a	完	58b
吏	31a	式	88a	会	158d	兌	59c
争	32a	至	90	休	165a	決	62a
聿	33	戍	91c	机	168a	位	64a
有	34b	成	92a	竹	169	迎	70a
寺	37	年	96d	早	70c	卵	70c
共	38a	舟	98	名	72d	冷	71b
舛	47	兆	100d	灯	75d	局	74c
行	48a	衣	101	忘	1d	沢	74e
全	53a	糸	104	見	9	邑	75c
合	54a	百	106a	良	11	私	76a
吸	56b	米	110	何	13c	低	80b
先	58d	同	118a	困	16a	孝	81b
因	60d	向	118b	図	16d	辛	83
关	62b	当	118e	言	17	臣	85
池	68a	圭	121	吹	19d	弟	87a
地	68b	灰	124a	乱	20d	医	89a
弛	68c	爪	127	身	23	我	91a
危	69b	曲	129d	体	24b	投	93b
印	69d	缶	130d	志	26d	近	94a
此	72a	襾	132	快	27b	折	94c
旨	73a	西	132a	更	31c	車	97
色	75d	羊	134	君	32e	巠	97b
字	77a	件	137b	村	35a	社	99e
安	78a	羽	141	技	42a	初	102
好	78c	虫	143	走	44c	対	105b
如	78d	网	146	足	45a	皀	109c

7획

即	109d	住	181b	免	57	突	113c
来	110e	肖	182c	況	59b	門	115
利	111d	京	2	英	61c	所	115e
豆	112	參	5a	法	63d	邪	116e
声	112b	直	8	並	64b	板	117c
床	114a	和	12d	乳	67d	尚	118c
余	116a	河	13d	命	71a	怪	120c
返	117d	奇	14	始	76c	垂	120d
里	119	固	15b	治	76d	周	122a
坐	120a	居	15e	季	77b	画	122d
赤	124b	取	22b	学	77c	苗	123
男	125a	例	25c	妻	78e	果	123c
甬	129a	性	27a	昏	80d	放	126d
甫	129c	押	28c	長	81d	狗	135c
西	133	服	30c	者	82	隹	140
豕	136	使	31b	妾	83a	非	141d
采	142	事	32c	幸	83e	彼	149a
貝	145	附	36a	国	86a	朋	151a
売	146b	府	36c	玩	86c	育	151c
辰	148	供	38b	武	88c	官	152c
角	150	其	39	知	89b	金	154
谷	153c	的	40b	到	90b	泳	156b
汽	158b	物	41a	戔	92d	雨	159
邦	163a	易	41b	店	100b	姓	162b
麦	163b	枚	43c	表	101a	味	164c
束	167	步	44a	卒	101d	妹	164d
助	174c	定	45b	姉	103b	林	166
町	175a	往	48b	帚	103c	東	167a
吾	176b	延	50d	齊	105c	典	169b
究	177d	念	54d	青	107	明	170d
作	180a	숩	55	空	113b	昔	171

8획

총획순 색인

夜	172c	政	45c	逃	100e	春	162e
杯	173d	是	45d	哀	102a	契	163c
宜	174b	复	46a	約	104a	乗	165d
呼	179b	後	48c	泉	106c	束	167c
亭	3d	待	48d	食	109	昼	170b
頁	4	奎	49c	娄	110a	易	171b
首	4d	界	51b	秋	111a	査	174a
彦	5c	狭	51d	度	114b	祖	174d
臭	6d	急	56d	重	119a	南	178a
面	6e	奐	57c	挂	121a	単	178b
看	7a	洗	58e	斿	127b	昨	180b
相	7c	祝	59a	科	128a	省	182b
冒	7d	映	61d	飛	128d	校	1b
限	10d	咲	62c	要	132b	高	3
郎	11d	送	62d	畐	133b	息	6a
客	12c	紀	66c	美	134c	値	8b
故	15a	皆	72c	洋	134d	真	8d
計	17a	背	73a	為	136d	根	10a
音	18	指	73c	風	143c	娘	11a
活	20c	屋	74a	独	143d	狼	11b
穿	21d	海	79c	負	145b	浪	11c
思	26a	悔	79d	則	147a	哥	13a
拾	28e	帝	84c	革	149c	個	15c
爰	29a	臥	85a	追	152a	射	23a
叚	30d	室	90a	研	153b	骨	24
便	31d	浅	92e	俗	153d	書	33e
律	33a	段	93a	紅	155b	討	35d
建	33b	前	98b	派	157b	時	37a
封	35c	俞	98c	草	161a	特	37c
持	37b	神	99c	茶	161b	起	44d
変	43d	点	100c	星	162a	徒	44e

9획 (after 変)

10획 (after 飛)

夏	46c		庫	114e	**11획**	涼	2d		断	94d
降	47c		除	116b		彩	5b		紹	95d
庭	50b		座	120b		現	9a		許	96c
挺	50c		華	120e		規	9d		経	97d
倹	55e		旁	126b		眼	10c		船	98a
勉	57a		旅	127e		寄	14b		祭	99a
院	58c		料	128b		章	18c		組	104b
笑	61a		通	129b		竟	18d		細	104c
病	65a		捕	130		盗	19c		済	105d
疾	65b		酒	133a		悪	26c		宿	106b
疲	65d		家	136a		曼	27c		清	107a
記	66b		馬	138		情	27e		黄	108
配	66d		奚	139a		推	28d		菫	108b
留	70d		島	139d		採	29c		窓	113d
能	73d		烏	139e		菜	29d		問	115a
孫	77d		隻	140d		得	35b		閉	115c
宴	78b		弱	141b		符	36b		険	116c
梅	79b		財	145a		基	39b		部	116d
紙	80a		員	147d		教	43a		産	117e
班	86d		振	148a		進	49e		堂	118d
倒	90c		被	149b		鹵	55c		動	119b
致	90d		師	152b		脱	59e		野	119e
般	93c		浴	153e		瓶	64e		掛	121b
連	97e		差	155d		婚	80e		週	122b
展	101c		流	157e		張	81e		猫	123a
袁	102b		害	163e		猪	82b		累	123b
帰	103d		速	167b		都	82d		黒	124c
紋	105a		将	168c		接	83b		訪	126a
原	106d		借	171a		商	83c		族	127b
唐	110c		倍	173e		理	86e		萄	130e
兼	111b		消	182d		第	87b		酔	133b

총획순 색인

12획

鳥	139	等	37d	間	115b	暗	18a
習	141a	開	38d	飯	117b	意	18b
強	143a	期	39c	街	121d	話	20b
魚	144	敬	40d	然	124d	滑	24a
貫	145d	散	43b	賀	125d	暖	29b
側	147b	無	47a	傍	126c	愛	29e
敗	147c	遲	49b	游	127c	暇	30e
鹿	150b	達	49d	遊	127d	鼓	42b
腦	151d	檢	55d	傅	130b	歲	44b
深	157c	晚	57b	葡	130c	腹	46b
雪	159a	換	57d	溫	132e	舜	47d
終	160c	就	63b	富	133d	零	71c
麻	165b	普	64c	善	134b	辭	83d
婪	166b	痛	65c	象	136b	塩	85d
頂	175b	御	69d	集	140a	試	88b
停	175c	階	72d	番	142a	義	91b
景	2b	絶	75e	奧	142e	搬	93d
喬	3a	煮	82a	貴	145c	新	94b
道	4e	暑	82c	買	146c	較	97a
着	7b	結	84b	絵	158e	裏	101b
帽	7e	貸	88e	雲	159a	遠	102c
植	8a	短	89c	寒	160d	園	102d
覚	9b	幾	91d	葉	162d	漢	108c
廊	11e	越	92c	喫	163d	飽	109b
椅	14d	超	95e	答	169b	節	109e
飮	19a	輕	97c	場	171c	數	110b
歯	21	朝	98e	湯	171d	嫌	111c
最	22d	晴	107d	傘	178d	働	119c
殖	25d	喜	112a	預	4b	腰	132c
報	30b	登	112e	煩	4c	福	133c
筆	33d	渡	114c	置	8c	準	140c

13획

총획순 색인

	続	146d	察	99b	調	122c	題	45e
	鼎	147	緑	104d	課	123d	験	55b
	農	148d	精	107b	駕	125c	難	108d
	豊	148e	種	119d	器	135a	騒	138a
	靴	149d	様	134a	播	142b	曜	141c
	解	150a	像	136c	審	142c	翻	142d
	鉛	154a	鳴	139c	震	148b	礎	166e
	鉄	154d	雑	140b	箱	169a	19획 鯨	2a
	電	159c	漁	144b	16획 橋	3b	鏡	18e
	楽	161c	慣	145e	親	9c	警	40e
	禁	166a	読	146c	憩	20a	験	55d
	楚	166d	賑	148c	興	38c	鶏	139b
	煉	167d	鞄	149e	隣	47e	蘇	144c
	寝	168d	塵	150d	機	91e	麗	150c
14획	鼻	6c	練	167e	輸	98d	21획 鼇	21a
	銀	10b	語	176c	糖	110d	22획 驕	138b
	歌	13b	15획 影	2c	頭	112c		
	綺	14c	蕎	3b	薄	130b		
	箇	15d	論	17b	館	152c		
	聞	22a	談	17c	錯	154b		
	誌	26e	誰	17d	録	156c		
	慢	27d	趣	22c	曇	159e		
	静	32b	撮	22e	薬	161d		
	腐	36d	舞	47b	磨	165c		
	算	38e	誕	50e	17획 謝	23c		
	箕	39a	締	84d	鍵	33c		
	旗	39c	監	85c	覧	85b		
	説	59d	請	107c	鮮	144a		
	領	71d	横	108b	18획 顔	5d		
	熊	73e	餓	109b	騎	14a		
	駅	74d	鞋	121c	囓	21b